KB131706

조선의 거짓말

대마도, 그 진실은 무엇인가

서동인 지음, 이오봉 사진

주류성

조선의 거짓말

대마도, 그 진실은 무엇인가

지은이 서동인
사 진 이오봉
펴낸이 최병식
펴낸날 2016년 8월 8일(재판)
펴낸곳 주류성출판사
서울특별시 서초구 강남대로 435 (서초동 1305-5)
TEL | 02-3481-1024 (대표전화) • FAX | 02-3482-0656
www.juluesung.co.kr | juluesung@daum.net

값 22,000원
잘못된 책은 교환해 드립니다.

ISBN 978-89-6246-267-8 03910

조선의 거짓말

대마도, 그 진실은 무엇인가

서동인 지음, 이오봉 사진

차 례

글을 열면서

한·일 교류와 갈등의 가교 대마도

- 덕혜옹주의 비극적 사랑과 비애가 남은 곳

우리와 가장 가까운 일본의 섬 대마도는 수천 년 동안 한국과 일본의 사람과 물자 그리고 문화가 오고 간 통로였다. 왜인들이 이 땅을 드나드는 목구멍과 같은 곳이어서 고려와 조선에서는 인후지처咽喉之處라 하였다. 때로는 한일 우호와 선린외교의 가교로서 중요한 역할을 한 곳이지만, 우리 한국인에겐 많은 피해와 상처를 안겨준 곳으로 기억되어 있다. 조선조 말, 덕혜옹주의 비극적 사랑과 비애가 아롱진 곳으로서 일본의 5대 오지에 속하는 이 작은 섬 하나를 가지고 대마도주 종씨 일족은 조선을 상대로 많은 것을 얻어냈으며, 또 많은 것을 누렸다.

고려·조선 변경의 섬, 뼈아픈 역사의 현장

부산항에서 고속페리로 한 시간 남짓 동쪽으로 달리면 대마도 동북단의 히타카츠比田勝에 이르게 된다. 그곳에서 다시 남쪽을 향해 상대마도와 하대마도의 동쪽 연안을 따라 내려가면 대마도 동남쪽 이즈하라嚴原 항구까지는 대략 1시간 남짓 걸린다. 이즈하라 항구에 내려서 선착장과 수선사修善寺 사이로 난 길을 따라 북쪽으로 10여 분 남짓 걸어 올라가면 과거 대마도주의 저택이 근처에 있는 대마도 부중府中 자리가 있다. 대마도 부중이란 과거 대마도주의 통치 중심으로, 거기엔 특별히 의미 있는 유적 하나가 있다. 숱한 세월, 여러 차례 불타고 무너진 것을 다시 세워 지금은 비록 일본풍의 목조 건물로 바뀌었지만, 간단한 건물에 걸린 이름은 친근하게도 고려문高麗門이다. 그저 별 생각 없이 이 섬을 찾는 이들이야 고려문이 어디에 있는지도 모르고, 또 그것이 무엇을 의미하는지조차 관심이 없을 것이다. 그것은 대마도에 사는 일본인도 마찬가지이다. 그러나 우리가 대마도를 이해하려 할 때, 이 고려문은 대단히 중요한 것이다.

그러면 왜 고려문이 대마도를 대표하는 이즈하라에 있는 것일까? 그 이유는 간단하다. 고려시대 대마도는 고려의 땅이었으므로 이곳으로부터 고려의 영역이 시작된다는 뜻에서 세운 상징물이다. 즉 대마도부터가 고려의 영역임을 나타내기 위해 본래 고려에서 세운 표지적 건물이란 뜻이다. 바로 그곳에 고려의 대마도 치소治所가 있었고, 대마도가 고려의 동남단 최변방으로서 고려로 들어가는 관문이란 의미에서 이즈하라에 세웠던 것이다. 다시 말해서 그것은 대마도 동남단을 벗어나면 일본의 경계로 들어간다는 뜻도 갖고 있는 것이다. 물론 그것은 왜인들에게 고려의 경계를 알리기 위한 일종의 랜드마크인 동시에 고려의 통치력이 대마도까지 미치고 있음을 나타낸 기념물이었다. 그러니까 일기도壹崎島나 가라쓰唐津[1]·후쿠오카福岡 또

부산 국제페리호터미널에서 대마도 히타카츠(比田勝)를 거쳐 이즈하라(嚴原) 항을 오가는 관광선 오션플라워 호.

이즈하라 오후나에(御船江) 선착장. 대마도주의 전용 선착장인 동시에 조선통신사의 배를 대던 곳이다.

는 기타규슈北九州 일대에서 건너오는 왜인들이 발붙이기 좋은 조건을 가진 이즈하라에 경계를 알리기 위하여 고려문이 세워졌던 것이다. 조선시대 이전, 비록 한때였으나 대마도의 중심은 이즈하라가 아니라 대마도 동북 히타카츠나 상대마 미네마치蜂町에 있던 적이 있다.

고려가 대마도를 지배했던 흔적은 이 외에도 대마도 북단의 지명에도 남아 있다. 대마도에서는 가장 높은 산으로서 부산 황령산과 대마도 북단 바닷가 악포鰐浦를 바라볼 수 있는 고려산高麗山[2]이 그곳이다. 그 이름으로 보건대 일찍이 고려인들이 대마도를 고려 땅으로 편입하고서는 고려산이란 이름으로 불렀고, 그것이 오늘의 대마도인들에게 그대로 전해지고 있는 것이라 하겠다. 그러나 어찌 된 일인지, 조선 건국세력은 '대마도는 본래 계림 땅이었다'며 대마도가 일찍이 신라의 땅이었다고 주장은 했어도 어떻게 해서 그곳이 고려의 땅이 되었고, 어찌해서 또 대마도가 조선의 품에서 벗어났는지에 대해서는 자세한 기록을 남기지 않았다.

가미쓰시마마치(上對馬町, 상대마정), 즉 상대마 북단의 와니우라(鰐浦, 악포)에 있는 왕인 박사 현창비. 대마도 북안의 바다에는 고래(鰐) 이빨처럼 험한 갯바위가 듬성듬성 솟아있고 물살이 빨라서 그 갯바위에 부딪혀 배가 좌초되는 일이 흔했다. 선원들이 매우 두려워하던 곳이었으므로, 악포라 부르게 되었는데, 그 악(鰐)의 일본음 소릿값이 '와니'이고, 왕인을 일본에서 '와니'라 부르는 까닭에 왕인박사비를 이곳에 세웠다. 그러나 악포가 왕인과 관련된 직접적인 증거는 정확히 없다.

대마도는 본래 우리나라에서 말을 기르던 곳이었으며, 한때 공신에게 봉토로 내주어 다스리게 하였다고 한다. 일찍이 대

1. 과거의 마쓰우라(松浦).

2. 일제강점기 한때는 고령산(高嶺山)이라는 이름으로 바꿔 부른 적이 있다.

이즈하라에 있는 고려문(高麗門). 에도(江戶) 시대(1600~1868)에 세워져 조선통신사를 맞이하던 곳이다. 복원된 고려문에는 이즈하라유치원의 간판까지 걸려 있어, 지금의 고려문을 보면 어딘가 일본에 홀대받는 감정이 느껴져 아쉽다.

마도가 우리의 땅이었음은『조선왕조실록』에도 전한다. 조선 정부는 조선시대 내내 대마도는 원래 계림에 속한 땅이었다고 주장하였다. 나아가 조선국왕과 지배층은 그것을 정치적으로 활용하였으며, 그에 따라 조선의 대다수 신민들은 대마도를 조선의 땅으로 알았다. 이런 전통에 따라 우리의 선조들은 대마도 동편의 바다를 조선해朝鮮海로 불렀고, 일본 또한 그리 부르며 지내왔다. 조선의 신민들이 그렇게 알고 지내던 것이 조선 말 고종시대에 완전히 바뀌어 버렸다. 일본은 강화도조약 직후인 1877년에 대마번對馬藩[3]을 나가사키현長崎縣에 편입시켰다. 대마도주를 백작

3. 藩은 울타리라는 뜻을 가진 글자이다. 번신(藩臣)은 울타리가 되어주는 신하라는 뜻으로 중국과 조선에서 흔히 쓰던 표현이다. 이를테면 중국은 주변의 조공국을 번신으로 표현하였고, 조선 또한 일본이나 대마도를 번신으로 인식하였다. 일본은 자기네의 지방 호족을 번주(藩主)라고 일렀다.

고려문은 대마도주가 머물던 성문인데, 태풍으로 무너진 것을 복원하여 역사박물관 앞에 다시 세웠다.

으로 편입하고 난 뒤로 대마도는 지방 호족의 개인 소유지가 아니라 일본의 국유지가 된 것이다. 그 후, 을사보호조약(1905)을 거쳐 일본 제국주의 강점기 사이에 일본인들은 대마도 동편의 해역을 조선해라는 이름 대신 슬그머니 현해탄玄海灘으로 바꿔버렸다. 이렇게 해서 조선해라는 이름은 지도에서는 물론 우리의 기억에서 완전히 사라졌다.

1904~1905년 러일전쟁 이후 일본은 대마도에 대한 지배를 강화하였다. 그것은 일본 중앙정부의 공권력이 미치는 일본 최변방의 섬이자 한국과의 경계에 있는 일본 국방의 보루 가운데 하나임을 뜻하는 것이었다. 그리고 1945년 제2차세계대전 종전 뒤에 맥아더라인이 발표되고, 1952년 샌프란시스코 강화조약에 따라 대마도가 일본의 영토임을 국제적으로 공인받기에 이르렀다. 이 일이 있은 뒤로 부산과 대마도 사이의 왕래는 완전히 단절되었다. 조선시대 내내 조선과 일본 사이에서 이와 입술 같은 역할을 하였던 대마도는 비로소 작고 힘없는 오지의 섬으로 되돌아갔다. 그리고 1965년 한일협정으로 두 나라의 국교가 정상화되었지만, 몇몇 밀수꾼들 외에는 대마도를 찾을 일이 없게 되었다. 부산에서 대마도로 직접 들어가는 배편도 없었고, 부산에서 대마도의 소식을 듣던 일은 한 세기 전의 먼 기억처럼 되어 버렸다.

그러다가 1997년 7월부터 고속페리 관광선이 운항되면서 부산-대마도의 교류가 다시 시작되었다. 대마도에서 나가사키長崎나 후쿠오카를 오가는 길이 너무 멀고 교통이 불편하니, 부산으로 가는 길을 터 달라는 대마도 사람들의 요구에 따른 것이다. 가까운 부산을 두고 멀리 일본 본토를 오가는 일이 대마도 사람들에겐 고역이었던 것이다.

역사의 굴레는 시대와 환경에 따라 조금씩 달라질 뿐, 기본은 같다. 조선시대 대마도의 위치와 지금의 대마도 사정이 다르지 않은 것이다. 1990년대 대마도 사람들은 나가사키·후쿠오카보다는 부산을 맘대로 다닐 수 있게 해달라고 일본 정부에 요구했다. 그 이유는 거리와 비용 문제였다. 교통이 불편할뿐더러 부산보다 2배나 먼 곳에 두 배나 비싼 선박요금을 지불하는 것도 고통스러웠고, 생필품과 필요한 물자를 원할 때 쉽게 구해오기도 불편하였다. 그래서 대마도 일부에서는 이럴 바에야 대마도가 한국에 편입되는 게 낫겠다고 아우성친 일까지 있다. 결국 1990년대 초반, 일본 정부는 그것을 허가했고, 1990년대 말부터 수시로 부산~대마도를 관광선이 오가며 한국의 관광객과 대마도 사람들을 실어 나르고 있다. 오늘의 상황에서도 대마도 사람들의 생활과 경제가 일본보다는 부산과 가깝다는 바로 그 사실은 바뀌지 않았다.

지금은 대마도가 일본 나가사키현의 최북단 섬이자 일본 5대 오지 가운데 하나인 곳이지만, 우리에겐 아직도 오륙도나 가덕도 또는 거제도처럼 친근한 기억으로 남아 있는 곳이다. 임진왜란 때 대마도주 종의지宗義智[4]가 왜군의 길잡이 역할을 했다 해서 그와 대마도주 일족에 대한 혐오의 감정이 한국인들의 마음속에 꽤 크게 자리 잡고 있을 법도 한데, 대마도주에 대해서만은 약간 관대한 듯하다. 부산에서 지척인 곳이기에 오래도록 대마도와 대마도주에 대한 이야기에 익숙해져 있기 때문일 것이다. 그래서인지 대마도가 본래 우리의 섬이었으므로 부산의 섬으로 돌아와야 한다고 믿는 사람들이 아직도 많이 있다. 한국인들의 대마도에 대한 마음속 거리감은 현실보다 훨씬 가까운 듯하다. 그래서

이즈하라를 찾는 한국인을 위한 한국어 간판들

4. 어렸을 적의 이름은 종언칠(宗彦七)이다. 죽은 뒤엔 종소경(宗昭景)으로 불렸다. 형부소보(刑部少補)의 직위를 지냈으며, 14대 대마도주 종장성(宗將盛)의 넷째아들이다. 16대 종의조(宗義調) 정권에서 대마수(對馬守)를 지내다가 1587년(天正 15)에 도요토미히데요시(豊臣秀吉)의 조선침략을 계획하고, 1592년에 조선으로 출병하였다. 도요토미히데요시가 죽어 조선에서 군대를 철수하기까지, 그리고 임란 이후 12년 동안 다시 조선에 요청하여 조일 교류를 재개하기 위한 교섭을 하였다.

이즈하라 시내 북쪽의 시미즈야마(清水山, 청수산)에 있는 산성(山城)에서 내려다 본 이즈하라 시내와 이즈하라 항구. 청수산(清水山) 산꼭대기에는 산성 흔적으로 돌담이 남아 있다.
방파제를 배경으로 삐쭉 솟은 첨탑이 있는 건물이 대마도 이즈하라 항구의 여객선터미널 겸 세관이며, 그 좌측 산자락 끝에 수선사가 있다.

"대마도는 심정적으로 고려에 이어 조선의 것이었어야 마땅하다. 뿐만 아니라 대마도는 한국 땅으로 남아 있어야 했다. 대마도가 본래 우리 땅이었다는 기록은 많이 있다"고 믿는 것이다.

그러나 그것은 사실이 아니다. 조선 건국 시점부터 대마도는 이미 일본의 땅이었으며, 조선의 국왕과 중앙의 지배층은 대마도가 일본 땅임을 인정하였다. 그러면서도 자신들의 정권을 유지하기 위해 조선의 백성들에겐 대마도가 조선 땅이라고 우기는 이중적 태도를 보였다. 대마도 왜인들에게 관직을 주고 많은 경제적 지원을 하는데 대한 조선 백성들의 반발을 없애기 위해 거짓말을 한 것이다. 그것은 일종의 사기극이었다.

대마도와 관련해서도 중요한 기준이 되는 사료인 『조선왕조실록』에는 태조 이성계 시대부터 고종 시대까지 일관되게 대마도를 일본 땅으로 기록하였다. 그러나 이런 기록들과 달리 개인 문집이나 지도 등 민간자료는 대부분 대마도를 우리 땅으로 표시하였다. 대마도를 우리의 섬으로 기록한 자료 가운데 가장 대표적인 것이 김정호의 대동여지도와 『대동지지』이다. 대마도가 일본 땅이라고 인정한 조선의 관찬사료와 달리, 김정호가 대마도를 조선 땅으로 기록한 것은 단순히 그의 잘못이라고 할 수만은 없다. 김정호 시대, 지배층의 의도가 반영된 것으로 볼 수 있다는 뜻이다. 바로 이 문제 때문에 『대동지지』나 대동여지도의 기록적 가치를 떨어트리고 말았지만, 이런 기록들로 말미암아 나 또한 오래전 대마도를 조선 땅으로 생각한 적이 있다. 그리하여 1992년 4월 말, 대마도를 답사한 뒤에 이런 기록을 해둔 적이 있다.

이즈하라 항구 안쪽의 시내 모습.

"대마도. 김정호의 대동여지도에는 우리 땅으로 되어 있고, 기타의 역사서에도 우리의 땅이라고 기록되어 있다. 그러나 지금은 한국에서 가장 가까운 일본의 섬이 되었다."

대마도에 다녀와서 대동여지도 영인본 속에 메모해 두었던 쪽지의 내용이다. 그 당시는 대마도로 직접 갈 수 있는 교통편이 없는 때였다. 1945년 이후 뱃길이 끊어진 그대로 한국에서 대마도로 직접 가는 배편은 없었다. 그 무렵 대마도를 찾는 한국인은 거의 없었고, 대마도는 1백여 년 전처럼 조용하였다.

이 외진 섬을 발판으로 일본은 조선에 쳐들어와서 숱한 사람을 잔혹하게 살육하였다. 지난 2천 년 동안 왜구란 이름의 침략자들이 이 땅을 침탈하기 위해 대마도를 통로로 건너다녔고, 임진왜란 때도 이곳을 거쳐 왜인들이 개미떼처럼 들어와 갖은 해악을 저질렀다. 그리고 19세기 말에도 다시 이 섬을 징검다리로 중국과 청일전쟁을 일으켰고, 러시아와 러일전쟁에서 승리하였다. 일본의 이러한 군사적 행동은 조선을 저희들의 땅으로 만들기 위해 치밀하게 계획하고 실행에 옮긴 '조선침략'의 서막이었으며 그 첫 무대가 대마도였던 것이다.

역사적으로 대마도는 한·일 두 나라 사이에 있는 징검다리와 같은 곳이다. 만약 일본이 대마도를 약탈과 침입 대신 교린과 우호의 마당으로 가꿨다면 일본과 일본인들은 국제적으로도 합당한 대접을 받았을 것이다. 그러나 그들은 항상 잘못된 선택을 하였다. 그리하여 일본인들은 그들 스스로 일본이란 나라가 존재하는 한, 숙명처럼 안고 가야 할 죄악의 역사를 스스로 썼다.

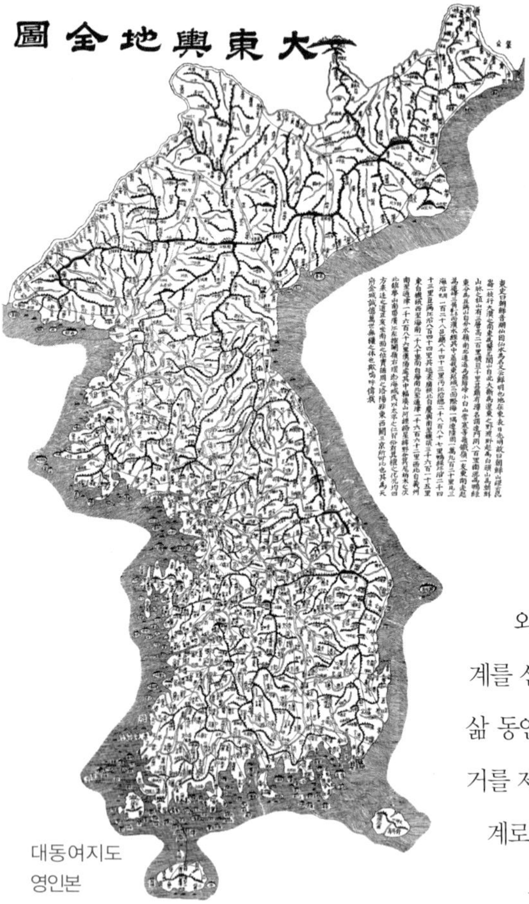

평화를 선택한 신라·고려·조선 그리고 한국인들의 손길을 뿌리치고 일본인들은 이웃나라에 대한 전쟁과 살상 등, 늘상 죄악의 씨를 뿌렸다. 한국인에게는 아픈 과거를 묻어둔 곳이지만, 그 고통과 슬픔 못지않게 일본인에 대한 한국인의 미움과 응어리가 남아 있는 곳이 또한 대마도이다. 대마도를 다녀온 뒤로, 언젠가 이 문제를 다뤄보리라는 생각은 했었다. 그러다가 까맣게 잊고 있는 사이, 20여 년 세월이 훌쩍 흘렀다. 마음에 둔 일을 실행하기가 그리 어려운 것인가.

그러나 그 오랜 세월이 지나는 사이에 대마도와 대마도주, 종씨 일가 그리고 조선과 대마도의 관계를 선명하게 이해할 수 있었다. 나 자신 철이 든 이후의 삶 동안 지극히도 일본을 미워했지만, 일본과 우리의 과거를 제대로 알고 두 나라가 미래지향적이고 우호적인 관계로 발전할 수 있기를 희망하면서 이 글을 시작하였다.

大東輿地全圖

대동여지도
영인본

고려 말 잠시 고려의 지배에 들어왔다가 조선의 품

을 벗어난 대마도는 사실 조선 시대로부터 일제강점기를 지나 1950년대에 이르기까지 이 나라의 뼈아픈 역사를 떠올리게 하는 곳이다. 더욱이 대마도는 아이러니컬하게도 그토록 물자를 퍼주고 대우하며 짝사랑했던 조선의 이씨 왕가에게도 굴욕을 안겨주었다. 지금은 덕혜옹주[5]와 마지막 대마도주 종무지宗武志[6]의 비극적 사랑이 큼직한 돌에 흔적으로 남아 대마도를 찾는 한국인들의 가슴을 저미게 하고 있지만, 인명을 그다지도 가볍게 해치면서까지 남의 땅을 빼앗고, 한국과 중국 그리고 아시아인들에게 피해를 입힌 일본인들의 과거를 돌아보면 참으로 그들이 가여울 때가 있다. 왜인들은 겉과 속이 다른, 지독한 새디스트들이다. 대마도주와 대마도 왜인들도 별로 다르지 않았다. 후미진 구석에 처박힌 작은 섬 하나를 차지하고서도 대마도주는 어떻게 그리도 5백여 년 동안 조선을 쥐락펴락 할 수 있었는가.

조선의 비극적인 최후, 그리고 대마도와 조선의 관계를 이야기하려다 보니 덕혜옹주가 앞서 떠오른다. 조선 말 왕가의 비극만큼이나 비극적인 삶을 산 덕혜옹주. 그녀는 복령당 양귀인에게서 난 고종의 유일한 고명딸로서 고종이 60세 되던 해에 덕수궁에서 태어났다. 늦자식이라 고종은 덕혜옹주를 지극히 아끼고 사랑하였지만, 고종이 세상을 뜬 뒤로 덕혜옹주의 삶은 너무도 애처로웠다. 일본인들은 13살 덕혜옹주를 일본으로 데려가 토쿄의 여자학습원에 넣었다. 그리고 1931년에 종무지와 결혼시켰다. 그 이듬해 8월 딸 마사에[7]를 낳았으나 곧 덕혜옹주는 정신이상으로 병원에 격리되었으며, 딸 마사에는 어머니 덕혜옹

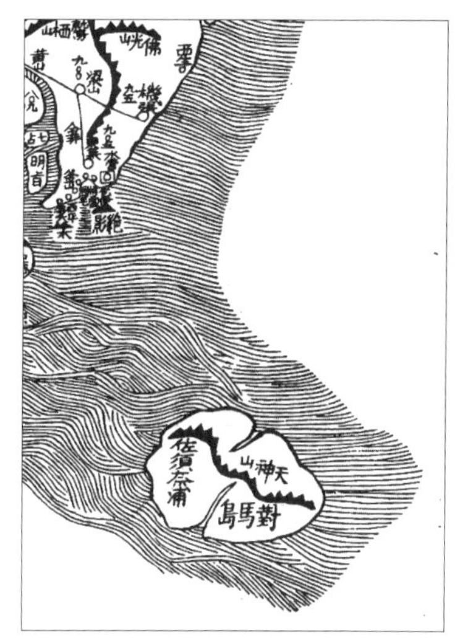

대마도 서북단의 좌수나포(佐須奈浦, 사스나우라)와 그 반대편에 천신산이 동서로 나뉘어 있다. 대마도가 실제와는 다른 모습으로 그려져 있는데, 그 까닭은 김정호가 이곳까지는 답사하지 않았기 때문이다.

1931년 봄, 종무지(宗武志, 소다케유키)와 덕혜옹주의 결혼식 사진.

5. 德惠翁主(1912년 5월 25일~1989년 4월 21일)

6. 일본에서는 소 타케유키(そうたけゆき)라고 한다.

7. 正惠(1932년 8월 14일~1956년 8월 실종). 종정혜(宗正惠)는 1955년 마사에 스즈키(鈴木)와 결혼.

고종의 생일에 찍은 고종과 조선 왕족.

주로부터 따뜻한 손길을 제대로 받지 못하고 아비 종무지의 손에 자라 결혼하였다. 마사에의 삶 또한 비극적이었다. 결혼 후 얼마 안 있다가 마사에는 실종되었다.

종무지와 이혼한 덕혜옹주는 일본의 한 정신병원에서 자신의 이름도, 그리고 자신의 기억과 존재조차 잊고 살아야 했다. 1962년에야 일본에서 돌아와 드디어 이덕혜李德惠라는 본명을 찾았지만, 1989년 76세로 굴곡 많은 삶을 마감하기까지 슬픔으로 얼룩진 그녀의 생애는 그 자체가 이 나라의 비극적인 역사의 한 자락이라 하겠다. 덕혜옹주의 병명은 이른 나이에 찾아온 치매라 해서 조발성치매. 그러나 잇단 정신적 충격으로 발병한 정신이상이었던 것으로 보인다.

1931년 10~11월 대마도를 방문한 덕혜옹주(이덕혜)와 종무지(宗武志, 소다케유키) 부부.

덕혜옹주의 남편 종무지는 35대 대마도주 종중망[8]의 뒤를 이었다. 그러니 그 계보로 따지면 36대 대마도주에 해당한다. 열아홉 나이이던 1931년 봄, 종무지와의 정략결혼을 일본이 강제로 추진하자 그 소식을 들은 덕혜옹주는 충격을 받고 사흘 밤낮을 울며 자신의 모진 운명을 예감하고 비통해 했다고 한다.[9] 종무지 또한 이쪽에서 마뜩치 않아 하는 줄을 알고 있었으면서 덕혜옹주의 엄청난 지참금을 노리고 결혼한 것이라는 소문도 있었다. 결국 그와의 결혼은 순탄하지 않았다. 비록 옹주의 신분이었지만, 조선국의 왕녀로서 최고의 귀족교육을 받은 그가 문화와 풍토가 전혀 다른 왜인과 적응하기

8. 宗重望(1867~1923). 일본에선 소시게모치(そう-しげもち)라고 한다.

9. 일본은 조선인을 동화시키기 위한 정책으로 23세의 종무지와 18세의 이덕혜를 정략적으로 결혼시켰다.

덕혜옹주가 입던 의복과 사진으로 복원한 덕혜옹주의 모습.

일본의 전통 복장인 몬츠키와 하카마를 입은 덕혜옹주의 어릴 적 모습.

양장 차림을 한 10대 후반의 덕혜옹주 모습.

란 쉽지 않았을 것이다. 덕혜옹주는 종무지와의 결혼이 조선왕가에 어울리지 않는 혼사임을 알고 무척 괴로워하였고, 그것은 결혼기간 내내 덕혜옹주에게 대단히 큰 부담으로 가슴을 짓눌렀을 것이다. 조선왕조 내내 멸시해온 대마도 종씨 일가는 비록 옹주일지라도 조선 왕가의 딸을 내어줄 만큼 격이 있는 상대도 아니었고, 당시의 조건에서 덕혜옹주와 종무지와의 결혼은 있을 수 없는 일이었다. 이런 결혼을 강요한 것은 일본이 조선의 이씨 왕가를, 그토록 이씨 왕가가 미워하고 천시해온 대마도주와 동등한 신분으로 격을 떨어트려 욕보이기 위한 것이었다.

이렇게 끔찍하게도 싫어했던 종무지와의 결혼으로 덕혜옹주는 이덕혜李德惠에서 종덕혜宗德惠[10]로 바뀌었다. 정신이상 그리고 종무지와의 이혼 뒤로는 어쩔 수 없이

이즈하라 가네이시죠(金石城) 내에 있는 덕혜옹주비.

10. 덕혜옹주 이덕혜는 1955년에 이혼하였다. 이혼하고 새로 호적을 만들었는데, 이때 어머니 성을 따라 양덕혜(梁德惠)로 개명하였다. 그때부터 마츠자와 병원에서 6년 7개월 동안 양덕혜로 살았다.

말기의 대마도 종씨(宗氏) 가계 계보도

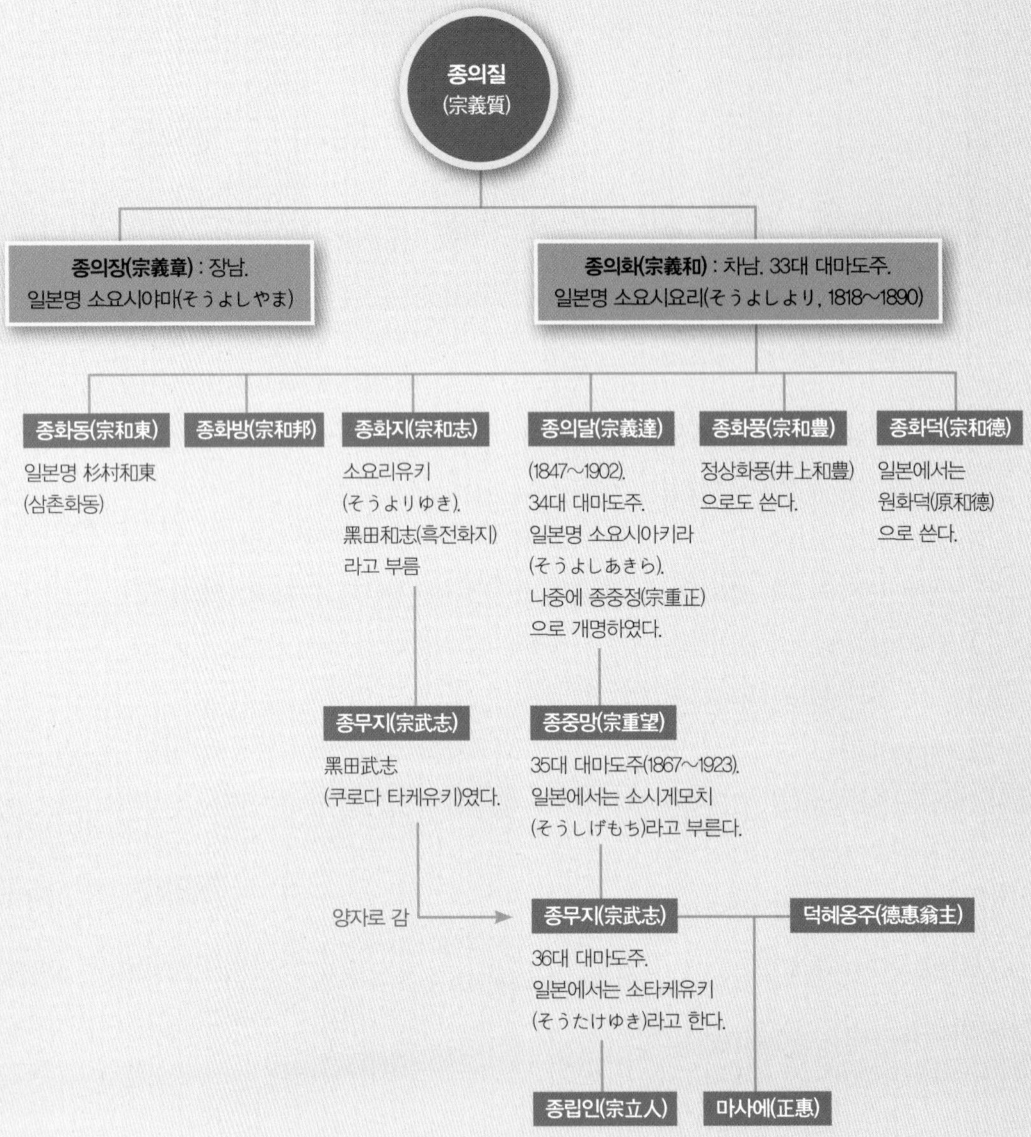

종의질
(宗義質)

종의장(宗義章) : 장남.
일본명 소요시야마(そうよしやま)

종의화(宗義和) : 차남. 33대 대마도주.
일본명 소요시요리(そうよしより, 1818~1890)

종화동(宗和東)
일본명 杉村和東
(삼촌화동)

종화방(宗和邦)

종화지(宗和志)
소요리유키
(そうよりゆき).
黑田和志(흑전화지)
라고 부름

종의달(宗義達)
(1847~1902).
34대 대마도주.
일본명 소요시아키라
(そうよしあきら).
나중에 종중정(宗重正)
으로 개명하였다.

종화풍(宗和豊)
정상화풍(井上和豊)
으로도 쓴다.

종화덕(宗和德)
일본에서는
원화덕(原和德)
으로 쓴다.

종무지(宗武志)
黑田武志
(쿠로다 타케유키)였다.

종중망(宗重望)
35대 대마도주(1867~1923).
일본에서는 소시게모치
(そうしげもち)라고 부른다.

양자로 감 →

종무지(宗武志)
36대 대마도주.
일본에서는 소타케유키
(そうたけゆき)라고 한다.

덕혜옹주(德惠翁主)

종립인(宗立人)

마사에(正惠)

일본의 한 정신병원에 보내져 어머니 성을 따라 양덕혜梁德惠란 이름으로 살아야 했으며, 한국으로 돌아온 뒤에야 비로소 자신의 성과 국적을 되찾을 수 있었다.

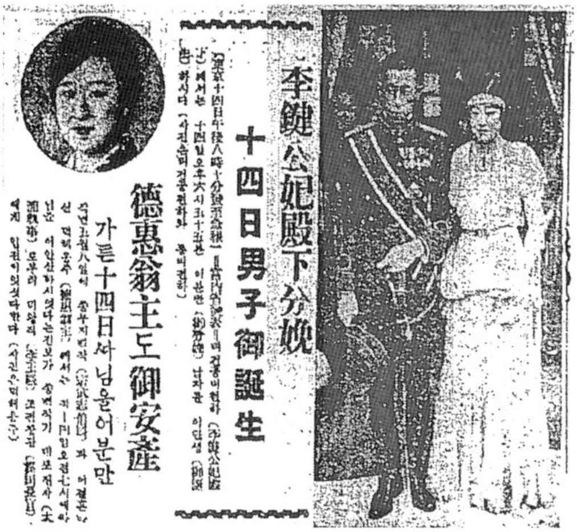
李鍝公妃殿下分娩 十四日男子御誕生

德惠翁主도御安産 가튼十四日사님을어분만

'덕혜옹주도 무사히 출산하셨다'는 의미의 신문기사 제목 '德惠翁主도 御安産' (매일신보, 1932. 8. 16).

덕혜옹주는 10대와 20대에 가족을 잃는 충격을 받았다. 10세 이전에 아버지 고종이 죽었고, 10대 후반에는 오빠 순종, 그리고 어머니 양귀인이 차례로 세상을 떠났다. 자신을 애틋하게 보살펴주던 순종의 갑작스런 죽음(1926)으로 덕혜옹주는 우울증에 빠졌고, 어머니 양귀인은 유방암으로 고통을 겪다가 1929년에 생을 마감했으나 어머니의 죽음을 곁에서 지키지 못했다는 자책감 탓이었는지 덕혜옹주는 정신이상이 발병했다. 일설에는 어머니의 죽음으로 말미암아 정신분열증이 시작되었다고 한다. 어렸을 적 매우 영리하여 고종이 지극히 사랑했던 그녀가 몇 차례의 충격으로 정신이상 증세를 보였으리라는 추정도 있다. 어느 정도 이해가 가는 이야기이다. 그간의 삶에서 얻은 개인적인 경험으로 보면 아무리 정신적 충격을 받아도 머리가 둔한 사람은 정신이상에 걸리기도 어렵다. 그녀가 정신병원에 입원한 것은 종무지와의 결혼 그리고 딸 마사에[11]를 낳은 직후인 1932년 여름이었다.

부산~대마도는 51km, 대마도~후쿠오카 102km

예전 동래부 자리에서 남쪽 15리 거리에 있는 황령산[12] 정상에 오르면 남쪽으로

11. 正惠(1932년 8월 14일생)

12. 황령산(荒嶺山)은 동래부 남쪽 15리에 있다. 여기서 봉수가 시작되며 서쪽은 오해야항(吾海也項), 북쪽은 계명산(鷄鳴山), 동쪽은 간비오산(干飛烏山)과 연결된다. 황령산 이전의 이름은 거칠산(居七山)이다. 이 지역을 신라가 정벌하여 처음 군을 두었을 때 거칠산군이라고 하였다. 거칠산은 거칠뫼로 지금의 황령산을 말한다. 동래라고 한 것은 신라 경덕왕 16년(752)부터이다. 동래부 동쪽 15리에 있는 상산(上山)은 대마도를 바라보는 데 가장 가깝다. 산의 정상에 평탄한 곳이 있고 그 가운데가 저습한데 사면이 토성과 같은 형상이며 둘레가 2천여 보가 된다. 속설에 장산국의 터라고 한다. 상산은 장산이라고도 하고 봉래라고도 한다(『동래부지』).

이즈하라 시내에 있는 만송원(萬松院, 반쇼인이라고 부른다). 19대 대마도주 종의지(宗義智, 소요시토시)가 가네이시죠(金石城)에서 1615년 3월에 죽자 아들 종의성(宗義盛)이 그를 기려 세웠으며, 대마도주와 도쿠가와(德川) 막부의 역대 장군 위패와 조선통신사 관련 유물을 소장하고 있다.

대마도주 종가의 무덤으로 오르는 만송원 돌계단. 햐쿠간기(ひゃくがんき, 百雁木)라고 부르는 132개의 이 돌계단을 오르면 삼나무 숲으로 에워싸인 종가 묘가 나타난다.

대마도가 멀리 바라다 보인다. 황령산 동쪽 상산에 올라서면 대마도가 훨씬 더 가깝게 보인다. 부산에서 대마도까지는 직선거리로 51km, 대마도에서 가장 가까운 일본 본토의 후쿠오카까지는 대략 102km이니 부산보다 두 배나 멀다. 거제도나 부산에서 1백20여 리밖에 안 되는 곳이건만 조선시대 사람들은 그곳이 6~7백 리나 먼 곳에 있는 것으로 알았다. 영암 월출산이

만송원(萬松院) 전경. 본래 천태종(天台宗) 연력사(延曆寺)의 말사였다. 1615년(元和 원년)에 만송원으로 개칭하였다. 현재 경내는 644평으로, 대마도에서는 꽤 넓은 편에 속한다.

나 해남 땅끝마을에서 바라보는 제주도보다 부산에서 바라보는 대마도가 훨씬 더 가까운 것을 잘 알고 있었기에 그보다 가깝다는 거리 개념에서 480리 또는 670리라는 거리가 나왔다고 할 수 있다. 그러므로 대개의 조선 백성들은 그곳이 조선의 땅이 아닐 까닭이 없다고 생각하였다. 더구나 대마도가 옛날에는 고려의 땅이었다고 하고, 해마다 대마도에 식량과 물자를 보내주고 대마도주와 종씨 일족 그리고 대마도 왜인들에게 수시로 조선의 관직을 내주며 배려하는 것을 보고 조선의 대다수 신민들은 당연히 대마도가 조선의 땅이

감성돔과 함께 도미과 어류 중에서 고급 어종으로 대우받는 참돔. 그 새끼(10cm 이하)를 상사리라고 한다.

미쓰시마마치(美津島町) 지역의 아소완(淺茅灣, 천모만) 최남단으로서 가네다죠(金田城)와 성산(城山) 인근 미가타(箕形)에 있는 민박집. 한국인 민병진씨가 운영하고 있으며 아소완 연안의 곳곳에는 이러한 민숙(民宿)이 있다.

라고 믿었던 것이다.

한국인들의 그러한 영토관은 1948년 대한민국 정부수립 이후 철저히 무너졌고, 해방 이후 단절되었던 대마도와 부산 사람들의 왕래는 1990년대 후반에 재개되었다. 그렇지만 대마도 사람들은 이미 그 전에 남해안에 자주 모습을 드러냈다. 대마도 사람들이 남해안에 분주하게 찾아오기 시작한 것은 서울올림픽이 확정된 1980년대 초반부터였다. 올림픽 경기장이 한창 분주하게 세워지고 있을 때, 대마도의 어부들은 남해안에 나타나 새로운 준비를 하고 있었다. 커다란 물칸을 갖춘 배를 대놓고 어부와 낚시꾼들이 잡는 참돔새끼를 사들였다. 그리고 5월 이후 남해안에 떠도는 해초를 헐값에 마구 사갔다. '상사리'라고 부르는 손바닥 만한 참돔새끼 1~2년생 한 마리에 10~20원씩 주고 물칸에 실어갔다. 그 당시 한국 사람들은 대마도 왜인들이 그것을 왜 사 가는지를 모르면서 과자 값도 안 되는 돈에 남해안 씨고기를 대수롭잖게 여기고 많이도 팔아먹었다.

대마도 왜인들이 참돔새끼와 해초더미를 사 간 까닭을 비로소 알게 된 것은 올림픽이 열릴 무렵이었다. 값싸게 사간 해초더미에는 바닷고기들이 산란한 물고기 알이 수도 없이 많이 들어 있었다. 이 해초와 참돔새끼들을 대마도 천모만淺茅灣에서 몇 년 기른 뒤, 비싼 값에 부산에 상륙시켜 새끼 값의 1천~2천 배에 이르는 돈을 빼갔다. 아소완(천모만)은 태풍이나 너울파도의 영향을 받지 않는 리아스식 해안으로, 그 내만의 모습을 구절양장에 비유할 수 있을 것 같다. '기르는 어업'에 주목하고 준비한 대마도인들의 장삿속은 대를 물려 가난하게 살아온 그들의 생존력에서 나온 것으로, 한국과의 교류에 대마도 사람들이 적극적이었던 것은 순전히 그들의 필요에서 비롯된 것이었다. 이렇게 대마도 어민들은 나가사키를 택한 것이 아니라 부산을 택했으며, 부산과 한국에 물고기를 팔아 주머니를 두둑하게 챙겼다. 지금 대마도에서는 나가사키와 후쿠오카까지 배로 두세 시간이면 갈 수 있는 거리이다. 그러나 심정적으로나 현실적으로 대마도 사람들에겐 부산이 훨씬 가깝다. 아마도 대마도 사람들의 마음에 새겨진 부산까지의 거리는 실제보다도 훨씬 더 가까울 것이다. 현재 대마도는 일본 내 5대 오지에 속하지만, 나가사키나 후쿠오카 대신 부산을 기준으로 하면 대마도는 오지가 아니다. 오늘의 시점에서도 대마도 사람들이 부산을 찾는 것은 가장 현실적이면서도 그들이 취할 수 있는 최선의 선택이다. 그런데도 어찌 된 일인지 대마도를 찾는 한국인들이 부산을 찾는 대마도 사람들보다 더 많다. 대마도를 찾아가는 한국인들은 관광과 휴식 외에도 하이킹이라든가 아소완에서의 낚시를 즐기기 위한 것인데, 낚시만 하더라도 한국의 여느 섬보다도 적은 비용에 물고기 자원이 풍부해서 고기 낚는 재미가 퍽 좋기 때문이라고 한다. 2014년 기준으로 대마도를 찾은 한국인은 13만 명이 넘은 것을 보면 한국인들에게 대마도는 의외로 친근한 곳이 분명하다.

미쓰시마마치(美津島町) 아소완에서의 벵에돔 낚시.

2011년 이즈하라 시내에 나붙은 조선통신사 200주년 기념 벽화.

대마도의 어제와 오늘

『삼국지』에 대마국對馬國으로 오른 이후 대마도란 이름이 오래도록 통용되었다. 그러나 일본에서는 흔히 진도津島로도 불러왔다. 그것은 쓰시마つしま의 본뜻에 따른 이름이라고 할 수 있다. '나루섬'이라는 의미에서 진도津島라고 한 것이다. 『일본서기』에는 대마국으로 되어 있고, 『고사기古事紀』에는 진도津島로 되어 있다. 반면 중국의 『수서隋書』 왜인전에는 도사마국都斯麻國으로 되어 있는데, 이것은 쓰시마국을 소릿값 대로 적은 표기이다. 또 『해유록』에는 별명을 방진芳津이라고도 한다고 하였으니 그것은 대마도의 생김새가 타원형 또는 네모난 것으로 보았기 때문이다. 그런데 고모다하마小茂田浜 신사 앞에 있는 종조국의 묘비에는 대마도를 대양對陽이라고 하였으며 대마번을 대양번對陽藩이라고 하였다. 대마도를 대양이라고 한 사례로는 유일한 기록이다.

현재 대마도는 행정구역상 나가사키현 쓰시마시對馬市이다. 대마도의 면적은 708㎢이다.* 해안선의 길이는 945km. 대마도 본섬은 아래, 위 두 개의 섬으로 이루어져 있다. 이들 두 개의 섬이 상대마도와 하대마도인데 상대마가 약간 크다. 상대마는 길이 44km, 둘레 540km이며, 하대마는 길이 24km에 둘레 200km 가량이다. 본래 상현上縣과 하현下縣 두 개의 현으로 나뉘어 있던 전통에 따라 지금도 상현군, 하현군으로 구분한다. 다만 일본식 발음으로 상현군은 가미아가타군, 하현군은 시모아가타군으로 부르고 있는데, 그냥 상대마·하대마로 이해하면 된다. 현재 상현군과 하현군은 만관교万關橋로 연결되어 있는데, 이 길은 대마도 내 100여 km에 가까운 국도를 잇는 척추 역할을 하고 있다. 상현과 하현(상대마와 하대마)은 원래 하나로 이어져 있었다. 그런데 일본이 1904~1905년 러일전쟁을 준비하면서 천모만에 숨겨둔 함대와 선박의 이동을 원활하게 하기 위해 바닷물이 통하게 파내었다. 이렇게 해서 대마도가 둘로 나뉘게 되었다. 본래 자라목처럼 가늘게 이어져 있던 이곳은 충남 안면도와 태안 남면을 잇는 안면

대교 자리인 '판목'과 똑같은 조건이었다. 판목은 파낸 목이라는 뜻으로, 이곳 역시 조선시대 조운선을 단거리로 안전하게 운행하기 위해 파내어 안면도가 태안 남면에서 떨어져 나가 섬이 된 것이다. 만관교 자리도 조선시대 통신사 사행의 배가 일본을 왕래할 때 이곳에서 배를 끌어올려 목 너머로 넘긴 다음, 배를 다시 타고 나갔던 곳이다. 개미허리처럼 연결된 이 목을 통과시키면 최단거리로 움직일 수 있기 때문이었다. 대마도 북단을 돌아 이즈하라로 내려가는 어려움도 피할 수 있어서 조선에서는 이 코스를 자주 활용하였다. 이와 똑같은 조건을 가진 또 다른 곳이 대선월포大船越浦와 소선월포이다. 대선월·소선월로 구분하는 것에서 알 수 있듯이 큰 배는 대선월로 들어가, 그곳에서 배를 끌어올려 반대편으로 넘긴 다음 다시 띄우고 타고 나간 데서 비롯된 이름이다.

이즈하라 아리랑 축제에서 재현하는 조선통신사 행렬.

조선시대 부중府中은 지금의 이즈하라嚴原에 있었다. 대마도의 중심이 상대마도의 미네쵸**에 있다가 옮긴 것이다. 최익현이 대마도에 끌려가 단식으로 순절하고 70여 년이 흐른 뒤인 1980년대 초, 우리나라에서 황수영씨가 그를 기리는 비를 수선사 안에 세웠다. 수선사는 처음에는 작은 암자인 수선암修善庵으로 시작하였다가 그 후 정토종淨土宗의 사찰에서 다시 천태종 사찰로 바뀌었다. 백제 말기, 백제의 여승 법묘法妙가 중국의 남방불교를 받아들여 오음吳音으로 유마경維摩經을 처음 알린 곳으로 전해오고 있다.

이즈하라 만송원万松院은 원래 송음사松音寺였다. 19대 도주 종의지宗義智의 명복을 빌기 위해 그 아들 종의성(소요시나리)이 1615년에 창건한 절을 만송원으로 개칭하여 오늘에 이르고 있는 것이다.

대마도에서는 해마다 8월 첫째 토요일과 일요일에 아리랑축제(아리랑마쓰리)가 열린다. 조선과 일본의 교류와 선린우호의 한마당을 재현하는 행사로서 이때 '조선통신사 행렬'이 이즈하라 시내를 행진하는 모습을 볼 수 있다.

---

* 참고로, 제주도 본섬은 면적이 1833 ㎢이다.

** 쓰시마시 가미아가타군(上縣郡, かみあがたぐん) 미네쵸(峰町, みねちょう). 지금은 대마도가 나가사키현 쓰시마시(對馬市)가 되었으므로 미네쵸가 아니라 '미네마치'로 불러야 한다.

여행자를 위한 Guide Map

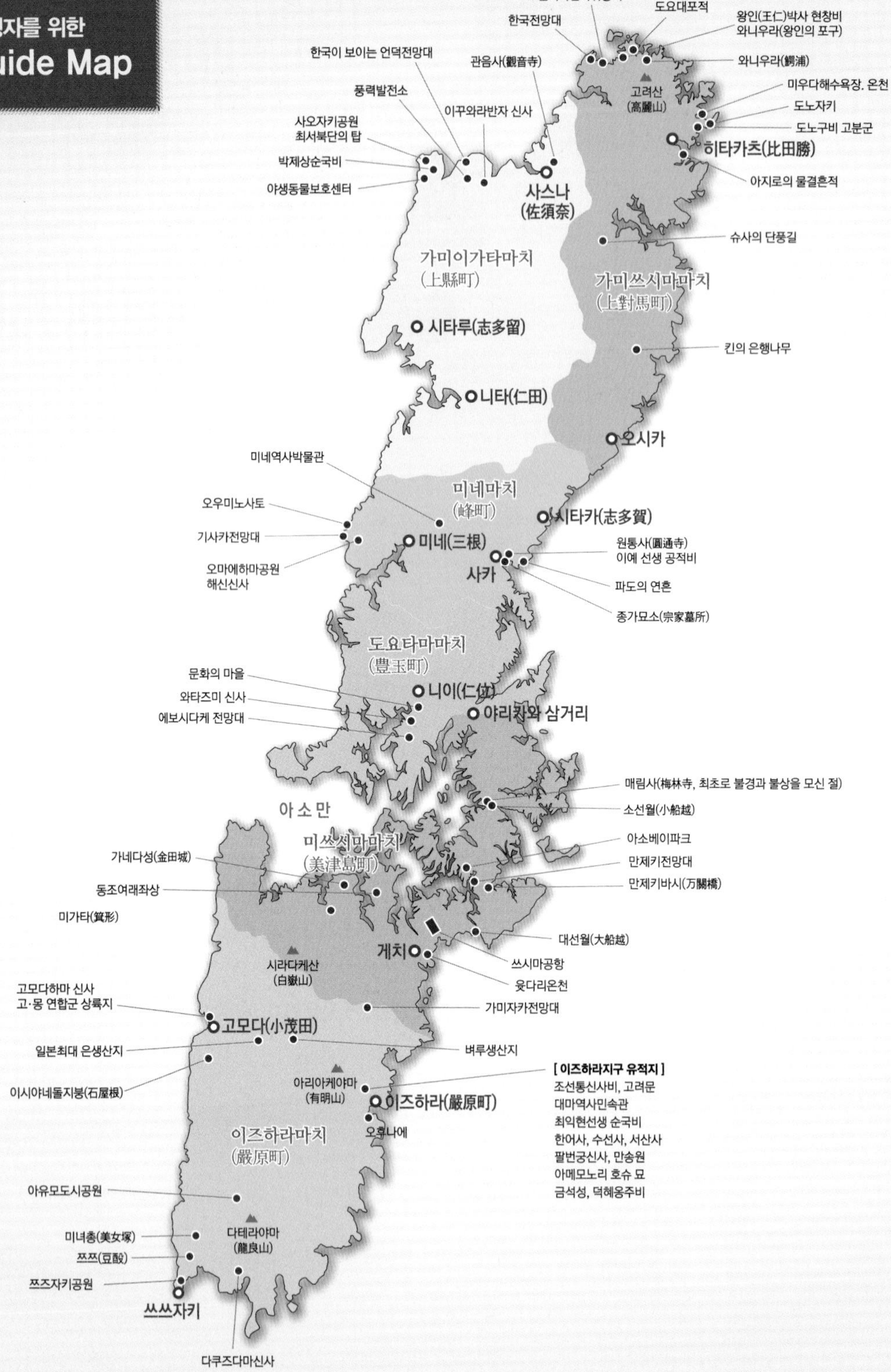

제1부

"대마도는 본래 계림에 속한 땅"

- 대마도를 조선 땅으로 그린 여러 기록들

조선시대의 기록에는 대부분 '대마도는 본래 계림에 속한 땅이었다'고 되어 있다. 본래 계림은 신라 또는 경주를 이르는 표현이지만, 고려시대부터는 한국을 지칭하는 용어였다. 물론 여기서 말한 계림은 신라이다. 그렇지만 양국의 자료로 보면 신라가 대마도를 지배한 증거가 없다. 따라서 '고려'의 별칭으로 이해할 수밖에 없다. 아마도 조선 건국 세력은 '고려'라는 이름 대신 계림이라는 용어로 대치함으로써 대마도가 고려의 땅이었는데 조선 건국시점 언젠가 일본의 영토로 바뀐 사정을 숨긴 것으로 볼 수 있는 것이다.

대마도, 언제 한국 땅이 되었었나?

대마도는 오랜 옛날부터 대륙의 문화를 일본에 전해주는 창구이자 전달자 역할을 하였다. 동시에 대마도는 노략질을 하기 위해 중국과 한국을 드나드는 왜구들의 통행로이자 징검다리로 이용되었다. 한 예로 대마도의 수혈식석곽묘와 거기서 나온 가야 토기 그리고 김해 양동리 200호분에서 나온 광형동모와 모양이 똑같은 것이 나와 가야인들이 일본으로 진출한 흔적으로 볼 수 있다.[1] 또 신라와 고려의 불상·고려불화·동종이라든가 이 땅의 다양한 문화재가 대마도에 많이 남아 있다.

발굴조사하고 복원한 모습이지만 지상의 형태가 방형의 기단식적석묘(基壇式積石墓)인 것으로 보아 서울 석촌동고분과 같은 유형이 아닌가 여겨진다.

그런데 3세기 말에 나온 중국의『삼국지』란 역사서에는 대마도가 왜인들의 나라 '대마국'으로 기록되어 있다. 대마도란 이름은 여기서 비롯되었다.

> "해안을 따라 물길을 가는데 한국을 거쳐 때로는 남으로, 때로는 동으로 가다 보면 바다의 북쪽 해안에 있는 구야 한국에 이른다. 거리는 7천여 리이다. 바다를 건너 1천여 리를 가면 대마국이다. 그곳의 대관(大官)을 비구(卑狗), 부관을 비노모리(卑奴母離)라 한다. 그들이 사는 섬은 사방 4백여 리이다. 땅은 산이 높고 험하며 숲이 깊다. 길은 마치 짐승과 사슴이 다니는 길 같다. 집은 1천여 호가 있고 밭은 없다. 해산물을 먹고 살아가며 배를 타고 남북으로 오가며 식량을 구한다. …"[2]

『삼국지』가 간행된 시기의 대마도는 왜인이 주로 사는 섬이었다. '대마국' 기사가

1. 대마도 이즈하라에서 발굴한 야타테야마고분군(矢立山古墳群)이 대표적인 예인데, 그곳 1~3호분 수혈식석곽묘와 유물은 모두 가야의 것이었다. 1948년에 이즈하라쵸(嚴原町 下原)에서 야타테야마고분군(矢立山古墳群)을 발굴. 1호분은 분구가 동서 11.6m, 남북 10.5m이다. 2호분은 동서 8.8m, 남북 10.5m, 3호분은 동서 4.27m, 남북 6.66m이다.
2. 『삼국지』 위서 동이 왜인전

대마도 이즈하라마치(嚴原町)에 있는 야다테야마(矢立山) 고분 유적.

『삼국지』 왜인전에 수록되었으니 그와 같이 판단할 수밖에 없다. 그러나 대마도는 작은 섬이어서 얼마 안 되는 사람들이 살았다. 더구나 섬에서는 곡식이 나지 않아 고대 왜인들은 한국을 오가며 식량을 구해간 것으로 되어 있다. 김해와 함안이나 부산·진해(웅천)·마산(합포) 지역에서 식량을 조달했을 것이다. 위 기록에서 대마국의 대관을 비구, 부관을 비노모리라고 한다고 했는데, 이것은 왜어로 히꼬日子·히노모리日の守일 것이라 짐작된다. 대마국이라고 했으니 이들 위에 왕이 따로 있었을 것이다. 실제로 왕이 있었는지는 의문이지만….

우리나라 남해안 지역에는 기원전 5~6세기부터 왜인들의 흔적이 나타난다. 이른바 죠몽繩文 시대부터 야요이彌生 시대[3]에 이르는 왜인들의 흔적이 경상남도를 중

3. 야요이시대(彌生時代)는 기원전 3세기 중엽부터 기원후 3세기 중엽까지를 말한다.

(좌) 야다테야마(矢立山) 고분 2호분의 석곽 내부. / **(우)** 야다테야마(矢立山) 고분 2호분 안내판.

심으로 남해안 여러 곳에 있다. 사천 늑도패총이라든가 부산과 김해·진해·창원 등지의 여러 유적에서는 왜인들의 유물이 종종 나오는데, 이런 유물로 볼 때 기원후 2~3세기에는 더욱 활발하게 왜인들이 우리나라 남해안 지역에 들어와 교류하였음을 알 수 있다. 왜와의 오랜 교류 역사라는 관점에서 대마도에 관한 다음의 내용은 의미가 있는 연구이다.

(좌) 대마도 서쪽 바닷가 근처인 도요타마마치(豊玉町) 고즈나(小綱)에 있는 관음사(觀音寺)의 관세음보살좌상. 현지정유형문화재이며, 원효대사가 창건한 우리나라 부석사에서 약탈해간 것이다.

(우) 조선통신사 행렬도. 대마도 현지정문화재로서 대마도역사민속자료관 소장.

"… 대마도는 그 자연적 조건 때문에 선사시대 이래 한반도와 일본열도의 문화적 교류를 이어주는 징검다리 역할을 지속적으로 유지하여 왔다. 그 결과 대마도에는 한반도계 유물과 일본열도계 유물이 혼재된 양상을 보이고 있다. …"[4]

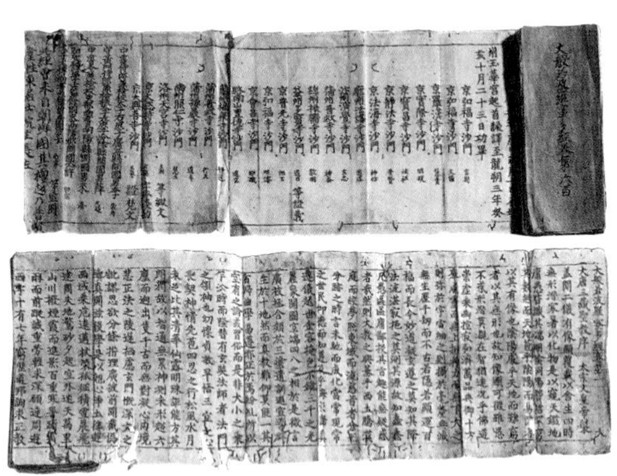

상대마 장송사(長松寺)가 소장하고 있는 고려판대반야경(高麗版大般若經). 11세기 초, 고려가 국가적인 사업으로 만든 대반야경은 몽고의 침입으로 모두 불타 없어지고, 아주 소수만이 남았다. 대반야경 600권 중 517권이 대마도 장송사(長松寺)에 남아 있다. 이 외에 이키시마(壹崎島)에도 11세기 초의 고려대반야경이 있어 중요문화재로 지정되어 있다.

그러나 왜와의 교류가 더욱 빈번해지고 그 규모도 점차 커지기 시작한 것은 가야시대 이후이다. 3~6세기 가야와 백제·왜의 밀접한 관계는 고대 한국의 문물을 빠르게 일본에 옮겨놓았다. 3~4세기부터 가야인들은 일본 땅으로 진출하여 고대 한국인들의 정권을 세웠으며, 그 후로는 백제가 식민왕국 왜를 세웠다. 그때로부터 대마도는 한국인들이 왜로 건너는 징검다리가 되었다. 고대 사회에서 먼저 일본의 왜인들을 변화시킨 것은 가야인들이었다. 가야인과 가야의 철, 가야의 문화가 일본에 건너가 문화혁명을 일으켰다. 그들의 흔적은 대마도와 서일본 지역에 널리 흩어져 있다. 가야에 이어 5~6세기부터는 백제가 새로운 문화 전달자로서 왜와 친밀하게 교류하였다. 이렇게 7세기까지의 역사시대에는 가야와 백제가 왜와의 친선관계를 유지하였다. 가야·백제가 왜와 친밀하게 교류하는 가운데 왜인들도 남해안 연안에 자주 왕래하였다. 이와 같이 가야·백제는 고대 왜와 일본 그리고 일본인들에게 문화·정치적으로 강력한 영향을 미쳤고, 그 교류의 중간 기착지가 대마도였다. 그러나 가야 및 백제가 공존했던 시대는 물론 삼국시대에 대마도가 가야나 백제의 땅이었다는 증거가 없다. 그 후 신라의 삼국통일 이후에도 대마도가 신라 땅이었다는 기록이나 명백한 고고학적

4. 『부산과 대마도의 2천년』 p.40, 부경대학교대마도연구센터, 국학자료원, 2010

증거는 없다.[5]

가야 및 백제와 달리 1~7세기 왜와 신라의 관계는 좋지 않았다. 신라 내물왕 때 박제상이 왜국으로 건너가 신라 왕자를 구해 오려다 왜왕에게 붙잡혀 죽었는데, 그것도 신라와 왜 사이의 갈등 관계를 보여주는 사례이다. 4세기 말의 일로, 그를 처형한 곳은 대마도 동북단에 있는 '악포鰐浦'[6]라고 주장하는 일본인들도 있다. 일부에선 미진도美津島 '선월포船越浦'[7] 부근으로 추정하기도 한다. 그렇지만 그것은 사실이 아니다. 오히려 지금의 후쿠오카로 보는 설이 옳다. 그런데 일본에서는 석탈해를 대마도 출신으로 보는 것이 정설처럼 되어 있으며, 이를 주장하기 위해 일본인들은 약삭빠르게 대마도 히다가츠比田勝에 석탈해의 비를 세워 두었다. 그렇지만 나는 석탈해가 대마도 출신이 아니라 지금의 중국 길림성 심양시 서북에 있던 13세기 황룡현黃龍縣 지역 출신이었음을 '영원한 제국 가야' 편에서 명백히 밝혔다.

대마도 동북단 마을인 상대마(上對馬) 히타카츠(比田勝)에 세워진 신라 박제상위령비. 대마도 사람들은 박제상이 대마도에서 죽었다고 생각하고 비를 세웠지만, 박제상은 이곳에서 죽은 것이 아니다. 고려 말 정몽주가 일본에 건너가 후쿠오카 냉천진(冷泉津)에서 죽은 것을 확인한 이후, 신숙주도 후쿠오카임을 조선시대 초에 직접 답사하고 인정하였다. 그 후로도 조선통신사들은 후쿠오카에서 박제상이 죽었음을 슬퍼하며 많은 시문을 남긴 바 있다. 박제상이 잡혀 죽은 곳은 지금의 후쿠오카(福岡) 하카다구(博多区)에 있는 냉천공원(冷泉公園) 서편의 나카스카와(中洲川) 하류일 것으로 추정된다. 아마도 하카다바시(博多橋)에서 레이센도-리(冷泉通り)를 중심으로 한 지역일 수 있다.

이상 몇 가지 사실은 일찍부터 한일 교류에 대마도가 가교역할을 했음을 보여주는 사례이다. 그런데 석탈해가 대마도 출신이라고 주장하는 것은 식민사관의 변형판인 동시에 당시 왜국의 범위가 대마도까지였다는 점을 강조하기 위해 일본에서 꾸민 것이다. 비록 대마국이 왜인들의 나라였다 해도 그 당시 대마국은 왜 정권의 통제를 받지 않는 변방이었다. 그리고 그곳에 왜인들만 산 것은 아니었다. 가야인

5. 『부산과 대마도의 2천년』, 부경대학교대마도연구센터, 국학자료원, 2010
6. 대마도 북단의 바다에 고래등처럼 갯바위가 솟아있어서 고래를 닮은 포구라는 의미에서 붙여진 이름이다.
7. 조선의 사신들이 대마도나 일본을 오갈 때 천모만으로 들어가 이곳에 도착하여 배를 끌어올려 동쪽으로 넘긴 뒤, 다시 타고 바다로 나가던 포구여서 선월포라 부르게 되었다.

을 비롯해 이 땅의 하층민들이 많이 내려가 살았다. 그것은 고려시대 이후 남해안에서 표류하여 대마도나 일기도로 갔다가 송환된 사람들로도 알 수 있다. 송환된 사람들은 표류인 가운데 일부일 뿐이다.

5세기 초에도 대마도는 가야나 백제의 땅이 아니었다. 그렇다고 신라의 수중에 있지도 않았다. "실성왕 7년(408) 봄 2월에 왕은 대마도에 왜인들이 군영을 설치하고 무기와 군량을 쌓아 두어 우리 신라를 습격하려고 한다"는 말을 듣고서 그들이 준비하기 전에 우리가 먼저 정예 군사를 뽑아 왜의 군영을 격파하고자 하였다. 그러자 서불한舒弗邯[8] 미사품未斯品이 말하였다.

> "신이 듣건대 무기는 흉한 도구이고 싸움은 위험한 일이라고 합니다. 하물며 큰 바다를 건너서 남을 정벌하는 것은 만에 하나 이기지 못하면 후회해도 돌이킬 수가 없습니다. 험한 곳에 관문을 설치하고 그들이 오면 막아서 어지럽히지 못하게 하고 유리해지면 곧 나가서 사로잡는 것이 좋습니다. 이것이 이른바 남을 유인하되 유인당하지 않는다는 것이니, 가장 좋은 계책입니다."[9]

실성왕은 미사품의 말에 따랐다. 왜인들이 대마도를 발판으로 신라를 침입하려 한 것인데, 이것이 이웃 가야나 백제의 사주를 받은 것인지는 알 수 없다. 위 기사로 알 수 있는 것은 그 무렵 대마도는 신라의 통제 안으로 들어오지 않았다는 사실이다. 그럼에도 조선시대 자료마다 '대마도는 계림에 속한 땅이었다'고 하였다. 그렇다면 이런 기록에서 말하는 계림은 바로 실성왕 또는 신라 시대를 말한 것이 아니라 고려를 지칭한 것으로 봐야 할 것이다.

대마도 왜인들이 신라인들과 적대적인 입장에 있었던 사실은 『일본서기』에도 보인다. "신라의 간첩 가마다迦摩多가 대마도에 도착하였으므로 잡아서 바쳤다. 가

8. 이것은 뿔칸, 즉 각간(角干)의 다른 표기이다.

9. 『삼국사기』 신라본기 실성왕 7년 봄 2월

마다를 우에노上野에 유배하였다"[10]고 하였는데, 이것은 두 나라 사이의 정보전이 치열했음을 전하는 기록이다. '가마다를 대마도에서 잡아 바쳤다'는 기사는 602년 8월에 백제가 신라와 벌인 남원 운봉에서의 아막성阿莫城 전투가 있기 전에 신라의 첩자가 왜군 파병을 막기 위해 일본에 가서 활동하다가 붙잡힌 사정을 전하는 이야기이다. 백제는 남원 지역을 찾기 위해 부심하였다. 남원은 백제가 영남과 남해 동부 지역으로 진출하기 위한 거점이자 관문이었다. 백제 무왕은 즉위 3년째인 602년부터 신라군이 차지한 백제의 동쪽 변경을 적극적으로 공략하기 시작하였다. 그곳은 일찍이 가야와의 치열한 영역 다툼 끝에 가야 땅이 되었다가 가야를 정복한 신라에 의해 점령되었다.

『일본서기』에 의하면 602년 2월 왜는 2만5천 명의 병력을 규슈九州에 집결시켜[11] 신라를 공격할 참이었다.[12] 백제와의 연합공격이었다. 그런데 성덕태자의 동생인 왜군 장군[13]이 6월에 갑자기 규슈에서 죽는 바람에 결국 왜병은 출병하지 못했다.[14] 그런데도 이런 사정을 전혀 모르고 있던 백제는 왜군이 약속대로 출병할 것으로 믿고 그해 8월 아막성을 공격하였다. 결국 왜군의 후방지원 없이 백제는 이 싸움에서 대패하여 백제군 총 6만 명의 70%에 가까운 4만 병력을 잃고 철수하였다. 이로써 신라에 빼앗긴 임나(가야) 지역을 수복하려던 백제의 꿈은 좌절되었다. 신라군의 주도면밀한 대비로 남원 지역은 꿈쩍도 하지 않았고, 신라의 수중을 벗어나지 않았다.

백제출병을 위해 규슈로 간 왜병 총사령관 내목황자는 신라의 자객에게 살해되었다. 신라를 치기 위해 규슈로 온 그가 '신라노新羅奴에게 살해당했다'고 한 기록이

10. 推古天皇 9년(601) 가을 9월 7일 조

11. 내목황자(來目皇子)로 하여금 신라를 공격하는 장군으로 삼고 제신부(諸神部) 및 국조(國造), 반조(伴造) 등에게 군사 2만 5천을 주었다(『일본서기』 推古天皇 10년 2월조).

12. 602년 4월 내목황자(來目皇子)가 쓰쿠시(筑紫)에 도착하였다. 이네 屯嶋郡(둔기군)으로 나가서 선박을 모으고 군량을 운반하였다(『일본서기』 推古天皇 10년 4월조).

13. 내목황자(來目皇子)로 되어 있다.

14. 이때 내목황자(來目皇子)는 병에 걸려 신라 정벌을 하지 못했다(『일본서기』 推古天皇 10년 6월조).

있는 것으로 보아 그와 같이 판단할 수 있다.

> "대장군 내목황자가 쓰쿠시(筑紫)에서 죽었다. 성덕태자가 주위 시종들에게 말하기를 '신라노 등이 마침내 대장군을 살해하였다' 고 하였다."[15]

'신라의 노예'라는 뜻으로 신라노라고 하였지만 실제로는 신라의 자객이었던 것이다. 대마도에서 신라의 간첩이 잡혀 왜국으로 유배당하고, 신라의 자객이 쓰쿠시 筑紫로 넘어가 백제를 도와 신라를 치려고 출병하는 원정군 총대장을 살해한 이 사건에서 당시 대마도는 양측의 중요한 공간이 되고 있음을 알 수 있다. 신라의 자객은 대마도를 징검다리로 규슈에 건너가 성덕태자의 동생을 죽인 것이다.

한편 이때 고구려는 백제와 공동보조를 취하고 있었다. 백제가 신라에 대패하자 이듬해인 603년에 고구려는 신라의 북변에 있는 북한산성을 공격하였다. 그렇지만 신라는 고구려의 공격에도 잘 대비하였다. 신라는 왜의 침입에 대비하여 40여 년 전인 560년에 이미 함안의 파사산[16]에 성을 쌓고[17] 대비하였을 뿐 아니라 신라가 흡수한 가야권의 인력을 잘 통제하였다.

하지만 왜는 어찌 된 일인지 신라와는 불편한 관계였다. 문화·경제적으로 가야와 왜의 밀접한 관계는 정치적으로 신라와 왜의 대립관계를 조성하였다. 신라 및 고구려 연합군이 A.D. 400년에 가야·왜를 원정했다는 광개토왕비의 내용을 보더라도 왜는 신라와 적대적인 관계였음을 알 수 있다. 7세기에 신라가 삼국을 통일한 후 문무왕이 호국룡이 되었다고 한 것도 왜와의 좋지 않은 관계를 반영한다. 나당전쟁이 끝나고 난 뒤인 7세기 말에도 대마도가 신라의 수중에 있지 않았으며, 신라

15. 大將軍來目皇子薨於筑紫 太子謂侍從曰新羅奴等遂殺將軍 … (聖德太子傳曆 상권 推古天皇 11년 2월 계해 조)

16. 파사산(波斯山). 지금의 함안 파산(巴山)으로 추정된다. 그러나 여항산 북록에 파수리가 있는 것으로 보아 여항산 줄기 가운데 마산 진동에서 함안으로 들어오는 길목 어딘가에 파사산이 있을 수 있다고 보는 바이다.

17. 신라는 아라(阿羅)의 파사산(波斯山)에 성을 쌓고 대비하였다(『일본서기』 흠명천황 22년조).

의 통일전쟁 대상에 대마도가 포함되어 있지도 않았다. 『일본서기』에는 '천지 11년(672) 11월 10일 대마국사對馬國司가 쓰쿠시筑紫 태재부에 사신을 보내어 보고하였다'[18]는 기록이 있다. 물론 이 자료는 의심스러운 면이 있기는 하나 어쨌든 그 무렵에도 대마도는 신라의 수중에 들어왔다고 보기는 어렵다.

신라시대 대마도가 신라 땅이 아니었음은 『일본후기日本後紀』와 대마도 측의 기록으로 알 수 있다. 811년(弘仁 2)[19] 12월 6일 신라가 3척의 배로 좌수포佐須浦[20]를 공격하였는데, 당시 신라인들과 말이 통하지 않았다고 하였으며, 이 외에도 홍인 연간인 9세기 초에 도이국刀伊國이 봄 안개 가득한 날, 청색 돛을 세운 여러 척의 배에 수천 명의 군대를 싣고 대마도를 공격, 지금의 가네타죠金田城를 점거하였다고 한다. 또 893년[21]에는 신라가 45척의 배로 대마도를 공격하자 현재의 후쿠오카 일대에 있던 태재부太宰府에 다급한 사실을 알리고, 문옥선우文屋善友[22]를 보내어 신라의 부장 이하 302명을 죽이고, 배 11척과 대도 15자루, 활 11개, 방패 320매를 노획하였으며 포로 1명을 사로잡았다[23]고 기록되어 있다. 이때도 신라가 대마도를 공격한 것은 지금의 고모다하마였다고 한다. 그 무렵의 대마도를 신라의 땅으로 볼 수 없는 기록들이다.[24] 따라서 조선통신사로 일본을 다녀와 『동사록東槎錄』을 남긴 조경[25]이 "옛날 우리나라 계림의 전성기에 대마도는 우리 땅이어서 동쪽에 근심이 없더니 어느 해에 계림에서 벗어나 오랑캐의 손에 들어가 …"라고 한 것과 같은 이

18. 『일본서기』 天智紀 11년 11월 갑오삭 계미(20일) 조

19. 일본의 연호인 홍인(弘仁)은 9세기 초에 사용되었다. 홍인 원년은 810년이다. 이 연호는 홍인 15년까지 사용되었다. 일본 차아천황(嵯峨天皇) 연간을 말한다.

20. 지금의 고모다하마를 이른다. 대마도 서북단의 좌수나포(佐須奈浦)와는 다른 곳이다.

21. 일본의 연호로는 관평(寬平) 5년에 해당한다.

22. 당시 그는 치쿠젠의 수호, 즉 축전수(筑前守)였으며 대마국수(對馬國守)로 파견되었다고 한다.

23. 『부상략기(扶桑略記)』의 본조편년록(本朝編年錄)에 실려 있다.

24. 현재 미네쵸(峰町) 사카(佐賀) 마을 가메노다케(龜の岳)에는 신라인의 머리를 함께 묻었다는 '신라인의 머리무덤(新羅人の首塚)이 있는 것으로 보아 신라가 대마도 왜구를 토벌하러 왔다가 죽은 병사의 수급을 한 데 묻은 것이 아닌가 짐작된다.

25. 趙絅(1586~1669)

야기들은 정확한 근거를 가지고 한 말이 아니다. 세종 이후 통상 해온 말들을 그냥 따라 한 것에 불과하며, '대마도가 계림에 속한 곳이었다'는 말도 『일본서기』 신대편에 실린 것 외에는 그 근거가 없다.

그리고 '신라 경문왕 4년(864, 갑신년)[26]에 왜란을 평정하였으며, 이 왜변을 갑신왜변이라고 한다'는 기록이 죽산안씨의 족보에 실려 있는 것으로 보아 이 무렵에도 대마도는 대마국對馬國으로 있었으며 신라에 편입되지는 않았다. 『삼국사기』나 『삼국유사』 등에는 이런 사실조차 빠져 있지만 참고할만한 자료라고 생각된다. 개인 가계의 족보에 실려 있는 내용이라서 믿을 수 없는 기사라고 무시하기에는 너무도 기사의 내용이 구체적이다. 그런데 또 신라 말인 9세기 일본 승려 엔닌圓仁의 『입당구법순례행기』에는 '4월 중에 대마도의 백성 6명이 낚시하다 표류하여 …' 구초도[27]에 이르렀다는 내용이 있어 장보고가 활동하던 시대에도 대마도가 신라 땅이었다는 분명한 증거는 없다.[28]

계림이 경주나 신라를 가리키는 이름이 아니었다면 그것은 고려를 지칭하는 것이다. '대마도가 계림에 속했다'는 구절이 우리의 역사서나 개인문집에 실린 것은 세종 이후이다. 그렇지만 고려 중기까지 대마도가 고려의 땅이었다는 직접적인 증거가 없다. 『고려사』에 대마도는 대부분 일본으로 나타난다. 물론 『고려사』가 조선초에 쓰였으므로 여기엔 조선시대의 영토관이 반영된 것이 분명하다. 기록만으로 보면 대마도는 고려시대의 대부분을 일본의 영토로 남아 있었던 것 같다. 1049년 11월 '대마도에서 표류민을 압송해온 일'[29]이라든가 1051년 7월 고려에서 대마도로

26. 죽산안씨의 시조인 안방준(安邦俊)이 55세 때라고 한다. 16세기 말~17세기 초를 살았던 안방준은 자신의 시조 이름을 그대로 따라 쓴 것이다.

27. 지금의 진도군 동거차도와 서거차도 등 거차군도를 이르는 것으로 보는 시각이 있다. 그러나 조선시대 대마도 왜인들이 조선 정부에 요청하여 어로활동을 허가해 달라고 한 섬으로서 고초도가 전남 동부에 있었던 것으로 『조선왕조실록』에 전하고 있어 고초도를 통일신라시대에 구초도라고 부르던 곳으로 보는 바이다. 아울러 경남 동남부 해안에서 진도까지는 너무 멀고, 왜인들의 이동경로를 감안할 때 구초도나 고초도는 여수권에 있는 섬으로 보는 것이 합당하리라 판단된다.

28. 『입당구법순례행기(入唐 求法巡禮行記)』, 엔닌(圓仁), 김문경 역주, 도서출판 중심, 2001

29. 戊午 東南海船兵都部署司奏 日本對馬島官 遣首領明任等 押送我國飄風人金孝等二十人 到金州 賜明

도망한 사람들을 잡아들인 일[30] 모두 '일본 대마도'로 적고 있으니 이 무렵 대마도는 일본 땅이었다. 1082년에 일본에서 방물을 바친 것[31]이나 1085년 대마도 구당관이 방물을 바친 것[32]도 모두 일본 대마도로 적었다.

13세기 중엽에야 대마도가 고려의 관할권에 들어온 것은 기록으로 알 수 있다. 여몽연합군이 일본원정을 한 13세기 말 이후 대마도는 드디어 고려의 영역으로 편입된 것으로 보인다. 그때 대마도의 왜인들은 대부분 제거되었고[33] 대마도 종가의 시조 종중상의 동생이며 2대 대마도주인 종조국도 대마도 서편 해안의 고모다하마에서 여몽연합군에 저항하다 죽었다. 이때 비로소 대마도가 고려의 영향권에 들어온 것 같다. 원종 10년(1269) 4월 흑적과 신사전 등이 대마도로 가서 왜인 두 명을 잡아오는 사실을 적으면서[34] 그냥 대마도로 표기하였다. 그 이전의 기록과 달리 이때부터는 '일본'은 빠진 채 그냥 '대마도'로 되어 있는 것이다. 이 일이 있은 뒤로 약 1백여 년이 지나면 '대마도 만호가 토산물을 바쳤다'[35]며 일본에서는 쓰지 않는 만호라는 명칭이 나타난다. 만호는 원과 고려에서만 사용한 직책명이다. 같은 달에 또 대마도에 이하생을 파견하였는데 그의 직책이 강구사였다. 이때도 '일본국 대마도'라 하지 않고 대마도로 적은 것으로 보아 13세기 대마도는 고려의 관할에 들어와 있었던 것으로 볼 수 있다. 그리고 '공민왕 17년(1368) 11월에는 대마도 만호 종경宗

任等例物 有差[『고려사』 문종 3년(1049) 11월 29일]

30. 己未 日本對馬島遣使 押還被罪逃人良漢等三人[『고려사』 문종 5년(1051) 7월 11일]

31. 丙戌 日本國對馬島遣使 獻方物[『고려사』 문종 36년(1082) 11월 9일]

32. 정축일에 대마도 구당관(勾當官)이 사람을 보내어 감귤을 바쳤다[『고려사』 선종 2년(1085) 2월 13일].

33. 1274년 여몽연합군의 1차 원정 때(文永 11년) 종조국(宗助國, 일본에서는 종조국을 소 스케구니라 한다)이 사망하였다. 종조국은 부하들과 함께 대마도 서쪽 해변의 고모다하미(小茂田濱: 그 당시의 지명은 佐須浦)에서 여몽연합군과 싸우다 죽었으며 그곳에 그의 영혼을 모신 고모다하마신사가 있다. 이 해에 여몽연합군은 대마도 서편 지역(加志, 三根, 仁田 등)과 동북 서박포(西泊浦, 니시도마리우라)에 이르는 넓은 범위로 진격하여 격전을 치렀으며 그중 가장 유명한 싸움터가 좌수포(佐須浦)로서 지금의 고모다하마(小茂田浜) 일대이다.

34. 삼월 신유일에 흑적(黑的)과 신사전(申思佺) 등이 대마도에 이르러 왜인 두 명을 잡아가지고 돌아왔다[『고려사』 원종 10년(1269) 3월 16일].

35. 기유일에 대마도 만호가 사람을 보내어 토물(土物)을 바쳤다[『고려사』 공민왕 17년(1368) 7월 11일].

이즈하라마치(嚴原町)의 고모다하마(小茂田浜) 포구. 지금은 평화롭게 고기잡이를 하고 바다에서 양식업을 하며 살아가는 조용한 마을이다. 이즈하라의 서편 해안에 있다.

(좌) 고모다하마에는 현재 원구침공(元寇侵攻)이라 하여 원나라 군대가 침입한 곳이었음을 알리는 안내판이 설치되어 있다.

(우) 여몽연합군이 상륙하여 대마도 왜인들을 제압한 고마다하마 해변.

慶이 사람을 보내어 입조하자 쌀 1천 석을 보내주었다.'[36] 대마도 종가의 우두머리 종경을 대마도 만호라고 부른 것으로 보아 여몽연합군의 일본원정을 전후한 시기 언젠가 대마도가 고려의 영역으로 편입된 것은 분명하다. 더구나 종씨宗氏들은 고려 태조 왕건의 치하에서는 상층 관료로 활동하였을 만큼 고려에서도 실력 있는 가문이었다. 본래 종씨는 고려인이었고, 그 이전 신라인이었음이 분명하다. 대마도 종가의 시조라고 하는 종중상이 대마도 게치鷄知에서 아비류평태랑阿比留平太郎을 죽이고, 그 무리까지 평정하여 대마도에 세력을 편 것이 13세기 중반이다. 그러나 그로부터 한참이 지난 여몽연합군의 2차원정 때는 종조국의 장남 종성명은 하카다에 살고 있었다. 종씨 일가가 대마도에 터를 잡고 살기 시작한 것은 종뢰무[37] 때부터이다. 그가 대마도에 정착한 해는 1398년이다.[38]

조선의 신민들은 대마도를 조선의 영토로 알았다

대마도가 고려의 땅이었기에 그곳에 고려문이 세워졌음을 앞에서 설명하였다. 그런데 임진왜란 직후인 17세기 초, 안방준의 기록에 의하면 종씨 일가는 대마도를 식읍으로 받았다고 한다. 더욱이 대마도주의 시작은 고려 말 종경부터라고 하고, 본래 종씨 일가는 고려의 신민이었으므로 고려의 종씨가 대마도에 내려가 대마도의 주인이 되었음을 알 수 있다. 그렇다면 이 사실로써 우리는 13세기 중반 이후, 그곳은 고려인이 지배하는 땅이었음을 알 수 있다. 그 섬의 실질적인 지배자가 종가였던 만큼 그들은 자신들을 고려의 신민이라 생각했을 것이고, 그들의 입장은 친고려적이었을 것이다. 공민왕이 종경에게 쌀 1천 석을 내준 것도 그만큼 친밀한

36. 11월 병오일에 내나도 만호 숭종경(崇宗慶)이 사람을 보내어 조알하자 종경에게 쌀 1천 석을 하사하였다[『고려사』 공민왕 17년(1368) 11월 9일]. 이름 앞에 숭(崇)이란 글자를 붙인 것으로 보아 고려에서 종경을 숭의후(崇義侯)로 대우한 것으로 짐작해 볼 수 있다. 고려에 귀의하였으므로 그를 존숭하여 내어준 칭호로 볼 수 있다는 것이다.

37. 사미영감 또는 영감(靈鑑)으로 불린 인물이다. 종경무(宗經茂)의 장남으로서 어렸을 때의 이름은 학왕환만(鶴王丸晩). 1404년 11월 15일에 죽자 다시 그를 상무(尙茂)라고 고쳐 불렀다.

38. 일본에는 응영(應永) 5년으로 전하고 있으며 당시 대마도 시다카(志多賀)에 자리잡았다.

관계를 보여주는 것이다. 고려가 대마도를 지배한 확실한 근거가 있었기에 조선은 초기부터 대마도를 '우리 땅'이라고 주장한 것으로 볼 수 있다. 그런데 고려 말~조선 건국 시점에 조선은 완전히 이 땅에 등을 돌렸으며, 조선 건국 세력은 그에 얽힌 자세한 사정을 숨기고 기록으로 전하지 않았다. 아마도 혁명세력에 반대하여 대마도가 이반하였고, 스스로 이 땅의 정권과 결별한 사실을 숨겨야 했던 속사정이 있었던 것 같다.

조선시대 내내 이 땅의 많은 신민들은 대마도가 조선 땅이라고 믿었다. 대마도가 예로부터 한국 땅이라고 한 기록은 많이 남아 있다. 그리고 그와 같은 믿음은 최근세까지 우리의 의식 속에 남아 있었다. 대표적인 예로 『한고관외사寒皐觀外史』[39]에 "대마도는 우리 계림에 속한 땅이었다"[40]고 하였다. 이 외에도 대마도를 한국의 땅이라고 적은 기록과 지도가 많이 있다. 거의 모든 자료에 대마도는 계림에 속한 땅이라고 하였는데, 계림이란 말에는 두 가지 의미가 있다. 신라를 대신하던 이름인 동시에 고려시대엔 '고려'를 지칭하는 이름이었다. 그 대표적인 사례가 중국인 손목이 쓴 『계림유사』인데, 여기서 말하는 계림은 고려 전체를 가리키는 말이었다. 그러면 과연 이들 중 어떤 의미로 사용한 것일까?

신라를 뜻하는 말로 썼다. '대마도가 본래 계림의 땅이었다'는 말은 세종이 처음 한 표현인데, 이 말의 근거는 『일본서기』 신대神代 편에 있다. 여기서 대마도를 한향지도韓鄕之島[41]라고 하여 '가라의 섬'이라고 한 것 외에는 고려 이전의 한일 양국 기록 가운데 대마도를 한국의 섬으로 기록한 자료는 없다. 아마도 세종은 어떤 경로로든 『일본서기』를 구해서 보았고, 이것을 가지고 고려와 조선의 영유권을 주장한 것이라고 볼 수 있다. 또 일본에서 13세기 말의 가마쿠라鎌倉 시대에 쓴 『진대塵袋』

39. 조선 후기 문인 김려(1766~1821)의 저작.

40. '對馬島舊隸我鷄林'

41. 이때의 韓(한)을 통상 일본에서는 가라로 해석하는데, 이런 전통으로 보아 대마도는 신라가 아니라 가라(=가야)의 관할에 있었던 것으로 볼 수도 있다. 대개 4~6세기 가야의 관할에 있다가 신라가 가야를 통합한 뒤, 대마도가 신라에 적대적인 관계로 돌아섰을 수 있다.

라는 기록에는 "대마도는 옛날엔 신라국과 같은 곳이었다. 사람들의 모습도, 그곳에서 나는 토산물도 모두 신라와 다름없다"고 하였다. 대마도 사람 등정방藤定房이 지은 『대주편년략對州編年略』(1723)에는 "대마도는 고려국의 목牧이다"라고 적었다. 그렇지만 그 외의 여러 자료를 종합해 보면 대마도가 계림(신라)의 관할이었다고 보기 어렵다. 실제적으로 대마도에 대한 영향력을 행사한 기록으로 보면 여러 자료에서 말한 계림은 정황상 신라가 아니라 고려로 이해해야 옳다. 대마도에 관련된 자료로서 먼저 18세기에 나온 『한고관외사』엔 이렇게 되어 있다.

> "대마도는 옛날 우리 계림(鷄林)에 속한 땅이었는데 언제부터 왜인이 들어와 살게 되었는지 알 수 없다. 섬은 8개 군으로 나뉘어 있으며 땅이 척박해서 사람들이 가난하다. 소금을 구워 팔아 살아가며 종씨(宗氏)가 도주를 세습하고 있다. 그 선조 종경(宗慶)이 죽고 아들 영감(靈鑑)[42]이 뒤를 이었으며, 영감이 죽자 아들 정무(貞茂)가 뒤를 이었다. 정무가 죽은 뒤 아들 정성(貞盛)이 뒤를 이었고 정성이 죽은 뒤 정성의 아들 성직(成職)이 뒤를 이었다. 성직이 죽고 아들이 없어 대마도 사람들은 정성(貞盛)의 아들 정국(貞國)을 도주로 세웠다. 정국이 죽고 아들 익성(杙盛)이 도주가 되었다. 남북으로 천신이라 하는 높은 산이 있어 남쪽 산을 자신(子神, =아들신), 북쪽 산을 모신(母神, =어머니신)이라 부른다. 집집마다 소찬(素饌)[43]으로 두 신을 제사지낸다. 초목과 금수(동물)를 어느 누구도 감히 범하는 사람이 없다. 죄인이 신당(神堂)으로 도망쳐 들어가면 더 이상 좇아가 잡지 않는다. 동래 부산포에서 섬까지 수로로 670리이며, 대마도에서 일기도(一岐島)까지 수로로 48리, 일기도에서 적간관(赤間關)[44]까지 68리이다. 적간관은 일본 서해안이다."[45]

42. 이와 달리 『조선왕조실록』엔 사미영감(沙彌靈鑑)이라고 한 것으로 보아 그는 불교신자였음을 알 수 있다. 사미승의 사전적 의미는 '출가하여 십계를 받은 어린 남자 승려'인데, 이로 보아 영감은 어린 나이에 승려가 되었던 것 같다. 그에 대한 자세한 기록이나 전하는 이야기는 별로 없다.

43. 생선과 육류를 포함한 고기류가 없는 반찬.

44. 현재의 시모노세키(下關).

45. 한고관외사(寒皐觀外史) 권 1

이 자료는 조선시대 후기에 쓴 것이다. 그러나 그 내용은 오래 전부터 전해오던 기록을 참고한 것으로 보인다. 이것 말고 『견첩록見睫錄』(권1)의 대마도 편에도 똑같은 내용이 있다.

> "대마도는 예전에 계림에 속했었는데 언제부터 왜인이 들어와 살게 되었는지 모른다. 부산에서 수로로 670리이다. 대마도에는 8개 군이 있다. 땅이 척박하여 사람들은 가난하다. 그래서 소금을 굽고 물고기를 잡는 것을 생업으로 한다."[46]

'대마도가 계림에 속했었다'고 한 것만으로 보면 일찍이 신라의 영토로 편입되었고, 행정구역상 계림(경주)에 속했던 것으로 이해할 수 있는 내용이다. "대마도는 옛날 우리나라 땅이었는데 언제부터 왜인들이 점거하였는지는 알 수 없다"고 한 내용도 다른 기록과 대략 같다. 다만 부산에서 대마도까지의 거리를 670리라고 말하고 있는데, 그것은 측량기술이 발달하지 않았던 시대였던 만큼, 사람들이 막연하게 갖고 있던 대마도까지의 거리관념이었다고 이해하면 된다. 어쨌든 670이라는 숫자는 적어도 대마도가 제주도보다는 가깝다는 개념적 설정이었을 것이다. 대마도에서 일기도(이키시마)까지의 거리도 48리로 되어 있는데, 이것도 실제와는 크게 다르다. 그것은 대마도에서 일기도까지 쉽게 오갈 수 있기에 생긴 오해였을 것이다. 그것이 아니라면 단지 대마도와 일기도가 그만큼 가깝다는 표현으로 이해할 수 있다.

『문헌고략』이나 『견첩록』,[47] 한백겸의 『동국지리지』 등 대마도에 관한 우리의 거의 모든 기록이 이런 식으로 대략 같다. '대마도는 계림에 속한 땅이었다'고 한 것도 대략 같다.

이 외에도 대마도가 한국 땅이었다고 기록한 자료는 대단히 많다. 세종 2년(1420) 재상 허조가 대마도주 도도웅와都都熊瓦[48]의 서한을 받고, 조선 정부를 대신하여 보

---

46. 『견첩록(見睫錄)』 권 1, 산천부(山川附) 도리(道里) 대마도(對馬島) 편

47. 조선시대에 편찬된 책이지만 저자와 편찬연대를 알 수 없다.

48. 종정성의 다른 이름.

낸 답서에 "… 또한 대마도는 경상도에 예속되어 있으니[49] 모든 보고나 문의할 일이 있으면 반드시 경상도 관찰사를 통하여 보고하도록 하고, 직접 (중앙의) 예조에 올리지 말라."[50] 고 한 구절이 있다. 대마도는 경상도의 섬이니 서찰이나 보고할 내용이 있으면 경상도 관찰사에게 알리고, 경상도 관찰사는 임금에게 알리는 보고절차와 행정체계를 따르라고 한 것이다. 이렇게 해서 세종대부터 조선 정부가 대일외교 대행권을 대마도주에게 맡겨둔 뒤에는 일본에서 오는 외교문서는 동래부사와 경상도관찰사를 통해 중앙의 예조로 전해져 국왕의 손에 들어갔다.

그런데 『문헌고략』이라는 책에는 이렇게 되어 있다.

"… 대마도는 8개 군으로 나뉘어 있다. 땅이 척박하고 사람은 가난하다. 소금과 고기를 팔아 살아간다. 종씨(宗氏)가 도주를 세습한다. 그 선조 종경(宗慶)이 죽고 아들 영감(靈鑑)이 뒤를 이었으며 영감이 죽은 뒤에는 아들 정무가 이었다. 종정무(宗貞茂)가 죽고 종정성(宗貞盛)이 그 뒤를 이었다. 종정성이 죽은 뒤에는 아들 종성직(宗成職)이 뒤를 이었다. 종성직에게는 아들이 없어 그가 죽자 대마도 사람들은 종정성의 외아들인 종정국(宗貞國)을 도주로 세웠다. 종정국이 죽고 종익성(宗杙盛)이 뒤를 이었다. 대마도는 남쪽과 북쪽에 높은 산이 있어 모두 천신(天神)이라는 이름으로 부른다. 남쪽 높은 산은 자신(子神), 북쪽 높은 산은 모신(母神)이라고 부른다. 집집마다 소찬으로 제사를 지내며 초목과 금수를 감히 범하는 자가 없다. 죄인이 도망하여 신당(神堂)으로 들어가면 더 이상 잡지 않는다."(『문헌고략』)[51]

… 대마도는 단단한 돌바닥에 땅이 메말라서 오곡이 자라지 못하며 오로지 패랭

49. … 且對馬島隷於慶尙道 …

50. 세종 2년(1420) 윤1월 23일

51. 『문헌고략(文獻攷略)』 권 19(저자 및 편자 미상)

이만 난다. 사람들은 모두 굴을 파고 살며 칡과 고사리를 먹고 산다. 도주는 삼포[부산포·염포(울산)·제포(웅천)]에서 세금을 거두어 그것으로 살아간다. 대마도에 사는 사람은 우리나라 관작을 받으며 호군(護軍)[52] 벼슬을 받은 사람은 1년에 한 번 내조하는데, 무려 50척을 가지고 와서 몇 달씩 머무르며 양식을 받아다가 그 처자를 먹여 살린다. 경상하도(지금의 경상남도) 미곡의 태반이 대마도 왜의 양식으로 없어진다. … (『문헌고략』)[53]

'대마도 도주는 삼포에서 세금을 거둬 그것으로 살아간다'고 한 것으로 보아 『문헌고략』은 삼포 개항 이후~1510년 삼포왜란[54] 이전에 쓴 것이 분명하다. 그리고 '대마도에 사는 사람은 우리나라의 관작을 받는다'는 구절은 대마도 영유권 문제와 관련하여 깊이 음미할 필요가 있다. 얼핏 보면 대마도가 조선 땅이며, 거기 사는 이들을 조선의 신민으로 여겼기에 그들에게 관작을 준 것으로 이해할 수 있다. 그러나 이것은 사실이 아니다. 실제로는 왜인들에게 관직과 녹봉을 주어 약탈하지 못하도록 굴레를 씌운 기미책을 이르는 것이다. 임진왜란이 일어나기 2년 전인 1590년 황윤길과 함께 통신사로서 일본에 갔다 온 김성일은 『해사록海槎錄』의 '허서장관답'[55]이라는 글에서 대마도 왜인들의 위치를 이렇게 표현하였다.

"… 대마도는 대대로 우리 조정의 은혜를 받아 조선의 동쪽 울타리가 되었으니 의리로 말하면 임금과 신하의 관계요, 땅으로 말하면 부용국(附庸國)입니다. 우리 조정에 생명을 의탁하여 살아가고 있는 형편이니 만약 관시(關市)를 철폐하고 조공하는 것을 허락하지 않는다면 그것은 어린아이의 목을 비틀고 젖줄을 끊는 것과 다름이 없습니다. 이에 조종조 이래로 오랑캐를 토닥이며 마치 용이나 뱀처럼

52. 이것은 무관직 정4품이다.

53. 『문헌고략(文獻攷略)』 권 19(저자 및 편자 미상)

54. 중종5년(1510) 4월 3일에 일어난 일로, 경오년에 있었던 왜변이어서 경오왜변(庚午倭變)이라고도 한다.

55. 김성일(金誠一)의 『해사록(海槎錄)』에 실린 내용으로서 서장관(書狀官) 허성(許筬)에게 보낸 답서를 말함.

이즈하라 서쪽에 있는 서산사(西山寺)에 세워진 학봉 김성일 선생 시비.

여기면서도 한편으로는 외방(外方, 외국)의 신하로 여겼습니다. …"

조선의 관리로서 김성일이 남긴 이 기록은 조선의 영토인 대마도에 왜인들이 무단으로 들어와 살았다고 인식한 구절은 찾아볼 수 없다. 다만 조선의 경제에 의지하여 목숨을 이어가는 대마도 왜인들에 대한 이야기일 뿐, 대마도를 조선령으로 기록한 것이 아니다. 그는 조선 상층의 관료로서 대마도와 일본을 다녀왔다. 조선의 관리이자 외교사절로서 대마도를 거쳐 일본에 다녀온 뒤에 남긴 기록들로 보면 조선의 지배층은 대마도가 조선 땅이 아님을 잘 알고 있었다. 신숙주 이후 일본에 조선통신사로 다녀온 이들은 모두 대마도를 일본의 섬으로 알고 있었다. 다만 조선 정부는 행정 편의를 위해 경상도 동래부에 속해 있는 것처럼 생각하고 동래부사를 통해 대마도의 일을 보고받았던 것이다. 이런 관례 때문에 조선 백성들은 대마도가 조선 땅이라고 믿었던 것 같다. 다시 말해서 조선의 백성들은 대마도가 본래 조선 땅이지만, 조선 정부가 대마도에 왜인들이 들어와 사는 것을 허용한 것이라고 믿었다. 더구나 세종시대부터 1510년까지는 삼포[56]의 세 군데 포구까지 열어주어 대마도 왜인들의 거주를 허용하였고, 대마도주로 하여금 삼포에 사는 왜인들로부터 세금을 거둬 쓰도록 허락했다.

그리하여 대마도주는 조선으로부터 막강한 혜택을 누리고 살았다. 대마도에서 도주는 절대적인 존재였다. 도주만이 아니라 대마도 종씨 일가의 주요 인물들은 조선의 관직과 녹봉을 받았다. 종씨 일가 뿐만 아니라 대마도 사람들은 조선 정부로부터 양식을 받아다 처자식까지 먹여 살렸다. 그래서 경상남도에서 나는 양곡의 태반이 대마도 양식으로 소비될 정도였다. 한 해에 대마도에서 가져가는 양식이 처음엔 1만2천 석이던 것이 나중엔 3만 석에 이르렀다는 기록도 있다. 당시는 쌀 15말이 한 석이었으므로 대마도에서 1년에 가져가는 쌀 1만2천 석은 1만8천 가마에 해당한다. 3만 석은 4만5천 가마. 한 사람이 1년에 먹는 곡식을 1.5가마로 잡더라도 대마도에는 모두 1만2천 명이 살았던 셈이다. 한두 해도 아니고 고려와 조선이 그들을 입히고 먹여 살렸으며 관직까지 주었으니 대마도 사람은 조선의 은덕으로 산 것이 분명하다. 그러니 조선의 신민들은 그 땅도 조선의 강역이라고 생각한 것이다. 『조선왕조실록』은 대마도와 관련된 기록 곳곳에서 이런 사실을 누누이 밝히고 있다. 대마도 왜인들을 조선의 신민과 똑같이 보고 먹여 살렸다는 이야기가 세종 조부터 자주 오르내리고 있다. 조선의 경제적 지원이 없으면 대마도 왜인들은 살아갈 수 없는 처지였으므로 세종은 대마도를 경상하도(현재의 경상남도)의 섬이라고 계속 대마도 왜인들에게 주지시켰다.

"너희 대마도에서 지난번에 서계로 이르기를, '대마도가 경상도에 속한 땅이라

56. 부산포 · 울산 염포 · 웅천 제포(=내이포)

는 말은 역사 문헌을 상고해 보나 노인들에게 물어보아도 아무런 근거가 없다.' 고 했는데 이 섬이 경상도에 예속되었던 사실은 옛 문헌에 분명하다. 또한 너희 섬의 사절인 신계도(辛戒道) 역시 '이 섬은 본래 대국[57]에서 말을 기르던 땅' 이라고 하였다.[58] 과거에 너희 섬에서 모든 일을 경상도관찰사에게 보고하여 나라에 올린 것은 바로 이런 까닭이었다. 우리 조정이 너희 영토를 차지하려고 다투는 것이 아니다."[59]

물론 이것은 세종의 지시에 따라 예조에서 왕을 대신하여 이야기한 내용이다. 조선은 대마도를 일본의 땅으로, 그리고 대마도주와 대마도 왜인들을 일본의 신민으로 인정했으면서도 이런 경제적 예속 관계를 빌미로 대마도에 대한 조선의 지배권을 주장하였다. 세종 또한 왜인들이 떼거지로 몰려와서 대마도를 점거하였다며 대마도는 조선의 것이니 왜인들은 섬을 비우고 본국으로 돌아가라고 주장하였다. 위 내용 역시 마찬가지인데, 이에 대마도주 종정성의 심부름을 온 구리안(仇里安)은 다음과 같이 응수하였다.

"대마도가 경상도에 속한 곳이라 함은 저로서도 알 수 없는데, 신계도가 어찌 저 혼자서 알 수 있겠습니까. 이것은 반드시 망령된 말입니다. 본도가 비록 경상도에 속했다 할지라도 보호하고 포용하지 않으면 통치권 밖으로 나갈 것이오, 본디 조선에 속한 곳이 아니라 하더라도 만일 은혜로 보호하여 주신다면 누가 감히 복종하지 않겠습니까? 대마도는 일본의 변경이므로, 대마도를 공격하는 것은 곧 본국을 공격하는 것입니다. 그러므로 귀국과 교통할까 말까를 소이전(小二殿)에 아뢰었더니 '마음대로 하라' 고 하였으므로 도주가 나를 보내어 조공한 것입

57. 당시 대마도에서 조선을 대국(大國)이라 하여 섬긴 데서 나온 표현이다.
58. 신계도라는 이름으로 보아 그 당시 이 사람도 원래는 고려인 또는 조선인이었을 것으로 보인다. 원래 신씨(辛氏)는 창녕 영산을 본관으로 하는 성씨였던 까닭이다.
59. 세종 3년(1421) 4월 7일

니다."[60]

대마도 왜인들은 대마도가 일본 땅이라고 주장한 반면, 세종과 조선의 관리들은 조선의 땅이라고 주장하였다. 그렇지만 양측 모두 결정적인 증거는 대지 못하고 있다. 조선 땅에 왜인들이 몰려와 살면서 대마도가 왜인들의 소굴이 되었다는 주장과, 신계도의 말로 보면 세종의 이야기가 단지 억지주장이나 허구는 아니었을 것이라는 생각이 든다. 더욱이 1419년 대마도 정벌 이후 조선의 신민은 '대마도가 조선 땅'이라는 생각을 완전히 굳혔던 게 아닌가 생각된다.

대마도의 왜인들은 대부분 소이전 휘하의 불량배·거지·유민이었다. 12~13세기 우리나라 연해와 중국 동부해안에 나타나 노략질한 왜구들은 대내전大内殿[61]에 패하여 뿔뿔이 흩어져 유랑하던 소이전少貳殿[62]의 잔여 무리들이었다. 대내전[63]은 대내씨大内氏, 소이전은 소이씨少貳氏를 말한다. 대내전·소이전[64]은 당시 일본의 국

60. 세종 3년(1421) 4월 7일

61. 대내씨(大内氏)라고도 한다. 백제 성왕의 셋째 아들인 임성왕자로부터 시작된 가문으로서, 전통적으로 고려와 조선에 매우 우호적이었다. 고주몽의 후예로서 본래는 부여씨이지만 일본에 들어가서 성씨를 '다다라'(多多良)로 바꾸었다.

62. 소이씨라고도 한다. 소이씨는 쓰쿠시(筑紫) 태재부(太宰府)에 중심을 둔 정권으로서 대내씨와는 사이가 좋지 않았다. 少貳氏 또는 小二氏로도 표기한다. 흔히 말하는 '왜구의 수장'으로 이해하면 된다.

63. 단종 1년(1453) 6월 24일 일본국 대내전(大内殿)의 사신 유영이 '임성태자가 일본에 들어간 기록'을 찾아 주기를 청했다. 유영은 예조에 서찰을 올렸다. 그 내용은 이러하다. "일본에서 일찍이 대련(大連) 등이 군사를 일으켜 불법을 없애고자 하였고, 우리나라 왕자 성덕태자(聖德太子)는 불법을 높이고 공경하였기 때문에 둘이 서로 싸웠습니다. 그래서 이때 백제국왕이 임성태자(琳聖太子)에게 일본에 내려가 대련(大連) 등을 치게 하였습니다. 임성태자가 바로 다다량씨(多多良氏)이며 임성(琳聖)이 곧 대내공입니다. 성덕태자가 그 공을 가상히 여겨 주군(州郡)을 하사하였고, 그 이후로 그가 거주하는 땅을 '대내공 조선(大內公朝鮮)'이라고 부릅니다. 지금 대내씨 후손으로서 노인 중에 박식한 사람이 있어서 그 계보가 상세합니다. 대련 등이 군사를 일으킨 때가 수(隋) 나라 개황원년(開皇, 581년)에 해당하니 일본 경당(鏡當) 4년에서 경태(景泰) 4년까지 모두 873년입니다. 귀국에는 반드시 임성태자(琳聖太子)가 일본에 들어간 기록이 있을 것입니다. 대내공의 식읍이 있었으나 대대로 병화를 겪어 그 본기(本記)를 잃어버렸으며, 지금 기록한 내용은 우리나라의 남은 늙은이들이 구술로 전해온 것입니다." [「단종실록」단종 1년(1453) 6월 24일]

64. 대내전(大内殿)은 대내씨(大内氏)이며 그 성은 다다라(多多良)이다. 본래 백제 성왕(聖王)의 셋째아들 임성(林聖)이 일본 추고천황(推古天皇, 스이코천황) 19년(611년, 백제 무왕 11년)에 주방주(周防州)의 다다량(多多良) 해변에 도착하였으며, 그 후 길부군(吉敷郡) 대내(大内)에 정착하면서 그 자손이 다다량으로 성을 삼았다고 한다. 백제의 왕가를 고주몽의 후예라고 생각하여 조선의 국왕과 고위관료들은 대내전을 고씨로 부른 사례가

왕 아래에 있던 주요 정치세력이었다. 고려 말 이후 남해안을 비롯해 고려 전역을 대상으로 노략질하던 왜구는 바로 이 소이전 휘하에 있던 자들로, 여기에 거지·불량한 왜인·해적이 포함되었다. 그들은 오갈 데가 없는 신세였으므로 한국과 중국의 해안으로 쳐들어가서 많은 문제를 일으켰다.

앞서 구리안의 이야기는 현재의 후쿠오카에 있던 태재부太宰府의 소이씨(=소이전)를 들먹여 조선의 압박으로부터 벗어나기 위한 변명이었다고 볼 수만은 없다. 그의 말대로 소이씨가 대마도는 일본의 변경이라고 세종에게 역설하였고, 소이씨는 1419년 세종의 대마도 정벌은 일본 본국을 공격한 것과 같다고 항의하고 있다. 그 당시 조선이 공식적으로 인정한 '일본'은 대내전이었다. 그러나 대내전조차도 이 문제로 대마도에 대한 일본의 영유권을 주장한 바가 없다. 거기엔 그럴만한 이유가 있었다. 이때만 해도 대내전은 소이씨와의 경쟁 관계로 말미암아 외부의 힘이라도 빌려 소이전을 압박해야 할 필요가 절박하였다. 그런데 백제 성왕의 후예인 대내전과의 밀접한 관계를 이용하여 조선은 소이씨를 압박하면서 태재부의 소이전과 그 왜구들에게 대마도는 조선 땅이라고 주장하였던 것이다. 일본 내의 정치상황을 외교적으로 활용한 조선은 일본에 대해서도 이중적인 잣대를 적용하였다. 대내전은 일본으로, 소이전(소이씨)은 왜 또는 왜구로 구분하여 부르면서 대내전을 정식으로 인정하여 차별을 두었다. 그리하여 소이전은 조선과 일본(국왕–대내전) 사이에 끼여 샌드위치 입장이 되었다.

고려 말 왜구를 치기 위해 대마도에 박위를 보냈을 때나 이성계가 김사형과 남재를 보내 대마도와 일기도를 정벌했을 때에도, 그리고 세종 1년(1419)에 대마도를 정벌했을 때에도 대내전은 그것을 묵인하였다. 그것은 일본이 대마도를 조선 땅이라고 생각한 때문은 아니었다. 그렇다고 일본의 지배력이 제대로 미치는 곳도 아니

있다. 반면 소이전(小二殿)은 소이씨(小貳氏)로서 규슈(九州) 지방의 대수호(大守護)이다. 쓰쿠시(筑紫) 태재부(大宰府, 다자이후)가 원래 구주 지방의 행정 중심지인데, 원뢰조(源賴朝)의 가마쿠라막부(鎌倉幕府) 시절 무등자뢰(武藤資賴)가 태재부 소이(少貳)로서 그 청(廳)의 우두머리가 되어 구주 지방과 대마도의 수호(守護)를 겸임하였다. 대대로 세습했기 때문에 소이(少貳)로 부르게 되었다. 구주의 행정 기구가 변경된 뒤에도 그 지역의 호족으로 세력을 유지하였다.

었다. 특히 조선 초기에는 대마도가 일본 땅이라는 생각은 왜인들에게조차 없었다. 일본 땅이라며 확실한 증거를 들이대고 조선 정부에 항의를 한 적이 한 번도 없다. 그리고 설사 대내전이 대마도를 일본 땅으로 알고 있었더라도 조선이 대마도를 공격할 때마다 미리 일본 측 대내전에 알리고 대내전과 무관한 일이며 내치 차원에서 정벌한다는 뜻을 알려 안심시켰으므로 굳이 조선에 항의하여 갈등을 일으킬 필요는 없었다. 정치적으로 대립하고 있던 소이전과 그 세력을 압박하는 조선에 오히려 고마워해야 할 입장이었기 때문이다. 더구나 당시 대마도는 대내전의 관할이 아니라 소이전의 세력이 미치는 곳이었다. 앞에 소개한 대마도 구리안의 대꾸도 그저 임기응변에 불과하였다. 일본에서 저희들의 땅으로 생각하지 않고 있었음을 조선이 알게 된 것은 1438년, 일본의 지도를 입수한 뒤이다.

이날[65] 이 문제를 거론하기에 앞서 예조에서는 구리안에게 '어째서 도도웅와[66]는 일본국의 회례사回禮使를 보지 못했느냐?'고 물었다. 조선에서 사절이나 예물을 보낸 데 대해 사례하기 위해 일본에서 답례로 보내던 사절이 회례사인데, 앞에서 하카다의 소이전에게 조선과의 통교 여부를 물어봤다던 구리안은 능청스럽게도 이렇게 답변했다.

"회례사는 본국 정부에 통신하는 것이오, 우리 섬과는 관계가 없기 때문에 보지 않은 것입니다. 그리고 왜구의 배가 변경에 해를 입힌 것은 도주가 아는 바가 아닙니다. 그러나 (왜구들은) 귀국에 죽을죄를 졌으니 당연히 소탕해야 할 것입니다. 상선(商船) 13척은 본래 도둑질할 마음이 아니었는데 모두 구류당했습니다. 만일 임금의 인자한 마음으로 돌려보내시면 왜구를 엄히 금하여 영원히 의좋게 왕래하도록 하겠습니다."[67]

65. 세종 3년(1421) 4월 7일
66. 종정성(宗貞盛)의 다른 이름.
67. 세종 3년(1421) 4월 7일

'소이씨에게 조선과 통호를 할지의 여부를 물었더니 임의대로 알아서 하라'[68]는 답을 얻었다고 해놓고는 조선에 보내오기로 되어 있는 대내전의 회례사에 대해 묻자 회례사는 대마도와는 무관하므로 만나보지 않았다고 하였다. 그렇지만 그것은 거짓말이다. 대내전이 주선하여 보낸 회례사를 보지 못했다면 물어볼 수 없었고, 물어봤다면 회례사를 봤어야 했다. 만나고서도 물어보지 않은 것과 아예 만날 수 없어 물어보지 못한 것은 다르다. 회례사는 대마도를 거쳐 조선에 왔으므로 그는 회례사를 만나지 않을 수 없었다. 구리안의 이야기는 소이씨와 연락도 하지 않고서 단지 그 자리에서 임시변통으로 둘러댄 말이었다. 다만 구리안이 한 말 중에서 반드시 새겨들어야 할 구절이 있다. "(국민을) 제대로 보호하고 포용하지 않으면 통치권 밖으로 나가게 된다"는 말이다. 이것은 정치하는 자들이 새겨두어야 할 만고불변의 진리이다.

그러면 대마도주 종씨 일족의 계보를 가지고 대마도 영유권 문제에 관한 실마리를 찾을 수는 없을까? 뚜렷한 근거가 없다. 다만 1370년대까지도 종가들은 대마도에 거주하지 않았던 것은 분명하다. 종뢰무 때부터 대마도에 줄곧 살았으며 그의 아버지 종경(종경무)을 대마도주의 시조라고 조선에서 말한 것은 실제로 대마도로 처음 거처를 옮기고 대마도의 실질적인 지배권을 확보한 사람이 종경이었기 때문이다.

한편 종가의 시조에 관해서는 종씨설과 평씨설이 있다. 조선 후기 효종시대를 살았던 남용익[69]은 『문견별록聞見別錄』에서 "대마도주의 본래 성은 평平"이고, 그의 선조는 환무황자 계열이라면서 대마도주의 계보를 다음과 같이 기록하였다.

"대마도주의 본래 성은 평(平)이다. 환무황자(桓武皇子)인 갈원친왕(葛原親王)의 13세손인 평조국(平助國)에 이르러 비로소 종(宗)을 성씨로 갖고 대마도의 도주를 세습하게 되었다. 종조국(宗助國)·종경무(宗經茂)·종뢰무(宗賴茂)·종상무(宗尙茂)·

68. … 故小二殿以通好大國與否 俱奏御所 答以任意爲之 … [세종 3년(1421) 4월 7일]

69. 1628~1692년

종정무(宗貞茂) · 종정성(宗貞盛) · 종정국(宗貞國) · 종익성(宗杙盛) · 종의성(宗義盛) · 종성홍(宗盛弘) · 종성장(宗盛長) · 종장성(宗將盛) · 종정강(宗晴康) · 종무상(宗茂尙) · 종정신(宗貞信) · 종의순(宗義純) · 종의조(宗義調) · 종의지(宗義智) · 종의성(宗義成) · 종의진(宗義眞)이다. 종조국으로부터 종의진에 이르기까지 무릇 21세이다."[70]

이것은 현재 일본에서 "종중상이 1246년에 아비류阿比留를 제압하고 등장했다"며 종중상의 선조가 평씨라고 하는 일본의 주장과 유사한 기록이다. 남용익이 어떤 자료를 가지고 이렇게 썼는지는 알 수 없다. 종중상 이후 '종씨'로 말해온 여타 기록과는 배치되는 내용인데, 다만 여기서 참고할 수 있는 것은 조선 중기까지의 대마도 종가 계보이다. 종조국을 평조국이라고 한 것이나 종조국을 대마도 종가의 시조로 설명한 것도 다르다. "평조국 때에 처음으로 종씨 성을 가져 종조국이 되었으며 그 위로는 평씨였다"고 한 것은 이 기록이 유일하다. 이것은 『병와전서』와도 배치되는 내용이다. 바로 그 점이 이 기록의 신뢰도를 떨어트리고 있지만, 종경무 · 종뢰무[71] · 종정무[72] · 종정성 이후의 계보는 대략 맞는다.

"대마수(對馬守) 종씨는 도주를 세습한다. 그 선조 종경(宗慶)이 죽고 아들 영감이 뒤를 이었다. 영감이 죽고 아들 정무(貞茂)가 도주가 되었으며 종정무가 죽고 종정무의 아들 정성(貞盛)이 계해년(1443)에 도주가 되었다. 종정성이 죽고 종성직(宗成職)이 도주가 되었다. 종성직은 아들이 없어 정해년(1467)에 대마도 사람들이 종정성의 외삼촌 종성국(宗盛國)의 아들 종정국(宗貞國)을 도주로 삼았는데 임진년 사이에 평의지(平義智)가 먹어버렸다."[73]

70. 『문견별록(聞見別錄)』

71. 종경무(宗經茂)의 장남. 어렸을 때의 이름은 학왕환만(鶴王丸晩)이었다. 영감(靈鑑) 또는 사미영감으로도 부른다. 죽은 뒤의 이름은 상무(尙茂)라 하였다.

72. 종뢰무의 장남. 처음에는 형부소보였다. 讚岐守를 지냈다.

73. … 對馬守宗氏世襲爲島主其先宗慶死子靈鑑嗣靈鑑死子貞茂嗣貞茂死子貞盛正統八年天皇之嘉吉三年癸亥嗣貞盛死子成職嗣成職死而無子丁亥年島人立貞盛母弟盛國之子貞國爲島主壬辰年間平義智食之

후에 나온 여타의 기록과 견주어 볼 때 평씨平氏는 한참 후에 종가宗家와 결혼으로 맺어지고 있는 것은 분명하다. 그런데 『병와전서』의 내용과 달리 종가는 애초부터 평씨 가계와 계속해서 혼인하였다. 그리고 또, 특이하게도 종씨들은 그들 친족 내부에서 족내혼을 하였다. 마치 신라의 왕가에서처럼 사촌 또는 내외사촌 사이에 계속해서 혼인을 하였다. 이러한 족내혼과 더불어 종씨들이 평씨平氏와 계속 혼인으로 맺어진 사실은 양측의 기록에 명확하다. 조선 중기 이후에는 두 가문이 더욱 긴밀하게 혼인으로 얽히게 되는데, 아마도 이것은 종중상이 대마도에 정착하기 이전에 선주 세력으로서 대마도에서 가장 강성한 씨족으로 평씨가 있었기 때문에 그들과 혈연 및 정치적 연합을 했던 게 아닌가 생각된다. 이 문제와 관련하여 대마도에 있는 평씨의 묘비로 미루어 고려의 평산신씨平山申氏 계열 누군가가 대마도에 정착한 뒤에 평씨가 나왔을 것이라고 믿는 이들도 있다. 듣기 좋은 말이어서 금방 넘어갈 것 같은데, 이것은 증명할 수 있는 문제는 아니다. 다만, 덕혜옹주의 일본인 남편이었던 쿠로다 타케유키黑田武志[74]가 소년 시절 대마도에 머물 때, 이즈하라 고등소학교 교장이었던 히라야마 타메타로平山爲太郎 집에 기거한 적이 있는데, 바로 이 히라야마가 평산平山이라는 성씨여서 더욱 그럴듯하게 들린다. 하지만 어디까지나 그것은 막연한 추측이므로 더 이상 거론하지 말자. 다만 대마도 사람들의 혼인관계라든가 종씨 일족의 유래에 대해서는 뒤에 잠깐 설명할 것이다.

조선시대 기록인 『병와전서』는 대마도 사람들의 가난한 삶을 이렇게 전하고 있다.

> "… 대개 사람들은 바다에 연한 포구에 살며 포구는 82개소이다. (대마도엔) 높은 성이나 수심이 깊은 저수지가 없다. 사면이 모두 산비탈이어서 가히 지킬 수 있다. … 대마도의 산은 동서로 길고 남북으로 짧다. 그 땅은 돌과 자갈이 많고 단

…… (『甁窩全書』「東耳删畧」)

74. 종무지(宗武志)가 마지막 대마도주를 계승하기 전의 이름.

우삼방주(雨森芳洲, 아메노모리호슈)의 초상. 그의 이름 가운데 芳洲가 사실은 대마도를 가리키는 이름이다.

단해서 메마르며 논은 1무[75]도 없다. 채소와 메밀을 뿌려도 모래 돌땅이라 다 자라야 몇 치가 되지 않는다. 대개 땅이 척박해서 사람들은 가난하므로 소금을 굽고 고기를 잡아다 파는 일을 생업으로 삼는다. 평상시에 잡은 고기를 우리나라 시장에 내다 팔아 살아간다. 물소뿔·후추와 같은 물건은 남만[76]에서 나온다. 수달피·호피(여우가죽)와 같은 물건은 왜국에서는 쓸 데가 없으므로 값싸게 거래된다. 사라(紗羅)·능단(綾緞)·계포(罽布)[77]와 같은 여러 종류의 비단과 금은을 귀하게 여겨 부득이하게 우리나라에 전매한다.[78] 여자들은 우리나라 의복을 많이 입으며 남자들은 우리나라 말을 안다. 왜국을 부를 때는 반드시 일본이라 하고 우리나라를 말할 땐 반드시 조선이라 한다.

평상시 우리나라에서 이익을 취하는 자가 많고 일본에 의지하는 자는 별로 없어서 왜의 장졸(將卒)은 모두 일본에 붙기보다는 우리나라에 의지하는 마음을 갖고 있다. … 섬에는 경작할 땅이 없어 옛날부터 사람들은 매우 가난하다. 그래서 아들을 낳으면 제 성을 이어갈 아이만 남기고 모두 물에 던져버린다. 우리나라와 다시 화해하고 난 뒤로 증미·공료미 등을 합해 (한 해에) 3만여 석을 받는다. 도주는 이것을 4살 이상의 주민에게 양식으로 준다. 그리하여 아이를 죽이는 습속이 없어졌는데, 대마도 사람들은 그것이 모두 우리나라의 은덕이라고 여긴다."[79]

우삼방주가 쓴 교린수지 (교토대학 문학부 도서실 소장)

75. 畝(무) : 논밭을 헤아리는 면적 단위. 사방 6척(尺)을 1보(步)라고 하며, 100보가 1무이다. 100평에 해당한다.

76. 인도네시아, 태국 등을 가리킴.

77. 사라(紗羅)·능단(綾緞)·계포(罽布)는 모두 비단의 이름이다. 다만 씨줄과 날줄을 어떻게 써서 짜느냐에 따라 달라지는 명칭으로 보면 된다.

78. 이것은 중국 등지에서 들여다가 조선에 판다는 의미이다.

79. 『병와전서(甁窩全書)』「東耳刪畧」

이즈하라(嚴原)에 있는 우삼방주(雨森芳洲, 아메노모리호슈, 1668~1755) 현창비. 1748년 10회째의 조선통신사 일행으로서 화원(畵員)으로 따라갔던 이성린(李聖麟)이 그려준 그의 초상(영정)이 일본에 전해오고 있다. 그의 무덤이 있는 곳은 이즈하라 장수원(長壽院) 북쪽 언덕. 본래 장수원은 임제종 남선사(南禪寺)의 말사였으며 개조는 순태화상(舜台和尙)이다. 장수원은 1588년(天正 16년) 12월 종의조(宗義調)를 위해 세워졌다.

대마도 사람들은 바닷가와 포구를 중심으로 마을을 이루고 살았다. 그러나 섬을 보호하는 높은 성곽은 없었다. 대마도는 섬 자체가 이판암으로 되어 있어서 땅이 메마르다. 그리고 단단한 돌을 구하기도 어렵다. 저수지도 없고, 그렇다고 경작할 만한 땅이 별로 없었으니 농사는 거의 지을 수 없었다. 지금도 농사를 지을 수 있는 땅은 대마도 전체 면적의 3%도 안 되니 조선시대엔 말할 것도 없었다. '여자들은 우리나라 의복을 많이 입으며 남자들은 우리말을 많이 안다'고 한 것은 여자와 남자 모두 조선 사람들과 거의 같은 방식으로 살아갔음을 이르는 표현이다.

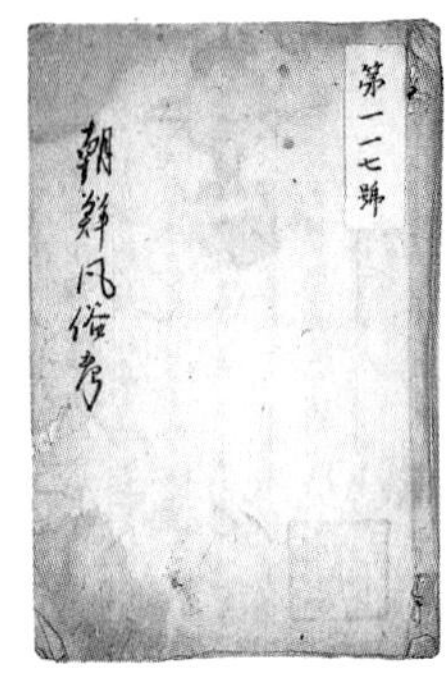
第一一七號
朝鮮風俗考

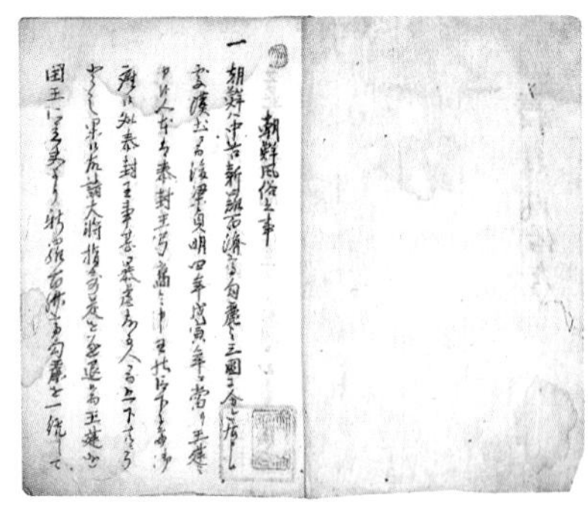

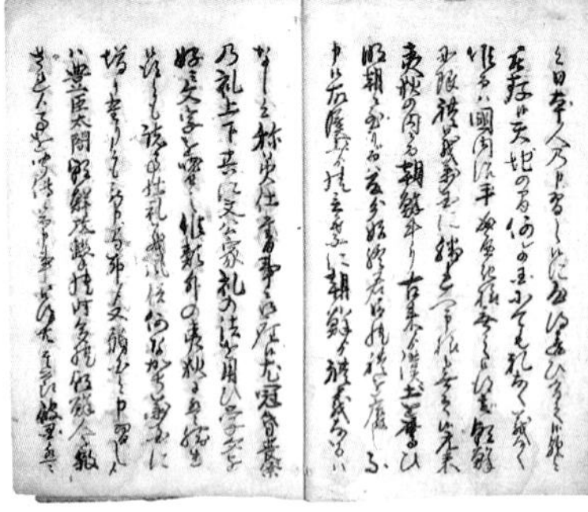

交隣提醒 全

우삼방주가 쓴 조선풍속고
(芳洲會 소장)

참고로, 조선 후기에는 우삼방주雨森芳洲[80]가 조선어 학습교본이라고 할 수 있는 『교린수지交隣須知』를 지어 대마도 내에서의 조선어(한국어) 학습을 장려하였고, 이로 말미암아 대마도 사람은 거개가 다 우리말을 할 수 있었다. '교린수지'란 교린을 하려면 모름지기 알아야 하는 것이라는 의미. 이런 학습교재 덕분에 대마도 사람들은 조선 사람과 크게 다르지 않게 보였을 것이다. 우삼방주를 일본에서는 '아메노모리호슈'라 하는데, 이 사람은 부산 왜관에 4년 반 이상을 머무르면서 우리말을 익혔으며 일본어와 중국어까지 3개국어에 능통했다고 한다. 참고로, 그는 조·일朝·日 사이에 믿음과 우호적 교류를 중시하였다.

80. 아메노모리호슈(あめのもり ほうしゅう, 雨森芳洲). 흔히 우삼동(雨森東)이라고 불렀다. 본래 성은 귤(橘)이며 이름이 우삼이라고 한다. 호가 방주였으며, 그의 자는 백양(伯陽). 항간에서는 그를 동오랑(東五郞)이라고도 불렀다. 그의 생몰연대는 1668~1755년이다. 박학하고 글을 잘 하여 조선과 중국에도 그의 이름이 알려져 있었다. 중국 사신 접대를 위해 일본에서 채홍사가 선발한 채녀(采女)와 중국 사신 사이에서 난 사람이라고도 하며, 창녀의 아들이라고 한다는 기록도 있다.
그는 조선과의 외교실무를 담당할만한 역량을 가진 인물로서 많은 저작물도 남겼다. 『교린수지(交隣須知)』, 『방주영초(芳洲詠草, 16권)』, 『귤창다화(橘窓茶話)』, 『태왕연초(太王連草)』, 『치요관견(治要觀見)』, 『귤창문집(橘窓文集)』, 『교린제성(交隣提醒)』, 『계림빙사록(鷄林聘事錄)』, 『조선풍속고(朝鮮風俗考)』, 『조선략설(朝鮮略說)』, 『조선대흔록(朝鮮大昕錄)』, 『최충전(崔忠傳)』, 『숙향전(淑香傳)』, 『임경업전(林慶業傳)』등을 남겼을 정도로 조선을 잘 알았고, 외교에 정통하였다.

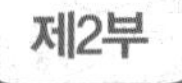

"대마도는 조선의 영토이다"

- 대마도를 조선령으로 기록한 지도들

조선시대에 만들어진 지도에는 대부분 대마도가 조선 땅으로 표기되어 있다. 그러나 그것은 조선 중앙정부의 기록인 『조선왕조실록』과는 정반대의 내용이다. 역사 기록을 대조해볼 때, 대마도가 조선 땅이라는 것은 사실과는 다른 이야기이다. 그럼에도 '대마도는 조선 땅'이라는 믿음은 조선조 5백여 년 동안 조선의 국왕과 중앙의 상층 관료를 제외한 조선의 신민 대부분이 갖고 있던 생각이었다.

조선의 지도에 기록된 대마도, 일본의 지도에 없는 대마도

예로부터 나라가 있으면 지도가 있었다. 전쟁과 방어라는 국방 문제 뿐 아니라 지도는 국가 경영에 필수적인 것이었다. 나라의 경계와 도로, 역참과 물산, 호구와 인구, 말과 소 같은 가축이며 농산물 생산, 물화의 이동, 어염과 철을 비롯한 광산물이며 특산품과 같은 생산물이라든가 경제 전반을 파악하고, 그것들을 통치에 활용하는 가장 기본적인 자료가 지도였다. 그러므로 지도는 어느 나라든 일급 기밀이었다. 지도에 표기되는 사항은 우선 국경과 그 안에 들어가 있는 강토이다. 따라서 우리는 조선의 지도에서 과거 우리의 강역을 명확히 알 수 있다. 지도에는 그것을 만든 사람들의 영토관이 반영되어 있는 까닭에 백 마디의 말보다 한 장의 지도는 사실 그 이상의 많은 것들을 전해준다.

그러면 조선시대의 지도에는 대마도가 어느 나라 소속으로 되어 있었을까? 조선에서 펴낸 지도들에는 대부분 대마도가 조선의 땅으로 되어 있다. 반면 일본의 지도엔 대마도가 빠져 있다. 조선시대 말기의 몇몇 사례를 제외하고는, 조선이 그 운명을 다해 가던 19세기 말까지도 지도에는 대마도가 조선의 강역으로 표기되었다.

여기서 조선의 많은 지도를 자세하게 다 거론할 수는 없을 것이다. 비록 주마간산 격이 될지라도 대마도를 조선의 영역으로 올려놓은 대표적인 사례들을 간략하게 살펴보기로 한다.

대마도를 가장 먼저 수록한 조선시대 지도로는 혼일강리역대국도지도[1]가 있다. 1402년 권근·김사형·이회 등이 만든 것으로, 멀리 유럽과 아프리카까지 표시되어 있다. 일본이 조선의 남쪽에, 그리고 대마도가 남해도 가까이에 붙어 있는 것처럼 그려져 있다. 다만 이 지도는 대마도를 조선의 섬으로 나타내려 한 의도는 보이지 않는다. 이성계가 대마도와 일기도를 정벌할 때 보낸 김사형이 이 지도 제작에 참여하였으니 아마도 태종과 세종, 이종무 등은 이 지도를 놓고 대마도 정벌을 의논

1. 混一疆理歷代國都地圖. 서울대학교 규장각 한국학연구원 소장.

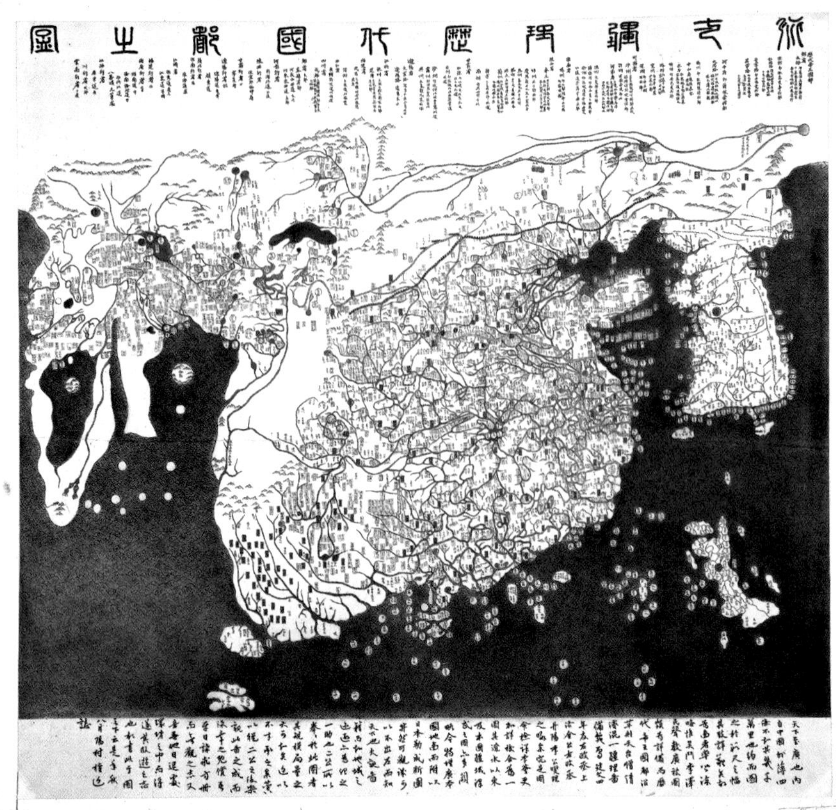

혼일강리역대국도지도
(규장각 소장)

하였을 것이다.

15세기 말에 그렸을 것으로 추정하는 또 하나의 조선 고지도로서 조선팔도지도[2]가 있다. 여기에는 제주도와 거의 비슷한 크기로 대마도가 그려져 있다. 대마도는 동서 방향으로 길쭉한 모양이다. 그 당시 목측으로 그린 지도여서 대마도의 실제 모습과는 큰 차이가 있다. 조선의 지도에 대마도를 담았으니 대마도는 조선 땅이라는 인식이 작용한 것이다.

1530년(중종 25년)에 간행된 조선시대 지리서 『동국여지승람』의 첫머리에는 한국 전도가 수록되어 있다. 전국 팔도지도의 모음집이기 때문에 이것을 '팔도총도'[3]라는

2. 조선팔도지도(朝鮮八道地圖)는 누가 그렸는지 알 수 없다. 국사편찬위원회 소장.

3. 八道總圖. 조선의 팔도를 그린 지도로서 대마도는 조선의 섬으로 표현되어 있다. 1530년에 이행, 홍언필 등이 제작하였으며 현재 서울대학교 규장각 한국학연구원에 소장돼 있다.

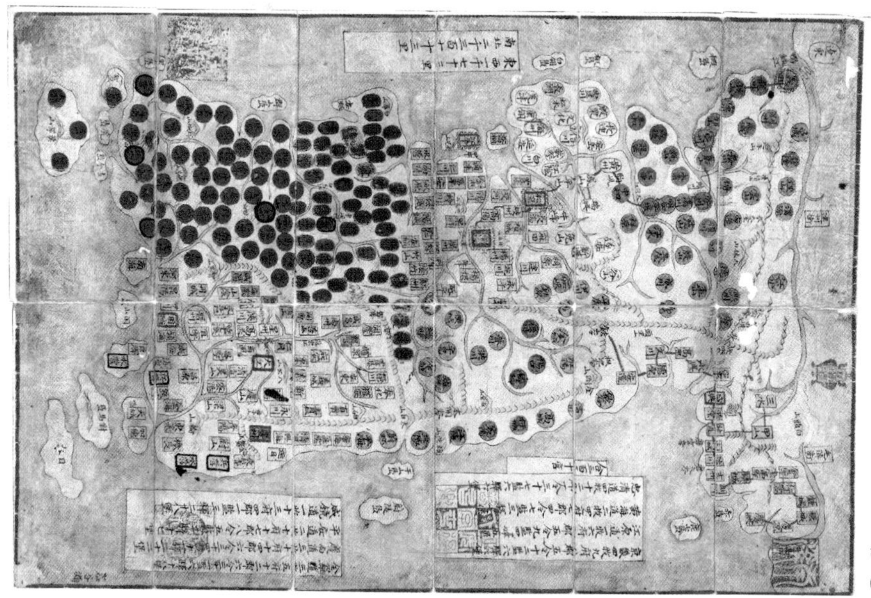

해동지도 팔도총도
(규장각 소장)

이름으로도 부르는데, 이 팔도총도에는 제주도와 흑산도·울릉도와 같은 섬들이 선명하게 표기되어 있다. 대마도 역시 조선의 영토로 그려져 있다. 『동람도東覽圖』란 지도첩에 들어 있는 이 팔도총도의 크기는 B4 용지보다 작다.[4] 그런데 이와 똑같은 이름의 팔도총도가 더 있다. 17세기에 그려진 작자 미상의 이 지도에는 대마도의 위치가 거의 정확하게 그려져 있다. 대마도의 크기는 제주도와 비슷하다. 대마도 인근의 거제·통영 그리고 가덕도·절영도(=영도)를 비롯하여 대마도를 오갈 수 있는 지역과 항로들이 표시되어 있으며 대마도의 주요 포구와 산 이름도 표기되어 있다.

해동지도[5]는 조선 팔도의 행정구역 단위를 표시한 지도로서 매우 상세한 편이다. 이 지도는 각 주요 군읍을 표시하고 각 도의 체계를 정리하였다.[6] 주요 읍을 최대한 표기하였는데, 동래·기장 남쪽에 천성도와 가덕도가 있고, 그 밑에 대마도를 조선의 섬으로 그렸다. 대마도 아래에는 일본의 섬을 그려 넣어 일본이 대마도의 남쪽에 있는 것으로 표시하였다. 임진왜란 이전에 그린 것으로 추정하고 있다.

4. 크기 : 27.0×34.2cm
5. 서울대학교 규장각 한국학연구원 소장.
6. 한 예로, 경상도는 3牧 10府 14군 6令 34監 11驛 22堡라고 적었다.

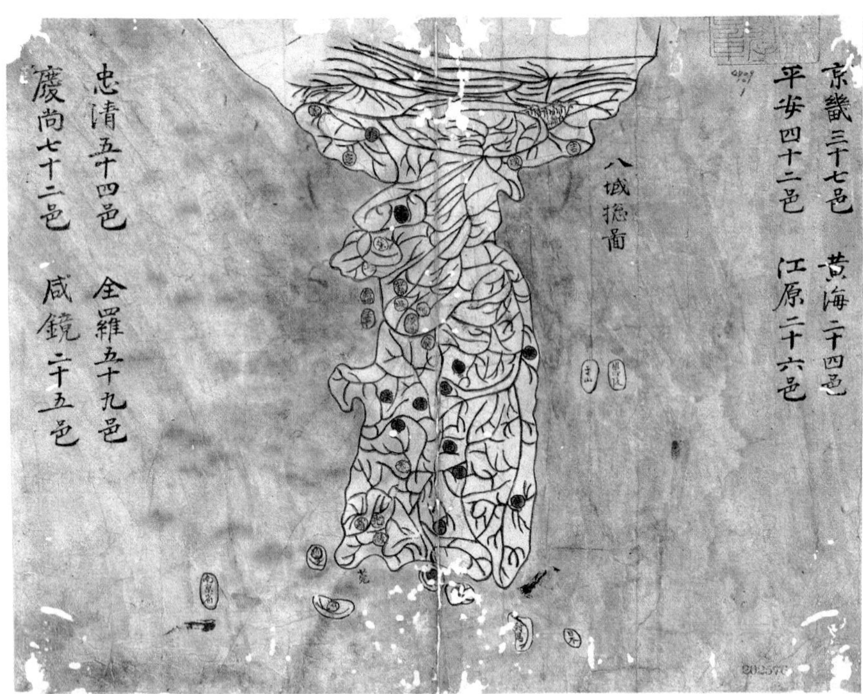

조선지도 팔도총도
(규장각 소장)

이 지도와 같은 계열의 지도로서 광여도[7]에 실려 있는 조선지도가 더 있다. 여기엔 절영도(부산 영도) 동남쪽 가까이에 대마도가 표시되어 있다.

관동지도[8]에 들어있는 조선전도 역시 해동지도와 같은 종류로 볼 수 있다. 이것은 채색 필사지도인데, 동래와 해운대 남쪽에 절영도가 있다. 절영도 남쪽으로 한참 떨어진 곳에 대마도가 있다. 대마도까지 조선의 영역으로 그리고 대마도 동편에 작은 섬 하나를 표시한 다음, 그 안에 日本이라고 써넣어 대마도 동편에 일본이 있음을 나타내었다. 이것은 18세기 전반에 만든 것으로 추정하고 있다. 현재 국내에는 이런 종류의 지도가 꽤 많이 남아 있다.

한편 조선지도에 들어 있는 조선전도[9]는 바다를 쪽빛으로 칠한 대형 채색지도이다. 18세기 후반에 제작된 것으로 추정하고 있다. 해동지도·관동지도와 같은 계

7. 廣輿圖. 크기 : 31.6×24.3cm. 서울대학교 규장각 한국학연구원 소장.

8. 關東地圖. 크기 : 52.5×62.5cm. 서울대학교 규장각 한국학연구원 소장.

9. 크기 : 92.6×55.4cm. 서울대학교 규장각 한국학연구원 소장.

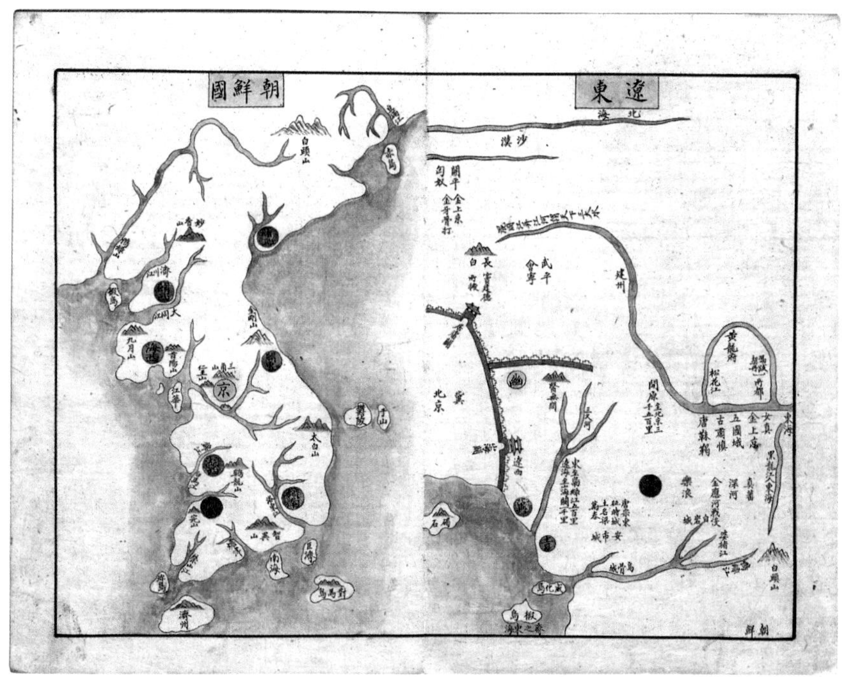

지나조선지도
(규장각 소장)

열의 지형도이다. 전국의 산맥과 강, 주요 군읍 그리고 주요 섬들을 표시하였는데, 남해에서 가장 두드러진 섬은 제주도와 대마도이다. 대마도를 제주도보다 크게 그렸다. 지도 안에는 전국 8도의 행정체계를 따로 기록했는데, 대마도가 속한 경상도는 3목 11부 14군 6령 35현 11역으로 운영되고 있다고 적었다.

지나조선지도[10]란 이름의 지도 속에 포함되어 있는 조선도[11]는 우리나라의 대략적인 생김새와 주요 지방 그리고 주요 섬을 표시한 지형도이다. 여기에도 거제도 동남단에 대마도를 조선의 섬으로 그려넣었다. 1795년 이후에 제작되었을 것으로 추정하고 있다.

다음으로는 1557년경에 제작된 것으로 알려진 조선방역지도[12]가 있다. 명주 천에 그린 채색 지도인데, 이 지도에도 대마도는 조선의 영토로 되어 있다. 여기에는

10. 支那朝鮮地圖. 서울대학교 규장각 한국학연구원 소장.

11. 朝鮮圖. 크기 : 28.0×19.0cm

12. 조선방역지도(朝鮮方域地圖). 국사편찬위원회 소장.

대마도가 남해안 가까이에 남북 방향으로 길게 그려져 있다. 천모만[13]의 모양도 어느 정도 갖춰져 있다. 그 당시 이름난 전문가 12명이 이 지도 제작에 참여한 것으로 되어 있다. 현재 국보 248호로 지정되어 있다.[14]

또 이와 유사한 지도로서 동국팔도대총도[15]가 있다. 이것은 지도라기보다는 전국 주요 지역의 위치를 표시한 일종의 약도라 해도 좋을 것 같다. 목판본 지도로서 지도 하단 좌측에 진도, 그 옆에 제주도 그리고 우측 하단에 대마도를 그렸다. 조선의 강역으로 대마도를 표시한 것이다. 1676년을 전후한 시기에 만든 것으로 보고 있다.

이와 똑같은 이름을 가진 지도로서, 조선지도 안에 들어 있는 동국팔도대총도[16]라는 이름의 지도가 또 있다. 이것은 1719~1760년 사이에 만들었을 것으로 추정하고 있는데, 바닷물을 쪽빛으로 칠하고 국토의 유래와 역사, 우리나라 지형의 생김새와 범위 등에 대한 설명이 붙어 있다.

동국팔도대총도[17]라 하여 앞의 지도와 이름은 같은데 『여지고람도보輿地攷覽圖譜』란 지도첩에 들어 있는 것이 더 있다. 이것은 18세기 중엽에 만든 목판본 지도이다. 조선의 대략적인 윤곽과 강역을 표시하고, 단군·기자 조선으로부터 삼국과 고려에 이르는 역사와 그 외 다양한 인문지리 정보를 써넣었다. 이 지도에도 대마도가 조선의 섬으로 되어 있으며, 대마도 남쪽에 先神이라 하여 선신산先神山[18]을

13. 淺茅灣. 일본에서는 아소완이라고 한다. 대마도 내의 리아스식 해안으로 이루어진 내만. 원래는 천해만(淺海灣)이었다.

14. 이 지도는 1930년대 조선사편수회에서 일본에 흩어져 있는 조선사 관련 자료를 수집하면서 대마도 종가 문서와 함께 구입한 지도이다. 명종 12년(1557) 무렵에 만든 지도로 추정하고 있다. 세조시대 정척(鄭陟)·양성지(梁誠之)의 동국지도 계열에 속하는 유형으로 보고 있다.

15. 東國八道大冢圖. 서울대학교 규장각 한국학연구원 소장. 크기 25.8×32.2cm. 이 지도는 천하도(天下圖)–중국도–일본국도–유구국도–동국팔도대총도–경기도–황해도–강원도–충청도–경상도–전라도–평안도–함경도의 순으로 지도가 수록되어 있다(奎章閣 所藏 朝鮮全圖 및 奎章閣 所藏 朝鮮全圖–解說 · 索引, 서울대학교 奎章閣, 2004).

16. 크기 : 26.2×33.2cm. 서울대학교 규장각 한국학연구원 소장.

17. 크기 : 45.0×37.0cm. 국립중앙도서관 소장.

18. 다른 지도에는 천신산(天神山)으로 되어 있다.

표시하였다. 이런 종류의 지도는 의외로 많이 남아 있다.

이와 이름이 같은 또 다른 동국팔도대총도[19]가 있다. 요도瑤圖라는 지도책에 실려 있는 필사본 채색지도인데, 바다를 쪽빛 물감으로 칠해서 선명하게 보인다. 지도 우측 하단에 대마도가 조선의 섬으로 그려져 있다. 여지도輿地圖에 실려있는 동국팔도대총도[20] 역시 같은 종류의 지도로 볼 수 있다.

조선팔도지도에 들어있는 조선팔도대총지형[21]이란 지도 또한 조선의 육지와 동·서·남해의 주요 섬을 표시한 지도이다. 여기에도 대마도가 조선의 섬으로 되어 있다.

16세기 전반에 그린 것으로 짐작하는 팔도총도[22]는 『동국여지승람』에 들어 있는 목판본 지도이다. 전국 팔도의 구분과 강·산을 표시한 지도인데, 조선의 동남쪽 거제도 옆에 대마도가 표시되어 있다. 또 역대지도歷代地圖란 이름의 지도 안에 있는 팔도총도[23]에도 부산 동남, 거제 동편에 조선의 섬 대마도가 있다.

조선강역총도[24] 안에 들어 있는 조선전도는 조선의 주요 강과 산, 팔도의 구분과 서해 및 남해에 있는 주요 섬을 표시한 지도이다. 여기에도 남해도·거제도와 함께 대마도가 서쪽에서 동쪽 방향으로 나란히 배치되어 있다.

해동여도[25]는 우리나라를 마치 약도처럼 그린 지도이다. 부산 남쪽에 절영도와 대마도를 그렸는데, 대마도는 제주도보다 약간 크게 그려져 있다. 이 외에 여지도라는 지도첩에는 조선일본유구국도[26]가 들어 있다. 이 지도에는 중국 동부와 한국·일본·대만·오키나와가 함께 그려져 있다. 대마도가 어느 나라 소속인지는 밝히고

19. 크기 : 26.4×35.2cm. 서울대학교 규장각 한국학연구원 소장.
20. 크기 : 28.9×39.4cm. 서울대학교 규장각 한국학연구원 소장.
21. 朝鮮八道大總地形. 크기: 26.6×28.0cm. 서울대학교 규장각 한국학연구원 소장.
22. 八道總圖. 크기 : 25.6×35.0cm. 서울대학교 규장각 한국학연구원 소장.
23. 八道總圖. 크기 : 25.0×34.4cm. 서울대학교 규장각 한국학연구원 소장.
24. 朝鮮疆域總圖. 크기 : 41.8×66.4cm. 서울대학교 규장각 한국학연구원 소장.
25. 海東輿圖. 크기 107.8×75.4cm. 서울대학교 규장각 한국학연구원 소장.
26. 朝鮮日本琉球國圖. 크기 112.8×59.6cm. 서울대학교 규장각 한국학연구원 소장.

조선강역총도 전도
(규장각 소장)

있지 않으나 대마도 안에 對馬·八郡이라고 써넣었다. 대마도 북단에는 沙只島사지도라고 써넣어 상대마의 본래 이름이 '사지도'였음을 알 수 있으며, 1776~1800년 사이에 제작된 지도로 추정하고 있다.[27] 아울러 윤두서[28]가 만든 동국여지지도[29]에도 대마도가 동그란 모양으로 그려져 있다. 윤두서의 동국여지지도는 1715년 이전에 그린 것으로 추정한다.

팔도전도[30]는 팔도지도에 수록된 우리나라 전도이다. 1776~1787년 사이에 만든 것으로 보고 있는데, 부산 동남쪽에 대마도가 동그랗게 그려져 있다. 섬 안에 對馬島·天神山[31] 그리고 水路四百八十里(수로 480리)가 적혀 있다. 대마도를 조선의 섬으로 기록한 것이다. 그리고 경북 평해 동쪽에는 울릉도, 서남해에 제주도와 비

27. 서울대학교 규장각한국학연구원에 소장된 고지도의 연대 추정에 대해서는 『奎章閣 所藏 朝鮮全圖』 및 『奎章閣 所藏 朝鮮全圖-解說·索引』(서울대학교 규장각, 2004)에서 이기봉(李起鳳)이 추론한 추정연대를 따랐다.

28. 尹斗緖(1668~1715).

29. 東國輿地之圖. 크기 : 113.0×71.5cm. 尹亨植 소장.

30. 八道全圖. 크기 : 105.7×65.2cm. 서울대학교 규장각 한국학연구원 소장.

31. 선신산(先神山) 또는 천신산(天神山)은 미네마치(峰町)의 시다카(志多賀) 해안 가까이에 솟아 있는 신산(神山)을 가리키는 것이 아닌가 한다.

양도·우도가 보인다. 본래 채색 필사지도로서 10폭 병풍으로 되어 있던 것인데 물감이 퇴색되고 심하게 훼손되어 있어 지도의 윤곽을 단번에 알아보기는 쉽지 않다. 1767년 이전에 제작된 것으로 추정하고 있는데, 여기에도 대마도가 조선의 섬으로 되어 있다.

조선지도에 들어 있는 조선전도[32] 역시 채색 필사본 지도인데 심하게 훼손되어 있지만 대마도를 조선전도 안에 포함시켜 조선의 섬임을 알려주고 있다. 1776~1787년 사이에 만들었을 것으로 추정하고 있다. 이것보다 훨씬 세밀하고 정교한 지도로서 조선팔도지도[33](44번 지도, 古軸4709-2)가 있다. 여기에도 제주도·울릉도와 함께 대마도가 조선의 섬으로 되어 있다. 대마도 안에 天神山과 對馬島가 적혀 있다. 1795~1800년 사이에 만든 것으로 보고 있는데, 이 지도는 팔로총도[34]의 축소본 계열로 파악하고 있다. 제주도는 완도 지역 가까이에 있고, 대마도는 부산 지역에서 멀리 떨어져 있다. 뭍에서 제주도보다 대마도가 더 멀리 있는 것으로 보았던 것이다. 이 팔로총도에도 대마도까지가 조선의 강역으로 되어 있다. 팔로총도는 대형급 조선전도로서 세밀하고 섬세하다. 이 지도는 1770년 조선 정부가 대대적으로 지원하여 실학자 신경준이 만든 것으로 보는 견해가 있다. 이런 견해가 나오기 이전에는 이 지도의 제작시기를 1658~1767년 사이로 보았다.

조선팔도지도
(규장각 소장)

32. 朝鮮全圖. 크기 105.0×57.8cm. 서울대학교 규장각 한국학연구원 소장.

33. 크기 : 168.2×92.8cm. 서울대학교 규장각 한국학연구원 소장.

34. 八路總圖. 크기 : 247.0×151.2cm. 서울대학교 규장각 한국학연구원 소장.

호암미술관이 갖고 있는 동국전도[35]에도 남해에서 가장 큰 섬으로 대마도와 제주도가 있다. 동해에는 울릉도와 바로 그 옆에 우산도于山島가 있다. 동국지도란 지도첩에 들어 있는 이 동국전도 역시 다른 지도를 베낀 모사본이며 채색지도이다. 19세기 전기에 제작한 것으로 추정하고 있다.

이 외에도 『해동도』라는 지도첩 속에 들어 있는 조선전도에도 대마도가 조선의 섬으로 표기되어 있다.[36] 이것은 18세기 말에 제작된 채색지도인데, 울릉도와 우도 그리고 대마도와 제주도가 두드러지게 표시되어 있다. 제주도는 완도군 가까이에 붙어 있으며 대마도가 경상도의 섬으로 그려져 있다.

한편 17세기 초에 만든 것으로 추정되는 『팔도지도』[37]란 지도첩 속에는 조선팔도의 지도와 함께 경상도 편 지도가 있다. 경상남북도의 주요 읍을 실은 것으로, 경상도 해안의 주요 포구와 섬 그리고 병영(육군)과 수영(해군)의 위치를 기록하였다. 여기에도 대마도를 경상도의 섬으로 그렸으며, 지도 아래편에는 대마도와 관련하여 이렇게 적었다.

> "대마도는 예전에 우리 계림에 속했는데, 언제 왜인들의 소굴이 되었는지 알 수 없다."[38]

숭실대학교 박물관이 갖고 있는 조선전도는 18세기 후기에 만든 것이다. 조선시대 지도 중에서는 대형에 속하는 것으로 채색 필사, 즉 컬러지도이다. 부산 남쪽에 대마도가 둥글고 크게 그려져 있다.[39]

다음으로 주목할 것은 정상기의 동국지도東國地圖 원본을 베낀 필사본 계열의 지

35. 東國全圖. 크기 98.7×61.8cm
36. 크기 : 99.3×61.9cm. 호암미술관 소장.
37. 크기 : 47.5×34.5cm. 국립중앙도서관 소장.
38. 對馬島舊隷我鷄林未知何時爲倭所據 …
39. 크기 : 251.0×134.0cm

가미쓰시마마치(上對馬町)에 있는 오오우라(大浦). 히타카츠의 서편 마을이다.

도이다. 서울대학교 규장각 한국학연구원에 소장되어 있는 팔도지도 가운데 대표적인 것으로 두 종류가 있다. 크기도 서로 비슷할뿐더러 지역별로 나누어 그린 것이라든가 체제 등 여러 가지가 같다. 팔도지도[40]와 또 다른 팔도지도[41]는 전국 각 도별로 8도의 정보를 담은 지도[42]인데, 모두 대마도가 경상도의 부속섬으로 그려져 있다. 그러나 정상기의 동국지도 계열 모사본이라고 파악하고 있는 해동지도[43] 하나는 대마도가 일본 땅으로 되어 있다. 조선 후기로 내려가면서 대마도가 일본의 섬으로 일반 사람들에게 인식되기 시작하였음을 반영하는 것이다. 대마도 서쪽에 日本界일본계라고 적어 넣어 대마도가 조선의 섬이 아님을 나타내었고, 대마도 섬 안에는 對馬島대마도·仁位郡인위군·大浦대포·箭筒浦전통포·双古郡쌍고군과 같은 지명이 있다.

조선지도병팔도천하지도[44]에도 대마도가 조선의 영토로 그려져 있다. 이 지도는 대략 1652~1767년 무렵에 제작되었을 것으로 보고 있다. 제작연대의 추정범위가 1백 년이 넘는데, 그것은 이 지도의 정확한 제작연대는 알 수 없으나 조선 후기 작품이 분명하다는 뜻이다. 지도의 제작연대는 행정개편에 따른 지명 변화로 추정하는데, 정부에서 간행한 지지地誌나 기타 인문지리 기록을 토대로 하므로 연대 범위는 어느 정도 정확하다고 볼 수 있다.

40. 크기 : 99.2×59.3cm. 서울대학교 규장각 한국학연구원 소장.
41. 크기 : 99.0×63.5cm. 서울대학교 규장각 한국학연구원 소장.
42. 모두 경기·충청도, 전라도, 경상도, 강원도, 황해도, 평안도, 함경남도, 함경북도의 도별 지역도로 구성되어 있다.
43. 크기 : 84.5×64.0cm. 서울대학교 규장각 한국학연구원 소장.
44. 朝鮮地圖竝八道天下地圖

조선팔도고금총람도[45]는 1673년에 김수홍[46]이 제작한 목판본 지도인데 현재 숭실대학교 박물관에 있다. 부산 남쪽에 대마도, 그리고 그 우측에 대마도보다 작게 '일본국'을 섬으로 그렸다. 즉 대마도 동쪽에 일본과의 경계가 있음을 나타낸 것이다. 이 목판본 지도를 필사한 지도로서 개인(허영환)이 갖고 있는 지도가 하나 더 있다. 지도 이름은 조선팔도고금총람도로 같으며, 대마도와 일본국의 위치도 비슷하다. 국립중앙도서관에 있는 경상도지도[47]는 모시에 그린 채색 필사지도인데, 여기엔 대마도가 남북 방향으로 약간 길게 그려져 있다. 섬 안에 對馬島·天神山이 쓰여 있다. 18세기 후기에 그린 지도로 파악하고 있다.

뿐만 아니라 임진왜란 당시 왜군이 갖고 들어와 조선을 유린하는데 사용했다고 전하는 팔도총도八道總圖가 있다. 여기에도 대마도는 조선의 영토이지 일본 땅으로 그려져 있지 않다. 1592년 조선침략을 위해 도요토미 히데요시豊臣秀吉가 구케九鬼 등에게 지시하여 만들었다는 이 지도는 낙동강 하구 가야진伽倻津 바로 앞에 대마도를 그려놓았다. 마치 낙동강 하구를 대마도가 막고 있는 것처럼 그렸는데, 그것은 그 당시 대마도가 낙동강과 부산에서 그만큼 가깝다고 생각한 일본인들의 의식세계를 보여주는 사례이다. 일본이 만든 지도에도 이와 같이 대마도가 명확히 조선의 섬으로 되어 있는 것이다.

이 외에 소라동천小羅洞天이라는 사람이 그린 지도라고 전해오는 동국조선총도[48]에도 대마도와 독도가 모두 조선의 영토로 표시되어 있다.

그리고 전국의 봉수를 표시해 놓은 지도로서 해동팔도봉화산악지도[49]가 있다. 여기에도 대마도가 조선의 영토로 분명하게 그려져 있다. 이 지도에는 대마도 방향에서 들어오는 왜적을 맨 처음 알리던 부산 동래의 황령산봉수도 잘 표시되어

45. 朝鮮八道古今摠覽圖. 크기 : 137.5×107.0cm

46. 金壽弘(1601~1681)

47. 크기 : 176.0×173.5cm

48. 東國朝鮮總圖

49. 海東八道烽火山岳地圖

있다. 이 지도는 1650~1712년경에 비변사에서 제작한 것으로 추정하고 있다.

한편 명나라 사신 동월이 지은 『조선부』 안에 들어 있는 조선팔도총도[50]에도 대마도가 조선의 영토로 표기되어 있다. 이 지도는 현재 일본의 한 대학이 소장하고 있다.

이즈하라 시내에 있는 가네이시죠(金石城).

그리고 1789~1795년 무렵에 그려진 것으로 추정하고 있는 아국총도我國摠圖[51]는 여지도輿地圖라는 지도첩 안에 들어 있는 지도이다. 산맥과 강, 주요 군읍(지명) 그리고 삼면 바다의 섬을 자세히 그렸다. 산은 초록, 그리고 땅은 황색으로 그렸다. 채색필사 지도로서 화려하다. 조선의 화원이 그린 지도란 점에서 여느 지도와 다른 점이 있다. 정상기의 동국지도 가운데 조선전도를 모사한 것으로 보고 있다. 그러나 크기를 절반 가까이 줄인 것인데, 이 지도의 남해에 큰 섬으로 제주도와 대마도가 있다. 그런데 다른 지도와 달리 대마도가 남북 방향으로 길게 그려져 있으며, 대마도 서남쪽에 '동남쪽으로 일본에 이른다'는 의미로 '東南至日本界'라고 적어 넣었다. 이것은 일본과의 경계가 대마도 남쪽에 있음을 밝힌 것이다.

18세기 중반으로 내려오면 조선에서는 더욱 많은 지도들이 간행되는데, 대마도와 관련해서 주목해야 할 지도가 하나 더 있다. 대동총도[52]이다. 해동지도에 들어 있어서 해동지도라는 이름으로도 부르는 이 지도는 아국총도처럼 산맥을 초록으로, 땅을 황색, 바다를 쪽빛으로 그렸다. 지도 하단의 남해에는 좌우로 제주도와 대마도를 거의 같은 위도상에 그려넣었다. 채색도로서 화려한 편에 속하는 대형 전도이다. 대마도 북단에 天神山천신산, 이즈하라 부근에 斜山사산, 그리고 대마도 북편

50. 朝鮮八道總圖

51. 크기 : 151.0×81.5cm. 서울대학교 규장각 한국학연구원 소장.

52. 大東摠圖. 크기 256.4×156.2cm. 작자 미상의 지도로서 현재 서울대학교 규장각 한국학연구원에 소장되어 있다. 1750년대 초에 만든 것으로 추정하고 있다. 2008년 12월 22일 보물 제1591호로 지정.

조선전도(규장각 소장)

바다에 東萊동래를 써넣어 동래 방향을 표시하였다. 이 지도엔 울릉도는 없으며 대마도 동편, 그러니까 지도의 우측 하단에 대단히 흥미로운 발문이 붙어 있다. 그 내용은 이렇게 시작한다.

"무릇 우리나라의 지형은 북쪽은 높고 남쪽은 낮으며 가운데는 잘록하고 아래는 넓다. 백두산을 머리로, 큰 산맥인 태백산맥을 척추로 삼고 영남의 대마도와 호남의 탐라도를 두 발로 삼는다. …"[53]

19세기 전반에 만든 조선전도 또한 대형 채색지도이다.[54] 매우 세밀하게 표현한 지도이며 제주도와 대마도의 위치가 실제에 가깝다고 생각될 만큼 정교하다. 당시에는 구하기 어려운 지도였으리라는 생각이 든다. 비록 색깔이 퇴색되어 대마도 섬의 윤곽이 일부만 남아 있지만 제작 당시에는 규모와 세밀함이 이것을 따를만한 지도가 많지 않았을 것이다. 이 지도에도 대마도가 경상도의 부속 섬으로 그려져 있으며 대마도 섬 안에 對馬島대마도·天神山천신산·水路四百八十里수로 480리라고 쓰여 있는 것을 확인할 수 있다.

이와 유사한 것으로 동국대총東國大總이 더 있다. 동국여지도[55]라는 이름으로 더

53. "盖我國地形北高而南低中殺下贏以白山爲頭大嶺爲脊嶺南之對馬湖南之耽羅爲兩趾坐亥面巳以京都定四方之位則穩城爲子南海爲午豊川爲酉江陵爲卯而凡今之所謂 …"
54. 크기 : 247.0×131.4cm. 서울대학교 규장각 한국학연구원 소장.
55. 서울대학교 규장각 한국학연구원에 소장되어 있다.

(좌) 가미쓰시마마치(上對馬町) 후루사토(古里)에 있는 토노구비(塔の首) 고분군. 4기의 석관묘 중 1기는 흔적만 있었으며 도질토기와 구리팔찌, 관옥, 호형토기, 광형동모, 유리구슬 등이 나왔다. 석관의 개석이 남아 있는 3호분은 20대 전반의 여성 무덤으로 추정하고 있다. 광형동모라든가 유리구슬과 같은 것은 가야계 유물로 볼 수 있으나 석관은 청동기시대 경남 남부 해안 지방에서 보는 석관묘와 거의 유사하다.

(우) 가미쓰시마마치(上對馬町) 오마스(大增)에 있는 아사히야마(朝日山) 고분군.

잘 알려진 이 지도 역시 18세기에 만들어졌으며 작자는 미상이다. 이 지도에는 제주도보다는 훨씬 작게 대마도를 그렸다. 독도는 그리지 않은 대신 대마도를 그려 넣어 이 시대에 대마도가 조선의 영토였음을 나타내려 한 작자의 의도를 느낄 수 있다.

이와 아주 비슷한 이름의 동국팔도대총도[56]란 지도가 있는데, 이 역시 18세기 작품. 작자는 누구인지 알 수 없다. 이 지도에는 동해의 울릉도, 남해에는 대마도와 제주도·진도가 또렷하게 그려져 있다. 독도는 그려 넣지 않았지만 대마도는 동서로 길게 그렸다. 대마도를 조선의 영토로 그린 것이다. 그런데 이와 거의 비슷한 이름의 동국팔도총도[57]가 더 있다. 동국팔도대총도나 동국대총과 같은 시대에 만들어졌으며 대충 그린 지도에 속한다. 그러나 남해에 진도와 제주도·대마도를 그려서 이들이 조선의 섬임을 나타내었다. 다만 대마도를 낙동강 하구 가까이에 붙어 있는 것처럼 그려 실제 위치와는 사뭇 다르지만, 이것은 지도를 그린 사람이 대마도를 조선의 강역으로 인식한 증거이다. 대마도 안에는 先神山선신산이라고 적혀 있다.

56. 동국팔도대총도(東國八道大總圖). 서울대학교 규장각 한국학연구원에 소장돼 있다.

57. 동국팔도총도(東國八道總圖). 작자 미상. 18세기 제작. 서울대학교 규장각 한국학연구원 소장.

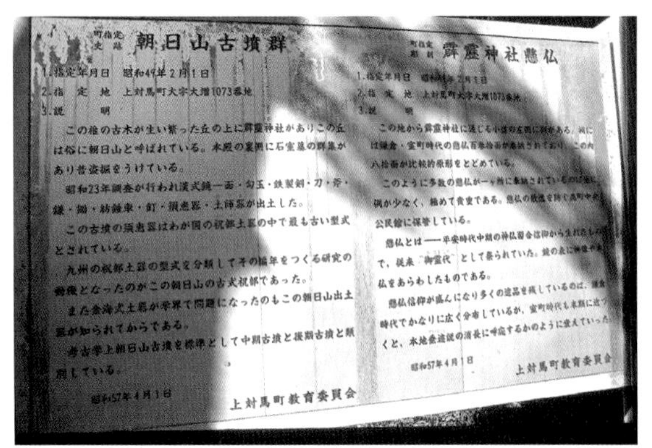

아사히야마(朝日山) 산록에서 여러 기의 석관묘가 파괴된 채로 발견되었다. 1948년 동아고고학회가 조사할 때 발굴하였는데, 당시 4기의 석관묘 외에 이미 파괴된 유구를 확인하였다. 2호분에서 철검, 철도, 철부, 낫 등이 출토되었다. 한국계 유물이 많이 나왔으며, 진주나 경남 남해안 지역의 청동기시대 석관묘와 유사하다. 대마도에서는 5세기의 유적으로 보고 있다.

天神山천신산의 오기라고 보는 이가 있으나 오히려 천신산의 다른 이름이었을 수도 있다.

한편 18세기 후반에 그려진 것으로 추정하고 있는 조선전도가 있다. 조선의 지명과 대표적인 산천명을 기록한 지도로서 관동도라는 이름으로도 부른다. 이 지도는 각 도별로 각기 다른 색깔로 지명을 표시하였다. 대마도는 남해 동남쪽에 그려져 있으며 대마도 동쪽 편에 日本이라고 적어 대마도 동쪽에 일본이 있음을 표시하려 하였음을 알 수 있다. 이 지도 역시 대마도가 일본의 영향권 밖에 있었음을 보여주는 자료로 이해해도 좋을 것이다.

동여전도東輿全圖의 일부인 대조선국전도[58]에도 대마도가 조선의 땅으로 그려져 있으며, 동래에서 대마도까지를 선으로 그어 해로를 표시하고 '수로 470리'라고 적었다. 동판 채색지도인데, 땅을 붉은 색으로 칠했다. 19세기에 만든 지도로서 오늘날의 지도와 크게 다르지 않을 만큼 정교하다.

그리고 국립중앙도서관에는 『해동여지도』라는 지도첩이 있다. 채색사본 즉, 컬러판 모사본 지도인데, 여기에 들어 있는 조선전도[59]는 19세기 전기에 만든 것으로 추정하고 있다. 우리나라 전체의 생김새와 정밀도 면에서 현대 지도와 크게 다른 것이 많은 지도이지만, 전국의 강과 산맥, 군읍의 위치 등은 비교적 상세하다. 대마도가 제주도보다도 크게 그려져 있으며, 동해와 남해에서는 울릉도·제주도·대마도가 가장 먼저 눈에 들어온다.

아울러 19세기 중반의 지도로서 동국여지도의 일부인 동국대총東國大摠 역시 대

58. 大朝鮮國全圖. 크기 : 21.0×30.0cm. 서울대학교 규장각 한국학연구원 소장.

59. 크기 : 99.0×56.5cm. 이 지도는 평안도와 함경도가 실제와 다르게 아주 작게 그려져 있다.

마도가 조선의 섬으로 되어 있다. 이 지도는 제작연대가 분명하다. 지도에는 1849년(현종 15)에 제작된 것으로 적혀 있다. 조선지도 안에 있는 팔역총도[60]는 조선의 산맥과 주요 지역, 주요 섬을 간략하게 표시한 지도이다. 전국 팔도 읍의 숫자를 함께 적었으며, 대마도를 조선의 섬으로 그려 넣었다. 대마도 동쪽에 섬 하나를 작게 그리고 그 안에 日本이라고 써넣어 일본이 대마도의 동편에 있음을 나타내었다. 이와 동일한 종류의 지도로서 팔도지도에 들어 있는 '조선전도'[61]가 있다. 이것은 17세기 후반에 제작된 지도이다.

이 외에도 팔도지도(1632~1652)·조선전도(1800 전후 제작)·팔도전도 그리고 조선전도[62]라는 이름으로도 부르는 해동도 등에도 대마도가 조선의 섬으로 표시되어 있다. 지방에서 그린 지방지도에도 대마도가 조선의 영토로 그려져 있다. 1872년에 그린 경상좌수영영지도형[63]은 조선 후기 경상좌수영과 그 주변 지역을 표시한 지도이다. 수영과 군사요충 및 여러 지점의 지명과 도로, 이정(거리) 등을 간략하게 표시한 지방도인데, 대마도를 그려 넣고 대마도까지의 거리를 480리로 표시하였다. 가까이에 절영도(영도)나 오륙도 등은 표시하지 않았으면서 대마도를 표시한 것은 대마도가 그만큼 중요한 요충이었고, 조선의 영토로 여기고 있었음을 암시하는 것이다. 또한 1872년에 제작된 동래부지도[64]가 있는데, 이것은 동래부의 영역을 표시한 지도이다. 동쪽으로 기장군, 서쪽으로 양산군, 남쪽으로 다대진 등까지의 거리를 표시하면서 절영도와 비슷한 크기로 동래부 남쪽 바다에 대마도를 그려 넣었다. 그러나 대마도 내의 지명은 표시하지 않았으며 대마도까지의 거리를 480리로 설명하고 있다. 대마도가 일본의 영토라고 생각했다면 대마도를 일본으로 표시했을 텐데 아무런 설명이 없다. 지도 안에 자세한 지명이 없고, 대마도가 어디에 속

60. 八域摠圖. 크기 : 32.6×42.4cm. 서울대학교 규장각 한국학연구원 소장.

61. 크기 : 31.8×40.0cm. 서울대학교 규장각 한국학연구원 소장.

62. 海東圖(해동도)라고도 한다. 1787~1800년 무렵에 제작되었을 것으로 추정하고 있다.

63. 경상좌수영영지도형(慶尙左水營營地圖形). 수영의 위치와 주변 요충 및 주요 지명 등을 기록한 지도. 서울대학교 규장각 한국학연구원 소장.

64. 동래부지도(東萊府地圖). 1872년 제작. 작자 미상. 서울대학교 규장각 한국학연구원 소장.

한 땅인지 설명이 없지만 대마도를 동래부의 부속 섬으로 인식한 것으로 볼 수 있다.

그리고 1872년에 지방에서 그린 지방도로서 두모진지도[65]가 더 있다. 두모포가 있는 두모진은 해운대 서편에 있었다. 대단히 중요한 요충이었는데, 이 지도에 대마도라는 이름과 대마도의 위치를 표시하였다. 두모진의 위치와 주요 지점을 간단하게 그린 지도인 만큼 대마도를 비롯하여 중요한 장소의 위치만 나타내었다. 그러나 대마도가 조선령이었는지는 표기하지 않았다. 대마도가 만일 일본의 땅이라 생각했다면 대마도와 두모진 사이에 일본계日本界라든가 기타 일본의 영역임을 의미하는 글자를 써넣었을 것이다.

그리고 19세기 전반기에 제작된 영남도嶺南圖도 의미 있는 지도이다. 이것은 동국여도 내에 있는 지도로서 영남지방을 상세하게 그렸다. 영남 해안과 대마도에 이르는 수로(=뱃길)가 표시되어 있다. 동래부와 대마도 사이의 뱃길 뿐 아니라 거제도의 정동쪽에서 대마도까지 뱃길이 표시되어 있다. 대마도는 둥근 모습으로 그려져 있지만 상대마와 하대마를 구분하고 있고, 대마도의 지형과 지세를 제대로 표현하려 애썼다. 대마도의 오른쪽에는 日本界일본계라고 써놓아 대마도의 동쪽부터 일본과의 경계가 시작됨을 알려주고 있다.

동국여도에 실려 있는 또 다른 지도로서 삼남해방도三南海防圖가 있다. 이것은 충청도와 전라도·경상도 삼남 지역의 해양 방어를 위한 뱃길과 섬 그리고 주요 거점들을 표기한 지도로서 수군의 진영은 붉은 색 원을 둘러 다른 곳과 구분하였다. 대마도의 위치를 표시하고 대마도 내 3개 포구에서 조선과 연결되는 해로가 표시되어 있으며 대마도 남쪽으로 일기도와 일본을 그려 넣었다.

1864년에 그린 동국역대기년총도[66]라는 족자에 들어 있는 팔도주현지도[67]는 전국의 강과 산맥, 주요 지역과 섬을 표시한 개략도이다. 여기에도 대마도는 절영도

65. 두모진지도(豆毛鎭地圖). 1872년 제작. 작자 미상으로 서울대학교 규장각 한국학연구원이 소장하고 있다.

66. 東國歷代紀年總圖.

67. 八道州縣地圖. 크기 : 69.2×32.9cm. 서울대학교 규장각 한국학연구원 소장.

동남쪽에 있다. 제주도보다 멀리 떨어진 곳에 대마도가 있는데, 크기는 제주도보다 작다. 고종1년(1864)이란 연대가 적혀 있어 이 지도의 제작연도를 알 수 있으며, 대마도가 조선의 땅으로 되어 있다.

이것 말고도 눈여겨봐야 할 지도가 더 있다. 고종 11년(1874)에 만든 대조선지도이다. 이 지도는 19세기 말 일본이 이 땅을 노리고 밀정을 파견하여 전국의 지형과 실상을 면밀하게 파악하던 시기에 제작되었다는 점에서 특히 주목해야 할 것 같다. 여기에도 대마도는 조선의 땅으로 기록되어 있다. 그러나 아쉽게도 이 지도는 현재 미국 의회도서관이 소장하고 있다. 이 지도를 보더라도 1874년 당시에도 조선의 많은 신민들이 대마도를 조선의 땅으로 알고 지냈음을 알 수 있다. 지도는 그것을 만든 당시 사람들의 영토관을 정확히 반영한다. 그러므로 가장 믿을만한 진실을 담고 있는 것이라고 할 수 있다. 바로 이 점에서 이 지도는 대단히 소중한 기록이라고 하겠다.

대조선지도와 함께 우리가 기억해야 할 또 하나의 걸작 대동여지도가 있다. 1860년대 말에 김정호가 그린 이 대동여지도에도 대마도는 우리의 땅으로 되어 있다. 김정호가 그린 지도는 이 외에도 동여도東輿圖와 청구도가 더 있다. 그런데 그가 대동여지도보다 먼저 그린 동여도[68]에는 대마도가 없다. 청구도를 만든 뒤, 그것을 여러 차례 수정하여 동여도를 만들었고, 동여도를 바탕으로 가로 4m, 세로 8m의 초대형 지도인 대동여지도를 완성하였다. 그는 청구도·동여도를 만들면서 축적한 경험을 토대로 조선 최대의 목판본 지도인 대동여지도를 완성했기 때문에 대동여지도는 현대 지도와 비교해도 별로 다를 게 없을 만큼 정확하다. 그런데 그는 청구도나 동여도에는 싣지 않은 대마도를 대동여지도에 조선의 섬으로 기록하였다. 물론 김정호는 대동여지도를 만들기 위해 미리 『여도비지輿圖備志』를 작성하였다. 이것은 대동여지도를 만들기 위한 일종의 시방서로서 지도 제작에 필요한 각종 자료를 모은 것이다.

68. 서울대학교 규장각 한국학연구원 소장.

대동여지도와 김정호

김정호는 조선 정부의 높은 관리로 일한 사람도 아니고 특별한 교육을 받은 사람은 아니지만 지도를 그리는 일에 일생을 바쳤다. 최근까지의 연구에 의하면 정부와 관료, 유명학자들의 도움을 받아 지도를 완성한 것으로 보고 있다. 다양한 분야 그리고 지도 제작 경험을 바탕으로 오랜 옛날부터 대마도가 한국의 강역이라는 영토관을 그는 대동여지도에 담았다. 대마도에서 제주도 근처까지 남해안에는 마치 깨를 뿌려놓은 것처럼 많은 섬이 있다. 평생을 다녀도 다 돌아보지 못할 만큼 많다. 그런데도 대동여지도에는 남해안의 큰 섬으로 오직 제주도와 대마도만을 크게 그렸다. 그가 본 섬이 그 둘밖에 없어서였을까? 그의 생각에는 동쪽 대마도로부터 서쪽 섬 제주도가 모두 조선의 영역이라는 사실을 나타내기 위해 두 섬을 유달리 두드러지게 표시한 것으로 생각된다.

김정호는 기존 자료의 잘못된 점을 답사를 통해 수정하였다. 그것을 위해 전국을 세 차례 답사하였고, 백두산을 일곱 차례 올랐다고 한다. 일부에서는 김정호가 넉넉하게 산 사람이 아니어서 전국 팔도 3회 답사와 백두산 일곱 차례 등정은 어려웠을 것이라고 보는 이들도 있다. 그렇지만 그 당시에 이 정도의 지도를 김정호 개인의 힘만으로 만들었다고 보기는 어렵다. 정부나 주변의 도움 없이는 불가능한 일이다. 실제로 주변의 많은 이들이 김정호를 도왔다. 그를 후원한 인물 중에는 유명한 관료와 학자가 많았으므로 이들이 실제 답사와 백두산 등정을 어떤 방식으로든 지원을 하였을 것으로 보고 있다. 나침반 하나를 가지고 순전히 목측에 의존해 지도를 만드는 작업인데, 그처럼 정확한 지도를 만들려면 답사를 하지 않고는 어려운 일이다. 지도 연구자들도 조선 정부와 고종의 지원으로 각 지방을 답사할 수 있었을 것이라고 보고 있다.

지금까지 알려진 바로는 당시 궁중수비대 무관이었던 최성환, 고위관료 신헌* 등이 김정호를 후원한 것으로 보고 있다. 그러나 겉으로 드러나 있지는 않지만 뒤에서 후원한 당대 인사들이 많이 있었던 것은 분명해 보인다. 전국 답사와 백두산 7회 등정에는 재정적인 후원은 물론 관료들의 도움 없이는 대단히 힘든 일이다. 특히 지방 관원들의 협조와 도움이 있어야만 주민의 협조를 이끌어낼 수 있고, 현장답사를 원활하게 할 수 있다. 이 시대 개화기의 인물로 잘 알려진 최한기** 또한 김정호를 지원하였다.

그러나 김정호 개인에 대해서는 알려진 것이 거의 없다. 그의 생몰연대와 삶이 가려져 있다. 출생과 사망연도도 분명하지 않다. 그렇지만 실존했던 인물은 틀림없다. 다만 여러 자료를 통해 그의 생존기간을 1804~1866년으로 추정한 견해가 있다. 그가 1870~1871년경까지 생존했을 것으로 보는 의견도 있다. 그의 출신지에 대해서도 황해도 봉산 또는 토산이라는 두 가지 설이 있다. 그가 본래 청도 김씨였다는 것 외에 그의 삶을 조명해 볼 수 있는 자료는 어디에도 남아 있지 않다. 김정호가 살았던 곳에 대해서도 서울 공덕동, 만리재, 약현藥峴 세 곳으로 압축되어 있는데 개인적인 견해이지만 지금의 약현 성당 주변 어딘가에 살았을 것으로 보인다.

'길 닦아 놓으면 거지부터 지나가더라'고 김정호가 일생을 바쳐 죽도록 만든 이 대동여지도가 어찌나 정확한지 청일전쟁에서 청나라 군대와 일본 군대가 함께 사용했다는 설이 있다.

대동여지도는 김정호 자신이 직접 판각을 하여 완성하였다. 그 후로 그는 『대동지지大東地志』를 썼다. 『대동지지』에 명성왕후가 고종의 비妃로 기록되어 있는데, 고종은 1866년 3월 명성황후를 왕비로 맞아들였으므로 최소한 1866년 김정호는 생존해 있었음을 미루어 알 수 있다. 김정호의 사망시점을 1866년으로 본 견해는 여기에 근거를 두고 있다. 그가 남긴 대동여지도와 『대동지지』는 조선시대 말기의 소중한 자료이다. 특히 『대동지지』는 조선시대 마지막 인문자료로서 그 당시의 사회를 심층적으로 이해하는 데 큰 도움이 된다.

대동여지도에 그려진 대마도 안에는 천신산天神山과 좌수나포佐須奈浦가 선명하게 표기되어 있다. 좌수나포는 조선통신사가 일본으로 갈 때 통상 대마도에 가장 먼저 도착하는 포구였다. 그가 딸과 함께 전국을 답사하여 만들었으니 우리의 역사상 답사지도로는 이것이 처음인 셈인데, 이 지도는 김정호 시대에 우리의 선조들이 갖고 있던 영토관을 보여주는 대표적인 사례로 꼽을 수 있다. 대동여지도는 1861년에 처음으로 간행되었고, 1864년에 재간되었다. 그리고 『대동지지』가 1866년에 그의 손에 완성되었다. 그 후, 1874년에는 대조선전도가 나왔다. 그러나 대조선전도가 나온 시점에 일본이 간행한 지도에는 대마도가 일본의 땅으로 표기되어 있지 않다. 메이지 유신 뒤인 1871년 이후에 대마도를 일본의 영토로 편입했다는 일본의 주장을 무색하게 하는 것이다.

---

* 신헌(申櫶, 1810년~1888년)은 조선 말기의 고위 관료이다. 1849년 40세의 나이에 금영대장이 되었다. 1866년 병인양요 때 총융사, 1874년 진무사 훈련대장을 거쳐 1876년 운양호 사건 때 판중추부사 신분으로 일본의 구로다 기요타카(黑田淸隆)와 병자수호조규를 체결하였다.

** 개화기 서양문물에 대한 호기심과 관심이 많았던 인물로 서양의 문명을 적극적으로 받아들일 것을 주장. 생존연대는 1803~1877년.

조선 초, 일본의 지도에는 대마도와 일기도는 없었다

조선시대 사람들 대부분이 대마도가 조선 땅이라고 믿고 산 증거는 앞에서 설명한 지도들 외에도 더 있다. 그런데 조선전기 대마도가 일본의 지도에서 빠져 있었다는 이야기가 『조선왕조실록』에 전하고 있다. 「세종실록」에는 1438년 '예조에서 일본국 지도를 바쳤는데 거기에 대마도는 없었다'[69]고 한 기록이 그것이다. 그 지도는 박돈지朴敦之라는 사람이 일본에 사신으로 갔다가 구해 가지고 온 것이었다. 박돈지는 그 지도를 구하자마자 지도의 한쪽에 글을 적어두었다가 나중에 돌아와 예조판서 허조許稠에게 주었는데, 허조는 전문 장인을 시켜 그 지도를 손질하도록 하였다. 그런데 얼마 후, 임금은 그림 그리는 도화원을 시켜 그 지도와 똑같이 지도 한 벌을 본떠서 바치도록 하였다. 그때 예조에 지시하여 그 지도에 유의손柳義孫이 일본 지도를 얻게 된 과정과 그것과 똑같이 한 벌을 베껴서 만들게 된 연유를 써넣도록 하였다. 그래서 이 지도에는 박돈지와 유의손 두 사람의 지문이 붙게 되었는데, 먼저 박돈지의 지문은 이런 내용이었다.

> "건문(建文) 3년 봄에 내가 일본에 사신으로 갔는데 비주수(肥州守) 원상조(源詳助)라는 사람이 그 나라의 명사라는 이야기를 듣고, 찾아가 만나보고 싶은 뜻이 있었다. 그런데 원상조가 먼저 찾아와서 보기를 요청하고 매우 후하게 대하며 위로하였다. 내가 그 나라의 지도를 보여주기를 청했더니 그가 이 지도를 내어 주었다. 일본의 지경(地境, 땅의 경계)을 잘 그린 한 장의 방여도(方輿圖)였다. 그러나 오직 일기도(一岐島)와 대마도 두 섬이 빠져 있었으므로 이제 그 섬을 보충하여 베껴두었다."

'비주수肥州守'라고 하였으니 서일본 치쿠젠筑前 지역의 실세가 갖고 있던 지도에 대마도와 일기도는 빠져 있던 것이다. 다시 말해서 위 기록은 대마도와 일기도는

69. 세종 20년(1438) 2월 19일

그때까지 일본의 섬으로 기록하지 않았음을 밝히고 있는 것이다. 그렇지만 "일기도와 대마도 두 섬이 빠져 있었으므로 그 섬을 보충하여 베껴두었다"고 하였으나 이 글에는 지도를 베낀 도화원의 화원이 두 섬을 일본의 섬으로 추가하였다는 것인지, 아니면 조선의 섬으로 그려 넣었다는 것인지는 알 수 없다. 그런데 유의손의 지문은 다음과 같이 기록되어 있다.

> "일본 씨족이 바다 가운데에 나라를 세웠으나 우리나라와는 멀리 떨어져 있어서 그 나라의 강역을 자세히 알 수 없었다. 건문(建文) 3년 봄에 박돈지(朴敦之)가 일본에 사신으로 가서 그 나라의 지도를 보기를 원하였더니 비주수 원상조가 제 집에 두었던 지도 한 벌을 내어 보여주었다. 그러나 유독 대마도와 일기도 두 섬이 빠졌으므로 박돈지는 지도를 모사하면서 두 섬을 보충해 가지고 돌아왔다. 그 후 예조판서로 있던 지금의 판중추원사 허조에게 이 지도를 기증하였는데, 허조는 이 지도를 보고 고맙게 여기고 영락 19년(1421)에 드디어 공인을 시켜 손질하여 바쳤다. 그런데 그 그림이 세밀해서 알아보기가 쉽지 않으므로 선덕 10년(1435년) 여름 5월에 임금이 예조에 명하여 도화원(圖畫院)에서 고쳐서 모사하도록 하고, 신에게 그 도본 밑에다 지문을 쓰도록 명하셨다. 신은 생각하건대 천하에 지도란 것은 역대로 중하게 여겨온 것인데 하물며 이웃 나라의 형세는 어떻겠는가. 지금 이 지도가 비록 엉성해 보이지만 안으로 나라와 고을, 밖으로는 여러 섬을 그려 놓아 한 폭의 그림에 그 규모와 구역이 분명하여 직접 발로 밟고 눈으로 보지 않고도 다 알 수 있다. … 이것을 간수하여 후대까지 영원히 전함이 마땅하다."

두 기록 모두 원본에는 없는 일기도와 대마도 두 섬을 그려 넣었다고 하였다. 일본 지도를 세종이 받은 시점이 1430년이었다. 대마도 정벌을 한 지 10여 년이 지난 뒤였으니 세종은 그 지도에 대마도와 일기도를 그려 넣으면서 대마도를 조선의 섬으로 표시하도록 한 것이라고 이해할 수 있지 않을까? 물론 이 지도는 그 후 왕실이나 조선 정부에 보관하였을 테지만, 지금은 전해지지 않는다. 이 문제와 관련하여 임진왜란 때 왜군에 잡혀갔다가 돌아와 『간양록看羊錄』을 남긴 강항姜沆의 증언은 아주 중요한 실마리가 될 수 있다. 강항은 "일본은 대마도와 일기도(이키시마)는 외국으로 간주하고 일본 66주州에 들지 않는다"[70] 고 하였다. 이것으로 보더라도 임진왜란 때까지도 일본은 대마도를 저희 땅으로 여기지 않았음을 알 수 있다. 그런데도 조선 건국 세력은 애초부터 대마도를 일본 땅으로 인정하였다. 대마도가 본래 고려의 땅이었다는 사실을 잘 알고 있었으면서 이성계의 건국과 함께 대마도를 일본으로 꼬박꼬박 인정하고 외교서신을 보냈다면, 그것은 건국과 함께 대마도가 조선에서 떨어져 나간 사실을 숨기기 위한 것이었을 수 있다.

『조선왕조실록』에 권선勸善이 세종에게 전한 일본 대내전의 이야기를 통해서도 대마도가 본래 우리의 강역이었음을 알 수 있다.

> "대내전의 관반(館伴)인 노라가도로(盧羅加都老)가 '대마도는 본래 조선의 목마지(牧馬地)이므로 대내전도 조선과 협공하여 대마도를 조선에 돌리려고 하였습니다. 그러나 불행하게도 세상을 떠났고, 지금의 대내전은 이 사실을 알지 못한다' 고 하였습니다."[71]

『조선왕조실록』에 '대마도가 본래 우리나라에서 말을 기르던 땅'이라고 한 내용은 이 기록과 세종이 대마도 신계도로부터 전해 들은 것이 전부이다. 다만 대국大國이라 하여 조선을 지칭한 것이지만, 그 실제의 내용은 조선 이전, 고려로 볼 수 있는 여지가 있다. 대마도 사람 신계도와 대내전의 사신이 한 이야기인 만큼 이것은 어느 정도 믿을 만한 사실로 볼 수 있다.

뒤에 자세히 설명하였듯이 대내전은 백제 성왕의 셋째아들 임성태자의 후손이다. 지금의 후쿠오카 일대 규슈九州 지방을 대내전과 소이씨 등 아홉 호족[72] 이 나

70. 大概倭中視壹岐對馬 有同外國 不與於六十六州之列(『看羊錄』 疏倭國八道六十六州圖)

71. 세종 26년(1444) 4월 30일

72. 이것을 신숙주는 『해동제국기』에서 구족(九族)이라 하였다.

누어 다스린 적이 있는데, 그때 대내전이 가장 강성한 세력으로 성장하여 소이씨를 압박하였다. 대내전은 그 선조가 백제 왕가이므로 조선 정부에 호의적이었고, 조선 또한 대내전을 통해 일본 국왕과 외교적으로 접촉하였다. 조선은 대내전만을 공식적으로 인정했고, 또 호의적으로 대하면서 서로 도왔다. 더구나 조선 정부는 소이씨의 왜구 잔당 토벌을 위해 대내전을 돕는 협력관계를 유지하였다. 대내전은 정치적으로 자신과 대립 관계인 소이씨의 세력과 그 휘하에 있는 왜구들을 토벌해야 했고, 조선은 왜구를 근절해야 했으므로 조선 정부와 일본 대내전에게는 소이씨 세력 소탕이라는 공동의 목표가 주어져 있는 상황이었다. 그때도 '친구의 적은 나의 적'이라는 외교원칙이 적용되고 있었던 것이다.

그런데 노라가도로가 일본 대내전의 이야기를 전하던 바로 그날, 일본 대내전이 다다량교홍多多良敎弘[73]의 손에 들려 예조에 보내온 서찰에서는 대마도가 대내전의 관할 밖에 있었음을 알 수 있다.

"이제 대마도·일기도 등의 왜적 배가 귀국의 공운선(貢運船)에 실은 남녀 약간 명과 곡식·포목·잡화 약간을 빼앗고, 많은 사람을 살상했다는 글월을 살펴보았습니다. 다 읽기도 전에 걱정이 앞서고 마음이 부끄럽습니다. 황송하게도 하국(下國, 저의 나라)에 명령을 내려 남녀·포화(布貨) 등을 찾아서 돌려보내게 하고, 또 도둑의 무리들을 찾아 크게 꾸짖으라 하오나 하국의 힘으로 제재할 수 없습니다. 그 이유는 대마도와 하국이 여러 대를 걸쳐 사이가 좋지 못하다는 사실을 귀국의 인사들도 분명히 알고 있는 바이니 말씀 드릴 것도 없습니다. 일기도 역시 작지만 대마도와 마찬가지라 제 나라의 명령을 듣지 않습니다. 만일에 귀국에 알리게 되면 열국간의 잘못을 드러내는 것이 되니 의리에도 맞지 않습니다. 더구나 저의 나라는 임금이 어려 정사를 모두 재신(宰臣)에게 일임하였으니 몸이 팔을 부리고 팔이 손가락을 놀리듯 신하가 열국(列國)을 제어할 수도 없습니다. 특히 일기도·

73. 그는 당시 방주(防州)·장주(長州)·풍주(豐州)·축주(築州)·사주(肆州)의 태수였다.

대마도는 멀고 먼 바다 가운데에 있는 섬이라 호령할 겨를도 없습니다. 하국이 앞서의 일을 (조선의) 사신에게 말씀드렸습니다. 그러나 보내 온 명령이 중하여 그대로 있을 수도 없어 이제 특별히 일기도에 사람을 보내어 알렸으나 일기도는 승복하지 않을 것 같습니다. 민망하지만 족하께서는 헤아려 주소서."(세종 26년 4월 30일)

대마도에 발붙이고 사는 소이씨의 왜구와 대내전의 사이가 좋지 않아 통제할 수 없는 사정을 이해할 수 있다. 이것은 일본의 공권력이 일기도와 대마도에 미치지 못하였음을 설명하는 것이지만, 그 당시 두 섬이 조선과 일본 어느 쪽에 속한 땅이었는지는 속 시원히 설명하지 않고 있다. 전체적인 맥락으로 보면 조선과 대내전은 두 섬을 일본의 것으로 알고 있었고, 그에 대해서는 묵시적인 합의가 있었던 것으로 볼 수 있다.

아울러 위 서찰로써 우리는 명쾌하게 대내전의 뿌리가 어디에 있는지를 알 수 있다. 신숙주도 『해동제국기』에 "다다량교홍은 백제 온조왕의 후손이다. 선조가 일본 주방주周防州 다다량포多多良浦에 정착하여 다다량이라는 성씨를 갖게 되었으며 다다량지세多多良持世까지 8백여 년이 되었다. 다다량지세가 자손이 없어 다다량교홍을 후사로 삼았는데, 백제에서 나왔으므로 우리나라와 가장 친근하다"고 적었다.

그런데 세종 20년(1438) 첨지중추부사[74] 이예李藝[75]를 대마주對馬州에 파견한 사실을 보면 대마도는 조선의 영향력 내에 있었음을 알 수 있다. 그렇다고 해서 이때의 대마

74. 중추원의 정3품직에 해당

75. 이예가 8세 때, 그 어머니가 왜적에게 포로가 되었다. 1460년에 윤명(尹銘)을 따라 일본 삼도(三島)에 들어가서 집집마다 수색하였으나 어머니를 찾지 못하였다. 처음에 대마도에 가니 도주 영감(靈鑑)이 윤명을 잡아 두고 보내지 않았다. 이예가 대신 예물을 받아 가지고 일기도(一岐島)에 있던 지좌전(志佐殿)과 통하여 사로잡힌 사람들을 돌려보내 달라고 청하고 도적을 금하게 하였다. 1461년 겨울에는 예물을 가지고 일기도로 가는데, 대마도에 이르니 마침 영감은 귀양 가고 섬 안이 소란하여서 타고 간 배를 잃어버렸다. 가까스로 일기도에 도착하여 잡혀있는 50명을 찾아 왜인 나군(羅君)의 배를 빌려서 싣고 돌아왔다. 그 공으로 좌부사직(左軍副司直)에 제수되었다. 나군에게는 쌀 3백 섬을 주었다. 이때부터 1470년까지 10년 동안 해마다 통신사가 되어 삼도를 오가면서 포로 5백여 명을 찾아 왔다.

도가 실제로 조선령이었던 것은 아니다. 대마도의 경제가 조선에 절대적으로 의존하고 있었기 때문에 대마도는 조선에 대해 강력하게 제 목소리를 낼 수 없는 처지였다. 고려시대 이후 대마도는 고려와 조선으로부터 경제적 지원을 받았다. 조선은 줄곧 그들을 순치시키기 위해 관직을 내주었고, 경제적인 지원을 하였다. 후일 세조 때 조선은 대마도주에게 관직을 줌으로써 대마주 태수와 조선의 관리를 겸직시키면 어떨지 그에 대해 의논하라며 세조가 대신들에게 제시한 내용이 있는데, 이 사실 하나만으로도 대마도는 조선 땅이 아니었음을 분명히 알 수 있다. 세종 때 예조에서 이예李藝 편에 대마도주 종정성에게 보낸 서찰은 외교문서가 아니라 마치 조선 왕실과 중앙 정부가 지방 관료에게 보내는 공문의 형식을 취하고 있다. 또 예조에서 이예를 파견했으므로 이예는 외교사신이었으며, 동시에 중앙정부인 중추원의 관료였다. 외교사신의 파견이라든가 외교문제, 외교서신 작성 등을 담당한 중앙부서가 예조였기 때문이다. 조선의 고위층 관리로서 일본어를 잘 하는 울산 출신의 이예를 보낸 것인데, 당시 그는 당상관인 정3품관이었고, 그가 갖고 간 서한의 내용은 이러하다.

"세종 4년(1422)에 예조판서 신상(申商)에게 '대마도가 우리나라 남단에 위치해 있으면서 은덕을 저버리고 누차 변방을 번거롭게 하므로, 이미 우리 장수로 하여금 가서 그 죄를 묻고 정벌하여 포로를 잡아 돌아왔다. 그러나 그 부자형제가 바다를 사이에 두고 서로 그리는 정상을 내 차마 보지 못하겠다. 너희 예조는 나의 이 지극한 심회를 헤아려 잡아온 인민을 모두 조사하여 돌려보내라.' 고 (임금이) 지시하신 바 있어 삼가 잡혀온 사람 중에 죽은 자와 그대로 머물러 살기를 원하는 자를 제외하고는 남김없이 송환하였다. 그 뒤에 족하(足下, 귀하)가 글을 보내어 찾아서 보내 줄 것을 계속 청해 오기에 재삼 각도에 공문을 보내어 조사하여 보았다. 그러나 따로 억류되어 있는 사람이 없다. 이러한 뜻을 회답하였으니 이미 전달되었을 것으로 안다. 그 뒤에 여러 사람이 받아 가지고 온 서계 속에 송환을 요청한 사람이 있는데, 그들은 모두 까닭 없이 남아 있는 것이 아니다. 혹 나온 세월이 몹시 오래 되었거나 이름자가 분명하지 않거나 주거지를 알 수 없거나

병을 앓다가 죽은 자 등 여러 가지가 있다. 간혹 즉시 송환을 요청해 오기도 하고, 사유가 있어 돌아가지 않는 사람까지도 아울러 써서 보내곤 하니, 서로가 번거롭다. 또한 송환을 요청한 수백 명의 명단을 한 폭의 종이에 써서 보내더라도 조사하여 송환할 수 있을 터인데 한 사람의 송환을 요청할 때마다 각기 사람을 보내오니 그 수가 70~80명에 달하고 있다. 금후로는 사람들의 일방적인 말을 듣고서 전과 같이 글을 보내어 번거롭게 청하는 일이 없도록 하라."[76]

이것은 기해년(1419)에 대마도를 정벌하면서 잡아온 포로들의 송환문제를 다룬 내용인데, 이 서한은 세종 2년(1420)에 "앞으로 보고할 일이 있으면 먼저 경상도 관찰사에 보고하여 처리하라"고 한 명령을 상기시킨다. 이 서찰과 함께 세종은 종정성에게 예물[77]을 푸짐하게 보내주었다. 그것은 대마도주에게 조선국왕이 특별히 내려주는 은전이었다. 이것은 단순히 바다로 격리된 지방관에게 조선 정부가 내려주는 선물로 볼 수 없다. 서신의 전달자가 조선의 당상관이었고, 예조에서 작성한 외교서신과 예물을 갖고 갔기 때문이다.

그런데 대마도는 임진왜란 이후에도 조선과 일본 어느 쪽에도 속하지 않았다는 증언이 있다. 강항의 『간양록』을 통해 당시 조선과 일본이 대마도에 대해 갖고 있던 영토관을 엿볼 수 있다.

"대마도 여자들은 조선의 치마저고리를 입고, 남자들은 거의 우리 조선말을 안다. 왜국을 말할 때는 반드시 일본이라고 하고, 우리나라를 이를 때는 반드시 조선이라고 한다. 일찍이 그들이 일본을 자처한 적이 없다."[78]

76. 세종 20년(1438) 4월 11일

77. 종정성에게 저마포(苧麻布)·면주(綿紬) 각 10필, 채화석(綵花席)·만화석(滿花席) 각 10장, 인삼(人蔘) 50근, 호·표피(虎豹皮) 각 2장[領], 송자(松子) 2섬, 건시자(乾柿子) 1백 접[貼], 황률(黃栗) 10두, 밀과(蜜果)·다식(茶食) 각 5각(角), 청밀(淸蜜) 5병, 소주(燒酒) 50병 및 어물(魚物) 등을 하사하였다.

78. 其女子多着我國衣裳 其男子幾解我國言語 稱倭國必曰日本 稱我國必曰朝鮮 未嘗專以日本自處(『看羊錄』 賊中聞見錄)

임진왜란 직후인 17세기 초, 그가 적지인 일본에서 직접 겪은 일을 바탕으로 한 것이니 일본에서 대마도를 일본 땅으로 여기지 않았다는 이야기는 사실이었을 것이다. 세종조에 박돈지가 구해온 일본지도에 대마도와 일기도가 들지 않았다는 것과 맥락을 같이하는 자료이다. 또 숙종 때 일본에 다녀온 남용익의 『부상록扶桑錄』에도 이를 뒷받침하는 내용이 있다. 7월 20일, 대마도 해안사海晏寺에 머물면서 대마도의 풍속을 읊은 시가 있는데, 그 내용 가운데 "대마도는 멀리 일본의 서쪽에 있는데 산천이 직방職方에 들지 않았네"[79]라고 한 구절이 있다. 여기서 말한 '직방'은 중국의 『주례周禮』에 나오는 직방씨職方氏를 이른다. 직방씨는 천하의 지도를 맡아서 관장하던 사람으로, 남용익이 '직방에 들지 않았다'고 한 것은 대마도가 일본의 영역에 포함되지 않는다는 사실을 이른 표현이었다. '조선과 일본이 모두 대마도를 자기네 땅으로 여기지 않았다'는 강항의 이야기가 얼마나 믿을 수 있는 것인지는 알 수 없다. 다만 하나의 사례이지만 1636년(인조 14) 일본에 갔다 와서 쓴 김세렴의 『해사록』에 보면 그와는 다른 것을 알 수 있다. 인조 15년 2월 19일에 대마도주 종의성이 통신사 3사(정사·부사·제술관 세 사람)에게 말한 내용이다.

> "제가 조정(조선을 이름)에 번신(藩臣)[80]과 마찬가지이니 일본이 우리를 귀국의 동번(東藩)[81]이라 하는 것이 참으로 근거가 있는 말입니다. 그러니 감히 끝까지 정성을 다하지 않겠습니까…"

조선과 일본 모두 공식적으로는 대마도주를 번신 또는 번藩이라 여겼으며, 조선은 대마도를 조선의 땅으로 여기지 않았음을 알 수 있다.

대마도가 어떤 곳이었는지, 그에 대해서 강항이 말한 대목 하나를 더 보자.

79. … 馬島遙居日本西 山川不入職方稽 …

80. 큰 나라 밖의 신하.

81. 본래의 뜻은 '동쪽 울타리'이다.

"우리나라(조선)가 강하면 내부할 뜻을 갖고, 왜가 강성해지면 조선을 배신하고 제 마음대로 하며 그 향도가 되기를 자청하니 속이고 모의함이 흉포하다."[82]

이처럼 조선이 강하면 조선에 붙고, 일본이 강하면 일본에 붙는 간사하고 흉악한 무리여서 조선과 일본 모두 그들을 믿지 못하였던 것이다. 그럼에도 이 지경이 되도록 조선은 일본과 대마도 왜인을 잘 몰랐으며, 일본에 대한 정보를 제때에 두루 파악하지 못하였다. 자신을 지나치게 존대하면서 일본을 지나치게 하대하고 무시하며 눈과 귀를 닫아두고 '은둔'을 자처한 결과이다.

김정호, 『대동지지』에 대마도를 우리 땅으로 기록

대동여지도와 함께 김정호가 완성한 조선 최대의 인문지리서 『대동지지大東地誌』 경상도 동래부 편에는 대마도에 관하여 자세하게 적고 있다. 『대동지지』에 실려 있는 대마도 관련 내용은 이렇게 되어 있다.

"대마도는 동래부 동남 바다 가운데에 있다. 바람을 타면 하루에 이를 수 있다. 옛날 신라 실성왕 7년(408) 왜가 대마도에 영(營, 군영을 이름)을 설치한 것이 왜인이 점거하게 된 시작이며 이로부터 신라 변방의 근심거리가 되었다. … 본도(本島, 대마도)는 우리나라에서 가장 가난하여 해마다 세사미와 면포를 받아간다.[83] 조정에서 공무목(公貿木)으로 면포 57,405필 20척 5촌을 받아가며,[84] 예조에서 해마다 공물을 바치고 받아가는 답례품[85]으로 매 새끼 58련, 인삼 32근 8냥, 호피

82. 我國無釁則專意內附 倭奴盛彊則賣弄我國 請爲嚮導 其凶謀詐計 不一而足(『看羊錄』 賊中聞見錄)

83. 대마도주 종가와 그의 친속들은 조선의 관리 작위와 녹봉을 받고 살았다. 그리고 조선정부는 그들에게 각기 차등 있게 해마다 쌀과 콩을 보내주었다. 이것을 세사미·세사태라고 한다. 그 외에 각종 면포와 생활용품을 국왕과 예조에서 하사하였는데, 이것은 대마도에서 공물을 바치면 그에 대한 회사품 형식으로 내려준 것이다.

84. 이것을 면포로 받은 다음, 곡식으로 바꾸어 대마도로 가져갔다.

85. 연례회사품(年例回賜品)

13장, 표피 17장, 백저포 48필, 백면주와 흑마포 각 32필, 백면포 65필, 필묵 4754부, 유모(油芼) 68심, 화석(花席, =화문석) 110장, 백지 77속(束), 우산지(雨傘紙) 29속 10장, 참빗[直梳]·호피·호담(虎膽, 호랑이쓸개)·견담(犬膽, 개쓸개) 각 52, 도자(刀子, 칼)·사자연(獅子硯 사자 모양 벼루)·연적 각 26, 부채 80, 법유(法油)·청밀(淸蜜, 꿀)·녹말·의이(薏苡, =율무) 각 1석 2두, 호도·잣·대추·밤 각 3석 7두, 개암 1석 11두를 받아간다. 이 외에 해마다 도주가 받아가는 미곡과 기타 잡다한 물건이 너무 많아 이루 다 기록할 수가 없다. 대마도에서 해마다 바치는 별폭 공무목이 있다. 동철(銅鐵) 29,373근 5량 4전, ○철 16013근 8량, 소목 6335근, 물소뿔 400통, 호초 4400근, 백반 1400근, 주홍(朱紅) 8근 등(이하 생략) ……"[86]

대동여지도에 대마도가 우리의 섬으로 되어 있고, 『대동지지』 동래부 편에 '본도(=대마도)는 우리나라에서 가장 가난하여 해마다 세사미와 면포를 받아간다 …'고 적었으니 대동여지도와 『대동지지』는 서로 짝을 이루는 기록이라 하겠다. 우리나라에는 섬이 무척이나 많은데, 그 많은 섬 중에서 대마도가 가장 가난하다는 것이다. 『대동지지』는 1866~1867년경에 쓰였으므로 위 내용은 대마도가 많은 물품을 받아가던 당시의 궁핍한 실정을 전하고 있다. 김정호는 대마도가 동래부 소속의 조선령이므로 해마다 조선국왕의 하사품을 받아간다는 의미에서 이런 기록을 남긴 것이다.

참고로, 위에서 말한 공무목[87]은 조정으로부터 받아가던 물품을 이른다. 세사미·세사태[88]와 함께 공무목은 대마도주와 그 이하 식솔들에게 대단히 중요한 물자였다. 조선의 중앙정부는 조선의 신민이 만들어낸 것 중에서 무기 말고, 먹고 입고 사용할 수 있는 것은 모두 주었다. 그곳에도 산이 있고 숲이 있건만, 하다못해 꿀과

86. 원문 생략[『대동지지(大東地誌)』 동래부(東萊府), 김정호(金正浩), 1866년]

87. 공무목(公貿木)의 목(木)은 본래 목면(木棉)을 가리키는 말이었다.

88. 세사태(歲賜太)란 해마다 조선정부에서 대마도에 내주는 콩. 세종조에는 일년에 콩 2백 석을 내주던 것을 삼포왜란 이후부터는 1백 석으로 줄여서 주었다.

포도·잣·대추며 개암(Hazelnut)까지 보내주었다. 호피나 표범가죽은 일본에서 인기가 없는 물건이었지만, 대신 그것을 받아다가 비싼 값에 중국에 내다 팔았고, 인삼은 중국과 일본에서 비싸게 거래되었으므로 큰 이익을 남길 수 있는 품목이었다. 받아가는 것이 얼마나 많았으면 김정호는 '해마다 도주가 받아가는 미곡과 잡물을 이루 다 기록할 수 없다'고 하였을까? 김정호가 살았던 19세기 말의 고종 시대에도 대마도는 자립해 살아갈 수 없어 조선의 곡식이 아니면 섬사람들을 먹여 살릴 수 없었던 것이다. 대마도주를 통해 일본과의 외교가 이루어지던 고종 시대까지도 외교문서의 수신자인 대마도주를 꼬박꼬박 '일본국 대마주 태수'로 적어 보낸 것과는 정반대의 내용인 것이다.

그런데 일본은 메이지유신明治維新 직후인 1871년경에 대마도를 저희들의 땅으로 편입하였다고 주장한다.

20세기 초 9인의 홍주의병들도 대마도를 우리 땅으로 알았다

1905년 11월 일본은 군대를 동원하여 서울 곳곳에 경계병을 배치하고 강제로 을사보호조약을 맺었다. 일본인들이 대한제국의 고위관료들을 억압하고 회유하여 억지로 맺은 조약이기에 지금의 우리는 그것을 늑약勒約이라고 고쳐 부르고 있지만, 이 을사늑약으로 말미암아 이듬해 봄(3월)부터 전국적으로 항일운동이 고조되었다. 그 중에서 면암 최익현 선생을 중심으로 한 홍주의병이 가장 큰 결집력과 영향력을 갖고 활동하였다. 충남 청양 정산의 민종식도 재산을 정리하여 5만 냥의 군자금을 마련하고 예산 광시장터에서 의병을 일으켰다. 민종식은 곧바로 홍주성으로 들어가 항일의 기치를 세웠으나 관군에 의해 홍주성이 함락되어 도피하였다. 이들은 5월 초순에 다시 부여 홍산에서 거병하여 비인(충남 서천)을 거쳐 남포에서 닷새 동안이나 싸워 일본군을 물리치고 북으로 진군하였다. 광천을 거쳐 다시 홍주성을 점령하였으나 주한 일본군의 공격으로 홍주성이 함락되었다. 민종식은 피했다가 얼마 뒤에 일본군에게 살해당하였다. 홍주의병을 주도한 면암 최익현과 최상집·남규진 등은 일본군에 붙잡혔다. 민종식을 따라 홍주의병에 가담했던 문석환도 이때 잡혀서 모두 11명의 홍주의병이 서울로 압송되었다.

이들은 서울의 일본주둔군사령부인 '한국주차군사령부'에서 심문을 받았다. 그리고 11인 중에서 9명이 대마도 이즈하라로 유배되어 감금되었다. 9인의 홍주의병은 1906년 8월에 대마도에 유배되었다가 12월 초에 대마경비보병대대의 병영 안에 지은 감옥에 감금된 채 생활하였다. 그런데 1907년 1월 1일 갑작스럽게 면암 최익현이 병사하였다. 그가 죽은 뒤로 홍주의병들은 두세 차례로 나누어서 풀려났다. 문석환은 대마도에 유배된 날로부터 1908년 10월 유배에서 풀려나기까지 매일 일기를 썼는데, 그것이 『마도일기馬島日記』이다. 그가 쓴 『마도일기』에는 9인의 의병들이 하루하루 살아간 모습과 고향의 가족들이 보낸 편지의 내용이라든가 나라를 걱정하는 소회 등이 상세하게 기록되어 있다.

이 일기의 내용을 보면 홍주의병들은 당시 누구도 대마도를 일본 땅으로 인식하지 않았음을 알 수 있다. 고향의 가족들이 보낸 편지에도 대마도를 일본으로 표현한 기록이 없다. 1907년 9월 5일 일본군 주번사관이 카와카미川上[89]라는 일본인을 통해 문석환에게 시 한 편을 써 줄 것을 부탁하였는데, 그 시에서 문석환은 대마도를 우리의 땅으로 인식하였음을 알 수 있다. 1907년 9월 5일의 시이다.

對馬一千古 대마도 일천 년 그 옛날에
誰知在此行 누가 (우리의) 이 행차를 알기나 했으랴!
塞國秋將晩 나라 변방의 가을은 저물어 가는데
黃花近客情 노란 국화꽃 나그네 정취를 가까이 하네

추위에 떠는 국화꽃과 그 향기를 모진 외세에 꿋꿋이 견디며 저항하는 자신과 똑같은 처지로 표현한 것으로 보아 춥고 스산한 그의 마음을 알 수 있다. 이 시에서

89. 일본인들의 한자이름을 읽을 때는 많은 어려움이 있다. 하지만 이 경우는 카와카미(川上, かわかみ)로 읽어야 할 것으로 보인다.

수선사는 이즈하라항구와 선착장을 가까이에서 내려다볼 수 있는 산자락에 있으며, 그 경내 한 모퉁이에 최익현 선생의 순절을 기리는 기념비가 1980년대 초반에 세워졌다. 이 사찰은 1590년(天正 8)에 수선암(修善庵)으로 개칭되어 20세기 초부터 수선사로 불렸다. 주불은 아미타여래불이다.

문석환은 '나라의 변방'이라는 의미에서 塞國새국이라고 하였다. 이 말은 나라를 막아 지킨다는 의미도 된다. 塞國새국이란 곧 국새國塞와 같은 말로서 나라의 변방 요새라는 뜻이다. 하지만 이 시인은 국새國塞로 쓰지 않았다. 그렇게 사용할 경우 '나라가 막히고 맥이 끊어진다'는 대단히 흉한 뜻으로 읽힐 수 있기 때문이었다. 가뜩이나 을사보호조약으로 나라가 망했다는 탄식이 전국에서 들끓고 있었고, 의병이 끊이지 않고 일어나는 마당인지라 세심하게 시어를 선택한 것이다.

문석환은 자신이 머무르고 있는 대마도를 왜국 또는 일본국이라고 표현하지 않았다. 조선의 변방으로 알고 있었다. 문석환과 마찬가지로 우리 선조들은 대마도를 왜적이 들어오는 목구멍 같은 곳이라 하여 인후지처[90]라고 하면서 우리의 땅으로

90. 咽喉之處

미쓰시마마치(美津島町) 게치에 있는 게치미야마에(鷄知宮前). 게치는 이즈하라 시내에서 북으로 5리 거리이다.

알고 지내왔다. 대한제국 사람들도 대마도에 대해서 홍주의병들과 같은 생각을 가졌던 것으로 볼 수 있다.

위 시는 을사늑약으로 전국적인 항일의병이 일기 시작하고, 전국 주요지역마다 일본군이 주둔하고 있는 상황에서도 대마도가 우리의 강역이라는 주권의식을 갖고 있었음을 알게 해준다. 더구나 문석환은 대마도라는 이름 대신 마도라는 명칭을 사용함으로써 대마도가 우리의 강역이었음을 은연중에 강조하려 한 것으로 여겨진다. 이 시를 보면 세종 때 신계도가 대마도는 본래 조선에서 말을 풀어 기르던 목마장이라고 한 말이 생각난다. 그리고 『마도일기馬島日記』에서 문석환은 '일본이 저토록 무력에 힘쓰니 언젠가 반드시 멸망하는 날이 올 것'이라고 내다보았다. 한 가지 일을 보고 앞일을 내다보는 혜안이 놀랍다. 얼마 전(2014년), 중국의 시진핑習近平이 일본에 대고 "대국이라 하더라도 전쟁을 좋아하면 반드시 망한다"고 발언한 적

미쓰시마마치(美津島町)의 만제키바시(萬關橋, 만관교). 이 다리에서 동쪽 현해탄 방향으로 갯골 좌우에 마을이 있는데, 북쪽 연안 마을이 메고시마(女護島)이고, 남쪽 연안 마을이 구스보(久須保)이다.

이 있는데, 그것과 같은 이야기이다. 비록 초야에 살다가 의병으로 일어나서 변방의 작은 섬에 갇힌 몸이었지만 일기 전체에서 그의 예지력이 돋보인다.

그때 대마도를 포함하여 이 나라의 전국 주요 거점에는 일본군이 들어와 진주하였다. 대마도 게치鷄知에 주둔하고 있던 대마도경비대사령부는 기타규슈北九州 고쿠라小倉의 제12사단에 소속된 부대였다. 바로 이 대마도경비대사령부의 예하부대인 대마경비보병대대가 이즈하라에 파견되어 있었으며, 이 부대 안에 9인의 홍주의병이 유폐되어 있었다.

일본은 일찍이 청일전쟁을 치르면서 대마도에 군대를 주둔시키고 이곳에서 병사를 뽑아 청일전쟁에 내보내기도 하였다.[91] 그리고 20세기 초, 러일전쟁을 앞두고 일본은 대마도에 일본군을 주둔시켰으며 대마도를 요새화하기 시작했다. 상대마와 하대마 사이의 잘록한 연결부를 파내어 대마도를 둘로 나누고 아소완과 동쪽 바다의 물길을 트는 대규모 공사에는 값싼 노임으로 조선인을 투입해 많은 이들이 희생되었다. 이 무렵부터 일제강점기까지 일본은 대마도를 본격적으로 경영하기 위한 단계적 조치를 취했다. 그 이후로 대마도는 군사적으로 중요한 일본의 요충지 역할을 하고 있다.

미쓰시마마치(美津島町) 만제키바시(萬關橋) 옆에 세운 안내판.

91. 대마도의 34대 도주는 宗義達(소요시아키라, そうよしあきら, 1847~1902)이다. 그는 나중에 종중정(宗重正, 소시게마사)으로 개명하였는데, 이 사람의 장남 宗重望(1867~1923)이 청일전쟁 때 대마의용단을 조직하여 군사를 뽑아 보냈다고 한다.

제3부

대마도는 일본 땅이라는 기록

- 일본 땅으로 기록한 조선의 자료들

조선의 자료 중에는 '대마도는 일본 땅'으로 기록된 것들도 있다. 물론 대마도를 조선 땅이라고 한 기록에 비하면 얼마 안 되는 자료이지만, 개인의 문집이나 답사기 또는 조선통신사들의 기록 그리고 『조선왕조실록』엔 어김없이 대마도가 일본령으로 되어 있다. 이런 기록을 남긴 이들은 중앙 정치무대에서 고위관료로 활동하였거나 한일외교의 중심에 있었던 사람들이었다. 이 외에 학문에 정통하고 학식이 많았던 이들로서 당시의 현실을 잘 알고 있던 유명 인사들 또한 대마도를 일본 땅으로 알고 있었다.

대마도가 일본 땅이라는 기록도 제법 많이 있어

그러나 일찍부터 대마도를 일본의 땅으로 인정한 기록도 꽤 많이 있다. 비록 일부이지만, 조선시대 사람들의 손으로 쓴 기록과 지도가 있다. 조선 전기에는 이황과 신숙주, 조선 후기에는 정조 때 성해응을 그 대표적인 인물로 들 수 있다. 성해응의 『연경재집』에는 대마도를 일본 땅으로 명확하게 적고 있다. 『동고東考』 역시 "대마도는 일본 대마주"라고 단정하고 있다.

"대마도는 일본 대마주(對馬州)이다. 옛날엔 우리나라 계림에 속하였으나 언제부터 왜인이 들어와 무단으로 점거하여 살게 되었는지 모른다. 부산에서 섬까지 배로 가는데 수로는 무릇 670리[1]이다. 섬은 8개로 나뉘어 있으며 사람이 사는 집은 바닷가와 포구에 연해 있다. 섬은 동서로 3일 거리이다. 혹은 하루 거리라고도 하고 한나절 거리라고도 한다. 사면이 모두 돌산으로 이루어져 있으며 땅이 척박하여 사람들이 가난하다. 그러므로 소금을 굽고 물고기를 잡아 파는 것을 생업으로 한다. 종씨(宗氏)가 대대로 도주(島主)를 세습해왔다. 나중에 후사가 없어 종정국(宗貞國)이 도주를 대신하였다. 네 군데에 목마장을 두었는데 말은 등이 둥글게 굽었다. 감귤과 닥나무가 나며 남북에 높은 산이 있다. 모두 천신(天神)이라 부른다. 남쪽 산을 자신(子神), 북쪽 산을 모신(母神)이라 하며 세속에 신을 숭상하여 집집마다 소찬(素饌)[2]으로 제사를 지낸다. 대마도는 해동의 여러 섬 가운데 요충에 있으며 여러 섬의 추장들이 우리나라를 왕래할 때 반드시 거치는 곳이어서 모두들 도주의 문인(文引)을 받아야 오갈 수 있다. 도주 이하 각기 세견선[3]을 보내는데 해마다 선박의 수가 정해져 있다. 대마도는 근래 조선에서 해마다 세사미(歲

1. 조선시대에는 정확하게 거리를 산정하는 기술이 없었으므로 부산~대마도의 거리를 잘못 파악했다. 부산에서 대마도까지는 51km밖에 되지 않는다.
2. 고기반찬이 없는 채식 위주의 식단.
3. 세견선(歲遣船)은 조선과의 약조에 따라 대마도에서 해마다 조선에 보내는 배를 말한다. 삼포 왜란(三浦倭亂) 뒤인 중종 7년(1512) 임신년에 맺은 임신약조(壬申約條)에 따라 대마도주의 세견선은 절반으로 줄여버려 한 해에 25척까지 보낼 수 있었다.

賜米)[4]를 받아간다. 섬 남쪽에 일기도(一岐島)가 있는데 선월포(船越浦)에서 48리이다. 일기도에서 하카다(博多)를 거쳐 적간관(赤間關)[5]까지 또 67리이다. 적간관은 일본의 서쪽 해안 절벽이다."[6]

이런 기록들은 한결같이 '대마도가 본래 한국 땅이었으나 왜인들이 들어와서 살면서 일본 땅이 되었다'고 본 공통점이 있다.

세종 때 일본을 다녀온 신숙주는 『해동제국기』에 대마도를 일본 땅으로 기록하였다. 일본을 직접 여행하고 돌아와서 남긴 조선 최초의 일본 관련 기록인데, 이것만이 아니라 신숙주 이후 조선통신사들이 남긴 기록은 모두 대마도를 일본국으로 인정하였다.

임진왜란 직후까지만 해도 대마도가 일본의 66주에 들지 않는다거나 국적 없는 섬으로 조선통신사들의 눈에 비친 경우도 있다. 본래 우리 땅이었으나 일본 땅이 되었다는 공통된 의식이 바탕에 있다. 그 대표적인 사례 몇 가지를 든다.

"대개 이 마도(馬島)는 본래 조선에 속한 곳이었으나 어느 나라 어느 때 일본으로 들어갔는지 알 수 없다."[7]

1636년 조선통신사로 일본에 다녀온 김세렴 역시 같은 생각을 갖고 있었다.

"… 8군 82포구가 있다고 한다. 옛날에는 우리나라의 지방이었으나 어느 때 일본 땅이 되었는지 모른다. 황형이 삼포왜란으로 인해 이 섬을 차지하려 하였으나 조

4. 세사미(歲賜米)는 해마다 대마도주와 그 일족들에게 조선 정부가 해마다 내어주던 쌀이다. 세종 때엔 2백 석이었는데 중종 때 삼포왜란(三浦倭亂) 이후부터 1백 석으로 줄여버렸다.

5. 현재의 시모노세끼시(下關市).

6. 『동고(東考)』권 1

7. 蓋此馬島 本是朝鮮所屬 未知何國何時入於日本 … 조엄(趙曮)의 『해사일기(海槎日記)』10월 28일자

정이 허락하지 않았다."[8]

과거 경상도 동래부 소속의 섬이었다고 하는 속주屬州 의식을 떠올리고 있다. 그렇지만 김세렴의 『해사록』에는 '대마도의 장로승長老僧인 현소玄昭는 자신이 머무는 절에 조선국왕전하수만세朝鮮國王殿下壽萬歲라고 쓴 목판을 절 가운데 모셔놓고 매일 아침저녁으로 분향하였다'[9]는 내용이 있는데 이것은 대마도가 일본령임을 인정한 것이다. 그 절은 현방玄方이란 사람이 지었는데, 현방은 대내씨의 후손으로서 그 자신이 스스로 '반조선인'이라고 자처했다고 한다.[10]

이들과 함께 김성일이 '평왜平倭[11]는 우리 임금의 외신外臣[12]'이라고 한 것도 대마도가 일본 땅임을 인정한 사례이다.

15세기 중엽을 살았던 퇴계 이황도 자신의 문집에 '대마도는 본래 우리 땅이었으나 왜인들이 점거하여 일본 땅이 되었다'고 적었다.

"대마도는 지지(地志)에 일본국 대마주이다. 옛날 우리 계림에 속한 땅이었는데 언제부터 왜인이 차지하게 되었는지는 알 수 없다. 부산포로부터 대마도 선월포까지 수로로 670리이다. 섬은 8개 군으로 나뉘어 있으며 인가는 바다와 포구에 연해 있다. 섬의 크기는 남북 3일 거리, 동서 하루 또는 반일 거리라고 한다. 사면은 모두 돌산이며 땅이 척박해서 사람들은 가난하다. 소금을 굽고 고기를 잡아다 파는 것을 생업으로 한다. 종씨가 도주를 세습하며 군수(郡守) 토관(土官) 등은 모두 도주가 관할하는데 이들 역시 세습한다. 섬은 해동 여러 이적의 요충에 있으

8. 有八郡八十二浦云 舊是我國地方 而不知下代 沒於日本 黃衡因三浦之捷 欲據此島 朝廷不許 … 김세렴(金世濂)의 『해사록』 10월 13일.

9. 김세렴의 『해사록』 2월 19일.

10. 이 현방(玄方)이라는 인물에 관해서는 1624년(인조 2) 조선통신사로 일본에 다녀온 강홍중(姜弘重)의 『동사록(東槎錄)』 10월 28일자 기록에 자세하다.

11. 당시의 대마도주 평의지(平義智), 즉 종의지를 가리킨다.

12. 자신의 『해사록』 '대마도 기사(記事)'란 시에서 밝힌 내용.

며 여러 오랑캐의 추장이 우리나라를 오갈 때 반드시 거쳐야 하는 땅이다. 모두 도주의 문인(文引)을 받아 오고 간다. 도주 이하 각자 사선(=세견선)을 보내는데 해마다 그 수가 정해져 있다. 최근 섬이 극히 가난하여 우리에게서 세사미를 받아 가는데 차이가 있다. 세사미와 콩은 1백석[13], 배는 25척이 와서 받았다."[14]

선조도 재위기간 중에 '대마도를 이미 오래 전에 일본에 빼앗긴 것'이라고 말한 적이 있다. 그는 명나라 군대를 잡아두기 위한 핑계로 대마도 정벌을 거론한 바 있다.

세종 시대에도 조선의 국왕과 관리들은 대마도를 일본 땅으로 인정하고 있었다. 「세종실록」[15]에 대마도와 일기도-하카다博多 등을 거쳐 대내전을 만나보고 돌아온 윤인보尹仁甫가 왕에게 보고한 내용이 있는데, 거기에도 대마도가 일본 땅으로 묘사되어 있다.

"신이 사신이 되어 일찍이 대마도에 이르니 추장 종정성과 그 백성들이 모두 '의식은 오로지 임금의 은덕을 입게 되었으니, 몸은 일본 땅에 있어도 마음은 귀국의 백성과 다름이 없습니다.' 면서 섬사람들이 모두 물고기와 술을 다투어 가지고 와서 위로하였습니다. 그들은 임금의 은덕에 지극히 감격하고 있었습니다. 하카다(博多)의 인심 또한 그러하였으며, 일기도(一岐島)와 (후쿠오카 하카다) 상송포(上松浦) 및 하송포(下松浦)[16] 등에서도 마음을 기울여 사모하는 사람이 많았습니다. 대내지세(大內持世)와 다다량교홍(多多良敎弘)이 서로 '우리는 계통이 귀국(조선)에서 나왔습니다.' 고 말하였습니다. 그리고 모두 본국의 예에 따라 영접

13. 『고사촬요』에는 세사미와 콩이 각기 2백석으로 되어 있다. 정덕 7년 약조할 때 1백석을 감했다. 『고사촬요』에 의하면 도주 세견선은 30척인데 정덕 약조시에 25척으로 감했다가 이에 이르러 전례 대로 30석을 청하여 받았다.

14. 원문생략 – 『퇴계선생문집고증(退溪先生文集攷證)』, 예조답대마도주종성장(禮曹答對馬島主宗盛長)

15. 세종 28년(1446) 9월 9일

16. 송포(松浦, 마쓰우라)는 지금의 가라쓰(唐津市) 일대를 이른다. 현재의 마쓰우라시(松浦市) 일대가 아니다.

하고 지극히 후하게 접대하였습니다."

이처럼 대마도를 분명하게 일본 땅으로 표현하고 있다. 15세기 중반, 조선의 고위관료가 "몸은 일본 땅에 있어도 마음은 귀국 백성과 같다"고 한 대마도 왜인들의 이야기를 가감 없이 세종에게 전달하는 데도 아무런 거부감이 없었으며, 또 세종 시대 일본에 보낸 외교문서에도 대마도를 일본으로 적었으니 대마도가 조선 땅이라고 대마도 왜인들에게 종종 목청을 돋우던 세종의 주장과 현실은 정반대였던 것이다. 더구나 조선 건국 시점부터 조선은 대마도를 일본 땅으로 인정하고 있었다. 앞에 제시한 자료는 윤인보가 일본과 대마도에서 만난 사람들의 이야기를 고스란히 전한 내용이므로 이것은 대마도 왜인들의 주장임은 분명하다. 이 내용을 보더라도 그 당시 조선의 지배층은 대마도를 조선의 땅으로 여기지 않았음을 알 수 있다. 과연 어느 쪽이 옳은 것일까? 답은 자명한 것이다. 일본의 대내전이 자신들의 뿌리가 백제에 있음을 알려주고, 조선의 사절 윤인보 일행을 후대한 사실을 전하고 있는 이 기록에서 지금의 가라쓰唐津와 서일본 지역에 살던 왜인들이나 대마도 왜인들이 대마도를 일본 땅이라고 한 주장은 사실에 부합하는 이야기이다. 조선의 국왕과 중앙의 고위 지배층이 대마도를 일본 땅으로 인정한 사실은 후일 정조 시대의 자료로도 알 수 있다.

정조 19년(1795) 좌의정 유언호, 영돈녕부사 김이소, 영중추부사 김희, 판중추부사 이병모를 파직하고, 영의정 홍낙성과 우의정 채제공을 정승 직에서 해임하는 일이 있었다. 대신들이 똘똘 뭉쳐 항의의 표시로써 사표를 내자 정조가 그들을 몽땅 해고한 것인데, 그때 정조가 한 말 속에 조선의 상층 관료들이 갖고 있던 영토관을 알 수 있다. 간단히 말해 대마도가 조선의 강역 안에 들어 있지 않음을 알 수 있는 것이다.

"… 대신은 정도(正道)로 임금을 섬기다가 안 되면 그만둘 뿐이다. 그만둘 수는 있을지언정 언제 떠난다고 말한 적이 있었던가. 또 떠나는 것이 의리에 합당하다

하더라도 그렇다. …… 그러나 지금은 사정이 그렇지 않다. 대마도 북쪽으로부터 압록강 동쪽에 이르기까지 팔역(八域)이 하나로 통일되어 있으니 간다 한들 장차 어디로 가겠는가. … 자기의 지위와는 동떨어진 행동을 취하면서 이렇듯 예전 사람들이 하지 않은 행태를 보이면서도 그다지 주저하는 기색도 보이지 않으니 나라의 기강과 신하의 직분이 어떻게 되겠는가. 좌의정 유언호, 영돈녕 김이소, 영부사 김희, 판부사 이병모를 파직하라."[17]

줄사표를 던진 대신들에게 '대마도 이북으로부터 압록강 동쪽까지 조선의 팔역(八域, =팔도)이 하나로 통일되었는데 장차 어디로 간다는 것인가'[18]라고 크게 화를 내며 소리 친 정조의 말에서 당시 조선의 영토에서 대마도가 빠져 있음을 알 수 있는 것이다. 대마도 북쪽이라고 하였으니 대마도를 배제한 말이다. 이것은 대마도를 경상도의 부속 섬이라고 한 『동국여지승람』과는 배치되는 내용이다. 『동국여지승람』 경상도 편에서는 대마도를 경상도의 속주로서 설명하고 있으며, 동래현 산천조 역시 대마도를 조선의 관할지역으로 기록하였다. 이런 기록들을 정조가 어느 정도 보았을 것이고, 최고통치자로서 자신의 권한이 미치는 강역을 모를 리가 없는데, 그가 대마도를 조선령에서 배제하였다면 대마도가 조선의 소유는 아니었다고 보는 게 맞다. 더구나 정조 시대는 물론이고 조선 초부터 일본에 보낸 외교문서에는 어김없이 대마도주 종가를 '일본국 대마주 태수'라 하였고, 『조선왕조실록』에도 일본국 대마도(대마주)로 기록하였으니 대마도가 조선 땅이었다고 주장할 근거가 없는 것이다. 차라리 『조선왕조실록』이 전하지 않았다면 지금의 우리는 소리 높여 대마도를 내놓으라고 주장할 수 있었을 것이다.

뿐만 아니라 정조 시대 규장각 관리로 일한 바 있는 성해응[19]도 대마도를 일본 땅으로 기록하였다. 그러나 그 역시 '대마도가 원래 우리 땅이었으나 지금은 왜에

17. 정조 19년(1795) 6월 28일

18. 馬島之北 鴨江以東 八域一統 去將何之

19. 성해응(1760~1839)

속했으니 애석하다'고 한탄하였다.[20] "우리 땅 대마도에 왜인들이 들어와 살면서부터 그들의 소굴이 되었다"는 공통된 인식을 갖고 있었지만 그것조차도 사실인지의 여부를 가리기 어렵다.

안타까운 일이지만 고려시대에 어떻게 해서 대마도가 고려의 땅이 되었는지, 조선은 그 기록을 남기지 않았다. 조선 건국의 정통성이 흔들릴 수 있는 무언가가 대마도 문제와 결부되어 있었기 때문일까? 성해응은 우리의 역사에 관심은 많았으나 역사를 체계적으로 이해하는 안목은 부족했다. 백제 주류성을 서산 지곡면에 갖다 붙이는 등 많은 잘못을 저질렀으며, "대마도 사람 호공이 신라에서 관리로 일했으니 대마도 역시 우리 땅이다"라고 하여 호공을 대마도 사람으로 그리면서 근거 없는 설을 지어내는가 하면, 대마도의 삼한시대 관명인 비구卑狗는 구야(가야)를 이르는 명칭이라는 등 많은 오류를 저질렀다. 물론 그가 남긴 기록 중에서 대마도와 관련하여 참고할 만한 내용도 있다. "세조 때 대마도 사람에게 이르기를 '대마도는 본래 신라 땅이었는데, 그 땅이 작고 바다가 가로막아 사람들이 그곳에서 살지 않자 일본에서 쫓겨난 왜노倭奴들이 들어와 그들의 소굴이 되었다.' 고 한 구절이라든가 종정무 시절 해마다 경상도의 미속米粟[21] 수만 석이 대마도로 들어갔다거나 중종 때 황형黃衡은 삼포왜란 직후 대마도는 우리 땅이라며 진격하여 점거하려 하였으나 조정이 허락하지 않았다. …"는 등의 이야기는 참고할만한 자료이다. 규장각 검서관으로 있으면서 여러 서적을 두루 보았을 것으로 짐작된다. 그는 『연경재전집』 대마도변에서 대마도에 관하여 이렇게 적었다.

> 진수의 『삼국지』에 '… 1천여 리를 가면 대마국에 이른다. 그 대관을 비구(卑狗) 부관을 비노모리(卑奴母離)라고 한다' 고 하였다. 외딴 섬에 살며 사방 4백여 리이고 민가는 1천여 호이다. 배를 타고 남북을 오가며 교역을 한다. 나는 일찍이

20. 『연경재전집』 대마도변(對馬島辨)

21. 쌀과 조

대마도가 본래 한국에 속한 땅이라고 말한 적이 있다. 관명을 비구라 하는데 그것은 가야의 명칭이다. 구야라고 하는 것이 가야이다. 그들은 왜와 한에 오가며 교역을 한다. 남자들이 하는 말과 부녀자들의 의복은 대개 우리나라와 같다. … 섬 사람 호공(瓠公)이 신라에서 벼슬하였으므로 역시 우리 땅으로 볼 수 있다. 조선 태조 5년 도통처치사 김사형, 도병마사 남재를 보내어 토벌하였으며 세종조에 이종무를 보내어 다시 토벌했다. 세조 때 대마도 사람들에게 이 섬은 본래 계림에 속한 땅이었다고 타일러 효유하였다. 땅이 작고 바다로 가로막혀 사람이 살기 적합지 않은데 왜인들로서 그 나라에서 쫓겨난 자들이 들어와 살며 그들의 소굴이 되었다. … 중종 때 황형이 이 섬은 본래 우리 땅이니 들어가 소탕하려 했으나 조정에서 허락하지 않았다. 임진왜란 때부터 우리가 해이해진 틈을 타 우리의 재물을 취하고 양국의 해충과 같은 적이 되었으니 실로 통탄할 일이다. 대마도와 제주도는 배다 한가운데 있다. 제주도는 강진에서 수로로 1천리나 떨어져 있고 대마도는 부산에서 수로로 7백7십리로 가깝다. 제주도가 우리나라 소유이고 대마도가 우리 땅이었는데 지금은 왜에 속한 땅이 되었다고 할 수 있으니 애석한 일이다.[22]

이런 자료만이 아니라 조선 사람이 만든 지도 중에도 대마도를 일본의 섬으로 그린 것들이 있다. 먼저 정상기[23]가 그린 조선팔역도 지도에는 대마도가 없다. 그가 대마도를 그리지 않은 이유는 분명한 게 아닌가. 대마도가 조선의 섬이 아니었고, 또 그 자신이 대마도를 일본 땅으로 알았기에 대마도를 빼놓은 것이라고 볼 수밖에 없는 것이다. 그가 생존해 있던 당시에 조선에서 만든 지도에는 대개 대마도가 조선의 땅으로 되어 있었다. 그가 참고한 지도에 대마도가 조선의 땅으로 되어 있지 않아서 그리지 않았다고 볼 여지가 없는 것이다. 정상기의 조선팔역도 원본은

22. 성해응(成海應), 『연경재전집(硏經齋全集)』 續集冊十六, 동국지리변(東國地理辨)

23. 1678~1752

1740년대에 제작되었다. 그런데 그 지도를 놓고 1883년 이후에 베낀 필사본 하나가 현재 국립중앙도서관에 있다.[24] 그리고 또 청구요람靑丘要覽에 들어 있는 본조팔도주현도총목[25]이란 지도엔 울릉도와 제주도는 있어도 대마도가 없다. 부산 영도(절영도)도 없고 가덕도로 보이는 섬만 있다. 대마도가 조선의 섬이었는데 실수로 빠트렸던 것일까? 그렇게 생각할 수도 있을 것이다. 하지만 이미 이때는 조선의 상층 대부분이 대마도가 조선의 수중에 있지 않음을 너무도 잘 알고 있었다고 볼 수 있다.

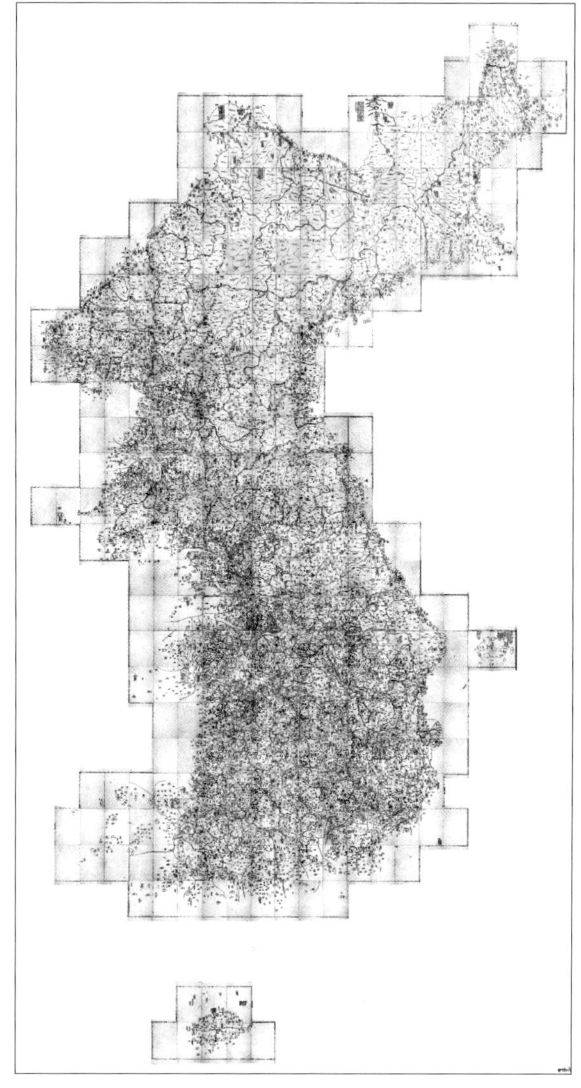

청구요람 전도
(규장각 소장)

도리도표道里圖表에 수록된 팔도전도[26]는 조선 말기인 1869년경에 만든 지도로 추정하고 있다. 채색지도로서 육지 바깥의 바다에는 우리나라에 대한 각종 지리 정보를 적었다. 여기에도 대마도가 일본 땅으로 되어 있다. 대마도를 그리고 그 안에 對馬島대마도와 先神山선신산이라고 썼으며 대마도 섬 경계 너머 북쪽에 日本界라고 써넣었다. 대마도 북단을 일본과의 경계로 인식한 지도인데, 이런 인식은 이미 앞에서 정조의 말로써 확인됨을 설명하였다. 이 지도의 대마도 옆에 붙어 있는 긴 설명문은 이런 내용으로 되어 있다.

24. 크기 : 243.0×138.7cm. 분류기호 : 한 古朝61-7

25. 本朝八道州縣圖總目. 크기 : 45.4×31.4cm

26. 크기 : 103.6×58.4cm

"대마도는 일본에 속한 섬 중에서 우리 경계에 가장 가깝다. 수로로 불과 470리이며, 섬은 사면이 모두 석산이며 땅은 척박하고 사람들은 가난하다. 우리나라가 해마다 주는 쌀과 포목에 오로지 의존한다. 종씨 성이 대대로 도주를 세습한다. 섬은 8군이며 모두 도주가 다스린다."[27]

이 지도를 그린 사람이 누구인지는 알려져 있지 않다. 그러나 고종 시대에 만든 지도에 대마도가 일본령임을 인정하고 있어 대동여지도와 대비된다. 더구나 고종 1년(1864)에 만든 동국역대기년총도에는 대마도가 조선의 땅이라고 되어 있는데, 그로부터 불과 5년 뒤에 만든 도리도표 팔도전도에는 대마도를 일본의 섬으로 기록한 것은 어찌 된 일일까?

한편, 19세기 중반에 만든 해좌전도海左全圖[28]는 목판 채색지도이다. 목판으로 찍어낸 다음, 거기에 채색을 입힌 컬러지도이다. 누가 그렸는지는 알 수 없으나 이 지도 또한 대마도를 일본의 섬으로 기록하였다. 백두산·묘향산·구월산·속리산·덕유산·장백산·금강산·설악산과 가야산 같은 유명산에 대해 설명하고, 흑산도와 제주도 등에 대해서도 간략하게 설명하였다. 함경도는 옛날 옥저 땅이었다든가 울릉도는 세종22년 사람을 보내어 70여인을 쇄환한 뒤로 섬이 비었다는 기록도 보인다. 우리나라의 전역을 상세하게 표시하고 주요 지역의 역사적인 설명까지 곁들이고 있어 간략한 인문지리서의 역할까지 하고 있다. 여기엔 울릉도·제주도·대마도가 위치상으로는 모두 조선의 강역 안에 그려져 있다. 또 동래에서 대마도까지 이어지는 수로에 관한 설명이 있다. 동래와 대마도를 일직선으로 연결하고 그 위에 水路四百七十里수로 470리라고 적어 대마도에 이르는 뱃길과 거리를 표시하였다. 그리고 대마도에서 일기도 방향으로 직선을 긋고 그 위에 入日本直抵一岐島(일본으로 들어갈 때 일기도를 만난다)고 적었다. 이것은 대마도까지는 조선의 섬이고 일기도

27. "對馬島日本之屬島中最近於我界水路不過四百七十里而島中四面皆石山土瘠民貧米布專賴我國之歲給其宗姓世爲島主而島中八郡皆爲島主所署"

28. 크기 : 98.0×59.2cm. 서울대학교 규장각 한국학연구원 소장.

부터 일본의 섬임을 나타낸 것이어서 대마도를 조선의 섬으로 인식한 게 아닌가 하는 생각이 든다. 그렇지만 정작 대마도 아래에 길게 붙여놓은 설명에는 대마도를 일본의 섬으로 인식한 구절이 있다. 조선인 기록자가 자신을 '나我'로 표현한 것이다. 여기서 我는 우리 또는 우리나라라는 말을 대신한 것이므로 조선을 이른다. '나에게(조선에서) 가장 가까운 섬이며 아주 가난해서 해마다 정해진 수의 쌀과 면포를 받아간다'[29]고 적었으니 이것은 대마도를 일본으로 인식한 명백한 근거'로 볼 수 있다. 조선후기에는 대마도를 일본의 섬으로 여긴 기록이 꽤 등장한다.

조선시대에는 각 군현에서 자료를 수집하여 발행하던 기록물로서 『읍지邑誌』라고 하는 것이 있었다. 전국 팔도에 각기 『읍지』가 시대별로 작성되었는데, 19세기 중반 이후에 간행된 『경상도읍지』의 동래 편에는 대마도가 일본의 섬으로 기록되어 있다. 대표적인 예로, 1800~1834년 순조 시대에 쓴 『경상도읍지』, 『영남읍지嶺南邑誌』[30] 그리고 1908년에 간행된 『증보동국문헌비고』는 동래부 편에 대마도를 '일본국 대마주'[31]라고 적었다.

조선시대 문집류나 개인이 쓴 여타 기록에도 대마도가 일본국 대마주라고 한 것이 꽤 있다. 이처럼 조선 말기로 가면 대마도를 일본 땅으로 표기한 지도들이 한층 많아진다. 대마도를 일본의 영토라고 한 개인 기록은 신숙주로부터이다. 신숙주는 세종 시대 대마도를 거쳐 일본을 다녀와 훗날(1471) 『해동제국기』를 남겼는데, 그가 대마도를 일본 땅으로 자세히 소개한 것은 당시의 객관적 사실이다. 그는 대마도에 얽힌 깊은 사정을 정확히 전달하였다.

신숙주가 세조와의 인연으로 정권의 핵심에 있던 사람이었음을 감안할 때, 그가 대마도를 일본 땅이라고 한 것은 그 당시의 사실이며 그 이전부터 조선과 일본 양측이 서로 인정해온 것이다. 선조가 임진왜란 중에 '일찍이 대마도를 빼앗겼다'고 말한 것은 조선 이전의 이야기이다. 신숙주와 선조 사이엔 1백년 가까운 시차가 있

29. "… 島最近於我而貧甚歲賜米布有數"

30. 1895년(고종 32) 간행

31. 卽日本國對馬州也

는데, 그들은 이미 대마도를 일본 땅으로 인정하였던 것이다. 더구나 대마도가 조선시대 내내 일본 땅이었다는 사실은 조선의 가장 권위 있는 기록인 『조선왕조실록』에 명확할 뿐더러 일본에 보낸 외교문서와 조선통신사들의 기록에도 분명한 만큼 반론의 여지가 없다.

지금까지 설명한 대로, 조선 건국 시점에 대마도가 일본 땅이었고, 신라와 고려 초~중기에도 대마도가 고려의 땅이 아니었다면 최소한 고려 말 언젠가 고려의 땅이 되었어야 한다. 이 대목에서 주목할 것이 하나 더 있다. 공민왕 때 숭종경崇宗慶이 쌀 1천 석을 받아 갔다"[32]는 기사에 보이는 이름 숭종경崇宗慶이다. 그 당시의 대마도주는 종경무宗經茂였다. 종뢰경宗賴經으로도 불렸다는 대마도 측의 기록이 있다. 기록에는 대마도 만호 숭종경崇宗慶이 사신을 보냈다고 하였으니 종경이 대마도주이다. 그렇지만 『고려사』를 제외하면 대마도주를 종경宗慶으로 부른 적은 없다. 그러면 도대체 종경의 이름 앞에 崇숭 자를 붙인 까닭이 무엇일까? 그것은 일종의 경칭이다. 고려에서는 왕비나 귀족 공신에게 崇을 붙여 예우하는 전통이 있었다. 한 예로 공양왕 2년(1390) "왕의 어머니 복령궁주福寧宮主(王氏이다)의 부(府)를 설치하고 숭령부崇寧府라 하였다"[33]는 기사가 있다. 공양왕이 왕이 되고 나서 그 어머니를 높이면서 새로운 관부를 설치한 것이다. 이 사례에서 보듯이 고려는 종경무를 높여서 숭종경으로 부르면서 고려의 공신으로 우대하였으리라고 짐작할 수 있다. 더구나 만호는 일본의 직제가 아니었다. 대마도를 고려의 한 지방으로 여기고 예우하였으며, 그곳의 종가 대표를 만호로 부른 사실로부터 대마도가 고려의 속주였을 가능성을 엿볼 수 있다. 아울러 이로써 '대마도는 계림 땅'이라고 한 말 속의 '계림'의 실체를 보다 선명하게 이해할 수 있을 것이다. 그런데도 왜 조선 건국 세력은 종경무를 숭종경으로 높여서 부르게 된 배경을 기록으로 남기지 않은 것일까? 그것을 숨기지 않으면 안 되는 정치적 의도가 있었을 것이다.

32. 11월 병오일에 대마도 만호 숭종경이 사신을 보내와 조공하였다. 종경에게 쌀 1천 석을 하사하였다(十一月 丙午 對馬島萬戶崇宗慶遣使. 來朝. 賜宗慶米一千石)–1368년 11월 9일(음)

33. 『고려사』 1390년 1월 15일 기사

제4부

대마도 정벌로 조선은 무엇을 얻었나?

-토벌하고도 빼앗지 못한 헛수고만 한 조선군 출정

고려 말부터 세종 초까지 고려와 조선은 대마도를 세 차례나 정벌하였다. 물론 그 명분은 왜구 토벌이었다. 그렇지만 결과적으로 조선은 왜구토벌도 제대로 하지 못했고, 그 땅도 조선의 것으로 만들지 못했다. 말이 정벌이지 그것은 대마도의 왜인들에게 5백 년 내내 물자를 퍼주는 길만 열었을 뿐, 조선의 국왕과 정부는 대마도 왜인들에게 끌려 다니는 꼴을 당하였다. 대마도에 대한 잘못된 정책으로 참혹한 임진왜란을 불렀고, 대마도주의 농간에 조선은 체면을 잃었다.

고려 말 박위의 대마도 정벌과 이성계의 대마도 및 일기도 정벌

조선시대의 기록에는 거의 대부분 '대마도는 본래 계림에 속한 땅이었다'고 되어 있다. 계림은 신라 또는 경주의 별칭이었으니 그 기록 대로라면 신라 때부터 대마도가 신라의 영토였다는 이야기인데, 그것은 사실이 아님을 앞에서 설명하였다. 그런데 3세기에 나온 『삼국지』에는 대마도가 왜인들의 땅 대마국으로 기록되어 있고, 신라 실성왕 때 왜군이 대마도에 군영을 설치했다는 기록도 있으니 사실 5세기 이전에 대마도가 신라의 땅이었다는 명백한 증거는 없다. 또 신라의 삼국통일 후~신라 말까지도 대마도가 통일신라의 땅이었다는 기록도 없으며, 그 외 다른 증거도 없다. 고려 초~중기에도 대마도는 일본 땅으로 기록되어 있다.

그렇다고 고려 말에 어떻게 해서 대마도가 잠시나마 고려의 영향권에 들게 되었는지도 알 수 없다. 후일 조선도 그러하였지만, 고려는 서해와 남해의 지키기 어려운 섬은 '왜구로부터 지키기 어렵다'는 이유로 사람을 뭍으로 이주시켜 섬을 아예 비워 버리는 공도정책을 폈다. 언젠가 고려의 수중에 들어온 대마도 또한 그런 곳이었으며, 다만 기록을 찾아 맞춰보면 고려는 그곳에 말을 풀어서 방목하는 목마장으로 이용한 것이라고 이해할 수 있겠다. 그렇지만 대마도가 언제 고려의 땅이 되었는지를 조선은 기록으로 남기지 않았다. 그저 대마도를 종씨 일가에게 식읍[1]으로 내준 것으로 적었다. 하지만 정작 어떻게 해서 종씨 일가에게 대마도를 사패지(봉토)로 내주어 다스렸는지는 알 수 없다. 그리고 더욱 해괴한 것은 태조 이성계 때부터 대마도를 일본 땅으로 인정하였는데, 어떻게 해서 조선은 일본 땅의 대마도주에게 대마도를 사패지로 내 주었다는 주장을 할 수 있었던 것일까? 고려 말 박위의 대마도 정벌과 1396년 겨울 이성계의 대마도 정벌 그리고 1419년 세종의 대마도 정벌이 그 땅을 빼앗고 그곳의 사람과 물자를 접수한 것이 아닌데 종가 일족에게 대마도를 봉토로 주었다는 주장이 가능한 것일까? 현재 남아 있는 기록으로 유추해보면 고려가 대마도를 취한 시점을 짐작해볼 수는 있다. 여몽연합군이 합포에서 출정

1. 조선시대에는 식읍이라 하지 않고 사패지지(=사패지)라 하였으나 편의상 식읍으로 표현해 보았다. 고려와 그 이전 신라 및 삼국에서는 식읍이라고 하였다.

2대 대마도주 종조국의 위패를 둔 이즈하라마치(嚴原町)의 고모타하마(小茂田浜) 신사.

하여 대마도와 일기도를 거쳐 일본원정을 갈 때 고려는 대마도를 접수한 것으로 보인다. 대마도 서편 고모다하마에는 그때(1274년) 종조국이 여몽연합군에 저항하다 죽었기 때문에 그를 위해 그곳에 고모다하마신사小茂田浜神社를 지었다고 전하고 있다.[2] 그 이후로 한동안 왜구들의 침입과 약탈이 잠잠한 편이었다.

그러다가 고려 말의 경인년(1350)부터 왜구가 창궐하기 시작하여 고려의 정치는 안팎으로 더욱 혼란하였다. 그로부터 20~30여 년이 지나 14세기 말로 내려가면 왜구는 더욱 극성스러워져서 우왕·창왕 때에는 그 피해가 극심하였다. 그리하여

2. 하대마 하현군(下縣郡) 서편의 고모다항(小茂田港) 북편에 고모다하마신사가 있다. 이것은 종조국을 봉안했다는 사당이며 바로 그 옆에 원구고전장(元寇古戰場)이라 하여 원나라 군대와 싸운 싸움터가 있다. 원나라가 일본정벌을 가다가 중간에 이곳에 기항하여 종조국과 싸운 것이다. 2차원정 때는 하카다(현재의 후쿠오카)에서 여몽연합군이 거의 전멸하였다.

고모타하마의 내력을 설명한 표석과 안내문.

창왕 원년(1389) 2월에는 경상도원수 박위를 보내어 대마도를 정벌하였다. 이성계가 위화도에서 회군한 지 8개월만이었다. 박위의 대마도 정벌은 성공적이었다. 이때 대마도는 도주(당시는 대마도수호) 종뢰무宗頼茂[3]를 대신하여 그의 사촌동생 종징무宗澄茂가 수호대守護代로 있었다. 종징무는 아소완으로 들어간 고려군에 저항하였다. 이 싸움에서 고려의 수군은 고려의 연안과 내륙 깊숙한 곳까지 드나들며 양곡을 약탈하고 방화·살인·강간을 서슴지 않던 대마도의 왜구를 토벌하였다. 대마도의 초가집을 모두 태우고 왜선 3백 척도 불태워 없앴으며 그들에게 잡혀간 고려사람 1백여 명을 데리고 개선하였다. 그런데 어찌 된 일인지 박위의 대마도 정벌 사실은『고려사』에 짤막하게 기록되어 있을 뿐, 정벌하게 된 배경이나 그 전후사정을 상세하게 전하는 자료는 없다.

> "고려 창왕 원년 경상원수 박위(朴葳)가 병선을 이끌고 대마도를 공격하여 왜선 3백 척과 초가집 거의 전부를 불태웠으며 원수 김종연(金宗衍)·최칠석(崔七夕)·박자안(朴自安)이 붙잡혀간 고려사람 1백여 명을 찾아서 돌아왔다."[4]

박위가 먼저 들어가 왜인들을 쳐부수고, 뒤따라 박자안·김종연이 들어가 붙잡혀간 고려인과 중국인들을 데려왔다. 불태운 배로 따지면 후일 이종무의 정벌 때보다 훨씬 많았다. 고려군대가 거둔 전과는 의외로 컸다. 박위는 일찍이 밀양 황산강에서 왜구를 물리친 적이 있고, 경북 고령과 상주 중모현에 쳐들어온 왜구 30인

3. 사미영감 또는 영감으로도 불린 인물. 종뢰무(宗頼茂)는 형부소보(刑部少輔) 종경무(宗經茂)의 장남이다. 종경무는 5대 대마도주로서 종성국의 장남이다.
4. 昌元年(己巳)慶尙元帥朴葳將兵船攻對馬島燒倭船三百艘及廬舍殆盡元帥金宗衍崔七夕朴自安継至搜披擄人百餘以還(野乘 권1)

의 목을 베는 등 왜구 퇴치에 적잖은 공이 있었다. 당시 대마도는 왜구의 소굴이 되고 있었다. 규슈九州 지역 소이씨 패거리인 이들 왜구 무리가 고려와 중국에 들어와 약탈을 일삼았으므로 명나라와 고려 모두 대마도 왜구를 토벌할 필요를 절감하고 있었다.

박위가 대마도를 공격한 지 6개월째 되던 그해 8월에는 유구국 중산왕 찰도가 옥지라는 사람을 시켜 왜에 잡혀간 고려인과 함께 예물[5]을 보내왔다. 이것은 고려가 대마도를 정벌한 소식을 들었기 때문이었다.[6] 전후 사정으로 보아 아마도 옥지는 대마도에서 보낸 가짜 사신이었을 가능성이 있다.

그로부터 7년째인 1396년, 조선을 건국한 지 5년째 되는 해였다. 그 해가 거의 끝나가는 12월 4일, 이성계는 김사형과 남재 등을 보내어 다시 대마도와 일기도一岐島를 정벌했다. 김사형[7]과 남재[8] 등으로 하여금 전국 5도의 병선을 모아서 대마도를 치게 한 것이다. 이때 이성계는 대마도로 출정하는 김사형에게 안장 갖춘 말과 갑옷 그리고 활과 화살·약상자 등을 내려 주었다. 김사형은 우정승이었다. 이성계가 김사형 등에게 대마도와 일기도 정벌의 당위성을 밝힌 교서가 『조선왕조실록』 가운데 「태조실록」에 고스란히 전한다.

> "예로부터 임금 된 자는 항상 중외(中外)[9]를 어루만져 편안하게 하는 데에 힘써 왔다. 불행히도 쥐나 개 같은 좀도둑이 생겼을 때에는 오로지 방백(方伯)에게 책임을 지워서 쫓아내고 잡게 하였다. 그 세력이 커져서 방백이 제어하지 못할 때에야 대신에게 명하여 출정하게 하는 것이니 ……, 이제 하찮은 섬 오랑캐가 감히 날뛰어 우리 변방을 침노한 지가 3~4차례에 이르니 장수들을 보내어 방비하

5. 이때 고려인 포로와 함께 예물로서 유황 3백 근, 소복 6백 근, 호초 3백 근 등을 보냈다.
6. 『고려사』(권 137 열전 권 제50)
7. 김사형은 당시 문하우정승(門下右政丞)으로서 5도병마도통처치사(五道兵馬都統處置使)의 직책을 받아 정벌에 나갔다.
8. 남재(南在)는 예문춘추관(藝文春秋館) 태학사(太學士)로서 도병마사(都兵馬使)의 직책을 받아 출정했다.
9. 나라의 안과 밖을 아우르는 의미로 사용한 말이다.

게 하였다. 그러나 크게 군사를 일으켜 수륙으로 공격하여 일거에 섬멸하지 않고는 변경이 편안할 때가 없을 것이다. 경은 조정에서는 재상의 큰 재목이라 … 이에 제도병마도통처치사로 삼고 절월(節鉞)을 주고 막료를 두어서 그 위엄을 중히 하였으니 여러 장수들은 부복하여 명령을 들을 것이다. 왜적은 소문만 듣고도 간담이 떨어질 것이니 경은 앉아서 계책을 세우고 장수와 군사를 지휘하라. 두 번 출병할 일이 없게 하고, 만전을 도모하여 나의 생각에 맞게 하라. 혹시 장수나 군사가 군율을 어기거나 수령들이 태만하거든 법대로 징계할 것이며, 대소사를 막론하고 즉시 처결하라."

이성계는 대마도 출정군의 대열을 따라 한강까지 나가서 전송하였다. 그러니까 지금의 남대문 앞에서 용산 한강진까지 나가서 배웅한 것이다. 이날의 정벌 목적은 대마도의 왜구를 쓸어 없애 변방을 안정시키기 위함이었다. 그러나 출정 결과라든가 전공·회군날짜·참여인원 및 그밖에 정벌 전후의 사정 등에 대해서는 자세하게 전하는 자료가 없다. 이때의 대마도 출정은 단순히 대마도 정벌만이 아니라 어떤 정치적 비밀작전이 포함되어 있던 게 아닐까 하는 의심이 든다.

고려 말 박위의 대마도 정벌과 조선 초 이성계가 김사형·남재를 시켜 출정한 대마도 정벌에는 몇 가지 공통점이 있다. 먼저 영토를 개척하기 위한 정벌전이 아니었다는 점이다. 다만 그곳에 있는 왜구와 해적을 토벌하기 위한 군사행동이었던 것이다. 고려와 조선의 신민과 강역을 지키기 위한 출정이었으므로 정확히 규정하자면 내치 차원의 토벌이지 진정한 의미의 외정外征이라고 보기 어려운 것이다. 영토와 사람을 빼앗기 위한 정복전이 아니었다. 그런데 이들 두 차례의 군사행동은 예고 없이 치른 기습전이었다는 공통점도 있다. 박위의 출정은 1389년의 일이고, 그로부터 7년 뒤에 김사형이 다시 대마도 출정을 하였다. 고려 창왕 원년 박위의 출정 당시에 이미 군사권을 이성계 일파가 쥐고 국정을 좌우하였으므로 박위로 하여금 대마도 정벌을 시킨 세력은 이성계와 그 일파였다. 그러나 1389년과 1396년 두 차례의 정벌은 이성계 집권에 반대한 세력을 제거하는 데 목표를 두었을 가능성도 있다.

뒤에서 자세히 설명하겠지만 세종 1년(기해년, 1419) 6월 대마도를 정벌한 것도 동일한 시각에서 볼 수 있다. 외정, 즉 정복전이 아니라 대마도에 불법으로 들어와 살면서 고려에 쳐들어와 약탈을 일삼고 있는 왜인들이 잔혹하게 조선의 신민을 살상하는 일이 심해지자 태종과 세종이 토벌을 명령한 것이라고 하지만 그것은 표면적인 명분일 뿐, 속셈은 따로 있었던 것이다. 김사형의 대마도 정벌도 그렇고, 세종1년의 정벌 역시 조선 군대가 그곳에 계속 주둔하여 '지배할 목적'으로 출정한 것은 아니었다. 세종1년(기해년) 정벌 후에 드디어 대마도 종가들은 조선에 항복하고 귀순하였다고 『조선왕조실록』에 적었다. 하지만 그렇다고 해서 그때 대마도가 조선의 땅이 된 것은 결코 아니다.

세종은 대마도를 정벌하여 남쪽을 안정시킨 뒤에 압록강 건너 파저강婆猪江[10] 일대에 살던 야인(여진족)들도 정벌하여 북방을 안정시켰다. 세종 15년(1433) 평안도 도절제사 최윤덕과 도진무 김효성 등을 불러 국왕은 파저강의 여진족들이 1422년에 우리의 강역인 여연 지역을 침입한 죄를 물어 토벌하도록 하였다. 그런데 여진족 일부가 또 다른 여진족 홀라온에게 쫓겨 가족을 이끌고 와서 살게 해달라고 애걸하자 가엾게 여겨 받아들였다. 이렇게 받아준 여진족이 꽤 많았다. 그런데도 그 은덕을 잊고 쳐들어와서 사람들을 죽이고 잡아갔으니 여진족을 토벌하지 않으면 해마다 침입하여 많은 피해를 줄 것이라고 판단하고, 세종은 최윤덕 등에게 응징할 것을 주문했던 것이다. 이때 최윤덕은 이렇게 말하였다.

"대마도 문제는 백 년에 걸쳐 준비해야 할 일이고, 파저강 일대의 야인은 10년을 준비하여 대처할 일입니다. 더구나 같은 야인이라도 동과 서의 차이가 있습니다.[11] 서쪽 요동 가까이에 있는 이만주와 같은 야인 무리는 그 동쪽 파저강 일대

10. 본래 고구려 시대의 동가강(佟佳江)을 이른다.

11. 동여진과 서여진을 이름.

미쓰시마마치(美津島町)의 에보시다케(烏帽子岳)에서 발밑으로 내려다본 아소완(淺茅灣)의 한 마을. 니이(仁位)의 이토세(絲瀨)와 사시카(佐志賀) 사이에 있으며 니이에서 볼 때 마치 에보시(えぼし, 烏帽子)처럼 생겼다 해서 그 이름이 붙여졌다. 에보시는 까마귀(烏)의 날개처럼 검은 모자와 일본의 전통복식을 한 남자가 머리에 쓰는 자루 모양의 모자이다. 이런 복장은 일본에서 나라(奈良) 시대 이후 신분에 따라 여러 갈래로 발전하였다. 그런데 이와 달리 사가(嵯峨) 마을 쪽에서 보는 산꼭대기의 바위가 시루를 닮았다 해서 시루산이란 의미에서 고시키다케(甑嶽, 증악)라는 이름으로 부르기도 한다. 이 에보시다케 서북쪽 해안에 와타즈미(和多都美) 신사가 있다.

에 있는 맹가(猛哥) 야인들에 비할 바가 못 됩니다."

압록강 중류의 지류인 파저강 일대의 동여진 세력이 강성한 시기였다. 최윤덕은 북방 야인(여진족) 정벌의 필요성을 말하면서 대마도 왜구를 토벌하는 일은 여진족 정벌보다 훨씬 더 어려운 일임을 토로한 것이다. 함경도나 압록강 일대 여진족은 그나마 사는 곳이 어느 정도 정해져 있었다. 그래서 조선은 군대를 기병과 보병 중심으로 편성하여 그들을 정벌하기가 그리 어렵지 않았다. 그러나 남쪽 왜적은 달랐다. 남해안은 리아시스식 해안이라서 무척 넓고 섬 또한 너무 많아 지킬 곳은 많고 병사는 제한되어 있었다. 비록 1~2백 명의 왜구가 연해로 들어온다 해도 그들을 막으려면 그 열 배의 군대로도 어려웠다. 더구나 뭍에서 이루어지는 전투가 아니라 수군을 동원하여 해전을 치러야 했으므로 어려움이 많았다. 북쪽 여진족보다 남쪽 왜구 방비가 한결 어려웠던 것은 이 때문이었다. 그 비용과 노력 또한 몇 배나 더하였다. 더구나 대마도는 아소완淺茅灣 내만의 바다가 넓고 숲이 깊어 왜구가 바닷가 후미진 곳이나 산속으로 도망하면 섬멸할 수 없었다. 겨울철 화공으로 섬을 모두 불태우지 않는 한, 왜구를 근절할 수 없는 조건이었다. 섬을 모두 태워버리면 아무도 살 수 없었겠지만, 조선은 끝까지 극도로 잔인한 화공은 선택하지 않았다. 그것은 첫째 조선의 땅이 아니었으므로 잔인한 화공을 쓰면 일본과 외교문제가 발생할 수도 있다고 판단했을 것이다. 그러나 그보다 더 큰 이유는 생령을 가벼이 여기지 않고, 다 같이 사는 길을 찾고자 하였으므로 적당히 쫓아내고 겁을 주는 선에서 조선의 신민을 보호하는데 목표를 두었던 것이다.

태종, 드디어 군사를 일으키다

그러면 이번에는 대마도를 정벌하던 태조~세종 시절로 거슬러 올라가 보자. 고려 말부터 이성계와 태종·세종 시대까지 세 차례에 걸쳐 그토록 집요하게 대마도를 정벌한 이유는 무엇일까? 우선 그 점부터 짚고 넘어가야 할 것 같다. 말할 것도 없이 일차적인 목적은 '왜구 퇴치'였다. 왜구는 1350년(경인년)부터 더욱 극성을 떨었다. 이때부터 약 1백여 년 동안 이 땅의 곳곳을 유린하고 빼앗아갔다. 그 왜구의 주요 거점이 일기도(이키시마)와 대마도였다. 하카다博多[12] 태재부太宰府를 중심으로 한 소이씨 계열의 포악하고 곤궁하고, 무지하며 더러운 왜구 떼가 대마도를 발판으로 전국을 유린하였으므로 왜구를 토벌하여 그 근거지를 뿌리 뽑기 위해서였다. 왜구가 극성을 부리던 고려 말~조선 초에 이 땅에 살던 사람들은 너무도 혹심하게

12. 현재의 후쿠오카.

노략질 당하였다. 더구나 조선 건국 직후, 민심이 안정되지 않은 데다 압록강 너머에는 명나라가 세력을 확장해왔고, 고려 말 조선 초엔 홍건적과 여진족으로 시달렸다. 남쪽에서는 왜구가 몰려와 조선은 마치 샌드위치 신세가 되었다. 이런 상황에서 이성계가 1396년 겨울에 다시 대마도와 일기도를 정벌한 것은 왜구의 거점을 쳐서 일본 본토로 밀어내기 위한 것이었다. 한 마디로 고려 말~조선 초 세 차례의 대마도 정벌은 방어 차원에서 어쩔 수 없이 선택한 군사행동이었다. 그것은 정당한 것이었다. 왜구를 대마도에서 몰아내는 것은 쉬운 일이 아니었지만, 왜구를 뿌리뽑지는 못한다 하더라도 그 세력을 꺾어 피해를 줄일 필요가 있었다.

이방원은 아버지 이성계를 도와 고려를 뒤엎고 조선을 건국하는데 큰 역할을 하였다. 이성계의 오른팔로서 한 몫을 톡톡히 한 개국공신의 한 사람이었으며 왕자들의 난을 해결하고 그 스스로 왕이 되었다. 그리고 곧 그는 아들 세종에게 왕위를 넘겼다. 그러나 건국 초기라서 아직은 안심할 수 없는 시기였다. 혁명세력은 고려를 뒤엎는 데는 성공하였으나 명나라로부터 합법적인 정권으로 승인받지 못한 처지였다. 그것은 혁명정권에게 큰 부담이었다. 정권이 언제든 다시 뒤집힐 수 있었으므로 이방원이 갖고 있던 불안감은 적지 않았다. 그래서 이방원은 셋째 아들에게 선위[13]를 하였으나 군사권만은 분리해 자신이 갖고 있었다. 대신들 가운데 누군가 왕권에 도전할 수도 있다는 두려움 때문이었다. 거기다가 북방 지역의 여진족과 동남의 왜인들이 아직 세력을 떨치고 있어서 국방에 전념할 수 있는 체제가 필요하였으므로 국방 문제는 태종 자신이 맡았던 것이다. 그에게는 그만큼 강력한 추진력과 결단력이 있었다. 세종의 즉위로부터 18년 동안이나 태종은 병권을 쥐고 세종을 곁에서 도와주었다. 주상(세종)과 상왕(태종), 두 명의 왕이 공존하는 이 독특한 체제하에서 조선은 대외적으로 커다란 힘을 행사할 수 있었다.

태종의 시대에도 줄곧 함경도 동북면 지역의 동여진과 압록강 건너 서여진이 변경을 소란스럽게 만들고 있었고 왜구도 골칫거리였다. 남원 운봉의 황산대첩에서

13. 선양이라고도 한다. 임금 자리를 스스로 내어주고 물러난 것.

아버지 이성계가 힘겹게 왜구를 격퇴한 것이나 요동에서의 회군 등과 같은 정치·군사행동으로부터 얻은 경험도 태종 이방원이 병권을 쥐고 세종을 도운 이유가 되었을 것이다. 태종이 국방과 군사문제를 전담한 것은 일종의 분권 체제였다. 달리 말해 분조分朝였으며 비상체제였다. 이와 비슷한 분조 체제를 후일 선조와 광해군에서 찾을 수 있다. 그러나 태종–세종의 경우는 선조–광해군의 처지와도 또 달랐다. 선조와 광해군은 임진왜란의 혼란 속에서 국왕과 태자가 역할을 분담하는 분조를 운용하여 국가적 위기를 극복하는 데 큰 효과를 거두었지만 선조가 군사권만을 분리한 체제는 아니었다.

아들 세종에게 왕위를 물려주고 맞는 첫봄이었다. 궁궐 후원에는 모란과 함박꽃이 활짝 피어 있었다. 종달새와 꾀꼬리 소리가 유난히 맑게 들렸다. 국왕이라는 무거운 짐을 벗어놓고 나니 후련하고 상쾌했다. 태종은 선비의 옷차림으로 단오절 나들이를 하였다. 한양 도성의 거리는 자못 활기가 있었고, 그네 뛰는 앳된 여인네들도 간간이 눈에 띄었다. 봄은 참으로 달콤했다.

단오가 지나고 엿새째를 맞아 충청도 서천 비인의 도둔곶이[14]에 왜적이 나타나 많은 피해를 입혔고, 그 와중에 충청도 도만호 김성길 부자가 체찰사의 칼에 머리가 떨어졌다는 보고가 올라왔다. 이 소식을 접하자마자 태종과 세종 그리고 조정의 최고위층 관리들은 곧바로 비상체제에 들어갔다. 오랜 논의 끝에 두 왕은 마침내 결단을 내렸다. 작년 봄 대마도 도주 종정무가 죽어서 조정에서 조문사절과 함께 넉넉하게 부의賻儀[15]를 보낸 뒤로 일 년이 채 안 되는 시점이었다. 조정에서는 비인의 왜구 침입 사건을 종정무가 죽고, 도주가 바뀌면서 왜구가 통제되지 않은 탓으로 파악하였다. 그리하여 대마도 왜구를 무력으로 정벌하되 비밀리에 추진하기로 의견을 모았다.

14. 현재의 충남 서천군 비인면 도둔리.

15. 부의(賻儀)란 돈이나 재물로써 예를 갖춘다는 뜻이다.

그로부터 한 달여가 지났다. 세종 1년(1419, 기해년) 6월 9일, 한창 무더운 여름이었다. 모내기가 끝난 지 한 달여가 지났고, 농가는 잠시 손을 쉬며 한시름 놓고 있었다. 병사를 동원하기 좋은 기회였다. 드디어 상왕(태종)은 세종을 통해서 정대마도 교서征對馬島敎書를 발표하여 대마도 정벌의 당위성을 밝혔다.

"예로부터 성현은 병력을 기울여 무력을 행하는 일을 경계하였다. 죄 있는 자를 다스리고 군사를 일으키는 것은 제왕이 해야 할 부득이한 일이다. 옛날 중국 은나라[16]의 성탕(成湯)[17]이 농사일을 제쳐 놓고 하(夏) 나라를 정벌하였고, 주(周) 나라[18] 선왕(宣王)이 무더운 6월에 흉노를 토벌하였으니 그 일이 비록 크고 작은 차이는 있으나 죄를 토벌한 것은 같다. 대마도는 본래 우리나라 땅인데 다만 궁벽하게 막혀 있는 데다 좁고 누추하여 왜놈이 살도록 내버려 두었더니 개같이 도적질하고 쥐같이 훔치는 버릇을 가지고 경인년(1350)부터 변경에 뛰놀기 시작하여 마음대로 군민을 살해하였다. 부형을 잡아 가고 그 집에 불을 질러 고아와 과부가 바다를 바라보고 우는 일이 해마다 없는 때가 없으니, 뜻 있는 선비와 착한 사람들이 팔뚝을 걷어 부치고 탄식하며 왜놈의 고기를 씹고 그 가죽 위에서 잠을 자리라 생각한 지가 여러 해가 되었다.

생각하건대 우리 태조가 어루만지고 편안하게 해 주시었으니 그 덕을 입은 왜놈들인지라 그렇지 않으리라 믿었건만 그 음흉하고 탐욕한 버릇이 더욱 방자하여 그치지 않았다. 병자년(1396)에는 동래의 병선 20여 척을 노략질하고 군사를 살해하였다. 내가 즉위한 이후에도 병술년(1406년)에는 전라도에, 무자년(1408년)에는 충청도에 들어와서 혹은 운송하는 물건을 빼앗고 병선을 불사르며 만호를 죽이기까지 하니 그 포학함이 심하도다. 그리고 제주에 들어와 많은 인명을 살상하

16. 기원전 1600년~1042년에 존속했던 왕조. 최초의 왕조인 하(夏, 기원전 2090~1600)를 대신해 일어선 두 번째 왕조이다.

17. 중국의 두 번째 왕조인 은 왕조를 세운 이로, 그냥 탕(湯)이라고도 한다. 그의 이름은 리(履)이다.

18. 은(殷)을 대신한 중국의 세 번째 왕조.

였으니 마치 사람을 좋아하는 성난 짐승처럼 (왜놈이) 간교한 생각을 숨기고 있는 것은 신과 사람이 똑같이 분개하는 바이다. 하지만 오히려 내가 널리 포용하여 더러움을 참고 드러내지 않았노라. 그 배고픔도 구제하였고, 통상을 허락하였었다. 온갖 구하고 찾는 것을 들어주지 않은 것이 없었으며, 함께 살기를 기약했더니 뜻밖에 이제 또 우리나라의 허실을 엿보아 비인포(庇仁浦)에 몰래 들어와서 인민을 죽이고 노략한 것이 거의 3백이 넘는다. 배를 불살라 우리 장수와 병사를 해치고 황해에 떠서 평안도까지 이르러 우리 백성들을 소란하게 하며, 장차 명나라 지경까지 범하고자 하니 은혜를 잊고 의리를 배반하며 하늘의 떳떳한 도리를 어지럽히니 그 도가 너무 심하지 않은가. 내가 살리기를 좋아하는 마음으로 한 사람이라도 살 곳을 잃어버리기라도 하면 하늘과 땅에 죄를 얻는 것이라 여겨 두려워하였다. 그렇지만 왜구가 탐욕하고 악독한 행동을 제멋대로 하여 우리의 뭇 백성을 학살하였다. 이 지경에 이르러서도 참고 토벌하지 않는다면 어찌 나라에 사람이 있다 하랴. 이제 한창 농사짓는 달을 맞기는 하였으나 장수를 보내어 군사를 데리고 나가 왜놈의 죄를 바로잡으려는 것은 부득이한 일이다. 아아, 신민들이여! 간악하고 흉악한 무리를 쓸어버리고 생령을 건지고자 나의 뜻을 널리 알리노라."[19]

이것은 조선의 신민들에게 대마도를 토벌하여 그 죄를 물어야 마땅하다는 취지의 선전포고였다. 동시에 그것은 조선의 신민을 노략질하고 학살하는 흉악한 왜구 무리를 토벌하기 위한 실제 행동에 들어가라며 조선군대에 내린 국왕의 명령이었다.

국왕과 조정의 대신들은 이미 한 달 전부터 준비를 서둘렀다. 백성들은 5월에 들어서서 모두 전시체제로 돌입한 상태였다. 이렇게 해서 조선 군대의 출정 준비는

19. 세종 1년(1419, 기해년) 6월 9일. 이 글은 어변갑(魚變甲)이 쓴 정대마도교서(征對馬島敎書)로서 동문선(『東文選』 卷24)에도 실려 있다.

신속하게 진행되었다.

출정 날짜가 임박해지자 병조의 움직임도 부산하였다. 병조판서 이하 관료들은 병기와 군수품 점검을 서두르는 한편, 각 도의 방어 상황을 점검하라고 지시하였다. 이에 따라 각 포구에서 인력과 선박을 징발하였는데, 그 바람에 인력과 배·병기를 징발한 포구는 오히려 방어가 허술해졌다. 그에 따라 이번에는 포구 방어를 강화해야 한다고 병조가 상왕 태종에게 요청해 왔다.

"이제 각 도에 있는 병선이 대마도에 나가 정벌하고 있으니 포구마다 방어가 허술합니다. 포구들을 방어하기 위해 남아 있는 병선을 요새지에 나누어 보내어 주둔하게 하고, 육지 또한 갑사·별패·시위패·진속 및 재인(才人, =광대)·화척(禾尺, =백정)·일수[20]·양반 중에서 방어할 만한 자들을 네 번으로 나누어 방어하게 해주십시오."

병조의 간청에 따라 태종은 필요한 모든 조치를 취하도록 하였다.[21] 포구의 선박과 인원·군량도 보충하였다. 또한 충청도·전라도·경상도 삼도의 봉화와 역마를 다시 한 번 점검해두도록 하였다.

이날 태종이 세종으로 하여금 '정대마도교서'를 발표하도록 한 것은 그럴만한 이유가 있었다. 대마도 정벌부대는 6월 8일에 거제도 견내량에 집결하도록 되어 있었고, 그 이튿날 거제에서 대마도로 진군해야 했으므로 그 날짜에 맞춰서 태종은 '정대마도교서'를 발표한 것이다. 지난 5월 29일, 부대가 대마도로 떠나던 당일 상왕 태종은 친히 나가서 장수와 군졸들에게 활과 화살을 나눠주었다.

드디어 6월 8일, 태종과 세종은 각 도에서 선발한 병선이 거제도에 모였다는 보고를 받았다. 그로부터 닷새째인 6월 13일, 예정대로라면 대마도 정벌군이 대마도

20. 지방 관아에 딸려 심부름하는 하층 노비의 한 종류.

21. 세종 1년(1419) 6월 2일

경기도 용인시 수지구 고기동에 있는 장천군(長川君) 이종무(1360~1425)의 묘.

에서 싸우고 있을 시점이었다. 태종은 2품 이상의 고위 관료들을 불러 그간 포로로 잡아 두었던 왜인들을 어떻게 처분할지를 물었다. 어전에서 대신들의 의견이 분분하였다. '조선의 인명을 살상한 죄를 물어 부녀자 외에는 다 죽여야 한다' 또는 '건장한 자는 다 죽여야 한다'는 등의 여러 의견이 많았다. 그러나 태종은 '불순한 자만을 베어야 한다'는 변계량의 의견에 따라 신속하게 조처했다. 그리고 그 내용을 주변에 알리도록 하였다. 도적질을 하지 않은 대마도 왜인으로서 20세 이하의 남자 중에서 재주가 있는 사람은 조정 신하들에게 노비로 나누어 주고, 그 나머지는 각 관가의 노비로 삼도록 하였다. 불순한 자는 죽이되, 만약 노비로 받은 관원이 잘 보살피지 않으면 다른 이에게 옮겨 주도록 하였다.[22] 이런 명령은 지체 없이 시행되었고, 이로써 비밀이 샐 틈이 없어졌다.

그러나 부대의 진군이 의외로 늦어져서 군대는 17일에 겨우 거제도에 도착했다. 경기도와 하삼도[23]에서 선발한 전함까지 모두 모이느라 늦어진 것이었다. 항구는 많은 배로 빽빽하게 메워졌고, 거제도는 갑자기 사람들로 북적였다. 수군 함대는 대열을 정비하고, 곧바로 대마도로 출정을 서둘렀다. 이미 여드레나 늦어진 마당에 까닭 없이 더 지체했다간 임금이 보낸 체찰사의 칼에 총대장의 머리가 땅에 구를 것이었다. 그러나 바람과 파도가 높아 배가 바다로 나갈 수가 없었다. 하는 수 없이 이날 부대는 한산도 추봉[24] 근처에서 배를 돌려 포구로 들어와 배를 숨겼다.

그로부터 이틀 뒤인 19일 아침 사시巳時[25]에 이종무[26]가 이끄는 정벌군은 거제도

22. 세종 1년(1419) 6월 13일

23. 충청도·전라도·경상도 3도. 조선시대에는 이 세 도를 통상 하삼도(下三道)라고 불렀다.

24. 한산면 봉암도 근처. 그러나 한산도 옆의 추봉도로 볼 수도 있겠다.

25. 오전 9~11시

26. 이종무(李從茂)는 전라도 장수현 사람으로 젊어서부터 활을 잘 쏘고 말을 잘 달렸다. 신유년(1381)에 아버지를 따라 강원도에서 바다의 도적을 토벌하고 돌아와 그 공으로 정용호군(精勇護軍)에 임명되었다. 1397

남쪽에 있는 주원방포周原防浦[27]에서 출발했다.[28] 대규모 병력과 선단을 이끌고 나가는 원정길이었지만 전함은 대열을 이뤄 질서가 있었다. 격군들이 둥둥 북소리에 맞춰 배 좌우의 노를 젓는 가운데 전함들이 미끄러지듯 앞으로 나아갔다. 마침 남풍이 불었으므로 주돛은 내리고 좌우 횡풍 돛 둘만 두었다. 왜인들의 배는 삼풍 돛이 없어 속도가 느렸다. 뒷바람만을 받아서 앞으로 나가는 왜선과 달리 조선 수군의 배는 삼풍三風 돛을 사용하였다. 그래서 조선의 전함은 빨랐다. 수군의 깃발은 힘있게 나부꼈고, 그 위세는 바다를 덮었다. 227척[29]의 정벌군 전함이 모여 바다를 헤치고 나가는 모습은 장관이었다. 17,285명의 원정군을 실은 배는 조용하고 엄숙하였다. 박위의 대마도 정벌이나 김사형의 출정 때보다도 규모가 훨씬 컸다. 모든 배들이 질서 있게 대열을 이루어 북소리에 맞춰 진군하는 조선 수군의 위세는 그야말로 장엄하였다. 배는 밤을 새워 동쪽으로 내달았다.

이튿날[30] 오시[31]에야 겨우 조선 수군의 배 10여 척이 먼저 대마도 두지포豆知浦[32]에 다다랐다. 대마도의 왜인들은 자기네편이 노략질 나갔다가 돌아오는 줄 알고, 처음에는 환영차 술과 고기를 가지고 나와서 맞이하려 하였다. 그러나 막상 조선의 대군이 다가가 두지포에 정박하자 넋을 잃고 사방으로 흩어졌다. 배가 포구에 접안하자 대마도 왜인 50여 명이 대들어 싸움을 걸어왔다. 그러나 곧 그 배 뒤로 조선수군이 바다를 덮은 듯이 밀려들자 대마도 왜인들은 놀라 날뛰었다. 이쪽이 원체 수

년에 옹진만호(甕津萬戶)가 되었는데, 마침 왜구가 갑자기 쳐들어와서 성을 포위하므로 그가 막아 싸웠다. 뒤에 첨절제사로 승진되었다가 상장군이 되었다. 병술년(1406)에 장천군(長川君)에 봉하고 우군총제를 겸하였으며, 신묘년(1411)에 하정사(賀正使)로 명나라에 갔었다. 정유년(1417)에 의정부참찬으로 판우군도총제부사가 되었다. 기해년(1419)에 대마도를 정벌할 때에 삼군도체찰사가 되어 수군을 거느리고 가서 토벌하고 돌아오니 의정부 찬성사를 제수하였다.

27. 봉암도 추암 포구로 추정.

28. 是日巳時 李從茂自巨濟南面周原防浦發船 復向對馬島[세종 1년(1419) 6월 19일]

29. 경상도에서 126척, 전라도에서 56척, 충청도에서 32척, 경기도에서 선발한 10척의 전함을 동원하였다.

30. 세종 1년(1419) 6월 20일

31. 오전 11시~오후 1시 사이.

32. 이 지명은 현재 다케시무라(竹敷村)로 바뀌었다.

가 많은지라 왜놈들은 흩어져 양식과 재산을 버리고 달아났다. 처자식도 모두 버리고 산속 깊은 숲으로 숨어들어서 나오려 하지 않았다.

대마도 왜인과의 접전은 먼저 도착한 우군으로부터 시작되었다.[33] 이튿날엔 좌군[34]이 선월포 훈내곶[35]을 점령하고 공격전을 시작했다. 군대 일부는 소선월과 대선월로 치고 올라가 목책을 설치하고 남북 연락을 끊었으며, 좌군 일부는 누카다케糠岳로 나가며 왜구를 몰아붙였다. 사방에서 화포가 날았고, 매캐한 화약 냄새가 산과 골짜기를 덮었다. 이에 종정무는 후쿠오카 태재부의 소이씨에게 원군을 요청하였다. 그러나 왜구 지원군은 고려군이 대마도를 떠난 지(6월 29일) 이틀 뒤인 7월 초하루 대마도에 도착하였다. 그리하여 더 이상의 충돌을 피할 수 있었다.

이 싸움에서 상왕과 세종이 특별히 준비해 두었다가 실어 보낸 화약과 화포가 왜구들의 간담을 산산조각 내었다. 일찍이 고려 공민왕 때인 홍무 연간에는 왜구를 물리치는데 쓰고자 명나라에 화포와 화약을 요청한 일이 있었다. 그 때의 일을 후일 공조참판 정분鄭苯을 주문사奏聞使로 북경에 보내면서 그에게 들려 보낸 상주문에서 알 수 있다. 그때도 고려 수군은 화약과 화포로 왜구를 꼼짝 못하게 제압했었다.

"… 성상께서 … 왜적을 막으라고 하시니 신이 감격을 이기지 못합니다. 왜산(倭山)이라는 것은 대마도·일기도(一岐島)·화가도(花加島) 등지로서 바다와 산이 험하고 막혀 있는 곳들인데, 무리가 매우 번성하여 도둑질로 생업을 삼고 있습니다. 우리나라는 삼면이 바다와 접해 있으므로 항상 그 해를 입었습니다. 신라나 백제는 자식을 볼모로 화친을 청하기에 이르렀고, 고려 말년에는 왜구가 더욱

33. 우군도절제사 이지실, 우군절제사 이순몽, 김을화.

34. 좌군도절제사 유습, 좌군절제사 박초, 박실.

35. 현재 이 지명을 일본에선 오오후나고시(大船越)로 부르고 있다. 훈내곶은 일본명 후나고시의 우리말 표기. 조선에서는 본래 선월포(船越浦)라고 불렀다. 배를 이곳에서 끌어올려 반대편으로 넘기면 동쪽 일본으로 질러 갈 수 있었기 때문에 '큰배(大船)를 넘기는 포구'라는 의미에서 나온 지명이다.

성해서 군읍(郡邑)을 무찌르고 불 놓으며 사람을 죽이고 잡아갔습니다. 재물을 약탈하여 닭·개까지도 남기지 않고 연해 수천 리 조선 땅 인가에는 연기가 끊어졌습니다. 그리하여 그 땅을 버려 도적의 소굴이 되었고, 왜구가 왕경(王京)까지 침략하게 되었습니다. 황송하게도 태조 고황제(高皇帝)께서 우리나라의 환난을 살펴 아시고 홍무(洪武) 2년(1369) 10월에 서찰을 보내주셨습니다. 그 가운데 "근래 사신이 돌아와서 '바닷가를 지나는데 바다에서 50리 혹은 30~40리 거리가 되어야 백성이 편히 살 수 있다"고 하므로, 짐(朕)이 그 연고를 물으니 왜놈의 소요 때문이라고 한다.' 고 하였으며, 홍무 6년(1373) 10월에는 왜적이 난을 일으켜 왜적을 잡는 배에 소용되는 화약을 요청하였습니다. 그리고 홍무 7년(1374) 5월에는 화포와 화통(火筒)을 만드는 데 필요한 물자를 보내주셨습니다. 신의 할아비 강헌왕(康獻王, 이성계)이 개국한 이래로 왜적이 흉악한 짓을 마음대로 하지 못하게 되었고, 연해의 백성들이 다시 생업을 유지하게 되었습니다. 그러나 틈을 타서 노략질하고 도둑질하는 자가 근절되지 않았습니다. 간혹 어염 등을 가지고 변경에 이르러 옷과 양식을 바꿔가는데, 만일 거절하면 변방의 근심이 더욱 심해질까 염려하여 부득이 그들이 오는 곳을 정해 주고 문인(文引)을 발급하여 이를 대조한 뒤에야 무역할 수 있도록 허락하였습니다. 그래도 가끔 와서 노략질하고 도둑질합니다. 문인도 없이 정해준 곳이 아닌 데로 오기도 하고, 변방의 장수에게 죽고 잡히는 자가 많습니다. …"[36]

그러나 이번엔 달랐다. 조선의 화약기술은 명나라보다도 앞서 있었고, 화약 성능은 대단하였다. 대마도 정벌군의 주력 무기는 활과 칼이 아니라 조선의 기술로 만든 화약과 화포였다.

대선월大船越을 향해 밀고 올라간 조선군 3군[37]은 화포와 월등한 무기로 쉬지 않

36. 세종 25년(1443) 8월 8일

37. 중군·좌군·우군으로 편제하여 출정하였다.

고 공격을 퍼부으며 계속 밀어부쳤다. 그러면서 한편으로는 귀화한 왜인 지문池文을 보내어 편지로 도도웅와(종정성)에게 항복을 권했다. 그러나 다들 공포에 질려 숨어서는 나오지 않았고, 답도 없었다. 이에 조선 군대는 길을 나누어 샅샅이 수색하였다. 이 과정에서 크고 작은 적선 1백29척을 빼앗았고, 그 중에서 쓸 만한 것으로 20척만을 남기고 모두 불살라 버렸다. 또 왜인의 가옥 1천9백39호를 불 질러 태워 버렸다. 반항하는 자의 머리를 벤 것이 1백14이고, 사로잡은 사람이 21명이었다. 이 외에 포로로 잡혀온 중국인 남녀 1백31명이 더 있었다. 조선의 병사들은 밭에 있는 벼와 곡식도 모조리 베어버렸다. 이제 벼는 막 한 자쯤 자라 있었다. 여러 장수들이 포로가 된 중국인에게 물으니 섬은 가뭄이 심하고, 또 창졸간에 벌어진 일이라 제법 산다 하는 부자라 하여도 겨우 양식 한두 말만 가지고 달아났으니 오래도록 포위하면 반드시 굶어 죽을 것이라고 하였다. 드디어 조선 군대는 훈내곶訓乃串에 방책을 세우고 왜구가 왕래하는 중요한 길목을 막고 오래도록 대마도에 머무를 뜻을 보였다. 그러자 10여 일도 안 되어 훈내곶 산꼭대기에 백기를 걸고 왜인들이 항복을 빌었다. 왜인들의 항복을 받아낸 '훈내곶'이 바로 선월포船越浦이다.[38]

그러나 25일 대마도 왜가 항복하던 날에도 조선 군대를 실은 배가 거제를 떠나 대마도로 출정했다는 보고가 올라오지 않자 궁궐에서 초조하게 기다리던 태종은 형조참판 홍여방을 체복사體覆使로 삼아 대마도에 내려 보내려 하였다. 그런데 그 때 마침 유정현[39]의 보고가 들어왔다. 체복사는 국왕의 특명을 받은 사람으로 그에게는 누구든 즉결처분할 수 있는 생사여탈권이 주어져 있었다. 출정이 늦어진 것을 문책하기 위해 태종은 체복사를 보내려 했던 것이다. 그런데 (유정현의 보고에)

38. 이곳에서 배를 뭍으로 끌어올려 건너편으로 옮겨 다시 타고 나갔으며 조선통신사의 배 또한 이 경로를 거쳐 갔다.

39. 유정현(柳廷顯)은 황해도 문화현 사람으로 처음 고려에 벼슬하여 사헌규정(司憲糾正)을 지냈다. 조선조에 상주목사·병조전서·완산부윤을 거쳐 전라도관찰사가 되었다가 경기좌우도 도관찰사·중군 동지총제로 옮겼다. 또 충청도관찰사·판한성부사로 나갔다가 형조판서, 예조판서를 거쳐 서북면도순문찰리사(西北面都巡問察理使)와 평양부윤, 사헌부 대사헌·이조 판서·참찬의정부사·병조판서를 지냈다. 그 후 참찬, 찬성으로 승진했다가 좌의정이 되었다. 72세에 죽었다.

미쓰시마마치(美津島町) 오후나고시(大船越, 대선월) 마을 동쪽의 작은 야산을 권현산(權現山)이라 하며, 현재 동서로 연결하고 있는 다리 아래로는 본래 고래등처럼 좁고 긴 구릉이 이어져 북쪽 아소완과 남쪽 현해탄을 차단하여 배가 드나들 수 없었다. 그래서 이곳을 배가 지나려면 짐과 사람이 모두 내리고, 빈배를 끌어올려 반대편으로 넘긴 뒤, 다시 짐을 올리고 타고 나갔다. 이렇게 배를 넘기는 포구라 해서 선월포(船越浦)라 불렀는데, 이웃 소선월과 달리 여기서는 큰배, 즉 대선을 넘길 수 있는 곳이어서 대선월(오후나고시)이 되었다. 조선통신사의 배는 아소완을 거쳐 대선월–이즈하라–후쿠오카 구간을 지나갔다. 그런데 이런 불편을 없애고 조선과 일본의 최단거리 해로를 만들기 위해 1671년(寬文 11)에 대마도주 종의진(宗義眞)이 이곳을 파내어 물길을 틀 계획을 세우고 도쿠가와(德川) 막부에 요청하였다.

마침내 이곳 책임자였던 종성광(宗成廣)이 공사를 하였다. 그 다음해인 1672년 1월 11일에 착공하여 총 3만5천여 명의 인부를 투입, 길이 60칸(약 108m), 폭 10칸(18m)으로 파내는 대공사를 그해 6월 하순에 준공하였다. 그러나 후에 다시 확장하여 길이 262m, 폭 22~50m로 넓히는 공사를 마쳤으며, 이 공사로 물길을 연 이후, 이곳을 대마도 사람들은 오후나고시세토(大船越瀨戶)라고 부르고 있다. 세(瀨, 한자명 '뢰')는 여울·물살을 뜻하며 토(戶, 한자명 호)는 문(門)이니 바다로 드나드는 관문을 의미한다. 1685년(貞享 2)에 준공기념으로 석등롱(石燈籠)을 세우고, 기념비에 공사과정과 유래를 새겨놓았다.

이와 똑같은 사례가 우리에게도 있다. 충남 태안군 남면과 안면읍 사이의 잘록한 목을 파내어 서해안 조운선이 안전하게 이곳을 지나도록 하였는데, 지금은 그곳에 안면대교가 놓여 있다. 이런 연유로 지금도 안면대교 건너 마을에 '판목'이란 지명이 남아 있다.

17일 군대가 떠났다고 하였으므로 홍여방을 체복사로 보내려던 일은 그만두었다. 그런데 얼마 안 있어 또 '모든 장수가 마파람에 나가지 못하고 거제도로 되돌아왔다'는 소식이 뒤따라 들어왔으므로 곧바로 병조정랑[40] 권맹손權孟孫을 경차관敬差官으로 삼아 교지를 들려 보냈다. 그 교지에서 태종은 출정이 늦어진 이유를 따져 물으면서 신속하게 대마도를 치라고 명령하였다. 교지에서 태종은 이렇게 일렀다.

> "이달 11일은 곧 배를 띄우기에 좋은 길일이었는데 여러 장수들이 배가 떠나는 것을 꺼렸고, 12일에 겨우 배가 떠나서 거제도에 도착하였으며 17일에도 여러 장수들이 배를 띄워 출정하는 것을 내켜하지 않았다고 하는데, 그 까닭이 무엇인지도 물었다. 또 여러 장수의 보고에 따르면 '17일에 배가 떠났으나 마파람에 밀려 배가 거제도로 돌아왔다' 고 한다. 군대가 출정하는 것은 국가대사인데 어찌하여 보고하지 않았는가. 그날 출정이 늦어지게 된 사유와 역풍의 진위를 속히 분변하여 보고할 것이며, 또 여러 장수들을 독촉하여 배를 띄우게 하라."[41]

비밀리에 신속하게 추진한 정벌이었던 만큼 대마도 왜구 토벌을 몹시 서두른 정황을 알 수 있다. 거기엔 두 가지 이유가 있었다. 태풍이 잦은 계절이므로 언제 태풍을 맞을지 모른다는 두려움이 있었다. 거기에다 이쪽의 정보가 새어나가면 대마도 정벌이 실패할 수 있음을 염려한 것이었다.

세종은 즉위 이후 줄곧 화약과 화포를 점검하도록 하고, 염초를 굽고 화약을 만들어 비축해왔으며 대마도 출정에 맞춰 장수를 임명하여 부대를 편성하면서 화약과 화포, 병장기와 각종 군수물자를 챙겨 보냈다. 출정군을 떠나보내던 5월 29일, 태종은 세종을 시켜 대마도 수호守護에게 서찰 한 편을 전했는데, 그 글에 이렇게 일렀다.

40. 병조정랑(兵曹正郞)은 중앙의 정5품관 직위이다.

41. 세종 1년(1419) 6월 20일

"의(義)를 사모하고 정성을 다한 자는 그 자손까지도 후하게 대하겠지만 은혜를 저버리고 들어와 도적질한 자는 처와 자식까지도 모두 죽일 것이다. 이것이 하늘의 이치이며 왕이 된 자의 큰 법이다. 물 하나를 두고 서로 마주보며 사는지라 대마도는 우리의 품 안에서 길렀건만 고려조가 쇠잔한 틈을 타서 경인년(1410)으로부터 우리의 변경을 침략하여 군민을 죽이고, 가옥들을 불사르고 재산을 빼앗아 갔다. 연해 지방에는 여러 해에 걸쳐 죽거나 다친 사람이 널려 있다. 우리 태조 강헌대왕(이성계)이 너희들을 도와 편히 서로 믿고 지내게 하였으나, 오히려 고치지 않고 병자년(1396)에는 동래에 들어와서 도적질하고 병선을 빼앗았으며 군사를 살육하였다. 우리의 상왕(태종)이 즉위하신 후인 지난 병술년(1406)에는 전라도에서 조운선을 빼앗아 갔고, 무자년(1408)에는 충청도에서 병선을 불사르고 그 만호까지 죽였으며 제주에 들어와서도 많은 사람을 살상하였다.

그러나 우리 전하(세종)께서는 거칠고 허물이 있는 것을 너그럽게 포용하시고 너희들과 다투려 하지도 않으시고 조선에 올 때는 예를 두터이 하여 대접하셨으며, 돌아갈 때도 물건을 갖춰 후히 대하셨다. 굶주림을 보고 도와주고 장사할 시장을 터주었으며 너희들이 하자는 대로 해주지 않은 것이 없었다. 우리가 너희들을 저버린 일이 있었던가. 지금 또 배 32척을 거느리고 와서 우리의 틈을 살피며, 비인포(庇仁浦)에 잠입하여 배를 불사르고 죽인 군사가 거의 3백이 넘는다. 황해도를 거쳐서 평안도에 이르러 장차 명나라 지경을 침범하려 하니 은혜를 잊고 의를 배반하며 천도를 어지럽게 함이 매우 심하다. 변방을 지키는 장사가 비록 잡으려고 쫓아갔으나 소오금(小吾金)[42]을 도두음곶이(都豆音串)에서 죽였고, 만호 중 요이(饒伊)를 백령도에서 죽였다. 구라(仇羅) 등 60여 명을 다시 궐하에 끌고 오니, 우리 전하가 혁연히 성내면서 용서하지 않고 신을 명하여 너희의 죄를 묻게 하셨다. 수호(守護)의 아비는 조선 왕실을 성심껏 섬겨 그 순종함을 내 심히 아름답게 여겼더니 이제는 다 그만이로다. 내가 사람을 생각하여도 얻지 못하니 자식

42. 만호(萬戶) 벼슬을 가진 승려였다.

사랑하기를 그 아비와 같이 여기고 있다. 그렇기에 그들을 토벌하여 죄를 물을 적에도 수호의 친속들과 전일에 이미 순순히 항복하여 온 자와 지금 우리의 문물을 사모하여 투항한 자들만은 죽이지 말고, 다만 쳐들어온 자의 처자식과 잔당만을 잡아 오라고 한 것이다. 아아! 우리 상왕 전하의 어지신 대의는 멀리 고금에 뛰어나 천지를 움직이고 귀신을 감동케 하였다. 수호는 우리 전하의 뜻을 받들어서 섬에 있는 적당들을 한 놈도 남기지 말고 모조리 쓸어 보내라. 정성을 다하여 바치던 아비의 뜻을 이어 길이길이 화호(和好)를 두터이 하는 것이 어찌 네 섬 대마도의 복이 아니겠는가. 만일 그렇지 못하면 후일 뉘우쳐도 소용없을 것이니 오직 수호는 대마도 사람으로서 대의를 알 만한 자들과 잘 생각하라."[43]

이것은 단순한 서찰이 아니었다. 그것은 대규모 군사작전을 예고한 선전포고였다. 정식 선전포고인 '정대마도교서'를 발표하기 열흘 전에 조선은 1차 선전포고를 전한 것이다. 태종은 오래 전부터 대마도 정벌을 계획하였고, 그 준비가 끝나자 곧바로 대마도 도주를 힐책하고 정벌의 명분을 일깨운 것이다. 그러나 이 정벌의 실제 목적은 따지고 보면 대마도주 종정성을 없애기 위한 것이 아니었다. 종정성이 통제할 수 없는 왜인들을 참살하여 그 세력을 꺾고, 대마도주의 위신을 세워주고 돕기 위한 측면도 조금은 있었다. 다시 말해서 대마도 왜구 토벌의 명분을 세우고 있지만, 대마도주를 제거할 의사는 없었던 것이다. 만약 대마도 정벌의 실제 목적이 대마도주를 제거하기 위한 것이었다면 조선군은 대선월과 소선월이 아니라 게치나 고모다하마를 거쳐 이즈하라를 포위하는 작전을 폈을 것이다. 오히려 대마도주에게 왜구 단속과 통제의 책임을 맡기고, 종전처럼 그의 권한을 인정해 줌으로써 왜구의 난동을 잠재우는 이이제이의 책략을 쓰기 위한 목적이었던 것이다.

여기서 주목할 점이 하나 있다. 종정성에게 대마도를 '너의 섬'이라 하여 사미영감–종정무–종정성으로 이어지는 '도주'의 권한을 그대로 인정한 것이다. 1396년

43. 세종 1년(1419) 5월 29일

대마도·일기도를 정벌할 때, 이성계와 조선에 항복을 표시한 종가를 대마도의 주인, 즉 도주島主로 조선이 인정한 데엔 그럴만한 이유가 있다. 종경(종경무)이 대마도의 실권을 쥔 이후, 그 아들 종뢰무(사미영감)가 실질적으로 대마도 지배권을 행사하고 있었으므로 그를 도주로 삼고, 종씨 일족에게 대마도 왜인은 물론 왜구 단속의 책임을 떠맡기고자 함이었다. 대마도 정벌은 도주 종정성과 종가 일족을 제거하는 데 목적을 둔 출정이 아니었다. 도주의 통제를 벗어난 왜인들을 죽여 없애서 본때를 보여주면서 대마도주의 통제를 따르라는 전시성 경고까지 염두에 둔 것이었다.

대마도 수호에게 서찰을 전하기 이십여 일 전인 5월 10일, 충청좌도 도만호 김성길이 왜적을 막지 못했다는 죄로 참형을 당했다. 태종과 세종은 이 소식을 듣고부터 대마도 정벌을 서둘렀다. 처음에 전라도 감사가 왜적이 전라도 지역으로 지나가고 있다고 알려주었지만 김성길은 그 소식을 전해 듣고도 방비하지 않았다 해서 체복사가 그들 부자를 벤 것이다. 그런데 나중에 해주목사 박영이 사로잡아 바친 왜인을 병조에서 심문하여 물어보니 김성길 부자의 죽음은 억울한 것이었다. 왜인 포로는 "대마도 사람들이 다 굶어서 배 수십 척을 가지고 중국 남부의 절강浙江[44] 등지로 나가 노략질하려고 하였으나 양식이 떨어져서 우선 충청도 비인을 털고, 다음에 해주에 가서 엿보았다. 그런데 비인에서 물을 길으려고 언덕을 오르다가 조선 관병에게 잡혔으며, 두목은 도두음곶이[45]를 털 때 만호의 화살에 맞아 죽었다."고 대답하였다. 처음에는 비록 김성길이 방어하지 않았으나 적을 만나면 부자가 서로 힘껏 싸웠고, 그럼에도 죽임을 당해 사람들이 매우 슬퍼했다[46]는 사실을 나중에 들어서 알게 되었다. 김성길 부자가 원통하게 체복사에게 죽임을 당했다는 소식을 접하고 태종과 세종은 몹시 분노하였다.

그런데 사흘 후 또 다시 황해도에서 왜구가 침입하여 모질게 약탈하고 있다는

44. 영파부(寧波府)를 말한다. 현재의 영파시.

45. 현재의 충남 서천 비인면 도둔리이다.

46. 세종 1년(1419) 5월 10일

소식을 전해왔다. 5월 13일 황해도 감사가 급보한 내용을 보면 당시 왜구의 광기가 어떠했는지를 잘 알 수 있다.

"이달 11일에 조전절제사(助戰節制使) 이사검이 만호 이덕생과 함께 병선 5척을 거느리고 해주 연평곶이(延平串)에서 적을 엿보고 있었다. 짙은 안개가 끼어 지척을 알기 어려웠다. 왜구의 배 38척이 갑자기 와서 배를 에워싸고 양식을 구하며 협박하였다. 그리고 이사검 등에게 말하기를 '우리들은 조선을 목표로 온 것이 아니라 중국으로 가려 하였다. 그런데 마침 양식이 떨어졌으므로 여기에 왔다. 만일 양식을 주면 곧 물러가겠다. 전날 도두음곶이[47]에서 싸운 것은 우리가 먼저 한 것이 아니다. 그대 나라 사람들이 우리들을 죽이기에 부득이 응하였을 뿐이다.' 고 하였습니다. 이에 이사검이 사람을 보내어 쌀 5섬과 술 10병을 주었더니 왜적은 고맙다는 말도 없이 오히려 보낸 사람을 붙잡고 양식을 더 토색질하였다. 그래서 이사검이 진무(鎭撫) 2인과 선군(船軍) 1인을 보내어 쌀 40섬을 더 주었다. 하지만 왜적은 이속(吏屬)과 진무는 보내면서 선군을 잡아두고 이사검과 서로 대치하고 있었다. 그런데 성달생이 역풍 때문에 경기 병선이 앞으로 나아가기 어렵다며 역마를 달려 황해도의 병선을 타고 가려 했다. 그러나 막상 가서 보니 그 배는 매우 작고 이미 이사검 등이 타고 있어서 성달생은 함께 타고 갈 수 없었다."[48]

충청도와 황해도에서 왜구로 인한 피해 상황이 연달아 궁궐로 날아들자 태종과 세종은 몹시 근심하여 김효성金孝誠을 경기·황해도 조전병마사로 임명하였다. 그리고 세종은 수레를 몰아 환궁하는 대로 다시 이지실을 황해도 조전병마도절제사, 김만수를 평안도 병마도절제사로 삼아 내려보냈다.[49] 이날(5월 13일) 세종은 주요 대

47. 충남 서천군 비인면 도둔리이다. 비인 서쪽 바닷가 평야를 낀 곳이다.

48. 세종 1년(1419) 5월 13일

49. 세종 1년(1419) 5월 13일

신들을 대궐로 불러들여 대마도 정벌을 논의하였다. 허술한 틈을 타서 대마도 왜구 떼를 섬멸한 뒤, 물러나 적의 반격을 기다렸다가 맞아서 그들을 완전히 쳐서 깰 계책을 국왕과 최고위층 관료들이 비밀리에 의논하고는 밤늦게야 자리를 파했다.[50]

그 이튿날 태종과 세종 두 임금이 여러 대신들을 불러 대마도를 치는 문제를 다시 물었다.

"허술한 틈을 타서 대마도를 치는 것이 어떨까."

그러나 이들은 간밤에 모였던 대신들과는 의견이 달랐다. 그보다는 노략질 나갔던 왜구들이 대마도로 되돌아갈 때를 기다렸다가 들이치는 것이 좋다는 의견을 내놓았다. 만약 조선군이 대마도를 공격 중인데, 돌아오는 왜구들이 조선 군대의 후미를 들이치면 피해가 클 것이라는 게 이유였다. 그것도 틀린 말은 아니었다. 그렇지만 유독 조말생만은 달랐다. 그는 '반드시 허술한 틈을 타서 먼저 대마도를 쳐야 한다'고 주장하였다. 조말생의 이야기가 끝나기를 기다렸다가 태종은 단호하게 자신의 의중을 밝혔다.

"… 물리치지 못하고 항상 침략만 당하니 … 허술한 틈을 타서 쳐부수는 것만 같지 못하다. 그들의 처자식을 잡아 오고, 우리 군사는 거제도에 물러나 있다가 적이 돌아기를 기다려서 요격하여 배를 빼앗아 불사르고, 장사하러 온 자와 배에 머물러 있는 자는 모두 잡아들여라. 만일 명을 어기는 자가 있으면 베어버려라. 다만 규슈(九州)에서 온 왜인만은 구류하여 놀라지 않게 하라. …"

그리고 나서 곧 이종무를 정벌군 총대장인 삼군도체찰사[51]로 삼아 중군을 거느

50. 세종 1년(1419) 5월 13일

51. 三軍都體察使

리게 하고, 우박·이숙묘·황상을 중군절제사,[52] 유습[53]을 좌군도절제사로 삼았다. 박초·박실을 좌군절제사, 이지실을 우군도절제사로 삼았으며, 김을화金乙和·이순몽[54]을 우군절제사에 임명하였다. 경상·전라·충청의 3도 병선 2백 척과 군대[55]를 거느리고 나가 노략질 나갔다가 돌아오는 길목에서 기다렸다가 왜구들을 맞아 치도록 하되, 다음달 6월 8일에 각도의 병선들이 모두 견내량見乃梁에 모여서 국왕의 출정명령을 기다리며 대기하도록 했던 것이다.[56]

5월 20일, 세종은 대마도에서 종준宗峻이 보낸 왜인들을 따로 만났다. 그들은 지난 4월 26일 한양에 들어와 있었다. 그들이 이미 한 달 가까이 도성에 머물고 있다가[57] 마침 대마도로 돌아가겠다고 보고하자 임금이 불러서 본 것이다. 임금은 주변 신하들에게 그 대마도 왜인들을 잘 대접하라면서 지신사 원숙을 따로 불러 왜구가 변방을 침략한 사실을 그들에게 따져 묻도록 하였다.

> "우리나라가 종정무(宗貞茂)와 화친한 지 오래 되어 무엇이든 원하는 대로 따라 주지 않은 것이 없었다. 그런데 도적을 시켜 변방을 침탈하고 병선까지 불사르며 살인한 것도 심히 많으니 무슨 까닭이냐?"

52. 절제사는 3품 관직이다.

53. 柳濕. 전남 고흥 출신으로 고려 시중(侍中) 유탁(柳濯)의 아들이다. 처음에 음직으로 벼슬에 임명되어 합문인진사(閤門引進使)에 이르렀다. 태조가 꿈에 유탁을 보고 그에게 고흥백(高興伯)을 주었으며 과의상장군(果毅上將軍)을 삼았다. 또 태종을 섬겨 원종공신(元從功臣)이 되고, 여러 번 옮겨 예조·형조·병조·이조전서(吏曹典書)가 되었다. 나중에 전라(全羅)·충청(忠淸)·평안(平安) 3도의 도절제사가 되었으며, 중군도총제로 승진하였다. 기해년에는 우군원수(右軍元帥)가 되어 대마도를 정벌하였다. 세종 21년(1439)에 73세로 죽었다[세종실록 세종 21년(1439) 8월 6일].

54. 李順蒙. 영양군(永陽君) 이등(李膺)의 아들이다. 기해년 대마도 정벌 때 전공이 있어서 자헌(資憲)에 올랐다. 파저강 여진족 토벌에서도 노획한 바가 많아 판중추(判中樞)에 올랐다.

55. 하번 갑사(下番甲士)·별패(別牌)·시위패(侍衛牌) 및 수성군 영속(守城軍營屬)과 재인(才人)·화척(禾尺)·한량인민(閑良人民)·향리(鄕吏)·일수(日守)·양반 중에서 배 타는 데 능숙한 군정(軍丁) 등을 뽑아 편성하였다.

56. 세종 1년(1419) 5월 14일

57. 對馬島宗俊遣人獻土物 [세종 1년(1419) 4월 26일]

이에 대마도에서 심부름 온 자들은 공손히 대답하였다.

"대마도의 인심이 각기 다르니 그런 사람도 있습니다. 그러나 종정무가 살아 있을 때 전하께 성의가 지극히 두터웠습니다. 그 아들이 자리를 이은 뒤로도 '조선은 형제와 같아 그 뜻을 오래도록 지키려고 한다' 고 하였습니다. 그런데 이제 왜구가 많이 침탈하였다고 하니 부끄러운 일입니다."

원숙은 그들에게 일렀다. 돌아가거든 '처음에 도적질을 꾀한 자를 찾아내어 법으로 다스리고, 그 처자와 사로잡아 간 우리나라 사람들을 모두 돌려보내라'고. 그들은 '돌아가서 들은 대로 보고하겠다'고 대답하고 일어섰다. 이날 세종은 포로로 잡은 왜인 8명을 함경도로 보내어 가둬두게 하였다.[58] 군대를 출정시키기에 앞서 저쪽으로 정보가 새나가지 않도록 단속 차원에서 취한 조치였다.

사흘이 지나(5월 23일) 세종은 조말생과 허조에게 일본 규슈九州에서 일본국왕의 사신으로 온 정우正祐 등 네 사람을 접대하게 하고, 그 자리에서 대마도를 토벌할 뜻을 전하도록 했다. 그리고 정우를 따라온 다섯 사람에게 옷을 나누어 주고 호송하여 데려가도록 하였다.[59]

그로부터 십여 일이 지난 6월 6일, 대마도 정벌에 임박해서 세종은 삼군도통사에게 교지를 내려 지시하였다.

"우리가 왜 대마도 정벌을 단행하게 되었는지 그 본뜻을 알지 못하고 혹시 구주절도사(九州節度使)가 의혹을 가질 수도 있으니 우리 병선이 떠난 뒤에 규슈(九州) 사신의 배를 돌려보내도록 하라. 그리고 우리가 규슈의 일에 간여하지 않는다는

58. 세종 1년(1419) 5월 20일

59. 命趙末生 許稠 饋日本國九州使送人正祐等四人于諸君所 諭以各送從人于船泊處 語國家討對馬島之意 使不驚動 乃各出從者摠五人 上賜衣送之 使判官崔岐押行[세종 1년(1419) 5월 23일]

뜻을 알리라."[60]

이 말은 대마도 정벌과 규슈 정권은 관계없는 일임을 강조한 것이다. 다시 말해 태재부太宰府의 소이씨와 대립 관계에 있는 규슈의 대내씨 정권과 왜구 토벌은 별개의 문제라는 것을 강조한 말이었다. 소이씨 세력과 대립 관계에 있는 규슈의 대내씨(대내전) 정권은 대마도 정벌을 마다할 이유가 없었다. 소이씨를 몰아내야 할 대내씨에게 그것은 손 안대고 코를 푸는 일이었으니까.

이보다 나흘 앞서(6월 2일) 세종과 상왕 태종은 군사 지휘에 필요한 인물을 보충해두었다. 이것은 일종의 인사 보완조치였다. 좌군의 인사가 부족해서 우군보다 전력이 약했기 때문에 좌군 인력을 충원한 것이었다. 조흡曺洽을 좌군도총제, 이춘생李春生을 좌군총제, 이천李蕆을 좌군동지총제, 윤득홍을 좌군첨총제로 삼았다. 이천은 첨절제사로 대마도 정벌에 종군한 경험이 있고, 윤득홍은 일찍이 왜인을 잡은 공이 있어서 새로 발탁한 것이었다.[61]

그런데 이 무렵 궁궐에 와서 숙위로 있던 평도전[62]이 대마도주와 몰래 내통하였다. 평도전은 "근래 조선에서 너희(=대마도인)를 점점 박대하고 있으니 만약 변방의 여러 군을 침략하여 위협하면 (조선은) 반드시 처음과 같이 대접할 것"이라며 대마도 왜인들을 부추겼다. 그런데 얼마 후 '왜적이 충청도 비인에 쳐들어와 병선과 성을 불태우고 민가를 약탈하니 개와 닭도 씨가 말랐을 정도였다.'[63]

그 후에도 윤득홍이 백령도에서 왜인을 맞아 싸우는데도 평도전은 왜구 토벌에 진력하지 않았을 뿐 아니라 윤득홍이 먼저 왜구와 싸워 이기자 그제서 마지못해 돕는 체하였다. 또 평도전은 왜적 가운데 제가 아는 왜승을 보고는 윤득홍에게 살려주기를 부탁하였다. 이 일로 윤득홍은 성달생을 보내 평도전을 힐책하였다. 그런데

60. 세종 1년(1419) 6월 6일

61. 세종 1년(1419) 6월 2일

62. 조선에 항복해 귀순한 사람으로 이런 왜인을 항왜(降倭)라 하였다.

63. 「중종실록」 권 15, 중종7년(1512) 5월 24일

도 평도전은 먼저 대궐로 달려가서 왜구를 토벌한 것이 자신의 공이라고 보고하였다. 이에 윤득홍이 사실대로 보고하니 세종은 평도전과 그 처자 14명을 평양에 나누어 두고, 따라온 자들은 함길도의 여러 관가에 노비로 나누어 두도록 조치하였다. 이 역시 대마도 정벌을 앞두고 기밀 유지를 위해 취한 조치였다. 하지만 세종은 평도전의 처자식들만은 종전처럼 생업을 갖게 해주고, 간혹 쌀과 소금을 주고, 비어 있는 집을 내어주어 살게 하였다.[64]

대마도 정벌군이 나가 있는 사이, 병조만이 아니라 조정 내부는 조용한 가운데 나름대로 바빴다. 중국 산동 지역과 요동 등지로 노략질을 나갔다가 돌아가는 왜구들이 정벌군의 후미를 칠 것이 염려되어 그에 대한 조치들을 분주히 마련하고 있었다. 더구나 아직 대마도에 나가 있는 정벌군으로부터 어떤 소식도 들어온 것이 없었으므로 조선 정부나 두 왕은 다소 불안하였다.

드디어 6월 25일 병조에서 "왜적이 대마도로 돌아갈 때 반드시 중간에 조선 땅 어딘가에서 땔나무와 식수를 준비해 갈 것이니 경상·충청·전라 각처에서는 병선을 거느리고 나가 요지에 머무르고 있다가 약탈하고 돌아가는 왜구를 맞아 치게 하시라"는 요청이 태종에게 올라갔다. 태종은 그 요구에 따라 왜구들이 대마도의 왜적과 합세하지 못하게끔 후방을 정리하도록 하였다. 바로 그런 것들이 조전절제사들의 임무였다. 출정군 본대는 아니지만 뒤에서 전투를 돕는 사령관이 조전절제사이다.

그로부터 나흘째 되던 날(29일) 드디어 유정현의 종사관 조의구趙義昫가 대마도에서 돌아와 승전을 알렸다. 선월포 훈내곶에서의 대승이었다. 이에 3품 이상의 관리가 수강궁에 나아가 승전을 축하하였다. 태종은 그 자리에서 훈련관 최기崔岐에게 서찰 2통을 들려 보내어 대마도 정벌군의 군중에 가서 도체찰사 이종무에게 이르도록 하였다. 태종이 그에게 쥐어 준 서찰 한 통의 내용은 이러했다.

"예로부터 군사를 일으켜 도적을 치는 뜻은 죄를 묻는 데 있는 것이지 사람을 많

64. 세종 1년(1419) 6월 3일

이 죽이는 데 있는 것이 아니다. … 오직 경은 나의 지극한 생각을 본받아 힘써 투항하는 대로 모두 나에게 오게 하라. 또한 왜놈의 간사한 마음을 헤아릴 수가 없으니 이긴 뒤에라도 방비가 없다가 혹 일을 그르칠까 염려된다. 7월에는 으레 태풍이 많으니 경은 그 점을 잘 생각하여 해상에 오래 머물지 말라."

'정벌이 사람을 많이 죽이는 데 있는 게 아니라 죄를 묻는 데 있다'고 한 말로 보아 태종은 통치의 요체를 꿰뚫고 있었다고 하겠다. 그는 군대 운용에 뛰어난 판단력을 갖고 있었으니 군주의 덕목 하나는 갖고 있었다고 할 수 있다. 더구나 그는 왜인의 투항과 귀순을 적극 권장하여 살상 대신 애민의 뜻을 드러내었다.

최기가 태종으로부터 받아 간 다른 한 통의 서찰은 투항하는 왜를 받아들이라는 내용이었다. 도도웅와는 곧 종정성宗貞盛이다. 그 서찰은 종정성이 아직 패했다는 보고가 오지 않은 상태에서 미리 작성한 교지였다.

"봄에는 만물이 나게 하고 가을에 죽이는 것은 하늘의 이치이다. 왕이 된 자는 하늘의 도를 본받아 만민을 사랑하여 기르는 법이므로 도적과 간사한 자를 베고 토벌하는 것은 마지못해 하는 일이다. 그렇지만 백성을 불쌍히 여기는 뜻도 언제나 떠나지 않는다. 근래에 대마도 왜적이 은혜를 배반하고 의를 저버리며 몰래 들어와 군사를 노략한 자는 잡히는 대로 베어서 큰 법을 바르게 하였다. 그리고 전날 의리를 사모하여 우리나라의 경계에 들어와 살던 자와 이익을 찾아 들어온 자는 모두 여러 고을에 나누어 배치하고 옷과 식량을 주어서 생활이 되게 하라. 대마도는 토지가 척박하여 심고 거두는 데 적당하지 않아서 생계가 어려우니 내 심히 민망히 여긴다. 혹 그 땅의 사람들이 전부 와서 항복한다면 거처와 의식을 요구하는 대로 줄 것이니 경은 나의 지극한 뜻을 도도웅와와 대소 왜인들에게 깨우쳐 알려 주도록 하라."[65]

65. 세종 1년(1419) 6월 29일

남대문을 박차고 최기와 함께 전령을 태운 말이 내달렸다.

기해년(1419) 여름의 대마도 정벌을 후일 세종은 이렇게 평가하였다.

"대마도를 누구는 쳐야 한다고 하고, 혹은 칠 수 없다고 말하였다. 그러나 태종께서 대의(大義)로써 결단하시고 장수들에게 명하여 토벌하셨다. 그 일이 비록 만족스럽지는 못하지만 마침내 적들이 두려워하는 마음을 갖게 되었다."[66]

"… 조야에서는 모두 기해년의 대마도 정벌을 반대하였다. 그러나 상왕께서 결단하셔서 6월에 군사를 일으켜 토벌하니 왜인들이 위엄을 두려워하고 은혜를 생각하여 지금까지 신하로 복종하였다. …"[67]

필요할 때 군대와 무력을 제대로 쓰는 것이야말로 국가 운용에서 가장 어렵고도 중요한 일이다. 일찍이 손자孫子는 이를 일러 "전쟁이란 국가의 큰 일이다. 죽고 사는 문제가 걸린 일이며 나라의 존망이 달린 길이니 살피지 않을 수 없다"고 하였다. 비록 원하는 만큼의 성과를 얻지는 못했다 하여도 고려를 뒤엎고 새로운 정권을 세운 혁명세력의 대마도 토벌은 나름대로 작지 않은 의미가 있었다. 적절한 시기를 선택해 속전속결로 매듭지음으로써 전력을 극대화하는 동시에 아군의 피해를 최소화하였다. 허를 찔러 실을 취하는 전략으로 상대를 무방비 상태에서 제압하였으니 기해년의 대마도 정벌은 실로 이 나라의 역사에서 몇 안 되는 쾌거의 하나였다고 평가할 만하다.

명나라의 일본 정벌론에 놀라 단행한 태종의 대마도 출정

고려 말 조선 초 왜구의 주요 약탈 무대는 한국의 서남해와 요동지방이었다. 왜

66. 세종실록 세종 15년 1월 19일

67. 세종실록 세종 15년 2월 15일

구들은 요동 땅 깊숙이 들어가 노략질을 하고 중국인들도 마구 잡아갔다. 대마도에서는 그 중 일부를 조선에 돌려보냈고, 조선은 그때마다 요동으로 송환하였다. 그런데 태종 말년에 들어서자 중국에서는 왜구 정벌론이 솔솔 머리를 들었다. 이에 조선은 명나라의 대마도 및 왜구 정벌론에 상당한 압박을 느끼고 있었다. 그 자신 세자 시절, 조선의 사절로서 명나라에 다녀온 바 있는 태종은 사실 명나라의 움직임에 매우 민감하였다. 이성계의 위화도 회군과 조선 건국 이후 명나라와의 긴장상태는 태종 시대에 들어서서 완화되긴 했으나 명나라의 움직임 여하에 따라 정권이 뒤바뀔 수도 있는 처지임을 태종은 잘 알고 있었기 때문이다. 이성계가 혁명에 성공하고서도 도읍을 어디로 옮길지 고민한 것도 명나라를 의식해서였다. 결국 한양과 공주 신도안을 대상으로 도성 공사를 시작하였는데, 그것은 만약 명나라에서 트집을 잡아 쳐들어올 경우 마지막 방어선을 금강으로 예상하고 그 이남의 신도안으로 옮겨 가기 위한 포석이었다.

그런데 만약 왜구정벌을 명분 삼아 명나라가 조선에 들어온다면 그것은 자신의 정권에 치명적일 수 있었다. 태종이 정권을 내놓아야 하거나 아예 조선이 없어질 수도 있다고 생각하였을 것이다. 태종과 지배층은 이러한 최악의 경우를 오래 전부터 상정하고 있었다. 그도 그럴 것이 태종13년(1413) 7월 18일 북경에서 돌아온 사신이 명나라 조정에서 일본 정벌론이 거론되고 있음을 전해 들었기 때문이었다. 성석린成石璘이 '명나라에서 전함 3천 척을 만들어 장차 일본을 공격하려 한다'는 말을 조선 사신이 윤봉尹鳳이라는 명나라 환관으로부터 듣고 와서 자신에게 전해 준 것을 들은 대로 태종에게 보고하였다.[68] 이 말을 듣고 조정의 대신들은 몹시 두려워하였다. 그리하여 태종에게 서북면과 동북면 두 지역에 장수를 보내어 미리 군사를 훈련시켜야 한다고 역설했지만, 태종은 애써 태연한 척하며 이렇게 말했다.

"지난번에도 명 황제가 일본과 함께 조선을 침략할 것이라고 경들이 주장하였으

68. 「태종실록」 태종 13년(1413) 7월 18일

나 내가 굳이 '그런 일은 없다' 고 하였는데, 그 말이 증명되지 않았는가? 이제 황제가 그 북방을 점령하고 요동을 순시하는 것은 자기네 나라의 일이다. 어찌 우리를 침략할 뜻이 있겠는가?"

만약 명의 왜구정벌 계획이 사실이라면 여간 큰 일이 아니었다. 겉으로는 아닌 체 했지만 태종 이방원으로서는 흘려들을 이야기는 아니었다. 명나라가 일본을 정벌하려 한다는 보고는 1413년 초에도 있었다. 정월에 임밀林密이 하정사賀正使로 명나라에 갔다가 '짐朕이 병선 1만 척으로 일본을 토벌하고자 하니 너희 조선에서도 알아두라'고 했다며 명 황제의 말을 전해왔다. 이 말을 듣고 태종은 만약 명군이 일본을 정벌하러 간다면 조선을 거쳐 갈 것이므로 염려하였다. 그날 왜인 평도전平道全도 하윤河崙의 집으로 찾아가서 명나라가 일본을 치려 한다는 말이 사실인지를 물었다.[69] 명나라가 일본을 치려 한다는 소문은 은밀하게 일본에 전해진 것 같다. 대마도 정벌을 한 뒤로 1년도 더 지나서 일본 교토京都에 회례사로 간 윤인보 일행에게 '장차 명나라가 일본을 치려 한다는데 사실인가'를 물었고, 그때 윤인보는 '모르는 일'이라고 대답하였다. 이에 일본 측은 '앞서 명나라가 사신을 일본에 보내어 알리기를 만약 명을 섬기지 않으면 조선과 함께 일본을 토벌할 것이라고 하였다는 말을 들었노라'고 전했다.[70] 또 규슈절도사[71]가 보낸 사신이 돌아가면서 명나라에서 일본을 정벌할 것인지를 물었는데, 그때도 조선 정부는 '우리나라가 명나라와 멀리 떨어져 있어 모르는 일이니 돌아가거든 너의 절도사에게 그리 전하라'고 답변하였다.[72] 이들의 움직임으로 보아 일본은 명과 조선이 힘을 합쳐 자신들을 칠 수도 있다고 여기고 매우 심각하게 고민하고 있었던 것 같다.

그런데 이 문제는 4년이 지나 다시 쟁점이 되었다. 태종 17년(1417) 설내偰耐가 왜

69. 「태종실록」 태종 13년(1413) 3월 20일

70. 「세종실록」 세종 2년(1420) 10월 8일

71. 그 당시 규슈절도사(九州節度使)는 평만경(平滿景)이었다.

72. 「세종실록」 세종 2년(1420) 11월 11일

인들에게 잡혀갔다 송환된 중국인 여럿을 요동에 데려다주러 갔다가 명나라에서 왜를 정벌하려 한다는 이야기를 들었고, 그 이야기를 태종에게 전한 것이다. 설내는 2월 10일에 대마도에 잡혀갔다가 송환된 임신귀林新貴, 예관음보倪觀音保 등 중국인을 데리고 북경에 갔다가[73] 넉 달 만인 윤5월 9일에 돌아왔다. 그때 데리고 간 예관음보가 명나라 고위 관료에게 '만약 중국과 조선의 수군이 함께 왜를 치면 쉬울 것'이라고 말하여 드디어 명 황제도 왜구정벌에 뜻을 갖게 되었다'며 태종에게 보고하였다. 태종은 이 무렵부터 대마도 정벌을 염두에 두었다. 세종에게 왕위를 물려주고 군사권만을 갖기로 마음을 굳힌 것도 이 무렵이었던 것 같다. 그로부터 1년여 뒤에 태종은 대마도 정벌을 단행하였다. 대개 전쟁이란 1~2년을 앞두고 준비하여 치르는 것이 통상적인 일이었다.

물론 왜구 정벌은 조선의 입장에서는 자위 차원에서 마땅히 해야 할 일이었다. 그것은 명나라에게도 절실한 일이었다. 그런 만큼 명나라에서 출병하기 전에 먼저 대마도를 치면 명과 벌어질 수 있는 골치 아픈 문제도 해결할 수 있고, 또 명나라의 환심도 살 수 있을 것이라고 판단하고, 태종은 서둘러 대마도 정벌을 추진하였다. 조선의 입장에서 보면 그 무렵은 당장 왜구를 토벌하지 않으면 안 될 정도로 왜구 문제가 절박한 시점도 아니었다. 왜구 피해가 극심했던 고려 말까지의 상황보다는 그래도 나은 편이었다. 태종 6년에 18척의 왜인 선박이 전라도에 들어와 조운선 14척과 그것을 호송하던 병선 1척까지 빼앗아 갔는데, 그때 쌀을 4천 가마 이상을 약탈해 갔어도 대마도 토벌까지는 생각하지 않았었다. 그 후로도 왜구는 해마다 수십 차례씩 조선에 들어와 약탈했으나 규모는 소소하였다. 대내전이 소이전을 대상으로 대마도까지 공격하여 왜구들이 주춤한 때도 있었으므로, 조선은 대내전이나 규슈절도사를 통해 얼마든지 외교적으로 왜구 문제를 풀 수도 있었다. 소이전은 규슈절도사의 말은 들어야 하는 처지였으므로 이들과의 전통적인 우호관계를 이용하여 대마도 측을 적절히 통제할 수도 있었다. 하나의 예이지만, 중종 5년(1510) 삼포왜란

73. 「태종실록」 태종 17년(1417) 2월 10일

직후 일본국왕이 대마도주에게 명령하여 책임 있는 왜적의 머리를 베어 봉중封中을 시켜 가지고 와서 바치고 화친을 청하게 한 일이 있다.[74] 그때도 규슈절도사를 통해 대마도 왜인을 통제할 수 있었는데, 대마도 정벌보다는 바로 이러한 방식으로 왜구를 통제하였을 수도 있었다.

그러나 태종 이방원은 자신의 입장과 정권을 공세적으로 전환시킬 수 있는 기회로 활용하기 위해 대마도 정벌을 단행한 것으로 보인다. 명나라가 조선을 빌려 일본을 치려 한다 하지만 사실은 그것을 명분으로 명나라 군대가 조선에 장기간 주둔하거나 자칫 조선이 명나라에 먹힐 수도 있다고 판단하였을 것이다. 또한 조선 건국 초에는 이성계의 위화도 회군에 대한 비판여론이 팽배해 있었던 듯하다. 위화도 회군으로 압록강·두만강 이북의 땅을 포기함으로써 민심이 이반되었고, 그것을 염려한 조선 건국세력은 '꿩 대신 닭'으로 대마도 정벌을 단행한 것으로 볼 수 있다. 뒤집어 말하면 그것은 혁명 세력의 '요동 포기'라는 엄청난 사건을 사람들의 기억에서 지우기 위한 일종의 '눈가림용 쇼'를 겸한 출정이었던 것이다.

왜인을 상대로 시험한 고려와 조선의 화약 성능

고려 말, 왜구들이 곳곳을 유린할 무렵, 최무선은 중국 강남(양자강 이남)에서 개경을 찾는 상인 중에 화약 만드는 기술을 가진 이들을 수소문하여 찾았다. 중국 화약 기술자를 집에 데려다 재우고 후하게 대접하면서 화약 만드는 법을 그 스스로 열심히 배우고 익혔다. 그가 화약 제조비법을 익히고 터득한 지 얼마가 지났다. 최무선은 여러 해에 걸쳐 고려 정부에 화약 생산을 건의하였다. 그의 정성이 받아들여져 드디어 화약국火藥局을 설치하고 최무선을 그 책임자로 삼아 화약을 만들었다. 그는 화약국의 일을 하면서 화약만이 아니라 다양한 화포를 만들어 선보이니 사람들마다 놀라고 감탄하였다.[75] 최무선은 또 오래도록 연구하여 전함도 만들어냈다. 최

74. 「중종실록」 중종 7년(1512) 윤5월 1일

75. 화포의 종류는 대장군포(大將軍砲)·이장군포(二將軍砲)·삼장군포(三將軍砲)·육화석포(六花石砲)·화포(火砲)·신포(信砲)·화통(火㷁)·화전(火箭)·철령전(鐵翎箭)·피령전(皮翎箭)·질려포(蒺藜砲)·철탄자(鐵彈子)·천산오룡

무선은 평소에 주변 사람들에게 이렇게 일렀다.

"왜구를 제압하는 데는 화약만한 것이 없다. 그러나 국내엔 그것을 아는 사람이 없다."

드디어 우왕 6년(1380) 가을, 왜선 3백여 척이 전라도 진포鎭浦에 침입하였다. 고려 정부는 최무선이 만든 화약이 어떠한지, 그 성능을 시험해 보기로 하였다. 왜구는 고려군이 화약과 화포를 갖고 있는 줄은 꿈에도 몰랐으므로 한 곳에 배를 집결시켜 놓고 고려군에 저항하였다. 최무선은 준비된 화약과 화포로 왜적의 배를 쏘아 태우니 왜적의 배가 한 척도 남지 않고 사라져 버렸다. 배를 잃어버린 왜구는 뭍으로 기어올라 전라도 운봉을 향해 도망하였고, 여기서 이성계가 왜구를 섬멸하였다. 이 싸움에는 이성계가 병마도원수, 심덕부가 도원수, 그리고 최무선이 부원수로 참전하였는데, 이 싸움에서 왜구를 물리친 가장 큰 공은 최무선에게 있었다.

이렇게 해서 고려의 화약은 최무선에 의해 왜구를 대상으로 그 시험을 마쳤는데, 그것은 고려인의 자긍심이 되었다. 그 후로 조선은 각 도의 전함과 화약 및 화포를 항상 점검하도록 하였고, 화약 만드는 화약장을 부지런히 양성하였으니 이런 것은 모두 최무선의 노력으로 거둔 일이었다.

태조 4년(1395) 4월 19일 최무선이 임종하기 전에 그 부인에게 책 한 권을 내어주며 '아이가 자라면 이 책을 주라'고 부탁하였다. 부인이 그 책을 잘 감추어 두었다가 최해산의 나이 15세가 되어 내어주었는데, 화약을 만드는 책이었다. 최해산이 화약 만드는 법을 익혀 마침내 태종 1년(1401)에 군기소감軍器少監으로 채용되었고, 그의 손에서 본격적으로 조선의 화약이 만들어졌다.

조선은 이미 태종 7년(1407)에 군기감에서 화약을 만드는 화약장이 33명이나 되었다. 이해 12월 30일 제야에 군기감의 화약을 가지고 궁궐 마당에서 불꽃놀이 행

전(穿山五龍箭)·유화(流火)·주화(走火)·촉천화(觸天火) 등이었다.

사를 벌였다. 그것은 외국 사신들을 불러 참관시킨 가운데 치른 행사였다. 이날 불꽃놀이에 쓴 화약의 성능이 전보다도 월등히 좋아져 왜인 사신들이 보고 모두 놀랐다. 왜인 사신들은 부들부들 떨며 그것은 화약이 만들어내는 것이 아니라 천지조화로 빚어지는 불로 알고 식은땀을 흘리며 바라보았다.

그로부터 얼마 후, 이번에도 화약과 화차의 성능이 개선되었음을 알고, 태종은 흡족한 나머지 최해산과 군기감의 책임자에게 말 한 필씩을 내주었다. 당시 화차는 철령전鐵翎箭이라고 하는 쇠화살 수십 개를 구리 통에 넣어 작은 수레에 장착한 다음, 화약을 발사하여 적을 제압하는 신무기 화포였는데, 이것은 후일의 신기전과 같은 것이라고 보면 된다.

태종은 13년(1413) 6월 11일, 여진과 왜 사신을 참관시킨 가운데 군기감에 명령을 내려 대궐 뜰에서 화약을 터트리는 연례행사를 또 가졌다. 그해 12월 29일에도 화약의 위력을 시험하였는데, 이때도 여진과 왜인 사신들이 모두 놀라서 달아났다.

태종 15년(1415)에는 군기감의 화통이 1만 자루나 되었다. 명나라가 아니라 그 누구라도 두려워할 필요가 없는 신무기였다. 그리고 세종 역시 즉위하자마자 화약과 화포를 만들어 태종의 거처인 수강궁 곁에 군기고를 마련하고 거기에 보관하였다. 12명의 숙직인원을 두고 그들로 하여금 엄히 지키게 하였다.

세종 시대엔 화약의 성능이 명나라보다 우수하고 생산량도 많았다. 조정의 대신들은 적잖은 자부심을 느끼고 있었다. 그리하여 세종 13년(1431)에는 조선의 화약이 명나라보다 뛰어나니 중국 사신에게 절대로 보이지 말고 불꽃놀이도 하지 말아야 하며, 설사 중국 사신들이 구경하자고 하더라도 보여주지 말라고 세종에게 요청하였다.[76] 세종은 그 말에 따라 화약을 감추는 전략으로 방향을 바꾸었다. 염초를 굽기가 어렵고, 1년에 구워내는 염초가 한 해에 1천 근도 못 된다며 중국 사신에게 엄살을 떨었다. 그것은 만약 명나라가 화약을 요청하는 일이 있을지 모르므로 미리 대비하여 그것을 막아야 한다는 대신들의 요청에 따라 세종은 계획된 대로 외교적

76. 「세종실록」 세종 13년(1431) 10월 15일

수사(rhetoric)를 연출한 것이었다.[77] 그리고는 화재에 대비하여 군기감의 화약창고를 여염집에서 멀리 떨어진 소격전동으로 옮기고 화약과 화포 관리를 더욱 엄히 하였다.

이종무로 하여금 대마도를 정벌할 때도 조선군은 조선이 개발한 우수한 화포와 화약을 싣고 가서 대마도 상륙전에 썼다. 처음 해안에 배를 대고 해안 가까이에 있는 민가를 부수고 태워 왜인들을 혼비백산하게 만들어 기선을 제압하는데 조선의 화약과 화포는 놀라운 효과를 거두었다. 그러나 그곳에서 체류기간이 길어지고, 선월포로 밀고 올라가며 대마도 왜인들과의 접전이 벌어지자 화포와 화약 대신 창검과 화살로 대응하면서 조선군의 사상자가 180여 명에 이르게 되었다. 진포에서 최무선이 처음 왜구를 상대로 고려의 화포와 화약을 시험한 이후, 실전에서 필요한 경험을 쌓은 것은 조선군의 대마도 정벌로부터였다. 그것은 후일, 임진왜란에서 다시 빛을 드러냈으니 최무선의 화약이 조선의 신민을 왜로부터 구한 것이라 해도 틀린 말은 아닐 것이다.

실행에 옮기지 못한 세종의 대마도 2차정벌

1419년 기해년의 6월은 특히 무더웠다. 달이 바뀌자 더위는 한층 기승을 부렸다. 드디어 7월 칠석날의 두레패들 가락이 한창 흥겨운 가운데 개선장군 유정현과 이종무가 대마도 정벌군을 거느리고 돌아왔다. 세종은 '수군을 데리고 나가 대마도 왜적을 잡아들여 사방에 걱정이 없어졌으니 유정현의 공이 크다'[78]며 '사람을 보내어 맞이하라'고 지시하였다. 그리고는 부왕 태종을 모시고 낙천정으로 나가 이종무를 따로 맞아 위로하였다. 다만 세종은 이종무를 우연히 만난 것처럼 꾸몄다. 두 왕이 나가서 맞이한 것은 이종무를 유정현보다 특별 대접한 것이었다. 후일 재상 황희는 세종에게 '이종무가 한 일은 땅을 수복한 것도 아니고 큰 전쟁을 한 것도

77. 「세종실록」 세종 13년(1431) 12월 24일

78. 歲在己亥 都統舟師 肅淸島夷 四境無虞 功固大矣[세종 6년(1424) 12월 10일]

아니며 작은 도둑을 친 것일 뿐인데 지나치게 예우한 것'이라고 말했다. 그러나 세종의 생각은 달랐다. 정벌을 승리로 이끈 주역은 이종무라고 보았기 때문이다. '유정현보다 이종무가 대마도에 간 것을 중하게 여긴 때문이었다'고 세종은 말했으나[79] 실제로는 이종무보다 유정현을 그리 낮추어 대접한 것도 아니었다. 유정현은 조선 왕실과 관련된 인물이었기 때문에 특별히 대우하지 않아도 되는 사람이었다. 유정현은 이성계의 큰형인 이천계의 사위였다. 태종에게는 이복 누이의 남편이었으니까 처남과 매부 사이였다. 태종 이방원과 한 집안이었으니 태종이 직접 만나 공을 치하하기보다는 다른 이를 보내는 것이 더 편하고, 격에 어울렸던 것이다.

장수들이 개선한 자리에서 태종은 대마도 정벌에 공이 큰 이들의 직급을 올려주고 위로하였다. 그리고는 곧바로 유정현에게 병선을 되돌려 대마도를 다시 칠 전략을 제시했다.

> "중국에서 돌아온 왜적선 30여 척이 이달 초3일에는 소청도에 이르고, 초4일에는 태안 안흥량에서 우리 배 9척을 노략질하고 대마도로 향했다고 한다. 우박과 권만(權蔓)을 중군절제사로 삼고, 박실과 박초를 좌군절제사, 이순몽과 이천을 우군절제사로 삼아 각각 병선 20척을 거느리게 할 것이니 도체찰사가 다 거느리고 다시 대마도로 가라. 다만 가서 육지에 내려서 싸우지는 말고, 군사를 거느리고 바다에 떠서 변을 기다리도록 하라. 또 박성양은 중군절제사, 유습을 좌군절제사, 황상을 우군절제사로 삼아 각각 병선 25척을 거느리고 나누어 등산(登山)·굴두(窟頭)와 같은 요해처에 머무르게 하라. 왜구가 돌아오는 길을 맞아 치되, 반드시 협공하여 대마도까지 이르게 하라."

곧 이종무 이하 열 명의 장수에게도 갑옷과 옷 한 벌씩 내려주는 일을 잊지 않았다. 승전을 축하하는 자리에서 그 공을 치하하는 것은 마땅한 일이었다. 그러나

79. 세종 6년(1424) 12월 10일

숨 돌릴 틈도 없이 대마도 재정벌 명령이 떨어진 장수들에겐 예삿일이 아니었다. 이제 곧 가을철을 앞두고 농사 일이 바빠질 것이고, 군사를 동원하기도 어려운 마당이다. 그렇다고 재출정 불가론을 말했다간 무슨 일을 당할지 모르니 다들 서로의 기색만 살폈다.

결국 대마도 재정벌 계획은 이틀 만에 반대에 부딪힌다. 우의정 이원이 태종에게 대마도 재정벌을 반대하고 나섰다. '대마도에서 돌아온 수군이 이제 겨우 해안에 머물러 있는 마당인데, 다시 대마도를 치는 일은 곤란하다. 전략적 측면에서는 좋은 계책일 수 있지만 군사들의 기력이 떨어지고 선박과 장비가 파손되어 무리다. 더구나 점점 바람이 높은 계절인데 멀리 건너가다 변을 당할 염려가 있으니 바람이 잘 때를 기다렸다가 군대를 정비하여 다시 쳐도 늦지 않다'는 것이었다. 맞는 말이라 생각해 태종이 박은의 의견을 물었다. 하지만 박은은 완강했다. 이 시기를 놓치면 대마도 정벌은 어렵다며 출정을 고집하였다. 그래서 태종이 다시 이원에게 물었다.

> "작은 섬의 왜놈들이 은혜를 저버리고 죽을죄를 범하였다. 내가 글로써 먼저 알아듣도록 타이르고 나서도 마음을 고치지 않으면 그때 군사를 동원하여 다시 치는 것이 어떨까?"

이원은 그 말에는 동의하였다. 태종도 금방 군대를 되돌려 대마도를 치고 싶은 생각은 없었던 것 같다. 그렇지만 박은이 고집하여 듣지 않았다.[80]

그 무렵 대마도 재정벌을 반대하는 상소가 올라왔다. 수군의 사기가 떨어졌고 배와 무기가 파손되었으며, 장차 바람이 높아질 때라 위험하니 군대를 정비하고 후일을 기다려야 한다는 것이었다.

대마도 정벌군이 개선하고 돌아와 사흘째(7월 10일)를 맞아 비로소 '대마도에서 전

80. 세종 1년(1419) 7월 9일

사한 사람이 1백 80명'[81] 이라는 보고가 유정현으로부터 올라갔다. 의외로 전사자가 많이 난 편이었다. 출정 인원을 계산하면 전체의 1%밖에 안 되는 숫자였지만, 예고 없이 신속하게 치른 기습전 치고는 아군의 피해가 작지 않았다. 그 중에서도 우군의 피해가 다소 컸다. 우군이 단병으로 접전하여 죽거나 다친 자가 많았던 것이다. 대마도나 조선 수군 양측의 사상자는 서로 비슷하였다. 대마도에서의 교전 당시 먼저 접전을 벌인 우군의 피해가 점차 커지고 있었을 무렵, 마침 좌군이 급히 밀고 들어가며 분전을 하였다. 이때의 상황을 후일 연산군과 대신 사이에 오간 대화로 쉽게 알 수 있다.

> 이원무(李元茂)가 신에게 말하기를 "…… 지난 기해년 대마도 정벌 때 태일국의 관원 장보지(張補之)가 도원수를 따라 갔었습니다. 이때 여러 사람들이 '대마도는 평안하게 있는데 우리나라에서 먼저 군사를 일으켰으니 지리를 이용하여 먼저 행동하여 접전해야 된다.' 고 했는데, 장보지는 말하기를 '저 왜인들이 먼저 우리 국경을 침범하므로 우리나라에서 마지못해 형편에 따라 정벌하게 되었으니 유리한 형세를 이용해야 마땅하다.' 고 하였습니다. 이때 여러 사람의 의논이 오래도록 다투어 결정이 나지 않자 장보지가 '만약 싸움이 불리하게 된다면 죄를 달게 받겠다.' 고 하였습니다.
>
> 우군이 먼저 가서 단병(短兵)으로 접전하여 살상이 서로 비등하였는데, 좌군이 왼쪽에 들어가 급히 치니 왜인이 앞뒤에서 공격을 받으므로 크게 패하여 남은 적군 수백 명이 산꼭대기로 올라가 흰 기를 세워 항복하였습니다. …… 장보지는 마음을 너무 많이 썼기 때문에 며칠이 되지 않아 수염과 머리털이 하얗게 세었습니다."[82]

81. 세종 1년(1419) 7월 10일

82. 연산군 8년(1502) 5월 1일

이 싸움에서 이순몽이 이끄는 좌군은 집과 배를 불태우며 청야작전을 벌였다. 잠시도 틈을 주지 않고 밀어 부치며 앞뒤에서 공격을 하자 왜적이 크게 패하였다. 이렇게 해서 승세는 아군 쪽으로 기울었다. 남은 왜적 수백 명이 산꼭대기로 올라가 흰 깃발을 세워 항복을 알렸다.[83] 6월 25일 훈내곶에서의 전승은 이렇게 얻은 것이었다. 여세를 몰아 조선군은 이튿날(26일) 니로군[84]을 점령했다. 이때의 전공은 좌군에게 있었다. 그런데도 좌군은 나중에 논공행상에서 불리한 대접을 받았다. 그래서 논공행상에 문제가 있다며 이순몽이 왕에게 그 당시의 전투상황과 전후 사정을 보고하여 밝힘으로써 전투 당시의 실상을 비교적 상세하게 알 수 있게 되었다.

"대마도에 출정하였을 때 우군(右軍)은 아무도 상륙하지 않았고, 오직 신만이 군사를 거느리고 내려가 높은 산봉우리를 거점으로 힘껏 싸워 적을 물리쳤습니다. 또 20일부터 25일까지 왜적을 수색하여 잡았고, 그들의 집을 불살랐습니다. 그 때 공을 세운 군사들의 등급을 매겨서 즉시 우도절제사(右道節制使)에게 보고하였는데, 절제사는 그것을 병조에 보고하지 않았습니다. 또 공을 기록할 때에도 단지 (왜적의) 목을 벤 다섯 사람만을 기록하고, 왜적을 쳐 이겨 공을 세운 사람들은 기록하지 않았습니다. 논공행상이 불공평하니 후세 사람들에게도 권면할 길이 없습니다."[85]

대마도 왜인들이 훈내곶 산꼭대기에 백기를 걸어 항복의사를 표시하였지만, 그것으로 싸움이 끝난 게 아니었다. 정벌군은 그 후로도 6일간 수색작전을 계속하였다. 왜구들이 사는 집과 배를 불태우고, 손바닥만한 논밭의 곡식까지 모두 베고 태워 청야작전을 벌이는 과정에서 조선군의 피해가 컸던 것 같다.

83. 연산군 8년(1502) 5월 1일

84. 이 니로군은 니이(仁位)이다. 인위군(仁位郡)을 이른다.

85. 세종 1년(1419) 9월 24일

그런데 대마도에서 정벌군이 돌아오기 전 며칠 동안, 여기저기서 왜적들의 움직임이 부산하게 들려왔다. 조정에서는 이들의 움직임에 촉각을 세우고 있었다. 대마도 정벌군이 돌아오기 전인 7월 4일, 왜구의 배 두 척이 태안 안흥량에 들어와 전라도의 공물운반선 9척을 노략질하고 대마도로 갔다는 보고가 들어왔다. 그로부터 이틀 뒤에는 박은의 상소가 다시 올라왔다. '중국에 들어가 도적질하고 돌아오는 왜적을 이종무 등으로 하여금 다시 대마도에 나가서 기다렸다가 치게 하면 틀림없이 없앨 수 있으니 이 기회를 잃지 말라'는 것이었다. 태종 역시 그럴듯하게 여길 수밖에 없었다. 대마도 재정벌 문제를 한참 논의하는 중인데 왜적이 전라도 공운선을 탈취하는 사건이 일어나면서 재정벌론이 힘을 얻었고, 조정 내 상황은 다소 복잡해졌다.

그런데 사흘 후 북경에 천추사千秋使[86]로 갔던 김청金聽이 돌아와 중국에서 왜적을 소탕한 사건을 보고했다. 왜적이 금주위金州衛로 쳐들어가 도적질하자 명나라는 복병으로 유인하고 수륙으로 협공하여 110여 명을 사로잡고 7백여 명의 목을 베었다는 소식이었다. 금주위는 지금의 중국 요령성 대련大連 지방이다. 김청의 말로는 '왜구의 배 10여 척을 빼앗았으며 수레 5대에는 왜구의 수급을 싣고, 5대에는 포로를 실어서 북경에 보내는 광경을 길에서 자신이 직접 보았다.'는 것이었다. 이 소식을 듣고 태종은 사람을 보내어 유정현에게 대마도 토벌을 중지하고, 전라도와 경상도의 요해처에 장수들을 보내어 엄히 방비하고 적이 지나가기를 기다렸다가 추격하여 잡으라고 지시하였다.[87] 그러나 이 중지명령은 곧바로 전해지지 않았다.

조선은 전국에서 해로와 수로를 통해 공물을 중앙으로 실어 나르는 조운선을 운용하였다.

7월 15일, 여러 장수들이 대마도 정벌을 위해 경상도 구량량仇良梁[88]에 다시 모

86. 중국 황태자와 황후의 탄신일인 천추절을 축하하기 위해 보내는 사신.

87. 세종 1년(1419) 7월 12일

88. 경남 사천시 서포면 구랑리로 비정.

였다. 이날 이른 아침에 배를 띄워 대마도로 막 떠나려 하는 참이었다. 그런데 그때 마침 태종의 교지가 군중으로 날아들었다.

"대마도를 다시 토벌하는 행군을 중지하라."

정벌부대는 즉시 배를 돌려 구량량으로 되돌아왔다. 그날 밤 구량량에 비를 몰고 동풍이 세차게 불어 조선 수군의 손실이 의외로 컸다. 병선 7척이 부서지고 한 척은 뒤집혀서 물에 빠져 죽은 자가 7명이나 되었다. 또 8척의 배는 바람에 쓸려 어디론가 삽시간에 사라졌다. 병선 15척이 파손되고 없어졌지만 인명피해가 그리 크지 않은 것만도 천만다행이었다.

구사일생으로 살아난 장수와 병사들은 숨을 고르며 철수를 서둘렀다. 그로부터 이틀이 지난 17일, 태종은 병조판서 조말생을 시켜 대마도 수호 도도웅와(종정성)에게 글을 보내 타이르는 전략으로 방법을 바꿨다. 그러면서 이날 귀화한 왜인 네 명과 등현藤賢의 손에 서찰을 들려 대마도 수호에게 보냈다. 태종이 보낸 그 서찰의 내용은 다소 길지만 명쾌하였다.

"하늘이 백성을 내실 때 기운으로 형체를 이루고, 이치 또한 내려 주었다. 그 이치란 착한 일을 하면 백 가지 상을 내리고 악한 일을 하면 백 가지 재앙을 내리는 것이다. 옛날 제왕이 하늘의 뜻을 받들어 곡식을 심고 거두는 것을 가르쳐 백성이 오곡으로 그 몸을 기르게 하였다. 그 의리를 깨쳐서 인도하여 그 마음을 착하게 하는 것이니 만일 굳세게 버티면서 재물을 탐하여 사람을 죽이고 짓밟으며 죽음을 두려워하지 않는 자는 작으면 벌하여 죽이고, 크면 토벌하여 없애는 것이 요(堯)·순(舜)[89]과 삼왕의 임금 노릇하는 법이었다. 대마도는 경상도 계림에 속

89. 요(堯)와 순(舜)은 중국 역사에서 첫 왕조인 하왕조와 은 왕조가 있기 전에 전설시대의 임금으로 전하는 인물.

해 있었으니 본래 우리나라 땅이란 것이 문적에 실려 있어 분명히 알 수 있다. 다만 그 땅이 작고 바다 가운데 있어서 길이 막혀 우리 백성이 살지 않았다. 그래서 왜국에서 쫓겨나 갈 곳이 없는 자들이 다 대마도에 와서 모여 살면서 소굴로 삼은 것이다. 그들은 때로는 도적질로 나서서 사람을 위협하고 돈과 곡식을 약탈하였다. 고아와 과부 · 처자를 마음대로 학살하였으며 사람이 사는 집을 불사르고 흉악무도함이 여러 해 되었다. …… 국세가 크게 확장되고 병력이 아주 충실하니 산과 바다를 뚫어서 통하게 할 수도 있고, 천지를 뒤흔들게 할 수도 있다. 높고도 높으며 성하고도 성함이여. 대저 혈기 있는 자로서 두려워서 굴복하지 않는 자가 없었다. 이에 장수 한 사람에게 대마도의 작고 추한 놈들을 섬멸하게 하니 마치 태산이 까마귀 알을 누르는 것과도 같고, 용감한 전사가 어린아이를 움켜쥐는 것과도 같았다. 우리 태조께서는 문덕을 펴고 무력의 위엄을 거두시어 은혜와 신의로 편안케 하는 도리를 보이셨다. 내가 대통을 이은 뒤로 능히 전왕의 뜻을 이어 더욱 백성을 측은한 마음으로 사랑하였다. 비록 조금 공손하지 못한 일이 있어도 오히려 도도웅와의 아비 종정무宗貞茂가 의를 사모하고 정성을 다한 것을 생각해서 사신을 접할 때마다 그들이 머물 수 있는 곳을 정하여 머물게 하였다. 예조에 명하여 후하게 위로하고, 또 그 생활의 어려움을 생각하여, 이익을 꾀하는 장삿배의 왕래도 허락하였다. 대마도로 실어간 경상도의 미곡이 해마다 수만 석이 넘었다. 그것으로 굶주림을 면하고 그 양심을 채워 도적질하는 것을 부끄럽게 여기고, 마침내 이 천지 사이에 함께 살아갈까 하였다. 그래서 나 또한 부지런히 마음을 썼더니 뜻밖에도 요사이 배은망덕하고 스스로 화를 짓고 스스로 망할 짓을 하고 있다. 그러나 평일에 귀화한 자와 이익을 얻으려고 장삿일로 온 사람이나 또 우리의 위풍에 항복한 자는 다 죽이지 않고, 여러 고을에 나누어 두고 먹을 것과 입을 것을 주어서 생활하게 하였다. 이제 변방 장수에게 명하여 병선을 이끌고 나아가 섬을 포위하고 모두 휩쓸어 항복하기를 기다렸더니 지금까지도 그 섬사람들은 오히려 이럴까 저럴까 하며 깨닫지 못하고 있으니 내 심히 민망하다. 섬사람들은 수천에 불과하지만 그들의 생활을 생각하면 참으로 측은하다. 섬 가운데 땅은 거의 다 돌산이고 비옥한 토지는 없다. 곡식과 나무를 가꾸어서 거두는 것으로 노력을 시험할 곳이 없으므로 틈만 있으면 몰래 도적질하거나 남의 재물과 곡식을 훔치려 하는 것이다. 이처럼 평소에 저지른 죄악이 이미 가득 차 있는 바이다. 어두운 곳에서는 천지와 산천의 신이 묵묵히 앙화를 내리고, 밝은 곳에서는 날랜 말과 큰 배, 날카로운 병기와 날쌘 군사로 수륙의 방비를 엄하게 하고 있으니 어디 가서 주륙을 당하지 않을 것이냐. 다만 고기 잡고, 미역 따다 파는 일은 생활의 바탕이 되는 것인데 이제 와서 배은하고 너희 스스로 끊었으니 내가 먼저 끊으려 했던 것이 아니다. 이 세 가지를 잃은 자는 기아를 면치 못할 것이며, 앉아서 죽기를 기다릴 뿐이니 그 계책을 내기도 어려울 것이다.

만약 깨닫고 모두 와서 항복하면 도도웅와에게는 좋은 벼슬과 두터운 봉록을 나누어 줄 것이다. 그리고 나머지 대관들은 평도전(平道全)처럼 대우할 것이며, 그 외 여러 군소 무리들도 옷과 양식을 넉넉히 주어 비옥한 땅에 살게 할 것이다. 다 함께 갈고 심는 일을 얻게 하여 우리 백성과 똑같이 하며 함께 사랑하게 하여 도적질이 부끄러운 짓이고 의리를 지키는 것이 즐거운 일임을 모두가 알게 하겠다. 이것이 스스로 새롭게 하는 길이며, 살아갈 도리가 되는 것이다. 그렇지 않으면 차라리 무리를 다 이끌고 본국 일본으로 돌아가는 것이 옳은 일이다. 만일 본국으로 돌아가지도 않고 우리에게 항복도 하지 않고 도적질할 마음만 품고 섬에 머물러 있으면 마땅히 병선을 크게 갖추어 군량을 많이 싣고 섬을 에워싸고 칠 것이다. 섬을 포위하여 오랜 시간이 지나면 반드시 다 죽고 말 것이다. 또 만일 용사 10여만 명을 뽑아 섬의 방방곡곡으로 들어가 치면 주머니 속에 든 물건처럼 오도가도 못하여 반드시 어린이와 부녀자까지도 하나도 남지 않을 것이다. 뿐만 아니라 육지에서는 까마귀와 소리개의 밥이 되고, 물에서는 물고기와 자라의 배를 채우게 될 것이니 어찌 불쌍하게 여길 일이 아니겠느냐. 이것은 화복의 소재가 분명한 일이어서 아무리 생각해도 끝까지 모를 일이 아니다. 옛 사람의 말에 '화복은 제 스스로 구하지 않는 것이 없다' 고 하였다. 또 '열 집이 사는 고을에도 반드시 충신 한 사람은 있다' 고 하였다. 이제 대마도 섬 하나에도 하늘에서 내린 윤리와 도덕의 성품을 가진 자가 있을 것이니 어찌 시세를 알고 의리에 통하여 깨닫는 사람이 없겠는가.

병조는 대마도에 글을 보내어 나의 지극한 생각을 알려 그 스스로 새로이 길을 열어 멸망의 화를 면하게 하고, 나의 생민을 사랑하는 뜻에 맞도록 하라고 하였다. 이제 일의 마땅함을 자세히 알리는 바이니 오직 족하(足下)는 잘 생각하라."[90]

태종은 '대마도가 너희들의 땅이 아니니 너희 본국으로 무리를 모두 이끌고 돌아가든지 아니면 항복하라'고 경고하였다.

맹렬하던 한여름 복더위가 한 고비 넘어가고 있었다. 7월 18일 세종은 삼군도통사 유정현 등 여러 장수를 불러 서울로 돌아오게 하고 다음과 같이 명하였다.

"대마도 왜노(倭奴)가 사는 땅은 매우 척박하여 가난하다. 그래서 도적질하는 것이니 귀화하여 서울에 살고 있는 등현 등 5명을 먼저 대마도에 보내어 그들을 안심시켜 데려오게 하라. 만약 왜노가 덕으로 길러 주려는 마음을 모르고 순종하지 않아 만약 등현을 잡아두고 돌려보내지 않으면 구시월 사이에 군사를 일으켜 죄를 물을 것이다. 그러니 각도에서는 병선을 점검하여 기다리고, 삼군도체찰사 이하 여러 장수와 군관은 모두 서울로 오게 하라. 여러 도의 병선은 각기 제자리로 돌아와 방어를 엄히 하고, 경(유정현)과 도절제사 최윤덕도 당일로 출발하여 돌아오라."

이것은 만약 귀화한 왜인 등현이 대마도에 갔다가 붙잡혀서 돌아오지 못할 경우를 감안한 조치였다.

대마도를 정벌하고 돌아온 지 한 달만(7월 28일)에 유정현이 상소를 올려 왜구 대비책을 조목별로 짚어가며 설명했다. 유정현의 상소를 요약하면 "①정월이나 2월

90. 변계량이 쓴 유대마도주서(諭對馬州書)로서 대마도주를 타이르는 글이다. 원문이 동문선(『東文選』卷24)에도 실려 있다.

에 병선을 수리하여 적선이 아직 행동하기 전인 3월에 소탕하자 ②충청·전라·경상 등 여러 도의 병선을 내년 정월까지 개조하여 돌려보낸다. ③경상도의 노량과 구량량, 가배량과 견내량 등의 방어를 확충한다. ④해변 각 마을에서는 30~40호 또는 20~30호 단위로 둔屯을 삼고, ⑤중앙에는 마땅한 곳을 가려 둔성屯城을 쌓아 대비하자. ⑥성의 담을 높이고 둔장屯長을 두며, 군사와 장비를 갖추어 지킨다. ⑦왜구가 이르면 청야하여 지켜야 노략질과 살상을 면할 수 있다"는 것이었다. 그러나 이 일은 끝내 시행되지 못하였다. 다만 앞으로 '9~10월 사이에 크게 군사를 일으켜 다시 대마도 왜구를 섬멸할 계획이니 각 도에 독려하여 병선을 수리하는 게 좋겠다'고 병조에서 보고한 사항을 즉각 실행하도록 조치했다.

그런데 이날, 9~10월 사이에 왜적이 조선을 침략하려 한다는 소문이 있으니 경상도 각 포구의 수군 병사들을 징집하여 비상사태에 대비하는 게 좋겠다고 우도 도절제사가 치계로 알려왔다.[91] 치계란 급히 말을 달려 전령으로 하여금 왕에게 알리는 것으로, 대마도에 포로로 잡혀갔던 중국 사람이 도망 와서 하는 말을 들은 대로 국왕에게 직접 보고한 것이었다. 이것은 7월 말 조선이 대마도를 다시 칠 생각으로 병선을 수리하고 준비를 하자 조선의 행보를 간파하려고 대마도에서 놓은 맞불이었다.

대마도 수호, 조선에 편지를 보내 항복을 빌다

무덥고 매미소리 지겹던 여름이 간 지도 한참이 되었다. 쑥부쟁이 가을꽃이 길가에 가득 자리를 폈다. 어느새 단풍이 익고, 노랗게 물들었던 벼도 들판을 떠났다.

드디어 음력 9월 20일 등현藤賢·변상邊尙 등 조선에 귀화한 왜인들이 대마도로부터 건너왔다. 그들 편에 대마도 수호 종정성이 예조판서에게 사람을 보내어 항복한다는 서찰을 전해왔다. 아울러 인신印信[92]을 내려줄 것을 요청하고 예물로 토산물을 바쳤다. '인신'이란 조선 정부가 종씨를 대마도주로 임명하면서 도주가 사용할

91. 세종 1년(1419) 9월 8일

92. 조선에서 대마도주의 신분과 위상을 인정하여 내려준 도장과 증표.

도장과 여러 가지 신표를 이르는 말이다.

다음날(9월 21일) 세종은 대마도의 항복을 받는 문제와 서울에 왜관을 짓는 문제를 가지고 대신들과 의논하였다.

"대마도는 지금 비록 궁박해서 항복을 빌고 있지만 속마음은 실상 거짓일 것이다. 온 섬이 항복해 온다면 괜찮겠지만 오지 않는다면 어찌 믿을 수 있겠는가."

대마도주가 의외로 쉽게 항복을 표시하자 세종은 그것을 믿을 수 없었던 모양이다. 이에 이원李原이 대답했다.

"설사 온 섬이 항복해 온다 하여도 그 처리가 어렵습니다."

그렇지만 허조許稠는 대마도 왜인들의 또 다른 문제를 제기했다. 근래 들어 칼 한 자루 바치는 자까지도 사신이라 칭하고 분주히 왕래하고 있으니 역졸들이 피해를 입고 있으며 왕왕 예조에 와서 공을 따지고 소리 지르는 자까지 있다는 것이었다. 더구나 이들에게 나라에서 주는 양곡이 1년에 1만여 석이나 되어 적잖은 부담이 되고 있으니 도성 밖에 왜관倭館을 따로 지어 도성 안으로는 왜인들이 들어오지 못하게 하고, 도주 종정성과 종준宗俊 등의 문서를 가지고 온 자들만 따로 예를 갖춰 접대함으로써 왜인들을 엄격히 제한하자는 것이었다. 이것이 동평관東平館을 서울에 짓게 된 계기가 되었다.

이튿날, 세종은 윤곤 등에게 관직을 내주었다. 대마도 정벌에 공이 있는 이들에게도 큼직한 직책을 나누어 주었다. 2백여 명이 상급 직책을 받았는데, 그 중엔 별로 한 일이 없으면서 두둑히 한몫 받은 자도 있었다. 세상은 언제나 그랬다.

그리고 얼마가 지났다. 낙엽이 지고 바람이 제법 차가웠다. 10월 초순이었다. 아침 일찍 상왕이 유정현·박은·이원·허조·신상申商 등 여러 대신을 불러들여 조회를 가졌다. 그 자리에서 대마도가 투항하도록 설득하는 방책을 의논하였다. 그러나 실제로는 대마도의 항복 의사를 받아들이는 절차와 의식에 관한 논의였던 모양이다. 대신들은 이렇게 의견을 모았다.

> "너희 섬사람들은 처음에는 도적질을 일삼아 우리 땅을 침범하여 노략질하였다. 그러다가 종정무(宗貞茂)가 사람을 보내어 항복하겠다고 빌기에 받아주었다. 우리는 차마 종정무를 박절하게 끊어버릴 수 없어 그가 하고자 하는 대로 따라준 지가 여러 해 되었다. 지금 또 도적질을 하여 사단을 일으켰기에 병선을 보내 그 처자들을 잡아 오게 했더니 너희들은 명령에 항거하여 제각기 험한 곳을 의지하여 우리와 맞서 싸웠다. (이 싸움은) 양쪽이 다 불리하였다. 만약 다시 병선을 1천 척 내지 5~6백 척을 보내어 드나들며 공격하면 스스로 굶어 죽게 될 것이다. 지금 네가 와서 수호하겠다고 빌었지만 앞서도 수호하지 않은 것이 아니었다. 그럼에도 그와 같이 혼란을 일으켰으니 어찌 믿을 수 있겠느냐. 반드시 종준(宗俊) 등이 친히 와서 투항한다면 그땐 너희들의 항복을 허락하고 큰 공이 있는 자는 벼슬을 줄 것이다. 공이 적은 자는 백성이 되게 하여 너희들의 원하는 바를 들어주어 안정된 생업을 하도록 해 줄 것이니 너는 돌아가 대마도의 백성들이 깨닫도록 일러주고 속히 와서 보고하라. 11월까지 기다려도 와서 보고하지 않으면 우리도 너희가 영영 투항해 오지 않는 것으로 생각하겠다."

이런 내용으로 병조와 예조가 함께 설득하는 것이 마땅하다는 것이었다. 종정무도 조선에 투항하였고, 이제 또 종정성이 항복의사를 밝혔지만, 태종은 그 방법이 옳다고 여겼다. 이틀 뒤에는 조말생이 허조와 함께 예조에 가서 왜인 도이단도로를 보내어 항복해 오라는 뜻을 전하였다. 이에 도이단도로는 "종정성에게 반드시 (그 뜻을) 전하겠지만 대마도에 사는 사람 모두가 다 도적은 아닌데 지금 내리신 선지(왕의 서찰)에는 다 도적질을 했다고 하였으니 실로 마음이 아프다"며 안타까워하였다. 그 말은 근래 조선의 연해를 침범하여 노략질하는 왜구가 모두 대마도주 종정성 수하의 왜인들은 아니라는 뜻이었다. 종정성의 통제권 밖에 있는 왜구들이 많다는 의미로, 하카다와 일본 서남 지역의 송포松浦나 오도열도五島列島 등지에 흩어져 있는 왜구를 가리킨 말이었다. 물론 그의 말은 옳았다. 대마도 밖의 왜구는 동남풍을 타고 여수 손죽도 근처를 거쳐 전라도로 곧바로 쳐들어와서 노략질을 자주 했으므로 대마도에서 이런 왜구들까지 통제하기는 어려웠다. 그런데 새로 도주가 된 종정성은 조선에 그리 고분고분하지 않았다. 그 아비 종정무 때와는 달리 종정성이 조선에 저항하는 태도를 보이자 조선은 난감했다. 종정성과 조선 정부 사이의 관계를 다음 기사로 알 수 있다.

"너희 섬은 땅이 척박하여 농사를 지을 수 없으므로 도적질로 생업을 삼는다. 도도웅와(都都熊瓦 ; 종정성)의 아비 종정무(宗貞茂)와 조부 영감(靈鑑)이 도적을 금지하고 우리 조선의 명을 따르고자 평도전(平道全)을 보내와 조정에서 숙위하도록 하였다. 그렇기에 그 성의를 어여삐 여겨 요청한 것이 있으면 들어주지 않은 것이 없었다. 그런데 작년에 너의 배가 몰래 들어와 병선을 불태우고 사람을 살해하였다. 물건을 노략질하고 장삿배[93]를 보내어 이쪽을 엿보게 하였다. 그래서 즉시 여러 장수를 보내어 적당을 토벌하여 죽이고, 그 중 왜인장사꾼[94]을 여러 고을에 나누어 두었다. 그리고 다시 수군을 독려하여 기일을 정해 크게 군사를 일으켜 그 소굴을 소탕하려 하였다. 그런데 도도웅와와 그 조모가 허물을 뉘우치고 귀순하여 빌어 왔으므로 조정에서는 그 말을 믿고 육지의 방어만 남겨 두고 수군절제사는 해산하였다. 그랬더니 도도웅와가 나라의 큰 은혜를 돌아보지 않고 회례사(回禮使) 송희경이 돌아올 때 소이전(小二殿)은 오만무례한 짓을 하였다. 제 아우 도도웅수(都都熊壽)까지도 사신을 친절히 접대하지 않고 사람을 시켜서 '이후로는 다시 통신을 하지 않겠다' 고까지 하였으니 은혜를 저버린 뜻이 뚜렷하다. 그리하여 방금 우리는 수군절제사를 다시 보내 전라도 해변에 나누어 정박

93. 원문에는 흥리선(興利船)이라고 하였다.

94. 흥리왜(興利倭)

케 하고, 또 경상도의 중요한 곳마다 배를 정박시켜 기회를 따라 처치하도록 하였다. 그러나 너희들이 만약 성심으로 허물을 뉘우치면 군사를 다시 해산할 수 있으니 네가 돌아가 도주를 보고 자세히 이 뜻을 말하라. 너희들의 존망은 이번 기회에 달려 있다."

그런데 시월이 다 가도록 대마도 2차정벌은 추진되지 않았다. 10월 26일에 세종이 상왕(태종)에게 수강궁[95]에서 문안하고서 대신들과 연회를 가졌다. 국왕을 중심으로 조선의 최상급 관료들이 통상적으로 갖는 궁중연회였다. 유정현·박은·이원·변계량·허조·조말생 등이 참석한 이 연회 자리에서 대마도 재정벌 문제가 다시 나왔다. 먼저 태종이 유정현 등에게 은근한 목소리로 말했다.

"지난번 대마도를 정벌했을 때, 갑사(甲士) 5~6인이 왜적에게 사로잡혀 돌아오지 않았다. 이제 도도웅와(都都熊瓦)의 심부름꾼이 돌아갈 때 그들을 돌려보내라고 일러 보냈는가?"

미처 그 일을 일러 보내지 않았다고 조말생이 보고하였다. 모든 것을 두 왕이 알아서 챙기고 있으니 대신들이라 해도 스스로 먼저 나서서 할 일은 아니라고 생각했던 모양이다. 태종은 즉시 사람을 보내어 그 점을 일러주라고 지시하고는 이렇게 말했다.

"내가 듣건대 하도(下道)[96]의 백성들이 다시 출정하는 것을 꺼려 흩어져 도망하는 자가 무척 많다고 하오. 그런데 대마도는 섬이 험하고 바다로 막혀 있어 토벌하기가 쉽지 않소. 지금 다행히 도도웅와가 항복을 빌어 왔소. 배를 만들고 군사

95. 상왕 태종이 거처하고 있던 궁궐.

96. 여기서는 경상하도, 즉 지금의 경상남도를 이른다.

를 훈련하여, 다시 정벌하러 가리라는 소문을 그가 어찌 듣지 않았겠소. 왜적이 이미 이 소문을 들을 터이니 다시 정벌하는 것처럼 꾸며서 그들을 동요시키는 게 좋지 않겠소?"

심리전으로 상대를 교란하여 굴복시키자는 말이었다. 박은과 이원 등이 여기에 동조하였다. 왜인이 진심으로 항복해온 마당이므로 잠시 재정벌을 중지하되 '만약 앞서처럼 나쁜 짓을 계속하면 반드시 다시 정벌할 것이니 군사들은 준비하고 기다리라'고 말해두자는 쪽으로 의견이 모아졌다. 대마도를 다시 친다는 이쪽의 의도는 어떤 경로로든 대마도에 수시로 전달되었을 것이므로 심리전 치고는 썩 훌륭한 작전이었다.

대마도 2차정벌을 두고 여름부터 그간 태종과 세종 그리고 대신들은 분주했었다. 며칠에 한 번씩 대마도 문제를 점검하였다. 그런데 어느덧 계절은 군대를 움직이기 어려운 12월로 바뀌었다. 그러나 그해 12월이 다 가도록 군대의 움직임은 없었다.

드디어 해가 바뀌었다. 세종이 왕위에 올라 두 번째를 맞는 해였다(1420). 1월 6일 임금이 인정전에 나아가 신하들로부터 신년 하례를 받았다. 조선이 개국한 이래, 이날 처음으로 궁궐 조회마당에서 음악을 연주하였다. 백관의 위엄이 궁중아악을 타고 퍼져 장엄하였다. 일본국 사신 양예亮倪가 그 부하를 거느리고 조회에 참석했다. 조정에서는 양예 등을 서반西班 종3품의 반열에 서게 하였다. 세종은 '험한 뱃길을 수고롭게 왔다'며 먼 길을 온 노고를 치하했다. 양예는 엎드려 오로지 대장경을 내어달라고 하였다. 그 말끝에 태종은 지난해에 대마도를 친 연유를 그에게 말하였다. 말하자면 대내씨 측에 대마도 정벌이 소이씨의 왜구 퇴치에 있었음을 다시 한 번 해명한 것이다. 양예 등이 물러 나가자 객청客廳에서 그에게 음식을 대접하도록 세종은 명하였다.[97] 양예는 일본의 중으로서 작년(기해년) 11월 20일경 일본국 사

97. 세종 2년(1420) 1월 6일

신 자격으로 부산포에 들어와 있었다. 양예는 충청도 도두음곶이都豆音串[98]에서 사로잡힌 조선 사람과 대마도를 정벌하러 갔을 때에 사로잡힌 병졸 등 4인을 데리고 부산포를 거쳐 12월 하순 한양에 와 있다가 정초가 되어 궁중 신년하례에 참석한 것이었다.

예조에서 대마도의 도도웅와(종정성)가 항복하여 귀속하기를 청한다는 보고를 임금에게 올렸다. 예조에서 종정성의 서찰을 전했는데, 그 내용은 이러하다.

> "대마도 도도웅와의 부하 시응계도(時應界都)가 와서 도도웅와의 말을 전해왔습니다. '대마도는 토지가 척박하고 생활이 곤란하니 바라건대 섬사람들을 (거제도) 가라산[99] 등으로 옮겨가 살게 하여 밖에서 귀국을 호위하게 해주십시오. 섬에 들어가서 안심하고 농업에 종사하게 하고, 그 땅에서 세금을 받아서 우리에게 나누어 주어 쓰게 하옵소서. 나는 일가 사람들이 내 수호관 자리를 빼앗으려고 엿보고 있으니 두려워 나갈 수 없습니다. 만일 우리 섬이 귀국 영토 안의 주·군의 예에 따라 주의 명칭을 정하여 주고, 인장과 증표를 주신다면 마땅히 신하의 도리를 지키어 시키는 대로 따르겠습니다. 충남 서천의 도두음곶이 에 침입한 해적의 배 30척 중에서 싸우다가 없어진 것이 16척입니다. 나머지 14척은 돌아왔고 7척은 일기주(一岐州) 사람의 것인데 벌써 일기주로 돌아갔습니다. 7척은 우리 섬의 배인데, 그 배 임자는 죽고 격인(格人)[100]들만 돌아왔으므로 각 배마다 두목되는 자 한 사람씩을 잡아들여 그 처자까지 잡아 가두어 두었습니다. 그들의 집안 재산과 배를 몰수하고 명령을 기다리고 있사오니 빨리 관원을 보내어 처리하시기 바랍니다."

조선의 각 주州와 군 체제에 따라 대마도를 대마주로 대우해 달라는 요구였다.

98. 현재의 충남 서천군 비인면 도둔리이다. 도둔리(배다리) 저수지 서편 지역.

99. 거제도 다대포항 북쪽에 있는 산(해발 580m).

100. 노를 젓는 사공.

종정성의 편지를 받아본 날로부터 열사흘이 지나 대신 허조가 종정성에게 답서를 썼다. 그러나 그 편지에는 이 문제를 최종적으로 어떻게 처리하였는지는 거론하지 않았다.

"사람이 와서 편지를 받아 보고 귀하가 진심으로 뉘우치고 깨달아서 신하가 되기를 원하는 뜻을 자세히 알았으며, 돌려보낸 사람과 바친 예물은 이미 자세히 상감께 아뢰어 모두 윤허를 받았으니 실로 온 섬의 복이라고 생각합니다. 귀하가 요청한 바 여러 고을에 나누어 배치한 사람들에게는 이미 의복과 식량을 넉넉히 주어서 각기 안심하고 생업에 종사하게 하였는데, 섬 안에는 먹을 것이 부족하니 돌아간다면 반드시 굶주릴 것입니다. 또한 대마도는 경상도에 매여 있으니 모든 보고나 문의할 일이 있으면 반드시 경상도 관찰사를 통하여 보고하도록 하고, 직접 (중앙의) 예조에 올리지 마시오. 아울러 요청한 인장과 하사하는 물품을 돌아가는 사절에게 부쳐 보냅니다. 근래 귀하의 관할 지역에 있는 대관과 만호가 각기 제 마음대로 사람을 보내어 글을 바치고 성의를 표시하니 비록 그 정성은 지극하지만 체통에 어긋나는 일이니 이제부터는 반드시 귀하가 친히 서명한 문서를 받아 가지고 와야만 비로소 예의로 접견할 것이오. 그 인장의 글자는 '종씨 도도웅와(宗氏都都熊瓦)' 라 하였다."[101]

답서와 함께 조선이 종정성 도도웅와를 대마도주로 인정하는 인신印信을 함께 보냈다. '종씨 도도웅와'란 인장을 보내면서 반드시 도도웅와라 서명하고 그 인장을 찍은 문서를 가져오는 이에 한해서 국왕이 접견할 것이라고 한 내용으로 보아 이것이 종정무를 제외하고는 대마도주가 정식으로 조선의 문인과 도서를 사용하게 된 시작이었다고 볼 수 있다. 그러면서 세종은 '대마도는 경상도에 매여 있다'[102]며 도

101. 세종 2년(1420) 윤1월 23일

102. … 且對馬島隷於慶尙道 …

도웅와에게 다시 한 번 확인시키고 있다. 이것은 '대마도에 들어와서 사는 너희들은 불법체류자이지만 이제부터 조선은 체류를 허가하는 것이며, 다만 대마도주 종정성의 통제에 따라야 한다'는 조선의 의중을 드러낸 말이었다.

이 일이 있고 나서 넉 달 뒤인 5월 23일 대마도 도도웅와의 어미가 사람을 보내어 토산물을 바쳤다. 그 어미가 예물을 보낸 것은 그저 단순한 의례가 아니었다. 도도웅와를 대신하여 귀순 의사를 다시 한 번 확인해준 것으로 볼 수 있다. 아들의 귀순의사를 확인하기 위해 그 어미가 다시 보증한 것으로 이해할 수 있다는 뜻이다.

해가 바뀐 뒤로 그럭저럭 시월이 되었다. 10월 8일 일본국 회례사로 갔다 돌아온 윤인보는 세종에게 이렇게 보고했다. 보고한 내용 중에서 핵심이 되는 사항을 정리하면 이러하다.

> "규슈절도사(九州節度使) 부자는 성심으로 자신들을 대우하였다. 그러나 축전주수(筑前州守) 등만원(藤滿員)과 일기도 도주는 다 원망하는 말을 하였고, 소이전은 '작년에 조선이 대마도를 쳐들어 왔으니 병선 2~3백 척을 부탁하여 조선 해안 몇 고을을 쳐부숴야 시원하겠다' 고 하였다. 대마도 도도웅와의 아우 도도웅수 또한 '내가 너희들을 가두어서 너희 나라에 붙잡혀 가 있는 대마도 사람과 똑같이 하고 싶지만 (조선이) 본국(일본)과 통호하고 있으니 감히 그렇게 못하고 있다. 붙잡아간 사람들을 빨리 돌려보내라."[103]

이것은 왜인들의 앙큼한 협박이었다. 대마도 왜인들이 똑같이 보복하고 싶지만 그만두었다는 것은 그들의 심중을 그대로 드러낸 것이다. 그러나 여기서 실제로 중요한 말은 '본국이 조선과 통호하고 있으니 그럴 수 없다'는 것이다. 일본의 통치권이 제대로 미치지 않는 곳이었으나 규슈의 대내씨를 포함한 일본 본국의 정권과 조선은 가까웠고, 대마도·일기도·후쿠오카 태재부의 소이씨 무리는 그 틈에 끼여 있

103. 세종 2년(1420) 10월 8일

었다. 그러므로 그 사이에 낀 대마도 왜인들이나 소이씨는 눈치만 살피며 이러지도 저러지도 못하는 입장이었다. 그래서 소이씨는 도발을 하지 못한 것이다. 뒤집어 말해서 자위권 차원에서 조선에서 취하는 군사적 행동에 대하여 일본 규슈 정권이나 대내전은 이의를 제기할만한 구실이 없었던 것이다.

시월도 여드레밖에 남지 않았다. 들판의 곡식은 다 거둬들인 뒤이고, 나라는 비교적 태평하였다. 10월 22일 상왕과 세종은 유정현 등을 불러서 물었다. 대마도에 관한 일은 1년이 넘도록 끌어온 문제였으나 그렇다고 이제 와서 군대를 동원하여 대마도를 다시 칠 것은 아닌 듯했다. 유정현 대신 박은과 이원이 대답하였다.

> "일본 국왕의 말은 죄를 물을 것도 없다고 하지만, 소이전과 도도웅수(종정성의 동생)의 말은 그렇지 않습니다. 마땅히 여러 장수를 보내어 엄중히 방비하여 기다려 보고, 만약 와서 항복하지 않으면 들어가서 치는 것이 좋습니다. 지금 대마도에서 보낸 사람과 흥리왜인(왜인장사꾼) 등을 다 붙잡아 두고, 규슈(九州)에서 온 사신과 이미 구류된 왜인 중에 미약한 자를 가려서 돌아가게 하여 우리 조정에서 병력을 독려하여 사변을 대비하고 있음을 전하게 하는 것이 좋겠습니다."[104]

이것은 윤인보가 보고한 내용에 따른 조치였다. 조선 땅으로 들어와서 해적질을 한 왜구는 소이씨의 패거리였다. 규슈절도사 부자가 윤인보 일행을 잘 대접한 것은 조선과 협력하여 소이씨의 무리를 치고 있었기 때문이다.

그로부터 나흘 뒤(26일), 허조는 조정에서 잡아둔 왜인 문제를 꺼내면서 대마도 왜인들을 다 돌려보낼 것을 세종에게 요청하였다. 자극 받아서 왜인들이 조선의 여러 지방을 침략하면 결국 피해를 보는 쪽은 백성들일 것이란 의견이었다. 그러나 여기엔 노련한 허조의 계산이 숨어 있었다. 잡아둔 왜인들을 돌려보내어 이쪽에서 대마도를 다시 칠 준비를 하고 있다는 정보를 직접 전하게 할 생각이었던 것이다.

104. 세종 2년(1420) 10월 22일

세종과 태종은 '대마도 재정벌'을 위해 군대를 다시 출정시키기로 하였지만, 작년 여름 대마도 정벌을 마친 뒤로, 15개월이 지난 시점에서 재정벌을 추진한다는 게 쉬운 일은 아니었다. 태종과 세종은 도도웅와의 항복 서신조차 믿지 않는 모양이었다.

세종은 태종과 함께 낙천정 별실에 행차하였다. 세종은 미리 그곳에 대신들을 모이도록 했었다. 그 자리에서 세종은 우박禹博과 성달생·황상·원윤·박초 등 여러 대신들에게 차례로 술을 따라주었다. 한참 뒤에 박은·이원·조연·조말생·허조·홍부·이명덕·원숙 등 굵직한 대신들이 들어오자 술잔이 거듭 돌아가며 잔치가 벌어졌다. 몇 차례 술잔이 돌고 나서 태종이 조말생과 원숙을 먼저 불러서 명하였다.

"지금 주상(主上, 세종)으로부터 들으니 허조는 거제도에 병선을 모으는 일은 안 된다며 일본에 사신을 보내자고 하는데 그것은 잘못 생각하는 것이다. 병선을 모으려는 것은 왜적을 치려는 게 아니라 그들이 와서 항복하기를 기다리는 것이다. 또 불의의 변을 예비하려는 것인데 무엇이 안 된다는 것인가. 왜의 사신을 구류하는 것이 불가하다는 의견은 당연하지만 만약 왜 사신을 만나면 지나간 일과 소이전의 오만 무례한 태도며 도도웅수(都都熊壽)의 절교한다는 말을 하나하나 들어서 말하라. '너희들이 먼저 이러하니 지금 모든 장수와 수군을 각도에 보내어 너희들을 징계하여 잡아들일 것이다. 대마도까지 쳐들어가 곧 농사를 못 짓게 할 수도 있으나 너희들이 성심으로 항복한다면 어찌 그리 하겠는가.' 라고 말하라."

지난번 도도웅와가 항복의사를 전해온 서찰에 대해서도 태종과 세종이 그 진정성을 의심한 것은 도도웅와의 동생 도도웅수 때문이었다. 그렇지만 유정현과 변계량은 왜의 사신을 잡아 두면 안 되며 반드시 풀어줄 것을 요청하였고, 박은·이원은 대마도주가 빨리 항복하게 하려면 왜의 사신을 붙잡아 두는 것보다 나은 방법이 없다며 양측 의견이 맞섰다. 그러나 여기서 핵심이 되는 것은 대마도 왜인의 태도였다. 얼마 전 대마도에서 송희경[105]을 박대한 문제는 별개로 하더라도 먼저 조선에 대고 등차랑藤次郎과 삼미삼보라三未三甫羅를 돌려보내면 영원히 평화로울 것이라고 한 말이 매우 무례하다는 것이었다. 그것은 협박성 짙은 언사임이 분명하였다. 이런 마당이므로 수군절제사와 수군을 거제도에 배치해놓고 대마도를 압박하면 대마도주와 대마도의 왜인들이 항복할 것이라는 게 태종의 생각이었다. 그러나 허조는 수군절제사를 거제도에 나누어 주둔시키고 왜의 사신을 잡아두는 것은 대마도가 배신할까 염려하여 그리 하는 것이니 그보다는 먼저 일본을 설득하여 일본이 대마도를 배척하도록 하면 대마도가 자연스럽게 고립될 것이라는 의견을 내놓았다. 전략 면에서는 허조의 계산이 훨씬 교묘한 것이었다. 그런데 여기서 우리가 주의해서 보아야 할 것이 있다. 태종과 세종이 일본과 왜인을 분명하게 구분하여 쓰고 있는 점이다. 규슈의 대내씨(대내전)는 일본으로, 그 나머지 소이씨와 그 잔당들[106]은 모두 왜·왜노·왜구·왜적 등으로 차별을 두고 있는 것이다.

여러 대신들의 주장보다도 세종의 생각은 강경하였다. 세종은 '대마도 왜인이 무례하므로 그들이 보낸 물품도 받지 않고 그것을 가져온 자들을 박대하는 반면, 규슈절도사의 사신만 후대하여 차별하는 게 좋겠다.'고 주문하였다. 일본 사신과 왜 사신을 드러내놓고 차별한다는 것인데, 그것은 소이씨 계열을 일본 정부의 정식 정권으로 인정하지 않는다는 것을 재확인한 말이었다. 박은은 세종의 결정이 옳다며 잡아둔 대마도 왜인을 다른 곳으로 옮겨서 식량만 주되 밥을 직접 지어 먹도록 하고, 대마도의 배은망덕한 사유를 따져 묻고, 타고 갈 말도 주지 말자는 의견에 찬동하였다. 이렇게 해서 규슈九州 사신만을 후대한다는 자신의 계획을 세종은 흔쾌히 상왕에게 알렸다. 이것은 쉽게 말해서 규슈 측과 조선이 양쪽에서 대마도를 압박하는 샌드위치 작전이었다. 최종적으로 11월 15일 허조로 하여금 일본의 규슈절

105. 宋希璟. 은진송씨의 시조 송유익(宋惟翊)의 12세손으로 되어 있다. 10세손 철강(鐵康), 철수(鐵壽), 찬(瓚) 삼형제 중 찬(瓚)의 손자이다. 찬(瓚)에게는 심(忱)과 성(性)의 두 아들이 있었으며 이 중 성(性)의 장자가 희경으로 되어 있다.

106. 이것이 바로 왜구의 실체이다.

도사九州節度使에게 서신을 보내어 다음과 같이 답하였다.

"사람을 보내어 문안하면서 우리나라에서 잡혀간 포로 한 사람까지 돌려보냈으니 어찌 감사한 줄 모르겠습니까. 편지에 '도적놈들을 엄중하게 금하도록 꾸짖었다'고 하였는데, 어찌하여 근일에 도적의 배가 우리나라 남해의 추자도에서 인민들을 겁탈하고 노략질하여 일기도(一岐島)에 팔아먹은 것입니까? 아울러 일러둘 것은 명나라에서 대마도를 정벌한다는 일은 본국에서는 들어보지 못한 일이니 의심할 것이 없습니다. 이제 두 나라는 지극히 좋게 지내고 있지만 대마도 하나가 오로지 도적질로 업을 삼고 있습니다. 과거에 도도웅와의 아비 정무(貞茂)와 그의 조부 영감이 귀순하였고, 또 평도전을 보내어 시위(侍衛)까지 하여 지극한 정성을 나타냈으므로 우리 전하께서는 그 충성을 가상히 여겨서 무릇 구하는 것이 있으면 들어주지 아니한 것이 없었습니다. 도도웅와는 제 조부가 귀순한 참뜻을 생각하지 않고, 우리 전하가 키워준 은혜도 돌보지 않았습니다. 장사를 핑계대고 사람을 보내어 염탐이나 하였으며 지난 여름에도 몰래 도적 배를 보내어 변방을 침범하여 병선을 불태우고, 사람을 죽였으며 물건을 빼앗았습니다. 그렇기 때문에 우리나라가 장사하는 사람을 잡아서 여러 고을에다 나누어 두고, 장수를 보내어 정벌하려고 하였습니다. 그런데 도도웅와가 오히려 버릇을 고치지 않고 관군에게 항거하려 하니 하는 수 없이 다시 삼군을 보내어 그들이 있는 소굴을 소탕하려고 조정이 작정하였습니다. 그러나 도도웅와와 그의 조모가 서간을 받들고 사람을 보내어 귀순하겠다고 애걸하므로 나라에서는 그들의 간사한 것을 알지 못하고 이내 왕래할 것을 허락하고, 수군도절제사도 혁파하게 하여 정성으로 대접하였습니다. 그런데 뜻밖에도 도도웅와가 그간의 두터운 은혜조차 돌아보지 않고 감히 그 주인 등만정(藤滿貞)[107]의 세력을 믿고 지난해 대마도에 그 죄를 문책하러 간 우리 군사에게 중간에서 '본국(조선)이 일본을 정벌하려 한다'

107. 소위 태재부(太宰府)의 소이전을 가리킨다. 조선시대 왜구라 부르던 왜인들의 수장.

는 말을 지어내 두 나라 사이에 틈을 벌어지게 하려 하였습니다. 또 회례사 송희경이 갔을 때 감히 무례한 짓을 하였고, 그 아우 도도웅수 또한 패악한 말을 하였습니다. 아아, 어찌 이와 같이 앙화를 좋아하고 망하기를 즐겨한단 말입니까. 도도웅와가 이제 비록 사람을 보내어 공물을 헌납한다 하여도 배반하는 무례한 사람에게는 예로 대접할 수가 없습니다. 바치러 온 토산물은 모두 돌려보내고, 병조에서는 임금의 교지를 받들어 여러 도에 있는 수륙군마(水陸軍馬)를 요해처에 나누어 두고 도적 무리의 항배를 보아 다 죽여 없애려고 합니다. 만일 도도웅와가 잘못을 뉘우치고 온 섬을 가지고 귀순한다면 병력을 해산할 수도 있습니다. 이 섬의 흉악한 무리가 약속을 지키지 않고 방자하게 도적질만 행하니 족하(足下)가 일본의 서해총관(西海摠管)으로서 좋지 못한 소리를 듣는다면 어찌 부끄러움이 아니겠습니까. 난을 꾸민 자나 해적의 괴수는 족하도 반드시 용서하지 않을 것이니 마땅히 징계하여 영원히 사이좋게 지내면 좋겠습니다. 이제 토산물을 가지고 돌아가는 인편에 부치는 바이니 받아들이기를 바랍니다."[108]

먼저 이 편지에서 기억해둬야 할 게 있다. '종정무와 사미영감이 조선에 귀순하였다'는 것은 1396년과 1419년 대마도 정벌 직후의 항복을 이른다. 여기서 말한 귀순은 조선의 신민과 마찬가지로 조선의 법을 따르는 신분이 되었음을 의미한다. 이 편지는 대마도 도주 일가를 포함하여 대마도 사람들을 조선의 신민과 똑같이 대우하겠다고 결정한 과정과 대마도 왜인들이 중간에서 '조선이 일본을 정벌하려고 한다'는 헛소문을 퍼트린 일에 대해 전후 시말을 분명히 하고 있다.

이 편지에서 조선이 일본 규슈 측에 전달하고자 한 뜻은 '잘못을 뉘우치지 않으면 대마도의 왜구를 모조리 잡아 죽이겠다'는 것이었다. 조선의 예조참의가 일본국 규슈절도사에게 보낸 이 외교서한은 큰 의미를 갖는다. 공식적인 외교문서의 하나로 간주할 수 있는 이 서찰을 통해 '도도웅와(종정성)가 대마도를 가지고 귀순하면 군

108. 세종 2년(1420) 11월 15일

사력으로 제압하지 않겠다'는 의사를 전달한 것이기 때문이다. 이것은 조선정부의 입장을 일본 규슈 정권에 통보하고, 서신에 밝힌 대로 하는 것이 규슈 측에도 도움이 된다는 사실을 인정하게 한 서찰이었다. 조선이 규슈九州 측과 대마도 정벌 문제를 놓고 합의를 한 정황을 엿볼 수 있는 기사가 있다. 규슈 측도 대마도와 불편한 관계라는 것을 알 수 있는 대화이다. 세종 2년(1420) 11월 3일 규슈절도사의 사신을 위로하면서 심부름 온 대마도 사람을 타일러 말하는 자리에서 규슈九州 사신이 나서서 말하였다.

"우리가 올 때 대마도에 들러서 도왜島倭(대마도 왜인)의 무례함을 알았습니다. 지금이라도 도왜가 성심으로 항복한다면 병선을 거두겠습니까. 그렇게만 된다면 내가 절도사에게 자세히 전달하겠나이다."

규슈절도사의 말이 끝나기를 기다렸다가 대마도에서 온 사신은 속히 돌아가서 도주에게 전달하겠다면서 대마도의 사정을 이야기하였다.[109]

"도도웅와는 규슈(九州)에 가서 돌아오지 않았고, 도도웅수는 아직 어립니다. 종준(宗俊)은 관직에서 쫓겨났으므로 섬의 일을 주장할 사람이 없습니다. 그러므로 회례사가 돌아올 때 무례하게 되었습니다."

종준의 자리를 도도웅수가 대신하면서 일어난 어쩔 수 없는 사정이라는 해명이었다.

그러나 여기서 한 가지 의문을 갖게 될 것이다. 종정무와 사미영감이 조선에 항복하고 귀순하였다면 이때 비로소 대마도가 조선의 땅이 된 것이고, 종정무·사미영감도 조선인의 자격을 가진 것이 된다. 그러니 이것이 대마도 영유권을 주장할

109. 세종 2년(1420) 11월 3일

수 있는 게 아닌가 하는 의문이다. 그러나 이것은 영유권 문제와는 별개의 일이다. 대마도 정벌에 앞서 대내전을 통해 일본국왕에게 소이씨 계열의 대마도 왜구를 치겠다고 통보함으로써 조선은 대내씨 측과 합의를 보았다. 그리고 대마도주의 신분에는 변화가 없었다. 조선은 종정성과 그 아비 종정무도 함께 대마도주로 인정하여 대마도를 그의 소유로 확정해 주었고, 거기에 더하여 조선의 관직을 내주었으니 사실 대마도주는 조선정부에 고마워해야 할 입장이었다. 이렇게 함으로써 조선은 일본과 왜라는 두 개의 외교채널을 열어두고 양다리외교를 유지할 수 있었다.

그러면 이 사건을 계기로 어찌 해서 조선 정부는 대마도를 조선령으로 편입하는 절차를 갖지 않은 것일까? 다시 말해서 사미영감·종정무의 항복과 귀순 표시 직후에 조선은 일본에 '대마도가 조선 땅이 되었다'고 통보하고 그에 따른 절차를 밟았어야 마땅한데 왜 조선은 그와 같은 후속조치를 취하지 않았던 것일까? 혹시 곡식이 나지 않아 아예 쓸모없는 땅이니 정벌은 하되 조선의 것으로 삼지는 않으려 했던 것일까?

대마도주가 항복과 귀순을 해왔다면 대마도 귀속문제는 결론이 난 것이 아닌가? 그렇다면 이후 대마도주를 통해 일본에 보낸 외교문서에는 '조선국 대마도주'로 썼어야 하지 않는가? 왜 그것을 바꾸지 않고 조선은 이성계 때부터 줄곧 '일본국 대마도주'라는 호칭을 쓴 것일까? 『조선왕조실록』은 태조 이성계 때부터 고종 때까지 '일본국 대마도주'로 적었다. 태종과 세종은 '대마도는 경상도에 매여 있는 조선의 섬'이라고 누누이 밝혔고, 종정무·종정성의 항복과 귀순을 받아들인 것으로 『조선왕조실록』에 적었으면서 왜 정식 외교문서는 물론 『조선왕조실록』에 대마도를 계속 '일본국 대마도'로 적은 것일까? 그것은 대마도가 조선의 땅이 아니었기 때문이다. 조선과 일본 양측은 외교적으로 대마도를 일본 땅으로 서로 인정하고 있었고, 다만 조선은 왜구 퇴치라는 목표와 명분에 그친 것으로 볼 수밖에 없는 것이다.

세종시대 대마도의 조선명은 두지도豆只島였다

대마도는 중국의 역사서인 『삼국지』 왜인전에 맨 처음 보이는 이름이다. 본래 우리말 '두 섬'을 일본 식으로 읽어서 쓰시마 또는 나루섬[津島]이라는 의미로 불렸다고 한다.[110] 우리는 전통적으로 마도馬島라는 이름으로도 불렀다. 고려시대 말을 풀어 방목한 데서 시작된 이름이라고 한다. 조선통신사의 기록인 『해유록』에는 대마도의 별명이 방진이라고 하였다. 섬의 생김새가 길쭉한 타원형으로 네모나게 생긴 데서 비롯된 이름이라 한다. 그런데 중국과 일본의 기록에는 전혀 나타나지 않는 대마도의 본래 이름이 『조선왕조실록』에 유일하게 전해지고 있다. 두지도豆只島라는 이름이다. 세종 23년(1441) 임금은 우승지 이승손李承孫을 가까이 불러 다음과 같이 일렀다. 승지承旨는 왕명의 출납과 국왕의 문서를 담당하는 일종의 문서보좌관이다.

"… 옛날 신라의 후예가 다대포(多大浦)[111]에 가서 놀다가 장가들어 아들을 낳았는데, 지금의 대내전(大內殿)이 바로 그 후손이다. 이런 까닭으로 태종 때 대마도의 왜인이 우리 국경에 들어와 도둑질하자 대내전이 대의로써 죄를 묻고 그 부락을 무찔러 죽였으니 그들이 본국과 선조를 생각하는 의리가 진실로 가상하다. 그 뒤에 대내전이 백제 땅에 들어와 농사짓기를 애걸하므로 태종께서 여러 경(頃)의 땅을 허락해 주고자 하였다. 그러나 대신들이 모두 반대하였다. '한 치의 땅이라도 가볍게 남에게 줄 수 없다' 고 하므로 허락하지 않았던 것이다. 지금 생각하면 이는 만세에 좋은 계책이었다. 이제 왜인이 고초도(孤草島)에 들어와 고기를 낚아서 살기를 청하므로 '고초도는 우리나라 땅이고 변경이 가까우므로 허락할 수 없다' 고 하였으니 이것 역시 좋은 계책이다. 내 생각에 대마도는 바로 두지도(豆只島)이다. 김중곤(金中坤)의 노비문기(奴婢文記)에 '(김중곤의 노비 아무개는)

110. 본래 '섬'과 '시마'는 자음 sh, m(shima)이 서로 같아서 그 뿌리가 같은 말로 볼 수 있다. 다만 '시마'(しま)에서 섬이 나왔는지, 섬에서 시마가 분화했는지는 분명치 않다. 한 계통의 말로 판단하는 데에는 무리가 없다.

111. 이곳은 지금의 부산 앞에 있는 다대포가 아니라 일본의 다다량포(多多良浦)를 가리킨다.

두지(豆只)에 사는 사람이다' 고 하였다. 그러니 대마도는 곧 우리나라 땅인데 왜인과 무슨 관계가 있는가! 허락하지 않음이 이치에 합당하다. 그러나 왜인이 간절히 청하니 우리가 이웃을 사귀고 작은 나라를 사랑하는 의리상 허락함이 옳은 것 같다. 하물며 왜인이 고기잡이로 살아가니 그 생활 또한 가엾다. 지난번에 황희와 박안신(朴安臣)은 '고기 잡는 배는 모르는 척하는 게 좋습니다' 라고 하였고, 그 나머지 대신들은 '엄히 금하고 끊는 것이 마땅하다' 고 하였다. 그렇지만 만약 허락하지 않으면 그 생활이 심히 곤궁하여 몰래 내왕할 터이니 형편상 금하기 어렵다. 그렇다고 또 허락하면 왜인이 우리 땅에 들어와서 맘대로 이익을 취하게 될 것이니 불가한 일이다. 더구나 만약 떼를 지어 오고가면 불측한 화가 있을까 염려되니 어떻게 할 것인가. 그것을 의논하여 아뢰라."[112]

여기서 노비문서에 대해 간단하게 설명해야겠다. 노비문서는 반드시 호조戶曹의 감동관監董官이 확인하여 작성하고 그의 수결手決과 관인官印이 있어야 효력을 가졌다. 노비문서의 관인은 기록된 내용을 다 덮을 정도로 커서 문서에 찍으면 글자 하나라도 고칠 수 없게 되어 있으며, 노비의 거주지와 소유자, 노비의 성별과 나이, 노비의 자식관계 등 필요한 모든 사항이 기록되었다. 갖춰야 할 사항이 모두 기록되었는지를 반드시 확인하고 감동관이 노비문서 세 벌을 만들어 노비의 주인과 주거지의 관청 및 중앙의 장예원에 나누어

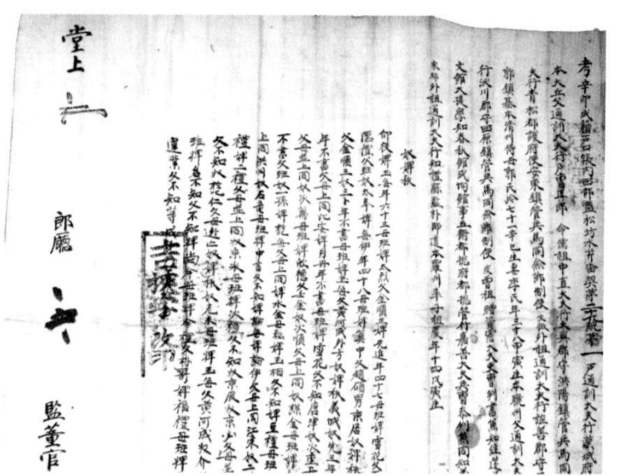

조선의 공신과 사대부가에 내려준 노비질(奴婢秩). 좌측 상단에 堂上(당상)이라 썼다. 당상관 낭청(郎廳) 감동관(監董官)의 수결을 하고 직인을 찍었다. 사진에는 나타나 있지 않으나 이 문서는 건륭(乾隆) 36년 즉, 1771년(영조 47)에 37세의 한성부(漢城府) 주부(主簿, 정5품) 서탁수(徐琢修)에게 나라에서 내려준 반비(班婢, 양반 출신 노비)와 반노(班奴, 양반 출신의 노복) 수십 명의 이름과 나이, 그들의 아비 또는 어미 이름을 자세히 적었다. 이 노비질을 받은 이의 증조부 문징(文徵)과 조부 종선(宗選), 부친 명유(命儒)까지 그 직위와 직책을 상세하게 적었다(저자 소장).

112. 세종 23년(1441) 11월 21일

두는 것이 관례였다. 게다가 조정의 중신들에게는 노비를 나누어주고, 그 증표로써 노비질奴婢秩도 함께 주었다. 따라서 노비의 이동이라든가 노비의 수를 지방과 중앙에서 그때그때 쉽게 알 수 있는 것이 조선 사회의 체제였다. 세종은 경복궁 내 장예원 관리에게 경상도 동래부의 노비안을 찾아보게 했는데, 그 중 김중곤의 노비문서에 그 노비의 출신지가 두지도豆只島로 되어 있으며, 두지도가 바로 대마도라고 세종 자신이 말한 것이다. 책벌레처럼 공부를 하였고, 많은 문적을 들춰내어 찾아보고 내린 이야기일 것이니 노비문서를 찾아서 두지도라는 이름으로 불렀다고 한 세종의 주장에는 상당한 신뢰가 간다. 그런데 두지도는 두지포에서 비롯된 이름이다. 천모만(淺茅灣, 아소완) 입구에 있던 포구로서 두지포는 대마도의 대표적인 요충이었다. 1419년 세종의 기해동정 때도 조선 군대의 수군 일부가 이 두지포에 먼저 상륙하여 섬을 공략하였다. 이와 같이 세종대 이전에 대마도를 이미 두지도라 부른 사실을 감안할 때, 대마도는 일찍부터 한국인과 왜인들의 잡거지대였던 것 같다. 대마도가 본래 쓰시마나 대마도가 아니라 두지도라고 한 것으로 보아 두지도의 '두지'를 혀 짧은 왜인들은 '쓰시'로 읽었으며, 여기에 '시마'를 결합하여 쓰시마로 정착된 것으로 이해할 수도 있다.

앞의 예문에서 이승손에게 세종이 말한 내용은 두지도(대마도)가 원래 우리 땅인데 왜인이 들어와 살면서 문제를 일으키는 마당에 고초도까지 열어주면 대마도가 왜인들에게 점령된 것처럼 고초도마저 똑같이 될 것이라는 염려에서 대신들은 잘 판단하여 어떻게 할지를 결정해서 보고하라는 것이었다.

그런데 임진왜란과 정묘호란을 겪고 한참이 지난 뒤인 인조 26년(1648) 일본에서 전해온 기록에 대마도는 일본의 영토임을 알 수 있다. "예수교 무리가 천천영결天川永決 등의 심복이 되어 지난해 9월 천천영걸의 배 2척에 나누어 타고 나가사키長崎에 와서 정박하고 있었다. 배 한 척에 1천여 명씩 타고 있었는데 수색하여 체포하려 하자 돛대를 올리고 달아났다. … 집정執政이 도주에게 글을 보내어 '적들이 … 몰래 조선의 국경으로 들어가 대마도를 거쳐 (일본으로 다시) 들어올 수도 있으니 도주는 대마도에 머물러 있으면서 뜻밖의 변에 대비하라. 그리고 조선에 통보하여 만일 의심스러운 배가 표류해 오거든 반드시 붙잡아 보내게 하라."고 했다는 왜인 평성춘平成春의 말[113]에서도 '(예수교의 무리들이) 대마도로 들어간 뒤, 그곳에서 우회하여 다시 일본으로 들어오려 한다'고 염려하고 있다. 이 기사는 왜인 평성춘을 대마도에 보내어 도주를 통해 이 같은 사실을 조선에 알려 예수교도들이 대마도를 거쳐 조선이나 일본 본토로 우회 침투하는 일이 없도록 단단히 대비하라고 일렀다는 것이다.

세종이 궁중아악 정대업에 담은 기해동정

세종은 많은 업적을 남긴 현군이었다. 그는 정치와 외교에서 탁월하였다. 정복자로서의 면모도 대외에 잘 드러내었다. 북방 4군6진을 개척하고 야인(여진족)을 잘 다스렸으며, 그들을 귀화시켜 조선의 선량한 신민으로 만들었다. 세종은 조선을 태평세대로 이끌었다. 과학을 발전시키고 병기를 개량하여 국방을 튼튼히 다졌다. 동시에 세종은 뛰어난 언어학자였으며 훌륭한 음악가이자 작곡가였다. 그는 재위기간에 향악과 아악을 정리하고, 여러 가지 궁중음악의 작곡에도 관여하였다. 직접 작곡한 음악도 꽤 많이 전해오고 있다. 기해년(1419) 6월 하순 거제 동쪽 바다를 뒤덮은 조선 수군 선단의 위용과 당당함을 훗날 세종은 정대업定大業에 담았다.[114]

'정대업'은 태종과 세종의 여진정벌과 대마도 정벌에서 거둔 무공을 찬양한 노래이다. 정대업은 국가의 근간인 영토와 백성을 안정시키기 위한 대업의 기초를 세웠다는 의미로서 동북지역(함경도) 야인과 남방의 왜구 정벌을 그린 내용이다. 모두 2편으로 되어 있으며 그 중 '진요震耀'[115] 편이 1419년 대마도 정벌을 표현한 곡이다.

> "벌레 같은 섬 도적들이 험한 길만 믿고 우리 은덕을 모른 체하고 변방을 못살게 구니 분노하여 정벌을 명하셨네. 망망한 바다 위에 웅기중기 돛대가 떠간다. 가

113. 「인조실록」 중 인조 26년(1648) 4월 16일의 기록.

114. 이때의 대마도 정벌을 기해년에 동쪽으로 원정 나간 일이라 해서 기해동정이라고도 한다.

115. 정대업의 '진요(震耀)'는 2편으로 되어 있다.

는 건지 노는 건지, 흉한 무리가 놀라는구나. 무수한 깃발이 해를 가리니 왜국이 벌벌 떨었다. 제도를 엄숙히 하여 군사를 재촉하니 우리 군사 당당하다. 배마다 북소리 우렁차고 종소리 드날리네. 소굴을 쳐부수고 보금자리 뒤엎으니 활활 타는 큰 불길에 새털 하나 타듯 하고, 고래를 무찔러도 물결 하나 일지 않네. 백성을 안유하니 나라가 편하도다."[116]

정대업은 노래와 춤의 반주음악으로 사용된 춤곡이다.[117] 모두 15곡[118]으로 구성되어 있다. 이씨 왕가 조상들의 무공을 찬양한 한문가사를 노래로 만들어 부른 것으로서 이후 종묘제례에서 일무佾舞로 연향되었다. 일무는 오와 열을 각기 8명씩(64명) 맞춰서 궁중제례에서 추는 춤. 64명의 춤꾼과 8은 주역의 8괘와 64괘를 상징한다. 『시용무보』에 의하면 이 춤곡은 검을 휘두르는 모습(검기법)이나 사람을 칼로 찌르고 베는 모습과 같은 살상의 몸짓[119]을 춤으로 표현한 것이다. 기해년 대마도 정벌 당시 조선 군대의 전투와 승전 모습을 표현함으로써 그 아버지 태종의 위업을 길이 기리기 위한 것이었다. 다시 말해서 궁중 및 종묘제례에서 사용된 음악, 즉 정악正樂에 쓰기 위한 무곡舞曲인 것이다.

조선군대가 거둔 성과를 너무도 기뻐하여 세종 자신이 직접 곡을 만들고 가사를 붙여 춤과 음악으로 대마도 정벌 당시의 모습을 그린 것이니 피해로 얼룩진 조선의 역사에서 야인과 왜구 정벌이야말로 흔치 않은 쾌거였다고 할 수 있다. 이후 조선 왕가는 정대업을 일무와 함께 조선의 정악으로 종묘에서 연향함으로써 이씨 왕가의 조상들을 위로하는 중요한 의식으로 삼았다. 그것은 조선의 신민 모두가 마음에 품은 긍지와 자존심이기도 하였다.

116. 세종 29년(1447) 6월 4일

117. 「세종실록」 138권에는 정대업지무악부(定大業之舞樂府)라는 이름으로 올라 있으며 이것을 줄여서 정대업지악(定大業之樂)이라고도 한다.

118. 소무(昭武) · 독경(篤敬)으로부터 진요 · 숙제(肅制) · 영관(永觀) 등에 이르기까지 총 15개의 악곡으로 구성.

119. 擊刺之狀

제5부

조선에 숙위로 온 대마도 왜인들

- 대마도주, 조선 궁궐에 대마도 왜인 파견

세종1년의 기해동정이 있은 직후, 조선은 대마도 수호로부터 항복을 받아내었다. 그것은 일찍이 이성계가 대마도와 일기도를 정벌할 때 대마도의 항복을 받아낸 뒤, 23년만에 항복을 재확인한 것이나 다름없었다. 이에 따라 조선은 대마도를 종씨 일족에게 봉토로 내준 것으로 여기고, 사미영감과 종정무를 '대마도주'로 인정하였다. 일본과 조선이 공식적으로 인정한 호칭은 '일본국 대마주태수'였으나 조선은 여기에 '대마도주'를 추가해주었다. 이렇게 해서 대마도를 종씨 일족의 개인 사유지로 만들어준 쪽은 조선이었다. 그리고 이를 근거로 대마도주에게는 조선의 대일외교의 전달자 역할을 맡겼다. 아울러 대마도주는 신속臣屬의 표시로써 조선 궁정에 종씨 일족을 숙위로 보냈다.

대마도 평도전·평노전 형제의 숙위와 배신

조선 정부는 대마도 왜인들을 본토의 일본인들보다 한참이나 낮춰 보았다. 백제 성왕계인 규슈의 대내씨大內氏 계열은 일본으로, 대내전 등의 정치세력과 경쟁관계에 있던 소이씨 계열은 왜 또는 왜구로 하대하고 비하하였다. 그것은 조선인의 민족적 자존감과 문화적 우월감에 기인한 것이었지만, 그보다는 조선인들로서는 상상도 할 수 없는 왜구의 야만적 습성과 노략질 때문이었다. 조선인들에게 왜인들은 약탈과 강간·살인·방화 같은 끔찍한 짓들을 떠올리게 하는 대상일 뿐이었다. 그래서 비루한 무리로 간주하였고, 개돼지만도 못한 부류로 멸시하였다. 그럼에도 세종은 자신의 치세에 순종하는 왜인들에 대해서는 관대함을 보였다. 왜인들에게 상벌을 분명하게 적용하면서 조선 정부에 협조적인 사람들에게는 관직도 주고, 먹을 것과 입을 것 그리고 살 곳과 직업도 마련해 주었다. 이런 정책에 따라 나타난 것이 이른바 대마도 왜인의 숙위宿衛이다.

종정무는 처음으로 세종에게 평도전平道全을 보내 숙위하게 하였다. 그것은 조선 밖의 왜인으로서 조선에 충실히 따른다는 것을 의미하였다. 조선의 외신外臣이자 번신藩臣으로서[1] 도주 자신이 조선에 대하여 충실한 신속관계를 표시한 것이었다. 대마도주와 친속관계에 있는 사람을 조선의 궁정에 숙위로 보냄으로써 조선 국왕에게 순종과 복종을 분명히 한 것이다. 이것은 정치적으로 아주 중요한 상징적 의미를 갖는다.

숙위는 쉽게 말해서 궁중수비군이다. 궁정의 친위조직으로서 왕과 그 일족을 보호하는 수비대의 일원이다. 궁중에서 숙식을 하면서 궁궐과 왕족을 지키는 근위대이자 시위군으로, 숙위는 중국 당나라에 그 기원을 두고 있다. 당나라가 주변 여러 소국에 시행한 일종의 기미 정책이 숙위였다. 당나라 궁정에 주변국들이 왕자를 보내어 시위侍衛하게 한 것이 애초 숙위의 시작이었다. 그런데 사미영감과 종정무는 종씨 일가를 조선에 숙위로 보냈다. 맨 처음 숙위로 온 대마도 왜인은 평도전

1. 외신(外臣)이나 번신(藩臣)은 모두 나라 밖 부용국의 신하를 의미한다.

인데, 그에 대해서는 세종 2년(1420) 11월 3일의 기록에 비교적 자세하게 실려 있다.

그러면 숙위는 구체적으로 어떤 존재였을까? 숙위는 일차적으로 인질의 성격을 갖고 있다. 숙위는 당나라 주변의 여러 나라 왕자들이 당나라 궁정에 머물면서 황제를 모시고 황실의 권위를 높여주는 의장대로 시작하였다. 쉽게 말해서 중국 주변국의 왕자들로 구성된 시위대이다. 중국의 기록에 "무릇 주변 국가는 신하를 자처하며 아들을 보내어 인질로 삼았다."[2] 고 한 내용에서 보듯이 숙위의 기본적인 성격은 인질이었다.[3] 신라 김춘추가 당 황제를 직접 찾아가 그 아들 김문왕金文王을 숙위하게 한 것[4]이 우리나라 최초의 숙위였다. 그러나 김문왕의 경우 인질로서의 숙위였음은 분명하지만, 그것만으로는 숙위를 충분히 설명하기 어렵다는 연구도 있다. 다면적으로 이해할 필요가 있다는 것이다. 그래서 "(당의) 숙위는 통일신라의 대당외교에서 나타난 특이한 형태였다. 즉 조공이라는 전통적인 외교방식에다 인질과 당의 국학입학생이라는 세 가지 요소가 혼합된 존재"라는 주장이 제기되었다. 이 외에 "숙위는 인질적인 성격의 조공사朝貢使였다"는 견해도 있다. "진덕왕 2년(648) 김춘추와 그 아들 문왕이 함께 조공한 이후 경문왕 10년(830) 김인金因에 이르기까지 신라가 당나라에 보낸 숙위는 모두 16명이 있었는데, 이들 역대 숙위는 예외 없이 조공사였다"[5]는 분석이 그것이다. 요약하자면 숙위는 다양한 성격을 갖고 있다. 그래서 ①조공사 ②인질 ③문화사절 ④무장 ⑤당 황제의 외교고문 내지 상주 외교사절 등으로서의 성격을 갖는다[6]고 파악하고 있다.

그러나 대마도의 경우는 달랐다. 평도전은 단순히 인질로서 조선의 궁정에 머물러 있었다. 세종은 누차 평도전을 인질이라고 말한 바 있으니까 그것은 분명한 것

2. 『책부원구』권 936, 외신부 41, 納質
3. 『자치통감』권 193 唐紀, 『신당서』권97 魏徵
4. 『삼국사기』 권5
5. 신형식, 『신라통사』 p.423, 주류성, 2004
6. 신형식, 『신라통사』 p.423~437, 주류성, 2004

이다. 평도전의 동생 평노전도 함께 숙위를 하였다. 그들 형제는 당나라의 숙위처럼 국학에 입학하여 공부를 한 것도 아니고, 조공 사절로 들어와 있는 것도 아니었다. 대마도에서는 1419년 기해동정 이후, 종정성이 적극적으로 숙위를 보냈다. 이들 대마도 숙위는 인질로서의 성격이 분명하다. 그러나 종정성이 정작 조선에 숙위를 보낸 까닭은 다른 데 있었다. 조선 정부의 실정을 탐지하기 위한 밀정으로 이용하려 한 것으로 보인다.

종정성[7]이 보낸 구리안仇里安 또한 숙위 문제를 거론한 바 있는데, 이들 숙위의 성격을 보면 대마도주는 조선의 국왕에 대해 표면적으로는 절대적인 복종을 표시하면서 조선 조정의 동태를 파악하기 위한 목적도 있었음이 분명하다. 대마도 왜인의 숙위는 조선 정부의 대마도 왜인들에 대한 이해를 높이는 데도 도움이 되었을 것이다. 대마도와 조선 정부 사이의 소통에도 큰 역할을 하였을 것이며, 숙위를 통해 대마도주는 더 많은 것을 얻기를 기대했을 것이다. 조선으로부터 입은 은덕이 지대했음을 사미영감과 종정무 그리고 종정성이 인정하고 있는 다음의 기록에서도 숙위 관계를 엿볼 수 있다.

> "… 또 종정성이 항상 그 아비 '정무(貞茂)'가 살아 있을 적에 임금의 은혜를 두텁게 입었고, 그가 죽은 뒤에도 사람을 보내어 부조를 하셨으니 나라의 은혜가 망극하옵니다. 1~2백 명을 왕궁에 보내어 숙위하고자 하여도 바다로 막혀 있는 먼 섬이라 마음대로 하지 못하니 용서하여 주십시오."[8]

평도전은 숙위로 파견되어 조선에 들어올 때 호군[9] 벼슬을 받았다. 즉, 호군으로 숙위를 시작하여 관직이 상장上將[10]에 이르렀다. 평도전은 본래 종정무의 대관代官

7. 도도웅와(都都熊瓦)란 이름도 함께 썼다.

8. 禮曹語宗貞盛使人仇里安曰 … 且貞盛常言 貞茂生時 厚蒙聖恩 身死之後 遣使致賻 聖恩罔極 欲遣一二百人宿衛 但以隔海異域 不得如心 伏乞照恕 … [세종 3년(1421) 4월 7일]

9. 호군(護軍)은 병조 산하 오위청의 정4품 무관직이다.

이었다. 평도전·평노전平奴田 형제가 어떤 과정을 거쳐 어떻게 숙위하였는지는 자료가 없어 자세히 알 수 없지만, 평도전 형제가 숙위에서 쫓겨난 과정만큼은 상세하다.

평도전 형제는 숙위로 있으면서 간첩질과 이간질을 한 죄를 지어 양덕陽德에 유배되었다. 유배당한 뒤로는 아무도 돌보지 않아 대단히 곤궁하게 살고 있었다. 다만 그의 처자식들에게는 조정에서 식량을 지급하고 있었는데, 그들 역시 사정이 딱했다. 그래서 조정 내부에서는 이들을 풀어주자는 의견도 있었다. 하지만 평도전 형제는 끝까지 풀려나지 못했다. 이적행위와 함께 죄질이 나쁘다는 것이 이유였다. 대마도 왜인으로서 왕의 은혜를 입어 3품 벼슬에 이르렀지만, 기해년 봄에 그 아들 망고望古가 나라를 배신하였고,[11] 평도전은 황해도에서 왜적을 잡을 때 싸우려 하지 않고 왜적과 서로 호응하였다. 그러나 태종은 그를 지방으로 추방하고 죽이지는 않았다. 그래서 대마도에서 평도전을 보내달라고 요청할 때마다 '그가 머리를 보전한 것만도 다행한 일'[12]이라고 대마도 측에 몇 차례 밝힌 바 있다.

그로부터 대략 5년 반 가량이 지난 세종 8년(1426) 11월 1일 소이전少貳殿[13]의 등원만정藤原滿貞이 예조에 서찰과 함께 예물을 바치고 대마도의 평도전·평노전 형제를 돌려보내 주기를 요청했다. 대마도주가 소이씨에게 부탁하여 조선 조정에 정식으로 요구한 것이었다. 이에 예조참의 김효손은 "평도전과 평노전 형제는 조정에 인질로 와 있던 몸으로, 국왕의 은혜를 두터이 입었는데도 간사한 마음을 품어 국법을 크게 어겼으므로 지방에 귀양 가 있는 중이다. ……"며 단호히 거절했다. 종정성이 다시 예조에 글을 올려 평도전을 돌려보내 주기를 간청하였지만 예조참의 김효손이 '평도전이 국법을 크게 어겨 목숨을 보전하게 된 것만도 그 은혜가 지극한 것으로 알라'고 답서로 대신하였다.[14] 대마도주의 심부름을 온 사람들이 평도전을

10. 오위청의 상장은 종2품직으로 중앙의 상층 요직이었다.

11. 이 경우의 배신이란 조선을 벗어나 대마도로 달아난 것을 이르는 말이 아닌가 여겨진다.

12. 세종 3년(1421) 4월 7일

13. 일본 축전주(筑前州)의 태재부(太宰府).

만나려 해도 만나게 해주지 않았으며 끝까지 그가 지방에 유배되었다고 하였을 뿐, 돌려보내지 않았다. 격리 차원에서 평도전을 지방에 유배하였던 것인데, 두 형제는 끝내 살아서 대마도로 돌아가지 못했다. 아마도 유배를 보냈다고 하였지만 실제로는 몰래 죽인 것이 아닌가 생각된다.

이후 대마도에서 숙위를 보냈다는 기록은 없다. 그렇다고 해서 대마도 왜인의 숙위가 평도전 형제로 끝이 난 것이 아니었다. 대마도나 일본에서 귀순한 왜인 중에서 쓸 만한 자들을 오위청[15]에 배속시켜 각자 능력에 맞는 벼슬을 주었다. 이들 오위청의 수직왜인[16]들이 바로 숙위였다. 서울 도성에는 서반(무반) 부서로서 중추부와 오위도총부라든가 오위청·훈련원·훈련도감·금위영·어영청 등이 있었다. 이 중에서 오위청은 궁궐 내 다섯 개 방위에 배치되어 궁궐수비를 맡았다. 오위청에는 최하 말단직인 사용司勇[17]·부사용副司勇[18]으로부터 호군·대호군·상호군에 이르기까지 15등급의 직위가 있었다. 평도전이 호군과 상호군(상장)을 지냈다는 것은 궁궐 수비군인 오위청에 배속된 숙위였음을 의미한다. 조선 정부는 대마도에서 온 사람들이나 왜인으로서 귀순한 사람들을 여기에 소속시켜 숙위로 삼았다. 그것은 조선 국왕이 나라 밖 신하에 대한 신뢰의 표시이기도 했다. 조선의 신민은 아니지만 은택을 베풀어 특별히 대우하고 있음을 과시하기 위한 측면도 있었다. 대마도인들이 조선 궁궐에 들어와서 숙위를 했다는 사실은 조선이 대마도 왜인들을 간접지배에 두고 동화하기 위해 노력하였음을 말해준다. 대마도 왜인들이 대마도주의 관할 하에 있었지만, 대마도가 조선의 정식 지배에 들어온 것이 아니라는 뜻이다. 다시 말해서 조선 궁중에서의 대마도 왜인의 숙위는 대마도가 조선령이 아니라 일본령이

14. 세종 8년(1426) 11월 1일

15. 五衛廳-五衛各所在闕內將上護軍 大護軍 護軍 副護軍 司直 副司直 司果 部將 副司果 司正 副司正 司猛 副司猛 司勇 副司勇

16. 조선으로부터 관직을 받은 왜인을 수직왜인(受職倭人)이라고 하였다. 신숙주의 『해동제국기』에도 이러한 수직왜인이 대마도에 18명, 일기도(壹岐島)에 3명, 치쿠젠(筑前)에 5명(총 26명)이 있었다고 기록되어 있다.

17. 오위청의 정9품 무반 관직.

18. 오위청의 종9품 무반 관직.

었음을 말해주는 명백한 또 하나의 증거인 것이다.

조선은 왜인의 귀화 및 동화정책에 적극적이었다

왜구가 극성을 부리던 고려 말에는 당장 왜구를 물리치는 일에 급급하였다. 그러나 조선이 건국된 뒤에는 왜구를 물리치면서도 왜인의 귀화를 적극적으로 받아주고, 달래는 강온 전략을 구사하였다. 왜구 격퇴 못지 않게 회유책을 써서 관직을 내주고, 먹을 것과 입을 것 그리고 사는 곳까지 챙겨줌으로써 투항과 귀순을 유도하기도 하였고, 귀순하는 왜인을 서울이나 전국 각 지역에 정착시켜 그들의 삶 또한 보살폈던 것이다. 조선 초기, 동북면(함경도) 지역과 압록강 너머에서는 여진족, 남쪽엔 왜구가 들끓어 남북 두 이민족이 정권에 부담을 주었다. 이에 조선은 과감하게 여진족들의 귀화를 받아들였고, 왜인도 선량한 경우에는 받아들여 살 집과 농토를 마련해 주었다. 직업도 찾아주었고 조선의 여인과 결혼시켜 정착을 도왔다. 해적질을 하는 왜구는 철저히 섬멸하되 착한 왜인은 정착시켜 함께 살도록 조처하는 정화(征和) 양면정책을 구사한 것이다.

왜구는 1350년부터 약 2백 년 동안 극성을 부렸다. 쉽게 2백 년을 둘로 나누어 전반 1백여 년은 한반도를 노략질하였고, 후반 1백여 년은 중국 동남해안을 주로 약탈하였다. 15세기 중반부터 왜구가 중국 동남해안으로 노략질 무대를 옮긴 것은 대마도 종가와 그곳의 왜인들을 이용하여 다른 왜인들을 조선이 통제한 결과이다. 고려에서 조선으로 교체되는 시기에 왜구는 정치적으로 적잖은 짐이 되었지만, 조선정부는 국초부터 대마도 왜인의 귀화를 거부하지 않았다. 오히려 적극적으로 권장하였다. 그들에게 식량과 의복·주거지 등을 넉넉하게 주고 정착할 수 있도록 배려하였다. 이런 조치는 인구를 늘리고, 농지를 개척하며 생산성을 높이기 위한 일종의 경제정책의 일환으로 이해해도 좋을 법하다.

조선 건국 후 기록상 처음으로 왜인이 귀순한 것은 태조 5년(1396)이었다. 대마도의 수뇌부들이 지금의 경북 축산에 와서 항복하자 이성계는 이들에게 양식을 내주고 울주(=울산)에 살게 하였다. 그런데 그들 중 일부가 얼마 후 조선의 관리를 협박하여 달아났다. 상만호·부만호副萬戶·삼만호三萬戶에게도 집과 옷과 먹을 것을 주어 서울에 살게 해주었는데, 그 중 상만호가 밀양으로 내려가서 갑자기 약탈하고는 대마도로 달아난 것이다. 그해 1월엔 다시 왜인 구륙仇六과 비구시지非疚時知가 항복해왔다. 이에 구륙은 만호, 비구시지는 백호百戶로 삼았다. 또 1397년 2월 27일, 박인귀朴仁貴 등이 대마도로부터 돌아오면서 왜구에게 잡혀 있던 울주의 이은李殷을 데리고 왔는데, 그때 왜선 10척이 따라와 항복하겠다고 빌었다. 조선 정부는 이들 항복한 왜를 전국에 나누어 정착하도록 도와주었다. 조선 정부는 투항하여 온 왜인은 노비로 삼지 않았다. 그리고 그들 중에서 쓸 만한 자에게는 적당한 벼슬도 주었다. 조선에 귀순해서 들어와 사는 왜인들은 여러 종류가 있었다. 투화왜인(=귀화왜인)과 조선의 관군에게 항복한 항화왜인降化倭人 등이 있었다. 이들에게는 조선의 직위와 직책을 주어 정착을 도왔다. 이처럼 조선에서 관작을 받은 왜인들을 수직왜인[19]이라고 하였다. 대개 충성을 바치고 공을 세운 왜인에게는 오위청五衛廳의 군직을 주어 수직인[20]을 만들고 세견선의 내왕을 허락하였는데, 이것이 소위 조선 궁궐에 머물며 대우받은 대마도 왜인의 숙위이다. 물론 수직왜인의 세견선은 다른 사람을 보낼 수 없게 되어 있어서 반드시 자신이 와야 했지만[21] 이것 역시 왜인의 귀화 및 동화정책에서 나온 배려였다.

태조 6년(1397) 봄에도 항복하는 대마도 주요 인물들이 있어 후하게 대접하였다.[22] 태조 7년(1398) 대마도에 잡혀가 있던 조선인 8명을 왜인 9명이 데리고 돌아

19. 수직인(受職人)이라고도 한다.

20. 수직인(受職人)은 조선의 벼슬을 받은 왜인을 이른다. 대개 조선에 충성을 바치고 공을 세운 자에게 오위(五衛)의 군직을 주어 세견선의 내왕을 허락하였는데, 수직인의 세견선은 다른 사람을 보낼 수 없고, 반드시 자신이 와야 했다[『해동제국기(海東諸國紀)』].

21. 『해동제국기(海東諸國紀)』

22. 이성계는 1398년(태조7)에 항복한 구륙을 등륙(藤六)으로 이름을 고치고 중랑장 벼슬을 주었으며, 또 다른 항왜 나가온(羅可溫)을 받아들여 임온(林溫)으로 이름을 바꿔주었다. 또 임온이 데리고 온 망사문(望沙門)을 지문(池門)으로 고쳐주고, 곤시라(昆時羅)는 등곤(藤昆)으로, 사문오라(沙門吳羅)는 오문(吳文)으로, 삼보라평(三寶羅平)은 장보(張寶), 오음보(吾音保)는 신오(信吾), 망시라(望時羅)는 장망(張望)으로, 아시라(阿時羅)는 표시(表時)로 개명하여 조선인으로 편입하면서 각기 벼슬을 내주었다.

오자 왜인들을 전국의 주현州縣에 나누어 살게 한 것이 기록상 왜인을 정착시킨 세 번째 사례이다. 그리고 태종 6년엔 왜인 박생朴生·옥지玉芝·오인吳仁 등이 항복하였고, 태종 7년(1407) 4월 19일에도 대마도의 왜인 남녀 58명이 와서 귀순하자 이들 역시 받아들였다.[23] 세종 시대에는 더 많은 항왜를 받아들였다. 대마도 왜인 평도전·평노전을 받아들여 호군護軍[24]이란 무관 벼슬을 주어 숙위를 하게 한 것도 왜인 동화정책이었다. 평도전은 태종 재위시 대마도를 여러 차례 오고 갔다. 일본을 오가며 일본과의 교류에 힘쓴 조선인 이예李藝 역시 호군을 지낸 바 있어 평도전과 이예는 같은 신분, 같은 직위를 누렸던 것이다. 조선에 순응하는 왜인이면 차별을 두지 않는다는 원칙을 지킨 것으로 볼 수 있다. 세종은 그 후로도 왜인 귀화정책을 더욱 적극적으로 추진하여 대마도 왜인을 과감히 받아들여 동화시키는 정책을 폈다.

이 외에도 세종은 대마도에 표류했거나 잡혀갔다 돌아온 사람들도 정착시켜 편안히 살 수 있도록 해주었다. 대마도에 잡혀갔다 돌아온 조선 여인 성구지性仇之가 좋은 예이다. 그는 친척도 없고, 집도 없는 몸이어서 그 소재지의 수령으로 하여금 의복과 식량 등을 주도록 하였다.[25]

조선에 정착한 왜인들은 대개 잘 살았다. 순순히 투항하는 왜인을 조선 정부가 너그럽게 받아들여 대우하였지만, 해적질을 하다 잡힌 왜구나 불량한 왜인은 가차없이 죽여 버렸다. 물론 일부는 살려서 노비로 삼아 관아에 배치하고 철저히 감시하였다.

세종 1년(1419) 9월 4일, 태종은 '그해 여름 대마도에서 잡아온 왜적과 태조 때 일기도를 정벌하면서 포로로 잡아온 왜적들을 전례에 따라 깊고 먼 고을로 내려 보내어 노비로 삼으라'고 조처한 일이 있다.[26] 또한 대마도를 정벌하면서 잡아온 좌위문삼랑左衛門三郎과 등차랑藤次郎을 노비로 삼아 지방에 내려 보냈었는데, 두 사람은 본

23. 대마도 왜인 남녀 58명이 와서 투항하였다[對馬島倭男女五十八名來投. 태종 7년(1407) 4월 19일].

24. 병조 산하 오위청의 정4품 관직. 오위청은 일종의 궁궐수비대이다.

25. 세종 16년(1434) 3월 25일

26. 세종 1년(1419) 9월 11일

래 대마도의 호족이었다는 말을 듣고, 태종이 서울로 불러 올려 집을 주고 양가집 딸을 아내로 주었다. 왜인 본래의 신분을 유지시켜 동화정책을 적극 추진한 것이다.

조선에 귀화한 왜인들에게는 음식과 의복 등 물건을 넉넉히 주었다. 태종은 좌위문삼랑과 등차랑에게 각기 핫저고리 두 벌과 명주·모시·갓신·모관·쌀 30석을 하사하고 좌위문삼랑에게는 '돌아갔다가 올지 말지는 네 마음대로 하라'면서 대마도로 보내주었다. 태종이 "서울에 남아 있는 너의 두 아들은 내가 잘 보호하여 줄 터이니 걱정 말라"고 안심시켜 돌려보냈을 정도로 왜인의 귀화와 정착을 적극적으로 추진하였다.[27] 이처럼 귀순한 왜인이 대마도를 맘대로 오갈 수 있도록 허락해준 것도 귀화정책의 하나였다. 실제로 귀화한 왜인 지문池文은 부사직副司直[28]을 받았는데, 그가 고향 대마도로 돌아가 부모를 보려 한다고 하자 옷 두 벌과 갓·신·술·쌀을 내려주며 다녀오도록 해주었다. 지문은 부모처자와 헤어진 지 8년만에 이예를 따라 대마도에 갔다 돌아왔다.[29]

동래부사가 왜인 사신을 접견하는 모습을 사실대로 기록한 그림으로, 말하자면 접견 순간을 사실적으로 표현한 기록화이다. (국립중앙박물관 소장, 동래부사접왜사도 부분)

세종의 왜인 귀화·이주 정책은 어느 정도 효과를 보았다. 그래서 그의 치세에는 대마도에서 귀순하는 사람이 늘었다. 조선에 귀순하는 왜인들은 때로는 예물을 바치기도 했고, 대마도에 잡혀간 조선인이나 중국인을 함께 데려오는 경우도 있었다.

27. 세종 4년(1422) 12월 20일

28. 오위청 소속 종5품 무관직

29. 세종 8년(1426) 2월 9일

세종 시대에도 대마도에 잡혀간 중국인이 의외로 많았다. 상호군上護軍[30] 최운崔雲을 보내어 대마도 정벌 때 구해온 중국인 남녀 142명을 요동으로 되돌려 보낸 것[31]이나 잡혀갔던 중국인 5명이 대마도에서 도망하여 돌아오자 요동으로 보내준 것[32]만 보더라도 대마도에 잡혀간 중국인이 꽤 많았음을 알 수 있다. 고려 말부터 조선 전기에는 매우 많은 수의 고려인과 조선인 그리고 중국인이 대마도로 흘러 들어갔다. 포로나 표류민은 그때그때 보내왔지만, 서남해안에서 붙잡아간 양민 중에는 돌아오지 못한 사람도 많았을 것이다.

조선은 대마도 왜인을 '잠재적 왜구'로 파악하되, 다만 선량한 자들은 조선의 신민으로 받아들여주는 정책을 유지했다. 이런 식으로 세종은 귀화 또는 투항하는 왜인이나 여진족에게 관대했다. 대마도의 왜인이 굶주려 도망해 오자 이들을 어떻게 할지에 대한 의견이 분분하였다. 대마도는 아침저녁[33] 끼니를 조선에 의존하여 사는 터이고, 이들을 포박해 보내면 반드시 대마도주가 죽일 것이니 불쌍하지만 받아들이지 말자는 반대의견도 있었다. "배고픔을 면하려고 오는 자들이 의복·식량·토지를 받아 배를 채우면 도망할 것이 분명하다. 또 기아에 떠는 자가 조선에 가면 잘 살게 해준다더라는 말을 듣고 계속 밀려오게 되면 감당하지 못할 것이다. 국가에 이익은 없고 손해만 가져올 것이니 일체 받지 말아야 한다."는 최윤덕의 반대[34]에도 세종은 귀화정책을 밀고 나갔다. 대마도의 왜인 남녀 14명이 내이포[35]에 와서 "의지할 친척도 없고 생활이 어려워 해변에 살면서 고기도 잡고 술도 팔아 생활하기를 원한다"고 하자 들어주고 내이포에서 살게 해 준 것[36]도 그의 포용정책에서 나

30. 오위청의 정3품 무인직으로서 당하관이었다.
31. 세종 1년(1419) 8월 7일
32. 세종 1년(1419) 8월 25일
33. 조선시대에는 아침과 저녁 두 끼만을 먹었으므로 이런 표현이 나온 것이다. 이 당시 최상층의 대가집이나 세 끼를 먹은 것으로 기록되어 있다.
34. 세종 16년(1434) 3월 7일
35. 제포의 다른 이름.
36. 세종 8년(1426) 1월 3일

온 조치였다. 대마도 왜인 사근고라沙斤古羅가 흉년으로 굶어죽을 지경이 되자 처자식과 함께 중국인 4명을 데리고 나와 조선에 머물러 살기를 원한다고 호소하자 중국인은 북경으로 보내고, 왜인들을 충청도 내륙 각 고을에 안치하면서 의복·식량 그리고 논밭과 집을 내주었다.[37] 그리고 대마도 왜인 변삼보라邊三甫羅 등 3명이 정착하기를 원하자 그들의 소원 대로 살게 해주었다.[38] 또 아들[39]과 딸[40]·남편 고라시라古羅時羅를 찾아 대마도를 떠나온 왜녀 아마이소阿磨而所를 경북 순흥 땅에 정착시켜 아들과 어머니·동생이 함께 살도록 해주었다.[41] 그때 아들 삼미삼보라는 봉화군에 있었다. 아들 삼미삼보라와 딸 감인주·남편 고라시라는 기해년(1419)에 장사를 하려고 부산포富山浦에 배를 대었다가 졸지에 이산가족이 되었다. 대마도를 정벌하면서 삼포에 거주하던 왜인들을 각 고을에 나누어 살게 하는 바람에 뿔뿔이 흩어져 이산가족이 된 것인데, 이때서야 비로소 모여 살게 된 것이다.

그리고 언사랑彦四郎·종사랑宗四郎 등 대마도 왜인이 처자식과 친족 등 42명을 데리고 와서 대마도에 흉년 들어서 상수리도 없고 굶어죽을 것 같다며 배고픔과 추위에 떨지 않게 해달라고 요청하자 받아들였다. 그들이 대마도로 돌아가지 않고 뭍에서 살기를 원하였으므로 의복과 식량·토지를 주고 정착하도록 도와주었다.[42]

세종11년(1429)에도 대마도의 왜인 여시로餘時老와 여매시라汝每時羅가 조선에 와서 살기를 원하였다. 조선정부는 내치지 않고 너그럽게 받아주었다. 이들에게는 토지와 가옥·식량과 노비까지 주어 추위와 굶주림에 시달리지 않게 해주었다. 이런 것은 모두 조선의 국왕과 관료들이 왜인 순화정책에서 베푼 조치였다.[43]

세종 12년 동래 사람 차원길의 딸 소근小斤이 왜인에게 잡혀 가 대마도에서 50

37. 세종8년(1426) 7월 23일
38. 세종 8년(1426) 8월 23일
39. 삼미삼보라(三味三甫羅)
40. 감인주(甘因珠)
41. 세종 9년(1427) 1월 10일
42. 세종 16년(1434) 3월 1일
43. 세종 12년(1430) 10월 25일

년간을 살면서 딸과 손자를 낳았는데, 그 딸과 손자를 데리고 동래 왜관으로 도망해 와서는 아비 원길과 함께 살기를 부탁한 일도 있었다. 이들 역시 따뜻하게 받아들여 의복과 곡식을 나누어 주고 살게 하였다.[44] 친족도 없는 왜인 마다시지馬多時知 등 3인이 굶어 죽을 지경이 되어 대마도에서 도망해 와서는 밭뙈기를 얻어 농사를 지어 목숨을 이으려 한다[45]고 하자 그 역시 아무 조건 없이 들어주었다.

대마도에서 도망해온 왜인 만도로蔓都老 등 26명을 전라도에 나누어 살게 해준 일도 있다. 이때도 '왜인들은 배고프면 우리에게 붙었다가 배부르면 표연히 가버리므로 끝내 우리 백성이 되지 않으니 양식을 주어 돌려보내자'는 의견이 많았다. 그러나 영의정 황희黃喜의 의견에 따라 머물러 살게 해주었다. 다만 왜인들끼리 서로 소식을 전하지는 못하도록 하였다. 왜인들이 집단을 이루어 문제를 일으킬까 염려한 것이다.

조선 정부는 왜인의 정착 문제에 관해서도 대마도주의 의견을 적극 수용하였다. 종정성이 정착시켜 달라고 요청한 왜인들을 살게 해주었고,[46] 그가 바라는 대로 처리해 주었다. 쉽게 말해 도주의 체면을 최대한 세워 줌으로써 그의 통치력을 다져주기 위한 조치를 한 것이다. 그렇지만 대마도주의 부탁이라고 해서 무조건 다 들어주지는 않았다. 도주 아래의 대관이었던 종언칠宗彦七·종무직宗茂直이 보낸 왜인을 받아들이지 않은 적도 여러 차례 있었다.

한 번은 대마도에서 오도음보시吾都音甫侍라는 소년이 글을 배우러 건너오자 양식을 주고 사역원[47]에서 글을 배우게 해주었는데,[48] 이 역시 왜인을 동화시키기 위한 일종의 유화책이었다. 그런가 하면 왜인 향화승向化僧[49]을 서울 근처의 절에서

44. 세종 12년(1430) 8월 25일

45. 세종 11년(1429) 6월 11일

46. 세종 18년(1436) 3월 29일

47. 사역원(司譯院)은 쉽게 말해서 통역사 양성소이다. 중국어, 만주어, 몽고어, 일본어의 통역과 번역을 맡았던 조선시대 관청.

48. 세종 10년(1428) 6월 3일

49. 귀순한 승려.

살도록 해준 일도 있다. 왜인 승려 신옥信玉[50]의 경우이다. 그는 조선에서 19년을 살았다. 그동안 황해도 구월산, 평안도의 향산香山, 강원도 금강산, 경상도 지리산 등지를 돌아다녀서 나라 사정을 너무 많이 알고 있었다. 바로 이 점 때문에 대마도로 돌려보낼 수 없다고 판단하여 서울에서 가까운 절에 살도록 하였다.[51] 심지어는 대마도 왜인들이 경상도 해안에서 배를 짓는 일까지도 세종은 허용하였다.[52] 대마도의 좌위문대랑左衛門大郎이 사람을 보내어 부산포에서 배를 짓도록 해달라며 유황 2천 근을 바치자 삼베 65필과 쌀 20석[53]을 답례로 하사하고 배 짓는 일을 허락해 준 일도 있다. 당시 왜인들에 대한 조선인들의 감정을 감안하면, 쉽지 않은 결정이었을 것이다. 그런데도 아무렇지 않게 허용하였다. 그것이 뇌물을 좋아하는 한국인의 고질적인 습성에서 나온 결정이 아니었으리라고 판단하고 싶다. 그 당시 유황은 대단히 귀해서 중국과 남방에서 잠상(밀무역상)을 통해 수입해다 쓰고 있었다. 이런 사례는 기록에 오른 것만 소개한 것이다. 기록에는 없지만 굶주려 죽기 직전, 조선에 구걸하여 목숨을 이은 왜인은 아주 많았을 것이다.

연산군 시대에 일본 하카다 출신의 왜인 승려 설명雪明이 서울에 정착한 사례도 있다. 대마도 왜인 이라시라而羅時羅가 '조선에 가면 의식을 모두 챙겨주고 작질爵秩[54]도 더해 준다'는 말을 듣고 다른 왜인 6명과 함께 1474년 정월에 제포에 왔다가 중이 되었다. 중으로 팔도를 돌아다니며 전국의 실정을 소상하게 알고 있었으므로 그를 대마도로 돌려보내지 않고 서울에 살도록 하였다.[55]

조선에 머물러 살기를 바랐던 왜인들은 거의 대부분 배고픔에 시달려 찾아온 일

50. 대마도 왜인으로 나이는 31세. 어렸을 적 이름은 두이다지(豆伊多知)이며, 아비는 시라삼보라(時羅三甫羅)이다. 대마도 사포(沙浦) 지방에 살다가 나이 12세에 중이 되었다. 아버지를 따라 제포(薺浦)에 왔다가 아비는 병으로 죽고, 혼자 웅천·창원·김해·밀양 등지로 돌아다니며 걸식으로 살았다. 처음에 전라도에 들어가 무등산·월출산 등을 보고 충청도에 가서 여러 산을 두루 유람하였다.

51. 성종 2년(1471) 4월 12일

52. 세종 8년(1426) 7월 7일

53. 조선시대 1석(石)은 15말이었다.

54. 관직과 급료를 말함.

55. 연산군 3년(1497) 1월 7일

종의 기아 난민이었다. 이처럼 도망 온 사람들은 약간의 식량을 주고 다시 돌려보내는 것을 원칙으로 했다. 세종 19년 '대마도에서 도망해 온 왜인 남녀 6명 모두를 돌려보냈다'[56]는 것이 좋은 사례이다.

신숙주의 『해동제국기』에 의하면 1458년에는 대마도의 피고여문皮古汝文이 귀화하여 조선으로부터 호군 벼슬을 받았다. 중종 때는 이라다라而羅多羅라는 수직왜인이 있었다. 그는 제포에서 조선인 아내를 얻어 살았지만 항거왜인이 아니었다. 그는 일찍이 대마도로 표류한 제주 사람을 송환한 공로가 있어 조선에서 사정司正[57]직을 받고 살았다. 그래서 1년에 한 번씩 대마도에서 나와 제포에 두어 달 머무르다가 경성으로 상경하곤 했다. 이처럼 조선에 온 왜인이 포구에 머물러 아내를 얻는 것 또한 예사로 허다했다는 기록이 있다. 대마도 왜인들이 별 제한 없이 삼포에 들어와서 조선 여인들과 가정을 이루어 사는 모습을 자세히 전하고 있는데, 이런 예는 대단히 많았다.

중종 시대에도 그 전과 마찬가지로 대마도 사람들이 서울에 와서 조선의 관작을 받고 살았다. 대마도주가 종성장을 보내면서 전례에 따라 비록 작은 관직이라도 제수해달라고 예조에 부탁한 일이 있다. 또한 그의 부관 이라而羅도 아비의 상호군上護軍 벼슬을 물려받기를 원한다고 부탁하였다.[58] 숙위로 인정해 달라는 것이었는데, 하지만 중종은 이들에게 관직을 내주지 않았다. 비록 작은 관직이라도 여러 차례 주다 보면 나중에는 높은 직위인 상호군이나 호군 또는 부호군副護軍[59]까지 내주어야 하는데, 그렇게 되면 비용이 크게 늘어나므로 문제가 된다며 허용하지 않은 것이다.

선조 시대에도 귀순한 왜인이 있었다. 비록 선조는 자신의 재위기간 내내 대마도 관리에 소홀했고, 대마도 왜인들에게 베푼 것이 별로 없었다. 그런데도 선조 34년(1601)에 일본 풍신중명豊臣重明이 귀순할 뜻을 전해온 일이 있었다.

56. 세종 19년(1437) 2월 10일

57. 오위청 소속 정7품의 무관직. 역시 숙위이다.

58. 중종 4년(1509) 3월 19일

59. 종4품의 무관직.

"… 소신은 비록 비방(鄙邦)에서 나고 자랐으나 마음은 항상 귀국을 향하였습니다. 그 까닭은 다름이 아니라 선대가 본래 원(源)·평(平)의 후예로 오랫동안 가업을 이어왔기 때문입니다. 20년 전 풍신수길(豊臣秀吉)[60]이 권력을 잡았을 때 해를 입어 마침내 식읍을 빼앗겼으므로 소신은 원수를 갚겠다는 마음이 다급하였으나 단지 힘이 미약하여 하지 못하였습니다. 다행히 풍신수길(도요토미히데요시)은 죽었으나 여러 영웅들은 아직 그대로 있으므로 신이 이 땅에 거처하면서는 뜻을 펼 수 없기에 항상 바다를 건너 귀국에 망명하여 오자(伍子)[61]의 복수를 하려고 생각하고 있었습니다. … 삼가 바라옵건대 대왕께서는 만리 밖을 훤히 보시어 소신을 불러주시면 포수 등 수백 명을 데리고 귀국으로 귀순할 것입니다. 대왕이 일본을 정벌하려고 하신다면 신이 마땅히 명을 받들고 와서 이 나라를 치겠으니, 대마도와 일기도는 하루아침에 무너트릴 수 있습니다. 그렇게 되면 대왕께서는 전날의 치욕을 씻을 수 있고 소신 역시 선조의 원수를 갚을 수 있을 것입니다. 이제 귀국 사람 여수희·강사준·강천추 등을 통하여 신의 마음을 아룁니다. 바라옵건대 너그러운 마음으로 살펴주소서."[62]

선조와 그 아래 관료들이 이 사건을 어떻게 처리했는지는 알 수 없다. 하지만 선조는 받아주지 않았을 것으로 보인다. 그를 받아준 기록도 없다. 더구나 임진왜란 직후 민심은 극도로 악화되어 있었고, 조선 사람들은 왜인을 '한 하늘을 이고 살 수 없는 만세의 원수'로 여기고 있었으므로 받아들일 수도 없는 분위기였다. 한 마디로 짐승만도 못한 무리로 취급하였던 것이다. 그렇지만 기본적으로 조선은 왜구와 왜인들에게도 열려 있는 땅이었고, 또 왜인들의 정착을 항상 허용하는 쪽으로 정책

60. 도요토미 히데요시(豊臣秀吉)의 다른 표기.

61. 춘추시대 중국의 오자서. 기원전 5~6세기의 중국 춘추시대 월나라 출신으로서 오나라에 망명하여 대부까지 올랐으며, 자신을 제외하고 가문을 멸족시킨 월왕의 관을 꺼내어 채찍으로 벌을 가함으로써 월왕에 대한 복수를 한 것으로 유명하다.

62. 선조 34년(1601) 6월 11일

을 유지했다.

선조 27년(1594)에 투항해 온 왜인으로 기수계其愁戒라는 인물이 있었다. 또 선조 28년(1595) 2월 6일 기록에는 소서행장小西行長의 아우 소서소장이 왜통역사 이언서李彦瑞를 불러 '너희 나라에서 항왜降倭[63]를 후대하므로 왜인들이 앞 다투어 투항하여 들어간다고 하는데 그게 사실이며 현재 그 수는 얼마인가'를 물은 적이 있다. 이언서는 '모른다'고 대답하였다. 그러나 소서행장의 아우는 '나는 자세히 들었다. 난처한 일이 있으면 우리도 투항하려 하는데 너의 나라에서 후대해 줄지 모르겠다.'고 말한 내용이 「선조실록」에 올라 있다. 임진왜란 중에도 조선 정부는 항왜를 받아들여 이들을 적절히 활용하였으며, 임진왜란 때 귀화하여 우록김씨의 시조가 된 사야가도 이 경우에 해당한다. 이순신이 대마도 출신 왜인을 정보 수집 또는 적정 탐지 등에 활용한 것도 같은 맥락에서 이해할 필요가 있다.

인정仁政에 기초한 조선의 건국이념으로 대마도 왜인 포용

건국 초부터 임진왜란 이전까지 조선의 위상은 일본보다 한참이나 높았다. 말하자면 국격과 문화적 배경에 큰 차이가 있었던 것이다. 그것은 일본과의 외교에서 자신감과 우월적 자세로 표현되었다. 그래서 일본에서 조선에 보내는 외교문서에는 '비방鄙邦'이라는 용어를 자주 사용하였다. 낮고 비루한 땅이라는 의미로서 이것이 비록 통상적으로 사용하는 용어라고 하지만, 일본 스스로가 자신들을 낮춰 부른 것이다. 그러나 소이씨 휘하의 왜구는 본토의 일본인과는 근본적으로 다른 대우를 받았다. 흉포한 소이씨의 왜구 무리는 조선인들에게 몹시 귀찮고 더러운 악귀 같은 존재였다. 야만적이고도 잔인했으므로 조선인들에겐 상종하기조차 싫은 족속이었다. 대마도에 들어와 사는 왜인들도 크게 다르지는 않았다. 그렇지만 대마도 안에 들어와 있는 왜인들은 대마도주의 통제를 받았으므로 도주로 하여금 충분히 제어할 수 있기에 크게 문제가 되지 않는다고 믿었다.

63. 조선에 항복하고 투항한 왜인.

그들과 달리 조선의 신민은 누구나 다스리지 않아도 저절로 다스려지는 선량한 백성이었다. 그대로 내버려 두는 것이 최선의 통치라고 할 정도로 조선의 신민은 천성이 순했다. 이것이 바로 동양의 제왕들이 말해온 '법이 없는 것이 바로 법'[64]이라는 통치방식이었다.

조선의 신민은 하늘에 순응하는 순민順民이었다. 아무리 굶어 죽더라도 남의 것을 빼앗거나 강도짓을 하지 않았다. 그들은 하늘이 내린 천민天民이었으며 참으로 착하디착한 선민善民이었다. 그러나 대마도의 왜인은 조선의 전통적인 신민과는 다른 부류였다. 왜인 유민과 왜구들은 궁핍한 나머지 막다른 골목에 내몰려 있는 악귀 같은 존재들이었다. 그들은 조선의 양반·중인·평민·천민의 사민四民 가운데 최하층민보다도 못하고, 개돼지보다도 못한 제5부류 인간 말종들로 취급되었다.

한 마디로 이들 유민 집단은 순치되지 않는 악인 그룹이었다. 그러나 조선은 이들을 다스리는데 큰 제한을 두지 않았다. 조선의 평범한 신민과는 분명히 달랐지만 그래도 조선의 통치이념은 그들을 포용하였다. 그들을 조선의 신민과 다르지 않은 존재로 받아들일 수 있었던 것은 조선의 건국이념 때문이었다. 조선의 건국이념은 목은 이색에서 정도전으로 이어진 유학이 바탕이 되었다. 당시 유교의 기본가치 중 핵심은 사람을 근본으로 삼는 것[65]이었다. 그것은 곧 백성을 하늘처럼 존중하는 사상人爲天이었다. 이 인본주의의 근간은 바로 인仁이었다. 인仁이란 생명이며 때로 생명의 씨앗을 의미한다. 나아가 살아있는 생령을 가엾게 여기고 아끼는 것도 인이다. 이것이 국가와 통치의 이념으로 작용할 때 그것은 곧 백성을 사랑하는 애민愛民이 된다. 백성을 인仁으로써 다스리는 것이 곧 인정仁政이며, 인仁으로써 백성을 보살피면 백성은 의義로 보답한다는 것이 유학적 건국이념의 핵심이었다. 인仁을 아는 자라야 의義로울 수 있으며 인의仁義를 아는 사람은 예禮를 알고, 이 모두를 아는 사람이라야 지혜롭고 신의를 지킬 줄 아는 것이라는 사유체계를 조선의 지배층

64. 以無法爲有法

65. 이민위본(以民爲本). 즉 백성을 근본으로 삼는다는 뜻.

은 갖고 있었다. 이 모두를 지상에서 실현함으로써 공자 이후 저 중원에서 실현하지 못한 이상을 조선에서 실현한다는 생각을 국왕과 관료들은 갖고 있었다. 건국 초부터 조선의 왕들이 정사를 보았던 인정전仁政殿은 이런 이념을 바탕으로 한 것이었다. 경복궁은 태조 3년(1394)에 지어졌다. 조선 왕실은 궁실 전각마다 유교적 통치이념에 따라 명칭을 부여했고, 임금이 정사를 보는 곳에 인정전이라는 간판(?)을 달았던 것도 이런 배경에 있었다.

인의仁義를 실현하는 것을 정치의 이상으로 삼은 조선 건국 초기의 국왕과 관료들은 인仁을 실현하기 위해 세종을 선택하였다. 태종이 세 아들 중 누구를 왕으로 세우는 것이 좋겠는가를 물었을 때 '가장 어진 자를 택하는 것이 좋다'는 유정현의 의견에 따른 것인데, 그것은 유학적 건국이념을 현실에서 실현하기 위한 가장 합리적인 선택이었다.

애민과 휼민恤民의 인정仁政이 공자를 중심으로 한 유가들의 도덕정치를 실현하는 구체적인 덕목이라고 보았던 것인데, 이것은 '법대로 한다'는 법가들의 정치신념과는 분명히 다른 것이었다. 법대로 하자면 대마도의 불량한 왜구나 약탈자 반민은 철저히 찾아내 법에 따라 엄중하게 처리해야 마땅한 일이었지만 조선의 국왕과 관료들은 인정 차원에서 그들을 수용하려고 하였다. 대마도 왜인의 귀화를 권장하고 그들에게 직업과 먹을 것을 준 것은 인본주의에 기초한 것이었다. 바로 이것이 조선인과 왜인의 차이였다. 젖을 떼면서부터 붓과 책을 가슴에 품은 조선의 신민과 걷기 시작할 무렵부터 칼을 품고 다닌 왜인의 차이였다. 왜인들은 간교하고 악독하였다. 밥 먹듯 배신하고 걸핏하면 칼부림하였다. 왜인들을 일러 '길러준 은혜를 모르고 밥 먹듯 배신하는 무리'라고 한 말은 바로 이런 데서 나온 것이었다. 1419년 7월 17일 태종이 병조판서 조말생을 시켜 도도웅와(종정성)에게 타이른 글에도 조선 국왕과 지배층이 갖고 있던 인애의 정신이 잘 드러나 있다.

"대마도라는 섬은 경상도의 계림에 속했으니, 본디 우리나라 땅이란 사실이 문적에 실려 있어 분명히 상고할 수가 있다. 다만 그 땅이 작고, 바다 가운데 있어서 길이 막혀 백성이 살지 않는지라. 그래서 나라에서 쫓겨나 갈 곳 없는 왜인들이 소굴을 삼았다. 때로는 도적질로 나서서 평민을 위협하고 노략질하였다. 식량을 약탈하고 마음대로 과부와 고아, 사람들을 학살하며 사람이 사는 집을 불사르니 흉악무도함이 여러 해가 되었다. …… 만약 깨닫고 항복하면 도도웅와에게는 좋은 벼슬을 줄 것이며, 두터운 녹도 나누어 줄 것이다. 나머지 대관들도 평도전과 같이 대할 것이며, 그 나머지 사람에게도 옷과 양식을 넉넉히 주고, 비옥한 땅에 살게 하리라. 다 같이 갈고 심는 일을 얻게 하여 우리 백성과 똑같이 사랑하게 할 것이다. 도적이 되는 것이 부끄러운 것이고, 의리를 지키는 것이 기쁜 일임을 다 알게 할 것이다. 이것이 스스로 새롭게 하는 길이며, 도리에 맞는 것이라. 이를 따르지 않겠다면 차라리 무리를 다 데리고 너희 본국에 돌아가는 것이 옳을 일이다."

조선 초, 대마도에 살던 선주 조선인들

대마도에는 왜인들이 주로 살았다. 그러나 남해안에서 표류한 한국인들이 대마도로 꾸준히 유입되었다. 그래서 고려시대와 조선시대에도 계속 이런 표류민들을 송환한 사례가 많이 있다. 일찍부터 대마도에는 왜인 외에도 이 땅에서 내려간 이들이 상당히 많이 있었다. 또한 중국인들도 그곳으로 잡혀가 살았으며, 중국인 중에도 바람 따라 대마도로 내려간 이들이 더러 있었다. 고려 말~조선 초에도 대마도에 정착한 이들이 제법 있었다. 『조선왕조실록』에 오른 인물 중에도 조선인으로 추정되는 이들이 있다. 간단하게 몇몇 사례를 더듬어 보자.

1411년 대마도에서 나가온羅可溫을 보내왔다. 그가 3월 25일에 되돌아가면서 모시와 삼베를 하례품으로 받아갔는데, 나가온羅可溫은 태조5년에 조선에 귀순한 인물이다. 조선에 귀화하여 임온林溫이라는 이름과 함께 장군 직책을 받았으나 후일 다시 대마도로 들어가서 왜의 만호가 되었다. 그리고 그로부터 2년 뒤인 태종 15년(1415)엔 임온이 제 아들을 조선에 보내어 예물을 바쳤다.[66] 나가온羅可溫은 본래

66. 대마도 임온이 친아들을 보내어 예물을 바쳤다(對馬島林溫遣親子獻禮物)—[태종 15년(1415) 9월 29일].

나주임씨가 아니었을까 하는 생각이 든다. 임씨는 본래 백제의 성씨이다.[67] 본래 나가羅可라고 한 것으로 보아 나주의 나씨였을 수도 있겠다.

또 태종 14년(1414) 8월 종정무에게 심부름을 보낸 왜인 지온池溫도 실제로는 그 출신이 조선인이었을 가능성이 있다. 그는 1398년에 투항한 망사문의 아들로 추정된다. 뿐만 아니라 태종 15년(1415) 기록에 왜인 우원지禹原之란 인물이 나온다. 조선에 볼모로 와 있던 우원지는 대마도로 돌아가 그 부모를 뵙고 싶다며 애걸하자 세종은 의복과 여러 가지 예물을 주어 보냈는데, 이 사람 역시 본래 왜인이 아니라 한국의 우씨였을 것으로 짐작된다. 이렇게 조선 건국 초기에는 대마도에 한국계 성씨가 많았다. 그것은 본래 대마도가 고려의 영역이었고, 또 남해안에서 표류한 어민들이 꽤 많았으므로 그들이 돌아오지 못하고 대마도에 남은 것으로 이해할 수 있다.

또 세종 24년(1442) 2월 11일 대마도 종가에서 심부름 온 마두로馬豆老나 같은 해 12월 26일 종정성이 보낸 나이조羅伊照 그리고 대마도 종언칠이 세종 25년(1443)에 보낸 피공고라皮孔古羅·피공고로皮孔古老 역시 본래 조선인 마씨·나씨·피씨였던 것으로 추정된다. 또 세종 27년(1445) 종정성이 보낸 표온이로表溫而老는 원래 표씨로 짐작되며, 세종 30년 종정성이 보낸 피상의皮尙宜도 원래는 조선인 피씨였을 것으로 짐작된다.

이 외에 세종 8년(1426) 2월 9일 귀화한 왜인 지문池文이 "부모처자와 헤어진 지 8년이 되었으니 고향 대마도에 다녀올 수 있도록 해달라"고 세종에게 요청하자 들어주었는데, 이 사람 역시 실제로는 조선 사람 지씨였으나 대마도에 살아서 왜인으로 취급된 게 아닌가 의심된다.

세종 23년 세종은 '대마도는 본래 조선에서 말을 기르던 땅'[68]이라고 대마도 사

67. 『신찬성씨록』을 비롯하여 일본 기록에 의하면 백제의 목씨(木氏)가 후에 임씨(林氏)가 되었다고 하는데, 목씨는 원래 백제의 팔성대족(八姓大族) 가운데 하나로, 유력 가문이었다.

68. 또 너희 섬에서 사신으로 보낸 신계도 역시 '본도는 본래 대국에서 말을 기르던 땅입니다'라고 말했다(… 且汝島使者辛戒道 亦言本島本爲大國牧馬之地 …)—[세종 3년(1421) 4월 7일].

람 신계도辛戒道가 말했다고 한다. 그런데 신계도 역시 왜인이 아니라 조선의 신씨였다고 단정해도 좋을 것 같다. 당시의 조건으로 볼 때 이 신씨는 창녕 영산靈山을 관향으로 하는 성씨였다. 또 중종 2년(1507) 대마도주 종익성宗杙盛이 나연羅延을 보내어 방물을 보내왔는데, 나연이란 사람도 본래 한국인 나씨였을 것으로 보인다.[69] 이들은 『조선왕조실록』에 기록된 사람들로서 겨우 몇몇 사례에 불과하다. 그러나 이들 외에도 기록엔 없지만 일찍이 대마도에 내려가서 산 고려인과 조선인은 아주 많았을 것이다. 종씨는 본래 신라인이었고, 왕건 시대에는 중앙 개경에서 꽤 세력이 있던 사람이었으니 대마도주와 종가 또한 본래 이 땅의 성씨였을 가능성은 매우 높다.

조선시대 대마도의 생활 삼한시대와 다르지 않았다

조선의 지식층은 부산의 지맥이 바다로 흘러 들어가 대마도가 되었다고 보았다. 대마도의 위치나 지형으로 보아 맞는 말일 것이다. 그래서일까? 대마도의 산과 계곡에 펼쳐진 숲은 부산이나 거제도와 다를 게 없다. 산벚나무의 벚꽃과 진달래, 소나무와 떡갈나무·참나무 등은 이 땅의 여느 곳에서 보는 것과 다름이 없다. 봄이 익으면 산꿩이 목청을 돋우고, 숲이 깊어지면 여름 무더위도 숨죽인다. 가을의 풍경도 다르지 않고, 눈 구경하기 어려운 부산처럼 대마도의 겨울도 그렇다. 대마도에서 다시 바다를 건너 서일본 지역에서 보는 풍광과는 전혀 다르다. 다만, 대마도는 그 전체가 국정공원國定公園이다. 울창한 숲과 산 그리고 바다를 배경으로 오늘의 대마도 사람들은 대마도에 발을 붙이고 산 이래 가장 풍요로운 삶을 살고 있다.

그러면 조선시대 대마도에서 살아간 사람들의 생활상은 어떠하였을까? 김흔金訢의 『안락당집』[70]에는 '대마도를 읊다'[71]라는 5언율시가 실려 있는데, 이 시를 통해 대마도 사람들이 살아가는 모습을 마치 한 장의 사진으로 보는 것처럼 생생하게 살

69. 중종 2년(1507) 1월 16일

70. 중종 11년(1516)에 김안로(金安老)가 자신의 아버지 안락당이 지은 시문을 모아 간행한 문집이다.

71. 詠對馬島

펴볼 수 있다. 사람들은 대부분 어민이고, 그 나머지 절반은 소금을 굽는 사람들이었다.[72] 아이들은 칼을 차고 다녔으며, 집은 모두 띠풀로 이은 초가뿐이었다. 대나무를 쪼개어 활을 만들고 대나무로 짠 발로 조개와 게를 잡았다. 대나무 발을 바닷가에 세워놓아 밀물과 썰물 차이를 이용하여 바닷고기를 잡았다는 얘기이다. 대마도 사람들이 사용한 대나무발은 조선의 어민들이 바다에서 사용한 죽방렴을 이른다. 미역을 따다 국을 끓이고 칡뿌리를 구워 먹으며 조개를 잡아다 식량을 보충하는 궁핍한 생활이었다. 다른 기록에 의하면 토굴을 파고 사는 이도 많았다. 일본인들은 18세기까지도 대부분 토굴 속에서 살았으며 더럽고 추하였다. 화살을 만들 때는 닭털을 꽂아 쓰며 질병에는 쑥을 태워 쓰고, 뼈를 태워 비바람을 점치는 것이 그곳 사람들의 일상이었다. 뼈를 태워 풍우를 예측하는 것은 소위 부여의 우제점법을 연상시킨다.[73] 안락당 김흔의 시는 간략하지만 바다 건너 대마도의 당시 사정을 자세히 전해주고 있다.[74]

산신을 숭배하는 것은 삼한시대부터 우리 민족이 지켜온 생활의 한 부분이었다. 그런데 대마도에서도 남북 두 개의 산신을 섬기고 있었으니 그곳 사람들의 믿음 또한 뭍에서와 다르지 않았다. 1970~1980년대까지도 마을마다 이름 있는 산에는 마을을 지켜주는 산신이 있다 하여 봄가을로 날을 정해 마을의 안녕과 주민의 건강을 기원하며 산신제를 지낸 우리와 대마도가 다르지 않았던 것이다. 고기 없는 반찬으로 대마도의 두 산신에게 제사를 지내는 것도 기본적으로 같았다.[75] '죄인이 신당神

72. 이것은 소위 자염(煮鹽)이라고 하는 것으로, 중국 한나라 때부터 시작하여 우리나라에서도 18세기까지 호남 해안과 영남의 남동부 해안에서 널리 유행한 제염방식이었다. 쉽게 말해 바닷물을 솥에 넣고 끓여서 만드는 것이 자염이다.

73. 대마도 남단 쓰쓰(豆酸)에는 옛날부터 전해온 풍속으로서 정월 초사흗날 거북이 등껍질[龜甲]을 태워 그 해의 길흉을 점치는 행사가 있었다. 그 결과를 대마도주에게 보고하곤 하였는데, 이 행사를 주관한 이들은 진기칸(神祇官, 신지관)이라 하여 대마도에서 10명, 일기도에서 2명이 참여했다고 한다. 1871년 번주제(藩主制) 폐지와 더불어 이것을 관장하던 대마도의 복부(卜部)도 사라졌으나 구복(龜卜) 습속이 쓰쓰에 남아 1979년(昭和 54년) 12월에 국가지정 무형민속문화재가 되었다.

74. 『안락당집(顔樂堂集)』(권1), 김흔(金訢)

75. 『한고관외사』

堂으로 도망하면 더 이상 쫓아가 잡지 않는다'는 조선시대 대마도의 풍습은 『삼국지』 위서 동이전 한조에서 보는 삼한시대의 소도[76]와 다르지 않다.

그리고 '여자들은 우리나라 의복을 많이 입으며 남자들은 우리나라 말을 안다'[77]고 하였는데, 이것은 대마도 사람들이 조선의 풍습을 따르고 있었음을 전하는 내용이다. 물론 우리나라 남녀가 많이 내려가 살았음을 알려주는 내용으로 볼 수도 있을 것이다. 1948년 1월 8일 이승만의 기자회견 내용 중에는 임진왜란 때 대마도 사람들이 민병대를 조직해서 일본인의 침입에 맞서 싸웠으며 그것을 기록한 비석이 대마도 곳곳에 남아 있었다는 내용 또한 참고가 될 것이다.[78]

대마도인들은 경작할 땅이 없어 물고기를 잡고 미역을 따거나 해산물을 채취하여 부산이나 마산(웅천 · 합포)을 비롯하여 남해안 지역에 가져와서 곡물로 바꿔다 먹고 살았다.

또 대마도에서는 각종 비단과 금은을 중국에서 들여다가 조선과 일본에 전매하였으며 인삼이나 그 외 몇 가지는 조선에서 가져다가 일본과 중국에 팔았다. '대마도인들이 모두 다 조선과 조선인들에게 의지하는 마음을 갖고 있었다'는 『안락당집』의 구절도 눈여겨 볼 필요가 있겠다. 애를 낳으면 뒤를 이을 남자아이 하나만 남기고 물에 던져버렸다. 이런 풍속은 땅이 척박하고 가혹한 환경에서 생겨난 참혹한 기자棄子 풍속이다. 사람이 개새끼 한 마리만도 못했던 것이다. 이처럼 아이를 버리는 기자 풍습은 고대에는 어느 나라에나 있었다. 특히 고대 중국의 주 왕조나 고구려 사회에도 있었다. 『삼국사기』에 보면 굶주린 백성이 서로 자식을 바꿔서 잡아먹는 식인풍속도 엄연히 존재하였다. 풍우한해로 말미암아 먹고 살 게 없는 환경에서 인간이 기아와 싸운 처참한 실상의 또 다른 모습을 조선시대 대마도에서 확인할 수

76. "… 국읍마다 한 사람을 세워 천신에 대한 제사를 주관하는데, 그를 천군(天君)이라 한다. 또 삼한 여러 나라에는 각기 별읍이 있어 그것을 소도라 한다. 큰 나무를 세우고 방울을 달라 귀신을 섬긴다. 모두 그 안으로 도망하면 데려올 수 없다. …"

77. 『병와전서』

78. 이 이야기는 한일 양측의 자료 가운데 어디서 나온 것인지 그 근거를 찾을 수 없었다.

있는 것이다. 대대로 쌀이 귀해 굶어죽는 자가 너무도 많았던 까닭에 지금도 아이가 밥을 남기면 '죽어 버리라'는 말을 아무렇지도 않게 하는 일본인들의 배경을 이해할 수 있을 것이다. 아무리 어렵게 사는 사람이라 해도 한국인은 이런 끔찍한 말은 절대로 제 자식에게 쓰지 않는다.

정조 22~23년[79] 무렵, 조선 정부가 해마다 거둬들이는 환곡이 8백만 석 가량이었다. 이것으로도 조선의 식량은 넉넉한 편이 아니었는데, 이와 비교할 때 임진왜란 이후 대마도에서 받아간 3만 석 이상의 쌀은 인구 1만도 안 되는 대마도엔 그야말로 풍족한 양이었다고 할 수 있다. 4살 이상의 모든 사람이 그 양곡을 먹고 살았다는 기록에서 대마도인들이 조선으로부터 누린 특별한 혜택과 그들의 삶을 헤아려 볼 수 있다.

대마도의 왜인이 왜구가 되어 조선 사람을 살상하거나 노략질을 하지 않도록 조선은 그들에게 관직을 내주고, 먹을 것과 입을 것을 주었고, 중종 때까지 삼포의 왜인들에게도 조선의 신민과 똑같이 대우해 주었던 것이다. 대마도주와 그 일족 종가는 물론이고, 대마도 사람들을 경상도 지역에서 생산되는 곡식으로 먹여 살렸기에 조선의 국왕과 지배층, 조선의 신민은 누구나 대마도 왜인이 해적질을 하거나 조선 사람들에게 해가 되는 짓을 하면 길러 준 은덕을 모르고 배신한 왜적이라 하여 겉과 속이 다른 간사한 무리라고 늘상 면박을 주곤 했다. 조선 정부는 대마도에 들어와 사는 빈궁한 왜인이나 오래 전부터 대마도에 살고 있던 이들을 굳이 가리지 않았다. 모두 똑같이 대우했으며 죽지 않도록 철마다 양곡을 보내어 먹여 살렸다. 대마도에서 부산이나 거제보다도 두 배나 먼 서일본 지역도 평야가 적고 수리시설이 잘 갖춰지지 않아 곡식을 대량으로 생산하는 곳이 별로 없었고, 그 식량을 내주는 이도 없었다. 대마도엔 경지가 없어 그곳에 사는 사람들을 먹여 살릴 수가 없었다. 교통이 발달한 지금도 대마도 사람들은 나가사키나 후쿠오카보다는 부산에서 필요한 생필품을 조달해 가는 것이 훨씬 쉽고 경비도 적게 든다. 그래서 지

79. 1798~1799

금의 대마도 사람들도 부산을 더 자주 드나들고 있다. 조선시대의 대마도 사람들 역시 굳이 먼 일본 본토로 가지 않고 가까운 부산과 경상도 지역으로 와서 양곡을 바꾸어 갔다.

대마도 사람들은 경상도의 양곡이 아니었으면 살아남을 수 없었다. 그것이 지난 5백 년 동안의 대마도 역사이다. 조선이 양곡을 주고, 조선의 신민과 조선 정부가 그들을 살렸다면 설령 대마도가 일본 땅이었다고 해도 그것은 명목상일 뿐, 그 땅은 조선의 땅이어야 하며, 대마도 사람들은 모두 조선의 신민이어야 하는 것이다. 더구나 대마도주와 그 친족은 본래 고려인이었고 태조 6년(1396)과 세종 1년(1419)의 기해동정 때 두 차례나 조선에 항복과 귀순을 하였을 뿐 아니라 대마도주 이하 8개 군의 태수 모두가 조선의 관직을 받고 그 녹봉으로 살았으니 더 말할 것이 무엇이 있는가? 이것만으로도 대마도는 한국의 땅이어야 마땅하다. 그럼에도 조선의 국왕과 조선 정부의 관리는 이런 사실을 들어 '대마도는 조선령'이라는 사실을 일본 측에 통보하고, 조선의 소유로 만들기 위한 노력을 하지 않았다.

물론 조선시대 왕들 가운데는 조선의 강역에 상당히 예민한 이가 있었다. 조선 전기 세종과 성종이 그랬다. 성종은 조선의 영토 관리에 정성을 기울인 임금이었다. 성종의 대마도에 대한 관심을 기록[80]에서 알 수 있다. 대마도는 땅이 메마르고 백성들이 가난하다고 하는데 과연 그런가를 성종이 묻자 김자정은 이렇게 대답했다.

> "대마도는 토지가 메말라 모두 산 위의 자갈밭이고, 잡초만 무성하여 가꾸지 않습니다. 도주의 집 뒤에 단지 수십 경(頃)의 논이 있을 뿐이며, 집은 모두 띠풀로 덮었습니다. 생활은 오로지 우리나라에 의지합니다."[81]

80. 『조선왕조실록』 성종 12년(1481) 9월 5일

81. 上謂金自貞曰 予聞對馬島地瘠民貧 然乎? 自貞對曰 土地磽薄 皆山上石田 蕪穢不治 島主家後 只有水田數十頃 屋皆覆茅 其生活 專仰本國[성종 12년(1481) 9월 5일]

다른 기록에 의하면 '대마도 사람들은 아침과 저녁 두 끼를 조선에서 나는 양곡으로 해결하였다.'[82] 뿐만 아니라 그들은 조선의 민초들이 만들어낸 삼베와 모시 그리고 면포와 같은 옷감으로 옷을 지어 입고 살았다. 조선시대 내내 대마도는 조선의 물자가 아니면 살아갈 수 없었다. 다만 임진왜란 이후 대마도주 종의지가 길을 안내하여 조선 침입에 공이 있다고 해서 도요토미히데요시가 그에게 평씨平氏 성을 주었고, 축전주筑前州의 쌀 창고를 따로 떼어주어 그것으로 연봉을 삼게 한 뒤로 대마도주의 살림이 좀 더 나아졌으나 그렇다 해도 대마도에 대한 조선의 물자원조가 끊어지지는 않았다.

그런데 대마도와 관련하여 주목해볼 수 있는 것이 덕수이씨로서 이순신과 한 집안이었던 동악 이안눌[83]이 남긴 글이다. 그가 쓴『내산록萊山錄』에는 '부산성 위에서 대마도를 바라보다'라는 시가 있다. 여기서 내산은 동래의 다른 이름이며, 다음 내용은 그 시의 일부이다.

> "부산성 위에서 대마도가 서로 바라다 보인다. 바다 가운데 외로운 섬인 대마도는 적이 들어오는 목구멍 같은 곳이다.[84] 이곳은 본래 옛날 계림의 속한 주(州)였다. 한 하늘을 이고 살며 서로 통하고 화합하며 참고 지내다가 마침내 대마도 반민을 토벌하여 모두 다 거두었다."[85]

이 글에서 쉽게 흘려 보지 말아야 할 부분이 '마침내 (대마도) 반민의 땅을 토벌

82. 조선시대에는 조선인들 누구나 하루에 아침과 저녁 두 끼만을 먹고 살았고, 그것은 대마도 왜인들도 다르지 않았기 때문에 이런 표현이 나왔다.

83. 李安訥(1571~1637). 그는 1608~1609년 무렵 동래부사로 있던 시기에 보고들은 내용을 바탕으로『내산록(萊山錄)』을 지었다.

84. 咽喉之處(인후지처)라 표현하였다.

85. 바다 한가운데 외딴 섬은 적들이 들어오는 목구멍 같은 곳. 본래는 우리 계림에 속한 주(州)였다. 참고 서로 통호하면서 한 이늘을 이고 살다가 마침내 그 반지(叛地)를 토벌하여 전부 거두었더라. … (海中孤島賊咽喉 本是鷄林舊屬州 忍與通和天共戴 終須伐叛地全收 擒吳霸越平生計 擧郢燒陵百代讎 杖劍高城向東望 世無人解讀春秋.)—[李安訥, 東岳先生集 (권8)『萊山錄』釜山城上望對馬島]

하여 전부 다 거두었다'[86]고 한 구절이다. 이것은 '대마도의 반역민들을 토벌하고 그 땅과 사람을 모두 거둬들여 조선의 것으로 하였다'는 뜻이다. 대마도를 叛地반지라고 하여 '반역자들의 땅'이란 뜻으로 표현하였다. 이 말은 대마도주와 종씨 일족의 출신성분을 거론한 것이다. 얼핏 생각하면 '반민'은 조선의 건국에 반대한 종씨 일가를 뜻하며, '반민을 거두었다'는 것은 그들의 항복과 귀순을 받아들여 조선의 신민과 동등한 대우를 했음을 이른 표현으로 이해할 수 있다. 또한 1396년과 1419년 두 차례의 정벌로 항복하였으니 그 사건으로 조선은 대마도를 접수했다고 이해하였다.

이안눌이 대마도 왜인들을 '반민'이라고 한 데에는 그럴만한 이유가 있다. 일차적으로 조선의 입장에서 반민으로 비쳐졌기 때문일 수도 있지만, 그보다는 소이씨와 왜구를 일본의 정통세력에 저항한 무리로 파악한 데 있다.

앞에 소개한 「내산록」은 임진왜란 이후에 동래부사로 가 있던 동악 이안눌이 쓴 것으로, 글 내용으로 판단하건대 그는 조선이 대마도를 정벌하여 땅과 사람을 아울러서 거두었으니 조선의 땅이라고 본 것 같다. 세종이 여러 차례 대마도에 대고 '대마도는 경상도에 예속된 섬'이라고 주장하였으나 그것은 표면적인 주장일 뿐, 대마도가 조선의 지배에 들어온 것은 아니었다. 아마도 이안눌은 대마도 왜인 모두를 조선의 신민으로 이해했던 것 같은데, 그것은 사실이 아니다.

마지막으로 대마도 사람들의 혼인관계를 살펴보자. 대마도의 주인 노릇을 하고 있던 종가들은 조선에서와 달리 족내혼을 하고 있었다. 조선에서는 친족 내의 혼인인 족내혼을 근친상간으로 간주하고 있었다. 최하층 천민 노예도 족내혼은 하지 않았다. 한 예로 조선 왕가의 이씨는 물론, 모든 이씨는 서로 간에 통혼할 수 없었다. 이것은 조선의 다른 성씨도 모두 마찬가지였다. 근친상간은 반역 다음으로 존속살해·강상죄와 맞먹는 패륜으로 간주되던 중요한 범죄였다.

그런데 '대마도주 종성직은 아들이 없어서 자신의 외사촌 종정국(종성국의 아들)을 도주로 세웠다.' 이 사실로부터 대마도주 가계는 종가 내부에서 족내혼을 하고 있

86. 終須伐叛地全收

었음을 분명하게 알 수 있다. 이것은 외사촌 종정국을 그냥 데려다가 대마도주로 삼았다는 게 아니라 종성직의 누이와 종정국이 결혼관계로 맺어져 종성직이 대마도주 직을 계승했음을 의미하는 것으로 봐야 한다. 그것이 아니면 종성직의 딸을 종정국과 결혼시켜 도주를 맡겼을 수도 있다. 이런 방식은 일찍이 신라 왕가에서 이루어지던 혼인습속과 같은 것이다. 과거 신라에서도 아버지의 형제가 장인이 되거나 외삼촌이 장인이 되는 일은 흔했다. 그러니까 사촌이나 외사촌 사이에 결혼하는 것은 일찍이 신라에서 널리 행해진 풍습이었던 것이다. 신라의 김씨 왕가들이 바로 이런 혼인방식으로 왕통을 다른 성씨에게 내주지 않고 저들끼리 이어갈 수 있었던 것이다. 친족 내부의 결혼관계에서 신라는 독특한 골품제도를 탄생시켰다. 친족 사촌, 또는 외사촌과의 결혼 룰을 지키지 못하면 성골이 못 되고 진골로 강등되었다. 이런 사촌 간의 혼인 풍습이 어디서 온 것인지, 나 자신 오랜 세월 고민하며 많은 자료를 살펴 왔으나 아직 그 연원을 알 수 없었다. 본래 동이족에 기원을 둔 혼인제도가 아닌가 의심된다. 동이족은 사위에게도 상속권이 주어졌다. 딸만 있을 경우 사촌이나 외사촌과 결혼시켜 뒤를 잇게 하는 방식은 신라나 동이족 그리고 중국의 진秦 나라와 제齊 나라 또한 대략 같았을 것으로 짐작된다.

그런데 대마도주를 비롯한 종가들은 평씨平氏와도 혼인하였다. 『문견별록』에서 남용익은 본래 종가는 평씨에서 왔다고 하였는데, 그가 이렇게 말한 것은 종가가 대마도의 평씨와 일찍부터 결혼으로 맺어졌음을 이른 것이다. 대마도주 일가는 종가 내부의 족내혼 및 평씨와의 혼인으로 도주의 자리를 내놓지 않고 마지막 도주까지 이어갈 수 있었다.

그러나 조선사회는 이런 습속을 이단시하고, 야만적인 것으로 간주하여 매우 좋지 않게 여기고 있었다. 그런데 이런 족내혼이 대마도주는 물론 대마도 내 주민들 사이에서 오래도록 계속되었으니 이것이 바로 조선인들이 대마도 사람과 왜인들을 깔본 또 하나의 요소이기도 했다. 이런 혼인풍습을 조선 사회는 '개나 하는 짓' 쯤으로 인식하고 있었다. 조선조의 유학자들이 신라 왕가의 결혼제도에 대해서도 좋지 않게 생각했던 점이 바로 이것이었다.

조선은 대마도주를 대마도 유수留守로 여겼다

조선의 건국시점을 기준으로 할 때, 맨 처음 대마도의 지배권을 조선에서 인정한 사람은 사미영감沙彌靈鑑이었다. 그의 신분은 대마도 수호守護. 조선은 사미영감의 아들 종정무宗貞茂도 수호가 아니라 대마도 도총관으로 불렀다. 종정무를 총관으로 부른 기록도 있다. 태종 1년(1401) 봄의 기록에는 "대마도 수호 종정무 등이 섬에서 붙잡아다가 판 사람들을 돌려보냈다"[87]며 종정무를 대마도 수호로 부르고 있다. 『조선왕조실록』에 의하면 종정무는 대마도 수호인 동시에 일본국 대마주 태수太守였다. 대마도주 종씨의 대마도 태수란 신분은 이때부터 줄곧 변하지 않았다. 아버지 사미영감을 대마주수對馬州守라고 한 기록도 있지만, 아들 종정무는 대마도 태수 이전에는 형부소보刑部少輔였고, 그 전에는 축전주의 수호대(수호 대리) 벼슬을 하였다. 이것은 모두 태재부의 소이씨로부터 받은 직책이었다.

신숙주의 『해동제국기』에 의하면 15세기 대마도는 8개의 군으로 나뉘어 있었다. 이들 8개의 군을 대표하는 책임자가 태수였다. 대마주수나 대마도 수호 뿐만 아니라 대마도 태수 또한 모두 종씨들이 맡았다. 대마주수가 바로 대마도 수호이며 수호관이고, 후일의 대마도주에 해당한다. 종정무가 대마도 수호로 등장하는 것은 태종 2년(1402) 5월 26일 기록부터다.

> "의정부에서 대마도 수호관(守護官) 종정무에게 편지를 보내고, 9승 모시와 삼베[88] 각 3필, 호피·표피 각각 2령(領), 소주 10병, 마늘 10두, 건시 10속, 밤 10말을 보냈다."[89]

87. 태종 1년(1401) 4월 29일[태종실록]
88. 모시나 베는 씨줄 날줄의 올이 굵고 가는 차이에 따라 품질의 고하가 결정된다. 보통 7~8승 이하의 모시나 베는 아주 거칠고 값이 싼 것이며 9승 이상은 매우 고운 직물에 속한다.
89. 議政府致書于對馬島守護官宗貞茂 仍送九升苧麻布各三匹 虎豹皮各二領 燒酒十瓶 蒜十斗 乾柿子十束 黃栗十斗[태종 4년(1404) 1월 9일]

미네마치(峰町) 사카(佐賀)라는 곳의 해안산(海岸山)에 있는 엔쓰지(圓通寺, 원통사). 본래 조계종 계통의 사찰이었으며, 국분사(國分寺)의 말사이다. 1408년부터 7대 대마도주 종정무(宗貞茂)가 자신의 거처로 삼은 이후, 78년 동안 일종의 관청으로 사용했다는 설이 있다. 1452년(享德 원년) 6월 종정성(宗貞盛)이 이곳에서 죽어 원통사 뒤편 산에 그의 묘가 있다. 그뿐만 아니라 종가의 묘가 이곳에도 있다. 종정무가 죽었을 때도 조선국왕의 특사로서 이예가 이곳에 와서 제문(祭文)을 읽고 조문하였다. 조선통신사 이예(李藝)의 공적비가 세워져 있으며 조선시대 범종과 관세음보살상이 모셔져 있다. 이 절의 개산조는 고연옥천(古淵玉泉)이라는 승려로 전한다.

잡혀간 조선인 포로를 돌려보낸 데 대한 감사의 표시로 조선에서 '일본국 대마주 태수'에게 보낸 하례품이었다. 조선에서는 이때부터 종정무를 '대마도 수호관'이라는 명칭으로 부른다. 그리고 그해 12월 말 "이 달에 대마주목對馬州牧 종정무가 사람을 시켜 도적을 금지할 뜻을 알려왔다."[90] 고 하여 대마주목이라는 표현이 처음

90. 是月 對馬州守宗貞茂 使人達禁賊之意[태종 4년(1404) 12월 30일]

등장한다. 태종 2년에 종정무를 대마주목 수호관으로 부른 것인데, 본래 목牧은 일본에서 시행된 행정구역 체제가 아니다. 조선에서는 주州의 소재지가 목牧이고, 그 책임자가 목사牧使인 까닭에 이런 표현이 나왔던 것 같다.

조선 정부는 전국 여러 지역 가운데 주요거점이라 할 수 있는 각 주州에 목을 설치하였다. 제주목濟州牧·나주목羅州牧 등이 대표적인 사례이다. 목에는 그 수장으로 목사牧使를 두었다. 제주목사·나주목사와 같은 목사는 행정과 군사를 책임 진 직책이었다. 종정무가 대마주목 수호관으로 불린 것은 일본국 대마주 태수 종정무에게 조선이 대마주 목사와 동등한 자격으로 인식했음을 의미한다.

한편 태종 6년(1406) 3월 29일 종정무는 그 아버지 사미영감이 죽었다고 조선왕실에 통보하였다.[91] 이에 조선 국왕은 쌀과 콩 2백 석을 하사했다.[92] 이때 종정무의 신분은 대마도 수호였으며 그는 죽을 때까지[93] 줄곧 대마도 수호였다. 그 후 종정무가 죽었을 때에도 조문 사절로 이예李藝가 내려가 쌀·콩·종이 등을 부의품[94]으로 하사하였을 만큼, 조선 정부가 각별하게 신경을 쓰고 많은 물품을 내려주며 후하게 대하였다. 거기에는 그럴만한 이유가 있었다. 세종은 "종정무가 대마도에 있는 동안에 여러 도에 그의 위엄이 미치고 도적을 금하여 자주 변경을 침입하지 못하게 하였기 때문에 그 아비가 죽자 특별히 후사한 것"[95]이라고 하였다. 이 기록에서 "국가를 섬기고 도적을 금지했다"[96]고 한 말로 보아 세종이 종정무의 공로를 꽤 인정하였음을 알 수 있다. 대마도가 조선 및 일본과의 관계에서 중요한 역할을 하고 있었다는 사실은 태종이 죽고 나서 변계량卞季良[97]이 쓴 태종의 신도비문에도 잘 나타나 있다.

91. 그러나 실제로는 사미영감은 종정무의 할아버지이다.

92. 遣人賜對馬島守護宗貞茂米豆二百石 貞茂告有父喪也[태종 6년(1406) 3월 29일]

93. 태종 18년(1418) 4월 24일

94. 부의(賻儀)란 재물로써 예를 갖추는 일을 말한다.

95. 日本對馬島守護宗貞茂死 遣行司直李藝致祭 仍賻米豆紙 貞茂之在對馬島也 威行諸島 向慕國家 禁制群盜 使不得數侵邊境 故其死也 特厚賜焉[태종 18년(1418) 4월 24일]

96. 向慕國家 禁制群盜

97. 그의 벼슬은 예문관대제학(藝文館大提學)이었다.

"… 5월에 대마도의 왜구가 변경을 침범하여 군사를 죽이거나 노략질하므로 영의정 유정현과 장천군(長川君) 이종무 등에게 명하여 수군을 거느리고 가서 토벌하게 하였다. 이로써 대마도의 왜적이 성심으로 복종하기를 전과 같이 하였다. …"[98]

'전과 같이 성심으로 복종하였다'고 한 것은 태종과 세종 시대 사미영감·종정무와 종정성 3대 도주를 의미한다. 그들이 성심으로 왜구를 통제하고 조선을 섬긴 공을 치하한 내용으로 볼 수 있다는 것이다. 그리고 대마도 도주 가계는 물론 종씨 일가가 조선의 봉록[99]을 받은 사실은 몇몇 기록으로도 쉽게 알 수 있다.

1) "… 도주는 삼포에서 세금을 거둬 그것으로 살아간다. 대마도에 사는 사람은 우리나라 관작을 받으며 … 경상하도 미곡의 태반이 대마도 왜의 양식으로 없어진다. …"(『문헌고략』)

2) "… 대마도를 지키는데 뜻을 한결같이 하고 항상 도적을 금한다 하니 어찌 감사한 줄을 모르겠는가? 이에 조미(造米) 150석과 콩 150석을 배에 실어 보내면서 믿음을 표시하는 바이다."[100]

3) "우리나라에서 선수호공(先守護公)[101]의 정성을 받은 것을 잊지 아니하여, 이제 조미(糙米) 30석과 면포(緜布) 10필을 보내니 그리 알고 받으라."[102]

98. 태종 18년(1418) 16년) 11월 8일
99. 관직과 급료를 말한다.
100. 태종 10년(1410) 5월 13일
101. 사미영감을 이른다. 선수호공이라 함은 종정무 이전의 수호를 의미하며 공이라는 존칭을 쓴 것으로 보아 조선의 공신 대우를 했음을 알 수 있다.
102. 세종 6년(1424) 1월 28일

2)는 태종10년(1410)의 일이니 세종1년(1419) 기해동정이 있기 9년 전이다. 이때도 대마도주가 대마도를 지키고 왜구의 침탈을 막는 '조선 수호' 역할을 하고 있음을 알 수 있다. 따라서 이 기사로 미루어 이성계가 김사형·남재를 시켜 일기도와 대마도를 정벌하면서 종씨 일족들에게 요구한 역할이 무엇이었는지를 짐작해볼 수 있다.

조선의 예조참의 성개成槪가 종정무[103]의 어머니 염하奩下에게 답장한 3)의 서찰에서도 조선 정부가 대마도를 지키는 일(수호)에 정성을 기울인 사미영감의 공을 충분히 인정하였음을 알 수 있다.

사미영감과 종정무에 이어 종정무의 아들 종정성도 처음엔 대마도 수호라는 직책으로 시작하였다. 「세종실록」에 "대마도 수호 도도웅와都都熊瓦[104]가 사람을 보내 토산물을 바치니 백미 40가마를 주었다"[105]고 한 사실에서 '수호'를 확인할 수 있다. 대마도수호 직을 지낸 사람은 사미영감·종정무·종정성으로 끝나고, 그 후엔 조선 측은 수호 대신 대마도주로 불렀다.

초기의 대마도 수호관은 조선의 유수留守[106]와 비슷한 성격을 가진 특수한 관작이었다. 수호와 유수는 명칭은 다르지만 그 실제 의미와 하는 일은 거의 같다고 보아도 된다. 조선시대 관직 중에서 매우 특징적인 제도가 유수이다. 고려와 조선에는 유수관留守官[107]이 따로 있었다. 유수는 대표적으로 평양의 평양유수, 개경의 개경유수 그리고 조선시대 강화도의 강화유수 등이 있었다. 유수의 본래 뜻은 '유숙留宿하며 지킨다'는 것이다. 즉 현지에 머무르며 지키는 자이다. 현지에 부임하지 않고 중앙에 앉아 지휘하는 직책과 달리 이들은 반드시 현지에 머물면서 맡은 지역을 다스려야 했다. 군사권의 상당부분을 부여받은 특수한 직위로서 단순한 행정만이 아니

103. 이 당시 종정무는 대마주수호(對馬州守護)였다.

104. 종정성. 종정무의 아들이다.

105. 對馬島守護都都熊瓦遣人來獻土物給米四十斛[세종 1년(1419) 3월 1일]

106. 조선시대 강화, 개성, 광주(廣州), 수원 등 요긴한 곳을 맡아 다스리던 정2품의 외관직.

107. 고려시대 삼경에 두어 다스리게 한 외관직.

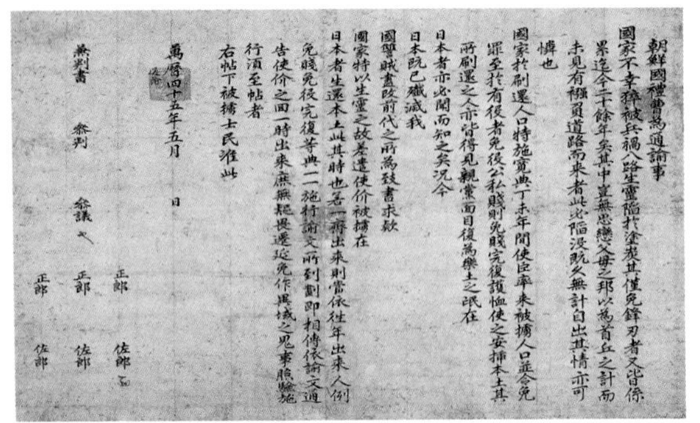
朝鮮國禮曹爲通諭事
國家不幸猝被兵禍八路生靈陷於塗炭其僅免鋒刃者又皆係
累迄今二十餘年矣其中豈無思戀父母之邦以爲首丘之計而
未見有撥貿道路而來者此必陷沒既久無計自出其情亦可
憐也
國家於刷還人口特施寬典丁未年間使臣率來被擄人口並令免
罪至於有役者免役公私賤則免賤完復護恤使之安插本土其
所刷還之人亦皆得見親黨面目復爲樂土之民在
日本者亦必聞而知之矣況今
日本既已殲滅我
國讐賊盡改前代之所爲致書求款
國家特以生靈之故差遣使价被擄在
日本者生還本土此其時也若一齊出來則當依往年出來人例
免賤免役完復等典一一施行諭文所到劃即相傳依諭文通
告使价之回一時出來庶無稽遲遷延免作異域之鬼事牒驗施
行須至帖者
右帖下被擄士民准此
萬曆四十五年五月 日
兼判書 參判 參議 正郎 佐郎
正郎 佐郎
正郎 佐郎

〈조선예조문서〉 임진왜란 때 포로로 잡혀간 조선인(이를 피로인이라고 한다)들을 송환해줄 것을 요청한 서한으로, 조선국예조위통유사(朝鮮國禮曹爲通諭事)라고 되어 있다. 일본에 조선인 피로인 쇄환을 타일러 설득하는 내용이어서 조선인피로인쇄환유고문(朝鮮人被擄人刷還諭告文)이라고도 한다. 임진왜란이 끝나고 20여 년 뒤인 1617년 5월 광해군 명의로 보낸 서한이다. 이 서신의 내용 가운데 조선의 사신이 지나는 길변에 아이들을 강보에 들쳐 업고 나와 자신들을 데려갈 것을 바라던 조선인 피로인들이 많이 있었음을 알 수 있다. 일본에 끌려간 조선인 피로인들의 슬픈 처지를 사진으로 보는 것처럼 생생하게 잘 그리고 있으며, 그들의 불쌍한 모습을 '가련(可憐)'이라는 말로 나타내었다. 예조판서·예조참판·예조참의의 연명과 함께 외교문서의 실제 담당관인 예조참의의 수결, 그리고 예조좌랑의 수결까지 되어 있는 것을 볼 수 있다. 임진왜란 중에 일본에 끌려간 조선인 포로는 대략 10여만 명이 넘는 것으로 추산하고 있다. 그러나 전후 양측의 피로인 송환 교섭으로 40여 년 동안 조선에 송환된 사람은 겨우 3~4천 명에 불과하다. 이 서한은 현재 일본 사가현(佐賀県) 나고야성박물관(名護屋城博物館)에 소장되어 있다.

라 그에게는 외적의 방어에 따른 업무도 따로 갖고 있었다. 그들에게는 정해진 임기가 있었다. 유수는 세습직이 아니지만, 대마도 수호는 종씨 일가에게 세습된 차이가 있다. 물론 대마도 수호는 본래 조선에서 내준 것이 아니라 일본의 직제이다.

그렇지만 조선 정부는 대마도 수호, 즉 대마도주를 마치 대마도 유수의 자격으로 생각하였다. 그러면 조선 정부가 대마도주를 유수로 부른 증거가 있을까? 『비변사등록』(2집)에 인조 시대 "대마도 유수留守 가신家臣 평성춘 등平成春 等"이라고 부른 사례가 있다. 대마도 유수의 가신인 평성춘 등이 조선 중앙정부에 보낸 서계에 관한 내용이다.[108] 평성춘이 동래부사를 통해 예조에 직접 보낸 이 서찰을 통해서 인조시대 대마도주는 조선의 유수 신분으로 간주하였음을 알 수 있다. 조선 전기와 마찬가지로 조선 후기의 인조 시대에도 조선은 대마도주를 대마도 유수로 예우하고 그에 어울리는 경제적 지원을 하였다. 그리고 그에게 왜구로부터 대마도와 조선의 변경을 수호(지킴이)하는 역할을 맡겼다.

앞에서 설명한 바와 같이 유수는 반드시 중앙정부가 임명하는 현지 부임 관료이다. 이것은 일본에 있는 관직이 아니며 중국에도 없었고, 유일하게 조선에만 있었다. 여기서 대마도 유수라 함은 조선 국왕의 임명에 따라 대마도에 가서 그곳의

108. 對馬島留守家臣直爲書契-禮曹啓曰 對馬島留守家臣平成春等 直爲書契于東萊府使 旣無前規 不可開路 嚴辭牢拒 還給不受之意 本曹及備局 已爲入啓行會矣 今此書契 卽爲撥上還送之意 敢啓 傳曰知道[인조 27년(1649) 3월 9일]

수호(방위) 임무를 다했다는 것을 이른다. 그것은 조선이 종가와 그 일족에게 대마도 섬 전체를 일종의 사패지로 내주고, 그곳에 가서 지키게 한 것으로 간주했음을 의미한다. 따라서 대마도주의 성격은 기본적으로 일본국 대마주 태수였으며, 여기에 다시 조선의 공신으로서 유수관의 임무가 추가된 것이었다. 그래서 대마도 유수의 가신이 평성춘이라고 부른 것이며, 이것으로 보아 평성춘 역시 조선의 관료와 동등한 대우를 받은 것을 알 수 있다. 이것은 인조시대의 기록이니 임진왜란 후 17세기 중반 대마도의 위치를 설명해주는 내용으로서 설사 대마도가 조선령은 아니었으나 대마도 왜인들을 조선의 신민과 동등하게 대우하였고, 관직을 주고 먹을 것과 입을 것을 내주어 살렸음을 보여주는 하나의 사례에 불과하다. 명목상으로는 대마도가 일본 땅이었으나 실질적으로는 조선의 소유나 다름없었음을 전해주는 하나의 증거인 것이다. 대마도주라든가 종씨 일족은 조선으로부터 관직과 녹봉을 받았다. 대마도주는 일본의 관리인 동시에 조선의 관리였다. 조선의 관직과 급료 그리고 경제적 지원과 각종 특혜를 받고 살았으므로 대마도주는 물론, 종씨 일족으로 포함하여 조선의 관직을 받은 대마도 왜인들은 한 마디로 수직왜인受職倭人이었다.

중종 때엔 대마도주 외에 대마도 전담관리가 있었다

일본은 1871년대에 대마도를 자기네의 영토로 편입했다고 주장한다. 그것이 사실이라면 그 이전에는 대마도를 일본 영토로 생각하지 않았다는 뜻이 되니 그것만으로 따지자면 1871년 이전에는 일본도 대마도를 일본 땅으로 여기지 않은 것이라고 볼 수도 있다. 그렇지만 어디까지나 대마도주는 일본의 한 지방 번주藩主였다. 이것을 34대 대마도주 종의달을 도주에서 백작으로 우대하여 일본에 귀화시켰다는 내용과 연결 지어 생각해 보면 쉽게 이해할 수 있다. 메이지유신 전까지는 대마도가 일본의 강역에서 배제되어 있었다는 의미가 아니라 대마번對馬藩을 폐지하고 현으로 바꾸어 편제했다는 뜻이다. 조선시대 내내 대마도는 일본 땅이었다. 그러나 범선 외에는 다른 교통편이 없던 시절, 식량을 비롯하여 대마도의 경제가 조선에 매여 있었기에 '대마도는 조선 땅'이라고 조선이 목청을 돋워도 대마도주는 제대로 대응하지 못하는 처지였다. 조선과 일본 양측은 공식적으로는 대마도가 일본 땅임을 서로 인정해왔다. 조선은 건국 초인 이성계 시대부터 대마도를 일본의 강역으로 인정하였다. 다만 조선은 기해동정과 대마도주의 항복 이후 일본국 대마주 태수 종씨를 대마도주로 임명하여 특수한 관계를 만들었다. 종가와 대마도 주요 인물들을 수직왜인으로 임명하고 경제적 지원을 하여 조선에 순치시키는 기미책으로 말미암아 조선의 신민들이 대마도를 조선의 강역으로 여기게 된 것이다. 대마도 왜인들에게 '퍼주는 정책'에 반발할 것을 염려하여 조선의 국왕과 지배층이 '대마도는 조선 땅'이라고 한 말을 그대로 믿고, 대물림한 결과이다. 조선 말기 고종 시대에 김정호가 대동여지도에 대마도를 조선의 영역으로 그린 것이나 『대동지지』 동래부에 대마도를 기록한 것도 마찬가지다.

성종 21년(1490) 대마도주 종정국이 종직길宗職吉 편에 서찰을 보내왔다. 이 서찰을 보낸 이는 '일본국 대마주 태수'로 되어 있다. 물론 이것만이 아니라 『조선왕조실록』에는 대마도와 관련한 기록은 모두 일본국 대마도주 또는 일본국 대마도 태수라고 되어 있다. 더구나 서찰의 수신자가 조선국 예조로 되어 있으니 그 서찰은 '외교문서'가 분명하고, 또 조선을 귀국이라고 표현하였으니 대마도가 조선 땅은 아니었던 것 또한 분명하다. 만약 그 당시 대마도가 조선 땅이었다면 이런 서신을 받고도 조선의 국왕과 지배층 그리고 조선의 신민들이 가만히 있었을까?

"삼가 조선국 예조(禮曹) 대인 족하(足下)에게 글을 올립니다. 이전 도주(島主)가 귀국을 깊이 두려워하고 공경하여 신의 숙부 종성길(宗盛吉)로 하여금 스스로 숙배하고 조관(朝官)을 받게 하였는데,[109] 먼저 임금이신 예종께서 그 뜻을 가상하게 여겨서 천순(天順) 6년 8월 12일에 호군(護軍)[110] 벼슬을 내렸고, 같은 달 18일에도

109. 여기서 조관을 받았다는 것은 조선 관리의 관직을 받은 사실을 이른다.

110. 병조 오위청의 정4품직.

거듭 상호군(上護軍)[111]을 내렸으며, 이듬해에 또 도서(圖書)[112]를 내려 주셨으니, 실로 대단한 은택이었습니다. 얼마 안 되어 그가 불행히 죽고 그 아들 종직길이 도서를 가지고 내이포(웅천 제포)에 이르러 아뢰었습니다. 신이 갑자기 축전주(筑前州)에 가서 종군한 지 20년째를 맞아 올해 대마도에 돌아오니 저 사람이 이미 아비의 가업을 계승하였습니다. 신이 조정을 받드는 뜻으로 귀국에 보냅니다. 만약 신을 사랑하는 뜻이 있으면 저 사람을 위하여 관작을 내려 주고 아비에 준하여 등용해 주십시오. 특별히 부첨지(副僉知) 가차(家次)[113]를 보내어 간절히 말씀 올립니다. 대도 2자루, 연(練) 2필, 말 2필을 올립니다."[114]

대마도주 종정국은 1469년 하반기에 대마도의 병력을 이끌고 하카다博多의 소이씨 즉, 소이뢰충小貳賴忠[115]에게 출병했다가 2년 만에 대마도로 돌아왔다. 그간 하카다에 머물다 돌아왔다면서 종직길에게 서신을 들려 보낸 것으로 적었는데,[116] 이 서찰을 통해서도 우리는 대마도 종씨들이 조선으로부터 관직과 경제적 지원은 받은 사실을 명확히 알 수 있다. 대마도주 종씨와 조선의 이런 관계는 19세기 말 조일 외교에서 대마도주를 제외시킬 때까지 유지되었다.

위 편지에서 종정국의 집안사람인 종직길이 조선의 부첨지였고, 그의 아비 종성길이 상호군 벼슬을 받은 것을 감안하여 직책을 높여 달라고 요청하고 있다. 대마도 태수와 그 이하 종씨 가문의 많은 이들이 이와 같이 조선의 관직을 받았다. 대마도의 종씨들은 이처럼 스스로 조선 정부에 요청하여 조선의 직책을 받았으니 그들

111. 병조 오위청 소속의 종3품관.

112. 도서(圖書)는 통상을 허락한 왜인에게 발급한 동인(銅印)이다. 절반으로 나누어 오른쪽은 왜인에게 주고, 왼쪽은 예조에 보관해 두었으며, 그 인본(印本)을 삼포(三浦)에 나누어 주어 왜인 사신이 오면 그 인장과 도서의 인장을 서로 맞춰 보고 그 진위를 가렸다.

113. 대마도주의 가신으로서 도주가 보낸 심부름꾼이란 의미.

114. 「성종실록」 성종 21년(1490) 1월 10일

115. 소위 소이씨(小貳氏) 또는 소이전이라고도 한다. 하카다(博多)의 태재부(太宰府, 다자이후) 수장이었다.

116. 2년을 20년으로 잘못 기록한 연구자료도 있다. 2년으로 써야 맞다.

은 왜인으로서 조선의 관리를 겸한 특수한 신분이었다. 쉽게 말해서 그들은 조선에 귀화하여 조선의 관직을 받은 수직왜인이다.

조선은 이성계 때부터 대마도를 일본 땅으로 인정하였다. 그러면서 세종 때부터는 다시 대마도가 조선 땅이라고 주장하였다. 그런데 이상한 일이지만, 세종 1년의 대마도 정벌 이후, 조선은 대마도가 조선 땅이라고 주장하고, 대마도주는 일본 땅이라고 계속 주장하며 맞서다가 대마도주가 세종에게 항복의사를 전달하면서 영유권 문제는 자취를 감추고 만다. 신숙주는『해동제국기』에 대마도가 일본 땅임을 분명히 적었다. 그 후로도『조선왕조실록』에 대마도를 일본 땅으로 적고 있으며, 이것은 조·일 양쪽의 자료로도 증명된다. 일제시대 조선총독부가 유리원판으로 보관하던 '대마도 종가문서' 가운데 임진왜란 이후 조선이 대마도주를 통해 일본에 보낸 외교문서가 국사편찬위원회에 보관되어 있다. 이것을 1970~1980년대에 정리하였는데, 거기에도 외교서한의 발신인은 조선국 예조참의, 일차 수신인은 일본국 대마주 태수로 되어 있다. 대마도주라든가 조선국 대마주 태수로 적은 사례는 한 번도 없는데, 어찌 대마도가 조선 땅이었다고 하는가? 다만 조선은 중종 시대에 대마도를 특별한 방법으로 관리하기 위해 별도의 관리까지 둔 적이 있다. 그 하나의 사례를 중종 4년(1509) 3월 23일 기록에서 볼 수 있다.

> "박적손은 대마도부사[117]여서 첨정(僉正)[118]으로 직책을 올려서 제수하였는데, 이제 가지 않게 되었으니 마땅히 김세필의 예에 따라 개정해야 합니다. (그가 대마도에 가지 않았는데도) 계속 첨정을 제수한 것은 분명 이조(吏曹)에서 살피지 못한 것이니 개정하소서."

이것은 간관인 대간의 요청이었다. 간관은 바른 말을 하는 간원이었다. 한 나라

117. 조선팔도의 중심에는 도호부사(都護府使)와 목사가 있었다. 목사와 대도호부사는 정3품관, 도호부사는 종3품관, 그리고 각 군의 군수는 종4품관이었다.

118. 이것은 조선의 종4품직이다.

의 중요한 일을 맡은 이 사람이 대마도부사로 임명된 박적손이 임지인 대마도에 부임하지 않은 문제를 비판한 것이다. 이 문제는 이조吏曹에서 저지른 잘못이므로 마땅히 첨정僉正이라는 직책을 거둬들이라는 요구인 것이다. 이 건의에 따라 중종은 박적손의 대마도부사對馬島府使 직책을 거두었다. 그런데 여기서 중요한 말이 '대마도부사'이다. 이것은 중종 시대 조선이 대마도를 대마도부對馬島府로 인정하고 있었음을 뜻한다. 조선에서 이미 오래 전부터 대마도가 일본의 땅이라고 인정해 왔는데 어찌 해서 대마도에 조선의 관리인 대마도부사를 파견한 것일까? 동래부의 책임자를 동래부사로 불렀으니 대마도 책임자를 대마도부사로 부른 것은 그 당시 조선의 지배층이 동래부와 똑같은 지위로 인정하고 관작을 내려주었다는 얘기가 된다. 다시 말해서 여기서 말한 대마도부사는 대마도 특별 담당관이었던 것이다. 대마도를 동래부 소속의 섬에서 분리하여 대마부로 독립시켜 운영한 것이 아니고서야 어떻게 조선에서 일본 땅 대마도에 대마도부사란 조선의 관리를 파견하려 했을까? 조선 개국 이래 대마도가 조선 땅이 된 적이 없는 만큼, 현실은 그럴 수 없는 입장이었음을 박적손은 너무도 잘 알고 있었기에 대마도에 부임하지 않았고, 현실을 제대로 파악하지 못한 중종은 박적손에게 대마도로 갈 것을 무리하게 명령하다가 그 명령을 다시 거둬들인 것에 불과하다. 위 기사로써 우리는 중종 시대에도 조선이 대마도를 경상하도에 딸린 섬으로 간주한 의도를 알 수 있다. 조선은 대마도 도주 이하 종가 일족에게 조선의 관직과 녹봉을 주고, 경제적 지원을 함으로써 조선에서 도적질하는 것을 막는 방법을 택했던 것이니, 이것이 바로 기미책이라고 하는 정책이었다. 대마도주와 그 일족이 세견선과 특송선[119] 등을 보내어 1년 동안 조선 국왕으로부터 받아가는 물자도 사실은 이들 조선의 관직을 받은 자들에 대한 녹봉의 성격이었던 것이다. 즉, 지금의 경상남도에서 나는 곡식(관곡)을 대마도에 지원하고, 관작을 줌으로써 대마도주와 종씨 일가의 대마도 통치에 무게

119. 조선과의 약조에 의하여 해마다 일정하게 보내는 세견선(歲遣船) 외에 특별한 용무가 있을 때 보내는 배. 특송선은 계해약조(癸亥約條)에는 다만 '약간 척'으로 규정하여 정수가 없었지만, 그 대우는 세견선보다 한층 높은 구주절도사(九州節度使)와 동등하였다[『해동제국기(海東諸國紀)』].

를 실어주는 대신, 조선은 정권 안보를 보장받을 수 있었던 것이다. 쌀 한 톨 제 손으로 생산하지 않는 지배층과 조선 국왕으로서는 대단히 편리한 방식이었지만, 일반 백성의 반감을 사지 않기 위해 '대마도는 조선 땅'이란 대민용 구호를 내세워 조선의 신민과 대마도 왜인들을 적당히 자극했던 것이다. 조선이 아니면 대마도가 홀로 자립해서 살아갈 수 없는 곳이었기에 그 경제적 예속관계를 이용해 대마도를 조선 땅으로 만들기 위한 포석에서 기미책을 썼떤 것인데, 조선은 이 정책에 철저히 실패하였다.

조선이 그토록 대마도를 조선의 강역으로 만들기를 원했다면 조선은 두 차례의 대마도 정벌 후, 정식 외교채널을 통해 대마도가 조선 땅임을 확인시키고 소유권을 명확히 했어야 했다.

한편 성종 7년(1476) 피고여문皮古汝文이 대마도 선위사宣慰使 김자정金自貞에게 말한 내용을 조선 정부에 보고한 기록이 있는데, 이것 역시 조선이 대마도를 조선령으로 관리하려 하였음을 보여주는 사례가 아니다. 선위사라는 직책은 쉽게 말해서 조선 중앙정부가 지방에 보내는 임시 관리이며 외교관이 아니다.

> "만약 조선에 죄를 짓게 되면 돌아갈 곳이 없으므로 매우 두렵습니다. 그리고 이 섬에 산성이 있는데, '조선 사람이 쌓았다' 고 합니다. 그것이 사실인지 아닌지는 '모르겠습니다.' 라고 하므로, 신이 '우리나라 사람들이 해적을 쫓아버리려고 이 섬에 와서 기거하였다는 사실이 문적(文籍)에 적혀 있으니 그것이 실로 헛된 말이 아니다.' 라고 말해 주었습니다."[120]

앞뒤를 잘라내고 단지 이 기록으로 보면 대마도는 본래 조선의 소유라는 느낌이 강하다. 그곳에 왜인들이 무단으로 들어와 발붙이고 살면서 일본 땅이라고 우기게 되었다고 이해할 수 있는 것이다. 하지만 한일 양측의 기록으로 보건대 대마도가

120. 성종 7년(1476) 7월 26일

통일신라나 고려 초에 이 나라의 강역이 된 적은 없다.

이쯤에서 새로운 사례를 하나 더 들어야 하겠다. 중종 4년(1509) 3월 17일 여러 대신들이 대마도에 경차관敬差官을 보내는 문제를 논의한 일이다. 이것을 가지고 조선이 대마도를 조선 땅으로 인식한 사례라고 말할지도 모르겠기에 소개한다. 삼포에 거주하는 왜인들이 저지르는 패역한 짓들을 낱낱이 알리고, 가덕도에서 도적질한 왜인을 빨리 잡아들여 다스리라는 명령을 전달하기 위해 대마도에 경차관을 보낸 것인데, 이때 조선 정부는 삼포에 거주하는 왜인을 예전 약속대로 70호만 남기고 나머지는 모두 대마도로 돌려보내도록 지시하였다. 이후 대마도에는 수시로 경차관을 보냈다. 중종 4년(1509) 3월 29일 윤은보尹殷輔가 대마도 경차관으로 갔으며 그 이후에도 필요할 때마다 경차관이 오가면서 대마도에서 빚어지는 문제를 해결하였다. 그런데 여기서 말하는 경차관은 조선 정부의 임시 관리이지 정식 외교관이 아니다. 조선 정부는 급히 처리할 일이 있으면 국왕이 직접 경차관을 보냈다. 한마디로 경차관은 조선국왕의 특사이다.

조선 초기의 경차관은 중앙의 당하관[121] 관리로서 나라의 재정과 민생·사법·외교 등 여러 가지 정책을 시행하기 위해 지방에 파견한 관리였다. 본래의 직책과 직위는 그대로 갖고 있으면서 국왕의 특명에 따라 일시적으로 지방에 보낸 특사인 것이다. 국왕이 맡긴 일을 수행하고 돌아와 그 결과를 보고하는 것으로 경차관의 임무는 종료된다. 임지에서 돌아와서 그간의 활동과 업무 처리과정 및 결과를 보고하는 것으로 임무를 마치는 것인데, 이 과정을 한 마디로 복명[122]이라고 한다. 『증보문헌비고』에 "조선조에서는 재상경차관이 있어 당하관 문신을 전국 여러 도에 파견하였다"[123]고 한 기록이 있다. 각종 자연재해나 상해를 입은 백성을 구제하기 위해서도 경차관을 파견하였다. 경차관은 이재민을 신속하게 돕고 조치하는 일을 맡았다. 긴급 상황에서 배고픈 백성을 구휼하고 굶어죽는 이들이 없도록 신속하게 대책을

121. 종3품 이하의 관직을 당하관, 정3품 이상은 당상관으로 구분한다.

122. 復命. 국왕의 명을 받들고 나가서 임무를 수행하고 돌아와서 국왕의 명령을 수행한 사실을 보고하는 것.

123. 『증보문헌비고』 권227 직관고 14. 재상(災傷)이란 재해를 당하거나 상해를 입은 것을 의미한다.

마련하고 조치하기 위해 국왕은 진제경차관[124]을 특사로 파견하였다. 이들은 쉽게 말하면 암행어사의 일종이라고 할 수 있다. 한 마디로 경차관은 감찰임무를 담당하는 사람으로서 지방 지배력을 강화하기 위해 중앙에서 파견한 사신이었다. 특히 각 도의 관찰사와 감사 그리고 각 군의 군수와 현의 현령 및 현감과 같은 지방 수령守令을 통제하기 위한 임시 특별직 관리였던 것이다. 쉽게 말해서 중앙에서 수령을 통제하기 위해 파견하는 관리가 경차관이었다고 할 수 있다.

조선 초기 지방으로 파견된 경차관은 국왕의 명령을 신속하게 수행하기 위한 특수한 신분이었으므로 그것을 봉명사신[125]이라고 불렀다. 그러나 그의 직책은 따로 명시하지 않았다. 태조 5년 8월에 경차관을 파견한 것이 경차관의 시작이었다. 경차관의 경차敬差는 왕의 뜻과 명령을 받든다는 의미로서 중국의 흠차欽差와 같은 것이다. 경차관은 국방·외교·진휼·구황·옥사(송사) 등 여러 분야의 일을 맡았다. 무기의 점검이나 여진 또는 왜와 관련된 외교업무도 맡았고, 재해로 인한 피해를 직접 답사하여 찾아내고 대책을 세워 시행하는 일도 맡았다.

그 외에도 배고픈 백성을 구휼하거나 토지의 측량[126]에 관한 일도 하였다. 또 노비를 비롯하여 도망한 사람들을 추쇄하는 일도 맡아서 해결하였다. 미해결 살인사건을 해결하고, 판결을 지체한 옥사가 있으면 그것을 신속하게 처리하였으며, 미제 사건의 추국 등 여러 분야의 일을 맡아 처리하였다. 경차관은 부임지로 나가서 수령이나 아전의 불법과 작폐를 적발하여 심문할 수 있었다. 4품 이하의 관리로서 죄가 있으면 법률에 따라 즉시 처단하며, 3품 이상은 감시 또는 투옥시킬 것을 국왕에게 요청할 수 있는 권한을 갖고 있었다. 아울러 각 도의 감사와 육군 및 수군의 군관 근무 성적이나 자세를 점검하고 신문하기도 하였다. 경차관을 파견할 때는 왕이 직접 그에게 시급히 처리해야 할 임무를 주었다. 어떤 일을 어떻게 처리할 것인지 구체적인 시행지침을 세부적으로 적시해주는 일종의 업무처리지침 같은 것이

124. 賑濟敬差官(진제경차관). 이것은 진휼과 구제를 위한 경차관이라는 의미이다.

125. 봉명사신(奉命使臣). 명을 받들어 임지에 나가는 사신이란 의미.

126. 이것을 다른 말로 양전(量田)이라고 하였다.

있었는데, 그것을 사행사목使行事目 또는 그냥 사목라고 하였다.

사목이란 임금의 심부름을 나가서 처리해야 할 구체적인 업무 목록을 말한다. 경차관은 정해진 임지에 나가서 최대한 신속하게 맡은 일을 처리해야 했다. 그 사행사목 외에 따로 국왕에게 보고하여 처리해야 할 일이 있으면 파발을 놓아 보고한 다음, 다시 그 명을 기다려 처리하였다. 그러므로 경차관이 하는 일은 각 도의 총책 임자이자 지방장관인 관찰사 및 감사의 임무를 대신하는 일이었다. 임기 1년의 관찰사는 1년 내내 관할 지역을 순찰하여 도내 수령의 활동을 평가하고 수령의 업무 수행능력을 상·중·하로 고과를 매겨 6월과 12월에 반드시 국왕에게 보고해야 했다. 중앙에서는 지방과 중앙의 관리들을 감시하는 기구로서 사헌부가 있었고, 지방에는 중앙의 사헌부 기능을 대신하는 감사監司가 따로 있어서 관찰사나 각 수령을 감시하였다. 감사의 역할은 관찰사나 수령의 역할에 못지않았다. 관찰사는 수령의 활동을 평가하는 일 외에도 풍속이나 기강을 살펴 바로 잡는 임무를 수행해야 했다.[127] 경차관 역시 지방 수령의 활동을 감시하거나 감찰하여 그 결과를 관찰사에게 보고하였고, 관찰사는 그것을 수령 평가 자료로 활용하였다. 따라서 경차관은 관찰사의 많은 업무를 돕는 역할을 겸하였다. 관찰사의 업무를 보완하기 위해 파견되었으므로 관찰사와 경차관은 상호 협조하여 업무를 처리하였다. 한 예로 세종 19년 충청도 일대에 기근이 들자 경차관을 파견한 적이 있는데[128] 그때 세종은 충청도 감사에게 경차관을 파견한 사실을 따로 알리면서 경차관과 함께 사정을 잘 헤아려 진휼하고 보고하라고 명령하였다.

경차관은 일차적으로 종3품 이하의 당하관에서 선발하였다. 그러나 문관 및 무관을 가리지 않고 고루 임명하였다. 성종 3년 삼봉도三峰島[129]를 찾기 위해 파견한 경차관으로 문무를 겸비한 인물을 선발한 사례[130]가 있고, 성종 21(1490)년 12월에는

127. 內而憲府 外而監司 糾察風俗 以正紀綱之任也(『태조실록』 권25, 13년 6월 무오 조)

128. 『세종실록』 권 76, 19년 정월 계사 조

129. 울릉도

130. 『성종실록』 권 15, 3년 2월 경오 조

경상도와 전라도 일대에 들어온 왜구를 물리치기 위해 경차관을 무신으로 뽑아서 파견하기도 하였다.

그러나 경차관의 활동은 관찰사나 감사의 평가를 받았다. 수령의 죄를 제대로 처리하지 않으면 감사가 경차관을 신문하여 내치도록 하였다. 이것은 관찰사·감사·경차관을 상호 견제하여 부정부패를 없애기 위한 것이었다. 일을 잘못 처리한 경차관은 관찰사가 직접 조사하여 왕에게 보고하여 처리하는 것이 일반적이었다. 세종 10년 8월에 전라도 양전경차관[131]으로 나갔던 이치李治가 토지를 측량하는 일을 제대로 하지 못하자 관찰사가 그를 직접 조사하여 국왕에게 알렸고, 그에 따라 이듬해 2월 사헌부가 이치를 국문한 것이 좋은 사례이다. 경차관이 처리한 내용은 관찰사에게 하달되었으며, 경차관의 활동은 관찰사가 평가하였으므로 이와 같이 경차관과 관찰사는 상호보완적 관계이면서도 상호 견제하는 관계였다. 국왕은 경차관을 특사 자격으로 파견하여 관찰사 및 지방 수령들의 비리나 불법행위를 적발하고, 효과적으로 통제함으로써 중앙집권을 더욱 강화할 수 있었다.

대마도에 파견된 경차관 역시 국왕의 특명을 받아 대마도에 관한 모든 일을 적법하게 처리하고, 그 모든 것을 돌아와 국왕에게 반드시 보고해야 했으며, 복명과 함께 그의 임무는 종료되었다. 이런 특수한 관리를 통해 조선국왕은 대마도주와 대마도에 관한 문제까지도 생생하게 전해 듣고 필요한 판단과 명령을 내릴 수 있었다.

숙종 때 대마도를 주州로 전환해 달라 요청

임진왜란은 조선과 조선인에게 많은 피해를 남겼고, 일본 역시 많은 인명을 희생시켰다. 무고한 인명을 살상하고 한·중·일 삼국의 사람들에게 쓸데없는 고통을 안긴 사건이자 무의미한 피바람이었다. 이 피바람의 혼란 속에서 일본은 조선으로부터 빼앗아간 것이 많았다. 이웃 사이의 오랜 역사를 되돌아 볼 때, 서로에게 있지

131. 토지 측량 임무를 띠고 파견된 경차관.

말았어야 할 전쟁이었지만, 왜인들은 잔인한 짐승처럼 스스로 피의 역사를 즐겨 썼다. 그러나 임진왜란은 한편으로 조선과 일본 서로에 대해 보다 현실적으로 인식하는 계기가 되었다. 조선은 일본의 힘을 인정하지 않을 수 없었고, 일본은 조선의 허약함을 알았다. 이 전쟁을 통해 대마도주는 조선이 종이호랑이에 불과하다는 사실을 알고, 조선을 가볍게 보기 시작했다. 조선은 부산에서 평양까지 부서지고 망가지지 않은 곳이 없었다. 피해를 입은 것은 대마도 역시 마찬가지였다. 도주 종의지宗義智를 조선 침략의 선봉으로 앞세워 2천여 명의 대마도 병력을 전쟁에 동원하는 바람에 임진왜란이 끝난 뒤엔 대마도 역시 텅 비었을 정도로 사람이 줄어들었다.[132] 도요토미 히데요시 군대가 대마도 왜인들까지 징발하여 조선의 신민을 학살한 이 기막힌 전쟁으로 조선의 신민과 국왕은 일본을 더욱 야만시하게 되었다. '한 하늘을 이고 살 수 없는 만대의 원수'라는 조선 사람의 표현은 까닭 없이 침략하여 살육을 저지른 왜인들의 야만성에 대한 피맺힌 절규였다. 우리가 그토록 왜인들을 멸시하고 사람 취급을 하지 않은 까닭은 우리에게 있는 것이 아니라 그들의 행동에서 비롯된 것이었다.

임진왜란 후, 인조시대에 대마도주 평성진은 마치 조선을 어린애 다루듯 하였다. 그는 먼저 조선의 국왕과 예조에서 보내주는 물건에 이제부터는 하사한다는 의미의 賜사라는 글자를 쓰지 말라고 요구하였다. 그래서 조선은 보낸다는 뜻의 送송 자로 대신하였다. 많은 물자를 무상으로 받아쓰고, 얻어먹으면서도 아주 당당한 자세였다. 그리고 또 제 마음 내키는 대로 조선에 요구하고 위세를 높이려 하였다. 임진왜란이란 참혹한 전쟁은 대마도주의 잘못에서 비롯된 것이었지만, 전쟁이 끝나자마자 먼저 일본과 화친해야 한다며 조선을 향하여 아양을 떤 것도 대마도주였다.

그런데 평생을 조선의 은택을 받고 산 바로 그 대마도주 평성진이 죽음에 임하

132. 대마도의 자료에 따르면 임진왜란 때 대마도인 2048명을 징발하여 조선을 침략한 것으로 되어 있다. 대마도 내에서 선발한 전투병 가운데 야나기카와(柳川)의 무리가 443명으로 가장 많았다. 물론 이 숫자에는 정유재란 때의 수는 포함되지 않았다.

면서 아들 평의진에게는 "지난 40년 동안 조선으로부터 받은 혜택이 실로 깊어 조선을 배반할 수 없으니 내가 죽은 뒤에도 사은하는 일을 잊지 말라"고 말하였다. 인조·효종 연간 도주로 있는 동안, 제 평생 하던 짓과는 정반대의 이중적 태도를 엿볼 수 있는 이 마지막 임종 유언이 『조선왕조실록』에 그대로 실려 있다.

그 후로 한참이 지난 숙종 때 대마도주는 대마도를 대마주對馬州로 바꿔줄 것을 요청하는 서찰을 보내왔다.[133] 임진왜란 이후 대마도주를 통해 조선에서 일본에 보내는 외교문서의 수신인은 앞에서 여러 차례 밝혔듯이 일본국 대마주 태수였다. 일본 대마주의 태수를 조선이 인정해오고 있었는데, 이건 무슨 까닭일까? 조선의 주州와 똑같이 대우하란 요구였던 것이다. 그러나 숙종은 이 요구를 받아주지 않았다. 조선에서 주州가 되는 기준은 까다로웠다. 충분한 농지와 사람이 있고, 거기서 나는 것들로 사람을 먹여 살릴 수 있는 곳이라야 했다. 즉 넓은 평야와 넉넉한 생산력을 갖고 있어서 자활이 가능한 곳이라야 주가 될 수 있는데, 대마도는 이 조건에 부합하지 않았다.

다음으로, 외적의 침입로(길목)가 될 수 있어 국토방위상 중요한 요충에는 병영이나 수영을 두어 특별히 관리하였지 주를 둘 수 있는 대상은 아니었다. 요즘으로 따지면 접적지역으로 군사적인 기능을 강화해야 하는 곳은 주州나 목牧의 조건에 맞지 않는다. 그런데 대마도를 대마주로 승격시키면 대마도주의 위치는 목사牧使와 동급이 된다. 목사는 정3품 관직이니 조선의 정식관리인 대마주목사對馬州牧使의 신분으로 대접받기를 원했던 것인데, 그것은 조선의 관례에는 맞지 않는 것이었다. 그저 왜인들이 발붙이고 사는 조선 변방 바깥의 작고 외진 섬이었으므로 조선정부는 끝까지 대마도주를 조선의 목사와 동급으로 인정하지 않았다.

그런데 우리는 여기서 중요한 기록 하나를 살펴볼 필요가 있다. 세조7년 6월에 대마도주에게 대마주태수까지 겸직시킬 것인지를 대신들끼리 논의해서 보고하라고 한 일이 있다. 도대체 이것은 또 무슨 이야기일까? 대마도주는 조선 건국시점

133. 숙종 44년(1718) 7월 17일

부터 '일본국 대마주 태수'였다. 그러면서 조선은 그를 '대마도주'라는 신분으로 계속 우대하여 왔는데, 대마도주와 대마주 태수 겸직 문제를 조선 조정의 대신들에게 의논하라는 것은 도무지 맞지 않는 일이다. 그 당시 조선에는 태수란 직책은 존재하지 않았다. 그러니 이 문제는 조선에 없는 태수를 신설하여 일본의 대마주 태수 겸 조선의 대마주 태수를 인정하겠는가 하는 것을 대신들이 의논하라는 것으로 이해할 수밖에 없다. 그러나 이 문제는 그때부터 인조시대까지 결론이 나지 않았던 것 같다. 세조 개인의 주장으로 제기되었다가 흐지부지 된 것이 아닌가 여겨진다.

대마도를 대마주로 승격시켜 주지 않은 이유는 또 있을 것이다. 이쯤에서 이런 가정을 해볼 수도 있겠다. 대마주로 승격시킬 경우 대단히 심각한 문제가 발생할 것을 예상한 때문이 아니었을까? 이를테면 조선이 대마도를 대마주로 인정해줄 경우 대마도 왜인들에게 조선의 영토 내 어디로든 돌아다닐 수 있는 자유를 보장해야 한다는 것이 적잖은 부담이 되었을지도 모른다. 이것은 조선의 국왕과 중앙정부가 가장 꺼리던 것이었다. 먼저, 그들이 빠져나가면 대마도를 지킬 사람이 없어지는 것이 가장 큰 문제였을 수도 있다. 조선의 지배층은 세 차례의 정벌을 통해 대마도 종씨들의 항복을 받아냈고, 그에 따라 조선은 형식상 대마도를 종씨들에게 사패지로 내준 것으로 여겼다. 대마도 종씨 일가에게 대마도를 사유지로 내준 것이라고 믿은 이 점 때문에 조선시대 대마도가 조선 땅이라는 주장이 많은 백성들에게 사실로 받아들여졌을 것이다. 종씨 일가에게 조선의 관직과 녹봉, 넉넉한 물자지원을 함으로써 주종관계를 성립시킨 것으로 본 것은 분명하다. 게다가 대마도에서 숙위를 계속 보냈고, 이런 숙위는 조선 전기에 조선의 신민들에게 작지 않은 자긍심이 되었을 것이다. 이후 조선은 대마도주를 조선의 대일본외교 대리인으로 지정하였고, 일본 역시 대마도주를 통해 대조선 외교를 맡기기로 자연스럽게 합의한 것이나 다름없었다.

조선은 대마도주의 무한책임 하에 대마도 내 왜인을 철저히 관리하고, 대마도 외의 다른 지역으로 왜인들이 옮겨 가서 살지 못하도록 묶어둘 수 있었다. 도주를 세워서 그로 하여금 통치하도록 한 실제의 목적은 왜인을 효과적으로 통제하기 위한 것이었다. 그런데 왜인이 그곳에서 나오면 대마도는 텅 비게 될 것이고, 왜인에서 조선인으로 신분 세탁하는 무리들도 생겨날 것이란 두려움도 있었을 것이다.

그러나 대마도주가 대마도를 대마주로 바꿔 달라고 요청한 실제 의도가 무엇이었는지는 알 수 없다. 아마도 대마도주 자신을 조선의 목사牧使와 같은 신분으로 승급시켜 예우해 달라는 것은 그저 표면적인 요구였던 것 같다. 정말로 조선의 주와 동등한 대우를 요청한 것이라면 거기엔 대마도 사람들의 거주이전 및 경제적 자유를 보장받기 위한 목적이 있었을 것이다. 조선정부는 대마도를 행정구역상 경상도 동래부의 섬이라고 주장하면서 대마도와 육지와의 교류는 부산포로만 제한하고 있었다. 부산포는 대마도 사람들에게 젖꼭지와 같은 곳이었지만, 대마도가 부산포에만 묶여 있다 보니 왕래와 물화의 매매에 제한을 받았다. 대마도인이 다른 곳으로 옮겨 가서 살 수 없는 것이 문제였다. 실제로 대마도는 조선 정부의 철저한 감시체제에 묶여 있었다. 삼포왜란 이후 부산포를 제외하고는 모두 폐쇄되었으므로 이를 타개하기 위한 방편으로 그와 같은 요구를 했을 가능성도 있다. 배후의 의도는 어디까지나 봉쇄를 풀어 사람과 물자의 유통을 터 보자는 꼼수였다. 조선이 대마도를 조선의 대마주와 똑같은 자격으로 인정하면 대마도주는 도주이면서 충주목사나 나주목사와 같은 신분으로 격상되므로 동래부에 묶여있을 이유가 없다. 그보다 한결 우월한 입장이 되므로 대마도주는 운신의 폭이 넓어지고 경상도관찰사를 통한 보고체계를 이용해 조선의 국왕에게 직접 요구할 수 있는 것이 많아질 것이라고 판단했을지도 모른다. 그렇지만 아무리 조선이 대마도주를 우대하긴 하였으나 조선 각 주의 목사와 똑같은 실권과 신분을 내주는 것은 끝까지 꺼렸으므로 이 요구는 끝내 들어주지 않았다.

제6부

삼포왜란과 최천종 사건 후의 조·일관계

- 대마도주, 조선과 일본 사이에서 양국관계 악화시켜

세종 1년의 기해동정 이후 대마도는 조선과 신속臣屬 관계를 맺었으며, 그것으로써 조선은 왜구의 피해를 줄일 수 있었다. 그러나 그로부터 약 1백여 년이 지나자 대마도주와 대마도 왜인들은 조선의 통제에 저항적인 태도를 보였다. 그리하여 16세기 중엽 삼포왜란이 일어났고, 대마도주의 간교한 꾀로 임진왜란이 일어났다. 전후 조선 통신사로 조일 관계는 개선되었으나 18세기 중반 오사카에서 대마도 왜인이 통신사 일행을 죽이는 최천종 살해사건이 일어났다. 조선과 일본 중앙정부 사이의 미묘한 관계를 이용하여 대마도에서는 끊이지 않고 문제를 일으켰다.

삼포왜란으로 대마도주 권한 크게 축소시켜

조선은 왜인들의 이동을 효과적으로 제한하기 위해 대마도주에게 도서를 주고 문인[1] 발급권을 내주었다. 조선이 일정 부분 대일외교권 업무를 맡기면서 내준 인신을 문서에 찍어 주면, 그것을 조선의 도서와 대조하여 통행을 허가하였다. 대마도주의 도장을 찍은 도서와 문인은 요즘의 여권과 비슷한 것으로 이해하면 된다.

대마도주가 문인과 도서를 발행해준 사람이면 누구든 문인에 정한 기간 동안 조선에 들어와 머물 수 있었다. 그 기간 내에 조선 정부는 왜인들에게 아무런 제한도 두지 않았다. 그러자 많은 흥리왜인興利倭人이 조선을 찾았다. 흥리왜인이란 이문을 노리는 왜인장사꾼. 흥리왜인은 대부분 대마도 사람들이었지만, 하카다·규슈 사람들도 꽤 있었다. 대마도주의 도서와 서계를 받아 정식으로 조선에 들어올 수 있도록 허가하자 조선으로 몰려드는 왜인 장사꾼들이 넘쳐났다. 그리하여 대마도주의 문인을 가져오는 자들이 너무 많아 그들을 먹이고 대접하는데 많은 비용과 인력이 들었다. 대마도주의 문인과 도서발급권은 곧 대조선 무역에서의 독점적 지위를 의미하는 것이다.

왜인들이 거리를 활보하면서 치안과 풍속에도 적잖은 불안감을 안겼다. 이에 조

삼포三浦에 살던 왜인의 호구 수와 사찰 수

연대	제포(薺浦, =내이포)		부산포(釜山浦)		염포(鹽浦)		합계	
	호(戶)	인구	호(戶)	인구	호(戶)	인구	호(戶)	인구
1466년	300	1200여	110	330여	36	120여	446	1650여
1474년	308(11)	1722	67(2)	323	36(1)	131	411(14)	2176
1475년	308(11)	1731	88(3)	350	34(1)	128	430(15)	2209
1494년	347(10)	2500	127(4)	453	45	152	525(14)	3105

(삼포에 거주하던 왜인의 수를 연대별로 표시한 자료임. 『日本と朝鮮』, 至文堂, 中村榮孝, 1966. 괄호안의 숫자는 사찰의 수임)

1. 문인(文引)은 대마도주가 발행하는 일종의 통행증명서(通行證明書)로서 다른 말로 노인(路引)이라고도 하였다. 지금의 여권(旅券)과 비슷한 것이다. 일본 국왕의 사신을 비롯하여 수도서인(受圖書人)·수직인(受職人) 등 조선에 오는 모든 왜인은 대마도주의 문인을 받아 가지고 와야 접대를 받을 수 있었고, 이것이 없는 자는 왜적으로 간주하였다.

선 정부는 결국 왜인들을 제한하는 조치를 취했다. 종전에 왜인들의 왕래를 부산포釜山浦[2]와 제포[3] 두 군데로 제한하였는데, 그것도 사실은 왜인의 통제를 위해서였다. 그 외의 장소에는 왜인들의 왕래를 허용하지 않다가 세종 8년(1426)에 울산 염포를 추가하여 왜인들의 왕래를 세 군데로 확대하여 주었다. 이것이 이른바 삼포의 개항으로, 누구든 왜인의 거주·이전 및 이동은 이들 세 군데[4]로 제한하였다. 그러나 그것은 말로만 제한이었지 실제로는 삼포개항이었다. 삼포개항으로 드디어 왜인들은 부산포나 염포·제포로 나와서 거주하며 장사를 하거나 농사를 지을 수도 있었다.

삼포의 항거왜인恒居倭人이 바로 이 삼포개항으로부터 시작되었다. 항거왜인이란 '상주하는 왜인'이란 뜻이다. 물론 그들의 거주지는 삼포 안으로 제한되었다. 하지만 그곳에서 고기를 잡고 포구 내의 땅에서는 일부 경작도 하였다. 상업과 어업·농업을 겸하였으므로 그들은 차츰 상당한 소득을 갖게 되었다.

삼포에 왜인들이 정착하자 대마도주는 자신의 휘하 가신을 삼포에 보내어 그들로부터 세금을 걷었다. 삼포로 인해 도주의 수입은 크게 늘었다. 이 세금은 대마도주 자신의 수입이자 대마도 통치자금이었다. 대마도주는 삼포 내에 자신이 직접 세금을 거두고 관리하는 신민을 따로 가졌으니 그것은 조선으로부터 받은 대단한 특혜였다. 그러므로 삼포는 대마도의 연장지대나 다름없었다. 삼포의 왜인들은 사찰을 세우고 자신들의 종교 활동을 했으며, 조선 여인을 데리고 사는 이들까지 생겨났다.

대마도 왜인 중에는 도서를 받아 수시로 육지를 오가면서 많은 이득을 챙긴 이들도 꽤 있었다. 한 예로 피고여문皮古汝文은 1460년에 조선의 도서圖書[5]를 받고서 삼포에 오갈 수 있는 권한을 더욱 확대하였다. 나아가 그는 1471년경 삼포의 항거

2. 처음에는 부산포를 富山浦로 불렀다. 그러나 나중에 釜山浦라는 이름으로 고쳐 부르게 되었다.
3. 제포(薺浦)는 원래 내이포(乃而浦)라는 이름으로 불렸다.
4. 부산포·염포·제포
5. 다른 말로 동인(銅印)이라고 한다.

왜인을 다스리는 위치에 있었다. 같은 해 대마도 부중府中[6]에서 파견한 종국행宗國幸이 삼포를 시찰하였다. 여기서 '시찰'이라 함은 종씨 일가의 통제 하에 있는 대마도 왜인을 찾아 자신이 그들의 관리자임을 드러내고, 수조권도 자신이 갖고 있음을 과시하는 정치적 행위로 볼 수 있다. 이와 같이 대마도 종씨 일가는 삼포의 왜인들을 직접 관리하고 통제하였다. 따라서 제한적이나마 삼포는 대마도주에게 주어진 통치자금 확보창구였다. 사실 조선 정부가 삼포를 개항해 준 목적이 바로 거기에 있었다. 세견선이나 특송선을 통해 보내주는 양곡과 많은 물자 말고도 별도의 자금을 삼포에서 조달해 가도록 함으로써 경제 봉쇄를 풀어주어 대마도인들을 순치시키기 위한 조치였던 것이다. 대마도주가 왜인들에 대해 강력한 힘을 갖게 하려면 별도의 자금줄이 있어야 했으므로 조선 정부는 그 점을 감안하여 삼포를 열어준 것이다. 이런 조치는 왜인들 사이에 조선 붐을 일으켰다. 그래서 귀화하는 왜인도 생겼고, 항거왜인도 늘었다.

그러나 삼포에 왜인들이 늘어나자 조선 정부는 불안해졌다. 대마도가 일찍이 왜구의 소굴이 되었던 것을 경험하였기 때문이다. 먼저 왜인들이 늘면서 치안상의 문제가 발생하였다. 조선의 관리를 우습게 여겨서 때리거나 희롱하는 일이 흔했고, 무척이나 엄격한 조선사회의 법과 도덕을 지키며 그 일원으로 살아가는 것을 잊고 난동을 부리기도 했다. 이런 불량왜인이 삼포에 늘어가는 것이 문제였다. 왜인이 조선인과 간통을 하는 것도 도덕을 앞세우는 조선의 통치자들 눈에는 심각한 풍기문란이었다. 거래차 삼포에 들른 조선 상인을 살해하는 일도 흔했다. 더구나 왜인들은 수시로 강간이나 살인과 같은 복잡한 문제를 일으켜 골칫거리가 되었다. 비록 삼포에 제한된 것이었지만 삼포 안에서도 크고 작은 사고들이 많이 일어났다.

이러저러한 사건사고와 이유들로 말미암아 세종 당시부터 왜인 통제는 중요한 사안으로 떠올랐다. 그래서 정괄鄭佸을 비롯하여 많은 관료들이 한결같이 삼포에

6. 대마도주가 있던 곳으로, 지금의 이즈하라(嚴原)를 부중이라 하였다. 명치(明治) 2년(1869) 이두파류(伊豆波留, =이즈하루)라는 이름을 고쳐 이즈하라라고 부르게 되었다고 한다.

사는 왜인이 많아 마침내 국가에서 통제하기 어려울 것이라며 우려하고 있었다. 지방관들은 조목조목 문제점을 짚어 조정에 보고하곤 했는데, 그 중에서도 가장 큰 문제는 삼포에 사는 왜인이 해마다 늘어나는데 세금은 내지 않는다는 것이었다. 왜인들의 입장에서는 대마도주와 조선에 따로따로 세금을 내야 했으니 여간 고통스러운 일이 아니었을 것이다. 그래서 세종 17년(1436) 대마도주 종정성에게 삼포의 항거왜인을 대마도로 송환하도록 명령했다. 물론 이때 종정성은 삼포에 오래 거주한 사람 60명을 제외하고는 모두 쇄환하겠노라고 했지만, 그것은 말뿐이었다. 대마도주가 그곳에서 거둬들이는 세금이 적지 않은데 쉽게 철수시킬 일은 아니라고 판단했던 것이다. 예종 역시 1469년에 대마도주 종성직宗盛職에게 삼포의 항거왜인들을 송환하도록 지시했다. 종성직이 죽자 그의 아들 종정국宗貞國에게도 똑같은 명령을 하였다. 그러나 종정국은 이를 완곡한 말로 거절했다. 즉, 자신은 태재부의 소이뢰충小貳賴忠[7]을 따라 하카다博多에 가 있다가 돌아왔으므로 송환할 수 있는 처지가 아니라고 둘러댔다. 삼포에서의 왜인 불법 체류는 계속해서 문제가 되었다. 성종시대에는 한결 더 많은 문제를 드러내었다.

결국 성종은 대신들과 삼포에 사는 왜인들을 어떻게 통제할지를 의논하였다. 주요 대신들이 머리를 모아 낸 의견은 신통한 것이 없었다.

> "삼포에 사는 왜인의 호구 수는 이미 정한 약조가 있는 데도 해마다 늘어나 거의 수천여 명에 이르렀으니 약조를 어긴 것입니다. 전에 대마도주가 불러들였으나 돌아간 사람이 적으니 염려됩니다. … 또 연변의 해초를 캐고 물고기를 잡는 사람들이 고기잡이하는 왜인 배와 만나면 서로 약탈한 지가 오래 되었으니 날쌘 군사를 매복시켜 기다리면 반드시 사로잡을 수 있을 것입니다."[8]

7. 하카다(현재의 후쿠오카) 소이전의 우두머리.

8. 성종 9년(1478) 2월 3일

대신들은 모두 대마도 왜인이 일으키는 치안상의 문제를 걱정하였다. 그래서 조선의 어민은 무기를 갖고 다니며 필요하면 왜구를 죽여야 하며, 항상 왜적에 대비하는 것이 좋겠다는 강경론이 등장하였다. 생업 현장에서는 한참이나 떨어져 있는 조정 대신들이었지만, 그만큼 심각한 문제로 인식했던 것이다. 아무튼 삼포의 왜인 문제는 그냥 둬서는 안 될 단계까지 치닫고 있었다. 그렇지만 조정과 관료들의 대책은 원론적이었다.

"삼포의 왜인은 약정된 숫자 외에는 대마도주에게 돌려보내야 한다. 이들이 섬에 돌아다니며 변방 백성을 자주 약탈하니 무사를 보내어 잡아야 한다. 왜인이 고기잡이하는 곳을 정해주어 그 구역을 지켜야 하건만 약속을 어겨 경계를 넘는 자는 왜적으로 간주하기로 정한 약조가 있으니 왜적의 배는 좇아가 잡아야 한다. 해초를 따고 물고기를 잡는 우리 어민들은 반드시 무리를 지어 다니되 반드시 병기를 가지고 다니도록 하는 것이 좋겠다."

이것이 국왕과 대신들이 머리를 맞대고 고심한 끝에 내놓은 대책이었다. 우선 왜인들을 철저히 수색하여 대마도로 돌려보내기로 한 것이다. 국왕 아래 최고위층 관료들은 세종 시대에 정해놓은 규정을 지킬 것을 강조하는 선에서 논의를 끝낸 것이다.

"삼포의 왜인은 세종께서 대략 60호를 머물도록 약정하셨는데, 그 후 날로 늘어나고 몰래 오는 자도 많아서 지금은 제포가 합계 3백8호, 부산포가 67호, 염포가 36호나 됩니다. 만약 지금 돌려보내지 않으면 도모할 수 없을 것입니다."[9]

성종 17년(1486)에도 이 문제를 심각하게 다시 거론하고 있다. 한명회·심회·윤

9. 성종 9년(1478) 2월 3일

필상 등 최상층의 관료들은 임금에게 이렇게 주청하였다.

> "… 세종조에 대마도 왜인이 삼포에 와서 살도록 하였는데, 처음에는 30호였던 것이 지금은 1천여 호가 되어 장차 통제하기 어렵게 되었으니 몰아내소서."

조선정부는 전례에 따라 왜인을 접대한다는 원칙을 지켰다. 물론 그 약조 안에는 항거왜인이라 해도 삼포 바깥으로 출입하지 못한다는 내용도 함께 들어 있었다. 하지만 왜인들은 정해진 법질서에 순응하며 살아갈 수 없는 족속이었다. 그만큼 거칠고 야만적이었으며 법과 약속을 지키지 않았다.

연산군 시절에도 삼포에 왜인이 늘면서 문제가 되어 유순은 연산군에게 다음과 같이 보고하였다.

> "삼포의 왜인이 점점 많아지므로 장래의 근심거리가 될 것이라고 말하는 사람이 매우 많았습니다. 그 중 대마도의 왜인으로서 혼인하여 몰래 와서 사는 자들을 선왕 때 약조를 어긴 도주를 문책하여 데려가도록 여러 번 독촉했는데도 몰래 들어오려 합니다. 대마도를 기미(羈縻)해야 하지만 법으로 다스릴 수는 없는 일이고, 그렇다고 또 그들이 하는 대로 내버려둘 수도 없는 일이니 도주에게 일러 대마도 왜인들이 삼포에 몰래 들어오지 못하도록 절목을 마련하도록 해야겠습니다."[10]

연산군 3년(1497)에는 삼포 왜인들이 심각한 문제를 저질렀다. 강귀손·신수근 등이 삼포 왜인의 문제를 서계로 왕에게 알렸는데, 그 내용에서도 삼포 왜인이 저지른 패악한 짓을 대충 헤아려 볼 수 있다.

10. 연산군 9년(1503) 3월 25일

“처음에 왜를 삼포에 살도록 해주었을 때는 그 수가 제한되어 있었습니다. 그런데 지금은 제포에 사는 왜만 3백여 호나 됩니다. 나라에서는 대마도주더러 데려가도록 명령하였으나 저에게 이익이 되므로 따르지 않습니다. 지난번에는 어망을 빼앗아가므로 권주(權柱)를 보내어 타이르고 범행한 자를 말해 주었는데도 도주가 죄를 주지 않고 파손된 어망을 불태워 겉으로만 단속하는 시늉을 하였습니다. 그리고는 얼마 안 되어 산의 소나무를 벌채하고, 녹도만호(鹿島萬戸)를 죽이고 돌산도의 말 먹이는 군사에게 보급되는 옷가지와 식량을 강탈하였으며, 진주에서 수송하는 왜의 급료를 빼앗는 등 조금도 두려워하지 않으니 이것은 반드시 삼포에 사는 왜인의 짓입니다. …”[11]

연산군 시대 삼포에 왜인이 빠르게 늘어나 조정에서는 이 문제를 크게 우려하고 있었다. 연산군 9년(1503) 왕에게 올린 서계에도 그 실태가 자세하게 드러나 있다.

초량 왜관도(국립중앙박물관 소장)

“신이 직접 제포의 왜인을 조사해 보니 총호수는 4백, 인구 2천여 명으로 사람이 날마다 불어나니 염포·부산포도 반드시 이럴 것입니다. 마치 종기가 뱃속에 맺히는 것과 같아 언젠가는 썩어 터질 것이므로 알만한 사람들은 한심하게 여깁니다. 또 대마도의 남녀가 삼포 왜인과 혼인하여 와서 사는 자도 퍽 많습니다. 옛 약조대로 쇄환하지 않은 것도 벌써 국가의 계책이 아닌데, 어찌 또 새로 삼포에 들어오는 왜인을 받아야 합니까?

남자는 바다에 나가 해산물을 캐고, 여자는 여염에서 장사하여 모두들 넉넉하게 지내고 개중에는 많은 일꾼을 두고 부유하게 사는 자까지 있으니 정말 살만한 곳

11. 연산군 3년(1497) 4월 22일

입니다. 대마도는 토지가 모두 모래·자갈인 데다 좁고 작으며, 비록 바다에서 나는 것이 있으나 가져다 팔 곳이 없습니다. 따라서 삼포의 인구는 날로 번성하고 대마도에 사는 사람은 적으니, 만일 금지하지 않는다면 누가 살기 어려운 곳을 굳이 지키고 삼포로 가지 않으려 하겠습니까? 더구나 도주가 매일 먹고 쓰는 일용(日用)을 거의 모두 이 삼포에 의존합니다. 그러므로 대마도주가 유도하여 대마도 밖으로 나가 살게 하되 모두 혼인하는 것으로 구실을 삼은 것이니, 이것이 어찌 작은 일이겠습니까? 신의 망령된 생각으로는 거듭 도주에게 일러 타이르되, 약조를 어긴 것으로 책망하여 데려가도록 독촉해야 합니다. 또 혼인하여 들어오는 것을 막아야 새로 오는 자로 삼포가 넘쳐나지 않을 것입니다. 대체로 약조에 따라 원망과 증오가 없도록 사리가 곧고 말을 순하게 하여 전하께서 일찌감치 조처하시기 바랍니다.
신이 보건대, 해산물을 채취하는 삼포의 왜선에 첨사(僉使)[12]가 노인(路引, 문인)을 발급하고 또 두명의 선군(船軍)을 두어 사관(射官)이라 하여 끌고 다니게 하는데, 이렇게 한 까닭은 도둑질을 막기 위한 것이었습니다. 그러나 사관이라는 자들이 양식을 가지고 바다에 들어가는 것을 싫어하여 왜노와 본래부터 관계가 있지 않으면 대개 왜인의 집에 숨어 있다가 배가 돌아오면 타고 나가 점고를 받습니다. 그런데도 아직까지 발각되어 죄를 당한 자가 없으니 누가 편한 것을 버리고 고생하려 하겠습니까? 제포만 하더라도 왜인의 호구가 4백 호인데, 매 호마다 배 한 척씩을 띄우게 되면 사관이 모두 8백 명이나 되어 마치 왜구를 위하여 8백 명의 일꾼을 주는 것과 같으니 염포·부산포의 사정도 이와 다르지 않음을 알 수 있습니다. …"[13]

위 내용 가운데 '누가 살기 어려운 곳을 굳이 지키고'라고 한 말을 깊이 새겨 보

12. 3품의 외관직.
13. 연산군 9년(1503) 3월 25일

아야 한다. 이 구절을 통해서 비로소 왜인들의 거주를 대마도 내로만 제한하고 이들로 하여금 대마도 밖의 왜구를 지키게 하려 한 조선 정부의 고민과 속내를 알 수 있기 때문이다. 즉, 대마도주와 대마도 왜인들에게 많은 물자를 대주고 대우한 것은 그들로 하여금 대마도와 그 밖의 왜구를 지키게 하는 것이었다. 대마도로 들어온 왜인은 소이씨 휘하의 왜구였으므로 일본 대내전과 협력하여 그들을 대마도 안에만 묶어두고, 그들로 하여금 소이씨의 다른 왜인들을 견제하였다. 말하자면 그것은 왜인들로 하여금 다른 왜인들을 통제한다는 이왜제왜以倭制倭 전략을 쓴 것인데, 그것은 어느 정도 효과를 보았다.

그런데 대마도 사람들에게 삼포를 열어주면서 뜻하지 않은 문제가 발생하였다. 우선 대마도 왜인의 어로활동을 감시하는 데 드는 인력과 비용의 문제였다. 배의 이동을 감시하는 선군船軍과 사관이 배치되어 있어도 왜인들을 통제하는 데는 많은 어려움이 있었다. 그것은 이미 인력이나 비용보다도 제도상의 잘못이었다.

어느 시대든 법과 현실이 너무 동떨어져 있을 때 문제가 일어난다. 그리고 현장 지휘관이나 실무자가 규정을 지키지 않는 데서 법과 나라의 기강이 무너지게 되어 있는 법이다. 사관이란 자가 왜인 집에 누워 있다가 고기잡이를 끝내고 돌아오면 겨우 왜인의 숫자에 이상이 없는지나 점검하여 보고하는 정도였으니 대마도 왜인이 조선의 규정을 지킬 리가 있겠는가. 법과 규정이 제대로 시행되지 않아 몹시 혼란하였다. 그리하여 급기야 오랜 시일을 두고 염려하던 일이 일어났다. 삼포의 왜인들이 일제히 들고 일어나 많은 양민을 학살하는 일이 발생한 것이다. 1510년(중종 5) 4월 3일부터 삼포[14]에 사는 왜인들이 일으킨 폭동으로, 이 사건을 삼포왜란이라고 한다. 삼포의 왜인들이 들고 일어난 난리는 부산포 첨사 이우증이 평소 왜인을 험악하게 대하고 심한 노역을 시킨 것이 발단이 되었다. 소금과 기와를 굽는데 땔감을 늦게 가져오면 매질하여 독촉하고, 웅천현감은 왜인의 상업활동을 일체 금지시키고 왜인들에게 일을 시키고도 급료를 주지 않는 등, 그 횡포가 극심하므로 삼

14. 부산포(富山浦)·웅천 제포(薺浦)·울산 염포(鹽浦)

포의 왜인들이 동조하여 들고 일어난 것이다.[15] 삼포왜란 직후 사관은 이렇게 기록하였다.

> "삼포의 왜인들이 점점 늘어나자 사나워져서 제어하기 어려웠다. 평소 관리가 제 뜻에 조금만 거슬려도 갖가지로 왜인을 능멸하였으며 심지어 칼을 목에 들이대기까지 하여 사람마다 언젠가 환란이 있을 것을 알았다. 부산포 첨사 이우증은 경솔하고 무모하여 항거왜인을 이주시키는데 절도가 없고, 한결같이 위엄으로 겁박하였다. 노끈으로 왜인의 머리털을 나무 끝에 매달고, 그 매단 끈을 활로 쏘기도 하였다. 그것을 절도사 유계종이 칭찬하니 서로 다투어 같은 짓을 하여 왜인의 마음을 잃었다. 수사(水使) 이종의도 바다에서 해산물을 채취하는 왜인 10여 명의 목을 베어 원망을 돋우고 화를 청하였다. 왜란이 있기 하루 전에는 많은 왜선이 해변에 들어왔으나 그것도 모르고 있다가 초나흗날 새벽에 왜적이 제포·부산포로 들어온 뒤에야 비로소 알았다. … 이우증은 숨었으나 왜인들이 찾아내어 난도질을 하였고, 그 아우 이우안도 죽임을 당했다. 두 성의 어린이와 노인 그리고 군사를 도륙하여 죽이고 웅천·동래 두 고을을 포위하였다. 적의 무리 수천 명이 틈틈이 나와 약탈하여 연기와 불길이 하늘에 넘치니 아전과 군사는 달아나고 … 초여드렛날 웅천 현감 한윤이 성을 버리고 도망가니 드디어 성이 함락되었다. …"[16]

아무리 밉다 하나 이우증이 왜인들을 개·돼지만도 못하게 다루고 지나치게 핍박하여 왜변이 일어난 것인데, 조선의 관리가 정해진 규율을 지키지 않고 제멋대로 권한을 남용한 결과이다. 결국 이우증 형제는 왜인들에게 난자당하였다. 그의 머리

15. 먼저 제포의 대마도 왜인 대조마도(大趙馬道)와 노고수장(奴古守長) 등이 갑옷을 갖춰 입고 화살과 창검, 방패로 무장하고 왜인 4~5천 명을 거느리고 새벽 닭이 울 무렵 성밑의 민가를 모조리 불 질러 불꽃이 하늘에 닿은 틈에 성을 함락시켰다. 염포와 부산포, 동래, 제포, 웅천, 거제 각 포구를 침입하여 새벽에 수군을 몰고 들어와 성을 함락하고 인마를 살상하였다.

16. 중종 5년(1510) 4월 22일

는 몸을 떠나 부산성 성문에 걸렸다. 왜인들은 삼포의 민가와 성곽에 불을 질러 관리의 잘못에 항거하였다. 그러나 사건을 원만하게 해결해야 할 대마도주 또한 배후에서 왜인들을 조종하여 일을 더욱 그르쳤다.

대마도주와 그의 명령을 받은 종성친宗盛親이 뒤에서 선동하고 지원함으로써 사건은 더욱 커졌다. 조선 군대는 4월 하순에야 이 왜란을 진압하였다. 이 사건으로 대마도의 종성홍宗盛弘은 죽었으며 삼포의 많은 왜인들도 목숨을 잃었다. 삼포왜란의 배후에는 대마도주 뿐만 아니라 종씨 일가가 있었다.[17] 삼포왜란은 20여 일이 지나 수습되었는데, 그 전에 대마도주 종성친은 재빨리 동래에 서신을 보내어 강화를 요청하였다.[18] 그 사이에도 대마도 왜인들이 여염집을 마구 약탈하여 그 피해는 극심하였다. 난리가 정리되지 않아 혼란한 틈에 '이를 정지시키기는 어렵지만 강력히 제지할 수도 있으니 증조부 종정성 때 약속한 바와 같이 정한 법을 조선이 어기지 않으면 도주 자신도 어기지 않겠다'는 내용을 보내왔다. 그런데도 4월 17일엔 부산의 왜구가 제포로 몰려들고 대마도 왜선이 잇달아 건너왔다. 왜인들은 웅천과 제포의 창고에 있던 곡식과 물자를 가덕도와 절영도(지금의 영도)에 옮겨다 숨겨놓았다.

삼포왜란을 계기로 조선 정부는 삼포를 폐쇄하고 왜인의 출입을 엄격히 막았다. 그리하여 대마도의 왜인들은 길이 막혀 오도 가도 못하고 생계가 곤란한 지경에 이르렀다. 그것은 대마도주에게도 치명적이었다. 삼포의 폐쇄는 곧 대마도 경제봉쇄를 의미하는 것이었으므로 실질적으로 가장 큰 손해를 본 쪽은 대마도주였다. 그것은 그가 바라던 결과가 아니었다. 삼포 봉쇄는 대마도주에겐 치명적이었으므로 그는 어떻게든 이 봉쇄를 풀어야 했다.

그래서 난이 진압된 직후에 대마도주는 약삭빠르게 조선 정부에 좀 더 고분고분한 태도를 보였다. 왜인들의 자세도 누그러졌다. 삼포왜란 때 대마도주가 취한 조치는 어쩔 수 없는 일이었다며 서찰로 알려오기도 했고, 왜구에 대한 정보를 알려

17. 종성친(宗盛親)·종성명(宗盛明)·종성홍(宗盛弘)·종정명(宗貞明) 등 종씨 일가.

18. 「중종실록」 중종11년(1510) 4월 13일

주거나 대마도 표류민을 송환해오는 일에도 더욱 적극적인 태도를 보였는데,[19] 그리 한 데에는 그럴만한 이유가 있었다. 그만큼 그들에게 절실한 문제가 있었기 때문이다. 도주도 그렇지만 왜인들은 제 필요한 게 있으면 태도를 바꾸어 꼬리를 흔드는 개와 닮은 데가 많았다. "이득을 보면 꼬리를 흔들며 따라붙고 성을 내면 반란을 일으켜 독을 부리는 것이 그들의 습성이었다"[20]며 그간 '대마도가 받아먹던 것을 잃게 되자 다시 화친을 애걸한 것'이라고 「중종실록」은 명확히 밝히고 있다.

대마도주와 그 일가는 돌파구를 마련하기 위해 일본의 무로마치 막부를 통해 교섭을 시도한 것 같다. 일본국왕이 두 번씩이나 사신을 보내어 화친을 요청한 것도 그렇고, 종성친이 저희 국왕을 만나러 갔다고 말한 것 역시 대마도주가 중재요청을 하기 위함이었던 것 같다.

사실 대마도주가 삼포왜란을 배후에서 조종했을 때는 그들을 적당히 통제하면서 조선국왕과 정부에 대해 자신의 입지를 강화하려는 의도가 얼마간 있었을 것이다. 물론 처음부터 그것을 계획한 것은 아니었지만, 삼포 왜인들로부터 꼬박꼬박 세금을 거둬 썼으니 그 후견인으로서 권위와 위세를 보여야 할 필요도 있었을 것이다.

삼포왜란이 일어나자 황형黃衡은 대마도를 치려고 하였다. 그러나 조선 정부는 그것을 허락하지 않았다. 다만 그 당시의 민심은 국치國恥를 당하고서도 조정의 대신들은 안이하다며 그 실책을 나무랐다.

여하튼 삼포왜란 2년 후인 1512년에 조선은 임신약조壬申約條를 체결해 주어 아쉬운 대로 경제봉쇄를 완화해 주었다. 이로써 그나마 대마도주는 체면을 겨우 유지할 수 있었다. 그럼에도 삼포왜란으로 대마도주가 누리던 많은 혜택은 종전처럼 회복되지는 않았다.

19. 중종 11년 11월 18일 「중종실록」 기사에 대마도주가 조선의 표류민을 돌려보내고 豊崎守 종성준(宗盛俊)도 조선의 표류민을 대마도주에게 알려 돌려보내는 등, 짐짓 복종하는 자세를 보였다. 11월 29일에도 역시 표류민을 송환하고 고분고분한 모습을 보이자 조선에서는 대마도주와 그 아들에게 세견선 7척을 추가로 보낼 수 있도록 해주었다.

20. 「중종실록」 중종7년(1512) 6월 1일

"삼포에 거주하는 것을 허락하지 말고, 도주의 세견선[21] 50척도 절반으로 줄인다. 해마다 주는 쌀과 콩 2백 석을 이제는 그 절반으로 줄이며 특송선을 보내지 말라. 만약 할 말이 있으면 세견선 편에 와서 고하라. 도주의 아들 및 대관(代官)과 관직을 받았거나 도서(圖書)를 받은 사람들에게 주는 쌀·콩과 세견선은 모두 없앤다. 도주가 보낸 것이 아닌데 가덕도 근처에 와서 정박하는 배는 모두 왜적으로 간주한다. 내부 깊숙이 사는 왜인으로서 직책을 받았거나 도서를 받아 통행하는 자들을, 그 세월이 얼마나 오래되었느냐 하는 것과 공로와 긴요함의 여부를 요량하여 감한다. 통행을 허락한 사람 중에 도서를 받은 자는 도서를 새로 발급한다."[22]

이것은 삼포왜란 직후 대마도주의 권한을 구체적으로 제한한 조치이다. 대마도주와 그 일족에게 베풀던 특혜는 크게 축소되었다. 종전에 대마도주가 1년 동안 조선에 보낼 수 있는 배는 50척이었는데 삼포왜란의 책임을 물어 25척으로 줄여버린 것은 단순히 대마도의 경제봉쇄 뿐 아니라 대마도주의 체면을 깎는 조치였다. 대마도주에게 주던 세사미(쌀)와 세사태(콩) 각 200석도 100석으로 줄여버렸으니 당장 타격이 컸다. 뿐만 아니라 세견선 외에 대마도주가 특별히 보낼 수 있도록 해주었던 특송선特送船을 아예 인정하지 않았다. 이렇게 대마도주가 받아가던 혜택을 절반 이하로 줄여버린 이런 강경 규제 조치는 조선의 입장에서는 적절한 것이었다. 그러나 그것은 어디까지나 한시적인 조치로 끝냈어야 했다. 오히려 그들에게 더 많은 것을 베풀고 자유를 허용하여 조선의 신민과 똑같이 대하는 포용정책을 썼다면 왜인의 반감을 줄이고, 왜인을 동화시키는데 도움이 되었을 것이다. 다만 조선인과 똑같이 대우하되 저항하거나 폭도화하면 냉정하게 참살하는 강온 양면정책을 썼더라면 더 좋았을 것이다.

21. 歲遣船(세견선). 대마도주와 그 일족들이 해마다 보내올 수 있는 배.

22. 「중종실록」 중종11년(1516) 6월 1일

종정국의 하카다 출병과 가짜 사신 문제

조선 전기에 정부가 철저한 대비책을 세웠어도 대마도에서 조선에 가짜 사신을 보내는 경우가 가끔 있었다. 대마도주의 문인과 도서를 지참하였으나 대마도에서 위조한 가짜 사신이 꽤 있었던 것이다. 그 대표적인 예가 1466~1471년 사이에 대마도에서 건너온 가짜 사절이었다. 이런 가짜 사신들을 위사僞使라고 하는데, 이 시기에 위사가 많았던 데는 그럴 만한 이유가 있다. 1469년 대마도주 종정국은 군대를 이끌고 치쿠젠筑前의 하카다博多에 출병하였다. 쉽게 말해서 오늘의 후쿠오카 태재부로 대마도주가 출병한 것인데, 대마도주 종정국이 대마도를 떠나자 그를 대신하여 종성직宗盛直과 종정수가 주도권을 잡았다. 종정수가 주도권을 쥐고 문인과 서계를 발급하였고, 도주의 세견선 발선명령도 그가 내렸다.

당시 종정국은 소이씨[23]의 요청을 받아들여 병력 7천을 이끌고 하카다로 갔다고 한다. 보통, 부대의 이동에는 3개 부대로 편제하여 갔으므로 최대 2만1천 명의 군사가 따라갔을 것이라고 보는 사람도 있다. 하지만 그 당시 대마도 인구를 다 모아도 그렇게 안 되었다. 7천 명의 병력도 가능한 숫자가 아니었다. 조선 국왕에게 밝힌 7천 명이란 숫자는 부풀린 것으로 보아야 한다. 여러 가지 정황으로 보아 종정국은 하카다 상인과의 경제 및 정치적 연합을 강화하기 위해 극히 소수의 병력을 데리고 하카다로 간 것으로 보인다. 이렇게 해서 대마도를 비우게 되자 도주의 세견선 대신 특송선이나 사송선을 많이 보냈고, 이때 대마도에서 꾸민 위사가 부지런히 오고갔다.

그것은 1476년 일본 내부에 난이 일어나 전국이 혼란해진 틈을 타서 지방 세력들이 일본국왕의 사신을 사칭한 일이 흔했던 까닭이다. 일본에 대한 정보가 별로 없었기 때문에 조선은 이런 위사들한테 쉽게 속았다. 또 1510년 이후에 위사가 많아진 것은 삼포왜란으로 대마도의 대조선 무역이 봉쇄되었기 때문이다. 이런 봉금책을 피해서 '외교적으로 우대받는 일본국왕 사신을 사칭한 위사'를 조선에 보

23. 小貳賴忠(소이뢰충)

냈다.[24] '조선은 그것을 알고도 국제관계를 고려하여 그들을 받아주었다.'[25] 이런 위사 문제는 임진왜란 때까지도 계속되었다. 임진왜란 중에 일본에 포로가 되어 붙잡혀간 사람들은 그곳에 살면서 일본이 조선에 파견한 사신은 대마도에서 보낸 위사였다는 사실을 알았고, 조선에 보낸 일본의 국서를 대마도에서 고쳐 보내거나 조선이 일본에 보내는 국서도 대마도에서 다시 고쳐 보낸 일이 있음을 알게 되었다. 그러한 사실이 강항의 『간양록』에도 자세히 기록되어 있다.[26]

대마도를 통해 들어온 위사에는 몇 가지 유형이 있었다. 모두 상업적인 목적에서 꾸며 보낸 가짜 사절이었지만, 그 중에서도 가장 대표적인 것이 조선에 조공을 명분으로 들어온 사례이다. 대장경이나 불화 또는 불상을 요구하는 부류도 있었다. 이들 또한 모두 왜인 장사꾼이었다. 배를 가지고 중국 남부나 오키나와 등지로 나가는 왜인 해상무역 상인들은 조선에서 내주는 회사품을 노렸다. 그들은 그 회사품을 받아다 팔았다. 조선의 불화나 대장경·불상 등을 받아다가 일본의 상류층 인사들에게 팔아 많은 이득을 챙겼고, 때로는 유구국(오키나와) 왕이 보내는 사신으로 위장하고 조선에 들어오기도 하였다. 그들은 거의가 하카다 상인이었다. 그들이 대마도주의 문인과 서계를 받아 유구국왕 사신으로 행세하며 이익을 챙기는 사례가 많았다. 한 예로, 1471년 유구국왕 사절이라고 하여 정사로서 자단서당自端西堂, 부사로 하카다 상인이 따라온 일이 있는데, 이것이 바로 하카다博多 상인과 대마도가 짜고 보낸 위사의 한 예이다. 당시 대마도 종씨는 문인文引 발급권한을 갖고 있었으므로 자연히 하카다 상인과 연계하여 농간을 부릴 수 있었다. 1469~1471년 종정국이 하카다로 나가 있는 동안 그를 대신한 종정수宗貞秀가 문인을 발급해주어 위사가 생긴 사례는 여럿이 있다. 『조선왕조실록』을 바탕으로 1466~1471년 사이에 한

24. 「壬辰倭亂 직전의 국내정세와 朝日關係」, 『인문과학연구』21 p.229, 한문종, 2009

25. 『朝鮮時代 韓日關係史硏究』 p.114~115, 孫承喆, 1994

26. 소위 왜 사신이라 하는 자들은 모두 대마도주가 보낸 사인이며 왜국의 국서라 하는 것도 모두 대마도주가 지은 가짜 국서이다. …… (所謂倭使者 皆馬島主所送私人 所謂倭國書 皆馬島主所撰僞書 不惟群倭了不與知 雖壹岐肥前諸將倭 亦不得聞-『看羊錄』 疏倭國八道六十六州圖)

양을 다녀간 잡다한 사절과 위사는 거의 대부분 하카다 상인과 대마도가 은밀하게 결탁하여 만들어낸 것이다.

이런 문제가 발생하자 조선은 1482년 일본과의 외교에 새로운 제도를 처음으로 시행하였다. 조선정부가 만들어서 일본 막부에 보내어 보관해둔 증표와 도장, 대마도에서 보내온 증표가 서로 들어맞아야 정식사절로 인정하는 제도를 시행하면서부터 더 이상 위사가 나타나지 않게 되었다.

대마도에서 보낸 삼미삼보라三未三甫羅와 종무신宗茂信[27] 역시 위사였다. 종무신은 종금宗金의 손자로 되어 있으나 하카다에서 위조한 가짜 사신이었다. 이들은 아마도 대마도주 종정국이 하카다에 나가 있었으므로 소이뢰충小貳賴忠의 뜻에 따라 문서를 발급한 것으로 보인다. 그런데 대마도에서는 규슈九州 지역에는 없는 일본인의 이름을 내세워 위사의 이름으로 꾸미는 일까지 있었다. 쉽게 말해서 오사카大阪나 교토京都 심지어 간토關東 지역의 성씨로 위조하는 것이다. 그와 같은 성씨를 가진 인물을 조선에서 추적하지 못하게 하기 위한 것이었다. 그래서 '규슈 동편 지역 사람의 이름을 주로 사용한 위사를 보냈다'는 연구가 있다. 조선은 일본과 직접 통교를 하지 않았으므로 규슈 동쪽 지역 이름의 실재 여부를 추적하거나 확인할 수 없었다. 그러므로 규슈 지역에서 대마도와 결탁해서 가짜 이름을 가진 위사를 얼마든지 만들어낼 수 있었던 것이다.

이런 식으로 가짜 사신을 위조하여 보낸 까닭은 조선에서 지급하던 과해량過海粮[28] 때문이었다. 과해량은 조선에서 일본으로 돌아갈 때까지 '바다를 건너는 데 필요한 식량과 비용을 곡물로 지급하던 것'을 말한다. 하카다 동쪽 지역 먼 곳에 사는 왜인의 이름을 대면, 받아가는 과해량이 그만큼 많아지기 때문에 이것을 노리고 대마도에서는 실제로 존재하지 않는 사람의 이름을 사절명단으로 적어 보냈다. 말하자면 조선 측에서 사절 명단 속의 실제인물을 찾아내지 못하게 하고, 대신 상당히

27. 그는 종금(宗金)의 손자로 기록되어 있다.

28. 과해량(過海糧)은 왜인들이 우리나라에 왔다가 돌아갈 때, 바다를 건너가는 동안에 먹을 식량과 비용으로 주는 곡식.

많은 과해량과 여러 가지 물품을 받아가기 위한 일종의 사기극이었던 것이다. 제 나라의 외교권을 섬나라 궁벽한 오지의 섬에 사는 일개 왜인에게 맡겨두고, 그 편리함에 익숙해진 조선의 통치자들은 어리석게도 이런 사기극에 쉽게 속았다.

최천종 살해사건과 대마도·일본·조선의 관계

1764년 정사 조엄趙曮과 부사 그리고 종사관 조명채曺命采의 삼사三使를 중심으로 구성된 5백여 명의 조선통신사가 일본에 갔다. 통신사 일행은 에도江戶[29]에서 쇼군將軍에게 조선국왕 영조英祖의 국서를 전달하고, 그 답서를 받아 돌아오는 길이었다. 통신사 일행이 오사카에 들러 그곳에서 묵고 있던 4월 7일 새벽, 통신사를 수행하던 나졸들을 지휘하는 군관[30] 최천종이 살해되었다. 그는 죽어가면서 왜인이 자신을 깔고 앉아서 칼로 목을 찔렀다고 말하였다. 그러면서 이번 통신사 사행 길에 일본인과 다투거나 원한을 맺은 일이 없는데 죽게 되어 원통하다고 말하고는 이내 숨을 거두었다.

범인은 최천종을 찌르고 도망하다가 격군[31] 강우문姜右文의 발을 밟았고, 자고 있던 강우문이 아파서 소리를 내지르는 바람에 조선인 10여 명이 놀라 깨어 도망치는 범인을 보았다. 그들이 본 범인은 일본인 복장에 허리에는 칼을 차고 있었다. 그리고 살해 현장에는 범행에 쓴 일본제 단창과 칼이 떨어져 있었으며, 그 칼에는 魚永어영이라는 글자가 있었다.

통신사 일행은 처음부터 그 범인이 통신사를 보호하여 안내하던 대마도인이라고 확신하고 있었다. 그날 아침 정사와 부사·종사관 세 사람은 대마도 측에 최천종의 사체 검시를 요청하였다. 그리고 대마도주를 통해 최천종 살해범을 체포하여 처형할 것을 요구하였다. 그러나 대마도주와 대마도 측은 최천종이 자살한 것으로 몰아갔다. 이에 조엄과 통신사 일행은 격분하였고, 감정은 극도로 악화되어 마침내

29. 지금의 도쿄(東京).

30. 도훈도(都訓導)였다.

31. 格軍. 뱃사공을 이른다.

조엄은 "대마도의 종묘사직이 망하는 게 천리天理다"라고 말할 정도로 분노가 치달았다.

범인은 통신사를 호송하던 대마도 사람 스즈키덴조鈴木傳藏였다. 사건 발생일로부터 10여 일이 지나 4월 18일에 범인은 체포되었고, 그로부터 보름 가까운 5월 2일이 되어서야 스즈키덴죠는 처형되었다. 사건 초기, 에도江戶 막부의 밀명을 받은 이정암以酊庵[32]의 두 장로長老[33]가 4월 20일 통신사를 찾아와 대마도주에게는 비밀로 할 테니 최천종 사건에 대해 짚이는 바를 이야기해 달라고 하였다. 몇 차례에 걸쳐 에도 막부는 이정암(이데이안)의 두 장로를 보내 통신사의 기미를 살폈다. 그러나 조엄은 대마도주를 보호해야 한다는 입장으로 생각을 바꿔 그 요구를 거절하였다. 조엄을 비롯한 통신사 삼사는 조선의 일본 외교를 대행하는 대마도주를 보호하기 위해 도주에 대한 분노를 겉으로 드러내지 않았다. 단지 범인은 물론 사건과 관련된 자들을 처벌할 것만을 주문하였다.

대마도주는 통신사를 보호하고 에도江戶[34]까지 수행하여 갔다가 오는 임무를 맡은 사람이었다. 대마도 왜인 스즈키덴죠가 최천종을 살해한 것이 분명한데도 대마도주는 조선인 수행원을 범인으로 몰아 사건을 덮으려 하였기에 조엄의 분노는 컸던 것이다. 그러나 대마도주를 보호하지 않으면 양국관계는 파탄을 맞을 수도 있었고, 일본 막부 정권이 계속 추궁하여 대마도주를 죽이면 오히려 조선에게 불리할 것으로 판단하였기 때문에 통신사는 대마도주를 보호하는 방향으로 입장을 바꾸었다. 그리고 끝까지 대마도주의 체면을 세워주었다.

---

32. 도요토미히데요시(豊臣秀吉)가 이곳에 중 현소(玄蘇 : 겐소)를 머물러 두고 조선과 대마도 사이에 오고가는 문서를 검열하게 한 것이 그 시작이었다.

33. 이정암엔 승려 두 사람이 있었다. 이들을 장로승이라고 하였는데, 장로승은 관을 쓰지 않았으며 민둥머리에 자줏빛 장삼을 입고 가사를 걸치고 석장(錫杖)을 짚고 다녔다. 임진왜란 이후 대마도주를 감시하기 위해 도쿠가와 막부에서 장로승을 파견하였다. 임기는 30개월이었고, 그 지위는 대마도주 아래였다. 조선에서 대마도에 보내는 모든 문서는 반드시 장로승 앞에 가서야 뜯어보았으며, 대마도에서 보내는 모든 일본의 문서 또한 그가 다 보고 난 뒤에 발송하게 되어 있었으므로 대마도주도 그를 두려워하였다. 조선의 사신을 접대할 때도 항상 장로승과 같이 하였다.

34. 현재의 도쿄 지역.

4월 20일, 통신사는 대마도주에게 사람을 보내어 "죄를 지은 자는 처벌해야 하며, 죄를 짓지 않은 자는 의심하지 말아야 한다"는 취지의 글을 보냈다. 이에 대마도주는 "죄 없는 자가 많이 체포되었으니 오사카 관할 당국에 말해서 죄 없는 자를 풀어 달라"고 답신을 보내왔다. 통신사와 수행원을 호송하던 대마도 왜인 1백여 명이 고문과 심문을 당하고 20여 명이 구속되었으므로 대마도주로서도 큰 부담이 되었다. 결국 사건을 무마하려고 대마도주는 통신사를 따라 에도로 가던 길 주변의 일본 백성들로부터 거둬들인 재물을 모두 되돌려주며 백방으로 노력하였다.

드디어 5월 2일 통신사 측의 역관과 군관 등이 참관한 가운데 스즈키덴죠가 처형되었다. 5월 6일에는 귀로에 앞서 오사카에 있는 대마도주의 별저에 사신들이 잠깐 들러 체면을 세워 주었다. 그 당시 대마도주는 오사카에 저택을 갖고 있었고, 오사카의 대마도주 저택에 통신사가 들러주는 것이 관례가 되어 있었다. 그곳에 통신사가 들르는 것은 대마도주의 위상을 높여주기 위한 목적이었으며, 대마도에 되돌아오면 대마도주가 베푸는 연회에 참석하는 것이 관례였다. 비록 최천종이 살해된 뒤였지만, 조엄의 통신사 일행도 이런 관례를 지켜 대마도주의 위신을 배려하였다. 만약 통신사가 오사카의 대마도주 별저를 들르지 않으면 오사카에서 통신사

(좌) 가미쓰시마마치(上對馬町)에 있는 조선역관사(朝鮮譯官使) 위령비. 쉽게 말해 조선의 통역관들을 기린 비이다.

(우) 이즈하라 가네이시죠(金石城) 안에 있는 조선통신사비.

이즈하라(嚴原) 가네이시죠(金石城)와 조선통신사비.

이즈하라에 있는 고쿠분지(國分寺, 국분사). 조선통신사의 숙소로 이용되었다.

와 대마도주 사이에 틈이 생겼다고 할 것이고, 그렇게 되면 대마도주는 그 지위를 잃게 될 것이니 도주의 안위는 곧 사신의 행차 여부에 달려 있다며 애걸하자 하는 수 없이 들르는 것으로 방침을 바꾼 것이다.

통신사 일행이 대마도로 되돌아온 것은 6월 15일이었다. 아직 감정이 풀리지 않았으므로 대마도에서는 통상 있어온 통신사 일행을 위한 연회를 갖지 않았다. 통신사는 대마도에 있는 도주의 저택에서 연회 대신 차만 마시고 나왔으며, 그로부터 이레 뒤인 6월 22일에 통신사는 부산으로 돌아왔다.

1764년 조엄 통신사를 따라간 대마도 측 일행은 2천여 명이었다. 조엄 통신사 일행과 함께 에도까지 갔다가 돌아오면서 대마도주와 대마도인들은 통신사 사행 길 주변의 일본인들로부터 갖은 방법으로 재물을 거두어서 원성이 많았다. 그래서 통신사 사행을 안내하는 대마도인들은 일본과 조선인들로부터 도적떼란 뜻에서 적당賊黨이라고 불렸을 정도였다.

이즈하라 시내의 조선통신사 유적을 알리는 표지석.

그렇지만 대마도주와 대마도 왜인들은 통신사를 반기는 입장이었다. 통신사를 따라 에도를 한 번 다녀오면 가는 길 주변의 일본 백성들로부터 돈과 패물을 거둬들여 부자가 될 수 있었기 때문이다. 그들은 통신사를 빙자하여 길 주변에서 재물을 맘대로 거둬들이는 짓을 하였다. 도쿠가와 이에야스德川家康는 임진왜란 후 조선과 강화하고 대마도주로 하여금 통신사를 에도까지 호송하게 하였는데, 그것은 통신사가 지나가는 길에 있는 다이묘大名들이 통신사를 잘 접대하고 있는지를 감시하기 위해서였다. 그런데 통신사 호행護行(보호하여 따라감)을 핑계로 대마도 왜인들이 하카다-오사카-도쿄를 오가는 행로 주변 사람들로부터 마구잡이로 재물을 거둬들였으니 원성이 하늘을 찌를 수밖에 없었다. 조엄 통신사 일행이 에도로 가던 해에도 대마도 왜인들은 통신사를 따라가면서 많은 재물을 거두어 들였다. 그래서 왜인들은 통신사를 반기면서도 대마도 사람들을 매우 좋지 않게 여겼다. 그때 대마도주는 33세였다. 대마도주는 돈이 없어 장가를 못 가고 있다가 통신사가 온다는 소식을 들은 에도의 여러 다이묘[35]들이 돈을 대어 호소카와 엣츄노가미細川越中守의 딸과 결혼시켰다. 에도의 다이묘들이 대마도주의 혼사를 지원한 것은 정치적인 계산에서 나온 것이었다. 에도막부와 다이묘들에겐 조선

35. 다이묘(大名). 영주.

해마다 8월 첫째 토요일과 일요일에 열리는 아리랑축제의 조선통신사 행렬 재현 행사 모습. 이러한 조일(朝日) 교린과 우호의 기억을 토대로 향후 한일 양국의 관계를 개선해 가는 것이 앞으로의 과제라 하겠다.

과의 외교에서 중요한 역할을 하는 대마번주對馬藩主[36]를 무시할 수 없었다. 더구나 조선은 종가에게 대마도주란 칭호와 자격을 부여하였으므로 어떤 경우든 대마도주의 편을 들 수밖에 없었다. 대마도주를 제거할 경우 대마도가 에도막부의 직접 지배에 들어갈 염려가 있었으므로 그것만은 조선이 꺼렸던 것이다. 더구나 에도막부는 이정암의 두 승려로 하여금 대마도주를 감시·견제하였다. 이런 관계에서 대마도주가 죽임을 당하면 조선은 순망치한의 상황을 맞을 수도 있었다. 조엄이 대마도

36. 당시 대마도는 일본의 대마주였으나 대마번의 번주였으므로 그를 통상 대마번주(對馬藩主)라 불렀다.

주를 극도로 미워했으면서도 끝까지 그를 보호하는 입장을 보인 것이나 조선 정부가 대마도주를 내세워 그를 우대하고, 그로 하여금 대마도 왜인들을 다스리게 한 이유는 같았던 것이다. 그래서 대마도주와 종씨 일족에게 조선의 벼슬과 녹봉을 지급하고, 그 외에도 별도로 대마도주에게는 많은 것을 베풀었다. '소금 먹은 놈이 물 켠다'고 그들을 그렇게 대우하여 굴레를 씌움으로써 조선에 대항하지 않고 순순히 따르게 하는 정책을 편 것인데, 이것이 바로 조선조 5백여 년을 유지해온 대마도 기미책이었다.

일본인이 그린 조선 통신사 행렬 모습

대마도 왜인의 거주 이전에 대한 엄격한 제한조치

앞에서 자세히 살펴보았듯이 조선 사람들의 왜인에 대한 감정은 좋지 않았다. 고려 말 이후 무척 나빠진 왜인에 대한 감정은 임진왜란을 거치면서 극대화하였다. 그러나 조선의 국왕과 정부는 선량한 왜인에 대해서는 관대하였다. 그래서 귀화하려는 왜인은 포용하였다. 귀순해 오면 그들이 살 곳을 정해주었고, 먹을 것과 입을 것을 내주었다. 농토를 원하면 땅을 주었고, 일할 거리를 주었다. 농토가 없고 먹을 것도 없어 항상 굶주림에 시달려야 했던 대마도에서의 생활과는 질적으로 다른 삶이 주어졌다. 다만 정해진 곳 외에 다른 곳으로 옮겨가서 사는 데는 제한을 두었다. 귀순한 왜인들의 주거를 제한한 까닭은 그들을 관리하기가 어려웠기 때문이다. 만약 그들이 무리를 지어 불순한 의도를 갖는다면 큰 혼란이 일어날 염려가 있었던 것이다. 그 중에서도 특수한 기술을 가진 사람은 조선정부가 특별히 관리하였다. 예나 지금이나 국가의 고급기술을 빼돌릴 염려가 있기 때문이었다. 이렇게 조선은 선량한 왜인에게는 혜택을 베풀었지만 불량한 왜구는 가차 없이 제거하

조선통신사 정사가 타던 배의 복원 모형

였다.

그런데 귀화한 지 7년이나 된 야마사기也馬沙其를 대마도주 종정성宗貞盛이 돌려 보내 달라고 요구한 일이 있었다. 세종 시대의 일이다. 이 사람은 처음에 내이포에 와서 걸식하며 살았는데, 세종의 명령으로 불러올려 군기감에서 일하게 되었다. 그는 칼 만드는 기술을 갖고 있었다. 더구나 군기감의 여러 전문 장인들과 오래 기거하면서 군기감에서 화약 만드는 법까지 익혔으므로 국가적인 기밀이 샐 염려가 있어서 세종은 그를 대마도로 돌려보내지 않았다.[37] 아마도 종정성은 야마사기의 화약기술을 빼내기 위해 송환 요청을 했던 것 같다.

조선 정부는 대마도 왜인들의 요구를 최대한 들어주는 쪽으로 정책을 유지했지만 안 되는 것은 단호하게 들어주지 않았다. 거제도에 농토 한 자리를 주어 농사를 짓게 해달라는 요청도 들어주지 않았다. 그로부터 2년 뒤에 거제도 밖의 작은 섬에 보리를 심게 해 달라고 예조에 다시 요청하였어도 조선 정부는 '거제도 밖에 경작할 만한 땅이 없다'는 말로 단번에 거절했다.[38] 내이포와 부산포 두 곳으로 제한하고 있는 시장을 열어서 경상 좌우도의 각 항구에 마음대로 다니며 장사할 수 있게 해 달라고 했어도 들어주지 않았다. 다만 장삿배만은 내이포와 부산포·염포에 드나들며 장사를 할 수 있게 해주었다.[39]

태종 7년(1407) 3월 대마도 수호 종정무가 평도전을 보내어 토산물을 바치고, 잡혀 갔던 사람들을 돌려보내면서 울릉도로 옮겨 가서 살기를 부탁한 일이 있었다. 그러나 태종은 이것도 허락하지 않았다.[40] 대마도 밖에서 왜인의 거주를 허용할 땅이 없다는 입장을 분명히 한 것인데, 조선의 국왕과 정부 관료들은 조선 말기까지 조선 땅에서 왜인의 거주를 허용한 섬은 한 군데도 없었다.

그러나 조선 건국 초부터 줄곧 왜인의 귀화 정책은 그대로 유지되었다. 성종도

37. 세종 27년(1445) 2월 7일

38. 세종 10년(1428) 5월 18일

39. 세종 8년(1426) 1월 18일

40. 태종 7년(1407) 3월 16일

이전부터 시행해온 왜인 정착문제에 대해서는 온건한 입장이었다. 영토문제에 대해서만큼은 엄격했던 그였지만, 왜인에게 관직을 주거나 귀화시키는 일에는 인색하지 않았다. 1473년(성종4) 예조에서 향화왜인에게 조선의 관직을 주는 문제에 대해 성종에게 아뢰었다.

"향화왜인 등안길(藤安吉)·등구랑(藤仇郎)은 국가에서 후대하는 자입니다. 등안길의 아우는 부사과(副司果)[41] 등무촌(藤茂村)이고, 등구랑의 아들은 부사직(副司直)입니다. 삼보라(三甫羅)는 경인년(1470년, 성종 원년)에 대마도로 사신을 보냈을 때 호행(護行)[42]한 공로가 있고, 또 왜어를 번역하였으므로 다른 향화인과는 같지 않습니다. 서로 교체하여 벼슬을 주지 말고 전직을 그대로 두십시오."[43]

조선에 귀순한 왜인에게 준 부사과라든가 부사와 같은 직책은 모두 조선의 오위청 소속 무관직으로서 그 기본적인 성격은 숙위이다. 위 내용에서 보듯이 등안길 형제가 조선에서 관직을 받고 조선의 신민으로 대우받으며 산 것도 좋은 예이다. 등안길과 그 아들에 대해서는 성종 4년(1473) 대마주 태수 평조신平朝臣과 종정국이 보낸 서찰에서 알 수 있다.

"등안길이 성은을 입었으나 그 직임을 감당하지 못하고 일찍이 죽었습니다. 지금 그 아들이 의지할 곳이 없어 내게 얻어먹고 있으니 실로 가엾습니다. 한 번 귀국에 가서 아비의 무덤에 잔을 올리도록 보내고자 하니 작은 벼슬을 내려 아비의 업을 잇게 하여 주시면 다행이겠습니다."[44]

41. 종6품의 품계. 병조 산하 오위청(五衛廳) 소속 군관이다. 이들은 궁궐 숙위였다.
42. 사신을 보호하여 함께 따라감.
43. 성종 4년(1473) 1월 7일
44. 성종 4년(1473) 1월 20일

이에 예조에서는 그에게 오위청의 사정司正[45] 벼슬을 주고 아비의 제사도 지내게 해주었다. 등안길은 신숙주의 『해동제국기』에도 나오는 인물로, 그는 하카다 출신의 향화왜인이다. 등안길의 아버지는 조선의 왜인 숙소인 경관京館[46]에서 죽었다. 그래서 그 어머니는 등안길에게 조선을 섬기고 수직인이 되어 아버지 묘를 지키라고 부탁하였다. 등안길이 죽은 뒤 그 동생 등무촌藤茂村 역시 부사과라는 관직을 얻어 조선인과 똑같은 자격으로 살았다. 말하자면 그 역시 숙위였다. 이들은 조선의 관직을 받고 조선 정부에서 일한 대표적인 사람들이다. 그러한 사람들을 일러 수직인受職人이라 한다. 왜인이 조선의 관직을 받았으므로 수직왜인이라고도 하였다. 종정국은 등안길이 죽은 뒤에 그 아들을 위해 벼슬을 내려달라고 부탁하였고, 도주의 체면을 고려하여 조선 정부는 그 요청을 들어주었다. 중종 시대에 종무신宗茂信도 대마도주의 요청으로 사과司果[47]라는 조선의 관직을 받았다.[48] 이들이 받은 관작은 모두 오위청 소속의 무관직으로서 숙위였다.

그러나 왜인에 대한 이러한 관대한 조치는 삼포왜란[49]을 계기로 크게 냉각되었다. 삼포왜란 이후 임신약조에서는 왜인의 거주를 부산포 한 군데로만 제한하고, 대마도주의 세견선[50]을 25척, 대마도주에게 주는 세사미와 세사태도 각 100석으로 절반이나 줄여버렸다. 삼포왜란 직후인 4월 17일 대마주 태수 종성순宗盛順이 예조에 서찰을 보내어 왜변을 일으킨 사연을 밝히고 화해를 요청하였는데, 그것은 조선

45. 오위청의 대장 상호군으로부터 말단 부사용(副司勇)까지 15등급의 직위 가운데 10등에 해당하는 직위. 정7품의 직급이다.

46. 수도 경성에 있던 왜관(倭館). 즉 동평관을 이른다.

47. 정6품의 오위청 무인 관직이다.

48. 중종 9년(1514) 11월 1일

49. 1510년 4월

50. 대마도에서 해마다 조선에 보내오던 배를 세견선이라고 한다. 대마도는 고려 말부터 조선 초까지 연해를 침략하던 왜구의 소굴이 되었다. 그래서 1419년에 대마도를 정벌했지만, 강경책만으로는 왜구를 근절시킬 수 없다고 판단하여 그 회유책으로 계해약조(癸亥約條)를 맺었다. 이 약조에서 세견선은 배 50척으로 정하고 삼포(薺浦·鹽浦·富山浦)에 와서 양곡을 받아가게 하였다. 그런데 세월이 흐르면서 왜구들이 포악해져서 삼포왜란·을묘왜변 등을 일으켰다. 그래서 마침내 선척 수와 왕래하는 포구를 제한하게 되었다.

정부의 강경책과 경제봉쇄를 풀어 궁벽한 형편에서 벗어나고자 한 것이었다.

중종 5년(1510) 삼포왜란 직후에 제포에서 조선 여인과 살던 이라다라而羅多羅와 충주에 가둔 왜인들의 처리문제를 논의한 일이 있는데, 이라다라는 조선 내의 도로와 군기에 이르기까지 모르는 게 없어 돌려보내지 않았다. 또 평시라平時羅는 조선의 허실을 엿보러 온 간첩이어서 돌려보내지 않았다.[51] 이런 왜인들이 이라다라와 평시라 외에도 37명이 있었다. 특히 평시라는 조선에 귀화하여 한양 도성에 살고 있었으나 그는 본래 대마도주의 지시를 받고 와서 조선을 정탐하고 돌아가려 하였다.

중종 10년(1515) 겨울, 예조는 중종에게 좀 특이한 보고를 했다. 근래 대마도주가 순종하고 표류한 사람들을 돌려보내는 등, 달라진 모습을 보이고 있다는 것이었다. 이에 중종은 종성수宗盛秀의 세견선 3척을 특별히 허락하였다.[52] 대마도주가 고분고분하니 특별히 대우한다는 조선의 입장을 보여준 것이다. 한 마디로 그것은 '제 하는 만큼 준다'는 원칙을 적용한 조치였다.

중종 9년(1514)에는 일본 국왕의 사신인 승려 남호서당南湖西堂과 그의 부관 그리고 종무신 등이 경성에 들어왔다.[53] 이때 일본국 사신의 접대를 맡은 선위사 안처성이 남호서당의 접대에 관해서 중앙 정부에 다음과 같이 알렸다.

> "종무신은 조선의 관직을 받은 사람이므로 접대를 허가하지 않기로 일찍이 정한 약속이 있으니 지금 접대할 수가 없다고 하였다. 그러자 남호서당은 '종무신은 대마도에 살지 않고 본국에 속한 사람인데, 지금 국왕의 명령을 받들고 일행의 일을 담당하고 있으니 이 사람 없이는 서울에 올라갈 수 없다.' 고 하였다."[54]

51. 「중종실록」 중종 5년(1510) 6월 29일, 10월 17일
52. 중종 10년(1515) 11월 18일
53. 중종 9년(1514) 11월 1일
54. 중종 9년(1514) 11월 26일

이즈하라 서편 해안 미가타(箕形, 기형)에 있는 가네다죠(金田城, 금전성) 유적. 아소완 남쪽 해안에 있다. 게치(鷄知)의 서북편 해안 요지로서 金田城의 金田은 본래 가모태(加牟太, 가모타)로 읽었다고 전해오고 있다. 또 金田城이 있는 지역을 金田原이라 하며 그것을 加牟太波留(가모태파류)라고 읽는다고 전해온 것으로 보아 이것은 우리나라 삼한시대의 말이 분명하다. 波留는 우리말 벌(발)을 중국 남방음으로 표기한 것이다. 가네다(金田)의 변음으로서 가나타(加奈太) 또는 고모타(古牟太)로도 불렀다고 한다. 663년 왜군이 백제를 도와 백강(白江)에서 당과 신라의 연합군에 맞서 싸우다 대패한 뒤에 이 성을 쌓았다고 전해오고 있다. 또 천지천황(天智天皇) 6년(667) 야마토(大和) 정권이 신라에 대비하여 이 성을 쌓도록 했다는 설도 있다. 두 가지 설을 종합해 볼 때, 백제의 멸망 직후에 신라에 대비하여 이 성을 쌓았다는 것으로 이해하면 되겠다. 대마도에서는 신라인들이 대마도로 들어와 이곳을 장악한 적이 있었다고 말하고 있다.

그러면서 안처성은 '종무신이 비록 대마도주의 요청으로 수직인[55]이 되었지만 일찍이 정해진 약조에 따르면 그를 특별히 접대할 수 없다'는 사실을 명확히 하였다.[56] 대마도주가 요청하여 수직인이 된 사람은 따로 접대하지 않는다는 약조를

55. 수직왜인(受職倭人)과 같은 말.

56. 중종실록 9년(1514) 11월

상기시켜 특별대우를 거절한 것이다. 그러나 이 남호 서당이란 인물은 대마도 종씨가 꾸며낸 가짜 사신 즉, 위사僞使였을 가능성이 있다.

앞에서 설명한 바와 같이 하카다에 살고 있던 종금宗金의 손자 삼미삼보라三未三甫羅도 꾸며낸 인물이다. "삼미삼보라는 그림을 잘 그린다. 지난 성종 5년(1474)에 대국(조선)에 갔다가 돌아올 때 배가 파손되어 하카다로 돌아가지 못하였다. 대마도주 종정국이 그의 재주를 아깝게 여겨 대마도에 머물도록 하였는데, 뒷날 세견선 50척을 보내려 하니 국왕께 아뢰어 달라"고 부탁을 하자 이것도 조건 없이 들어주었다. 그러나 이 삼미삼보라는 대마도에서 만들어낸 위사였다. 하카다로 돌아가지 못해 대마도주 종정국이 보호하고 있으면서 조선 정부에 그를 구제해줄 것을 요청하고 있지만 사실은 종금을 하카다에 머무는 것처럼 꾸미고, 삼미삼보라가 하카다로 돌아가지 못했다고 둘러댄 것이다.[57]

가네다죠(金田城) 토축 성지. 대부분 허물어졌고, 일부가 원형으로 남아 있다. 1993년(平成 5)부터 발굴조사를 시작하여 건물지 5동, 성문과 토루 등을 확인하였다. 지금도 보존정비 공사를 진행하고 있으나 언제든 둘러볼 수 있다. 날이 맑은 날 이곳에 오르면 서북 방향으로 멀리 한국의 남해안이 바라보인다.

한편 연산군 3년(1497년) 제주도에 유구국(오키나와) 사람 10명이 표류해온 일이 있었다. 동평관東平館의 왜인 50명에게 이들을 보였으나 다들 모른다고 하였다. 다만 사랑四郎과 삼랑三郎만이 '20여 년 전에 아버지를 따라 유구국에 갔었는데, 이들의 머리묶음이나 삿갓 그리고 차림새를 보니 유구 사람'[58]이라고 했다. 그들은 유구국까지 홍화紅花를 운송하고 돌아가는 길에 큰바람을 만나 표류하였다고 하였다.[59]

사흘 뒤 예조에서 유구국 사람들을 사랑四郎·삼랑三郎이 데리고 갔다 올 수 있는

57. 물론 하카다 일대에는 대마도주 가계와 같은 종씨 성을 가진 왜인들이 꽤 많이 살고 있었다.

58. 연산군일기 3년(1497) 10월 14일

59. 연산군일기 3년(1497) 10월 14일

가를 물었는데 두 사람은 이렇게 말했다.

"이미 국가의 작록을 받아 신하가 되었으니 죽는 일이라도 피하지 못할 텐데 하물며 이 일을 피하겠습니까. 옛날 우리 아버지 도안(道安)이 유구국으로부터 조선의 표류민을 거느리고 오자 국가에서 가상하게 여겨서 벼슬을 주어 수고를 보답하였습니다. 그러자 우리 부친이 또 국가에서 유구국에 사례하는 서찰을 가지고 갔다 온 일이 있습니다. 제가 지금 데리고 가는 것이 무엇이 어렵겠습니까. …"[60]

위 기록에서 아비 도안과 그 아들이 조선에서 관직을 받고 조선의 신민으로 살았음을 알 수 있다. 이들 삼랑과 사랑은 대마도 사수나포沙須那浦[61]에 근거지를 두고 있던 종국구宗國久의 심부름꾼이었다고 보는 견해가 있다.[62] 그 또한 위사였다고 보는 것이다. 신숙주의 『해동제국기』에 대마도인 국구國久가 실려 있기 때문인데, 설득력이 있는 분석이다.

조선 측 기록에는 없지만 명종시대 대마도의 평장친平長親을 조선의 관리로 임명한 기록이 현재 대마도에 남아 있다.[63] 평장친은 처음으로 조선에 조총을 구해서 바친 인물이다. 현재 대마도에 남아 있는 교지敎旨[64]에는 그가 받은 관직이 명시되어 있다. 평장친의 경우도 대마도의 종가와 평씨들이 그랬던 것처럼 조선의 관작을

60. 연산군일기 3년(1497) 10월 17일

61. 조선통신사가 대마도에 가장 먼저 도착하는 항구 중 한 곳이었다.

62. 『조선 전기 한일관계와 博多·對馬』 p.126, 佐伯弘次 지음, 손승철·김강일 편역, 경인문화사

63. 그의 교지와 함께 대마도에는 조선으로부터 관직과 녹봉을 받은 왜인의 교지가 더 있다. 쓰시마시(對馬市) 미쯔시마쵸(美津島町, みつしまちょう) 오사키(尾崎, おさき)에 있는 소다(早田, そうだ) 가문에 전해오는 3점의 교지인데, 그 중 하나에는 교지를 만들어 보낸 날짜가 성화(成化) 18년 3월로 되어 있다. 이것은 조선 성종(成宗) 8년(1477)에 대마도 왜인에게 관직을 수여한 일종의 임명장이다. 왜인 피고삼보라(皮古三甫羅)를 선략장군호분위부호군(宣略將軍虎賁衛副護軍)으로 삼는다고 되어 있다. 현재 이것은 나가사키현립쓰시마민속자료관(長崎縣對馬民俗資料館)이 보관하고 있다.

64. 교지는 조선의 관리임명장이다.

(좌) 가네다죠(金田城) 입구에 세워진 안내판. 금전성적(金田城跡, 가네다죠아토)으로 쓰고, 간략한 소개를 하고 있다.

(우) 원형 가까운 상태로 남아 있는 金田城의 석축. 전체적으로 보면 백제의 축성기법이 엿보인다. 이 성의 이름을 지금도 가나타노키(かなたのき)로도 소개하고 있는 것을 보면 그런 추리가 무리는 아닌 것 같다. 일본에서는 城(성)을 세 가지로 읽는다. 죠(じょう)는 城이란 한자를 소릿값으로 읽은 것이며, 이 경우 중국 남방의 오음이다. 다른 하나는 시로(しろ)로 읽는 방법이 있다. 산성(山城)을 야마시로(やましろ)라 하는 것이 그 예이다. 마지막으로 기(き, 키)는 백제어 '기'에서 비롯되었다. 따라서 '가나타노키'는 백제인 또는 백제계 사람들과 관련이 있음을 알 수 있는 것이다.

받고 조선의 녹봉을 받으며 살아간 대표적인 사례로 보면 된다. 평장친의 교지는 '평장친을 절충장군 첨지 중추부사로 삼는다'[65]고 되어 있다. 그리고 그것과는 별도로 대마위對馬衛라고 따로 명기하였다. 대마위는 대마도 수호와 같은 뜻. 그가 '대마도를 지키는 관리(=대마위)' 신분이면서 조선의 관리를 겸했음을 의미한다. 이 교지를 조선으로부터 받았으니 평장친은 조선의 관리였고, 조선의 신하였음이 분명하다. 이것이 조선 전기 대마도주와 그 일족 종가들의 실체였다. 대마도와 일본에서도 '평장친이 조선에 귀화하여 관리가 되었다'고 말하고 있는데, 그것은 정확한 해석이다. 조선시대의 일반적인 관리등용 원칙과 왜인들에게 관직을 주던 관행에 따르면 종장친(평장친)은 조선에 귀화한 수직왜인이다. 더구나 평장친은 중추부의 고위 관직을 받은 사람이었다. 교지에 적힌 시대는 가정 34년 5월, 그러니까 조선

65. '平長親爲折衝將軍僉知中樞府使'

명종 16년(1555)이다.

敎旨
平長親爲折衝將軍僉知中樞府使
對馬衛
嘉靖 三十四年 五月

그리고 대마도주 종의지가 부장 야나기가와[66]와 왜승 현소玄蘇를 사례사로 보내왔을 때, 선조는 야나기가와에게 벼슬을 한 급 올려주어 가선대부嘉善大夫[67]로 삼았다. 그러면서 선조는 "이런 예는 전에 없었다. 너는 이전부터 왕래하며 공손하였으므로 특별히 예로써 대한다"고 하였다. 이에 야나기가와는 절하여 감사를 올렸다고『선조수정실록』에 전하는데[68] 이 역시 수직왜인의 전형적인 사례이다.

이 외에도 대마도 종씨나 평씨 가문의 많은 이들이 이런 식으로 조선의 관작을 받고 국왕으로부터 하사품과 조선의 녹봉을 받고 살았다. 이처럼 대마도주와 대마도 종가, 그리고 그곳의 왜인들을 먹여 살린 것은 조선이었다. 이렇게 대마도 왜인의 뼈와 살과 피를 만들어 준 조선에 칼을 들이댄 대마도 왜인들은 신의도 양심도 없는 인간 이하의 부류라고 조선의 국왕과 신민 모두가 한 가지로 말을 하였는데, 그것은 결코 틀린 말이 아니었다. 이런 배경이 있었기에 조선의 국왕과 관료와 신민 모두는 늘상 왜인들을 일러 '길러주고 품어준 은덕을 모르는 더러운 족속'이라고 면박을 주곤 하였다.

66. 유천조신(柳川調信. やなぎかわ)

67. 가선대부는 종2품의 신분이다. 수직왜인으로서는 최고의 예우를 받은 것이다.

68. 上特加賜調信.一爵(嘉善大夫로 加爵)曰古無此例 卽爾自前往來 頗效恭順 故特禮待之 調信拜謝

임진왜란 직후 황신의 대마도 정벌론과 명나라 군대의 철수

임진왜란은 조선의 국왕과 백성 모두에게 치가 떨리는 살육의 광풍으로 기억되었다. 이 끔찍한 사건은 조선으로 하여금 일본을 다시 생각하게 만들었다. 임진왜란을 계기로 조선정부는 대마도 왜인들까지 한껏 미워하였다. 일본의 조선침략에 선봉 역할을 했다 하여 대마도 종가에 대한 조선 정부의 미움은 더욱 깊어졌다. 한 하늘을 이고 살 수 없는 인간 이하의 부류. 그것이 임진왜란 직후 조선인들의 눈에 비친 왜인들이었다. 그들의 잔혹한 행위는 증오의 대상이었고, 조선의 모든 이들에게 한을 남겼다. 그들을 다시 정벌하여 조선의 위엄을 세우지 못한 것을 조선인들은 두고두고 한탄했을 정도였다. 그래서 정유재란 중에도 대마도 정벌 문제가 나왔다. 1593년 선조는 비변사와 삼사三司의 관료들[69]을 불러놓은 자리에서 대마도를 과연 중국이 정벌할 수 있을지를 이항복에게 물었다.[70] 중국군 수병 5천 명이 황해도에 도착했다는 소식을 들었기 때문이다.

그로부터 2년 후에도 대마도 정벌 문제는 다시 거론되었다. 그러나 대마도에 잔류해 있을 왜군의 숫자가 정확히 얼마인지를 알 수 없어 도무지 불안하였다. 왜군이 퇴각하면서 배 36척에 1만5천 명의 군사를 싣고 갔다는 정보가 들어와 있어서 선조는 대마도에 남아 있을 왜적을 염려하고 있었다. 40척도 안 되는 배에 그만한 사람을 싣는 것은 있을 수 없는 일이긴 하지만 그 중 상당수가 대마도에 머물러 있을 거라고 보았던 것이다.

가나타노키(かなたのき, 金田城)가 자리잡은 성산(城山, 276m)에서 바라본 아소완(淺茅灣)의 일몰 광경.

왜적이 대마도에 머물러 있을 것이라는 선조의 생각엔 변함이 없었다. 그만큼 정보가 막혀 있어서 적을 알 수 없는 상황이

69. 정철(鄭澈), 병조판서 이항복, 호조참판 윤자신(尹自新), 성수익(成壽益), 병조참판 심충겸(沈忠謙), 교리 이유중(李有中), 지평 신흠(申欽), 정언 송영구(宋英耈) 등.

70. 선조 26년(1593) 3월 11일

었으니 여러 신하들도 어쩔 수 없이 선조의 의견에 동조하였다.

> "왜적이 거짓으로 절반이 건너가는 것처럼 하고 혹시 가지 않았거나 혹은 대마도까지만 갔다가 도로 돌아왔는지도 알 수 없습니다. 36척의 배에 1만 5천여 명의 군사를 실었다는 것은 절대 무리이니, 반드시 그럴 리가 없을 것입니다."[71]

그러나 황신黃愼은 대마도 정벌을 적극 주장하였다. 선조 29년(1596) 겨울이 한창 깊어진 때였다. 저녁 무렵에 선조가 별전에 나아가 황신黃愼을 가까이 불렀다. 선조는 그에게 조용히 물었다.[72]

> "대마도는 원래 우리나라 땅이었는데 일찍이 왜적에게 빼앗긴 것이다. 지금은 그곳의 형세가 어떠하던가? 혹시 가서 정벌한다면 쉽사리 빼앗을 수 있겠는가?"

세종에게 대마도 왜인과 일본을 가장 잘 아는 참모로서 이예가 있었다면 선조에겐 황신이 있었다. 황신은 선조에게 조곤조곤 설명했다. 그동안 명나라 관리를 따라 일본과 대마도를 여러 차례 오가면서 보고 들은 정보가 있었기 때문에 그는 대마도를 반드시 굴복시킬 수 있다는 확신을 갖고 있었다. 그래서 대마도 정벌을 주문했다.

> "형세를 살펴보건대 비록 우리나라가 지금 피폐한 형편이지만 대마도는 공격할 수 있습니다. 풍의군風旖郡은 배를 숨겨둘 만한 곳이 매우 많아 쉽사리 빼앗을 수 있습니다. 또 대마도는 바다 가운데 외딴 섬이므로 순풍을 만나지 않으면 아무리 급해도 즉시 일본과 연락하지 못할 것이고, 그 땅에는 비축된 식량과 채소가 없으니 결코 오래도록 버티기 어렵습니다."

71. 선조 28년(1595) 2월 6일

72. 선조 29년(1596) 12월 21일

그로부터 2년 뒤에도 황신의 생각은 변함이 없었다. 선조 31년(1598) 한 해가 서서히 마감하고 있었다. 12월 21일 전라도 관찰사 황신黃愼은 상소를 올렸다. 그가 대마도 정벌을 주장하며 선조에게 적어올린 상소 내용은 이러하다.

조사결과에 근거하여 가나타노키(かなたのき, 金田城), 즉 가네다죠(金田城)의 토축 성지와 문루를 소개한 안내판.

"… 신이 생각하건대 대마도는 우리의 혜택을 받아온 지 오랩니다. 그런데 임진왜란은 대마도의 적들이 끌어들인 것이니 비록 도요토미히데요시(豊臣秀吉)의 머리를 베지는 못했지만 차라리 대마도의 적을 씨도 남기지 않고 모조리 죽여 통분한 마음을 조금이나마 씻어야 할 것입니다. 신이 지난해 왜국을 오갈 때 이 섬을 경유하면서 그곳의 형세를 익히 살펴 기억하고 있습니다. 대마도는 주위가 수백 리에 불과하며 중간에 배를 정박할 수 있는 곳이 많아 육로는 험하고 좁지만 사방에서 넘어 들어갈 수 있습니다. 평의지(平義智)[73]와 평조신(平調臣)이 거처하는 부중(府中)[74]이란 곳은 인가가 겨우 3백여 호에 불과합니다. 그 밖의 …… 8부(部)는 1백여 호에 불과하므로 거기서 장정을 모조리 뽑아도 1천 명이 안 될 것입니다. 그러니 만약 중국 절강(浙江) 지방의 7천 8천 병력과 우리 수군이 한꺼번에 건너가 습격한다면 적들은 필시 놀라 무너질 것이니 세찬 천둥소리에 미처 귀를 막지 못하는 격입니다. 대마도엔 성곽이 없고 책루도 없으며 식수마저 없으므로 반드시 오래 버티지 못하고 새가 흩어져 날아가듯 달아날 것입니다. 혹자는 말하기를 '여러 섬의 적들이 필시 와서 구원해줄 것' 이라고 하는데 그렇지 못할 것입니다. 대마도에서 일기도(一岐島)까지는 5백 리쯤 되고 일기도에서 평호도(平戶島)까지 또 1백30리가 됩니다. 저들이 아무리 빠른 배로 기별을 하더라도 구원병

73. 대마도주 종의지(宗義智)를 이름.

74. 현재의 이즈하라.

이 나오자면 반드시 순풍을 기다려야 하니, 신속히 공격한다면 우리 뜻대로 성공할 수 있을 것입니다. 지금야말로 놓치기 아까운 절호의 기회입니다. 신의 계책대로 시행한다면 10년 동안은 무사하겠지만, 이번 기회를 놓치면 1년도 못 되어 통상하자느니 쌀을 달라느니 하는 요청을 해올 것입니다."[75]

황신의 요구는 단호하였다. 여러 차례 일본을 오가면서 대마도를 눈으로 익히고 보아둔 게 많아 그는 대마도와 왜구를 상세하게 파악하고 있었다. 임진왜란과 정유재란 당시 왜군이 대마도에서 5천여 명을 뽑아 조선을 치는 선봉으로 삼았는데, 이들이 조선 땅에서 소진되어 대마도가 텅 비어 있었다.

임진왜란 후 1천여 호밖에 남지 않은 대마도에서 만약 병사를 뽑는다 해도 장정이 1천 명도 안 될 것이므로 대마도 토벌은 식은 죽 먹기라는 게 황신의 계산이었다. 실제로 임진·정유의 난 후에 대마도 인구가 4천 명이 채 안 될 것이라는 짐작이 조선정부 중앙의 관료들 사이에서 나돌았었다. 황신은 일본을 다녀오면서 대마도의 실상과 인구 등을 상세하게 파악하고 있었기에 이런 주장이 가능하였다.[76] 그러나 임진왜란을 치른 공이 있는 대신들은 모두 물러난 뒤라 조정엔 치밀하게 군사계획을 세워 정벌을 추진할 만한 인재가 없었고, 그럴만한 배짱도 없었다. 다만 비변사[77]는 이튿날 대마도 정벌 그 자체는 찬성한다면서도 은근하게 반대 입장을 밝혔다. 대마도는 외부의 지원을 받을 수 없는 절해고도가 아니며 일기도一岐島와 다른 섬의 지원을 받을 수 있으므로 만약 대마도 정벌에 성공한다 해도 그들이 다시 넘보지 않을 것이라고 누가 보장할 수 있으며, 과연 앞으로 10년 동안 무사하겠느냐는 것이 반대 이유였다. 그래서 비변사는 그 대안으로 '준비론'을 제시하였다.

75. 선조 31년(1598) 12월 21일

76. 조선 후기, 문신이었던 황신(黃愼)의 시문집인 『추포집(秋浦集)』에는 황신이 정유재란 중에 선조에게 올린 청토대마도소(請討對馬島疏)란 상소문이 실려 있다. 앞에 든 예문과 그 내용은 대략 같다. 『추포집(秋浦集)』은 1684년 황신의 외증손인 이사명(李師命)이 간행하였다.

77. 이 당시 비변사는 호조 판서 한응인(韓應寅), 이조 판서 이기(李墍), 예조 참판 이준(李準), 호조 참판 유영길(柳永吉), 행 부제학 홍이상(洪履祥)으로 구성되어 있었다.

전함을 수리하고 수병을 증강시키며 성곽을 튼튼히 보수하고 준비하자는 것이었다. 무기를 보강하고, 장수를 뽑아 병사들을 훈련시키는 게 좋은 방법이라며, 이런 사실을 명나라 군대에게 알리고 간첩을 보내어 계속 정탐하며 대비하자는 것이었지만, 한 마디로 그것은 '교묘한 반대'였다.

"이번에 황신(黃愼)이 직접 이곳을 지나면서 산속에 기억하여 의심할 여지가 없는 것을 분명히 알기 때문에 이러한 상소를 올린 것이니 신들처럼 겁만 내는 썩어빠진 유학자들의 말로써 어찌 저지할 수 있겠습니까. 그러나 한편으로는 군문·경리에게 알리고, 한편으로는 다방면으로 간첩을 보내 정탐을 계속한 뒤에 시세를 헤아려 살펴야 합니다. 그리하여 일을 과연 이룰 수 있다면 위대한 공적을 남겨 천하 사람들에게 할 말이 있을 것이니 어찌 다행스러운 일이 아니겠습니까. 관계되는 일이 매우 중대하여 신들이 독단할 수 없으니, 널리 조정에 의견을 물어 처리하소서."

그 다음날 『선조실록』[78]엔 이덕형李德馨이 대마도 정벌 문제에 대해서 이여송과 은밀히 나눈 이야기를 선조에게 보고한 내용이 실려 있다.

이여송 : "그대 조정에서 대마도를 공격하여 취하려 계획하고 있다는데 그대의 의사는 어떠한가? 대마도의 왜적은 대략 얼마나 되며 군사를 얼마쯤 동원해야 하겠는가?"

이덕형 : "잡혀갔다 도망쳐 온 사람들의 말로는 대마도에는 8개의 군(郡)이 있고, 각 군의 왜인 가옥은 1백여 호에 불과하며, 도주(島主)가 살고 있는 부중(府中)에도 겨우 3~4백 호뿐이라고 합니다. 그러니 명나라 수병과 우리나라의 수군이 연합하여 정예병 1만 명이면 성공할 수 있을 것입니다.

78. 선조 31년(1598) 12월 22일자

다만 항왜와 포로가 되었다가 도망쳐 온 사람을 보내어 계속 적을 정탐 한 뒤에 치는 것이 좋을 것입니다."

이여송 : "만일 거사하려면 어느 때가 좋겠는가?"

이덕형 : "2월 이후로는 풍파가 잔잔하므로 적선이 오가기에 편리할 것이니, 반드시 정월 안에 속히 하는 것이 좋을 것입니다."

이여송 : "그 섬을 빼앗은 뒤에는 어떤 계책으로 지킬 것인가?"

이덕형 : "쳐부술 수는 있지만 주둔하여 지킬 수는 없습니다. 다만 천조[79]의 위엄을 크게 보여주고 싶을 뿐입니다."

이여송 : "연해 변경을 방어하고 군사를 훈련시키는 계책을 일일이 준비해 가지고 와서 다시 상의하라."

이여송은 정벌은 물론 그 이후의 계획까지 철저히 세워서 가져오면 대마도를 대신 쳐서 빼앗아 주겠다고까지 말했다. 그 말끝에 이덕형은 거사 전에 정탐부터 해야 할 텐데 조정의 신하들은 정탐이 무엇인지도 모르니 천하에 상대하기 어려운 왜적을 막는 일이 어렵다는 하소연부터 하였다. 그리고 믿을만한 사람을 보내지 않으면 왜인들에게 오히려 매수당할 수 있고, 황신이 올린 상소[80]가 이미 대마도까지 전해졌을지 모른다며 염려하였다.

우의정 이덕형李德馨과 이여송의 대화 내용은 이튿날 선조에게 보고되었다.

"군문(軍門, 이여송)이 불러 '그대 조정에서 대마도를 습격하여 취하려는 계획을 하고 있다는데 그대의 의사는 어떠한가? 대마도의 왜적은 대략 얼마이며 군사는 얼마쯤 동원해야 하겠는가?' 은밀히 묻기에 '잡혀갔다 도망쳐 온 사람들의 말로 대마도에는 8개 군이 있으며 각군의 왜인 호구는 1백여 호에 불과하다. 도

79. 天朝. 명나라를 지칭.

80. 대마도를 토벌할 것을 요청한 상소, 즉 청토대마도소(請討對馬島疏)를 이른다.

주가 살고 있는 부중(府中)에도 겨우 3~4백 호뿐' 이라고 대답하였습니다. 그러니 중국의 수병과 우리나라의 수군이 연합하여 정예병 1만 명이면 성공할 수 있을 것입니다. 항왜(降倭)와 포로가 되었다가 도망쳐 온 사람을 보내어 계속 정탐하여 적의 사정을 알 수 있다.' 고 하였습니다. 군문이를 '만일 거사하려면 어느 때가 좋겠는가?' 묻기에 '2월 이후 풍파가 잔잔하므로 적선이 오가기 편리할 것이니, 반드시 정월 안에 속히 하는 것이 좋겠다.' 고 하였습니다. 군문이 '그 섬을 빼앗은 뒤에는 어떠한 계책으로 지킬 것인가?' 하고 묻기에 '쳐부술 수는 있지만 주둔하여 지킬 수는 없다.' 하였습니다, 그러자 군문이 또 '연해 변경을 방수하고 군사를 훈련시키는 계책을 일일이 가지고 와 상의해야 할 것' 이라고 하였습니다.[81]

태종이나 세종은 대마도를 치겠다는 거짓정보를 흘리면서도 왜구를 적절히 통제할 줄 알았다. 그러나 선조는 겁 많고 무능한 군주였다. 이때부터 선조는 엉뚱하게도 정벌보다는 정탐부터 해야 한다며 생각을 바꿨다.

"알았다. 거사를 먼저 논할 것이 아니라 정탐부터 해야 할 것이다. … 그런데 내외 대신들은 정탐하는 것이 무엇인지도 모를 뿐 아니라 서둘러 하지도 않고 있다. … 사람을 보내어 정탐하더라도 반드시 믿을 만한 사람을 보내야 할 것이다. 그렇지 않으면 도리어 저들에게 매수당하게 될 것이다. 우리나라는 매우 경박한 나라이다. 군사의 기무는 비밀을 귀중하게 여기는 것으로 지하에 깊숙이 숨겨 귀신도 그 기미를 엿볼 수 없게 해야 한다. 그런데 황신의 상소가 이미 전파되었으니 천리 밖까지 전해질까 걱정스럽다. 무엇이 이보다 용병에 해롭겠는가. 적들은 매우 교활하고 정탐하는 것이 그들의 장점이니 물러간 뒤에도 필시 몰래 정탐해 갔을 것이다. 그리고 대마도에도 반드시 군사를 머물러 두어 황신이 볼

81. 선조 31년(1598) 12월 22일

때와는 같지 않을 것이니 이 점 또한 생각하지 않을 수 없다."

이틀 뒤 비변사는 다시 적을 염탐하고 병사를 양성할 것을 건의하였다.[82] 이것은 비변사의 의견이 아니라 선조의 생각이 옳다고 변죽이나 울린 데 불과했다.

"… 정탐하는 일은 적의 내막을 알고 용병하는 데 있어 가장 급선무인데 우리나라 장수들은 이 점을 생각하지 못합니다. 비록 정탐을 하려고 해도 계책이 부족하고, 영리하고 배짱이 두둑하여 간첩으로 보내기에 적합한 사람이 없습니다. 지금 적들이 물러가기는 하였으나 대마도 저편에서 떠나갔는지를 알 수 없어 매우 우려됩니다. 다만 이 일은 귀순해 온 왜인들 중에서 믿을만한 사람을 뽑아 보내야만 저들의 실정을 탐지할 수 있습니다. 이곳에 있는 항왜 소기(小棄)라는 자와 포로가 되었다가 돌아온 박선(朴善)은 쓸 만하였습니다. 이들을 통제사 이시언(李時言)에게 보내어 머리를 깎고 왜복을 입혀 고기 잡는 왜인처럼 위장하여 해로를 상세히 알아 오게 하고, 또 천성도天城島·남매도娚妹島 등지로부터 대마도로 전진하여 부중府中 및 8군의 형세를 세밀히 정탐해 오게 하려고 합니다.

그리고 명년 봄이 되면 소소한 적들이 산발적으로 움직일 것에 대비해 양남(兩南) 지방의 방비를 해야 각별히 해야 할 것입니다. 경상 우병사에는 이수일(李守一), 김응서(金應瑞)를 경상좌병사, 권응수(權應銖)·정기룡(鄭起龍)은 모두가 전투를 잘하고 날쌔고 건장한 자들이니 권응수는 좌도 방어사를 맡겨 밀양·양산 지방에 주둔하면서 둔전을 경작하게 하고, 정기룡은 우도 방어사를 삼아 진주·고성 지방에 주둔하여 둔전을 경작하고 훈련을 하게 하는 것이 타당합니다. 전라도는 우리나라 병력으로 지켜야 하니 원신(元愼)을 방어사로 두는 것이 마땅합니다. 농사를 권장하고 군사를 모으는 계책에 대해서 호조와 병조로 하여금 여러모로 강구하여 힘써 거행하게 하소서. 서울의 숙위병이 허술하니 병조로 하여금 외방

82. 선조 31년(1598) 12월 24일

의 무사를 소집하여 파격적으로 금군(禁軍)을 충원하소서. 훈련도감의 포수도 보충하고 군대에서 소금 따위의 물품을 판매하는 구차한 짓을 그만두고 오로지 둔전만으로 군량을 마련하게 하라고 하신 분부는 매우 지당하십니다."

비변사는 좌의정의 뜻에 따라 대마도주와 왜인의 생포 문제를 의논하였다.[83] 그리하여 그들이 결정한 계책은 항왜 소운대小云大 등에게 후한 상을 주고 대마도에 들여보내어 정탐하도록 하되, 적절한 방법을 찾아 대마도의 평조신을 유인해내어 생포하자는 것이었다. 이에 소운대는 '나라의 은덕이 지극하니 죽음으로써 힘써 보겠다. 일기도一岐島·낭고도郎古島라도 갔다 올 수 있다.'고 하였다. 그리고 대마도의 평조신平調信이 죽지 않았다면 중국 장수로 하여금 한 통의 편지를 써 보내어 유인하여 생포하는 것이 좋다는 계책도 나왔다. 선조도 이런 계획이 그럴듯하게 들렸던 모양이다. 대신들이 의논한 대로 하라며 믿을 만한 사람을 함께 보내어 정탐할 것을 주문하였다.

이런 가운데 그럭저럭 한 해의 마지막 달이 지나버렸다. 해가 바뀌고 두 달째. 선조는 도독 진린陳璘의 관사에 나가 접견례를 가졌다.[84] 진린은 이순신과 노량해전을 같이 했고, 또 그의 죽음을 목격한 명나라 수군 장수로, 그는 이 자리에서 선조에게 부산성 수축을 건의했다.

"부산성(釜山城)은 성곽이 불완전하여 적을 막을 수 없으나 만약 20~30만 냥의 은자(銀子)를 가지고 무기를 보완하고 용사를 모집한다면 적이 두렵지 않을 것입니다. 이곳은 대마도와 가까워서 순풍을 만나면 하루에 오갈 수 있어 적이 오는 길목이니 굳게 지키지 않을 수 없습니다."

83. 선조 31년(1598) 12월 27일

84. 선조 32년(1599) 2월 7일

진린은 선조에게 진심으로 충고를 아끼지 않았다. 대마도는 땅이 척박하니 반드시 조선의 미곡을 필요로 할 것이며, 고기를 잡기 위해 오가다가 노략질할 것이므로 반드시 중국처럼 돌로 몇 층으로 쌓고 그 위에 벽돌을 매끈하게 쌓아올려 적이 붙잡고 기어오르지 못하게 해야 한다는 등, 주로 왜구 방어에 대해서 말했다.

> "내가 말한 성을 쌓는 한 가지 일은 무엇보다 긴급하니 국왕은 유념하십시오. 중국이 이미 나라를 구제하였고 끝까지 도와주려고 하니 이 뜻을 군문(이여송)에게 전달하여 빨리 조치하셔야 합니다."

정유재란이 끝난 뒤, 조선의 수군은 크게 무너져 있었다. 그리고 그로부터 다시 1년여가 흐른 선조 33년(1600) 1월 29일, 선조는 좌의정 이항복과 영의정 이산해를 불러 조선 수군의 사정을 물었다. 이항복은 삼도[85]의 전선을 모두 끌어 모아야 남은 거라곤 판옥선板屋船 80여 척 뿐이라고 보고하였다. 그것도 판옥선 한 척에 속선(작은배) 2척을 달고 다녀야 하는데 속선이 한 척도 없다면서 피폐해진 조선 수군의 실정을 보고하였다. 그것만이 아니라 판옥선을 저을 격군(사공)도 없고 화포도 없으며 화포를 주조하기도 어렵다고 하였다. 그것도 육군은 겨우 6천 명인데, 그마저도 경상도는 육군이 전혀 없었다. 선조는 다시 80척에 격군을 충원할 수 있는지를 물었다.

> "백성들이 정착하여 사는 집이 없어서 짐을 싸놓고 앉아 있는데 이들을 격군으로 삼았기 때문에 임진년 이후 전라도 연해에 사는 백성의 원성이 제일 극심합니다. 그래서 격군이 되면 반드시 죽는 것으로 여기고 있습니다. 비변사에서는 3번으로 나누어 하면 고통스럽지 않을 것이라고 하였습니다만 순찰사 한효순(韓孝純)이 보내온 통문(通文)을 보니 2~3번으로 교체시키기가 어렵다고 하였습니다. 동궁께서 갑오년에 충청수영으로 들어갔었습니다. 그날 한밤중에 온성에

85. 충청도, 전라도, 경상도

통곡 소리가 진동하였으므로 사연을 물어보니, 한산도에서 소식이 왔는데 죽은 사람이 83명이나 되었기 때문에 그들의 처자가 모두 통곡하는 것이라고 하였습니다. 그래서 사력을 다하여 격군으로 나가지 않으려 피합니다."

이항복의 보고였다.

그들이 할 수 있는 말은 '없다' 그리고 '할 수 없다'는 것뿐이었다. 임진왜란이 일어나기 전에 경북 평해로 유배당했다가 임진·정유의 난이 끝나고 난 뒤에야 돌아온 이산해나 선조 주변에서 맴돌며 전쟁시국에 별 보탬이 되지 않던 무능한 자들이 전후엔들 무슨 뾰족한 보탬이 되었을 것인가.

1598년 12월 말부터 논의해온 대마도 정벌론은 햇수로 3년째를 맞아서도 아무런 진전이 없었다. 어느 것 하나 아무도 제대로 실행할 줄 몰랐고, 선조는 결단을 내리지 못했다. 국가적 위기를 맞아 현명하게 대처할 줄 알고 스스로 책임 질 줄 아는 인사들은 물러나고, 무능한 자들이 자리를 차지하고 앉은 전후의 지배층은 참담한 꼴이었다. 일이 여기에 이르자 조선의 사관은 「선조실록」에 선조와 조정 중신들의 이런 무능함을 통탄하는 글을 남겼다.

"왜노는 우리나라가 만세를 두고 기필코 갚아야 할 원수일 뿐, 한 하늘을 함께 이고 살아야 할 이치가 없다. 그런데도 상하가 눈앞의 안락만을 탐하여 분발하지 못하고 있다. 따라서 화친을 주장하는 사람은 고식책에만 힘쓸 뿐 먼 앞날을 위한 경륜이 없고, 화친을 배척하는 사람은 붕당을 위해 원수만 만들 뿐, 정벌하기를 꺼려왔다. 이렇게 그럭저럭 세월만 보내면서 국가가 날로 약해지게 만들었으며, 결국 변방이 황폐해져 교활한 오랑캐에게 침범할 마음을 품게 하였으니 애석하고 통분한 심정을 다 말할 수 있겠는가."[86]

86. 선조 33년(1600) 1월 29일

임진년부터 정유년까지 7년간의 긴 전쟁은 참혹하였다. 그러나 그와는 아랑곳없이 전후 3년째로 맞는 봄은 산하를 덮은 꽃들로 화려하였다. 선조는 한강에 나가 남쪽 순행을 마치고 한양으로 돌아오는 이승훈 제독을 맞아 위로하고 함께 차를 들며 담소를 나누었다.

"남방에 있을 적에 보니 대마도가 바다 가까이 있어서 호각소리가 서로 들렸었습니다. 왜적이 출동하지 않는 것은 실로 천병(天兵, 중국 명나라 병사)이 여기에 머물러 있기 때문인데 천병이 철수하면 50~60명의 작은 적이 쳐들어와도 반드시 막기 어려울 것입니다. 남쪽 변방의 도로는 이미 극도로 파손되었고 연해 지방에는 사람들의 불빛이 끊겼으며, 경주·안동 등지에만 조금 인화가 있었습니다. 앞으로의 일은 반드시 임진년의 오분의 일에도 미치지 못하게 될 것이어서 선후책이 실로 우려스럽습니다. 천병이 다 철수하고 나면 귀국에서는 앞으로 어떻게 방어하려 하십니까?" [선조 33년(1600) 3월 29일]

이 제독의 물음에 선조는 '이미 3천의 병력과 군량을 청하는 주문奏文을 (명나라에) 올렸다'고 궁색하게 대답했다. 그러나 선조의 말을 들은 이 제독은 냉소적이었다.

"5천~6천 명으로도 두려워하는 마당에 3천 명으로 되겠습니까. 천조(명나라)에서 3천 병력을 준다 하더라도 군병이 기꺼이 머물려 하지 않을 것입니다."

그제서야 선조는 속내를 털어놓았다, 3천 명의 군병을 청하기는 하였으나 이달과 다음 달이 매우 걱정스러우니 수군이 5월 이후에 철수하면 매우 다행이겠다고 하였다. 이 제독은 이달과 다음 달뿐이 아니라 가을이 되면 더더욱 우려스러우니 선후책을 빨리 찾아야 한다고 조언했다. 그러나 막상 6월 중순이 되어서도 선조에게서는 위기의식을 읽을 수가 없다.

전화로 말미암아 논밭을 일궈야 할 사람이 줄어 곡식이 자라고 있어야 할 논밭이 풀밭으로 변한 곳이 꽤 많았다. 한창 보리가 익어가고 있었다. 이항복이 순찰을 끝내고 남방에서 올라와 별전에서 선조와 나눈 대화를 보자.

> "대비하지 않는 곳이 없고 분치하지 않는 곳이 없게 하라. 부산에서 진·비인·남포 등지에 이르기까지는 대부분 적이 쳐들어 올만한 곳이니 모두 요해처를 골라서 방어하라. 또 대마도에서는 부산이 매우 가까우므로 밤에 바다를 건너와 몰래 습격한다는 말이 전부터 있어 왔다. 공갈하는 말이지만 대마도는 뱃길로 한나절 거리라고 하니, 순풍을 만나면 기습이 무엇이 어렵겠는가?"[87]

그러나 이항복은 임진·정유년에 왜적이 쳐들어와서 많이 죽었고 도요토미히데요시豊臣秀吉도 이미 죽었으며 일본의 물자도 고갈되었으니 당장 군대를 일으키지는 않을 것이라고 하였다.

그러는 사이, 드디어 8월[88]이 되었다. 8월 하순[89]이 가까워오자 중국은 군대를 완전히 철수하기로 하고 장수들이 떠날 준비를 하기 시작했다. 중국 군대가 돌아가게 되면 왜적을 방어할 방법이 없어 걱정이었다. 이항복은 선조에게 완곡하게 설명하였다.

> "대마도는 부산과 아주 가까우므로 이해가 절박합니다. 그곳은 땅이 메마르고 생산이 적어서 관시(關市, 시장교역)에 의지하여 생활해왔으므로 하루도 본국을 잊은 적이 없습니다. … 임진왜란 때 대마도가 왜적의 향도 노릇을 하였으므로 반드시 중국 군대가 많이 모였을 적에 그 죄를 성토하며 위엄을 보여야만 그들을 기미할 수 있을 것입니다. 황신이 상소했어도 조정의 의논이 신중함만을 힘써 주

87. 선조 33년(1600) 6월 15일
88. 선조 33년(1600) 8월 24일
89. 선조 33년(1600) 8월 24일

장하다가 마침내 기회를 놓치고 말았으니 참으로 한탄스러운 일입니다. 몇 년 동안 아직까지도 대책 없이 갈팡질팡 시일만 허비하고 방비에 대해 말하면 모두들 어떻게 할 수가 없다고 합니다. ……"

선조가 중국에 수군 3천 명을 요청했으나 거절당하고 중국 군대는 모두 철수하기로 정해진 이후, 그제서야 비변사는 허겁지겁 선조에게 보고했다.[90]

"… 수군이나 육군 중에서 3천 명을 뽑아서 머물게 하여 하삼도(下三道 ; 충청·전라·경상도)의 수군과 함께 훈련시키자고 한 것은 매우 합당한 것입니다. … 만약 중국 장수가 돌아가게 되면 모든 계획에 차질이 생길 것이니 오늘 결정해야 할 일은 가벼운 문제가 아닙니다. …"[91]

비변사의 대신이라는 자들이 이렇게 세월을 보냈다. 대마도를 치자고 황신이 선조에게 말했을 때는 정탐부터 하는 게 순서라며 반대하더니 중국군이 철수한다니 그제서야 허둥지둥한 것이다. 이런 상황에서도 선조는 "이 일은 이덕형과 의논하여 조처하라"며 자신의 입장을 끝까지 유보했다. 그렇다고 해서 일본과의 관계를 개선하기 위한 적극적인 노력도 하지 않았다. 그저 선조는 대마도를 빼앗겼다고 말하고, 대마도를 칠 수 있겠는가를 황신에게 물었다가도 명나라 군대가 대신 대마도를 칠 수 있을지를 묻는가 하면, 정벌보다는 먼저 정탐을 하는 것이 좋겠다고 말하면서 왔다갔다 정신 나간 자세로 일관하고 있다. 특히 대마도주를 유인해 내어 생

90. 備邊司啓曰 馬島之賊 抵死求和 不遺餘力 今適義智 調信之致書 姑且措辭以答曰 爾馬島 在壬辰之前 備將秀吉 將爲入寇之計 一一馳報 本國嘉爾誠意 緣何一朝 自爲先鋒 以負本國平日豢養之恩情? 甚可惡 前此屢次乞款 節續致書 似亦有誠 今若盡數刷還被擄男婦 竭誠自效 則本國亦當許其自新之路而處之云 以此爲答何如?傳曰允 但馬島 備將秀吉入寇之計 一一馳報云 其時但言將欲作賊於大明云 無一言入寇我邦之告 此言非但失實 至以不負前日向國之心 嘉爾誠意 則尤爲未穩 兇賊奸狀 不須稱道 然此則在於臨時措辭之如何耳

91. 선조 33년(1600) 8월 29일

포한다는 구상은 그야말로 '고양이 목에 방울달기'였다. 그것조차 정보누설의 염려가 있는 왜인을 시켜 일을 꾸민다는 것 자체가 실현성이 없는 짓이었다. 한 마디로 선조는 군주의 재목은 아니었다. 결국 대마도 정벌론은 시간만 끌다가 명나라 군대가 그냥 철수하게 되자 아무 일도 없었던 듯이 되어 버렸다.

황신과 마찬가지로 대마도 정벌을 주장해온 이덕형은 조바심이 일었다. 그리하여 "왜적이 가까운 시일 안에 침범할 생각을 할 텐데 아무런 대책이 없고 임기응변할 계책도 없으면서 어물어물 세월만 보내고 있다"고 다그쳤다. 그리고는 황신의 대마도 정벌론이 기회를 놓치고 말았으니 참으로 안타깝다고 하였다. 참다 못해 이덕형은 지난 몇 년 동안 대책 없이 갈팡질팡하면서 시일만 허비하고 방비책을 말하면 모두들 어떻게 할 수가 없다고만 하니 도무지 한심한 노릇이라고 강력하게 질타하였다. 이덕형과 황신은 대마도를 정벌하여 조선의 영역으로 거둬들이고, 왜인들을 토벌하여 그 씨를 없앨 것을 주문했던 것이다. 명나라 장수 이여송이 대마도 정벌에 동의하였고, 그 외 명나라 장수들도 대마도 정벌에 찬성한 입장이었다. 그러나 정작 선조에게는 결단력이 없었고, 조정에는 그와 같은 국가적 대사에 명분을 걸고 실행에 옮길 줄 아는 추진력을 가진 인물이 없었다. 조명연합군을 다시 편성해서 '대마도가 일본과의 외교에서 저지른 잘못을 물어 바로 잡고, 저들의 나라 본국으로 대마도 왜인들을 모두 돌려보내기 위해 명과 조선은 대마도를 정벌한다'는 명분을 살리고, 명의 원조를 이끌어냈다면 대마도를 쳐서 빼앗는 것은 어려운 일이 아니었다. 더구나 강항의 『간양록』에서 당시 조선과 일본이 대마도에 대해 갖고 있던 영토관을 보았듯이 임진왜란을 전후한 시점까지도 대마도는 조선과 일본 어느 쪽에도 속하지 않은 곳이었으니 얼마든지 쳐서 빼앗을 수 있었다.

그럼에도 이 문제를 두고 선조와 비변사는 끝내 어물어물하다 그만두고 말았다. 칠 의사도 없었고, 군사를 부릴 계책을 세울 능력이 있는 인물도 없었다. 임진왜란은 지배층에도 인물난을 가져와 이런 일을 주도할 사람마저 없었던 것이다. 무능한 자들이 정권을 잡으면 애꿎은 국민만 죽어나는 법. 현명한 지도자는 기회를 만들 줄 알지만 무능한 것들은 있는 기회도 놓치면서 정작 무엇이 중요한 일인지도 가늠

할 줄 모르는 법이다.

대마도 왜인의 활동과 조선 정부의 어로제한

고려와 조선 두 정권은 대마도에 들어와서 사는 왜인들을 불법체류자로 간주하였다. 그리하여 조선은 두 차례의 대마도 정벌을 단행하였다. 그것으로 대마도는 조선의 소유가 되었다고 조선의 지배층은 소리쳤다. 아마도 1392년 6년 12월의 대마도 정벌과 1419년의 대마도 정벌은 그 자체가 대마도에 대한 영유권을 확정한 군사행동이었다고 주장하였을 법하다. 정벌 과정에서 대마도 종씨들의 항복을 받아냈으니 조선은 대마도를 수복한 것이고, 그것을 다시 종씨들에게 봉토로 내주었다는 게 조선의 지배층이 대마도에 대고 소리 친 논리였다. 그러니까 최종적으로 세종의 대마도 정벌 후, 대마도주 종정성이 항복과 귀순 의사를 밝혔고, 그로 말미암아 대마도 종가는 대마도를 봉토로 받았으므로 그들은 조선의 공신이고 대마도는 조선 땅이라는 것이었다. 그러면서 조선은 아예 처음부터 일본국 대마주로 인정하였지만, 조선시대에 대마도가 조선 땅이 된 적은 없다. 다만 대마도주라는 호칭은 조선에서 부여한 것이고, 조선이 인정한 도주의 공식적인 신분은 어디까지나 일본국 대마주 태수였다. 조선이 두 차례의 정벌을 통해 왜인들의 대마도 체류를 인정했다고 본 논리와는 상반되는 사실이다. 여기서 말하는 '체류의 적법성'이란 조선의 통제에 대마도주와 왜인들이 순응하는 것을 의미한다. 이렇게 종씨 일족으로 하여금 대마도 왜인들을 통제하게 하는 방식을 택함으로써 조선은 외진 섬 대마도를 관리하는 비용과 노력을 줄일 수 있었다. 불필요하게 조선 정부의 별도 기구를 두지 않아도 되었고, 만일 조선과 일본 사이에 문제가 있을 경우에도 조선 정부의 대응 폭이 한결 자유로울 수 있었다.

조선의 대마도 정책은 도주를 통해 왜인들을 대마도 내에 묶어두고 관리하는 것이었다. 그러나 이런 규제책으로도 왜인 문제는 근절되지 않았다. 엄격히 제한하는데도 남해의 여러 섬에 들어와서 고기를 잡는 대마도 왜인이 끊이지 않으면서 크고 작은 문제가 일어났다. 그래서 세종 때 대마도주 종정무와 약조하기를 '배 한 척마다 한 사람을 남겨 두어 볼모로 삼고, 조선의 수군 한 사람이 데리고 고초도 등지로 나가서 고기를 잡도록 한다'는 것이었다. 다음은 그 당시 서로 약정한 내용 중 일부이다.

"고기를 잡는 자는 대마도주의 삼착도서를 가지고 거제도 지세포에 와서 문인을 납부하면 만호가 다시 문인을 발급해주고 고기를 잡을 곳을 정해주었다. 이렇게 일정한 장소를 정해주면 그 외의 지역에는 다니지 못하게 되어 있었다. 그리고 고기잡이가 끝나면 지세포에 돌아와 만호가 발급한 문인과 어업세를 바친 후, 만호가 도주의 문인에 확인 도장을 찍고 확인서를 써서 돌려주어야 돌아갈 수 있다. 만일 문인 없이 몰래 온 자나 몰래 무기를 가지고 여러 섬에 돌아다니는 자는 도적으로 간주한다."

이렇게 엄격한 법을 시행하기로 서로 약조하였으나 고기를 잡는 자가 약조를 지키지 않는 일이 빈발하였다. 정해준 곳에서 고기를 잡지 않고, 여러 섬을 휘젓고 다니는 일도 흔했고, 해산물을 채취하는 변방 백성을 무시로 죽이는 일까지 저질렀다. 고초도 문제가 불거지기 전에는 대마도 왜인들이 고초도는 물론 여러 곳에서 비교적 자유롭게 고기를 잡았다. 세종 20년 경남 고성과 구량포 두 곳에서 대마도 사람들이 고기 잡는 것을 예조가 문제 삼아 더 이상 어로활동을 허락하지 않겠다고 종정성에게 알렸다. 이미 경상도 내이포[92]와 부산포·염포 등 삼포에서 대마도 사람이 고기잡이를 할 수 있도록 해주었으므로 더는 허락할 수 없다는 것이었다.[93] 심지어 세종 때 전라도로 표류한 왜인을 예조에서 대마도로 송환한 일이 있는데, 이것도 사실은 왜인들을 철저히 금지하기 위한 조치였다. 또 '연산군 6년(1500) 2월 22일에 왜구 배 10여 척이 전라도 마도에 침범하여 장수를 살해하고 약

92. 제포(薺浦)의 다른 이름.

93. 세종 20년(1438) 10월 18일

탈한 일이 있다.[94] 또 제포의 왜인들이 사관射官을 잡아서 묶어놓고 금지된 곳에서 고기잡이를 한 것이나 제포의 왜인 우두머리인 사두사야문沙頭沙也文의 부하가 전라도에 들어와 약탈을 한 것도 좋은 예이다.[95] 대마도의 왜인 표온고로表溫古老 등 6명이 풍랑을 만나 전라도 장흥 지방의 외딴 섬에 들어가 몰래 숨어서 산 일도 있었는데,[96] 이때도 대마도주 종정성에게 송환해 가도록 조치한 바 있다. 이런 마당인데도 세종 22년(1440) 종정성宗貞盛이 고초도에서의 어로활동을 허락해달라고 부탁한 일이 있다.

> "종정성이 신에게 말하기를 '대인이 보는 것처럼 대마도는 산에 돌이 많고 척박하여 경작할 만한 땅이 없습니다. 대마도의 인민들은 오로지 고기 낚는 것으로 생업을 하므로 매년 40~50척, 또는 70~80척씩 고초도에 가서 고기를 잡아 살아갑니다. … 본도 사람들이 모두 '여기서 굶어 죽는 것보다는 죽기를 무릅쓰고 고초도에 가서 고기 잡는 것이 낫다' 고 합니다. … 만일 고초도에서 고기를 낚도록 허락하여 준다면 생계가 넉넉하여지니 들어가 도둑질할 마음이 없어질 것입니다.' 고 하였습니다. 그래서 신이 '이미 부산포·내이포·염포에 시장을 열어주어 생활하도록 허락하였는데, 또 고초도 어로를 허락하면 고기 낚는 것을 핑계로 삼아 그 섬에 머물러 살 것이니 변경을 노략질할까 염려된다. 지금 소금 굽고 고기 낚고 해산물을 채취하는 사람들이 여러 섬에 흩어져 있는데, 대마도 사람들이 어찌 다 귀하의 마음 같겠는가. 만일 어쩌다 서로 만나면 죽이는 일이 생길 것이니 이는 작은 일이 아니다.' 고 하였습니다. 종정성은 '고기 낚는 사람이 반드시 내 문인을 받아 가지고 가고, 이를 대조하여 문인이 없으면 적으로 간주하고, 문

94. 연산군 6년(1500) 3월 5일

95. 연산군 6년(1500) 3월 5일

96. "귀주(貴州, 대마주)의 표온고로 등 6명이 고기를 낚는다고 핑계 대고는 문인도 없이 함부로 경계를 넘어 전라도 장흥의 섬에 숨어 있으니 죄를 다스림이 마땅하다. 그러나 불문에 부치고 양식을 주어 돌려보내게 하였으니 그리 알라."는 기록을 이른다.

인을 받은 자가 난을 꾸미면 처자까지 죽여도 좋으니 우선 1~2년만 허가하여 시험하여 보아서 약속을 어기거든 도로 빼앗는 것이 또 무엇이 어렵겠습니까. 지금 부산포에 사는 사람을 모두 쇄환하게 하였는데 전과 같이 머물기를 허락하여 주소서.' 라고 하였습니다. …"[97]

고초도는 전라도 남해 가운데 있는 섬으로, 육지까지는 30리밖에 안 되는 곳이었다. 여러 대를 내려오면서 섬을 비워두어 사람이 살지 않았으므로 대마도 왜인들이 그곳에 들어가서 고기를 잡게 해달라고 부탁한 것이다. 그러나 그 이듬해에도 이 문제는 결말이 나지 않았다. 세종 23년(1441) 11월 22일, 대신들은 의견을 모아 세종에게 고초도 문제에 대해서 보고하였다.

"… 고초도에서의 고기잡이를 허락해 달라는 왜인의 요청은 (저들의) 절실한 실정에서 나온 것입니다. 비록 허락하지 않는다 해도 몰래 오가면서 이익을 취할 것이니 우리 정부가 비록 그런 일을 안다 한들 어떻게 막을 수 있겠습니까? 만약 금지시키면 반드시 변경에 틈이 생길 것이니 허락하여 은혜를 베푸는 것만 같지 못합니다. 또 약속을 정하여 왕래를 조절함이 편리할 듯합니다. 거제도 지세포(知世浦)는 바로 왜인의 배가 왕래하는 요충이므로 지혜와 용맹이 있는 자를 골라서 만호로 삼고 '너희들의 생활이 곤란하고, 또 두세 번 청하니 고초도에서 고기를 잡는 일을 허락하고자 한다. 모름지기 대소 배의 크기를 구분하여 문인(文引)을 주어 내왕하게 하고, 지세포에 세금을 바치되 만약 문인이 없거나 또 세금을 바치지 않으면 죄를 묻고 세금을 징수하겠다.' 고 하는 것이 적당할 것 같습니다."

이에 대해서 세종은 대신들이 숙고하여 결정하라고 하였다. 그런데 그 당시 대

97. 세종 22년(1440) 5월 29일

신들의 말에서 대마도가 본래 고려의 땅이었으나 고려 말에 왜구가 발을 붙이고 살게 되었음을 알 수 있다.

> "신의 뜻도 황희 등의 의견과 같지만 고초도에서 왜인이 고기 잡는 일에 대해서는 다릅니다. 대마도는 본래 우리나라 땅인데 고려 말기에 기강이 크게 무너져 도적을 금하지 못하여 드디어 왜적이 웅거하게 되었습니다. …… '고초도는 우리나라 땅인데 너희들이 어찌 감히 마음대로 오가면서 고기를 잡겠느냐?' 고 깨우쳐 주고 가볍게 승락할 수 없습니다. …… 허락하지 않는 것이 마땅하리라 생각합니다."

'고려의 땅 대마도에 왜인이 몰래 들어와 살게 되었다'는 대신들의 말은 꾸며낸 것으로 볼 수 없다. 조선 정부가 고초도에서 대마도 왜인들의 어로활동을 금지한 데에는 그럴만한 이유가 있었던 것이다. 조선정부는 고초도가 대마도처럼 될까 극도로 염려하였음을 알 수 있다. 그러나 고초도에서의 왜인 어로 문제는 오래도록 결론이 나지 않았다. 그로부터 6년 후, 세종은 주요 대신들을 불러놓고 다음과 같이 말했다.

> "당초 고초도에서 왜인이 고기 낚는 것을 허가하는 문제를 놓고 여러 가지 의논이 있었지만, 마침내 허가하기로 결정하였다. 그런데 그들이 세금을 바치기로 약정한 것은 그 세금을 국용에 충당하려 함이 아니었다. 대마도는 옛날 문적에 우리나라의 말 기르는 땅으로 실려 있고, 왜인도 본래 우리나라의 섬이라고 일러왔다. 그렇지만 그 섬이 끝내 도적이 차지하게 되었다. 이제 고초도도 아주 허가하고 돌아보지 않으면 후일 대마도처럼 될지 어찌 알겠는가. 그런 까닭으로 이미 고기 낚는 것을 허락하여서 은혜를 베푸는 뜻을 보이고서 또 세금을 바치게 함으로써 우리나라의 땅임을 명확하게 하려는 것인데, 고기 낚기를 허가한 이후부터 약속 어긴 자를 수색하려 한 지가 10여 년이 되도록 지금까지 하지 못하였다. 근

일에 조휘(曺彙)를 대마도에 보내서 약속을 어기고 고기를 낚는 자는 군사를 보내어 수색하여 체포하겠다고 약속을 굳게 하였다. 그래놓고 이제 수색하고 체포하지 않으면 왜인들이 또 '조선이 말로는 수색해서 체포하겠다고 하고 실제로는 한 번도 그렇게 한 적이 없다.' 며 마음대로 자리 잡고 살면서 변방에서 도적질을 할 것이다. 군사를 보내어 수색해서 체포하는 일도 언제 될지 모르겠는데, 근래 지세포에 세금을 바친 자가 매우 많고 바치지 않은 자가 5~6인이라 한다. 종정성은 세금을 징수하여 보내려고 하고 조휘가 약속한 말을 성심으로 순종하여 잠시도 말썽을 부리지 않았는데, 만약 군사를 보내어 수색하여 토벌하면 변경에 일이 생기게 될 것이다. 역시 불가한 일이니 이제 우선 고초도에서의 어업을 금지하기로 하고 사람을 보내어 금지하는 뜻을 일러주는 것이 어떨까. 또 수색하는 시기를 해마다 4월로 정하면 저들도 알아서 미리 피하고 범하지 않아서 저절로 변방에 혼란이 없게 될 것이므로 양편이 다 좋을 듯하다."[98]

'대마도는 우리의 목마지'라고 세종이 직접 거론한 서적이 어떤 것이었는지는 알 수 없다. 얼마 뒤, 대마도 왜인들의 고초도 어업을 허가해 줄지의 여부에 대해서 하연은 세종의 의견을 따라 이렇게 말했다.

"이제 종정성이 진심으로 귀순하니 고초도를 수색하여 왜인을 체포하는 것은 안 되겠습니다. 만일 약속을 어기는 자가 있으면 사람을 보내어 탐문해 보고 형편에 따라 하되, 우선 체포하지 않는다는 뜻을 알려도 무방할 듯합니다."

여기서 말하는 '귀순'이란 용어가 어떤 의미로 쓰였는지는 분명하지 않다. 아마도 1396년 또는 1419년 기해동정 후 대마도주의 항복을 귀순으로 이해한 것이라고 볼 수밖에 없다. 즉, 이때의 항복과 귀순은 대마도주가 대마도를 들어 조선에 항

98. 세종 29년(1447) 5월 26일

복한 것으로 조선은 받아들였음을 뜻한다. 따라서 '귀순'은 대마도주가 조선의 신민과 똑같이 조선에 순응하겠다는 의사표시로 받아들였다는 뜻으로 이해할 수 있다. 아마도 조선국왕과 지배층은 여기서 한 걸음 더 나아가 대마도주의 항복은 대마도와 그곳의 왜인을 데리고 조선에 귀순하였으니 대마도는 조선의 땅이라고 이해했던 것은 아닐까? 이 사건 이후로 『조선왕조실록』에 종정성부터 '대마도주'라고 부른 것으로 보아, 조선의 대마도 정벌과 대마도주의 항복을 계기로 조선과 대마도주 사이에는 주종관계가 설정되었으며 조선은 종정성에게 대마도를 봉토로 내준 것으로 여긴 것은 분명하다. 그런데도 그 후로도 『조선왕조실록』엔 일본에 보낸 편지에 '일본국 대마주 태수'로 적었다. 그렇다면 우리는 이 사실로써 대마도를 조선이 빼앗아 차지하기 위한 정책을 유지하였다고 보기 어렵다.

위 기사는 종정성의 항복문제와 대마도 왜인들의 고초도 어로 허용여부를 저울질하다가 종정성이 항복하자 고초도에서의 불법 어로행위를 더 이상 따지지 않는 쪽으로 방향을 선회한 사정을 일러준다. 이른바 당근과 채찍 전략으로 끌고 가다가 대마도주의 항복 이후 대마도 왜인들의 고초도 어로활동을 묵인해 주는 쪽으로 문제를 매듭지은 것이다. 물론 공식적으로 인정한 것은 아니었지만, 말썽을 부리지 않으면 고초도 어업도 어느 정도 묵인해 주는 식으로 허용하겠다는 것이 세종의 생각이었던 것 같다. 그러나 이 조치는 후일 조선 정부에 적잖은 부담이 되었다.

앞에서 설명하였지만, 고초도에서 고기를 잡으려면 대마도인들은 반드시 도주의 삼착도서 문인을 받아 가지고 와야 했다. 거제도에 와서 그것을 지세포 만호에게 교부하고 고초도에 가서 고기를 잡은 뒤에, 다시 지세포로 되돌아와서 만호의 문인과 어로세를 바치면 지세포만호가 도주의 문인에 도장을 찍어 주었다. 이것을 받아야 대마도로 돌아갈 수 있었다. 대마도 왜인들의 어로활동은 조선이 정한 규정에 따라 거제도 지세포 만호의 통제를 받았으며, 그 사정은 중앙에 수시로 보고되었다.

"금년 정월 이후로 지세포에서 교부한 문인과 세금·고기잡이배의 숫자·사람 이름을 모두 자세히 기록하고, 만일 도주의 문인을 교부하고 돌려받지 않은 것이 있으면 그 문인을 함께 올려 보내게 하였다."[99]

이렇게 할 수밖에 없었던 것은 고기잡이를 핑계대고서 들어왔다가 왜인들이 외딴 섬에 숨거나 불법으로 고기를 잡는 사례가 빈번했기 때문이다. 대마도의 왜인들이 대마도 밖에서 고기잡이를 하는 데에는 반드시 정해진 규정에 따라야 했다. 그것은 쌍방의 약조로서 문서에 명시되어 있었다. 성종 때[100] 『대전大典』에 정하기를 '고초도에서 고기를 잡는 왜선은 대선의 경우 2백 마리, 중선은 1백 50 마리, 소선이면 1백 마리를 어업세로 거두어 베[布]로 바꾼다'고 되어 있었다. 『해동제국기』에도 고기를 잡는 대마도 왜인은 도주의 삼착도서 문인을 받아 가지고 거제도 지세포에 와서 문인을 다시 발급받아야 한다고 되어 있다. 그러나 고초도 외의 다른 곳에는 함부로 다닐 수 없으며 어로 작업이 끝나면 세어[101]를 바쳐야 했다. 문인이 없는 자나 풍랑에 휩쓸려 왔다고 핑계대고 몰래 병기를 가지고 변방의 섬을 오가는 자는 모두 도적으로 간주하였다. 이런 제도가 시작되던 초기, 왜인들은 도주의 문인을 받아 가지고 와서 고기를 잡고 어로세를 바치던 약조를 착실하게 따랐다. 그러나 1495년 무렵엔 제대로 지키지 않았다. 왜인의 작은 배 11척이 세를 바친 것 말고는 그 뒤로 해마다 한 사람도 문인을 받아 가지고 오지 않았는데도 마음대로 바다를 오가는 자들이 수없이 많았다고 한다. 그래서 변방의 장수는 '왜선 몇 척이 어느 쪽에서 와서 어느 방향으로 갔는데 정작 어디로 갔는지는 모른다'는 식으로 경상감사와 절도사에게 보고하는 것이 고작이었다. 이에 조정의 대신들은 그들을 모두 잡아들일 것을 주문하였다.

이런 상황에서 삼포에 드나들 수 있는 배의 숫자를 제한하자는 의견이 제기되

99. 성종 5년(1474) 9월 23일 경상도 관찰사 김영유의 보고.

100. 성종 24년(1493) 윤5월 8일 기록.

101. 稅魚. 세금으로 받는 물고기.

었다. 제포의 항거왜인들이 타는 배는 80여 척, 부산포는 30여 척, 염포는 15척으로 정해져 있었다. 그렇지만 그 외에 왜인과 고기잡이배가 늘어난 것이 문제였다. 부산포와 염포의 항거왜인은 많지 않았으나 제포는 많았다. 제포의 선박이 너무 많아서 제포 왜인들이 언젠가 사단을 일으킬 것이라고 걱정하고 있었다.

세종은 치국에 관대한 도량이 있었고, 조선의 신민에게는 어진 임금이었지만 영토 문제에 있어서는 엄격했다. 동북 4군6진의 개척과 강계 압록강 건너 파저강 일대의 여진 정벌 그리고 남방 왜구토벌에 있어서도 그랬다. 그가 엄격하면서도 관대한 정책을 펴자 여진족이 많이 귀순하였다. 왜인들 역시 왕래가 잦았고, 귀화도 늘었다. 이렇게 해서 왜인의 약탈은 줄어들어 차츰 안정되어 갔지만 다른 문제들이 일어났다. 성종 이후 중종시대엔 문제가 더욱 복잡해졌다. 이에 왜인의 왕래에 제한을 둘 필요가 생겼다. 왜인의 왕래가 늘어나면서 그 폐단도 늘어 그에 대한 대신들의 주장이 잇달았는데, 세종시대의 사례 하나를 보자.

> "대마도 왜인들의 왕래가 계속 늘어나 번잡해지고 있습니다. 우선 봄·여름에 서울로 올라오는 왜인과 포구에 체류하는 왜인만 해도 3천여 명에 이르는데, 이들은 기근으로 먹을 것을 얻기 위해 오는 것이지 진심으로 항복해 오는 것이 아닙니다. 서울로 올라온 왜인들이 물품의 매매를 핑계대고 오래도록 왜관에 머무르면서 날짜만 미루고 있으며, 포구에 머물고 있는 왜인들도 서울 간 사람들을 기다린다는 핑계로 머물고 있어 … 이제 경상도 관찰사의 보고에 의하면 그들에게 줄 쌀과 장이 다 떨어졌다고 합니다. 또 포구에 머물러 있는 20명은 10명이 먹을 것을 가지고 서로 나누어 먹고, 나머지 10명이 먹을 것은 대마도로 가지고 돌아간다 하니 먹을 것을 구하려고 온 것이 분명합니다. 이제부터는 서울에 올라온 왜인들이 동평관에 체류할 시일은 일의 긴급 여부를 참작하여 정하되 10일 또는 20일로 하고, 오랫동안 체류하지 못하게 하여 무기한 접대하는 폐단을 없애도록 해야 합니다."

그렇지만 물건을 팔러 온 사람까지도 체류기간을 정해 무리하게 쫓아내는 것은 맞지 않다고 판단하고, 그 나머지 문제에 대해서만 대신들이 의논하여 정하라고 세종은 지시하였다.[102] 이예李藝[103]가 왜인들의 서계 위조 문제를 꺼낸 것도 같은 맥락에서였다.[104] 대마도 종정성·종언칠과 종무직 등의 서계를 받아가지고 오는 자들 중에는 도적질로 업을 삼다가 대마도에 부탁하여 서계를 위조해서 들어오는 자가 있다는 것이었다. 그가 제기한 문제점을 요약하면 '만약 대마도에서 일본의 서계를 위조해 오면 (그 수가 많아서) 그들을 다 먹이기가 어렵다'는 것이었다. 1437년과 1438년 사이에 연변 각 고을의 미곡 소비가 매우 많았는데, 이제 또 감당할 수 없으니 일본에서 보낸 서계와 문인[105] 중에서 위조한 것은 별도로 대내전에 알려 금지시키도록 해야 한다는 것이었다.

세조 이후 예종 시대에도 대마도에서 영남 지역 각 포구를 오고가는 왜인들이 부쩍 늘었고, 그에 따라 여러 가지 문제가 발생했다. 그래서 예종은 경상좌도와 경상우도의 수군절도사[106]에게 대마도를 왕래하는 왜인들을 일일이 감시하여 보고하라는 명령을 내렸다.

> "조선의 삼포에 상주하는 왜인이 대마도를 오가는 것은 보통 있는 일이다. 하지만 듣는 대로 보고하라. 또 감춰가면서 몰래 방문할 수는 없을 것이니 그 자취를 드러내도록 하라."[107]

이것은 왜인들이 불시에 연해로 들이닥쳐 불미스런 일을 벌일까 염려한 조치였다. 그러나 그 후 성종시대에는 대마도 관리는 좀 더 분명하게 진행된 것 같다.

102. 세종 20년(1438) 6월 13일
103. 이예(1419~1480). 첨지중추원사를 지냈다.
104. 세종 21년(1439) 4월 18일
105. 지좌전 · 좌지전 · 살마주 · 석견주 · 대우전 등이 보낸 것을 이름.
106. 정3품 관직
107. 예종 1년(1469) 7월 11일

이 시기에는 왜인들의 왕래가 늘어나면서 조선정부에서 그들을 접대하는 비용도 늘었고, 여러 가지 폐단이 생겨나 관리들이 꽤 시달렸다. 대마도에서 보낸 배가 포구에 도착한 뒤 곧바로 길을 떠나지 않고, 서울에 갔다가 포구에 돌아온 후에도 떠나지 않고 양식만 받는 것이 큰 폐단이었다. 그래서 나온 대책이 정해진 기한 외에 고의로 머무는 자는 양식을 주지 않으며 관찰사가 보낸 서류가 도착한 후 15일, 포구로 돌아온 후 20일까지만 기한을 정해 양식을 주도록 하였다.

임진왜란 후인 광해군 6년(1614)에는 대마도 왜인들이 울릉도를 드나들지 못하도록 대마도주에게 지시하는 게 좋겠다는 비변사의 요구에 따라 광해군은 즉시 그리하도록 명령하였다.

> "울릉도에 왜인의 왕래를 금지하라는 뜻을 전일 예조에 이미 전달하였는데 대마도 왜인이 아직도 울릉도에 가서 살고 싶어 하여 또 서계를 보냈으니 자못 놀랍습니다. 울릉도가 우리나라에 속한 곳임은 『여지승람』에 기록되어 있고, 방물을 거두고 섬사람을 조사한 사례가 명확히 있습니다. … 속히 돌아가 도주에게 조정의 약속을 준수하도록 하소서."[108]

전라도 고초도나 거제도 가라산 등지로 대마도 왜인들이 옮겨 가서 살도록 해달라는 요구를 냉정하게 거절한 바 있듯이 울릉도로 오고가지 못하도록 철저히 제한한 조치이다. 어떤 경우에든 왜인들을 대마도 밖으로 나가서 살지 못하도록 한 것인데, 왜인의 거주는 대마도에만 허용한다는 조선의 기본원칙은 비교적 잘 지켜졌다.

108. 광해군 6년(1614) 9월 2일

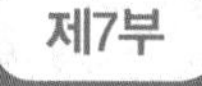

대마도 왜인에 대한 조선의 기미책

- 대마도에 관직·물자 주며 순치하려 노력해

태종과 세종시대부터 조선이 대마도와 왜인들을 통제하는 데 적용한 기본 정책은 기미책이었다. 이것은 대마도 왜인들에게 조선의 관직과 녹봉을 주고, 그들이 살아가기에 충분한 식량과 물자를 대주며 대마도주에게는 조선의 대일외교 연락책을 맡겨 주군과 신하의 관계를 만들어 조선에 적대시하지 못하게 하는 것이었다. 이러한 조선의 기미책은 조선 전기에는 효과를 거두었다. 그러나 조선 중기 이후로 가면서 주는 것은 많고 거두는 것은 적었다. 더구나 한 나라의 외교채널을 변방 오지의 작은 섬에 맡겨 조선의 위신이 깎였고, 삼포왜란과 임진왜란의 원인이 되었던 바, 조선 중기 이후의 기미책은 거꾸로 외교실책이 된 측면이 있다.

조선의 대마도 정책은 기미책이었다

대마도를 원활하게 통치하기 위해 대마도주에게는 고려와 조선의 공신 누구도 누려보지 못한 혜택을 주었다. 앞에서 살펴봤듯이 대마도주에게 준 혜택은 아주 많았다. 대마도주와 대마도 왜인들에게 식량과 각종 물자를 대주고, 대마도를 잘 통제하고 관리하도록 한 것이다. 조선은 종씨 일족과 대마도주에게 대마도를 봉토로 내준 것으로 여겼고, 대마도주로 하여금 섬을 보다 쉽게 다스리는 체제를 구축하는 데 도움을 주었다. 이런 일들을 가능하게 해준 것이 조선의 기미책이었다. 기미羈靡란 소나 말에 굴레를 씌워서 잡아매듯이 자유를 구속하여 어딘가에 종속시키는 것을 이른다. 조선은 대마도 왜인과 종가들에게 관직과 녹봉을 주었고, 제 나라 신민이 땀으로 지어낸 식량과 물자, 그리고 입고 쓸 것을 내주어 순종하게 만드는 기미책을 주요 외교정책으로 유지하였다.

나아가 조선은 대마도주에게 조일외교의 연락책을 맡겼다. 그러므로 대마도주는 조선 정부의 대일 외교 대리인이었다고 할 수 있다. 조선의 입장에서 보면 그의 신분은 아주 독특한 것이었다. 대마도 왜인의 총수이면서 조선의 대일외교 대리인이라는 이중적 신분이었다. 여기에 조선은 두 차례의 대마도 정벌 이후 그에게 도주라는 특수한 호칭을 추가해 주었다.[1] 그리고 조선의 신민에게는 섬을 탈환하고 종씨로부터 항복을 받아 그에게 섬을 통째로 내주었다고 둘러댔다. 사실과는 다른 이야기이지만, 이런 것이 이른바 봉토이고 식읍이며 조선의 사패지지였다. 고려 말에 대마도가 고려의 지배에 들어왔고, 그에 따라 대마도를 말 기르는 목마장으로 썼다. 더구나 세종 이후엔 '대마도가 계림에 속한 땅이었다'는 주장이 등장했지만, 그와 별도로 대마도가 조선 땅이라는 주장은 대마도주의 항복과 귀순을 받은 이후에 나온 것이다. 대마도의 주인이라는 의미에서 '도주'라고 부르게 되었지만, 그를 도주로 세운 계기는 사실 태조 5년(1396)과 세종1년의 대마도 정벌이었다. 세종과 대마도 사이의 줄다리기 끝에 결국 종정무·종정성이 항복하였다. 이 일로 대마도

1. 이런 전통에 따라 조선 말기에 대마도 왜인들은 대마도주를 '대마도의 주인'이라는 의미에서 地頭(지두)라고 하였다. 일본인들이 선장을 船頭(선두)라 하는 것과 같은 방식이다.

도요타마마치(豊玉町)에 있는 와타즈미 신사(和多都美神社). 아소완의 북안(北岸), 에보시다케(烏帽子岳) 산자락 끝에 있다. 이곳의 제신(祭神)은 둘이다. 모두 여신(豊玉姫命·玉依姫命)이며 대마도에서는 그들을 천녀(天女)라고 전해오고 있다. 원래 이곳에 모셨던 여신은 셋이었다. 이 신사의 주신(主神)을 천녀라고 하는 것으로 보아 그들은 본래 가야계로 보인다. 일본에서는 백제 이전, 가야계를 천신(天神)으로 표현하는 게 일반적이다. 그런데 이곳의 주신을 종가의 종상(宗像)이라고 보는 설도 있다. 해신계와 종가의 남신계 두 설이 존재하는 것이다. 그렇지만 종가의 선조로서 종상이라는 인물이 있었고, 그가 과거 후쿠오카의 치쿠젠(筑前)에 하사받은 봉토로서 종상군(宗像郡)이 있었으며, 그곳 田島村(전도촌)이란 마을에 6대 대마도주인 종뢰무(사미영감)의 묘가 있었다고 전해오는 것으로 보아 종가의 남신설보다는 천녀 해신계로 보는 설이 타당할 것이다.

주는 많은 것을 잃은 것처럼 보이지만, 사실 그는 더 많은 것을 얻은 셈이다. '일본국 대마주 태수'라는 일본에서의 그의 공적 신분에다 조선은 대마도를 그의 사유지로 인정해 줌으로써 그에게 일본은 부여하지 않은 독특한 지위를 추가해준 것이다. 그러므로 말이 정복이고 항복이었지, 대마도주는 오히려 조선과 일본 두 나라로부터 함부로 할 수 없는 안전장치를 확보한 것이다. 여기에 더하여 조선은 그에게 당상관 이상의 공신 자격을 부여하였다. 대마도주 이하 종씨 일족과 대마도 8군 태수 등은 일종의 항왜降倭이자 조선의 관직을 받은 수직왜인이었다. 그러므로 대마도주는 조선과 일본 사이에 놓여 있는 매우 특수한 신분이었다. 그는 조선 전국 각 주의 책임자인 목사나 부府의 부사府使보다도 훨씬 많은 것을 받았다. 조선국왕과 정부는 물자를 항상 넉넉하게 지원하였고, 일본과의 교류에 관한 한, 그에게 전권을 내주어 대마도주로서의 실권과 위상을 최대한 높여주었다. 대마도의 왜인은 물론 일본에서 건너오는 왜인들을 그의 통제에 둔 것도 크나큰 혜택이었다.

와타즈미신사(和多都美神社)의 和多都美는 본래 바다의 신, 즉 해신(海神, わたつみ)을 뜻한다. 니이(仁位)에 있는 이 와타즈미 신사 외에 미네마치(峰町) 기사카(木坂) 서쪽 바닷가에도 와타즈미신사(海神神社, 가이진신사)가 있다. 대마도 내 제1의 신사로 말하고 있는데, 도요타마마치 니이의 와타즈미신사와 구분하기 위해 이것은 일부러 '가이진신사'로 부르고 있다. 대마도 사람들은 미네마치 기사카의 와타즈미 신사와 구분하기 위해 和多都美神社(와타즈미 신사)는 '니이의 와타즈미신사(仁位の和多都美神社)'라고 불러왔다. 『대주신사지(對州神社誌)』에는 니이 와타즈미신사를 도해궁(渡海宮, 바다를 건너온 귀한 분을 의미)으로 되어 있는 데다 대마도 중간의 서편 해안에 있는 것으로 보아 고대 한국인이 내려가 정착한 사례로 이해해도 무리가 없겠다. 기사카의 가이진신사에는 일본 국가 중요문화재로 지정된 신라불상과 몇 가지 한국의 문화재가 있다.

조선은 섬 전체를 종가들에게 봉토로 내준 것이라고 생각하고, 대마도의 총책임자를 대마도주라고 불렀다. 그러니까 대마도주란 명칭은 일본이 준 것이 아니라 조선이 부여한 신분이다. 일본에서는 그를 한 번도 대마도주라고 부르지 않았지만 일본 역시 대마도 전체를 그의 사유지로 인정하였다. 일본은 '일본국 대마주 태수'를 종가 이외의 다른 인물로 교체할 수 없게 되었다. 이것이 바로 조선에서 두 차례 대마도를 정벌함으로써 그가 얻은 지위이다. 도주는 오로지 대마도를 잘 통치하여 왜인들이 섬 밖으로 나와 말썽을 일으키지 않으면 되었고, 그것이 조선이 바라는 전부였다. 조선 정부가 대마도주와 종가 일족을 대마도의 주인으로 세우고, 대마도주의 자격을 부여하여 관직과 녹봉을 내주면서 여러 가지 책임을 떠맡기는 대신, 대마도주와 그의 친족 종가宗家는 물론 대마도 사람들을 먹여 살린 것인데, 이것이 가능했던 것은 일본의 정치적 상황과 관련이 있다. 애초 대내씨와 소이씨의 대립 관계를 이용하여 조선은 일본 대내씨와의 협력 체제를 구축함으로써 소이씨와 왜구를 공동의 적으로 삼아 압박하는 전략적 제휴가 있었기 때문에 가능했던 것이다.

아소완 최북단의 니이(仁位) 마을까지, 에보시다케(烏帽子岳) 서편으로 니이아소완(仁位淺茅灣)이라고 하는 갯골이 깊숙이 들어와 있어서 와타즈미 신사는 아주 고즈넉한 분위기가 있다. 높은 산을 끼고 푸른 바닷물이 신사 바로 잎까지 있어서 바늘 떨어지는 소리도 들릴 만큼 동네가 조용하고 신사 주변이 한적하다. 이 신사에는 5개의 도리이(鳥井)가 서북 방향을 향해 있어 이 신사에 모신 제신(祭神)의 출발지를 한국으로 보기도 한다. 일본인들이 해신(海神)을 '와타즈미'로 읽는 까닭을, 나는 한국고대어로 풀어서 와타(왔다) 즈(건너다, 津) 미(물)의 뜻으로 이해하고 싶다. 이것을 뒤에서부터 읽으면 '물 건너 왔다'가 되니까. 바다를 건너간 한국계 고대인들을 그렇게 대우한 것이라고 보는 바이다. 이 신사의 도리이 2개가 바다에 서 있는데, 만조 때는 1.5~2m 가량 물에 잠긴다.

'친구의 적은 곧 나의 적'이라는 원칙을 적용, 대내씨의 정적인 소이씨 세력을 적당히 견제하며 활용한 것인데, 이런 정책 뒤에는 조선과 대내씨 사이의 비밀스런 합의가 있었다.

이런 전략이 잘 먹혀들 수 있었던 것은 대마도의 지리적 위치와 독특한 환경 때문이기도 하였다. 대마도는 물고기와 해산물 외에 섬에서 나는 것이 없어 그곳 사람들을 먹여 살릴 수 있는 조건이 못 되었다. 즉, 자립할 수 없는 섬이었기에 대마도 내 모든 사람들의 끼니가 조선의 손에 쥐어져 있는 이 독특한 상황을 이용하여 조선은 끝까지 기미책을 유지할 수 있었다. 이런 정책은 시행 초기에는 효과가 있었다. 그러나 한편으로는 왜인들을 대마도로 불러들이는 역효과를 낳았다.

13~15세기 중국은 강력한 해상 봉쇄정책을 펴는 동시에 왜구를 가혹하게 죽여버리는 강경책을 쓴 것과 달리 조선은 기미책으로 왜인들을 달랬다. 그 바람에 대마도 왜인은 점차 늘어났고, 대마도에서 요구하는 양식 또한 늘어갔다. 그리하여 영남에서 나는 곡식의 절반이 대마도로 들어간다는 말이 나왔는데, 그것은 결코 과장이 아니었다. 액면 그대로라면 그 말은 곧 영남 인구의 절반이 대마도에 살았다는 것을 의미한다. 그것이 아니라면 지나치게 많은 것을 주었다는 뜻이 된다. 대마도에는 지금도 4만 인구가 살고 있다. 1990~1992년 무렵엔 인구가 3만6천이었다. 여러 조건과 상황을 감안해 보더라도 조선시대 내내 대마도 인구는 아무리 많은 때라도 1~2만을 넘지 않았을 것으로 보인다. 임진왜란 당시 대마도에서 뽑아 보낸 15세 이상의 병력이 실제로는 4천 남짓 되었다고 하는데, 이것을 기준으로 하더라

도 그 무렵 총인구는 아무리 많아도 1만5천 명이 안 되었을 것이다.

그렇다면 그 많은 양곡이 대마도 사람만 먹여 살린 것이었다고 보기는 어렵다. 일기도나 하카다까지 흘러 들어갔을 것이 분명하다. 실제로 송포松浦와 후쿠오카로 상당량이 들어갔다고도 한다. 굶주림에 시달린 왜인들이 먹을 것에 파리 떼 들끓듯 몰려와 조선 정부의 큰 짐이 되었지만, 그럼에도 조선은 끝까지 기미책을 유지하였다. 하나의 사례이지만 조선 후기 현종 때 민정중이 보고한 내용을 보더라도 대마도 사람들의 가난한 삶과 대마도가 처한 입장을 알 수 있다.

"(대마도는) 살기가 모두 어려워 토란을 칡잎으로 싸서 먹습니다. 이 때문에 경술년(1610, 광해군 2년)에 (조선과 일본이) 강화할 때 대마도 사람들이 두 나라 사이에 서서 화친을 적극 주도하였다고 합니다."[2]

대마도가 궁핍하게 살아가는 모습을 잘 전해주는 기록이다. 그들이 임진왜란 후 조선과 일본 두 나라의 화친을 주장한 것도 조선이 아니면 살아갈 수 없는 조건 때문이었다. 속사정을 들여다 보면 식량 때문이었던 것이다. 위와 같은 보고를 받고 이날 조정의 대신 정태화는 현종에게 대마도의 사정을 사실대로 보고하였다.

"대마도는 우리나라가 아니면 살아갈 수가 없습니다."

이런 사정은 그 다음 숙종 시대에도 달라지지 않았다. 숙종이 대신들을 가까이 불렀는데, 그 자리에서 좌의정 이세백이 이렇게 말했다.

"대마도주가 사람을 보내어 공작미(公作米)[3]를 달라고 간청하는데 대마도에서

2. 현종 11년(1670) 3월 3일

3. 공작(公作)이란 관비(官備)와 같은 말이다. 영남에서 면포(綿布)를 왜국에 보내고 이것을 공작목(公作木)이라 하였는데, 대마도에서 포 대신 쌀을 요구하여 왔으므로 면포를 쌀로 바꿔 주면서 이것을 공작미라고 하였다.

는 이 쌀이 없으면 살아갈 수 없으므로 매우 간절하게 구하는 것입니다. 더구나 포(布)는 밀직포(密織布)[4]를 주므로 큰 폐단이 되고 있으니 쌀로 주는 것이 편리합니다."[5]

곡식이 나지 않는 까닭에 대마도 사람들이 영남 지역에서 나는 양곡으로 살아야 했던 것은 어쩔 수 없는 운명이었다. 부산이나 진해보다 일본 본토까지는 두 배나 멀었고, 본토의 지원을 기대할 수도 없었으므로 그들에겐 다른 선택이 없었다. 일본에 구걸하여도 냉담했다. 그 대표적인 사례가 영조 47년(1771)의 일이다. 동래부사가 동래에 표류한 왜인에게 물어본 내용을 영조에게 보고했는데 그 말 가운데 '대마도가 살아갈 계책이 없어 일본 관백關白에게 가서 하소연했지만 관백은 조선에서 살아갈 방책을 세우라고 하였다'는 내용이 있다.[6] 이렇게 일본에서는 대마도 왜인들을 버린 자식처럼 여겼다. 이런 불쌍한 처지에 있는 그들을 그나마 받아주고 먹여 살린 것은 조선이었다. 영조시대에도 대마도는 식량 사정이 무척 곤란했으며, 이런 사정은 메이지유신 이후까지도 달라지지 않았다. 대마도가 조선을 가벼이 여길 수 없었던 것은 바로 이 때문이었다. 영조가 전 감사 이이장李彝章 등을 불러 여러 도의 일을 물었는데, 그 자리에서 이이장이 "대마도는 매우 작아 우리나라 울산의 기장현機張縣과 비슷하며, 항상 우리나라를 대조정大朝廷이라고 부릅니다.…그들이 감히 조정을 가벼이 여기는 마음을 내지 못하게 하소서."[7]라고 말하였다. 그 말뜻은 먹을 식량을 넉넉히 대주라는 것이었다. 이 두 가지 사례를 보더라도 대마도 사람들은 조선의 힘으로 살아갔음을 알 수 있다. 조선은 대마도에 많은 물자를 조선시대 내내 퍼주었다. 이런 까닭에 조선의 신민은 누구나 대마도를 조선의 땅으로 알게 된 것이다. 조선의 일반 백성들이야 국왕과 지배층이 대마도가 조선 땅이

4. 올이 가늘고 치밀하게 짠, 고운 삼베를 말함.
5. 숙종 27년(1701) 6월 10일
6. 영조 47년(1771) 7월 2일
7. 영조 31년(1755) 12월 22일

라며 그들에게 관직과 녹봉을 지급하고 물자를 지원하고 있으니 대마도를 조선 땅으로 알 수밖에 없지 않겠는가. 아이러니컬하게도 대마도 사람들은 비록 일본의 신민이었지만 일본의 통치권 밖에 있는 거나 다름없었다. 일본의 통치권에서 벗어난 존재로서 버린 자식과도 같은 가련한 신세들이었다. 그것이 바로 대마도 왜인들이었던 것이다.

그러나 그토록 퍼주고서도 조선은 끝내 그 땅과 그곳에 사는 왜인들을 조선의 것으로 만들지 못했다. 오히려 정치 외교적으로 조선은 대마도주에게 끌려 다녔다. 그렇게 된 데에는 몇 가지 정책적 모순이 있다. 고려 말~조선 초, 세 차례의 대마도 정벌로써 조선은 충분한 명분을 쌓았으므로 조선 초·중기의 사정은 그래도 나았다. 이때만 해도 조선의 국왕과 최고지배층은 대마도에 대해 자신감과 우월성을 갖고 있었다. 그 당시 조선의 입장은 이런 것이었다.

> "대마도는 본래 고려의 땅이었으므로 고려를 계승한 조선은 당연히 대마도에 대한 소유권을 가지는 것이고, 더구나 세 차례의 대마도 정벌로 고려~조선은 대마도 지배권을 갖고 있는 것이 당연하다. 다시 말해서 정벌로써 대마도를 취하여 종씨 일족들에게 사패지로 내준 것이고, 대마도를 관리하기 위해 종가의 대표를 택해 대마도주로 임명하였을 뿐 아니라 종가와 대마도의 주요 인물들에게 조선의 관직과 녹봉을 주었다. 그러니 실질적으로는 대마도가 조선의 소유이다."

그러나 우리는 여기서 크나큰 모순을 발견하게 된다. 대마도 정벌과 항복을 받은 뒤, 조선이 대마도를 사패지로 내주고 정식지배에 들어갔다면 왜 그것을 일본에 알리지 않았을까? 그리고 그것을 명문화하여 길이 남기지 않은 것일까? 정벌로써 대마도를 취했다면 어떤 방법으로든 일본에 알리고, '이제 대마도는 조선의 소유'라는 사실을 통지했을 것이며, 그것을 서로 인정하는 절차를 가졌을 것이다. 그와 같은 현실적인 조치와 절차를 갖지 않은 것은 왜인들에 대한 조선 국왕과 조선인의 지나친 우월적 자존감의 결과가 아니라면 그것이 사실이 아니었기 때문일 것이다. 그리고 또, 조선의 영토라면 왜 대마도 현지에 조선의 정식관리를 파견하여 상주시키지 않은 것일까? 어느 측면에서도 조선이 대마도를 직접 지배한 증거가 없다. 대신 일본은 임진왜란 이후 이정암以酊庵[8]에 승려를 보내 대마도주를 감시하는 체제를 가졌다.

다음으로, 대마도에 표류하거나 포로로 잡힌 조선인을 끝까지 반환하도록 한 것도 정책적 대오이다. 줄 것을 다 주면서 그와 같은 소극적인 대응책으로 대마도를 순전한 '왜인구역'으로 만든 것이 문제였다. 그와 같은 정책이 오래 전부터 그곳에 살던 고려인과 조선인들까지 왜인화하였다. 대마도에 주는 만큼 오히려 그곳에 사는 조선인의 지위를 확고히 마련해 주었어야 했다. 이를 위해 조선의 관리가 대마도에 상주하면서 대마도의 동태를 감시하고 정보를 모으는 적극적인 정책을 폈어야 했다. 이를테면 대마도 감독관이라든가 그들의 식량사정이나 치안·동태를 파악하여 조정에 알리는 체계가 필요하였다. 그러나 조선은 그렇게 하지 못했다.

또 표류인과 포로 송환이 아니라 그들의 대마도 정착을 적극 도왔어야 했다. 그리고 대마도주에게 지나친 권한을 주어 절대권력을 행사하도록 만든 것도 결코 바람직한 것은 아니었다. 조선이 자신의 대일외교권을 대마도주에게 맡긴 것도 큰 실책이다. 궁벽한 오지의 작은 섬에 사는 왜인을 통한 조선의 '위탁외교'는 국왕은 물론 안이함과 편리함에 익숙한 조선의 관료들이 만들어낸 최악의 외교 방식이었다.

충분한 양식과 물자를 주어 왜인들을 먹여 살린 이런 정책은 조선의 허약한 한계를 드러낸 것이었다. 조선조 5백 년 동안 변함없이 퍼주면서도 그들에게 왜 그 많은 물자를 지원해야 하는지에 대한 깊은 성찰도 없었다. 조선 후기로 가면 조선

8. 이정암은 1732년(享保 17) 화재로 사라졌고, 그 후엔 서산사(西山寺)로 옮겼다. 일본 도쿠가와 막부는 이정암에 2명의 승려를 파견하여 대마도주 감시역과 함께 일종의 외교 및 통치 전반에 대한 고문 역할을 맡겼다. 조선과 일본 사이에 오고가는 외교문서는 이들 이정암의 승려가 입회한 가운데 개봉해야 했으며 대마도주가 독단으로 모든 것을 처리하지 못하도록 하였다.

의 지배층은 그것을 통상 있어온 관례로 여기고, 주는 데 대해 일말의 거부감도 갖고 있지 않았다.

통치상의 많은 어려움이 닥쳐도 조선 정부는 대마도 사람들에게 많은 것을 그냥 내주었다. 물론 이런 방식을 통해 조선 본토에 들어와 양민을 학살하고 약탈하는 왜구의 피해를 줄일 수는 있었다. 강력한 토벌보다는 왜인들을 순치시키기 위한 조치로서 넓게 보면 인정이란 큰 틀 안에서 조선이 베푼 인도적 관용이었음은 분명하다. 그러나 다른 한편으로 그것은 곡식 한 톨 제 손으로 생산하지 않는 지배층의 안이함에서 나온 정책이었다. 기미책이란 일시적인 변통이며, 임기응변이다. 적당히 줄 것을 주다가 상대를 제거하여 뿌리 뽑거나 정복하여 동화시키기 위한 일시적인 방책으로 써야 함에도 조선의 국왕과 지배층은 조선시대 내내 퍼주면서도 대마도주에게 끌려 다닌 꼴을 당했다. 그것은 지배층이 문약에 빠져 칼을 빼야 할 때를 몰랐던 때문이다. 만약 조선의 지배층이 뼈 빠지게 양식을 생산하는 고통을 겪는 농민의 입장이었다면 중국 한족이 마침내 흉노족을 정복했듯이 조선은 대마도의 왜구를 완전히 제거하거나 동화시켰을 것이다. 그리고 그 땅을 차지하였을 것이다. 그렇게 많은 물자를 퍼주면서도 대마도로 표류한 조선인들을 무조건 송환하도록 한 것이나 대마도에 상주하면서 도주와 대마도 왜인들의 동태를 감시하고 견제하는 정책을 쓰지 않은 것은 더욱 문제였다. 조선의 각도에는 관찰사와 그 이하 수령을 감시 감독하는 감사가 파견되었다. 감시인을 파견하여 대마도로 표류하는 어민이나 왜인들에게 붙잡혀간 사람들을 대마도에서 직접 관리하고, 그들이 그곳에 정착할 수 있도록 돕는 정책을 썼다면 대마도 왜인들은 조선인으로 동화되었을 것이며, 대마도를 조선 땅으로 만들 수도 있었을 것이다. 조선의 관리가 그만큼 허술했으므로 제 나라 백성을 풍족하게 먹여 살리지도 못하면서 이웃나라 사람을 먹여 살린 꼴이 되었다. 이런 기미책은 오히려 대마도를 조선의 영토로 만드는 것을 저해한 요인이 되었으니 그것이 바로 조선이 구사한 기미책의 한계였다.

대마도에서 진상한 물품, 그리고 조선 정부와 국왕이 하사한 물자들

『고려사』에는 대마도와 관련된 내용이 얼마간 남아 있다. 그것은 대부분 대마도에 보낸 물건이나 대마도에서 진상한 공물에 관한 내용이다. 고려시대 표류인들을 대마도에서 돌려보낸 일[9]이라든가 문종 5년(1051) 7월 고려에서 대마도로 도망 간 사람 3명을 직접 압송해온 일,[10] 문종 36년(1082)[11]에 대마도에서 토산물을 바친 일들을 간략하게 전하는 수준이다. 대마도에서는 표류민이나 왜구에게 잡혀간 포로를 돌려보내었다. 그 중심적인 역할을 한 대마도 종가들이 등장하는 것은 고려 말인데, 고려는 그 종가들을 충분히 예우하였다. 그리하여 대마도에서는 해마다 공물을 바치고, 공물을 받은 고려 왕과 정부는 사례품을 보내주었다. 대마도에서는 문종 시대부터 정기적으로 진봉선進奉船이라 하여 '공물을 바치기 위한 배'를 보내어 수시로 토산물을 바친 것으로 되어 있다. 1086년[12]과 1087년[13]에도 대마도 사람들이 토산물과 예물을 가지고 와서 조정에 바쳤으며, 선종 2년(1085) 2월에는 대마도 구당관勾當官이 사람을 보내어 귤을 바친 일이 있다.[14] 그러나 이 시기에는 대마도가 일본으로 기록되어 있다. 공민왕 17년(1368) 7월에는 대마도 만호가 토산물을 바쳤으며[15] 그에 대한 하례로 그 다음 달에 대마도에 이하생을 보내어 예물을 하사하였다. 공민왕 시대의 기록엔 일본이란 말이 없이 그냥 대마도로 적었고, 대마도의 최고권자가 만호로 되어있는 것을 볼 때 공민왕 시대엔 대마도가 고려의 영역이었던 것으

9. 고려 문종 3년(1049년)·문종 14년(1060)

10. 己未 日本對馬島遣使 押還被罪逃人良漢等三人[1051년 7월 11일]

11. 丙戌 日本國對馬島遣使 獻方物[1082년 11월 9일]

12. 기유일에 대마도 구당관이 사신을 보내어 방물을 바쳤다(己卯 對馬島勾當官遣使 獻方物) [선종 3년 3월 22일].

13. 경오일에 동남도도부에서 국왕에게 상주하기를 일본국 대마도에서 원평 등 40명이 와서 진주·수은·보도·우마 등을 바쳤다고 하였다(庚午 東南道都部署奏 日本國對馬島 元平等四十人來獻眞珠·水銀·寶刀·牛馬) [1087년 7월 21일].

14. 정축일에 대마도 구당관이 사신을 보내어 감귤을 진상하였다(丁丑 對馬島勾當官遣使 進柑橘) [1085년 2월 13일].

15. 기묘일에 대마도 만호가 사신을 보내어 토산물을 바쳤다(己卯 對馬島萬戶遣使來 獻土物) [1368년 7월 11일].

로 보인다. 조선 초에 쓴『고려사』가 얼마나 정확한지는 알 수 없으나 대마도가 완전히 고려의 영향권에 들어온 것은 13세기인 것으로 보인다. 여러 가지 정황으로 판단하건대 13세기 말, 여몽연합군의 일본원정 무렵에는 완전히 고려의 수중에 들어온 것으로 볼 수 있다. 더구나 안방준과 조헌이 남긴『항의신편』가운데 "대마도를 조선에서 분봉하였다"고 하였고, 고려 말에 대마도가 말 목장이었다는 기록과 견주어 볼 때 14세기 중반 대마도가 고려의 영향권에 들어왔을 가능성이 있다. '1368년 공민왕 때 대마도 만호가 토산물을 바쳤다'면서 이 경우엔 '일본국 대마도'가 아니라 '대마도 만호'라고 한 변화가 보이기 때문이다.

왜구의 침탈이 그다지 많지 않던 13세기에는 대마도 관련기사가 별로 없다. 고려 말에 들어서면서 대마도로 도망해 들어온 왜구들이 변경을 어지럽히고 내륙 깊숙이 침입하여 노략질하는 일이 잦아졌다. 왜구의 노략질 빈도가 높아가면서 고려인들은 몹시 시달렸다. 고려 말로 접어들면 왜구의 극성이 도를 넘는다. 왜구는 단순한 해적이 아니라 잔인한 약탈자이고 살인마였다. 고려 말 대마도까지 쫓아가서 약탈해간 쌀을 되찾아 오거나[16] "고려인 흑적과 신사전 등이 대마도에 가서 약탈한 왜구를 직접 잡아가지고 돌아온 일"[17]도 있을 만큼 그 피해가 심각하였다. 그리하여 고려와 조선의 모든 사람에게 왜구는 마치 음식상을 더럽히는 똥파리 같은 종자들로 인식되었다.

그렇지만 조선 건국 후 이성계 시대에는 대마도 정벌 기사 외에는 대마도와 관련된 기록이 별로 없다. 이때는 대마도에서 조선에 토산물을 바친 적도 없다. 또한 대마도에 내려준 하사품 같은 것도 없다. 공민왕 17년에는 대마도 만호 종경에게 쌀 1천 석을 보내주었는데,[18] 이성계의 집권 기간에는 대마도에 무엇이든 보내주었다는 기록이 없다. 물론 보내주었으나 기록하지 않았을 수도 있다. 그러나 고려

16. 八月 戊申朔 洪泞·郭王府等 自日本還奏曰 窮推海賊 乃對馬島倭也 徵米二十石 馬麥三十石 牛皮七十領而來[1263년 8월 1일]

17. 三月 辛酉 黑的及申思佺等至對馬島 執倭二人以還[원종 10년(1269) 3월 16일]

18. 이때 종경(종경무)은 대마도에 살지 않았다. 후쿠오카에 살고 있었다.

중앙정부와 대마도 종가의 관계, 조선 초 이씨 왕가와 종가의 갈등, 이안눌이 대마도 종가를 반민으로 표현한 것을 볼 때 고려의 공신이었던 종가들이 조선 건국에 크게 반발하면서 경제적 지원이 중단되고, 대마도가 조선에서 이탈한 것으로 판단할 수 있다. 양곡과 생활에 필요한 물품들을 다시 보내주게 된 것은 태종 때부터였다. 대마도 수호 사미영감沙彌靈鑑이 사람을 보내 말과 예물을 바치면서 조선과 주고받는 기사가 다시 시작된다. 사미영감은 태종 1년에 모두 네 차례 예물을 보냈다. 그 해 9월 말 조선 정부는 종정무에게 호피와 표범가죽, 화문석 각 20장, 쌀과 콩 각각 20석을 하사하였다. 이와 별도로 종정무의 수하 지종志宗에게도 예물[19]을 주었는데, 이것이 기록상 대마도주와 태수가 조선정부로부터 맨 처음 받은 하사품의 전부이다.

이렇게 해서 태종 시대에 대마도에서 해마다 진상품을 보내온 횟수는 태종 1년부터 18년까지 총 43회였다. 그러나 대마도에서 보낸 토산물은 단지 예물 또는 토물(=토산물)로만 기록되어 있어 태종 시대에 대마도에서 조선 정부에 진상한 토산물의 품목을 자세히 알 수는 없다. 태종의 즉위 기간에 대마도에서 바친 토산물이라 해야 황감黃柑[20]·감귤 그리고 백반·석고와 같은 물건들이 고작이었다. 그나마 값이 조금 나가는 것이라야 동철과 옥대玉帶 정도였다. 이 시기에 조선 정부는 단지 대마도로부터 진상품을 받은 사실에 의미를 두었을 것이다. 그런데 태종 6년(1406)에는 다소 특이하지만 소목과 호초·공작을 보내왔다. 그것은 대마도 왜인들이 조왜국[21] 사신에게서 약탈한 물건이었다.[22] 자바국의 사절 진언상에게서 빼앗은 것을 진언상

19. 호피·표피 각각 1령, 자리 10장, 백저포(白苧布)·흑마포(黑麻布) 각각 10필

20. 누런 감귤

21. 동남아시아 자바

22. 조왜국(자바) 사신 진언상(陳彦祥)이 전라도 군산도(群山島 : 고군산군도로 추정됨)에 이르러 왜구들에게 약탈당했다. 이때 화계(火鷄 : 타조)·공작·앵무새·잉꼬·침향·용뇌·후추·소목·향 등 여러 가지 약재와 면포를 약탈당했으며, 싸우다 죽은 사람이 21명이고 붙잡혀간 사람이 60명이었다. 40명만이 간신히 해안에 상륙하여 살아남았다. 진언상은 8년 전인 1394년에 조선에 사신으로 온 적이 있다(「태종실록」 태종 6년(1406) 8월 11일).

이 한양에 머무르다 돌아간 뒤(9월 26일)에 조정에 바쳤다.[23] 그것을 받을 수 없다는 의견이 많았지만, 대마도 측의 성의를 생각해서 하는 수 없이 받긴 받았다. 태종의 재위기간 내내 대마도에서 보내온 물건 중 값나가는 것은 드물었다. 아마도 그래서 『조선왕조실록』에 기록하지 않은 것 같다.

하지만 조선정부가 대마도에 내려준 하사품은 그들이 가져온 토산물보다 훨씬 많았다. 태종 1년(1401) 종정무가 세 차례에 걸쳐 말 22필을 보내왔는데, 그 답례품으로 조선 국왕은 호피와 표범가죽 그리고 모시와 삼베 각 10필, 쌀과 콩 각 20석을 주었다. 이것은 국왕의 하사품 치고는 썩 좋은 것은 아니었지만, 그래도 퍽 생각해준 것이다. 제주도에서 바치는 진상품에 대해 답례로 내려주는 국왕의 하사품은 없었지만 대마도주 만큼은 꼭꼭 챙겨주었다. 이듬해에도 조선은 종정무에게 각종 예물[24]을 보냈다. 아울러 종구랑宗九郎·종오랑宗五郎과 하카다의 소이씨小二氏 등에게까지 각기 식량과 예물을 보냈다.

태종 4년(1404)에도 많은 물자를 궁궐에서 내려 보냈으며[25] 태종 6년(1406) 3월 29일 사미영감이 죽었을 때에는 부의를 겸하여 쌀·콩을 각기 2백 석씩이나 내려 보냈다. 조선정부는 대마도에서 받은 것보다 항상 많은 것을 주었다. 국왕의 하사품은 주로 식량이 되는 곡물이 중심이었다. 모시나 삼베·비단·종이를 비롯하여 갖가지 생활용품도 보내주었다.[26] 대마도에서는 모시나 삼베조차 경작할 수 없었으니 마포와 저포를 만들 수도 없었고, 비단은 아예 생산되지도 않았다. 생산되는 것이라곤 소금과 어물뿐인 척박한 섬에서 삶에 보탬이 되는 것들을 조선은 골고루 다 챙겨 보낸 것이다.

태종 10년(1410)에는 쌀과 콩을 각기 150석씩 도주에게 보내주었다. 그런데도 대

23. 진언상은 9월 16일에 돌아갔다(「태종실록」 태종 6년(1406) 9월 16일).

24. 인삼 20근, 흑마포 3필, 백세포(白細布, 희고 매우 고운 모시) 3필, 쌀 40석, 콩 20석

25. 모시·베·구승저포(九升苧布, 9승 모시)·구승마포(九升麻布, 9승 삼베) 각 3필, 호피·표범가죽 각각 2령(領), 소주 10병, 마늘 10말, 건시 10속, 황률(黃栗) 10말 등[태종 4년(1404) 1월 9일].

26. 건시(곶감)·잣·은어·밤·소주·청주·마늘·안장·옷·개암·목화 등에 이르기까지 많은 물자를 보냈다.

本
松平民部大輔公
呈
謹封

人參壹斤
墨麻布伍匹
黃毛筆貳拾柄
真墨拾笏
色紙叁卷
栢子壹斗
硯石壹面
扇子拾伍柄
際

辛卯十一月 日 通信使

〈正德元年朝鮮通信使進物並進物目錄〉

'신묘(辛卯) 11월 ( )日 통신사(通信使)'라고 하였으니 조선 숙종 37년(신묘년, 1711), 일본의 연호로는 정덕(正德) 원년에 일본에 다녀온 조선통신사를 의미한다. 이것은 그 때 조선통신사들이 가지고 갔던 예물 목록이다. 별폭이라는 이름으로 부르던 것으로, 쉽게 말해서 예물단자이다. 이 해 5월 정사 조태억(趙泰億), 부사 임수간(任守幹), 종사관 이방언(李邦彦)을 중심으로 구성된 조선통신사는 서울을 떠나 일본에 갔다가 이듬해 2월에 돌아왔다. 그 당시 그들이 가지고 갔던 예물로서 황모필 20자루, 참먹 10개, 색종이 3권, 잣(한 말), 벼루(1면), 부채(15자루)가 그대로 남아 있다. 조선을 떠나 일본국왕을 만나기까지 대략 6개월이 걸렸으므로 별폭에 미리 11월로 적어 간 것이다. 야마구치현립야마구치박물관(山口県立山口博物館) 소장.

〈부채〉 1711년 신묘년의 조선통신사가 가지고 간 15자루의 부채. 지금도 고스란히 남아 있다.

마도주는 예전에는 쌀을 5~6백 석이나 주었는데 주는 것이 적다며 투덜댔다. 태종 15년에 종정무는 토산물을 바치고 인삼을 요구했다. 그 후로 인삼 요구량은 해마다 늘었다. 점점 더 많은 인삼을 요구한 데는 그럴만한 이유가 있다. 인삼을 일본과 중국에 내다 팔면 수십 배의 이익을 챙길 수 있었기 때문이다. 중국에 인삼을 내다 팔고, 대신 비단 종류로 바꿔다가 부산·울산 또는 하카다 등지에 팔아 많은 이득을 냈다. 태종 18년에는 청심원·소합원과 같은 한약을 구해갔는데, 아마도 그것은 도주의 어머니나 누군가 고혈압 또는 당뇨가 있었던 것 같다.

이 외에도 종정무는 태종 16년 이후에는 반야경·대장경·대반야경과 같은 불경을 많이 구해갔다. 하카다나 오사카 등에서 불경을 구하는 이들이 많아서 비싸게

세종 시대 대마도 진상품과 하사품

대마도에서의 진상품	조선에서의 하사품
용뇌·말·서각·필발·육두구·편등·호피·유황·단목(丹木)·기린향·소유(蘇油)·명반·상아·장뇌·자분(磁盆)·손상자[手箱]·식롱(食籠)·사탕·침향·소향(蘇香)·비제(■提)·감초·소목·곽향·정향피·명반(明礬)·소향유·금란(金欄)·주분(朱盆)·당주(唐朱)·소면(素麪)·갈분(葛粉)·납거(蠟炬)·온주귤(溫州橘))·백단·구리·천궁·파두(巴豆)·금란·갈상(葛箱)·흑칠상(黑漆箱)·진피·상아척(象牙尺)·먹·담반(淡礬)·흑시(黑柿)·연위(練緯)·밀랍·부채·대도·납촉(蠟燭)·견(絹)·환도(環刀)·호초·울금·천산갑(穿山甲)·초과·비단·쟁반·자완(磁椀)·우피(牛皮)·갑전촉(甲箭鏃)·장검·대반(大槃)·어물·목부용·양매목·황감·코끼리 등.	면포·호피·쌀·의과(衣袴)·갓, 신·정포·명주·저포(모시)·채화석(綵花席, 화문석)·조미(糙米)·면주(緜紬, 목면과 비단)·표피(豹皮, 표범가죽)·백저포(白苧布, 흰모시)·소주·인삼·저마포(苧麻布, 모시와 삼베를 섞어 잔 것)·흑마포(黑麻布, 검정색 삼베)·술·과일·양곡·의복·백세면주(白細緜紬, 희고 올이 고운 명주)·백세저포(白細苧布)·흑세마포(黑細麻布)·만화침석(滿花寢席, 꽃그림을 놓은 화문석)·청사피(靑斜皮)·자사피(紫斜皮)·잣·꿀·말린 범고기·곶감·밤·대추·건대구·건청어·다식·콩·보리·붕어·건시 50첩(貼)·백미·찹쌀·메밀·팥·보릿가루·백세면포(白細緜布, 흰무명)·계다식(桂茶食)·소병(燒餠)·목서(木鼠)·백아(白鵝), 말)·은어(銀魚)·종이·곶감·밀과(蜜果)·청심원·소합원(蘇合元)·숙마(熟麻)·산약(마)·돗자리·철정(鐵釘).

팔 수 있었기 때문이다. 대마도에 특히 고려불화가 많은 것도 다 이유가 있다. '사미영감'은 불교도였으므로 불화나 대장경·불상 등을 많이 구해 간 것으로 보인다. 현재 대마도에 남아 있는 불상이나 고려불화 같은 것들은 조선의 연해로 쳐들어와서 해적질하여 가져간 것들이거나 고려와 조선에서 받아간 것이다.

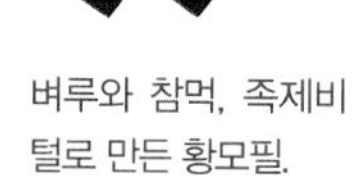
벼루와 참먹, 족제비 털로 만든 황모필.

세종대에 대마도주가 받은 물품은 대단히 많았다. 이 시기에도 세종은 대마도에서 보내온 것보다는 항상 많은 것을 주었다. 세종 즉위부터 세종 31년까지 대마도에서는 총 70여 차례 토산물과 예물을 바쳤다. 세종의 재위기간 33년 중에서 4년[27]만을 제외하고는 해마다 여러 차례씩 예물을 바쳤다. 그 가운데 양쪽이 주고받

27. 세종 17년, 19년, 22년, 23년

은 토산물과 답례품으로서 구체적인 물품명이 나와 있는 것만을 정리한 것이 〈도표〉이다.

대마도에서 보내오는 물품 중에서 특이한 것은 주로 남방과의 교역을 통해 들여온 것들이었다. 세종 시대에 대마도에서 보내온 물품 중에는 조선에 없는 것이 꽤 많았다. 그 중에서 가장 대표적인 것이 코끼리이다.[28] 일본에서 예물이랍시고 코끼리 한 마리를 보내왔는데, 조정의 대신 유정현은 그것을 전라도 섬에 보내어 죽이는 것이 옳다고 주장하였다. 태종이 좋아하는 것도 아니고 나라에 이익도 없는 데다 코끼리가 두 사람을 다쳤으니 죽이는 것이 마땅하다는 것이었다. 더구나 코끼리가 일 년에 먹어치우는 콩이 수백 석이나 되니 전라도의 섬에 보내라고 태종에게 요구하였다. 결국 유정현의 주장대로 코끼리는 섬에 가서 죽었다.

그리고 주로 중국 남부와 베트남·태국·인도네시아 등 동남아시아에서 나는 한약재[29]가 대마도를 통해 들어왔다. 이들 대부분은 중국 남부로부터 동남아시아 지역에서만 나는 것들이었다. 인도네시아나 오키나와·태국 등지의 무역상들을 통해 들여온 것들 중에 상아나 상아로 만든 자(상아척)는 그때도 상류층에서 상당한 인기가 있었다.

임진왜란 이후 남방에서 들여온 노회蘆薈(알로에)가 고

〈하사품〉 조선에서는 대마도에 다양한 물품을 내려 보냈다. 조선의 외국인 관리인 '일본국 대마주 태수'에게 보낸 것 가운데 옷감은 값으로 따질 것이 아니었다. 평범한 삼베도 많이 실어 보냈지만, 황색 물감을 들인 고급 옷감으로서 흑마포(黑麻布)도 빠트리지 않고 함께 보냈다. 흑마포는 대마도에서는 대단히 귀한 것으로 취급되었다.

〈柏子〉 조선은 대마도에 밤·호두·능금·개암과 같은 실과류도 철마다 보내주었다. 사진은 조선통신사를 통해 일본국왕에게 예물로 보낸 잣이며 그 당시의 실물이다.

28. 태종 13년(1413) 11월 5일

29. 장뇌·용뇌·서각(물소뿔)·필발·천산갑·초과·울금·곽향·육두구·파두·소목·소향·장뇌·사탕 등.

급 한약재로 쓰이면서 『동의보감』에 오르게 되었는데, 이것도 대마도를 통해 들여온 것이었다. 유황·호초·구리·소향유와 같은 특산품도 구하기 쉽지 않은 것들이었다. 당시 유황은 남쪽 해안에서 밀무역상들을 통해 들여오고 있었다. 값도 비쌌다. 조선에서는 전혀 나지 않는 것이어서 유황만큼은 밀무역을 어느 정도 허용하고 있었다. 그래도 유황은 항상 그 양이 부족했다. 수요가 많아 조선 정부는 요동에서도 일부를 구해오고 있었지만, 대마도를 시켜 유황을 구하는 양이 절대적으로 많았다. 대마도에서 유황 2천 근을 바치자[30] 직접 남해안에서 배를 지을 수 있도록 허가해준 일을 보더라도 당시 유황은 그만한 가치가 있는 물품이었다.

이 외에 정향(라일락)·진피·납 그리고 사라·능단과 같은 비단을 보내오기도 했다. 진피는 말린 귤껍질로서 한방에서 쓴다. 내장을 편하게 하는 약재이며, 귤은 제주도에서 해마다 가을에 공물로 바치는 양이 많았다. 정향은 자정향과 백정향 모두 조선 땅 어느 곳에나 흔한 것들이었다. 더구나 당시 조선에서는 정향을 약재로 사용하는 양은 많지 않았다. 정향과 백단향에 대한 무용론은 성종 시대의 기록에서 찾아볼 수 있다. 성종 25년 소이씨가 대마도주를 통해 진상한 물건을 조선 정부가 산정해준 가격에 불만을 토로한 적이 있다. 결국 그 일로 노사신盧思愼 등 여러 대신이 따지고 나서면서 대마도에서 진상하는 물건 중에서 별로 소용이 없는 것들을 받지 말자는 논의가 있었다.

"… 정향·백단향 같은 것은 우리나라에서 쓰는 양이 매우 적으니 받을 수 없으며, 저들의 무용한 물건 때문에 우리의 유용한 재화를 허비하니 이제 값을 감하여 장래의 폐단을 막아야 합니다. 하지만 이제 값을 감한 수를 살펴보니 예전 전례에 비하여 크게 차이가 있습니다. 예전에는 정향 8냥에 정포(삼베)가 1필(疋)이었는데, 이제는 5근에 1필이며, 백단 7냥에 정포 1필이었는데, 이제는 8근에 1필

30. 세종 8년(1426) 7월 7일

입니다. …"[31]

별로 쓰지 않는 정향과 백단향 가격을 해마다 높여 주어서 낭비가 심한 폐단을 지적한 것이다. 필요 없는 것들까지 받아서 그 값을 계산해 주다 보니 감당할 수 없게 되었으므로 이제부터는 대마도에서 보내온 것이라 해서 모두 다 받아들일 수 없다는 말이다. 그런데 이런 것만이 아니었다. 조선 땅에 흔하고 흔한 숫돌을 자그마치 330개나 보내온 적도 있다. 그 시대, 숫돌은 어느 집에서나 사용하는 것이었지만 이것은 선물로서는 가치가 없는 물건이었다. 또 세종이 대마도에 사람을 보내어 책과 종이를 만들 닥나무를 구해오라고 한 전례가 있었기 때문인지 대마도에서 비쩍 마른 닥나무 껍질을 잔뜩 바친 경우도 있었다. 이에 세종은 뿌리 대신 종자를 가져오도록 하였지만, 이런 것이 어디 공물 축에나 끼일 물건이며, 조선 국왕과 중앙 정부에 바칠 선물들인가.

그러나 비록 하찮은 물건이라도 이러한 예물을 받고, 조정에서 답례품을 거른 적은 한 번도 없었다. 국왕과 정부가 내려준 물품은 다양하고 그 양 또한 많았다. 쌀·콩·면포·의복·신발·갓·저포(모시)·마포(삼베)·채화석·목화 등을 보내주었으며 심지어 대마도주 종정무의 할머니와 어머니에게도 잊지 않고 예물을 보내주었다. 정해진 것 외에도 특별히 하사한 물건도 적지 않았다. 1년에 수십 척의 세견선과 특송선 및 사송선이 오가면서 먹고 살 것을 충분히 실어가도록 해주었지만, 그 외에도 긴급히 요청하는 경우 쌀과 콩·면포와 같은 것들을 두둑히 보내주었다. 꼭 필요한 양곡 외에도 대마도주에게는 아주 살뜰하게 챙겨주었다. 세종 8년에는 조미 40석, 곶감 20접, 건대구 2백 마리, 소주 10병, 건청어 3백 마리, 꿀 3말 등 먹을 것을 바리바리 보내주기도 했다. 물론 이것들은 정해진 것이 아니라 대마도주에게 가는 일종의 특별 하사품이었다. 호피라든가 채화석 같은 것도 보내주었다. 채화석은 쉽게 말해 화문석이다. 도주가 마실 소주와 술 그리고 저마포·흑마포와 같은 고급

31. 성종 25년(1494) 7월 3일

삼베와 모시도 보내주었다. 이런 것들은 도주에게 딸린 식솔들의 의복을 짓는데 긴요한 물품이었다.

그 외에도 인삼·잣·밤·대추·밀과·청밀·황률·다식·계피와 같은 먹고 입는 것들을 넉넉히 내려 보냈다. 대마도에서 먹고 쓸 것이 나지 않았기 때문에 조선 정부는 나름대로 대마도주를 세심하게 챙겨주고 배려한 것이었다. 이런 배려는 고종 시대까지 그대로 이어졌으며, 많은 물자가 대마도로 줄을 이어 건너갔다. 그래서 김정호는『대동지지』에 대마도에 보내는 물자를 매우 상세하게 기록하였다. 그러나 이런 관계가 정확히 고종 시대 언제까지 유지되었는지는 확인할 수 없다. 아마도 메이지유신(1868)부터 1871년 이후, 일제의 조선 침략이 시작된 운양호 사건을 전후한 시기 언젠가부터 대마도에 대한 조선정부의 물자지원은 중단된 것이 아닐까 생각된다.

효종 즉위년(1649) 7월 5일에는 대마도주가 사람을 보내어 희귀한 동물[32]을 잡아서 보내달라고 요청해왔다. 이것은 일본의 관백關白[33]이 진귀한 새와 짐승을 모으면서 대마도주를 통해 조선에 부탁해온 것이었다. 그가 요구한 것들을 경상도관찰사로 하여금 지체 없이 보내주도록 하였다.

세종시대 대마도는 생활에 필요한 모든 것을 많이도 받아갔다. 조선 국왕을 성심으로 섬길수록 받아가는 것들이 푸짐하게 늘었다. 대마도에 준 물자로 보면 대마도주는 물론 대마도의 왜인들은 특별한 사람들이었다. 우리 속담에 '미운 자식 떡 하나 더 준다'는 말이 있듯이 심정적으로는 대마도 왜인은 조선의 제5부류 인간 취급을 했으나 보내는 물자는 어느 신민보다도 우선이었다. 그들은 왜구의 길목인 외딴 섬에 살고 있다는 점만으로 특별한 대우를 받았던 것이다. 그래서 세종은 1426년[34] 이예李藝를 불러 이렇게 지시하였다.

32. 매·개·비둘기·메추리·앵무새·고슴도치·원앙·굴 속에 사는 제비·살아 있는 담비 등.

33. 일본 도쿠가와 막부의 덕천가강(德川家綱)을 이름. 이 사람은 도쿠가와 이에야스(德川家康)와는 다른 인물임.

34. 세종 8년 2월 12일

"종정무는 지성으로 마음을 바쳤으므로 부왕(태종)께서 가상히 여겨 항상 보호하셨다. 그런데 종정무가 죽은 뒤, 그 섬의 도둑들은 이때까지 보호해준 은혜는 생각하지 않고 좀도둑질을 하고 있다. 이제 그대가 대마도에 가서 그 뜻을 종언칠(宗彦七)에게 전하라."

조선과 일본 두 나라 사이에서 특별한 역할을 하는 존재였으므로 대마도주는 조선국왕의 특별 관리 대상이었다. 그는 조선시대 내내 많은 것들을 조선 정부로부터 받아갔고, 받는 만큼 충성을 다해야 했으나 그것만큼은 제대로 하지 못했다.

제8부

대마도주 가계에 관한 비밀

- 대마도주와 종씨는 본래 고려인!

대마도주와 종씨 일족은 본래 고려의 공신이었다는 전승이 있다. 아울러 부산 지역에서는 일찍부터 동래의 송씨가 대마도에 내려가 종씨가 되었다는 소문도 있었다. 세종 시대 이후에는 대마도를 종씨 일족에게 사패지로 내주었다는 주장이 나타났다. '대마도주 종씨 일족은 조선이 분봉해주어 그곳을 지키는 자가 되었다'는 이야기는 조선 초의 대마도 정벌과 대마도주의 항복에서 비롯된 것으로 볼 수 있다. 그러나 한때 고려의 지배에 들어와 있던 대마도가 어떤 과정을 거쳐 다시 왜인들에게 돌아갔는지를 알려주는 기록은 없다.

대마도주 종가宗家는 한국의 송씨였다?

1740년에 박사창이 쓴 『동래부지東萊府誌』[1]에는 대마도에 관한 설명이 비교적 자세하다. 대마도 관련 내용은 이렇게 시작한다.

> "일본국 대마도주(對馬島州)이다. 옛적에는 우리 계림에 속했으나 언제부터 왜인이 점거하여 살게 되었는지는 알 수 없다. 부산포의 도유삭(都由朔)으로부터 대마도 선월포(船越浦)까지 수로로 670리이다. 섬은 8군으로 나뉘어 있고 민가는 모두 연해와 포구에 있다. 남북은 3일 거리, 동서는 하루 또는 반나절 거리이다. 사면이 모두 돌산이며 땅이 척박해서 백성이 가난하므로 소금을 굽고 고기를 잡아다 팔아가며 생계를 잇는다. …"

이와 같이 『동래부지』는 대마도를 일본 대마도주對馬島州로 기록하였다. 영조 시대를 살았던 박사창이 어떤 기록을 참고하여 이렇게 썼는지는 알 수 없다. 다만 위 내용은 다른 기록에서 보는 내용과 대략 같아서 이전의 어떤 기록에서 인용한 것으로 볼 수 있다. 그런데 이 글 뒤로 대마도 도주의 출신과 도주 가계의 계보를 매우 상세하게 적고 있다.[2] 『동래부지』에는 『조선왕조실록』이나 기타 대마도 관련 고서에

1. 『동래부지』는 1740년(영조 16년)에 박사창(朴師昌)이 편찬하였다.
2. 이 기사 뒤로는 다음의 설명이 이어진다. "도주 종경(宗慶)이 죽고 아들 영감(靈鑑)이 뒤를 이었다. 영감이 죽자 아들 정무(貞武)가 대를 이었으며 정무가 죽고 아들 정성(貞盛)이, 정성이 죽고 아들 성직(成職)이 대를 이었다. 정성이 죽자 후사가 없어 정해년에 섬사람이 정성의 외삼촌인 성국(盛國)의 아들 정국(貞國)을 도주로 세웠다. 정국이 죽자 아들 임성(林盛)이 승계했으나 만력(萬曆) 임진(壬辰) 전에 평수길(平秀吉)이 이를 멸하고 평의지(平義智)를 도주로 세웠는데 혹은 말하기를 의지(義智)는 비록 성을 평(平)으로 고쳤으나 사실은 종씨였다고 한다. 의지가 죽자 아들 의성(義成)이 대를 이었고, 의성이 죽고 아들 의진(義眞)이 대를 이었다. 일설에 의하면 임성이 죽고 대를 이으니 관백(關白) 원의윤(源義尹)의 이름 의(義) 자와 부명옥형(府名屋形)을 내렸는데 '옥형'은 곧 존칭이다. 의성이 죽자 아우 사랑전(四郎殿)의 아들 성장(盛長)이 대를 이었다. 성장이 죽고 아우 능등수(能登守)의 아들 장성(將盛)이 뒤를 이었으며 장성이 죽으니 숙부 청강(晴康)이 대를 이었다. 청강의 뒤를 이어 그 아들 의조(義調)가 도주가 되었다. 의조는 사람됨이 출중해서 지금도 칭송을 받고 있으며 나중에 호를 일구(一鷗)라 하였다. 의조(義調)가 죽으니 장성의 아들 조상(調尙)이 대를 잇고, 조상이 죽자 아우 의순(義順)이 대를 이었다. 의순이 죽고 아우 의지(義智)가 대를 이었으며 의지(義智)가 죽으니 아들 의성(義成)이 대를 이었고, 의성이 죽고 아들 의진(義眞)이 대를 이었으나 임오년에 물러나고 그 아들 의륜(義倫)이 대를 이었다. 의륜이 죽으니 아우 의방(義方)이 대를 잇고, 의방(義方)이 죽자 아우 평방(平方)이 대

서 인용했을 것으로 짐작되는 내용도 있지만 다른 사서에는 전하지 않는 대단히 흥미로운 구절도 있다. "… 세상에 전하기를 (대마도) 도주 종씨宗氏는 그 선조가 원래 우리나라 송씨宋氏로서 대마도에 들어가 성을 종씨로 바꾸고 대대로 도주가 되었다."고 한 대목이다. 조선 시대 동래 일대에는 정씨와 송씨가 큰 세력을 이루고 살았다. 그들은 그 이전부터 오래도록 대대로 통혼하면서 호족으로서 이름을 알렸다. 그러니 그 이야기처럼 동래의 송씨 인물이 대마도로 내려가 그곳을 장악하고 살면서 나온 성씨일 수도 있다. 하지만 이와 다른 상상을 해볼 수도 있다. 宗종을 일본에서 '소(そう)'로 부르니 여기서 와전된 것일 수도 있다. 일본어로 소(そう)를 조선 사람들이 '송'으로 이해한 것일 테니까. 또 宋송과 宗종이 한자로 한 획 차이만 있고, 비슷한 글자여서 나온 이야기일 수도 있다.

그런데 1602년 임진왜란 전후처리 및 일본과의 화의 문제로 사명대사 유정惟政[3]이 조선 정부를 대신해 일본에 가지고 간 서찰에도 대마도주가 한국인이라는 내용이 들어 있다.

> "… 나로 하여금 가등청정(加藤淸正)[4]에게 가서 타이르게 하였습니다. 노승이 생각하기를 '사람을 고해에서 벗어나게 하고 분란을 풀고 전쟁을 끝내는 것이 아름다운 일'이라 믿고서 명령을 받들고 갔더니 가등청정이 노승의 말을 듣지

를 이어 이름을 평의성(平義誠)이라 개명하였다. 군수 이하 토관(土官)은 모두 도주가 서명하였으며 전토(田土)와 염호(鹽戶, 소금을 굽는 가구)는 세습해서 나누어 가졌다. 세 번으로 나누어 7일씩 돌아가며 교대로 도주의 집을 지킨다. 군수는 각기 그 경내를 답사하여 한 해의 풍흉과 손실을 보아 소득의 3분의 1을 세금으로 거두며 그 중 3분의 1은 도주에게 보내고 나머지 3분의 1을 제가 쓴다. 도주의 목마장(牧馬場, 말 기르는 곳)이 네 군데 있는데 말이 2천여 필이다. 말은 대부분 등이 굽어 있다. 대마도에서 나는 토산물은 감귤과 닥나무이다. 남북에 높은 산이 있어 모두 천신(天神)이라 부른다. 남쪽 산을 자신(子神)이라 하고 북쪽 산을 모신(母神)이라 부른다. 신을 숭상하는 습속이 있어 집집마다 소찬(素饌)으로 제사를 지낸다. 산의 초목과 금수를 사람들이 감히 범하지 못한다. 죄인이 신당에 들어가면 감히 더 이상 잡지 못한다. ……"(『동래부지』 번역본, 부산광역시 동래구, 1995년 12월 발행).

3. 사명대사(四溟大師, 1544~1610)이다. 본래 경남 밀양 출신으로 속성은 풍천 임씨, 속명은 응규(應奎)이다. 호는 사명당(四溟堂) 또는 송운(松雲)이다. 그는 일찍이 휴정(休靜, =서산대사)으로부터 배웠다. 가등청정(加藤淸正, 가토기요마사)이 사명대사를 존숭하여 그의 군문과 진중에 출입하였다.

4. 일본 장수 가토기요마사(加藤淸正.)

않다가 마침내 도산(島山)[5] 싸움에서 패배하였습니다. 그때 대마도주의 선조 무덤이 우리나라 동래에 있다고 들었고, 좌이(佐貳) 유천(柳川)[6] 또한 조선의 은혜를 많이 받았으니 그들의 마음이 반드시 야박하지 않을 것이라 여겨 그와 한번 담화하려 하였습니다. …"[7]

이 서찰은 임금을 대신하여 비변사가 사명대사에게 마련해준 것이다. 참고로, 중국이나 일본에 보내는 조선의 외교문서는 예조참의가 작성하는 것이 관례였으며, 비변사는 변방의 방어와 정치·외교·군사에 관한 일종의 자문기구 역할까지 겸하였다. 각 분야별로 경험이 풍부한 원로대신들을 중심으로 국방 및 외교에 관한 절차나 예절과 교섭 등에 이르기까지 글자 하나에도 주의를 기울여 방향을 제시하고 관리의 행동지침과 요령을 마련해줄 정도로 국가의 이익을 지키는데 큰 역할을 하였다. 현재의 우리에게도 이와 같이 국익과 중요한 정보를 지키는 그림자 그룹이 필요하다.

위 서찰에서 대마도주 종가의 선조 무덤이 동래에 있다는 사실은 승려 유정(사명대사)이 가등청정(가토기요마사)의 군영을 드나들 때 들은 내용이라고 하였다. 그러나 그것은 조선의 국왕과 최상층 관료 일부만이 알고 있는, 비밀 아닌 비밀이었을 수도 있다. 임진왜란 때 가토기요마사의 군대 안에서 전해들은 내용이라고 하였으니 대마도주 종가의 선조 무덤이 동래에 있었다는 것은 사실일 수도 있다. 그러니까 대마도주 종가의 선조는 13세기 중반, 종중상이었으니 사명대사가 갖고 간 서찰에서 밝힌 내용은 반드시 종중상의 선조 무덤이 동래에 있었다기보다는 종중상의 가계가 본래 고려인이었다는 얘기로 봐야 될 듯하다. 그런데 『동래부지』 산천조의 화지산(和池山)[8] 항목에 송씨들의 무덤이 화지산 일대에 있다고 하였다.

5. 대마도(對馬島)
6. 평조신(平調信)의 아들 평경직(平景直). 야나기가와라고 한다.
7. 『선조실록』 선조 35년(1602) 2월 3일
8. 현재 부산시 부산진구에 있다.

상대마도, 즉 상현정(上縣町, 가미아가타마치)에 있는 사스나(佐須奈). 이곳에서 대마도 사람들은 조선 통신사의 발착(發着)을 이즈하라 부중(府中)의 대마도주에게 보고하였다.

"화지산(和池山)은 동래부 서쪽 10리에 있다. 정문도(鄭文道, 동래정씨의 시조)의 묘가 (그곳에) 있다. 예로부터 전해오기를 대마도주 종씨의 선조 묘도 이 산에 있다고 하는데 그곳이 어디인지 지금은 알 수 없다. 술사(術士)가 이르기를 '정씨의 자손들은 큰 벼슬을 한 사람이 많으며 종씨 역시 대대로 대마도주를 세습하였으니 그 존귀함이 비슷하다.' 고 하였다."[9]

이 자료가 정확한 사실을 기록한 것이라면 대마도주가 송씨와는 관계가 없을지라도 종가의 선조 무덤이 동래 화지산 일대에 있었다는 것만큼은 사실일 수도

9. 和池山在府西十里 有鄭文道墓 舊傳對馬島主宗氏之祖亦此山 今失其處 術士謂鄭氏子孫多大拜 宗氏亦世襲島主其貴略敵云(朴師昌,『동래부지(東萊府誌)』산천조)

있다. 화지산에는 동래 정씨 문중의 시조 묘역이 있고, 오랜 옛날부터 동래정씨와 송씨가 이 산에 무덤을 써왔기 때문에(『동래부지』) 두 가문을 비교하여 설명하고 있는 것이다. 비변사의 최고 관료들이 사명대사에게 써준 외교서찰인 만큼, 대마도 종씨의 선조 무덤이 동래에 있다는 사실을 그 당시 선조나 왕실의 여러 사람, 그리고 중앙정부의 고위 관료들이 몰랐을 리가 없다. 더구나 고려 말 박위의 대마도 정벌이나 조선 건국 초 이성계가 김사형·남재 등을 보내어 대마도를 칠 때에도 그들이 거쳐 간 곳이 부산(동래)·거제 등지였으므로 얼마든지 이런 소문을 들어서 알고 있었다고 보아야 한다. 그랬기에 『동래부지』에도 실렸고, 『조선왕조실록』에도 오르게 된 것이다.

그러면 대마도주 종가들이 실제로 부산 지역의 송씨와 어떤 관계를 갖고 있었던 것은 아닐까? 『동래부지』에 의하면 동래는 정씨와 송씨가 대를 물려 산 곳이다. 따라서 동래의 송씨들과 종씨가 인척관계에 있었을 가능성은 얼마든지 있다. 또 대마도주 종씨 가문이 부산 지역에 터를 잡고 살던 때에 동래 일대의 송씨들과 혼인관계를 통하여 서로 맺어졌을 가능성은 있다. 그렇지만 『동래부지』에 실려 있는 기록이라 하더라도 대마도주 일가의 성씨를 송씨宋氏로 보는 데는 찬성하고 싶지 않다. 다만 사명대사의 글에 적힌 대로 대마도 종가 선조의 무덤이 동래 어딘가에 있다는 말은 사실일 가능성이 있다고 본다.

조헌이 '비왜책'에서 밝힌 대마도주 가계의 비밀

임진왜란이 있기 한 해 전인 1591년, 이른 봄이었다. 도요토미히데요시豊臣秀吉는 대마도주 종성장宗盛長을 죽이고, 그 대신 평의지平義智[10]를 세웠다. 그리고 그로 하여금 조선을 몰래 습격할 음모를 꾸미고 있다는 소문이 퍼졌다. 음력 3월, 남쪽으로부터 꽃소식을 타고 소문은 뭉게구름처럼 피어올랐고, 조선 팔도의 민심은 극

10. 원래 종씨(宗氏)이므로 종의지(宗義智)로도 부른다. 토요토미히데요시(豊臣秀吉)가 평씨 성을 주어 평의지로도 부른다. 조선 침략의 기획자라고 할 수 있다. 그의 참모 역이 중 현소(玄蘇)였다.

도로 소란스러웠다. 얼마 전 일본에서 승려 현소玄蘇의 손에 들려서 보내온 외교문서가 발단이었다. 수정 알로 만든 안경을 낀 채, 선조와 대면한 자리에서 현소가 건넨 외교서신 하나가 조선을 온통 벌집 쑤셔놓은 모양으로 만들었다. 다소 완곡한 투였으나 서신의 내용은 조선을 한껏 깔본 말법이 선연하였다. 그 중에서도 '일본이 명나라를 칠 것이니 길을 빌려 달라'는 정명가도征明假道가 문제였다. 외교서한치고는 대단히 무례한 것이라 하여 조정은 물론 전국이 들끓었다. 즉각 왜승 현소의 목을 쳐야 한다는 목소리가 높아갔고, 조정의 대신들 사이에서도 불안감이 치솟았다. 내년 봄에 정말로 왜적 떼가 몰려올 것이라는 소문이 나돌면서 시국은 어수선하였다.

바로 이 무렵, 충북 옥천에서 조헌趙憲[11]이 아흐레 길을 걸어서 서울로 올라왔다. 조선 건국 2백 년만에 일본과의 전쟁 얘기가 오가는 비상시국에서 왜적과 일본에 대한 대비책과 자신의 견해를 직접 임금에게 밝힐 생각이었다. 조헌은 길을 나서기 전에 상소문을 만들었다. 또 격문 초안도 따로 적어서 봇짐에 메고 올라왔다. 격문이란 요즘의 시국선언문이나 호소문 같은 것이다. 거기엔 유구국왕琉球國王과 일본 그리고 대마도에 있는 조선의 유민과 중국 절강浙江 영파부寧波府의 주요 인사들에게 왜적의 사신 현소를 체포하라고 촉구하는 격문 초안이 들어 있었다. 왜적의 침입으로부터 영호남을 지키기 위한 대비책도 들어 있었는데, 이것이 소위 조헌의 비왜책이다.

그러나 선조 임금은 조헌을 만나주지 않았다. 그가 서울에 온 지 여러 날이 되어 밥을 사 먹을 돈조차 떨어지자 그는 더 이상 기다릴 수 없다며 경복궁 대궐문 앞에 나가 준비해온 상소문과 격문을 승정원承政院에 전달하였다. 선조에게 올리면서 빨리 회답을 내려달라는 요구도 잊지 않았다.

11. 趙憲(1544~1592). 호는 중봉(重峰)이다. 경기도 김포 출신. 임진왜란이 일어나자 7백 의병과 함께 순국했다. 그에게는 조선 정부에 실력을 가진 인맥이나 학맥이 없었다. 한미한 출신이었다. 다만 조헌의 학문적 스승은 율곡 이이(李珥, 1536~1584), 율곡과 친분이 두터웠던 우계 성혼(成渾, 1535~1598), 토정 이지함(李芝菡, 1517~1578) 등이었다.

그러나 그가 선조에게 올린 일곱 가지 외교대책과 비왜책[12] 그리고 효유문은 승정원까지 전달되지 않았다. 그런 줄도 모르고 조헌은 궁궐 문밖에 엎드려 기다렸다. 끝내 선조의 대답은 없었다. 임금으로부터 아무런 답이 없자 조헌은 대궐 주춧돌에다 머리를 찧어 얼굴에 피가 가득 흘러내렸다. 그 모습을 바라보는 이마다 얼굴을 찡그렸다. 선조의 오기도 대단하였다. 일이 여기에 이르자 간관이 나서서 선조에게 아뢰었다.

> "조헌이 상소문을 전했는데도 승정원에서 받지 않고 있습니다. 상소 내용이 무엇인지는 모르겠습니다만, 이렇게 하면 언로(言路)가 막히게 됩니다. 색승지(色承旨)를 파직하소서."

그런데도 선조는 아무런 대답도 하지 않았고 만나주지도 않았다. 매몰차게 조헌을 외면한 것이다. 결국 조헌은 통곡하면서 옥천으로 내려갔다. 「선조실록」에는 이것을 선조 24년(1591) 음력 3월 초하루의 일로 기록하였다.

조헌이 옥천으로 내려간 뒤에야 선조는 조헌의 상소문과 비왜책을 모두 보았다. 그리고는 자신이 그에게 약점을 잡힌 것처럼 몹시 부끄러워하였고, 격노하였다. 선조는 조헌을 가리켜 인요人妖라고 하였다. 요사스러운 인간, 요괴인간이라는 뜻이다. 신민을 인애로 다스려야 할 주군과, 충성으로 국왕을 섬기는 것을 지고의 덕목으로 삼은 유교주의 조선 사회에서 가장 몹쓸 간신에게나 붙일 수 있는 최악의 용어였다. 선조는 조헌의 면전에서 그런 말을 할 용기가 없었던 것일까?

그러면서 선조는 사관에게 일러 조헌이 올린 상소문을 자신이 보았다는 것조차 기록하지 말아달라고 부탁하였다. 하지만 조선 최고의 젊은 지식인으로서 똑똑한 이 사관은 선조가 기록하지 말아 달라고 주문했다는 말까지 빠트리지 않고 「선조실록」에 기록함으로써 그의 처신을 후세에 평가하도록 전했다.

12. 왜의 침입에 대한 대비책.

그러면 조헌이 선조에게 직접 말하려 했던 내용은 어떤 것들이었을까? 조헌을 존경하였던 안방준은『항의신편』에 그 내용의 일부를 베껴두어 오늘까지 전하고 있다. 조헌이 구상한 비왜책은 모두 일곱 개의 항목으로 되어 있는데, 그 7조의 내용은 이러하다.

첫째 현소와 대마도주 평의지의 목을 치고 세상 사람들과 함께 한 목소리로 격문을 보내되, 허점을 노려 일본의 수도를 공격한다고 하면 그 말이 도요토미히데요시에게 전해져서 감히 조선을 칠 생각을 하지 못할 것이다. 절강 영파·필리핀·태국·유구국 등 주변 여러 나라가 합세해서 일본을 치려 한다고 맞불을 놓는 전략을 구사하자는 것이었다. 둘째는 정명가도라는 해괴한 변란을 명나라에 알리는 표문의 초안이었다. 셋째는 유구국왕에게 전하는 국서의 초안, 넷째는 일본국 유민의 부로父老들에게 보내어 효유하는 편지의 초안. 다섯째는 대마도의 부로들에게 보내어 효유하는 글의 초안, 여섯째는 현소의 목을 왜 베어야 하는지, 그 죄목을 밝힌 초안, 그리고 끝으로 영남과 호남의 비왜책備倭策, 그러니까 왜구대비책에 대한 초안이었다. 조선의 사관은 이날의 일을 모두 기록하고 그 끝에 이런 이야기를 추가하였다.

> "정유재란 때 우리나라의 어떤 선비가 일본에 포로로 잡혀가서 이리저리 떠돌아다니며 구걸하다가 노승 한 사람을 만났는데, 그가 이르기를 '조선에게는 풍신수길(도요토미히데요시)이 한 때의 적이지만 일본에게는 만세의 적이다. 그때 한두 명의 절의를 가진 열사가 있어서 만약 격문을 보내고 의에 입각하여 거사하였다면 도요토미히데요시로 인한 재앙이 반드시 이 지경에 이르지는 않았을 것이다.' 라고 하였다. 조헌이 비왜책에서 천거한 10여 명의 인물은 평소에는 이름도 모르던 사람들이었다. 후에 임진왜란이 일어나자 그들 모두가 기용되었는데, 그 가운데 김시민·조웅 등이 더욱 칭송할 만하였다."

나라를 욕되게 하지 않고 국민을 편하게 하는 길이라면 자질과 능력에 따라 사람을 가려야 하고, 나라를 이롭게 하는 일이라면 그 선책善策을 가려 써야 훌륭한 계책이 설 수 있는 법이거늘 선조의 품성과 용인用人이 이토록 편협하였으니 온 나라를 나락으로 밀어 넣은 것이다. 그러니 임진·정유의 난은 모두 그에게 책임이 없다 할 수 없다. 임진왜란 후에 선조를 처단하고 그 일족을 모두 경계함으로써 조선을 쇄신하고 새로운 길을 열었더라면 그로부터 3백 년 후에 다시 온 나라 사람이 나라를 잃고 갖은 굴욕과 핍박을 받는 일은 없었을 것이다. 먼저 사람을 품어 세상을 이롭게 하는 것이 바른 정치의 처음이자 끝임을 정치에 뜻을 둔 자들은 잊지 말아야 할 것이다.

조헌이 선조에게 올린 7조의 비왜책 가운데 대마도와 관련된 항목이 '대마도 유민 부로들에게 타이르는 글'[13]이다. 이것은 대마도의 조선 유민 부로들을 격려하고 조선정부의 '왜 대비책'에 동참할 것을 촉구하는 격문이다. 먼저 이 제목에서 중요한 사실 하나를 거론해야겠다. 대마도 '遺民유민'이라는 한자로 표기한 것은 대마도에 사는 조선인을 이른 말이다. 그러니까 어찌어찌 해서 대마도로 흘러든 유민流民과 분명히 구분하여 쓴 것이다. 그 글은 "너희들은 비록 바다 한가운데 작은 섬에 살고 있으나 조선의 강역 내에 사는 여느 조선의 신민과 다를 게 없다"고 시작한다. 그 내용의 대략은 이러하다.

> "… 너희들이 비록 바다 한가운데 작은 섬에 살고 있으나 우리 조종 이래로 너희를 조선의 신민으로 보아 왔으며, 서로 틈을 두지 않았다. 그곳을 맡겨 살게 하였고, 공물이 오가고 보내는 물건이 박하지 않았다. … 하물며 도주 종성장은 우리 조정에서 분봉해 주어 (그곳에) 가서 지키는 사람의 자손이다. 그러므로 나(선조)는 항상 동번[14]으로 의지하였으며 종성장 또한 조정의 보은에 한 치의 오차도 없었으니 진실로 신의가 있는 사람이었다. … 도요토미히데요시는 천하 무도한

13. 유대마도유민부로등서(諭對馬島遺民父老等書)
14. 東藩. 동쪽 울타리.

반역으로 용서할 수 없는 적이다. 재삼 사람을 보내어 통교하기를 원했으나 나를 속이고 함정에 빠트렸다. 종가 일족을 죽여 그 심복 평의지로 하여금 대신하게 하니 마치 왼팔을 잃은 것처럼 내 마음이 놀랍고 슬프다. 우리나라 사람들은 아비가 죽으면 아들이 제사를 지내며 길이 그를 추념한다. 종가의 조상은 홀로 그 땅을 지키라는 명령을 받고 갔으나 갑자기 간사한 왜적에 붙잡혀 해를 당하여 그 후예조차 남지 않았으니 봄가을로 (대마도주와 그 일족의) 제사를 지낼 사람이 없다. 자식이 없어 제사를 받지 못하는 귀신인 여귀(厲鬼)의 신세가 되었으니 대마도주의 혼은 어디로 갈 것인가. … 나는 슬퍼 눈물을 쏟고 있노라. 지금 즉시 동래부사는 정성껏 술과 안주를 마련하여 혼을 불러 망제(望祭)를 지내고 있노라."[15]

동래부사가 정성스레 주찬酒饌을 마련하여 종성장의 혼을 불러 망제를 지내고 있다고 하였다. 주찬은 술과 음식(안주), 망제란 무덤에서 멀리 떨어진 곳에서 무덤이 있는 곳을 바라보며 지내는 제사를 말한다. 조헌이 선조에게 올린 상소문에 왜 선조가 애통해하며 동래부사가 대마도주의 제사를 지내고 있다고 한 것일까? 대마도는 본래 동래부 소속의 섬이므로 동래부사로 하여금 도주와 그 일족의 제사를 지내도록 하였다는 것으로, 이 글에서 우리는 당시 조헌 뿐만 아니라 조선의 대다수 신민들이 조헌의 생각처럼 대마도를 조선 땅으로 믿었음을 알 수 있다. 조헌은 중앙의 고위관료로 있어본 적이 없으니 대마도에 대해 그가 알고 있는 것은 조선의 여느 사민士民과 크게 다르지 않았을 것이다.

사실 여부를 떠나 이 상소문을 통해 조헌은 대마도가 본래 종씨에게 맡겨진 조선의 땅이었다고 말하고 있다. '우리 조종 이래로 종가에게 대마도를 봉토로 주어 다스리게 하였다'는 내용으로 미루어 짐작하건대 이것은 이성계가 김사형으로 하여금 대마도를 정벌하여 종가들의 항복을 받은 사실을 염두에 둔 말이 아닌가

15. 의유대마도유민부로등서(擬諭對馬島遺民父老等書), 『항의신편(抗義新編)』, 안방준(安邦俊) 編, 1863 목판본.

한다. 그렇지 않으면 세종1년의 대마도 정벌 후 도주의 항복과 도주라는 칭호를 부여한 것을 '분봉'으로 보았거나. 물론 동래부사가 대마도주와 그 일족의 죽음을 애도하며 동래에서 동쪽 대마도를 향해 망제를 지낸다는 것은 조헌이 꾸며낸 이야기이다. 선조와 중앙의 최고위층 지배자들은 대마도가 일본 땅임을 알고 있었지만, 조헌은 잘못 알고 있었던 것이다. 이런 인식의 차이 때문에 선조는 조헌을 만나주지 않았을 것이다. 게다가 동래부사로 하여금 망제를 지내고 있다고 하였으니 그것이 선조에게는 대단히 불편한 이야기로 들렸을 것이다. 아마도 이런 점 때문에 선조는 조헌을 '인요'라고 했을 수도 있다.

그렇지만 조헌은 선조에게 올린 상소문 초안을 토대로 선조가 직접 격문을 만들어 대마도와 일본 본토 및 유구국 그리고 중국 남부의 영파[16]에 보내면 도요토미히데요시가 감히 쳐들어오지 못할 것이므로 중국과 유구국 및 남방 제국과의 연합을 유도하여 왜적의 침략을 막는 것이 좋은 계책임을 설명하기 위해 선조를 만나려 했던 것이다. 만일 이 안이 채택되었다면 임진왜란을 피할 수는 없었더라도 수백만 조선의 신민이 어육이 되는 참혹한 전쟁은 피할 수 있었을 것이다.

조헌은 대마도가 종가에게 준 사패지라고 밝혀

고려와 마찬가지로 조선은 주요 공신 가문에게 봉토를 나누어 주었다. 고려의 식읍에 해당하는 봉지封地,[17] 그것을 조선에서는 사패지지(또는 사패지)라고 불렀다. 사패지는 자손이 끊이지 않는 한, 받은 사람의 가문이 계속 소유하였다. 반역과 패역한 인륜의 죄를 짓지 않는 한, 그 땅은 그대로 자손에게 승계되었으며 하사받은 가문의 소유였다.

조선 왕실은 특별한 공로가 있는 공신들에게 사패지를 나눠주었다. 조선의 영토는 기본적으로 국왕의 영토였다. 경기도의 기전畿甸 지역은 왕실 비용을 충당하기

16. 寧波. 중국 상해 남쪽, 소주(蘇州)와 항주(杭州)의 양절(兩浙) 지방을 포함하는 범위를 이른다. 소주와 항주 두 지역은 절강(浙江) 지역의 중심이 되는 곳이다. 이 지역도 14~16세기 왜구의 피해가 극심하였다.

17. 다른 말로 봉토(封土)라 한다. = feudal.

위한 세원이 되는 곳이었다. 그러므로 기전 밖의 땅을 공신들에게 나눠주었다. 그것이 이른바 사패지이다. 사패지에서의 모든 권한은 그 가문에게 주어졌다. 주는 것이 있어야 받을 수 있는 법. 그것이 통치의 기본인 까닭에 조선의 국왕은 사패지를 받은 공신들에게 무한충성을 요구했다. 그러나 땅은 제한돼 있고 많은 사람에게 나눠주면 국가의 세원이 줄어드는 문제가 있어 조선 정부는 사패지를 아주 제한적으로 나눠주었다. 조헌은 상소문에서 조선이 대마도를 종가 일문에게 하사하여 책임지고 지킬 수 있도록 하였다고 밝혔는데, 바로 그것이 조선의 사패지지이다.

고려를 뒤엎고 등장한 조선은 대마도와 대마도주에 대한 고려의 지배관계를 승계한 것으로 보았던 모양이다. '대마도는 본래 계림에 속한 땅이었다'고 조선의 왕들이 밝힌 데서 그 단서를 유추할 수 있다. 그러나 대마도 종가들은 조선을 건국한 혁명세력을 인정하지 않고, 조선에서 떨어져나가 그 스스로 일본을 택한 것 같다. 이에 대해서는 정확한 근거를 갖고 있는 것은 아니지만 종씨 일가가 본래 고려의 공신이었다거나 그에게 봉토로 내준 것이라는 이야기들은 여러 자료를 볼 때 개연성이 있기 때문이다.

우리가 대마도에 관한 문제를 잘 이해하려면 사패지에 대해 알아두는 것이 좋다. 30여 년 전만 해도 국내의 역사학자들조차 사패지지가 무엇인지 알지 못했다. 근자에 겨우 개별 사례에 대한 연구가 시작되고는 있지만, 앞으로 조선시대 명문사족 중에서 사패지를 받은 가문과 사패지지賜牌之地에 대한 연구가 더욱 필요할 것이다.

이해를 돕기 위해 몇 가지 사례를 소개한다. 충남 당진시 석문면 초락도는 조선 인조 때의 학곡 홍서봉과 남양홍씨(당홍) 남양군파 일가에게 주어진 사패지지였다. 그러나 그곳은 양주시 남면 상수리에 있는 그의 근거지로부터 상당히 멀리 떨어져 있어서 오래도록 홍씨들이 살지 않다가 19세기 초, 남면 상수리의 후손 가운데 일부가 들어가 살기 시작하면서 초락도는 홍씨 집성촌이 되었다.

그리고 초락도 옆의 소난지도는 영조의 정비인 정성황후의 친정 대구서씨 일가에게 주어진 사패지지였다. 그러나 서씨들은 이곳에 들어가 살지 않았다. 육지와 떨어져 있어 배를 타고 들어가야 하므로 불편했기 때문이다. 초락도와 난지도를 남양홍씨와 대구서씨의 사패지로 내준 사람은 선조이며, 이런 사실은 지금까지도 두 가문에 그대로 전해지고 있다. 또한 초락도 맞은편의 당진시 대호지면 도릿리桃李里에는 남이흥 장군의 사당과 그에게 주어진 사패지지가 있는데, 지금도 그 일부가 후손들에게 전해지고 있다.

사패지지 안에 있는 것은 무엇이든 명목상 조선 국왕의 통치권 안에 있을 뿐이었지, 실제로는 받은 가문의 절대적 사유지였다. 태조 이성계와 태종·세종이 대마도를 정벌하여 항복을 받았으므로 조선의 많은 사람들은 대마도를 바로 이 사패지의 범주에서 이해한 것으로 보인다. 고려 말, 일시적으로나마 고려의 통치권에 들어왔던 대마도가 어떻게 일본 땅이 되었는지, 그 경위를 조선은 숨기고 기록을 남기지 않았다. 나는 이것을 일러 '조선의 가장 큰 거짓말'이라고 규정하는 바이다. 그리고 조선시대 내내 대마도를 일본 땅으로 인정하고 있었으면서 조선의 백성들에게 '대마도는 본래 계림에 속했던 곳이고, 조선 땅'이라고 속인 것 또한 조선의 신민을 속인 거짓말이었다. 일찍이 이성계가 대마도 수호 이대경에게 편지를 보내면서 '일본국 대마도수호'라고 명시하였음에도 어찌하여 대마도가 본래 조선 땅이었는지, 그에 대한 구체적인 설명이 없다. 그런 근거가 없는 마당에 조헌과 안방준은 무슨 근거로 '종성장의 선조는 조선의 분봉을 받고 간 수령'이었다고 한 것일까? 조선 후기의 조헌과 안방준도 그렇게 알고 있었던 데에는 그럴만한 근거가 있을 것이다. 그것을 뒷받침할 만한 명백하고 정확한 근거는 전하지 않는다. 다만, 신유한의『해유록』에는 고려 말 '종경宗慶이 첫 대마도주였다'고 되어 있다. 조선통신사의 기록이니 아마도 믿을만한 이야기일 것이다. 이에 의하면 고려에서 종경에게 대마도를 식읍으로 준 것이었다고 봐도 될 것이다. 그렇다면 대마도주라는 것이 처음에 고려에서 식읍으로 내준 것이고, 이런 근거에 따라 조선은 다시 대마도 종씨 일족에게 사패지지로 내준 것이라고 이해했음이 분명해진다. 아울러 이 문제로부터 우리는 대마도주 종씨 일족의 성씨를 소(そう)라고 하는 일본인들의 표기법에 따르면 안 되며, 조선시대 국왕과 조선의 백성들이 그랬던 것처럼 종씨 또는 종가라 불러야 마땅하다는 사실도 알게 되었다.

대마도가 도주 종씨 가문에게 조선이 내준 사패지였다는 안방준[18]의 『항의신편』[19] 가운데 핵심이 되는 부분을 보자.

> "너희들은 비록 바다 가운데 작은 섬에 살고 있지만 우리 조선조 이래로 너희를 조선 사람과 똑같이 보고, 우리 강토 내에서 서로 틈을 두지 않고 살게 하였다. 너희에게 맡겨 살게 하고, 공물을 보내고 왕래하니 베푸는 것이 박하지 않았다. ……하물며 너희 도주 종성장(宗盛長)은 우리 조선의 분봉을 받고 가서 (대마도를) 지키는 사람[守人]의 자손으로서 우리의 동쪽 울타리가 되었다. …"[20]

위 자료에서 가장 중요한 구절은 "하물며 너희 도주 종성장은 우리 조종(조선)이 분봉해 주어 (대마도에) 가서 그 섬을 지키는 수령의 자손이 되었다"[21]고 한 내용이다. 분봉分封 그리고 수인守人이라고 명확히 한정하면서 대마도주와 종씨 일가를 조선의 동쪽울타리 또는 번신藩臣으로 간주하고 있다. 여기서 말한 분봉이 조선의

---

18. 안방준(安邦俊,1573~1654)은 임진왜란과 정묘호란, 병자호란 등 양대 전란을 겪은 인물이다. 스승 박광전이 전라좌의병을 일으키자 그와 함께 의병활동을 하였고, 임진왜란을 직접 겪으면서 보고들은 내용을 적어 『은봉야사별록』 등 여러 저작물을 남겼다. 41세 때 조헌의 유문과 사적을 모아 『항의신편(抗義新編)』을 썼으며, 50세 때엔 『동환봉사(東還封事)』를 썼다. 2차 진주성전투를 기록한 『진주서사(晉州敍事)』, 부산해전에서 전사한 녹도만호 정운의 활약상을 기록한 『부산기사(釜山記事)』, 녹도만호 이대원의 충절을 기록한 『이대원전(李大源傳)』, 그리고 『호남의록(湖南義錄)』, 『임진충절사적(壬辰忠節事蹟)』 등이 있다. 임진왜란 후 이항복의 전후조사 보고에 대한 일종의 변론으로서 『백사론임진제장사변(白沙論壬辰諸將士辨)』이 있다. 조헌의 지조와 정몽주의 절의를 사모하고 존경한 나머지 포은 정몽주(1337~1392)와 중봉 조헌(趙憲, 1544~1592)의 호에서 한 글자씩을 취하여 자신의 호를 은봉(隱峰)으로 썼다. 그는 양대 전란을 겪고도 나라가 망하지 않은 이유를 조선의 신민들이 가진 절의(節義) 때문이었다고 보고, 끝까지 절의를 숭상하였다. 전남 보성 출생.
19. 본래 『중봉선생항의신편(重峰先生抗義新編)』(趙憲 著, 安邦俊 編)이란 이름으로 처음 나온 것은 광해군 6년(1614)이다. 바로 이 해에 쓴 서문이 있다.
20. 爾等雖居海中小島 自我祖宗以來 視爾邦民 無間於方域之內 懋遷有無 任爾化居 貢篚往來 宴賜不薄 爾等亦必追思矣 況爾島主宗盛長 乃我祖宗朝分封往守人之子孫 故我常倚仗以爲東藩 而渠亦報變 無一差誤 實有信義之人也 則其於一方之民 想無大段侵擾之理
21. … 我祖宗朝分封往守人之子孫 …

사패지지이다.

조헌이 쓴 7개의 비왜책 초안 가운데 '일본국 유민과 부로 등에게 고하는 글'[22] 에서 "종성장은 실제로는 우리나라 사람의 자손이며 대대로 대마도를 지키는 사람"[23] 이라고 한 안방준의 기록은 신뢰할만한 가치를 가진 자료이다. 앞서의 근거로 볼 때 그 선조가 고려인이라는 의미가 내재되어 있는 것이다. 안방준은 임진왜란을 몸소 겪었고, 스승 박광전을 따라 의병활동을 하였다. 그 과정에서 자신이 직접 겪고 느낀 것들을 정리하여 여러 가지 믿을만한 자료를 많이 남겼다. 『은봉야사별록』 등에서 유성룡의 『징비록』 가운데 사실과 다른 부분을 조목조목 짚어 바로잡았으며, 조헌을 비롯한 의병들의 활동에 관해서도 잘못 전해진 일들을 지적하였다. 이항복이 임진왜란 후 전후처리 문제로 진상조사를 하면서 잘못 기록한 것들도 안방준은 낱낱이 밝혔다. 역사를 바라보는 그의 사안史眼은 정확하였다. 올바른 역사관을 갖고 있어 그와 함께 임진·정묘(1636) 양대 외환의 시대를 살았던 조정의 중신들도 그를 높이 평가한 바 있다. 그가 쓴 『항의신편』 또한 여느 기록 이상으로 믿을만한 일차자료이다. 그 당시에 이미 그 가치와 신뢰도를 인정받았던 것이다.

『항의신편』은 조헌에 관한 기록들을 모은 것이다. 안방준이 썼지만 조헌이 남긴 행적들을 기록한 것이므로 조헌이 세상에 알려진 것은 바로 안방준 때문이었다. 안방준이 『항의신편』에 기록한 대로 대마도를 도주 종가 가문에게 봉토로 준 것이라면 그것이 바로 조선의 사패지지이고 조선 정부 이전의 식읍이다. 종씨가 본래 고려인으로서 대마도에 정착하였고, 그가 대마도를 대표할 만한 세력으로 성장했다면, 특별한 이유가 없는 한 조선 건국 후에도 조선과 밀접한 관계를 가졌을 것이다. 그런 까닭에 고려를 계승한 조선은 그 권한을 이어받았다고 생각하였고, 거기에다 『일본서기』의 내용에 따라 '대마도는 본래 계림에 속한 땅이었다'고 주장했을 것이기 때문이다. 이런 연유가 있었기에 고려인의 후예들이 대마도 만호 등, 대마도의

22. 擬諭日本國遺民父老等書

23. … 宗盛長實我國人之子孫而世守對馬者也 邇在隣地未聞有小下怨而輒思專殺暗以其切親平義智代守想其( )國往來之徒斬滅無餘則弔祭不到予甚愴惻蕞爾小醜殺伐如此 …

실세로 있었던 것이고, 그렇기 때문에 고려를 이은 조선이 그 연고권을 계승한 것이라고 보아 "하물며 너희 도주 종성장은 조선의 분봉을 받고 가서 지키는 수령의 자손으로서 우리의 동쪽 울타리가 되었다"[24]는 표현이 나온 것으로 볼 수 있다. 세종의 말대로 대마도가 본래 계림의 땅이었다면 조선 건국 무렵에 대마도가 어떻게 해서 일본 땅이 되었는지, 그들은 알고 있었을 것이다. 그런데도 그들은『고려사』와『조선왕조실록』그 어디에도 그에 얽힌 전후사정을 기록하지 않았으니 이 또한 조선 건국 세력의 거짓으로 보아도 무리가 없다. 이성계와 혁명세력이 대마도와 관련하여 무언가 철저히 숨겼을 것이라고 보는 근거가 하나 더 있다.『고려사』에 보이는 이대경과 함께 조선 건국 직후의 시점에『조선왕조실록』에 대마도 첫 수호라고 기록된 이대경이라는 인물이다. 이성계가 대마도 정벌을 하고, 또 대마도로 피신한 이대경을 대마도주(수호)에게 부탁하여 제거했으면서 그에 관한 기록을 하나도 남기지 않았다. 그것도 조선 건국세력과 대마도·이대경 사이에 밀접한 관련이 있을 것으로 짐작되는 바, 여기에도 조선 건국 세력의 거짓과 음모가 숨어 있을 것이라고 믿는다.

종가는 신라와 고려의 상층 신분이었다

그러면 이제, 대마도의 주인이었던 대마도주 가문에 대해서 살펴볼 필요가 있겠다. 대마도주 종가宗家는 종씨 가문 전체를 가리키는 개념으로 이씨를 이가, 김씨를 김가라고 부르는 것과 같은 이치이다. 전하는 이야기로는 종씨宗氏 일족은 고려의 공신이었다. 고려시대 후기 종가들이 대마도 만호로 있었다는 기록도 참고가 된다. 공민왕 때의 종경宗慶이 대마도 만호였으며, 고려시대 말 대마도 책임자는 모두 종가의 인물로서 대마도를 지배하는 위치에 있었다. 만호는 무인, 즉 군관으로서 고려의 지역사령관쯤에 해당하는 직책이다. 그의 임무는 맡겨진 지역의 영토 방위 및 재산과 인명을 보호하는 일이었다. 본래 만호라는 무인 직책은 일본에는 없

24. 況爾島主宗盛長 乃我祖宗朝分封往守人之子孫

었다. 원나라와 고려에만 있었다. 종경宗慶이 대마도 만호였다는 것은 그가 고려의 공신에 해당하는 신분이었다는 뜻으로 볼 수 있다. 그러니까 그는 대마도에 사는 사람들의 삶 전체를 책임진 사람이었다.

조선시대 사람들은 대마도를 왜구가 넘어오는 징검다리였다. 이 중요한 길목을 책임 진 종씨 가문은 고려 초 이전부터 이 땅에 산 성씨였다. 현재 국내에 남아 있는 종씨는 그 수가 얼마 되지 않는 희성이지만, 그들은 엄연히 대마도 종씨와 같은 핏줄, 같은 집안이다. 『문헌비고』와 그 증보판인 『증보문헌비고』에는 종가 성씨에 대해 다음과 같이 간략하게 설명하였다.

"고려 태조 원년(918)에 왕건은 종간(宗侃)을 소판 벼슬로 삼았다가 죽였다. 통진 종씨·모압종씨[25]·이파종씨[26]·인의종씨[27]·황원종씨[28]가 있다."[29]

5개의 본관이 있었을 만큼 고려시대엔 종씨宗氏가 제법 많았던 모양이다. 『문헌비고』는 『고려사』나 『고려사절요』와 함께 세종시대에 작성된 것으로, 이 땅에 살고 있는 성씨와 그 내력을 간단히 설명한 책이다. 여기에 종씨가 고려의 성씨로 되어 있고, 종간이 고려의 공신으로 되어 있으니 대마도주 종씨가 본래 고려인이었음은 분명하다. 소판蘇判은 본래 신라에 있던 관직으로, 왕 아래 이벌찬·이찬 다음 가는 최상층 중앙 관료였다. 신라의 17관등 가운데 최상위 3등 서열에 해당하는 신분으로서 소판을 잡찬迊飡이라는 이름으로도 불렀다.[30] 신라에서는 왕이 되는 신분이 성골이었는데, 그 아래의 진골만이 소판 벼슬을 할 수 있었다. 고려를 세운 왕건은

25. 모압은 충북 괴산지방.
26. 이파는 전북 만경 지방.
27. 전북 태인
28. 황원은 전남 해남.
29. "宗氏-高麗 太祖元年 宗侃爲蘇判誅 通津宗氏, 毛押(槐山地方) 宗氏, 泥波(萬頃地方) 宗氏, 仁義(泰仁地方) 宗氏, 黃原(海南屬縣) 宗氏"(『增補文獻備考』 권53, 帝系考 14)
30. 『삼국사기』 직관지

초기에 신라의 제도를 그대로 따른 것이 많았는데, 광종 시대에 과거제를 시행하면서 관직을 정비하기 전, 신라의 직관을 따라 종씨에게 소판 벼슬을 내렸음을 알 수 있다. 그러므로 종씨는 그 연원이 이미 신라에 있는 것이며, 고려 초의 종씨는 대단히 높은 신분이었음을 알 수 있다.

참고로, 중국의 역사서 『위서』 열전 편에 종씨 성을 가진 인물이 있으니, 이것으로 보아 본래 종씨는 선비족의 성씨였을 것으로 추정된다.

대마도 종가의 초기 계보

현재 국내에는 대마도 종가의 연원에 관한 믿을만한 기록은 별로 없다. 대마도주 일가의 시원과 유래를 알려면 대마도의 자료를 보는 수밖에 없다. 그런데 일본에선 대마도주와 그 일족 종가宗家의 선조가 종정무 위로 종중상까지 6대가 있었다고 전한다.[31] 종중상–종조국–종성명–종성국–종경무–종뢰무–종정무이다. 이것은 일본에서 통용되는 대마도주 종가의 초기계보 자료이다. 대마도주와 그 일족 종가들은 13세기 중반 종중상으로부터 19세기 말 종의달까지 약 6백여 년 동안 대마도의 실질적인 주인이었다. 우리는 대마도의 고려문과 고려산·『문헌비고』·『증보문헌비고』·조헌의 상소문 그리고 대마도 종가의 초기 계보로부터 종씨는 본래 신라 및 고려인이었음을 알았다. 그리고 고려 말인 공민왕 때 고려를 다녀간 종경宗慶은 신숙주의 『해동제국기』에도 종경무宗經茂로 되어 있다. 『고려사』에 종씨 성을 가진 이로는 유일한 인물인데, 그는 종중상으로부터 5대째 대마도주라고 전하고 있다.

1928년, 마지막 대마도주인 종무지宗茂志가 백작의 신분으로서 그 간행에 간여한 『대마도지對馬島誌』에 의하면 종가는 처음에 후쿠오카 치쿠젠筑前에서 종씨宗氏 성으로 시작하였다고 한다. 다음의 '초기 대마도 종씨 가계도'는 『대마도지』에 정리한 내용을 토대로 하였다.

31. 종경무와 종뢰차에 이르기까지 6대는 대마도에 산 것이 아니라 치쿠젠(筑前)에 거주하였고, 종뢰무부터 대마도에 거주한 것으로 일본에서는 전해지고 있다.

초기의 대마도 종씨(宗氏) 가계 계보도*

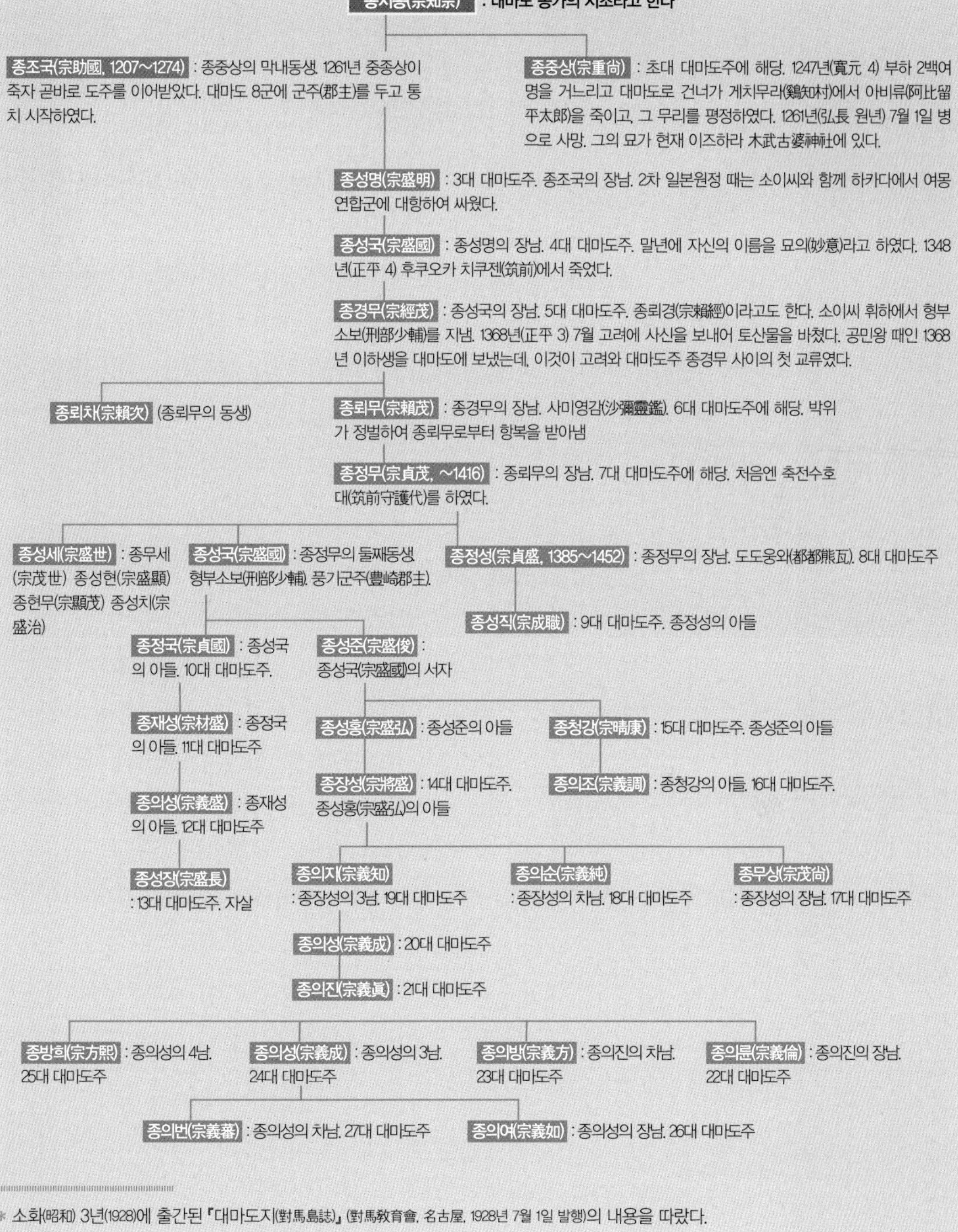

* 소화(昭和) 3년(1928)에 출간된 『대마도지(對馬島誌)』(對馬敎育會, 名古屋, 1928년 7월 1일 발행)의 내용을 따랐다.

종경무는 그 아비 종성국이 살아 있던 1333년(元弘 3년)에 소이씨에 종군하여 공을 세웠다. 소이씨의 부대를 인솔하여 공을 세웠으며, 그로부터 한참 후인 1394년(應永 원년)에는 10대 소이씨가 대내씨와 치쿠젠에서 싸우다 죽었다. 이에 종경무는 소이씨의 시신을 가지고 대마도 시다카佐多賀로 와서 마을 어귀에 그 시신을 묻었다. 이것이 소위 소이총少貳塚이다. 그 뒤 1398년 부하를 보내 대마도 시다카에 치소를 세우도록 하였다.

6대 대마도주 종뢰무(사미영감)가 치쿠젠에서 사다카에 들어와 거처를 마련해놓고 4년을 머물다가 다시 치쿠젠으로 갔다. 따라서 종경무와 그 동생 종뢰차宗賴次까지는 치쿠젠에서 살았고, 시마영감 종뢰무부터 대마도에 정착하여 살았으므로 조선에서는 종경무를 실제 대마도주의 시조로 보았던 것이다.

대마도주 종가는 종중상으로부터 시작되었다. 그러나 대마도주 종가의 실제 시조는 종중상의 아버지 종지종宗知宗이라고 한다. 그런데 고모다하마 신사에 있는 2대 대마도주 '종조국의 묘비명에는 종조국의 성은 평씨平氏이며, 그 선조는 환무천황桓武天皇의 후예'라고 하였다.[32] 평지성平知盛이 세 아들을 두었는데 큰아들이 바로 종지종이며, 종지종이 대마도의 도진씨島津氏를 아내로 맞아 종중상을 낳았다. 종중상 때부터 宗종을 성씨로 삼아 일가를 이루었다고 한다. 그러나 종중상은 아들이 없어 그 동생 종조국이 대신하였다. 1274년 음력 10월 초, 몽고장군 홀돈忽敦과 홍다구洪茶丘가 인솔한 2만5천 병력, 고려원수 김방경이 사졸 8천에 전함 9백여 척으로 고모다항으로 들어가자 종조국이 저항하다가 죽은 사실을 기리는 내용에도 종조국의 성을 평종平宗으로 적고, 그가 종씨 일가를 일으켰다고 표현하였다. 이것으로 보아 본래 부계는 종씨였으나 대마도 모계의 평씨 성을 쓰다가 종지종 이후 宗종을 성씨로 굳혔음을 알 수 있다.

1408년에는 7대 대마도주 종정무가 치쿠젠에서 건너와 대마도에 자신의 치소를 열었다. 그 후 1487년(文明 18) 종정국이 치소를 요라與良로 옮겼으니 그곳이 지금

32. 남용익의 『문견별록』을 떠올리게 하는 내용이다.

의 이즈하라嚴原이다.

종중상이 게치鷄知에서 아비류를 죽이고 대마도에 관한 권한을 가진 이후 종경무까지 종가들이 대마도와 관련을 갖고 있었던 것은 분명하지만, 조선은 종경무를 대마도주의 시조로 본 반면, 일본에서는 종경무의 5대조인 종중상을 대마도주의 시조로 보고 있다. 양측의 여러 자료를 종합해 보면 이 문제는 조선 측의 시각이 객관적이라고 볼 수 있다. 종경무 이전은 소위 미화이며 왕가의 개념으로 이해하자면 소위 '추존'에 해당하기 때문이다.

이런 근거로 볼 때 조헌의 상소문에 "종가의 선조는 홀로 명령을 받고 가서 그 땅(=대마도)을 지켰다"고 한 일은 고려 말 이전의 사실로 보기 어렵다. 안방준의 『항의신편』에 따르면 대마도는 조선 정부가 종가 일족에게 분봉한 식읍이고 하였는데, 그것 또한 이성계의 대마도 정벌과 세종의 대마도 정벌 후의 사정을 전한 것으로 볼 수 있다. 여러 자료를 연결해 보면 종씨는 본래 신라에 연원을 둔 성씨로서, 그들이 지금의 후쿠오카 일대로 내려가 살다가 대마도와 인연을 맺은 13~14세기 언젠가 고려로부터 대마도를 식읍으로 받았을 것이라고 추리할 수 있다. 그것이 아니면 태조~세종 시대 조선이 그곳을 사패지로 주었다는 조선 측의 입장이 반영된 기록이라고 이해할 수 있다. 종씨 가문이 대마도를 식읍으로 받았다는 것은 그 섬과 그곳에 사는 생물, 그리고 그 땅의 햇볕과 바람까지도 모두 종씨 일가의 것임을 뜻한다. 신라와 고려에서 공신들에게 나누어 주던 식읍을 조선에서는 사패지賜牌地[33]라고 하였다. 사패지라는 것은 조선의 공신들에게 국왕이 특별히 하사한 봉토이다. 공신에게 그것을 줄 때는 받는 이에게 교지를 내려 그 증표로 삼는 것이 일반적이다. 그리고 그 사실을 중앙 정부에 기록하여 보관하였다.

일본에서의 종중상에 관한 기록이 13세기 중반으로 되어 있고, 이상의 여러 자료를 보건대 몽고의 침략이 있기 전, 고려의 통치력이 대마도에 미쳤으며, 고려가 말을 풀어 방목하던 곳이었는데 왜구가 무주공산인 줄로 알고 들어와 살면서 비로

33. 사패지지(賜牌之地)라고도 한다.

소 왜구의 소굴이 되어 간 것이라고 짐작할 수 있다. 이렇게 해서 이성계와 혁명세력이 고려를 뒤엎고 조선을 건국하는 시점에 대마도는 그들과 결별하였으니 그것이 동악 이안눌이 대마도를 '叛地반지' 즉, 반민들의 땅이라고 하게 된 까닭일 것이다. 혁명세력에 반대하여 대마도로 피신한 정치망명객들이 조선의 입장에선 반민이었고, 또 협력관계에 있던 일본과 대내씨에게 소이씨와 그 휘하 대마도 종가는 반민이었기에 그들의 소굴이 된 대마도를 '반민들의 땅'이라고 표현할 수밖에 없었던 것이다. 이렇게 볼 때 조선 건국 세력은 고려가 대마도를 지배하게 된 과정은 물론, 혁명과 더불어 대마도가 일본으로 넘어간 시말 또한 철저히 숨기고, 그저 '대마도는 본래 계림에 속한 땅이었다'고만 전했으며, 그러한 연고가 있었기에 조선의 섬이란 의미에서『조선왕조실록』여러 곳에 본도本島라는 표현을 남긴 것으로 볼 수 있다. 이런 측면에서 보면 '대마도는 본래 계림 땅이었다'고 한 말의 계림이 신라를 대신한 명칭이었다고 보기 어렵다. 조선 건국 세력이 '고려'로 쓰지 못한 고민과 비밀이 따로 있었을 것이며, 그렇다면 그 또한 조선의 커다란 거짓말이라 해야 하지 않을까?

제9부

대마도주의 신분과 역할은 무엇이었나?

- 일본국 대마주 태수이자 조선의 대일외교 연락책

대마도주의 신분과 역할은 세계 외교사에서 가장 독특한 것이었다. 그는 일본국 대마주 태수이면서 조선이 인정한 대마도주였다. 조선에 항복하고 조선으로부터 관직을 받은 수직왜인인 까닭에 그의 위상은 아주 독특하고 특수한 신분이었다. 일본국 대마주 태수이면서 대마도의 주인인 대마도주이고, 조선의 당상관에 버금가는 조선의 관료였던 것이다. 또한 조선의 대일외교 연락책이자 일본의 대조선 외교 창구역이었다. 조일 외교의 막후 실력자로서 이런 신분은 일본의 메이지유신 직후까지 그대로 유지되었다.

섬의 주인이면서 조선의 수직왜인이었던 대마도주

그러면 대마도주의 성격을 뚜렷하게 알 수 있는 우리 측 기록은 없을까? 세조 시대의 기록에 의하면 대마도주는 조선으로부터 녹봉까지 받은 조선의 고위관리 신분이었다. 세조 7년(1461) 6월 13일 세조는 영의정과 우의정 그리고 좌의정 신숙주 등 2품 이상의 관료들을 궁궐로 불러들였다. 그 자리에서 대마도 도주 종성직이 벼슬을 달라고 하니 종1품과 정2품 중 어떤 자리를 주는 것이 좋겠는가를 물었다. 2품 이상의 고위관료만을 거론한 것을 보면 세조는 애초 대마도주에게 정2품 이상의 품계를 주려 했던 것 같다. 대마도주의 신분과 위상 그리고 대마도 문제를 거론할 때 이것은 매우 중요한 내용이므로 「세조실록」의 내용을 그대로 인용한다.

> "좌중의 여러 신하의 의견이 다르니 영의정 정창손, 좌의정 신숙주, 우의정 권남, 좌찬성 황수신, 우참찬 성봉조에게 의논하게 하고, 우리 조정의 직책을 줄 때에 대마주태수(對馬州太守) 직함도 겸하게 할 것인지의 여부를 물었다. 정창손 등이 의논하여 아뢰기를 '만일 1품을 준다면 높은 벼슬을 가벼이 주는 것이니 나중에 다시 벼슬을 더해 달라고 요구하면 무슨 벼슬을 더 주시겠습니까? 마땅히 2품을 주게 하소서. 또 그 직함은 지중추원사(知中樞院事)[1] 겸 대마주도안무사(對馬州都安撫使)로 하는 것이 마땅합니다."

비록 짤막한 내용이지만, 위 기록으로부터 우리는 많은 것을 알 수 있다. 그런데 위 내용 중에서 먼저 눈에 띄는 대목이 있다. 세조가 대마도주로 하여금 대마주 태수를 겸직하게 할 것인가를 논의하라는 주문이다. 대마도주는 이미 일본의 '대마주 태수'인데, 이것은 도대체 무슨 말인가. 내용을 따져보면 대마도에 대해서만큼은 조선이 태수제를 도입하여 조선의 태수로 겸직시키자는 게 아니었을까 하는 의문이 드는데, 하여튼 이후 조선의 관료들이 그것을 논의한 기록이 없는 것으로 보아

1. 중추원의 지사(知事). 정2품의 품계이다. 후에 중추부(中樞府)로 바뀌었다.

이 문제는 세조 자신이 거론하다가 나중에 흐지부지된 것으로 볼 수 있다.

다만 종성직을 대마주 총책임자인 '대마주도안무사'로 삼고, 조선 중앙의 중추원 고위관료인 '지중추원사'를 겸직시키는 것이 좋겠다는 의견이 나왔는데, 이것도 의문이다. 종성직을 조선이 인정한 대마도주이면서 조선의 지중추원사 겸 대마주도안무사의 막강한 신분으로 인정하자는 것이었다. 그는 이미 조선 중앙의 고위관료이자 대마주 현장의 최고 통치관인데, 거기서 더 승급시키자는 말이었으니 도대체 이런 논의가 나온 배경이 무엇이었는지 궁금하다. 그 다음날 세조는 대마도 도주 종성직에게 '판중추원사 겸 대마주도절제사'[2] 자리를 주었다.

> "대마도 도주 종성직(宗成職)에게 판중추원사(判中樞院事) 겸 대마주도절제사(對馬州都節制使)를 제수(除授)하도록 하라."[3]

이것은 파격적인 대우였다. 판중추원사는 중추원의 두 번째 자리로서 종1품이며 영중추원사[4] 다음 자리였다. 그런데 다시 그에게 대마주의 도절제사를 겸직시킨 것이다. 그 땅은 일본의 것이었고 종성직은 일본국 대마주의 일개 태수 신분이었는데 그에게 조선의 도절제사를 주었으니 그것은 조선의 주 책임자인 목사와 같은 것이었다. 그러나 조선의 주에 파견하는 목사와 일본 대마주 태수는 어울리지 않는 조치였다. 조선의 국격과 위상에 적합하지 않은 것이었다. 1461년 여름, 세조가 대마도주에게 최종적으로 전한 교지의 내용을 복원해 보면 이렇게 될 것이다.

> 教旨
>
> 宗成職爲朝鮮國判中樞院事兼對馬州都節制使
>
> 天順 五年 六月 十四日

2. 判中樞院事兼(對馬州都節制使
3. 천순(天順) 5년 6월 14일
4. 판중추원사는 중추원의 판사(判事)이며 종1품의 품계. 중추원의 최고책임자는 정1품인 영중추원사(領中樞院事)였다.

도주의 직책과 직위가 결정되었으므로 6월 26일엔 대신들이 대마도주 종성직에게 내려주는 녹봉 수를 세조에게 보고하였다. 후속조치로서 세조는 귀화한 왜인 피상의(皮尙宜)를 보내어 종성직에게 전하라며 두 가지 사목을 정해주었다. 사목은 담당 관리의 실무 시행지침.

1. 종성직이 만일 벼슬을 받겠다고 하면 서계(書契)에 그 사실을 쓰라고 하라. 그러면 전하께서 반드시 처리하실 것이다. 족하가 만일 관직을 받게 되면 '관록(官祿, 관직과 봉급)을 헤아려서 줄 것이니 해마다 와서 청하는 수고를 하지 않아도 될 것이다' 라고 대답할 것.
2. 만일 관직의 높고 낮은 것과 따로 봉록(俸祿)이 있는가의 여부를 물으면 '그것은 소신이 아는 바가 아니다' 라고 대답할 것.

위 기사로 보아 종성직 이후에도 대마도주는 줄곧 조선으로부터 녹봉을 받았음을 미루어 알 수 있다. 이런 사정 때문에 조선의 많은 백성들은 조선은 대마도를 대마도주와 종씨 일가에게 사패지로 주었다고 생각했던 모양이다.

그런데 세조가 종성직에게 높은 벼슬을 주던 자리에 함께 있었던 신숙주는 일본에 다녀와(1443) 후일 『해동제국기』(1471)를 남기면서 거기에 대마도를 일본의 섬으로 기록하였다. 그런 그가 어떻게 이와 같은 세조의 조치에 아무런 대꾸를 하지 않은 것일까? 우리는 여기서 조선의 국왕과 지배층이 가졌던 이중적 사고를 읽을 수 있다. 대마도주는 1419년 정벌 때 조선에 항복하고 귀순한 것으로 믿었고, 그에 따라 주군과 신하라는 신속관계를 가진 것으로 보았다. 그러면서 외교적으로는 대마도주와 대마도 왜인들을 왜인으로 구분하였고, 대마도를 줄곧 일본 땅으로 인정하였다. 종정무·종정성을 비롯한 대마도주를 조선의 고위관료에 임명하고 많은 양의 녹봉을 지급한 것은 수직왜인으로서 대우한 것일 뿐, 그가 일본인의 자격을 버리고, 완전히 조선인이 된 것은 아니다. 세종~세조대에 활동한 신숙주가 대마도를 조선의 섬으로 적지 않았고, 그때까지 『조선왕조실록』에는 어김없이 대마도를 일본의 섬으로 적었으며, 고종 때까지도 그것은 변함이 없었다. 그러니 신숙주의 판단이 옳으며 조선시대 내내 대마도가 일본 땅이었던 것도 분명하다. '대마도가 계림 땅'이었고, 도주 종정무·종정성의 항복 후 대마도를 종가에게 분봉하였다는 이야기들은 조선 백성들을 대상으로 한 정치적 수작이었을 뿐, 사실이 아니었다. 정치 외교적으로는 일본령임을 인정할 수밖에 없었던 것인데, 조선의 국왕과 최상층 지배자들이 그와 같은 이중적 통치방식을 쓸 수 있었던 것은 조선이 철저히 닫혀있는 나라였기 때문이다.

세종이 1419년에 대마도를 정벌하여 항복을 받았고, 대마도를 조선의 땅으로 취급하여 지배할 생각이었다면 왜 세종과 그 이후의 조선 국왕들은 대마도가 조선의 땅이라고 일본에 통보하고 조선의 강역을 외교적으로 확정하여 실질적인 지배에 들어가지 않았는가. 사람을 먹여 살릴 곡식이 나지 않은 곳이었기에 취할 생각도 없었던 것 같다. 임진왜란 후 명나라 장수 이여송과 이덕형의 대화에서 보았듯이 대마도를 치더라도 빼앗아서 조선이 제 것으로 가질 의사는 없었던 것 또한 분명하다. 당시 조선의 입장에서는 논밭도 없고 쓸모없는 땅이니 정벌하여 항복을 받아내고도 취하려 하지도 않았던 것이다. 세종은 뒤늦게 대마도가 일본의 땅에서 제외되어 있다는 사실을 알았지만, 세종은 물론 그 후의 조선 국왕들은 말로만 대마도주에게 '대마도는 조선 땅'이라고 으박지르고 주장하였을 뿐이다.

그러면서도 양식과 물자를 넉넉하게 보내주었는데, 그렇다면 그것은 일종의 위장술이었다고 할 수 있다. 조선의 국왕과 지배층은 정권 안보 차원에서 기미책을 썼고, 대마도에 주는 물자를 생산하는 조선의 백성에게는 대마도가 조선 땅이고 그곳에 사는 왜인들도 조선의 신민인 까닭에 주는 것이라는 명분을 내세웠던 것이다. 그것은 국왕과 지배층이 취한 편리하고도 매우 교활한 방편이었을 뿐, 조선의 백성들에게는 별로 도움이 되지 않는 일이었다. 김정호의 『대동지지』와 대동여지도에 이르기까지 조선의 많은 지도와 기록에 '대마도가 조선 땅'으로 기록된 것은 조선의 국왕과 지배층의 기만술이 빚어낸 결과이다.

‘대마도주’는 조선이 부여한 신분이었다

국왕과 지배층 일부를 제외하고는, 조선의 신민들은 대마도를 조선의 섬으로 알고 있었다. 고려 말, 박위의 대마도 정벌, 1396년 이성계의 대마도·일기도 정벌, 그리고 세종1년의 대마도 정벌 뒤에 조선은 대마도를 조선의 땅이라고 주장하였다. 얼핏 보면 대마도 정벌이 조선의 강역을 확장한 군사행동이었다고 믿을 수도 있다. 실제로 기해년(1419) 정벌을 통해 도주의 항복을 받아내고 세종은 대마도가 본래 조선의 땅이었다고 대마도 왜인들에게 주장했다. 그러나 그 이전, 박위의 정벌과 김사형 남재의 대마도 정벌 뒤에 조선의 땅이라고 주장한 기록이 없다. 세종 이후 조선 사람들이 대마도를 조선 땅으로 여긴 데에는 크게 세 가지 이유가 있다. 본래 대마도의 주인인 종씨 일가는 고려의 공신이었다는 전승에 따른 것이다. 여기에 세 차례의 정벌과 항복이 있었으며, 대마도주와 종씨 일가 그리고 대마도 사람들에게 조선이 관직과 양식, 물자를 충분히 공급했으므로 그 땅은 명목상 일본의 것이지만, 실제 주인은 조선이라고 본 것이다.

앞에서 설명하였지만, 조선은 조선시대 내내 왜인들이 대마도를 불법으로 점거하였다고 주장하였다. 그래서 조선 정부는 그들을 ‘불법체류 왜인’으로 규정하였다. 물론 조선왕조 5백 년 내내 ‘불법 체류’라는 용어는 사용하지 않았다. 그 당시에는 그와 같은 용어가 없었기 때문이다. 다만 ‘본래 계림에 속한 땅인데 점거하여 왜인의 소굴이 되었다’는 표현으로 대마도 왜인들을 에둘러 정의하였을 뿐이다.

특히 태종과 세종은 “대마도가 너희 땅인데 그것을 억지로 뺏으려는 것이 아니다”라는 말까지 하며 대마도는 본래 조선 땅이라고 누누이 밝혔다. 그렇게 말한 증거가 무엇이었는지는 알 수 없지만, 여러 기록을 맞춰 보면 경제적 예속관계를 만들어 빼앗으려 한 것으로 볼 수밖에 없다. 그러나 태종과 세종은 그 이상 자세하게 말하지 못할 비밀을 갖고 있었던 게 아닐까? 더구나 대마도는 고려의 공신이었던 종씨 일족에게 준 땅이라는 이야기가 있었고, 실제로 대마도 정벌과 경제적 지원을 병행하였으니 조선의 대다수 백성들은 대마도를 조선 땅으로 믿을 수밖에. 그렇지만 조선 초, 대마도 종씨 일족은 조선에 순순히 응하지 않았다. 아마도 혁명 세

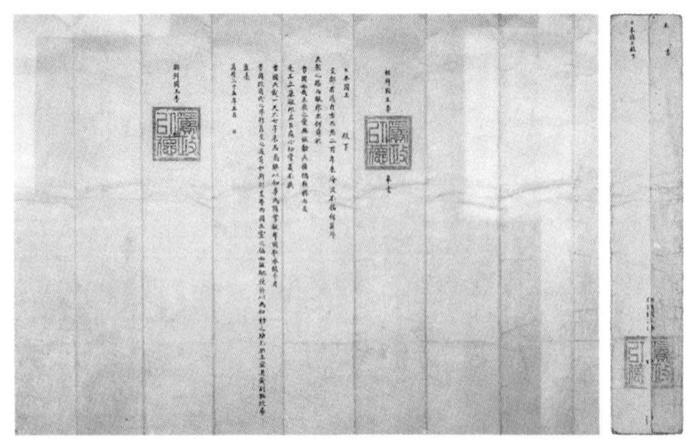

〈조선국왕이공국서〉 선조40년(1607, 만력 35년) 정월, 조선국왕 선조(宣祖)가 일본에 보낸 국서(외교문서). 먼저 '조선국왕이공봉서'라 쓰고 수신인을 일본국왕 전하(殿下)라 하였다. "조선국왕 이공(선조)은 일본국왕 전하에게 글을 받들어 올립니다"라는 의미이며, 양측이 대등한 관계로 표현되었다. 이 글에서 선조는 까닭 없이 일본이 군사를 움직여 임진왜란이라는 참화를 지었으며, 그 처참함이 극도에 이르렀고, 선왕의 묘를 파헤쳐서 조선의 국왕과 신하가 모두 통분하였다면서 일본에 대해 전쟁 책임을 묻고 있다. 아울러 마도(馬島, 대마도)에서 먼저 화호(和好, 화해)를 요청하였음을 거론하면서 '귀국이 전대(도요토미히데요시 시대)의 잘못을 고치고, 그 전처럼 두 나라가 화호하자는 뜻을 알려오니 이는 두 나라 생령(국민)의 복이라며 그 화호의 증표로써 토산물을 갖추어 별폭에 적어 보낸다고 썼다. 국서의 서식과 내용, 글의 형식이 임진왜란 이전에 일본을 하대하던 것과는 사뭇 다르다.
참고로, 선조가 임진왜란 중에 자신의 선조 무덤을 왜인들이 파헤쳤다고 한 것은 서울 강남구의 선정릉을 파헤치고 도굴한 사실을 이른 말로, 여러 차례에 걸친 조선 측의 요구에 따라 도쿠가와 이에야스는 선정릉을 파헤치고 도굴한 범인을 잡아 조선에 보냈고, 조선은 그를 한양 한복판에서 참수하는 것으로 이 문제를 마무리했다.

력이 고려를 뒤엎으면서 대마도는 조선을 부정했던 것은 아닐까? 확실한 근거가 있는 것은 아니지만, 아마도 이런 사정을 조선은 드러내놓고 말할 수 없는 처지였던 것 같다. 그래서 이안눌은 그들을 조선의 반민으로, 그리고 그 땅은 叛地(반지, 반역자들의 땅)로 규정한 것이고, 그런 까닭에 순순히 투항하여 조선에 순응하라는 세종의 요구가 '땅을 들어 귀순하라'는 표현이었던 것으로 이해할 수 있다.

뒤에 그 전말을 자세히 설명하겠지만, 이성계가 이대경에게 보낸 편지에 밝혔듯이 1396년 말의 대마도 정벌 이전에 '대마도 수괴'들이 조선에 항복하였고, 1419년 세종이 다시 종정성으로부터 항복을 받아낸 것을 계기로 조선의 국왕과 지배층은 대마도를 조선의 지배에 들어왔다고 본 것 같다. 그러면 세종이 대마도주로부터 받아낸 항복과 귀순의 의미는 무엇이었을까? '조선령 대마도에 들어와 살고 있다는 사실을 인정하고 조선의 신민에 준하는 지위로 편입되었음을 받아들이라'는 것은 아니었다. 만약 조선령 대마도였다면 그 후 대마도주를 통해 일본에 보내는 외교문서에는 '일본국 대마주 태수'가 아니라 조선국 대마도주로 부르고 "조선국 대마도주는 이 서찰을 일본국왕에게 전하라"는 식으로 썼어야 했다. 그러나 그렇게 하지 않았다. 조선 초 이성계가 대마도에 보낸 서찰부터 고종 때까지 항상 대마도주는 '일본국 대마주 태수'였다. 조선에서 일본에 보내는 외교서한의 일차수신자는 항상 대마주태수였다. 그렇다면 이 문제는 간단한 것이다. 앞에서 설명한 대로 표면상 조선은 대마도주와 종씨 일가의 항복을 받고, 그들에게 관직과 녹봉, 물자를 지원하는 대신, 조선의 요구에 순응하라는 것이었다. 대마도주 이하 조선으로부터 관직을 받은 대마도 사람들은 수직인受職人에 불과한 것이고, 그것은 곧 대마도가 조선령이 아니었다는 반증이 된다. 실제로 조선시대 대마도가 조선령이 된 적은 한 번도 없다.

조선은 애초부터 대마도를 일본 땅으로 인정하고서 말로만 조선 땅이라고 우겨대는 꼴을 조선시대 내내 계속한 것이다. 세 차례 정벌하였으니, 충분히 취할 수 있었는데도 조선은 끝내 대마도를 조선령으로 만들기 위한 노력을 하지 않았다.

반면 대조선 외교 루트를 대마도주의 손에 맡긴 상황이었지만 일본은 한 번도 종가를 대마도주라고 부르지 않았다. 대마도주의 자격을 부여한 것은 그들이 아니라 조선이었기 때문이다. 일본은 대마도주를 그저 대마번對馬藩이라고 불렀다. 물론 공식적인 칭호는 대마주 태수였다. 조선도 대마도주를 번신藩臣이라고 한 것은 같았지만 그 의미는 달랐다. 대마도는 조선을 보호하는 외곽 울타리로 보았다. 藩이라는 글자는 '울타리'를 뜻한다. 일본은 대마도주를 지방의 허약하고 가난한 호족으로 보았고, 조선에게는 단순히 왜인 외신外臣에 불과한 존재였던 것이다. 1719년(숙종 45) 신유한[5]의 『해유록海游錄』[6]에도 대마도주를 번신으로 표현하였는데, 여기서 번신은 제 나라의 신하를 말하는 게 아니다. 다시 말해서 번신은 외신外臣을 이른다.

> "이 도주란 자는 조선의 일개 주현의 태수에 불과한데 나라의 도장을 받고 조선의 식량을 먹으며 대소 명령을 청하니 우리나라 번신의 의리가 있다. …"[7]

또 김성일金誠一이 허성許筬과 함께 통신사로 일본으로 가는 길에 대마도에 들렀

5. 申維翰(1681~1752)

6. 이것은 신유한이 숙종 45년(1719년)애 일본을 다녀와서 쓴 것으로, 기해년에 다녀온 사행이어서 기해사행(己亥使行)이라고 한다.

7. … 此島主不過朝鮮一州縣太守 受國章 食朝廩 大小請令 我國藩臣之義 … (『海游錄』)

을 때 대마도주 종의지를 힐책하는 이야기 중에도 번신이라는 용어가 보인다.[8]

> "대마도주 종의지가 사신을 청하여 대마도의 산사에서 연회를 베풀었다. 사신이 자리에 앉아 있는데 종의지가 가마를 타고 문 안으로 들어와 뜰 아래에 이르러 막 내리려 하는데 부사 김성일이 노하여 이르기를 '대마도는 조선의 번신인데 사신이 국왕의 명을 받들어 여기에 왔건만 어찌 감히 이토록 오만무례한가? 나는 이 연회를 받을 수 없다' 며 일어서서 나와 버렸다. …"[9]

통신사 사신이 앉아 있으면 정문 뜨락에 와서 가마에서 내려 걸어오거나 뒷문으로 조용히 들어와 맞이하는 게 외교 상례인데, 지체 낮은 자가 사신들의 코앞까지 가마를 타고 들어온 것을 문제 삼은 것이다.

이 내용 가운데 '대마도는 곧 우리나라의 번신이다'[10]라고 한 것은 대마도가 조선의 것이 아니었음을 의미한다. 다시 말해서 조선의 지배층은 대마도를 조선 땅으로 여기지 않았고, 대마도 왜인을 조선인으로 인정하지 않았음을 말해주는 것이다.

조선 전기에 일본은 대마도에 별로 관여하지 않았다. 기껏해야 임진왜란 이후 이정암에 두 승려를 보내어 대마도주에게 맡긴 일본의 대조선 외교업무라든가 도주와 종씨 일가들의 동태를 감시하였다. 반면 조선은 대마도에 많은 물자를 퍼주면서도 대마도 내에서 조선의 관리가 직접 대마도주를 감시 감독하는 체제를 갖지도 않았고, 그럴 생각도 없었다. 그것은 전통적으로 왜인을 하대한 조선의 자존심에서 비롯되었다. 이런 조선의 자존심은 임진왜란으로 철저하게 짓밟혔다.

8. 허성이 정사, 김성일이 부사로 갔다.
9. 宗義智請使臣宴山寺中 使臣已在座 義智乘轎入門 至階方下 金誠一怒曰 對馬島乃我國藩臣 使臣奉命至 豈敢慢侮如此 吾不可受此宴 卽起出 許筬等繼出 …
10. 對馬島乃我國藩臣

조선은 대마도주에게 왜인 통제를 맡겼다

세종은 대마도를 정벌하고 종정무와 종정성으로부터 항복을 받은 뒤, 그들에게 도주의 자격을 부여하였다. 그 후로 조선시대 내내 조선 정부는 일본국 대마주 태수 종가를 '대마도주'로 불렀다. 그 전까지는 도총관·총관·수호 등으로 부르다가 종정성에게 대마도주의 인신印信을 보낸 뒤로 비로소 대마도주라 부른 것이다. 조선은 대마도주에게 많은 특혜를 주는 동시에 대마도 왜인들을 좀 더 편리한 방법으로 통제하기 위해 도주 일가에게도 많은 특권을 주었다. 세조 시대에는 조선 최고 관리에 버금가는 자리를 주고, 녹봉도 두둑하게 지급하였다. 대마도주는 일본국 대마도 왜인들을 다스리는 대마주의 최고 권력자였으며, 동시에 조선의 상층 관리였다. 조선 정부는 종가를 대마도의 실질적인 주인으로 만들어주고 물자를 대주는 대신, 대마도주에게는 왜구 단속을 강력하게 주문하였다. 그러나 조선은 대마도 왜인만이 아니라 일기도를 비롯해서 서일본 지역의 왜구까지 통제하도록 요구했다. 하지만 그것은 대마도주에게조차 쉬운 일이 아니었다. 일기도나 오도五島·평도(平島, 히라지마)·송포松浦 등지의 왜구가 조선의 변경을 약탈해도 모두가 그의 책임이었으니 대마도주로서도 감당할 수 없는 한계는 분명히 있었다. 연산군 4년(1498) 왕이 인정전에 행차하여 대마도에서 온 종성종宗盛種 등을 가까이 불러보고 말한 내용에서도 조선이 대마도주에게 요구한 일이 무엇인지를 금세 알 수 있다.

"너의 선도주(先島主)[11]가 국가에 충성을 바쳤는데, 새 도주 역시 능히 그 뜻을 이어받아 정성이 더욱 돈독하여 왜적을 잡아 죄를 다스렸으니 아름답게 여기고 즐거워하는 바이다."[12]

왜적을 잡고 왜인을 잘 통제하면 도주를 더욱 후대하고, 그렇지 않으면 경제를

11. 도주 종무국의 아비.

12. 연산군 4년(1498) 5월 22일

봉쇄하는 정책, 그것이 바로 조선의 기미책이었다. 한 마디로 대마도주와 그 일족뿐만 아니라 모든 대마도 왜인들의 목구멍이 조선에 달려 있는 것이었다. 그들이 상업에 치중하기 이전의 조선 전기까지는 이런 정책이 효과가 있었으나 조선 후기엔 퍼주기만 하였지 실익은 별로 없었다. 이 문제와 관련하여 연산군 시대의 사례 하나를 더 보자.

연산군의 말에 종성종은 이렇게 대답하였다.

"선도주가 선전하(先殿下)[13] 때에 도둑을 잡으라고 저에게 명령하므로 잡아 바쳤더니 선전하께서는 저에게 공로가 있다 하시며 작은 직책을 제수하셨습니다. 지금 도주가 저에게 이르기를, '네가 이미 조선의 관작을 받았으니 우리 백성과 다를 바 없다. 아무쪼록 전심전력하여 도둑을 잡으라.' 고 하셨으므로 전일에 제포에 와서 수색하여 잡은 것입니다."

이에 연산군은 지난번 도주가 녹도를 약탈한 왜구 수괴의 수급을 함 속에 넣어 보내왔고, 도주의 정성을 잘 알고 있다고 답변했다.[14] 그리고 요즘 왜적이 해산물을 채취하는 사람들을 죽이고 도둑질을 계속하고 있으므로 대마도주 종무국宗茂國에게 왜적을 금지시키라는 뜻을 전하라고 하였다. 그 말에 종성종은 이렇게 대답하였다.

"저는 녹도의 적변은 몰랐고 당포(唐浦)의 적도 또한 듣지 못했습니다. 제가 대마도에 돌아가서 마땅히 전교하신 뜻을 도주에게 말하겠습니다. 대마도는 땅이 좁아서 많은 날이 걸리지 않아도 모두 조사할 수 있으나 오직 옆에 있는 여러 섬들은 본도의 소관이 아니므로 반드시 사람을 시켜 글을 보내어 수색해야 하니 아마도 급히 보고 드리지 못할 것 같습니다."

13. 연산군 이전의 조선 성종 임금을 말함.

14. 그러나 그 수급이 과연 녹도를 약탈한 왜구 수괴의 것인지, 아니면 이 땅에서 잡아간 사람 또는 표류민의 것인지를 조선 측에서는 확인할 길이 없었다. 다만 그 말만을 믿고 인정했을 뿐이다.

이것은 일기도를 비롯해서 다른 섬의 왜적을 통제하는 일은 대마도주의 일이 아니라는, 일종의 항변 같은 것이었다. 그러나 대마도 측에서는 대놓고 불편한 감정을 드러낼 수 없는 처지였다. 이날 연산군은 종성종의 관작을 올려주고 여러 가지 물품을 하사하였는데, 이와 같이 조선이 대마도주에게 그 대가로 요구한 것은 해적질하는 왜구 단속이었다. 그 일을 충실히 수행하면 도주에게 내려주는 하사품이 푸짐했으나 그렇지 못하면 질책하였다.

조선이 대마도주에게 부여한 역할 많았다

왜구 단속 못지않게 대마도주와 종씨 일족에게 중요한 일은 조선과 일본의 외교업무 대행이었다. 물론 일본과의 외교는 기본적으로 조선의 예조 관할이었다. 예조의 최고 책임자는 예조판서와 예조참판 그리고 그 아래에 있는 예조참의였다. 그 중에서도 실질적인 외교업무는 예조참의가 주관하였다. 하지만 대일외교에서 조선과 일본 양국의 연결고리이자 중간 전달자로서 실질적인 중개역을 한 사람은 대마도주였다.

보다 원활한 외교 도우미 역할을 맡기기 위해 조선 정부는 대마도주에게 도주직인을 내주어 그의 권위와 위상을 높여주었다. 도주에게 조선이 내준 직인은 쉽게 말해 조선 예조의 대일 외교업무에 필요한 서류에 쓰는 구리 도장이다. 조선에 오는 모든 왜인은 대마도주가 서류에 이 도장(도서)을 찍어서 보내야만 받아주었다.[15] 이 도장을 찍은 서류를 문인이라 하며, 문인은 오늘의 여권과 같은 것이었다. 바다를 건너와서 제출하는 신분증명서이자 통행증명서에 해당하는 것이니 쉽게 말해서 일종의 도항증명서로 이해해도 되겠다. 문인이 없는 왜인은 왜적으로 간주하여 죽여도 문제가 되지 않았다. 문인의 도장은 일의 경중에 따라 하나부터 세 개까지 찍을 수 있었다. 조선에 들어오는 왜인이 아주 중요한 임무를 띠고 올 때는 도서圖書[16]

15. 문인을 발급하던 대마도의 관청은 소선월(小船越) 자부(紫府)에 있었으며, 그 유적이 지금도 남아 있다.

16. 도서는 조선시대 왜인의 왕복 문서에 사용하도록 내려준 봉인(封印). 다시 말해 도장이다.

에 도장을 세 번 찍어주었는데, 바로 그것이 삼착도서三着圖書 문인이다. 그다지 급하지 않은 경우에는 한 번 찍어 주었고, 보통은 두 번 찍었는데 이 도서의 수에 따라 조선에서 받는 대접이 달라졌다. 서계書契[17]를 써주는 것도 대마도주였다. 서계는 왜의 사신이 가지고 오던 일종의 신임장으로 여기에는 일행의 인원수, 조선에서 머무르는 포구와 체류 일자 등을 명기하였다.

이러한 문인과 도서를 발급하면서 대마도주의 위상은 크게 올라갈 수밖에 없었다. 조선과의 통교권을 가지려면 누구든 먼저 대마도에 들러 도주의 문인과 도서를 받아야 했다. 바로 이것 때문에 조선시대 내내 일본은 대마도주를 제 마음대로 하지 못했다. 왜인들에게 문인을 발급하도록 조선이 대마도주에게 권한을 준 것은 그로 하여금 왜인을 철저히 통제하기 위한 조치였다. 왜인들의 편의를 위해 대마도 현지에서 도주 전권으로 발급하게 하였으니 대마도는 조선국 예조의 대일 외교 창구이자 마치 동래부의 대마도 출장소와 같은 곳이었다.

일본국왕이 보내는 사신을 비롯하여 조선에 오는 모든 왜인은 반드시 대마도주가 발행해주는 이 문인을 받아 가지고 와야 나라에서 접대하였다. 조선에서 대마도주에게 위임한 도서[18]를 받아 왕래하는 왜인을 수도서인[19]이라고 하였다. '도서를 받아 지참한 자'라는 뜻이다. 대마도와 기타 각지의 유력한 왜인 중에서 조선에 와서 통상을 희망하는 자에게 도서를 발급하여 교역을 허락하였는데, 받는 사람의 성명과 목적을 적고 종이에 도장을 찍어 예조와 삼포에 나누어 두고, 세견선이 올 때마다 서로 대조하여 진위를 구별하였다. 도서는 그것을 받은 사람이 죽으면 반환하는 것이 원칙이었지만 왜인들은 이익을 얻기 위해 그 사람이 죽은 뒤에도 다른 사람이 계

17. 일종의 신임장 같은 것으로 이해해도 되겠다.

18. 소위 도서(圖書)라 하는 것으로, 구리도장이다.

19. 수도서인(受圖書人). 조선의 도서를 받고 왕래하는 왜인. 대마도와 기타 각지의 유력한 왜인 중에서 조선과 통상을 희망하는 자에게 도서를 발급하여 세견선 몇 척의 무역을 허락하였는데, 도서는 그 사람의 성명을 새긴 동인(銅印)으로서, 그 도장 견본을 종이에 찍어 예조와 삼포에 나누어 두고, 세견선이 올 때마다 서로 대조하여 그 진위를 구별하였다. 도서는 받은 자가 죽으면 반환하는 것이 원칙이었으나 왜인들은 무역 이익을 얻기 위해 죽은 뒤에도 다른 사람이 계속 사용하였다.

속 같은 도서를 사용하는 경우가 많았다. 증명사진이 붙어 있는 문서가 아니니 큰 문제는 없었고, 또 그만큼 도서를 발급받기가 어려웠기 때문에 나타난 현상이었다. 여권 없이 들어온 불법입국자는 체포·구금·추방 대상인 것처럼 그때 역시 그랬다. 도서 문인과 관련하여 세종이 경차관에게 내린 명령 하나를 살펴볼 필요가 있겠다.

> "종정성이 일찍이 '문인이 없는 사람은 접견하기를 허락하지 말라' 고 약조하였다. 그런데 문인이 없는 자가 매우 많이 오고 있으니 이후 문인이 없는 자는 오지 못하게 할 것임을 공개하라. 가지고 오는 문서 중에는 간혹 위조한 것이 있으니 서계를 보내는 횟수 및 사람 수를 써 보내라고 말하라. 종정성 이외의 다른 사람의 문인과 서계를 발부하는 것을 엄금한다고 말하라. 종언칠(宗彦七) 종무직(宗茂直) 등이 도주 종정성의 문인을 받지 않고 왕래하고 있으나 이제부터는 종정성의 문인이 없으면 접대하지 않을 것이다. 이를 공개해서 말하라."

세종 자신이 항목별로 자세하게 제시하여 왜인의 왕래를 엄격히 제한한 조치였다. 그러나 때로는 이런 규정에 얽매이지 않고 조선은 식량에 관한 요구만큼은 그때그때 잘 들어주었다. 그것은 왜인들이 사는 대마도가 부산과 거제의 턱밑 지척에 있기 때문이었다. 식량이 모자라면 당장 약탈을 일삼을 것이니 그들을 잘 통제하려면 식량을 대주고, 대마도주의 위상과 권한을 높여줄 필요가 있었던 것이다.

그리하여 대마도에 관한 모든 일의 중심에 대마도주와 종씨 일가가 있었다. 왜인들을 대마도 내에 묶어두고 말썽을 일으키지 않도록 많은 양의 양곡과 물자를 내주더라도 반드시 대마도주에게 하사하는 형식을 취한 것은 대마도주에게 절대 권한을 주어 왜인들을 손쉽게 통제하기 위함이었다. 조선 정부는 이런 정책을 조선시대 내내 유지하였다. 그리하여 가뭄이 들어도 대마도의 주민만은 굶어죽는 일이 없었고, 이런 조건 때문에 후쿠오카 일대라든가 사쓰마 지역의 왜인들이 대마도로 건너와 정착하는 이들도 있었다.

대마도주의 권한은 대마도 통치에 관한 한 절대적이었다. 대마도의 주민이 대마도 밖에서 고기잡이를 하는 문제도 대마도주의 절대적 권한이었다. 그는 '어로허가증'을 교부해줄 수 있는 권한을 갖고 있었다. 그렇지만 이것도 따지고 보면 왜인들이 함부로 바다에 나가는 것을 엄격히 제한하기 위한 조선의 통제책에서 나온 것이었다.

통신사를 호송하는 일도 대마도주의 소관이었다. 임진왜란 이후 조·일 국교재개와 함께 조선통신사가 활발히 오고 갔는데,[20] 조선통신사 일행이 대마도에 도착하면 오사카를 거쳐 도쿄에 갔다가 대마도로 돌아오기까지, 대마도주는 통신사를 안전하게 지켜가며 따라 갔다가 와야 했다. 그것을 호행護行이라 하였다. 통신사의 왕래 및 호송을 책임져야 했던 것인데, 그것만이 아니었다. 일본에 관한 정보를 조선 국왕과 예조 또는 동래부사에게 전달하는 일도 하였다.

또한 대마도주는 일본이나 대마도로 표류하는 사람을 반드시 송환하여야 했다. 이것도 조선이 대마도주에게 위탁한 일이었다. 이런 일을 하도록 만든 것이 바로 조선의 기미책이었다. 주는 게 많으면 요구할 수 있는 것이 주종관계였다. 대마도주는 녹봉과 많은 특전을 받는 조선의 공신 신분이었으므로 그는 조선의 국왕에게 충성을 다해야 했다. 그러나 대마도주는 항상 고분고분하지는 않았다. 조선 정부와 바다로 격리되어 있고, 교통과 통신이 발전하지 못한 상황에서 대마도주는 매우 반항적인 모습을 띨 때가 많았다. 대마도주가 조선의 관직과 녹봉을 받았다 하나 그것은 어디까지나 수직왜인의 신분이었을 뿐, 조선의 정식관리는 아니었기 때문이다. 대마도가 조선의 강역이 아니었기 때문에 도주가 고분고분하지 않더라도 그를 강제할 수단이 없었다. 더구나 바다로 격리되어 있어서 필요할 때 쉽게 칠 수도 없었고, 또 그럴 능력도 없었다.

일본 중앙정부의 고위관료도 아니고, 일본의 정식 외교선에 있는 인물도 아닌, 그저 변방의 작은 섬 주인에 불과한 대마도주에게 조선 정부는 왜 이렇게 지나친 권한을 주고, 대일 외교의 중개역을 맡긴 것일까? 그것은 대마도의 지리적 이점 때

20. 임진왜란 이후 조·일 국교가 재개되고 나서 조선에서는 총 12회의 조선통신사를 일본에 파견하였다.

문이었다. 조일 교류에 반드시 거쳐야 하는 교린의 징검다리였기에 그 이점을 충분히 이용하기 위한 것이었다. 그러나 그 편리하고 안이한 간접지배의 대가는 결코 작지 않았다. 조선 중기에 이미 삼포왜란을 겪었고, 임진왜란과 정유재란도 대마도주의 잔꾀에서 비롯되었기 때문이다.

대마도주 하기에 따라 조선으로부터 받는 게 많았다

조선이 주는 양식과 하사품은 대마도주의 충성도에 따라 달라졌다. 그것은 마치 먹이를 쥐고 어르는 주인과 강아지의 관계 같은 것이라고 조선의 지배층은 공공연히 말하곤 하였다. 교통과 운송수단 그리고 통신이 발전하지 못했던 시절, 뭍에서 불과 1백20여 리밖에 떨어져 있지 않은 부산과 경상도의 양곡에 끼니[21]를 의존해야 했던 처지였던 만큼 대마도로서는 다른 길이 없었다. 조선에 고분고분하게 보여야 했고, 조선은 고우나 미우나 경제적 지원을 하였다. 그 과정에서 대마도주가 조선으로부터 누린 혜택은 대단한 것이었다. 대마도주의 일가붙이와 식솔들 또한 조선의 혜택 없이는 살아갈 수 없다는 사실을 누구보다 잘 알고 있었다. 비단 대마도 사람들만이 아니라 오늘의 일본인 누구든 대마도 왜인들이 조선의 은택으로 생존할 수 있었던 사실을 잊어서는 안 된다. 이런 관계를 극명하게 보여주는 사례 하나를 더 들어 보자. 1596년 3월 2일 경상우도 감사 서성徐渻[22]이 선조에게 올린 서찰의 내용이다. 대마도 왜인 요시라가 조선 측 통역관 이홍발에게 임진왜란을 빨리 끝내는 문제를 이야기하는 것을 듣고 선조에게 보고한 내용이다. 다음은 그 일부이다.

"… 나 또한 대마도 사람으로서 조선의 봉록을 먹고 조선의 포목을 입으며 할아버지부터 아버지까지 여기서 태어나고 자란 터라 한편으로는 고향을 떠나고 싶

---

21. 조선시대 사람들은 하루에 아침과 저녁 두 끼만을 먹고 살았다. 다만 양반 상층가문에서는 하루 세 끼를 먹는 경우도 꽤 있었으나 일반적인 것은 아니었다. 그래서 '아침저녁 끼니'라고 한 것이다.

22. 선조와 인조 시대의 명신으로서 호는 약봉(藥峰)이다. 고려시대 서한(徐閈)의 후손으로 문과에 급제하여 판중추부사를 지냈다. 시호(諡號)는 충숙공(忠肅公)이다.

지 않고, 또 한편으로는 조선을 버리기도 어렵다고 하였습니다."

이것은 요시라 한 사람의 가문이 누린 혜택만을 이야기한 것이다. 그러나 이런 혜택은 요시라 집안 사람들만 특별히 받은 것이 아니었다. 대마도의 모든 사람들이 요시라 집안처럼 조선의 혜택으로 살아온 것이다. 다만 대마도주와 그 일가는 조선 정부로부터 특별하게 더 많은 것을 누렸다.

대마도 사람들은 물고기를 잡고 해산물을 채취하여 부산과 마산·울산·진해 등지로 가지고 와서 팔았다. 그렇게 할 수 있도록 조선이 해준 것도 대마도 왜인들의 경제 문제를 배려한 조치였다. 더구나 대마도주와 그 일족은 해마다 조선에 세견선 외에도 특송선을 보낼 수 있었다. 세견선으로 모자라는 것들은 특송선 편에 충분히 실어갔다.[23] 조선 정부가 대마도주에게 해마다 주기로 정한 것 외에 더 필요한 물자를 수시로 구해가도록 해준 것도 도주의 원활한 통치를 배려한 것이었다.

세종은 1419년에 대마도를 정벌하였으나 강경책만으로는 왜인의 침탈을 근절시킬 수 없다고 생각하였다. 그래서 회유책으로 계해약조를 맺어 처음에는 1년에 배 60척으로 삼포[24]에 와서 여러 가지 물건을 교환해가게 하였다. 대마도주와 그 이하 태수들이 1년에 보낼 수 있는 세견선과 선척 수를 정해 주었고, 받아가는 쌀과 콩도 각기 차등을 두었다.

세종 21년(1439) 4월 27일에는 경차관을 대마도에 보내어 사송선使送船을 정해주었다. 사송선은 세견선이나 특송선 외에 추가로 사사로이 보내오는 배이다. 사송선은 대·중·소·소소선小小船의 다섯 가지로 구분하되, 대선은 격인格人[25]이 40명, 중선은 30명, 소선은 20명, 소소선은 10명으로 정해주었다. 이와 같은 구분 기준은 세

23. 대마도주가 보낼 수 있는 특송선 역시 정해진 기준이 있었다. 『해동제국기』에 의하면 특송선은 특별한 용무가 있을 때 대마도주가 특별히 더 보낼 수 있는 배였다. 애초 계해약조에서는 특송선은 그저 배 몇 척이라고만 하였지 정확하게 정해놓은 것은 없었다. 이 특송선에 대한 대우는 세견선보다 한층 높아 일본 구주절도사(九州節度使)와 같은 등급이었다.

24. 울산의 염포·부산포·제포.

25. 노를 젓는 사공. 전함이나 수군 배의 사공을 격군(格軍)이라 한다.

견선의 예에 따른 것으로 볼 수 있다. 사송선의 수는 조선 정부에서 정해 주었고, 사송선 수와 규정에 따라 배에 타고 온 사람 각자에게 양식을 주었다. 조선 정부는 이런 세세한 규정을 대마도 사람들에게 자세하게 공개하여 잘 지키도록 유도하였다. 도주가 보내는 세견선이나 특송선·사송선 같은 것은 조선의 기미책에서 나온 것이지만, 그것이 대마도주를 꼼짝 못하게 옥죌 수 있는 족쇄로는 충분하지 않았다.

상대마의 산정에 있는 한국전망대.

그러나 성종 때에 이르러서 정해진 선박 수를 지키지 않아 문제가 되었다. 그것을 보여주는 구체적인 사례가 있다. "지난 경술년(1490년)에 나온 왜선 164척 가운데 대선이 160척이고 중선이 4척이었으며, 신해년(1491년)에 나온 왜선은 165척 가운데 대선이 162척이고 중선이 3척밖에 되지 않았다. 약속과 달리 대마도에서 매번 대선만을 보내어 양식을 받아갔다."[26] 고 한 내용이다. 그래서 배의 크기와 선박 수를 지키도록 해야 한다는 논의가 있었다. 그렇지만 이것은 세견선으로 인한 폐해만을 거론한 것이다. 세견선은 대마도주에게 허락한 일종의 물품반입선이다. 삼포왜변이 일어나기 한 해 전[27] 까지는 대마도주에게 쌀과 콩 각 2백 석을 주었다. 삼포왜란 이후 1백 석으로 줄였는데, 그것만으로도 도주의 살림은 버거웠을 것이다. 이처럼 세견선을 제한한 것은 사람과 물자를 통제함으로써 기미책을 보다 효과적으로 운용하기 위함이었다. 그러나 대마도주와 대마도 왜인들에게 치명적인 것은 부산포를 제외한 나머지 포구를 폐쇄한 것이었다. 세종 때 삼포를 열어 큰 혜택을 주었다가 중종 5년(1510) 이후에는 제포 한 곳만으로 시장을 제한한 것은 대마도주에 대한 징벌적 조치이자 경제 봉쇄 정책이었다. 비록 얼마 후 강경조치를 다소 완화하여 경제봉쇄

26. 성종 25년(1494) 4월 1일

27. 중종 4년(1509) 3월 7일

를 풀어주었지만 예전 같지는 않았다. 이후에도 조선의 국왕과 정부는 대마도주를 계속 후대하였지만 삼포왜란 이전으로 회복되지는 않았다. 그러므로 대마도주는 새로운 수입원을 다른 데서 찾아야 했다. 어쩔 수 없이 대마도는 중국·오키나와·필리핀 등지와의 무역에 눈을 돌릴 수밖에 없었다. 이후 대마도 왜인들은 '밥은 조선에서 얻어먹고, 바다에 나가 장사로 눈을 돌려 부를 축적'하였다. 그리하여 숙종 45년(1719) 일본에 통신사로 다녀온 이들은 『해유록』에 대마도인들의 삶을 이렇게 전했다.

"…… 털끝만큼이라도 이익이 있으면 죽을 데라도 달려간다. … 오지 바다에서 나는 것을 사고팔아 서쪽으로 초량(부산)에 모여들고, 북으로는 대판(大阪)[28]과 왜경[29]에 통하고 동쪽으로 나가사키(長崎)에도 나가니 바다의 도회지이다. 그리고 남방에서 아란타(阿蘭陀)·유구(琉球)·복건(福建)·소주(蘇州)·항주(杭州) 사람들이 배로 교역하러 와서 주옥(朱玉)·코뿔소·대모(바다거북)·상아·가주·후추·사탕·소목[30]·비단·수공예품이 모여든다. 대마도 사람들은 그들과 교역하여 원근 도시를 오가면서 이익을 남겨 생활하는 것이다. 그러므로 대마도주 이하 누구든지 거간 노릇을 하지 않는 자가 없으며, 이익을 많이 본 자는 엄청난 부를 쌓았다. 그래서 관아의 기물과 복식의 화려함이나 연회의 오락이 왕에 견줄만하다. … 모든 군사들에게 봉급으로 양식을 주는 것 외에는 관가에서 백성들에게 대여곡을 주거나 구제미를 주는 법이 없다. …"

임진왜란을 겪고 나서 17~18세기의 대마도가 상업에 치중하여 새롭게 변모해 가고 있었던 것이다. 농업을 위주로 하되 상업과 공업은 몹시도 천시한 조선은 일본과는 너무도 다른 길을 가고 있었던 것이다.

28. 일본 오사카
29. 倭京 : 현재의 교토(京都)
30. 蘇木. 붉은색을 내는 염료로도 사용하는 한약재.

제10부

대마도 수호 이대경은 누구인가?

- 이성계가 이대경에게 보낸 한 통의 서신

이성계가 대마도를 정벌하기 전, 대마도의 상만호·부만호·삼만호 등이 조선에 들어와 항복하였다. 그런데 얼마 후 그들이 대마도로 달아났다. 이에 이성계는 조준을 시켜 서신 한 통을 대마도에 보냈다. 그 편지의 수신인은 대마도 수호 이대경이었다. 고려 중기 종중상으로부터 종씨 일가가 대마도의 대권을 쥐고 있었고, 고려 말엔 대마도의 지배권을 종경무가 갖고 있었는데, 이때 와서 갑자기 이대경이 대마도 수호로 등장하였다. 이성계가 이대경을 대마도 수호로 부른 까닭은 무엇이며, 이성계의 편지에는 과연 어떤 비밀이 숨어 있을까?

이성계, 대마도 이대경에 상만호 죽이라고 편지 보내

우리는 대마도와 관련하여 『고려사』와 『조선왕조실록』에 등장하는 한 인물에 주목할 필요가 있다. 『고려사』의 이대경과 『조선왕조실록』 태조 6년(1397) 조에 오른 대마도 수호 이대경이다. 1396년 말에 대마도를 정벌하기 위해 조선은 1년 전(1395)부터 전함을 수리하였는데, 그 소문이 대마도에 전해져서 대마도의 종가들이 겁을 먹고, 와서 항복하였다. 대마도 상만호·부만호·삼만호 등 수뇌부 몇 명이 경북 울진과 경남 울산으로 항복해 왔고, 이성계는 그들을 조건 없이 받아들였다. 기록에 따르면 이성계가 김사형 등으로 하여금 대마도를 정벌하기 전에 종씨 일족들이 제 발로 찾아와 항복한 것이다. 그런데 그들의 항복은 받아들였으면서 조선은 계획대로 대마도와 일기도壹岐島를 정벌하였다. 정작 대마도 수호가 진심으로 항복하지 않았던 때문일까? 그에 관한 자료는 없으므로 더 이상 알 수 있는 것은 없다.

그런데 대마도·일기도를 정벌한 뒤로 5개월째가 되는 1397년 5월 6일에 이성계는 박인귀 편에 대마도에 편지 한 통을 보냈다. 이상한 일이지만 그 편지의 수신인은 종씨가 아니라 '일본국 대마도 수호 이대경'으로 되어 있다. 우선 그 편지의 전문을 들여다보자.

> "조선국 문하좌정승(門下左政丞) 조준(趙浚) 등은 일본국 대마도 수호(守護) 이대경(李大卿) 족하에게 서신을 보낸다. 본국은 귀방(貴邦)[1]과 바다를 사이에 두고 바라보고 있어 서로 좋은 이웃이었다. 그런데 경인년(1350년) 이후 귀치도(貴治島)와 일기도(一岐島) 두 섬의 무뢰배들이 모여 도둑이 되고, 변경을 침략하니 피해가 컸다. 우리 주상이 즉위하고서 무고하게 피해 입는 백성들을 불쌍히 여기시어 흉악한 무리들을 섬멸하고 변방 백성을 구제하고자 하였다. 이에 연해의 주군(州郡)에 명하여 전함을 수리하게 하였는데, 연전에 도적의 괴수들이 영해부(寧海府) 축산도(丑山島)[2]에 이르러 항복을 청했다. (주상은) 이전에 저지른 나쁜 짓을 생각

1. 귀하의 땅이라는 뜻으로 사용하였다.
2. 현재의 경북 축산항.

지 않으시고 내부해온 것을 가상히 여겨 그들을 울주(蔚州, 울산)에 살게 하였다. 양식을 주어 모여 살게 하였더니 뜻밖에 의심을 품고 우리의 관리를 겁박하여 달아났다. 금년 봄에도 와서 항복하기를 청하므로 주상께서 이전의 죄를 용서하시고 변방의 장수에게 명하여 후하게 대접하게 하였다. 그 부만호(副萬戶)와 삼만호(三萬戶)라는 자는 현재 서울에 있다. 집과 의식을 주어 예로 대접하고 있다. 상만호라는 자는 밀양에 이르러 후하게 잔치를 베풀었지만 배로 돌아가기를 청하므로 사람을 보내어 호송하였다. 그런데 갑자기 의심을 갖고 군선을 약탈하고 달아났다. 얼마 뒤에 우리 변방의 장수가 족하의 글을 임금에게 올리자 주상께서 아름답게 여겨 전 사재소감(司宰少監) 박인귀를 보내어 알리는 바이다. 상만호란 자는 이미 우리와의 약속을 어겼으며, 또 토주(土主)[3]의 뜻에도 위배되었다. 이것은 우리에게만 죄가 있는 것이 아니라 곧 족하의 죄인이다. 마땅히 헤아려 죄인을 쳐 없애고 화호(和好)를 통하면 다행이겠다."[4]

이 편지에서 주목되는 점이 몇 가지 있다. 먼저 서찰의 첫머리에 '일본국 대마도 수호 이대경李大卿 족하足下에게 부친다'고 되어 있는 것이다. 이 서찰을 보낸 시점이 조선 건국 5년째이고, 또 대마도 정벌 직후인데 이대경이 대마도 수호로 되어 있는 게 수상쩍다. 이때 대마도 수호는 종경무였으며, 족하란 지금의 '귀하'에 해당하는 존칭이고 '수호'는 대마도를 지키는 자'이다.

다음은 고려의 멸망과 조선 건국 시점이 몇 년 차이가 나지 않는데도 대마도의 최고권자를 수호라고 한 것도 문제이다. 대마도 수호는 분명히 대마도 만호보다 높은 직급으로 볼 수 있다. 본래 만호란 직위는 원나라와 고려에서만 사용하던 무인의 품계였다. 다시 말해서 원의 간섭과 고려의 지배권 밖에 있던 곳에서는 쓰지 않은 직제이다. 고려는 종경무를 대마도 만호로 불렀다. 반면 수호는 일본의 직제

3. 토주(土主)는 땅주인, 즉 대마도의 주인을 뜻한다. 이대경을 대마도의 주인으로 표현한 것으로 볼 수 있다.
4. 『조선왕조실록』 태조 6년(1397) 5월 6일

였다. 이것으로 보더라도 고려의 멸망 이후 조선 건국 사이 언젠가 대마도는 고려의 지배에서 벗어나 일본의 영역이 되었음을 미루어 짐작할 수 있다.

그런데 이 편지는 대마도에서 온 서찰에 대한 일종의 답신이었다. 1396년 말, 김사형의 대마도·일기도 정벌 이전에 항복한 상만호 등 종씨들이 대마도로 도망간 뒤의 어느 시점에 대마도 수호 이대경은 이성계에게 편지를 보내어 무엇인가를 조선 정부에 알린 것으로 되어 있다. 그리고 그 답신으로 이성계는 조준을 시켜 위 편지를 이대경에게 보냈음을 알 수 있다. 이대경이 이성계에게 보낸 내용이 무엇이었는지는 알 수 없지만, 조준이 이성계를 대신하여 써 보낸 편지의 내용으로 보면 이대경과 이성계는 무엇인가 필요한 정보를 주고받으며 교감하고 있었던 것 같다.

이 편지에서 또 하나 우리가 주목해야 할 것은 대마도를 '귀방' 그리고 '귀치도貴治島'로 표현한 점이다. 귀치도란 '귀하가 통치하는 섬'이다. 그리고 '귀방'은 '귀하의 땅'이라는 의미. '대마도'라는 이름 대신 굳이 귀치도라고 한 까닭은 무엇일까? 또 편지의 끝 부분에 이대경을 토주土主라고 하였는데, 그것은 대마도의 주인이라는 뜻이니 토주·귀치도·귀방과 같은 용어를 서로 연결해 보면 이대경의 신분이 분명해진다. '대마도수호' 이대경이 대마도의 실제 주인이자 최고권자였음을 알려준다. 그런데 바로 여기에 큰 의문이 있다. 고려시대 대마도의 실세들이 종경(종경무)을 비롯한 종씨 일족이었는데, 어떻게 해서 갑자기 이대경이 대마도수호가 된 것일까? 이성계가 조선을 건국한 뒤, 정확히 말하면 그가 대마도와 일기도를 정벌한 1396년 12월 초부터 5개월밖에 안 되는 사이에 대마도 수호 이대경이 대마도 만호 종경무를 대신한 것으로 되어 있다. 앞에서 설명한 대로 편지엔 1년 전에 이성계가 대마도 정벌을 준비하면서 전함을 수리할 때 그 소문을 듣고 '도적의 수괴'들이 울진 축산으로 들어와 항복했다고 한다. 도적이란 왜구를 뜻하고, 그 수괴라 하였으니 대마도의 수장을 뜻한다. 즉 종씨들을 이른 것이다. 그들 가운데 부만호副萬戶와 삼만호三萬戶는 서울에 정착하였고, 상만호上萬戶와 나머지는 울산에 살도록 하였다.[5]

5. 상만호, 부만호, 삼만호가 따로 구분되어 있는 것으로 보아 만호에도 최상급의 상만호와 그 다음 부만호,

그러나 상만호는 대마도로 돌아가고 싶다고 하여 돌려보내던 중인데, 그가 조선 수군의 배를 빼앗아 타고 대마도로 달아났다. 바로 이 상만호를 잡아 죽여 달라는 것이 이성계가 이대경에게 서찰을 보낸 목적인데, 그러면 대체 상만호는 누구일까? 상만호든 부만호든 당시 조선에 항복했던 대마도의 만호 그룹(?)은 대마도 종씨 인물들로 볼 수밖에 없다.

그러니까 그 당시의 대마도 만호는 종씨들이었고, 그들이 대마도의 실제 주인들이었으므로 편지에서 말한 '도적의 수괴'는 종씨이며, 상만호는 만호 중에서 가장 높은 직위이니 바로 이 상만호란 사람이 대마도 수호에 버금가는 사람이었을 것이다. 편지의 내용과 전후 사정으로 보아 상만호 이하 대마도의 수장급 인물들이 대마도를 떠나 있는 사이에 이대경이 대마도 수호인 것으로 되어 있다. 정말로 이 시기에 종가들을 대신하여 이대경이 '수호이자 토주'로서 대마도의 새로운 실력자로 등장한 것일까? 도대체 그간 대마도에 무슨 변화가 있었던 것일까? 대체 고려 말 이후 이성계가 집권한 태조 6년 사이에 조선과 대마도 사이에 어떤 정치적 변화가 있었으며, 김해–울산 지역에서 도망간 상만호를 조선의 죄인인 동시에 '족하의 죄인'이라고 지목한 까닭은 무엇일까? 다시 말해서 조선에 와서 항복했다가 다시 대마도로 도망친 상만호가 조선과 이대경에게 공동의 적이라고 규정한 이유는 무엇이며, 도대체 이대경은 누구일까?

고려 말 우왕·창왕 때의 고려 공신 이대경 있어

매우 안타까운 일이지만, 그와 같은 의문들을 속 시원하게 밝혀줄 수 있는 자료는 남아 있지 않다. 그나마 이대경이란 인물에 관한 기록은 남아 있으나 자료가 몹시 인색하다. 이대경은 과연 어떤 인물일까?

1370~1400년대 중국과 일본의 기록에는 이대경이라는 사람이 없다. 다만 한국의 기록에만 이대경이 있다. 다시 말해 한·중·일 삼국의 역사에 기록된 인물로서

그리고 부만호 아래 삼만호로 이해할 수 있겠다.

이대경은 고려와 조선의 기록에서만 발견된다. 이대경은 『조선왕조실록』 태조 6년(1397) 조와 『고려사』에 딱 한 차례씩 등장한다. 앞에서 설명한 대로 『조선왕조실록』에는 태조 6년 5월 초 박인귀를 통해 대마도에 보낸 편지에 '일본국 대마도 수호'로 등장하며, 『고려사』엔 고려 말 창왕 때(1390) 사람으로 나와 있다. 기록으로만 보면 고려의 이대경과 조선 초기의 이대경은 불과 7년 차이만 있다. 따라서 이 두 사람은 같은 시대를 산 인물로 볼 수 있겠다.

그러면 대체 고려 말의 이대경과 조선 초에 대마도 수호였다는 이대경은 어떤 관계가 있을까? 답은 둘 중 하나다. 같은 사람이 아니면 다른 사람이다. 이것은 결국 『고려사』의 이대경과 『조선왕조실록』의 이대경을 어떻게 볼 것인가 하는 문제이다. 이것을 이해하기 위해서는 먼저 그 시대의 상황을 알 필요가 있다. 『고려사』에는 고려 말 우왕·창왕 옹립파와 그것을 반대한 세력 사이에 빚어진 사건에 이대경이라는 인물이 나타난다. 그는 '김종연의 모의 사건'을 정몽주가 탄핵하는 내용 가운데 보인다. 김종연 모의 사건이란 이성계를 제거하려던 계획을 말한다. 김종연은 고려 말 박위·최칠석·박자안 등과 함께 대마도 정벌에 참여했던 인물로서 이인임李仁任·이림 등과 함께 우왕과 그의 아들 창昌을 왕으로 세우는데 기여하였다. 그런데 김종연 모의 탄핵 사건은 공민왕과 궁녀 반야 그리고 승려 신돈[6]의 문제로 거슬러 올라간다. 이해를 돕기 위해 어쩔 수 없이 짤막하게 소개해야겠다. 공민왕은 노국공주와의 사이에 자식이 없었다. 그런데 반야가 아이를 가졌고, 이 아이가 후일 임금이 된 우왕이다. 우왕은 궁녀 반야와 신돈 사이에서 나온 자식이라 하여 왕이라는 말 대신 신우辛禑라 하고, 그 아들 창 또한 신창辛昌이라고도 불렀다. 신돈의 자식이니 고려의 왕통인 왕씨가 아니라는 얘기다. 즉, 우왕·창왕은 고려의 정통 왕가인 왕씨가 아니므로 이들로 고려의 정통성은 끝났다는 전제가 있는 이야기인데, 이성계 일파는 왕씨가 아닌 우왕·창왕 부자의 두 가짜 왕을 폐위시키고 진짜 왕씨를 왕으로 세워야 한다고 주장했다. 그것이 이른바 폐가입진廢假

6. 신돈(辛旽, ?~1371년)

立眞이다. 정몽주 역시 이에 가담하였다. 그렇지만 정몽주는 이성계가 왕이 되는 사태만큼은 극력 반대했다. 김종연은 정몽주와도 다른 입장이었다. 그는 우왕 및 창왕 편에 서 있었는데, 그것이 빌미가 되어 이성계를 제거하려 한 사건에 연루되었던 것이다.[7]

소위 김종연 모의 탄핵사건이라 하는 기사는 우왕에 이어 창왕이 들어선 시기(1389)에 벌어진 일을 다룬 내용이다. 이인임은 우왕을 왕위에 앉혔으며, 김종연·조민수·이색 등 많은 이들이 우왕과 창왕 편에 서 있었다. 물론 그들은 이성계 일파와 대립적인 관계였다. 그런데 그때 김종연이 경기도 여주에 가 있던 우왕을 만나고 수시로 뜻을 통했다 하여 정몽주가 김종연을 맹렬히 공격하면서 사건이 크게 확대되었고, 그로 인해 많은 사람이 죽거나 다쳤다.

『고려사』 정몽주 편에 형조에서 신우·신창 부자를 우왕과 창왕으로 옹립한 일과 관련하여 다섯 가지 죄를 열거하는 내용이 나오는데, 바로 이 기사 가운데 이대경이란 인물이 등장한다.

> "왕씨 세우는 의논을 막고 신우(辛禑)의 아들 신창辛昌(창왕)을 왕으로 세운 자는 조민수·이색이며, 김종연의 모의에 응한 자는 박가흥·지용기·이무·정희계·이빈·윤사덕·진을서·박위·이옥·이중화·진원서·김식·이구철입니다. 다만 지용기·박위·이무·정희계·이빈·윤사덕·진을서·진원서·이옥·이중화 등은 모두 문초하지 않고 벼슬을 떼어 유배하였으며 또 진술한 내용이 없으므로 정상이 의심스럽습니다. 그러나 지용기와 박위는 공신의 반열에 있는 사람이고 지위가 장상(將相)에 이르렀으니 마땅히 마음을 다하여 보좌해야 하건만 군관을 많이 모아 김종연을 시켜 모의를 하고자 했으니 정상을 헤아리기 어렵습니다. 김식·이구철 등도 의심스럽습니다. 신우(우왕)를 맞아 왕씨를 영구히 끊어버리려 모의한 자

7. 이에 관해서는 『고려사』 권104 열전 제17 제신(諸臣) 김종연 편에 '김종연이 이성계를 제거하는 계획에 연루되다'라는 기사로 소개되어 있다. 여기서는 서경천호(西京千戶) 윤귀택(尹龜澤)이 양백지(楊百之)와 술을 마시면서 김종연(金宗衍)과 조유(趙裕)가 함께 이성계를 제거하려 했다고 되어 있다.

는 변안열·이을진·이경도·원상·이귀생·정지·우현보·우홍수·왕안덕·우인열 그리고 이색·정희계입니다. 대역죄인 변안열은 진술내용 없이 이미 죽임을 당했으나 가산은 몰수하지 않았으니 온 나라가 원망하고 있으며 이을진은 변안열과 함께 모의하여 국가를 교란한 사실이 명백합니다. 이제 이을진의 진술내용에 의하면 이경도가 모의에 참여한 것도 명백하며 변안열의 심복으로 도진무(都鎭撫)가 되었으니 어찌 변안열의 모사를 이경도가 알지 못하였겠습니까. 마땅히 이을진과 대질하여 문초할 일입니다. 원상과 이귀생은 알고도 자수하지 않았고, 또 이림 부자의 진술내용에 의하면 우홍수는 비록 신우를 왕으로 맞이하는데 관여하였으나 진술내용이 없으니 의심스럽습니다. 정지의 진술내용을 보면 정지는 무고를 당한 것이 분명합니다. 박의룡의 진술내용을 보면 이색이 우왕을 맞이하기로 모의한 사실이 분명하니 죄 줄만 합니다. 우현보·왕안덕·우인열·정희계 등은 이미 모두 면직하고 외지에 유배하였으나 진술내용이 없어서 그때 사건을 문초한 순군관(巡軍官)에게 물어보니 모두 우현보 등이 모의에 참여하였음을 김저(金佇)가 이미 말했다고 합니다. 그러나 그때 김저와 대면하여 시비를 가리지 않았고 또 진술내용이 없으니 의심할 수 있습니다. 우인열은 순군(巡軍)에 앉아 김저의 진술내용을 명백하게 받지 않았고 왕안덕은 충남 서천 비인의 도둔곶이에서 패군한 후, 여러 날이 걸리는 여흥(驪興, 경기도 여주)에 가서 우왕을 만나 보았으니 그간의 사정은 헤아리기 어렵습니다. 또 이림 부자의 진술내용을 보면 변안열이 우인열과 왕안덕을 시켜 신우를 맞이하고자 했음이 명백합니다. 윤이(尹彛)와 이초(李初)의 글에 나타난 자로서 변안열·김종연은 이미 죽임을 당하였고 이림·조민수는 병사했으며 우인열·정지·이숭인·권근·이귀생·우현보·권중화·장하·이종학·경보는 이미 죄를 승복하였습니다. 이색·진을서·이인민·한준·정룡·구천부·이대경(李大卿)은 모두 진술내용이 없으며 윤이·이초의 글 중에도 나타나지 않습니다. 홍인계의 진술내용에 나타난 자로 최공철(崔公哲)은 이미 매를 맞아 죽었고 최칠석·안주(安柱)·공의·곽의·정단봉·조언·왕승귀·장충립은 승복하였으며 조경은 병사하였습니다. 선왕의 서손을 몰래 기른 자 또한 지용기입니다. 지용기가 왕익부(王益富)를 몰래 기른 정황이 명백하니 그 죄를 용서 할 수 없습니다."

이 사건의 중심에 있었던 김종연이나 정몽주·이색 그리고 대마도를 정벌한 박위·최칠석·박자안 등은 이대경과 함께 고려 말의 혼란기를 살았던 고려의 공신들이다. 위 내용에서 보듯이 우왕이나 창왕을 옹립한 쪽은 이인임·조민수·김종연 등이었다. 이 사건에 연루된 사람이 많았으나, 박위는 공신이어서 죄를 면했으며 이색은 조선의 건국이념인 유학을 정도전을 비롯한 혁명세력들에게 가르친 덕으로 면책되어 살아났다. 그리고 이대경은 관련자들의 진술에서 이름이 오르내리지 않았으므로 혐의가 없다 해서 풀려났다.

이 사건은 이성계 일파가 자신들의 권력기반을 강화하고 왕조를 교체하기 위한 작전을 벌이는 과정에서 일으킨 일이었다. 또한 공양왕 2년(1390) 5월 윤이尹彛와 이초李初가 명나라에 가서 이성계를 성토한 일이 있었는데, 이 일로 말미암아 윤이·이초는 돌아와서 옥사하였다. 이 사건 역시 이성계 일파가 국면 전환을 위해 정치적으로 조작한 일이었다. 이들 두 사건으로 정몽주와 이인임·변안렬·우현보·이림 등 이성계의 반대세력이 제거되었다. 대신 이성계 일파에게 협력한 이들은 살아남았다.

이 당시 '변안렬·이림·우현보·우인열·우홍수 등은 경기도 여주에 내려가 있던 우왕[8]을 왕으로 세우기로 약속했었다'는 진술을 김저로부터 받아내고는(김저는 옥사) 곧장 우왕을 강릉부로 옮기고 창왕을 폐위시켜 강화부로 내쫓아 버렸다. 그리고 곧 이어 사람을 보내 우왕·창왕 부자를 목 졸라 죽여 버렸다.

처음에 이인임은 우왕을 세우고 나서 얼마 안 되어 우왕의 어머니 반야를 몰래 죽였다. 우왕의 위세를 빌어 권력을 휘두르며 왕권이나 공신들의 권위에 도전할지도 모른다는 우려에서였을 것이다. 이인임 일파가 정권을 쥐고 정국을 주도하기 위

8. 여흥은 경기도 여주의 옛 명칭.

한 포석도 있었을 것이다. 그러나 그것이 반대파들에게 큰 빌미를 주었다. 신돈이 공민왕으로부터 전권을 위임받아 정국을 주도하면서 많은 반발을 불러 일으켰지만, 그래도 이인임은 구귀족으로서 권력의 중심부에 있었다. 신돈이 실각한 이후로도 이인임 일파는 주도권을 잃지 않았다. 이인임은 우왕의 정치적 배경이 되어 주었다. 따라서 이인임 일파에 적대적이었던 이성계 세력은 우왕이 신돈과 반야의 자식이라는 소문을 퍼트렸을 것이다. 정치적으로 노회한 공민왕이 신돈을 내세워 권문세가와 무인 구귀족들을 제거한 것이라든가 이인임 일파가 반야를 죽이고 우왕과 결탁한 일을 신돈과 반야의 간통으로 생긴 사생아에 비유하여 악소문을 퍼트린 것으로 볼 수 있다는 뜻이다. 이를 위해 조선을 세운 혁명세력들은 교묘한 방법을 동원하였다. 『고려사』에 공민왕이 자식을 두지 못한 것은 그가 성불구자이고 관음병자였기 때문이라고 기록하였다. 조선을 연 혁명세력들은 '공민왕이 궁녀와 대신들을 칼로 위협하여 강제로 성행위를 시키고, 그 장면을 문틈으로 엿보는 관음병 환자였다'고 기록하였는데, 그것은 비록 역사의 승자들이 남긴 기록 치고는 대단히 악의적인 것이었다고 판단된다.

태조 이성계의 초상(영정)

어디까지가 진실인지는 알 수 없지만, 아무튼 이성계 일파는 우왕·창왕 대신 공양왕을 세웠다. 왕씨의 혈통이라 해서 고려 신종의 7세손을 왕으로 세운 것인데, 공양왕 역시 이성계·이방원 부자의 등쌀에 시달렸다. 그리하여 공양왕은 이성계를 몰래 제거하려다 들통 나서 폐위되었다. 공양왕이 믿고 있던 곽충보에게 이성계 제거계획을 발설한 게 화근이었다. 이방원의 심복이었던 곽충보는 즉시 이방원·이성계에게 그것을 알림으로써 공양왕을 폐위시켜 죽이고, 드디어 이성계가 왕권을 넘겨받게 된다. 『고려사』는 조선 세종~문종 시대(1451)에 쓰였는데도 그 기록에서 이성계 일파가 우왕·창왕·공양왕을 내치고 정권을 넘겨받는 과정을 보면 이런 일련의 사건들은 모두 권력을 빼앗기 위한 조작극이었음을 느끼게 한다.

1390년에 공양왕이 들어섰을 때는 이미 군사권을 비롯하여 모든 실권이 이성계에게로 넘어가 있었다. 위 사건에 등장하는 박위·정지 등은 이성계의 수하로서 여러 차례 공을 세운 장군들이었다. 김종연도 박위 못지않은 장군 출신이었다. 고려 말(1389) 대마도를 정벌한 박위는 그 이전에도 이성계·정지 등과 함께 여러 차례 왜구를 토벌했으며, 정지는 위화도 회군 때(1388) 이성계 휘하에서 공을 세운 인물이다. 박위는 경상도 원수로서 김종연과 함께 대마도로 출정했으며, 그 후 7년만에 이성계는 다시 김사형·남재를 대마도와 일기도에 보내 토벌하였다. 그 당시의 정치적 상황으로 보아 1396년 겨울에 대마도를 다시 친 것은 왜구 정벌보다는 이성계 일파에 반대하여 대마도로 도망한 망명객이나 고려를 뒤엎고 조선을 세운 혁명세력에 반기를 든 종가 일족을 토벌하려는 목적이 있었던 게 아닌가 싶다.

연월일	주요 사건
1389년 2월	박위·김종연·최칠석·박자안 등이 대마도 정벌
1388~1390년	윤이·이초가 명나라에 들어가 시중 이성계의 횡포를 폭로. 공민왕이 죽고, 우왕(1365~1389)이 즉위했다가 우왕의 아들 창(1388~1389)이 임금이 되었다. 그러나 1390년 창왕이 폐위되고 공양왕이 들어섰으며 우왕과 창왕 부자는 죽임을 당했다.
1396년 12월 4일	김사형·남재의 대마도 및 일기도 정벌
1401년(태종 1년) 9월 29일	사미영감은 대마주수(對馬州守)로, 종정무는 대마도 태수로 등장
1404(태종 4년) 1월 9일	종정무가 대마도 태수에서 수호관으로 바뀌었다.
1406년(태종 6) 3월 29일	사미영감 죽고, 그 아들 종정무가 수호관이 되었다.

이대경에게 편지를 보내기 5개월 전에 김사형·남재를 시켜 대마도와 일기도를 정벌할 때, 이성계는 한강까지 나가서 부대를 전송했다. 그만큼 중요한 출정이었기에 그랬을 것이다. 그런데 어쩐 일인지 그 뒤의 전투상황이라든가 출정결과 등에

관한 기록이 없다. 그 앞뒤의 기사와 분위기로 보아 정벌은 성공하였으나 전과를 「태조실록」에서 의도적으로 누락시켰을 가능성이 있다. 그렇다면 이때의 출정에는 어떤 정치적 계산이 있었던 게 아닐까? 이대경이 활동하던 시기에 고려의 국사와 병권을 이성계가 쥐고 있었으므로 충분히 의심해볼만한 일이다. 김종연 모의사건에서 살아남은 이들은 이성계에게 협조적인 사람들이었다. 이런 배경에서 보면 이성계와 이대경은 상당히 가까운 관계였거나 반대로 이성계 일파에게 맞선 사람이지만 가까스로 살아남았을 수도 있다.

그러면 조선에 있어야 할 이대경이 왜 일본 대마도에 수호로 가 있었던 것일까? 이 점이 가장 큰 의문인데, 개성이나 한양(경성)에 있어야 할 이대경이 왜 갑자기 대마도를 통치하는 '수호'로 있었는지, 그것을 알려주는 결정적인 단서나 기록은 없다. 그러면 이대경은 과연 누구일까?

고려 공신 이대경을 제거한 회심의 살수, 편지 한 통

아쉽게도 이대경에 관해 더 이상 자세히 전하는 기록이 없다. 그의 출생과 죽음, 그리고 고려 공신으로서의 삶과 이력이라든가 대마도 수호로서 살았던 그의 행적을 알 수 있는 자료가 전무한 것이다. 그에 관한 기록이 없는 것은 아마도 조선을 건국한 혁명 세력이 자신들에게 불리한 자료는 남기지 않은 탓으로 볼 수밖에 없다. 또한 일본의 어떤 자료에도 이대경이란 인물이 없다. 대경大卿이란 벼슬은 고려에만 있었지 일본에는 없었다. 다만 '수호守護'라는 것은 일본의 호칭이었다. 그렇다고 원나라와 명나라의 교체기였던 그 당시에 이대경이라는 이름을 가진 사람은 중국에도 없었다. 물론 이씨 성은 일본인의 성씨도 아니다. 이대경이란 이름은 『고려사』와 「태조실록」에만 딱 한 차례씩 등장할 뿐, 그 외에는 어떤 기록에도 없다.

다시 말해서 한국의 기록에만 등장하는 사람인데, 그것도 느닷없이 '일본국 대마도 수호'로 나타나 있는 것이 이상한 일이다. 이런 여러 가지 요소를 감안해 보면 이대경이 일본에서 대마도 수호로 파견된 사람이라고 보기 어렵다. 다시 말해 대마도수호 이대경은 일본인일 수 없다는 뜻이다. 결국 『고려사』에 실린 고려인 이대경과 「태조실록」에 보이는 대마도수호 이대경을 동일인물로 볼 수밖에 없는 것이다.

『고려사』 우왕 옹립 사건에서 '관련 혐의 없음'으로 풀려난 이대경과 '일본국 대마도 수호 이대경'이 같은 인물이라고 보는 이유는 우선 두 사람이 같은 시대를 살았다는 점에 있다. 또 앞에서 설명하였지만, 그 당시 일본과 중국에는 이대경이란 인물이 없었다. 『고려사』에는 고려 멸망 직전의 인물로, 『조선왕조실록』에는 이성계 시대 대마도 첫 수호로 되어 있지만, 고려의 공신 이대경과 대마도 수호 이대경을 한 사람으로 볼 수밖에 없는 또 다른 이유로서 먼저 '대경'이란 흔치 않은 이름을 사용한 점이다. 대경大卿은 고려시대 국왕 바로 아래의 최상층 관료를 이르는 용어였다. 이대경李大卿은 이씨 성의 대경 벼슬을 한 사람을 이른다. 이것은 실명이 아니다. 더구나 고려 말~조선 초의 기록을 다 뒤져 보아도 그 시대 중국에 이대경이란 인물이 없고, 한국에만 있었다. 조선 건국 세력이 남긴 기록에 이대경이 등장하는 만큼, 이성계·정몽주 등과 같은 시대에 활동한 이대경을 이성계의 편지에 보이는 대마도 수호 이대경으로 보는 것이 옳다.

본래 경卿이라는 글자는 한국과 중국에서 전통적으로 사족士族 가운데 최고위층 신분을 이른다. 왕 이하 경卿·대부大夫·사士의 서열 가운데 경은 최상위 지배계층이다. 고려시대엔 대경 아래에 소경少卿이란 고위 관료가 더 있었다. 조선의 경우로 보면 영의정·좌의정·우의정을 삼경三卿이라 하는데, 영의정의 또 다른 칭호가 대경大卿이다. 충남 태안군 안흥 대섬 인근에서 발견된 고려시대 난파선에서 목간이 나왔는데, 거기에도 최대경崔大卿이라고 쓰여 있는 것이 확인되었다. 또 고려 말 이인복을 이대경으로 부른 사례가 『고려사』에 더 있다. '이대경이 승선에 임명되었다는 소식을 듣고 붓을 달려 하례하다'라는 목은 이색[9]의 시에서도 대경이란 벼슬을

9. 호가 목은(牧隱)이다. 이색(李穡, 1328~1396)은 이곡(李穀)의 아들로서 한산이씨의 시조이므로 한산백(韓山伯)이라고도 부른다.

확인할 수 있다.[10] 이인복이 시중侍中이란 벼슬을 지냈으므로 '대경'은 아마도 고려의 최상위 관료인 시중을 대신한 호칭이었던 것 같다. 이인복[11]은 이인임의 형이다. 하지만 이인복의 생존기간은 1374년까지였으므로『고려사』열전 정몽주편의 김종연 사건(1390)에서 살아남은 이대경은 이인복일 수가 없다. 그러므로 대마도 수호 이대경은 고려 말 김종연 모의 탄핵사건 때 거론된 이대경이 분명하다고 보는 바이다. 이성계가 이미 고려의 대권을 쥐고 있던 시대에 그는 이성계 일파에 저항하다가 대마도로 도망쳤을 것이다.

이대경이 대마도로 나가기 전, 대마도주는 종경宗慶이었다. 앞에서 몇 차례 밝혔지만, 종경은 종경무이다.[12] 이대경이 대마도에 있을 때 대마도의 실권을 쥔 대마도주는 종경무의 아들 종뢰무였다. 사미영감 또는 영감으로도 불린 종뢰무는 1402년부터 대마도에 살았고, 그 이전에는 후쿠오카에 살았다. 다만 그 사촌동생 종징무宗澄茂를 대마도에 유수留守로 보내 자신을 대신하게 하였다. 1400년에 종하무宗賀茂가 배신하자 토벌하고 자신이 직접 대마도에 살기 시작한 것이다. 그러니까 종징무가 대마도의 대권을 대리 행사하던 시점에 이성계의 반대편에 서 있던 이대경이 갑자기 대마도의 토주이자 대마도 수호로 되어 있는 것이 이상한 일이다. 이대경이 과연 '대마도 수호'였을까? 결론부터 먼저 말하자면 그것은 사실이 아니었다.

그러면 이성계가 조준을 시켜 쓴 편지를 박인귀 편에 들려 대마도에 보낸 목적을 한결 수월하게 추리할 수 있겠다. 편지에 나타난 내용으로만 보면 도망간 대마도의 상만호를 죽여 달라는 것이었다. 그런데 그 상만호는 1396년에 제 발로 와서 항복하였다가 대마도로 달아난 것이니 대마도로 도망친 이대경더러 상만호를 포함하여 조선에 투항했다가 대마도로 달아난 종가 인물들을 죽이라는 것인데, 정작 이

10. 聞李大卿拜承宣 走筆奉賀-樵隱先生道德尊 文章聲價動中原 眼前淪逝是諸子 身後立揚唯一孫 萬世明禋從大室 幾家餘慶得高門 病餘老牧尤驚喜 當日陪筵斷國論(牧隱詩藁卷之八)

11. 李仁復(1308~1374). 이인복의 자는 극례(克禮)이며 호는 초은(樵隱)이다. 시호는 문소공(文昭公)이며 본관은 경북 성주(星州)이다. 그의 문집으로『초은집(樵隱集)』이 있다.

12. 종경무(宗經茂)는 1333년(元弘 3, 고려 충숙왕 2)에 후쿠오카 태재부(太宰府)의 소이씨, 즉 무등정경(武藤貞經)을 따라 종군하여 북조(北朝)의 영시(英時)를 죽이고 그 공을 인정받았다.

편지가 이대경에게 전해졌을지 아니면 종가의 누군가에게 전해졌을지는 알 수 없다. 물론 대마도 종가들의 움직임으로 보아 1396년에 이성계가 단행한 대마도 정벌을 단순히 왜구 퇴치만을 목표로 한 게 아니라 이성계의 조선 건국에 반발한 세력들까지 제거하기 위한 출정이었던 것 같다.

그렇게 보는 데는 몇 가지 이유가 있다. 1388년 여름 이성계가 위화도에서 회군하고, 그 이듬해(1389) 박위를 시켜 대마도를 쳤을 때, 대마도의 왜인들은 거의 토벌된 상태였다. 이때 대마도주 종뢰무를 대신한 인물은 앞에서 설명한 대로 종징무였다. 이 무렵 대마도 종가는 고려로부터 특별한 대우를 받고 있었다. 그런데 이성계가 고려를 뒤엎고 조선을 건국하면서 종가들은 이성계의 혁명과 조선 건국에 저항한 것으로 보인다. 그래서 그들을 완전히 제거하기 위해 대마도 정벌을 추진하자 그 소식을 들은 대마도 종가 수뇌부는 투항하였을 것이다. 이렇게 해서 이성계는 대마도 수호나 종씨 일족이 자신들에게 순응한 것으로 파악하였을 수 있다. 그렇지만 그 외에도 이성계 세력에 반대한 이들이 대마도에 남아 있었거나, 정치적으로 탄압을 받아 대마도로 피난한 망명객이 있었을 것이다. 그런 세력들을 제거하기 위해 나선 것이 1396년 음력 12월 초 김사형·남재의 출정이었다고 파악하는 바이다. 물론 출정의 명분은 왜구토벌이었을 테지만.

그런데 이 무렵, 대마도 책임자가 종가에서 이대경으로 바뀌어 있는 것이 문제이다. 더구나 이대경을 대마도 수호라고 적었으니 이것은 적어도 조선 정부가 이대경을 정식으로 '대마도 수호'로 인정한다는 조선 측의 의도를 드러낸 것이었다. 이대경과 종가 사이를 이간질한 편지인 것이다. 그러면 대마도 수호가 이대경으로 바뀐 시점은 언제일까? 거슬러 올라가면 박위의 대마도 정벌(1389)로부터 이성계의 대마도 정벌(1396년 12월 4일) 사이일 것이다. 만일 우왕·창왕이 폐위되어 죽임을 당하고 김종연도 사망한 사건을 겪은 시점까지로 보면, 이대경이 대마도로 간 시기는 1380년대 말 이후 1397년 4월 이전이 될 것이다. 편지의 내용을 가지고 추리해보면 1396년 12월 4일 이후 1397년 5월 초 사이에 이대경이 대마도에 있었던 것은 분명하다. 김종연 사건에 등장하는 이대경이 만약 1390년대에 대마도에 있었다면 그는 정치 망명객 신세였을 가능성이 높다. 그런 그가 '일본국 대마도 수호'로 되어 있는 것 자체가 이상한 일이다. 추정하건대 이성계가 조준을 시켜 쓴 편지는 이대경을 제거하기 위한 정치적 술수였을 것이다.

그러면 과연 대마도 수호이며 토주土主가 어찌 해서 고려조의 종가에서 조선 건국 직후 이대경으로 바뀌었으며, 그 후에 다시 종정무의 할아비 사미영감과 종정무가 대마도 수호가 되는 것일까? 그것을 알아내기 위해 김사형·남재의 대마도 출정을 살펴보자. 아마도 1396년의 출정에는 최소 한두 달은 걸렸을 것이다. 원정군은 12월 4일에 떠났으니 적어도 그 다음해 정월이나 2월 중에는 개선하였을 것이다. 그런데 조준이 쓴 편지엔 먼저 이성계가 이대경으로부터 대마도의 사정을 전해 듣고 서찰을 보낸 것으로 되어 있다. 이성계와 이대경이 대마도 문제를 놓고 뭔가 정보를 공유하면서 서로 공조하고 있었던 것으로 되어 있는 것이다.

여기서 우리는 두 가지 경우를 생각할 수 있다. 이대경이 이성계와 친밀한 관계였다면 서로 의사를 전달할 수 있는 수단을 가졌을 것이므로 이성계가 조준을 시켜서 쓴 편지의 내용은 진실일 수 있다. 그러나 두 사람이 정치적으로 대립한 사이였다면 편지의 내용 중 중요한 부분은 허구였을 가능성이 농후하다. 그 편지의 내용 자체가 허구라는 뜻이 아니라 그 편지를 보내기 전에 이대경에게서 대마도에 관한 정보를 받았다는 것이라든가 이대경이 '대마도 수호' 또는 '토주'라고 한 것이 사실이 아닐 수 있다는 뜻이다.

쉽게 말해서 이 편지는 일종의 간계로 짐작할 수 있다. 두 차례의 정벌로도 이대경을 잡아 제거하지도 못했고, 대마도주(당시엔 수호)도 잡지 못했다. 편지에 상만호·부만호·삼만호가 항복했다가 달아난 것으로 되어 있지만 실제로는 슬그머니 놓아준 것일 수도 있다. 1396년 겨울의 대마도 정벌은 이성계 측에서 종씨 일가를 제거하기 위한 게 아니라 사실은 왜구토벌을 명분으로 이대경을 비롯한 이성계 적대세력을 없애려는 데 있었던 듯하다. 그래서 마지막 살수를 쓴 것이 상만호를 놓치는 형식으로 대마도에 풀어 보내면서 그들로 하여금 역정보를 흘리고, 이성계 측은 종가 대신 이대경을 대마도 수호로 인정하는 식으로 꾸몄을 것이다. 게다가 이대경을 '대마도수호'로 쓰고, 편지에 이대경과 이성계가 서로 내통한 것처럼 꾸며서 이대경에게 종가들을 죽여달라고 하였다. 그렇지만 이 편지가 실제 대마도수호인 '종씨'에게 전해졌을까? 설사 이대경에게 전했다 해도 종가들이 먼저 이대경을 죽였을 것이다. 결국 그 편지는 종가들을 이용하여 이대경을 힘들이지 않고 제거하기 위한 살수였다고 보는 게 타당할 것이다. 만약 이것이 사실이라면 이 계책은 평범한 조준에게서 나온 것이 아니라 정도전에게서 나온 꾀일 수도 있다는 생각이 든다.

이렇게 해서 이성계는 '도랑 치고 가재 잡는 식'으로 왜구토벌과 조선 건국에 저항한 세력을 제거하였을 것이다. 김사형·남재의 대마도·일기도 정벌의 명분은 왜구토벌이었으나 그 이면의 목적은 이대경을 제거하기 위한 비밀작전이었다고 보는 바이다.

이성계 측에서는 자신들의 손에 피 한 방울 묻히지 않고 종가들을 이용하여 이대경을 간단히 제거했을 것이니 그 이상 훌륭한 계책은 없었을 것이다. 이것은 고려의 이대경이 이성계 일파와 대립관계에 있었고, 그가 대마도로 피신하였을 것이라는 가정에서 출발한다. 즉, 이대경은 대마도 수호가 아니었는데 일부러 이성계 측에서 수호라고 부르며 마치 이성계 측이 이대경과 서로 정보를 주고받으면서 종가를 제거하려 한 것처럼 꾸며서 종가들로 하여금 이대경을 제거했다면 이성계는 반간계를 이용하여 이대경을 제거한 것이다. 제 발로 찾아와서 항복한 상만호를 도망가게 만들어서 종씨와 이대경을 이간질하고, 그것을 바탕으로 실제의 목적을 이룬 것이므로 이 계책은 몇 만 명의 군사보다도 훌륭한 것이었다고 할 수 있다. 이 일이 있고 난 뒤로 『조선왕조실록』에 대마도 수호는 '사미영감'으로 기록되었다. 고려 말부터 고종 때까지 조선시대 내내 종씨들이 대마도의 주인이었는데 이성계 시대 이대경이 잠깐 나타났다 사라진 것을 보면 1396년의 대마도 출정과 이대경에게 보낸 비밀편지에 대한 이상의 해석은 사실에 근접한 추리일 것으로 믿는 바이다. 이성계와 조선 건국세력은 마지막 정적인 이대경을 제거하지 않으면 혁명의 정당성과 조선의 정통성에 치명적인 비밀이 누설될까 두려웠을 것이다.

그렇다면 이 경우 이대경으로 떠올려 볼 수 있는 인물은 누구일까? 고려 말 득세한 집안을 고르면 그 답을 빨리 찾을 수 있을 것이다. 고려 말의 상황에서 가장 먼저 떠올릴 수 있는 가문이 성주이씨 가계이다. 그 중에서도 이억년의 후손이 가장 유력할 것으로 본다. 고려 말 성주이씨 가문은 고려에서 큰 권력을 갖고 있었다. 이억년의 5형제는 고려 문무 관료들 가운데 최고의 실세들이었다.

고려 말 이장경에게는 다섯 아들이 있었는데, 그들이 바로 백년·천년·만년·억년·조년의 5형제이다. 고려 말에 세력을 떨친 이숭인·이인임·이인복 등을 비롯하여 많은 수의 성주이씨 출신 명사들이 바로 이장경의 후손들인데 이억년의 후손은 태성·태문 두 아들과 손자 일방을 끝으로 더 이상 기록되지 않았다. 이억년은 이장경의 다섯 아들 중 넷째로서 평양유수平壤留守를 지낸 것으로만 되어 있다. 이억년에게는 위로 백년·천년·만년 세 형이 있었고, 그 바로 아래가 고려의 시문학에서 이름을 날린 인물로 우리가 잘 알고 있는 이조년李兆年이다. 이억년의 큰아들 태성台成에게는 일방日芳이라는 아들 하나가 있어 그가 평양윤平壤尹을 지낸 것으로 되어 있다. 평양윤이란 지금의 직제로 치면 평양시장. 이억년의 후손은 손자 일방으로 끝난다. 이억년의 둘째 형 이천년의 손자 이영李英이 명나라에 투항함으로써 성주이씨 족보에 그들의 가계가 끝난 것으로 기록된 것처럼 이일방 또는 이억년의 둘째아들 태문 등을 '대마도수호 이대경'으로 떠올려 볼 수 있겠다.

이것은 충분히 의심해볼만한 것으로, 이대경은 물론 그의 가족 모두가 당시 이성계 일파에게 제거되었을 가능성이 크다. 고려 말~조선 초 성주이씨 가문이 이성계 일파와 반대편에 선 세력이었으므로 제거 대상이었을 것이라고 보는 데는 문제가 없다. 고려 말, 성주이씨 이장경의 다섯 아들과 그 후손들은 고려 정계에서 막강한 실력들을 갖고 있었다. 이백년의 증손자 이숭인, 그리고 이조년의 손자 여섯을 대표적인 인물로 꼽을 수 있다. 위로부터 이인복(문하시중)·이인임(문하시중)·이인미(판서)·이인립(대제학)·이인달·이인민(대제학) 여섯 형제가 고려 중앙 무대의 실세로 활동하였고, 이 외에도 이장경의 후손 가운데 많은 이들이 고려 정계에 포진하고 있었다. 더구나 이인임을 비롯하여 성주이씨 일가들 중 누군가를 대마도 수호 이대경으로 먼저 지목해 볼 수 있는 것이다.

이대경이 대마도로 피신했다면, 그 시기는 창왕과 공양왕의 교체기였을 것이다. 1389년 팔관회 날 왕위에서 쫓겨난 창왕과 그 아버지 우왕이 그해 11월 서인으로 강등되었으며, 11월 22일엔 김저가 감옥에서 죽었다. 이성계 일파는 죽은 김저를 대로에 끌고 나가 목을 베었으며, 그 다음 달인 12월, 우왕과 창왕이 강화도와 삼척에서 처형되었다. 그리고 그 이듬해인 공양왕 2년(1390) 12월엔 김종연이 감옥에서 죽었다. 우왕과 창왕이 처형된 지 1년만이었는데, 김종연은 폐위된 공양왕을 다시 추대하려던 계획이 들통 나서 이성계 일파에게 잡혀 죽음에 이른 것이다. 김종연이 죽자 사지를 찢어 전국에 조리돌리고 우왕·창왕 옹립파를 모조리 처형하고 유배 보내는 것으로 매듭지었다. 이런 피바람은 1389년 가을부터 시작되었으므로 이대경이 대마도로 건너간 시기는 1389~1390년을 전후한 때였을 것이다. 이렇게 보면 이대경이 대마도에 머문 기간은 6~7년 정도로 볼 수 있다. 그가 대마도에 있는 동안, 대마도에서도 이대경을 보호하는 이들이 있었을 것이고, 이성계가 편지를 보내기 전까지는 대마도 종가들이 이대경을 보호하였을 가능성이 있다. 결국 이대경을 죽음으로 내몬 것은 이성계 일파와 대마도 종가 그리고 이대경 사이의 정치적 역학관계였음을 미루어 짐작할 수 있는 것이다.

제11부

조선 침략의 교두보가 된 대마도

- 청일전쟁 및 러일전쟁의 발판으로 활용해

왜인들은 2천여 년 동안 해적질과 갖은 약탈 그리고 침략의 징검다리로 대마도를 활용하였다. 임진왜란도 대마도주 종가의 농간으로 촉발된 사건이다. 그것으로도 모자라서 일본은 19세기 말, 다시 대마도를 조선과 대륙침략의 교두보로 삼았다. 일본 본토와 조선의 사이에 놓인 지리적 이점 하나로 대마도주와 종씨 일족은 조선을 갖고 놀았던 것이다. 그런데도 조선은 5백여 년 동안 퍼주기만 하면서 대마도를 정복하여 우리 땅으로 만들지도 못하였다.

20세기 초 새로운 침략의 교두보가 된 대마도

임오군란(1882)·갑신정변(1884)·청일전쟁(1894)·을미사변(1895)은 조선 왕조의 해체를 촉진한 사건이라는 공통점이 있다. 허약한 조선의 힘으로는 제어할 수 없는 정치 외교적 주요 사건들로서 이런 일들로 말미암아 조선의 국가적 체면은 크게 추락하였다. 이들은 모두 일본과 관련이 있다는 공통점을 갖고 있다. 그 중에서도 특히 청일전쟁과 을미사변은 일본이 조선을 핫바지로 만들어버린 만행이었다. 조선 정부는 이러한 사건을 겪으면서도 일본의 위협에 속수무책이었다. 러일전쟁과 을사늑약도 마찬가지다. 그 후 조선은 대한제국으로 이름을 바꾸어 자주독립을 외쳤으나 그것은 한갓 백일몽에 지나지 않았다. 힘없는 나라는 이미 일본의 먹잇감이 되어버린 상태였다. 일본은 러일전쟁·을사보호조약·한일강제병합을 제멋대로 체결했어도 우리는 제대로 저항할 힘이 없었다. 앞에 열거한 여러 사건 중에서 대마도와 관계가 있는 것은 청일전쟁과 러일전쟁이다. 일본은 청일전쟁 때 대마도에서 병사 일부를 선발하여 인천 앞바다로 내보냈고, 러일전쟁 때는 한국인을 고용하여 대마해전을 준비했다. 이렇게 일본은 계속해서 조선과 대마도에 대한 지배를 강화해갔다. 조선 전역에 군대를 배치하였고, 대마도를 요새화하여 러일전쟁에서 승리하였다.

일본 해군은 1905년 5월 27일과 28일 양일 동안 대마도 인근에서 제정 러시아의 발트 함대를 격침시켜 러일전쟁을 끝냈다. 러일전쟁은 1904년에 시작되어 대마도에서의 싸움으로 끝을 맺었다. 이 해전을 일본에서는 쓰시마해전對馬海戰 또는 일본해해전이라고 부르고 있다.[1] 러시아를 상대로 한 마지막 싸움에서 발트함대를 격파한 5월 27일은 일본이 자랑하는 승전기념일이다.

당시 러시아는 겨울에도 얼지 않는 부동항을 확보하기 위해 노력하고 있었다. 연해주沿海洲 블라디보스토크에 군항을 조성하는 동시에 여순旅順 항을 중국으로부터 빌려 쓰면서 그 배후지로서 청나라 만주 일대에 육군을 보내 배치하였다. 러시

1. 현재 상대마 동북단의 히다가쓰(比田勝)에 대마도해전 승전기념비가 있다.

아는 전함 7척에 순양함 14척을 포함, 모두 21척의 대형함선으로 이루어진 대규모 함대를 북유럽 발트해에서 블라디보스토크로 파견하였다. 북유럽~아프리카 남단~인도양~동남아시아~대마도~블라디보스토크에 이르는 3만여 km의 긴 항해코스를 따라 발트함대가 이동하였는데, 당시 대마도 동쪽의 조선해(일본이 현해탄으로 변경)를 거쳐서 발트함대가 지나갈 것이라는 정보를 입수한 일본 해군은 대마도에서 준비를 단단히 하고 있었다. 현재 상대마와 하대마는 만관교万關橋 다리로 연결되어 있지만 원래 다리 아래는 작은 언덕으로 이어져 있었다. 그러니까 지금의 다리 아래를 파내어 배를 쉽게 이동할 수 있도록 한 것이다.[2] 일본 함대를 아소완淺茅灣에 숨겨둔 채 대기하고 있다가 제정러시아의 발트함대가 대마도 동북편 지역을 지나갈 때 이 다리 밑으로 나와서 러시아 함대를 격침시켜 버렸다. 이것이 바로 러일전쟁을 마무리한 대마도해전이다. 일본에서는 그리스의 살라미스해전(기원전 480), 아드리아해전(1571)·트라팔가해전(1805)과 함께 대마도해전을 세계 4대 해전에 넣어서 자랑한다.

대마도 동북단, 즉 가미쓰시마마치(上對馬町, 상대마정)에 있는 히타카츠(比田勝)에 정박한 관광선. 본래 히타카츠는 比田方(히타카타)란 이름으로 불렸다. 이것이 히타카츠로 바뀐 것은 6대 대마도주 종뢰무(사미영감)와 그의 아들 종정무 그리고 종뢰무의 사촌동생 종하무(宗賀茂)와 관련이 있다. 1402년 종하무는 대마도 니이(仁位)의 책임자였다. 종하무가 종뢰무에 반발하였고, 이에 종뢰무는 아들 종정무와 휘하 부하들을 보내어 그를 토벌하게 하였다. 이때 比田方(비전방, 히타카타)에서 종무구(宗茂久)가 종하무를 찔러죽이고 그 무리들을 토벌하였다. 이에 종뢰무는 그 땅을 종무구에게 주었는데, 이때 종하무를 이긴 땅이란 의미에서 그 지명을 히타카츠(比田勝)로 고쳐 부르게 되었다.

대마도 해전을 지휘한 사람은 해군제독 도고헤이하치로[3]였다. 그는 이 싸움에서 승리를 다짐하며 Z깃발을 사용하였다. 넬슨이 트라팔가 해전에서 사용한 Z신호를 흉내 낸 것인데, 이후 일본은 곧바로 러시

2. 만관교는 1904년 3월에 준공했다. 이 시기에 일본은 대마도를 이미 요새화한 것으로 보면 되겠다.

3. 도고 헤이하치로(東鄕平八郎, とうごう へいはちろう, 1848~1934년). 그는 사쓰마 출신으로, 마지막에 원수해군대장(元帥海軍大將)에 올랐다.

미쓰시마마치(美津島町)와 도요타마치(豊玉町)를 잇는 만제키바시(萬關橋, 만관교)에서 바라본 외해 쪽. 좌측 마을이 메고시마(女護島)이다. 일본에서는 女(녀)를 고대 한국어 메(め)로 읽고 있다. 이때의 메는 '할메'의 메이다. 우측은 구스보(久須保)이다.

아가 만들어놓은 여순항과 여순요새 그리고 그 배후지인 봉천[4]을 점령하고 일본 군국화의 길을 열었다. 그런데 이 도고헤이하치로 해군대장은 대마해전을 치르기에 앞서 "같은 아시아인으로서 도와 달라"고 이순신 장군의 영혼에 빌었다고 한다. 이 분야 연구자인 일본 게이오慶應 대학의 한 여교수에게서 나온 이야기인데, 도고 제독은 하급무사[5]로 시작하여 대장까지 오른 인물이다. 이 싸움에서 보듯이 일본은 1904년에 이미 대마도의 여러 곳에 진지를 구축하고 러일전쟁에 대비하고 있었다.

4. 奉天. 현재의 길림성 심양시(瀋陽市).

5. 지금의 가고시마시(鹿兒島市) 사쓰마번(薩摩藩)의 하급무사로 군인생활을 시작하였다.

만제키바시(萬關橋, 만관교) 표지석과 안내판.

이렇게 하여 대마도 해전에서 이긴 해인 1905년 겨울에 일본은 을사보호조약을 강제로 체결하여 한국 지배를 위한 쐐기를 박았다. 그것은 쉽게 말해 조선을 그물에 넣고 점점 옥죄어 가는 과정이었다. 이미 이 시기에 일본은 대마도를 자기네 땅으로 편입시켜 요새화하는 한편, 조선 침략의 발판으로 이용하기 시작한 것이다.

그리하여 최익현이 대마도로 잡혀가 구금되었을 때에는 이미 대마도 내 18군데에 포대를 구축하고 군사력을 증강시켰다. 요소마다 군대가 배치되어 대마도는 대륙 침략을 위한 전초기지가 되어 있었다. 지금도 히타카츠比田勝에는 러시아와 한국·북한·중국에서 일어나는 일들을 감시하기 위한 감청기지국이 있어 대륙과 한국에서 일어나는 일들을 소상히 파악하고 있다. 이 무렵 일본이 대마도를 요새화한 것은 결코 이상한 일이 아니었다. 이미 조선은 대마도만이 아니라 압록강 일대와 의주·신의주 등지에 이르기까지 어디 하나 일본의 마수가 미치지 않은 곳이 없었고, 조선 전토가 그들의 지배에 들어가 있었으니까. 청일전쟁과 러일전쟁은 일본이 조선을 먹어치우기 위해 조선 땅에서 벌인 전쟁이니 정확히 따지자면 청나라와 일본의 싸움은 1차 조선전쟁, 러일전쟁은 2차 조선전쟁으로 규정해도 좋을 것이다. 그런데도 그 당시의 조선인들 대부분은 어찌하여 일본인들이 조선 땅에서 청나라와 러시아를 상대로 싸우는지조차 알지 못하였다.

러일전쟁 당시 맥아더는 그 아버지와 함께 일본에 와 있었다. 그때 맥아더 부자는 사실상 미국의 동아시아 정책을 수행하는 군인 장교로 일본에 파견되어 있었으며, 20대 중반의 맥아더는 아버지를 돕는 연락장교 및 부관 역할을 하였다. 이들 부자의 일은 일본을 도와 러시아가 블라디보스토크 이남으로 내려오지 못하도록 봉쇄하는 임무를 포함한 것이었다. 맥아더 부자는 일본에 머무는 동안 일본 천황과 일본의 고위층 관료들로부터 신뢰를 얻었고, 그들과의 친밀한 관계는 훗날 주둔군사령관으로서 천황을 대신하여 도쿄에 진주하여 일본을 통치하는 데 상당한 밑받침이 되었다. 아무튼 대마도해전에서 일본이 러시아를 이길 수 있었던 것은 미국과 영국의 도움이 있었기 때문이다. 미국이나 영국은 영원한 숙적인 러시아의 남하를 막기 위해 일본에 러시아의 움직임을 알려주었다.

만제키바시 다리 밑을 뚫어 아소완과 현해탄(玄海灘) 사이의 왕래가 수월해져서 그 혜택을 어부들이 보고 있다. 태풍이나 기타 큰 바람만 없으면 물이 거울처럼 잔잔한 날이 많다. 현재 대마도는 섬 자체가 나가사키현의 국립공원(국정공원)으로 지정되어 있으며, 대마도 내 아소완(천모만)은 청정지역이라 할 만큼 환경과 수질이 깨끗하다. 따라서 내만에서의 양식어업은 극도로 제한되고 있다. 낚시 또한 수질환경을 위해 과다한 밑밥 사용을 제한하고 있고, 각종 규정이 까다롭지만 대마도 주민의 소득을 위해 낚시행위는 자유롭게 허용하고 있다. 대마도 주민들이 기르는 어업, 즉 물고기 양식과 더불어 환경에 힘써 왔으며, 아소완과 대마도는 깨끗하며 경관이 수려하다. 1980년대부터 대마도 사람들이 우츠쿠시 닛폰(美しい日本)이라 하여 '아름다운 일본'을 외치면서 노력해온 결과이다.

맥아더는 아버지와 함께 대마도에서 러시아와 싸운 일본 제독 도고헤이하치로와도 잘 아는 사이였고, 일본의 군부 및 정계 주요 인사들과도 친숙하였다. 그 당시 맥아더 부자는 대마도가 일본의 영토로 관리되고 있던 사실을 알고 있었을 것이다. 더구나 대마도에 사는 사람 대부분이 일본 말을 쓰는 왜인들이었으므로 맥아더는 당연히 대마도가 일본 땅이라고 믿었을 것이며, 수백 년 한일 양국의 악연과 대마도에 얽힌 사정을 맥아더는 꽤 알고 있었을 수도 있다. 그것이 후일 GHQ의 최고책임자로서 사할린 남부로부터 독도 동쪽해역–대마도 북단–오키나와로 일본의 영역을 획정해주는 바탕이 되었을 것이다.

운양호사건과 강화도조약 이후 조선침략 본색 드러내

일본이 조선 침탈을 위한 행동에 들어간 시기는 운양호사건을 일으키고 강화도조약을 체결한 1876년 이후부터였다. 일본의 마수는 대마도로부터 감지되었다. 먼저 의정부議政府에서 보고한 내용을 보자.

"방금 동래부사 정현덕의 장계를 보니 '대마도주 평의달(平義達)[6]의 서계에 좌근위소장[7]이라고 써 왔는데, 거기에는 평(平) 자 아래에다 조신(朝臣)이라는 두 글자가 쓰여 있으니 이런 것은 이전에 없던 일로서 격식에 크게 어긋납니다. 엄하게 책임을 추궁하고 타일러, 다시 고쳐서 바치게 하겠습니다.' 라고 하였습니다. 직명이 이전과 다른 것은 일상적인 규례가 아니며 3백 년 동안 약조를 맺어온 본의가 아닙니다. …"[8]

고종 6년(1869) 대마도주 평의달平義達이 보내온 이 서찰에 평조신平朝臣 좌근위소장左近衛少將이라고 쓰여 있었다. 이것은 평조신이 일본의 좌근위소장 신분으로 바뀌었음을 조선에 통보한 것으로 볼 수 있다. 동래부사가 보고한 이 내용으로 말미암아 고종은 저윽이 당황하였다. 그때까지 일본에서는 대마도주를 '좌근위소장'이라고 부른 적이 없었기 때문이다.

이 이야기를 듣고 고종은 대마도주의 서면보고서를 예전처럼 다시 바꿔 격식을 갖추어 올리도록 명령하였다. 그런데 이 문제는 그로부터 5년이 지나서도 해결되지 않았다. 일본이 무엇 때문에 대마도주를 좌근위소장이라고 써 보냈는지, 그 배경을 전혀 파악하지도 못한 채, 아무런 노력도 없이 그저 고종의 명령을 유보하고 있었던 것이다. 겨우 일본에 '좌근위소장'을 빼고 종전처럼 써서 보낼 것을 요청했으나 일본은 그 요구에 응하지 않았다. 그런데도 조선 정부는 일본의 변화를 고려하지 않고 이쪽의 입장만을 고집하였다. 그러다가 고종 11년(1874)에 우의정 박규수朴珪壽가 이 문제를 다시 꺼냈다.

"… 대마도주의 작위를 전과 달리 부르는 것은 그가 겸임으로 벼슬을 더 받을 수도 있는 만큼 괴이할 것은 없겠습니다. 그런데 격식을 어겼다고 하여 대뜸 그의

6. 대마도 34대 도주 종의달

7. 左近衛少將

8. 고종 6년(1869) 12월 13일

편지를 거절한 지 이제 여러 해가 되었지만 그 이유를 해명하지 않고 있습니다. 해외가 풍속이 다르나 어찌 나쁜 감정이 생기지 않겠습니까? 친구 사이에도 보낸 편지를 거절하고 받지 않으면 감정을 사게 되는데, 사이좋게 지내자는 이웃 나라의 입장에서 보면 더 말할 게 있습니까? 영의정이 아뢴 것은 시급한 문제입니다. …"[9]

박규수는 『열하일기』의 저자인 박지원의 손자이다. 이 박규수가 먼저 지적한 것은 대마도주라는 신분은 이쪽에서 내준 것이고, 일본에서 받은 '좌근위소장'이란 직책이야 어차피 도주가 겸임한 것인데 문제가 될 게 없다는 것이었다. 하지만 해를 넘겨서도 이 문제를 명쾌하게 해결하지 못하였다. 하기야 이것은 23살의 어린 고종 혼자서 해결할 수 있는 사안이 아니었다. 고종 12년(1875) 봄, 일본에서 보내온 외교문서에 회답하는 문제를 의논하는[10] 과정에서 이것은 또 다시 적잖은 외교문제로 대두되었다. 그런데 이 문제는 좌의정 이최응[11]이 일본 외무성에서 직접 보내온 외교서한에 대한 입장을 밝히면서 어느 정도 정리되었다.

"일본이 외교서신을 대마도를 거쳐 보내지 않고 외무성에서 바로 보내온 것은 그간 없던 일이니 인정할 수 없으며 … 다만 일본이 대마도를 폐하고 관직 제도를 일신하였으므로 이웃 나라와 통호하자는 것입니다. 서계를 대마도에서 보내오지 않고 저들 나라에서 보내온 것을 우리가 강제로 바꾸게 할 수는 없습니다. 그 외의 말은 대략 고쳐왔는데 또 이렇게 서로 버티고 있으니 … 우려됩니다."

이것은 일본의 폐번치현廢藩置縣에 따른 변화였다. 폐번치현이란 전국의 번을 폐

9. 고종 11년(1874) 6월 29일
10. 고종 12년(1875) 5월 10일
11. 대원군 이하응의 형

지하고 현으로 행정편제를 개편한 것을 이른다. 반복하자면, 대마번을 폐지하고 일본 정부가 조선에 막바로 외교 서한을 보낸 것이다. 조선과의 외교에서 대마도를 배제하고 당사자 간에 직접 외교를 한다는 쪽으로 일본은 방침을 바꾸었는데, 도무지 조선은 그것을 이해하지 못하였다. 조선 정부는 서계를 외무성에서 직접 보내온 것은 처음 있는 일이며, 외교문서가 공손하지 못하고 지나치게 스스로 존대하였으니 받아들일 수 없다는 이유로 이 문제를 그냥 유보하였다. 그런데 이듬해 정초에 '지난 12월 19일 일본의 사신이 탄 배 7척이 흑암黑巖 앞바다에 왔으며, 4척은 강화도로 떠났고 3척은 아직 그곳에 머물러 있다. …'는 보고가 고종에게 올라갔다.[12] 이 일이 동래 왜관을 지키던 일본 사람의 구두 진술서 등본에는 다음과 같이 되어 있었다.

> "우리 조정에서 변리대신을 귀국에 파견하는 문제에 대해 전번에 우리 외무경(외무부의 수장을 이름)이 이사관을 파견하여 미리 알렸습니다. 이제 우리의 특명전권 변리대신[13] 육군중장 겸 참의 개척 장관[14] 구로다 기요타카(黑田淸隆)와 특명부전권 변리 대신[15] 이노우에가오루(井上馨)가 대마도에서 강화도로 가서 귀국의 대신과 만나서 의논하려고 합니다. 나와서 접견하지 않으면 아마도 곧바로 경성(京城)으로 올라갈 것입니다. 다만 바야흐로 몹시 추운 겨울철이고 풍랑으로 길이 막히므로 강화도에 도달하려면 7~8일은 걸려야 할 것입니다. 상기 내용을 다시 경성(京城)에 전달해 주기를 바랍니다."[16]

그러나 이런 중요한 외교적 사안을 두고도 조선 정부와 관리들은 남의 일처럼

12. 고종 13년(1876) 1월 2일
13. 特命全權辨理大臣
14. 參議開拓長官
15. 特命副全權辨理大臣
16. 명치(明治) 9년 1월 15일, 관장 대리 외무 4등 서기생 야마노죠 유조(山之城祐長)

계속 미루고 있었다. 고종과 그 이하 관료들은 이것을 어떻게 처리해야 좋을지를 명쾌하게 정리하지 못했다. 그냥 흘러가는 대로 내버려 두었다는 것이 정확한 표현이겠다. 이처럼 뜨뜻미지근하게 대응하자 일본은 좀 더 강하게 압박을 가했다. 이때 조선을 다녀간 구로다 키요타가와 이노우에가오루가 전면에 나섰다. 그들은 조선 침략의 선봉에 섰던 인물들로, 일본은 이들로 하여금 고종 13년(1876)에 조선을 여러 가지로 시험하고 압박하였다. 바로 이 해 1월 20일, 일본 측은 전권대신 모리야마시게루森山茂를 보내어 이 문제를 분명하게 따져 물었다.

> "… 1868년 메이지 유신 이후 일본의 제도가 크게 바뀌었다는 것을 이웃나라에 알리지 않을 수 없어 동래부에 서한을 보내 여러 차례 만나줄 것을 요청했으나 만나주지 않았다. 모리야마 시게루·요시오카 히로타케[17]·히로쓰 히로노부[18]도 동래부에 갔다가 만나지 못하였다. 지난해 외무성이 서계를 새로 만들어가지고 오라고 한 일이 있었지만 지금까지 만나주지 않고 있으니 … 그저 조선과 사이 좋게 지내면 그만이다. 여러 차례 사신을 보냈으나 만나주지 않아 일본의 대신 4명이 교체되거나 파면되었고, 한 명은 죽음을 당했으며 이로 인해 재작년 해군·육군과 백성 수만 명이 히젠주(肥前州)와 사가현(佐賀縣) 등에 모여 조선에 무력을 행사하자고 하였다. 그때 내무경 오쿠보(大久保)가 사가현에 가서 무마했는데 이런 호의를 조선은 알아주기나 하는가. …"[19]

조선과는 사이 좋게 지내고 싶은데 계속해서 조선이 문제를 일으키는 바람에 자기네가 피해를 보았다는 것이다. 그래도 일본은 조선에 계속 호의를 보이고 있는데, 이젠 민심이 돌아서서 조선을 공격하자는 사정이라고 말하고 있지만, '조선 공격' 의도는 사실 저희들의 본심이었던 것이다.

17. 吉岡弘毅

18. 廣津弘信

19. 고종 13년(1876) 1월 20일

이어서 모리야마 시게루는 그간 일본과 조선 사이에 외교적으로 변화된 상황을 조선은 과연 알고나 있는지를 따져 물었다. 그가 물은 내용은 명쾌하였다. 1868년에 일본에서 서계(외교서한)를 바치려고 한 일과 일본이 대마도를 배제하고 조선과 직접 외교를 하겠다는 요구를 했는데도 답변이 없어 추궁한 말이었다. 그리고 대마도주와 동래부가 1868년부터 1870년 12월까지 교환한 문건은 한두 건이 아닌데 그조차 답이 없는 이유는 무엇인지, 또 요시오카히로타케·히로쓰히로노부가 1871년에 서계를 바치려고 하다가 바치지 못한 일도 들먹여가며 따져 물었다. 외무대신 하나부사花房義質와 함께 왔다가 외교서신을 전하지 못했다는 것이었다. 일본 사신은 동래 왜관에 머물다 돌아온 적도 있다며, 1874년 가을에야 비로소 조선과 일본의 관계가 단절된 이유를 알았다고 하였다. 두 나라 외교단절의 책임이 조선에 있다는 트집이었다. 그리고 조선과 일본이 체결한 13개 조약의 항목을 꼼꼼히 살펴보고 임금에게 보고해 주기를 간절히 바란다고 덧붙였다. 그러자 조선측 대표는 그제서 '조약'이라는 게 무엇이냐며 깜짝 놀란다. 조일통상조약을 말한 것인데, 조선 측 대표는 태연스레 '지난 3백년 간 두 나라가 통상을 하지 않은 적이 있느냐'고 되물으면서 조선은 갈대만 무성하고 척박한 땅이어서 곡식과 무명밖에 나는 것이 없고 금·은·진주·옥 같은 보물이나 비단과 같은 사치품은 전혀 없으니 종전대로 동래부 왜관을 통해 교역하는 게 낫다고 대꾸하였다. 국왕이 직접 일본과 통교하는 것보다는 동래부사-대마도-일본의 외교라인을 그대로 유지하는 게 낫다는 판단이었던 모양인데, 어찌 된 일인지 이때도 조선의 관리는 일본의 요구와 목적이 무엇인지를 분명하게 파악하지 못하였다.

제 뜻대로 되지 않자 닷새 후에 일본은 화륜군함(증기선) 80척으로 조선을 치려 한다며 압박했다. 게다가 "조선 국왕이 5년에 한 번씩 꼭 에도江戸에 와서 대군大君을 배알하고 공물을 바치는 것이 옛날부터 정해진 규례인데 조선 왕이 지키지 않아 군사를 일으켜 그 죄를 따지려 한다."는 말을 전해 와 조선의 관리를 당황하게 하였다. 있지도 않은 일을 들먹여 담당 관리는 사색이 되었다. 조선의 국왕이 들으면 날벼락이 날 일이었다. 이런 식으로 일본은 다각도로 조선을 압박하며 시험하였다.

일본은 국왕과 조선의 관리들을 마치 어린애 다루듯 하였다.

고종 시대 대마도주 관인 조선에 반납해

일본이 정식으로 대마도를 자기네의 영토로 편입한 것은 메이지유신 직후인 1869년이라고 한다. 물론 이것은 일본의 주장이다. 그들은 메이지 유신 이후에 드디어 자기네의 관할령으로 삼았다고 주장한다. 그렇다 해서 이것이 그 이전에는 한국 땅이었던 대마도를 일본 땅으로 편입시켰다는 뜻은 아니다. 일본 국왕의 직접지배를 받는 땅으로 행정개편이 이루어졌다는 의미이다. 그리고 그 다음해인 1870년 일본 외무성의 사다 하꾸보, 모리야마 시게루, 사토 사카이 등이 조선의 내정을 정탐하기 위해 대마도의 관리를 가장하여 부산(동래) 왜관에 불법으로 침입한 일이 있다.[20] 대마도를 발판으로 조선침략의 첫발을 내딛은 것이다. 그 당시 조선은 외세로 말미암아 정신이 없을 때였다. 일본은 그 이전부터 밀정을 보내어 조선의 구석구석을 정탐하였으며, 연해의 섬과 바다 등에 이르기까지 은밀히 조사를 하였다. 치밀하게 지형을 측량하고 지도를 만들었으며 차후에 한국을 경영하기 위한 자료를 차근차근 준비하고 있었던 것이다.

또한 1870년 5월, 일본 외무성 직원이 대마도의 관리 행세를 하며 독일군함 헬타호를 부산 근해까지 안내하여 불법으로 침입한 일도 있다. 그때 대마도는 일본 땅이라고 독일에 대고 여유 있게 선전을 하였으며, 대마도와 부산 지역의 여러 가지 정보들을 수집해 갔다.[21] 대마도에 관한 지배력을 강화한 배경에는 메이지유신 이후 조선을 만만한 대상으로 보기 시작한 그들의 조선관이 있었다.

이제 마지막 단계로 일본은 '1871년 대마주 태수 종의달宗義達[22]이 갖고 있던 일본 관인을 반납'하게 하였다. 이것은 일본 외무성이 대마도를 통하지 않고 조선과

20. 1870년 1월 23일(음)

21. 1870년 5월 4일(음)

22. 宗義達(소요시아키라, そうよしあきら, 1847~1902). 33대 대마도주. 그는 일본 메이지유신(明治維新) 후에 종중정(宗重正)으로 개명하였다. 종의화(宗義和)의 셋째아들이다.

직접 외교를 하겠다는 의도에서 취한 조치였다. 그리고 그로부터 10년이 지난 1881년 대마도주를 일본의 백작으로 편입시켰는데,[23] 그것도 대마도를 두고 조선과 있을 수 있는 분쟁을 미리 없애고 지배권을 분명히 해두기 위한 조치였던 것이다.

1872년에는 '조일외교에 관한 제업무(家役)'를 외무성으로 이관하는 동시에 부산 왜관을 메이지[24] 정부 외무성이 접수하였다. 그것은 본격적인 조선침략의 시작이었다. 일본은 계속해서 1875년 강화도에서 운양호 사건을 일으켰고, 1876년엔 강화도조약(병자수호조규)을 체결하였으며, 그 이듬해에는 대마도를 다시 나가사키현에 편입시켰다고 한다. 이 시기까지 몇 차례의 조일 회담이 있었고, 거기서 일본은 대마도를 자기네 땅이라고 조선 측에 재삼 확인시켰다. 그런데도 조선의 관리는 이렇다 할 대꾸조차 없었다. 그것은 외교적으로 묵인과 동일한 것이었다. 조선에 일본의 압박이 가해지던 시점에도 조선은 대마도에 대하여 어떤 문제도 제기하지 않았다. 그것은 조선 건국 이래 대마도가 조선의 땅으로 관리된 적이 없었음을 스스로 인정한 것이다.

일본이 대마도로부터 자기네 관인을 돌려받은 지 5년이 지나서 대마도주는 조선으로부터 받은 관인도 조선에 반납하였다. 종가 내에서 세습된 대마도주는 문인 발급권이나 각종 서계에 쓰는 도서와 관인을 조선 정부로부터 받았는데, 이것을 조선에 정식으로 반납한 것이 1876년 5월 초이다. 이것은 바꿔 말해서 조선으로부터 받은 도주의 권한 모두를 조선에 반납한 것이다. 그러므로 공식적으로는 이때 한일 외교에서 대마도주가 배제되고 그의 지위가 격하된 것이라고 볼 수 있다. 대마도주 종의달로 하여금 조선과 일본 양쪽의 관인을 반납하게 한 것이 일본 정부가 조선과의 직접외교에 나선 시점이고, 외딴 지방의 주현(州縣)에 불과한 대마도를 일본이 공식적으로 중앙의 지배에 둔 것이 이때이다. 이런 사실들을 되짚어 볼 때, 조선이 대

23. 대마번(對馬藩)은 그 범위가 비록 작았으나 중요성을 인정하여 10만 석을 받는 다이묘(大名)와 동등한 대우를 하였다.

24. 明治

마도주와 대마도에 관직을 주고 각종 물자로써 경제지원을 하던 그간의 전통적인 원조체제는 1868년 메이지유신 직후로부터 1876년 사이 언젠가 중단되었을 것으로 유추할 수 있다. 이때 일본은 종의달에게 백작의 작위를 내주고 그를 도쿄에 유폐시켰는데, 그것은 그간 종씨 사유지로 관리해온 대마도를 빼앗기 위한 목적도 있었다. 이런 과정을 거쳐 대마도는 일본 중앙정부의 직접지배에 들어간 것이다. 대마도를 나가사키현長崎縣에 편입시킨 것은 도주제를 폐지한 지 13년만인 1881년(고종 18년)이다. 그때까지 대마도주는 일본의 작은 지방을 책임진 번주일 뿐이었다.

이런 사전작업을 토대로 일본은 19세기 말 대마도를 발판 삼아 조선침략을 시작하였다. 임진왜란 때 도요토미히데요시가 대마도를 징검다리로 삼아 조선을 침략하였듯이 을사보호조약·정미7조약·한일강제병합과 같은 한일 사이의 강제 조약이 체결되기 훨씬 전인 1876년에 일본은 대마도주를 한일 외교 중개 역에서 제외하고 조선과 직접 외교를 시작하면서 조선을 더욱 압박하였다. 강화도수호조약(1876)이나 청일전쟁(1894)·을미사변(1895)과 같은 사건들을 일으키기 전에 일본인들은 허약한 조선 정부를 상세히 파악하였고, 강화도조약을 반강제로 체결한 뒤로는 대마도를 발판으로 치밀한 조선 침략 계획을 착착 실행에 옮겨 갔다.

그러나 이 당시에도 조선의 많은 사람들이 대마도를 조선 땅으로 여기고 있었다. 지난 5~6백 년 동안 대마도 사람들을 먹여 살린 쪽은 이 땅의 고려와 조선인들이었기에 조선시대 내내 조선의 신민들은 대마도를 조선 땅이라고 믿어왔던 것이다. 조선의 신민들에겐 대마도에 사는 이들이 누구였는지가 중요한 것이 아니었고, 명목상 그곳이 누구의 소유였는지는 중요한 문제가 아니었다. 그곳에 사는 이들을 그토록 오랜 세월 먹여 살리고, 필요한 물자를 대주고 실질적으로 관리한 사람들이 누구였는지가 더 중요했던 것이다. 그래서 대마도가 조선 땅이라고 믿는 사람들이 많았던 것이다. 이런 배경으로 말미암아 그때까지 조선에서 그린 지도에는 대부분 대마도가 조선 땅으로 되어 있는 것이다. 땅이란 누구의 것인지보다는, 그곳에 사는 이가 누구인지가 더 중요하다는 사실을 조선의 신민과 한국인은 철저히 경험하였다.

1876년 대마도주 배제하고 조선과 일본 직접외교 시작

1876년 봄 5월 3일, 일본은 동래부사를 통해 대마도주의 도서를 조선정부에 돌려보냈다. 그것은 이제부터 대마도를 일본과 조선의 외교에서 제외시킨다는 통보였다. 석 달 전, 강화도조약을 체결하고 나서 일본이 단계적으로 취한 조치였는데, 모리야마 시게루가 동래에 사람을 보내어 전한 서찰에 그 뜻이 분명하게 표현되었다. 모리야마시게루의 편지 내용을 본 동래부사 홍우창의 보고는 이러했다.

> "대마도주의 직책을 파하고 사신을 보내던 규례도 폐지했으니 종전에 사용하던 도서를 즉시 거두어 돌려준 뒤 문건을 만들어 주십시오."

그런데 이때도 조선 정부와 고종은 대마도주가 도서를 반납한 까닭을 알지 못하였다. 이미 5년 전에[25] 대마도주는 일본의 외교 대행권을 일본에 반납하였고, 이제 다시 조선이 내준 도서 또한 조선에 반납한 것인데, 고종과 관료들은 대마도주가 왜 갑자기 이런 짓을 했는지를 전혀 알지 못했다. 그만큼 조선은 어두웠다. 세상의 흐름 밖에 놓여 있었으니 그야말로 '은둔의 나라'가 분명하였다. 하는 수 없이 대마도에서 돌려보낸 도서를 조선 정부와 국왕은 영문도 모른 채 거둬들였으며, 이로써 일본은 조선과 대마도를 배제하고 드디어 직접외교를 시작할 수 있었다. 그것은 조선으로서는 5백 년 역사에서 받아들이기 어려운 수치였다. 물론 이 일로 대마도주의 영화도 과거의 일이 되었다. 일본은 폐번치현을 단행하여 종가들로부터 대마도를 빼앗아 버리고 대마도주를 도쿄에 유폐시켰으니 이제 대마도는 조선의 힘이 미치지 못하는 오지의 섬으로 되돌아갔다. 조선이 힘이 있고, 그 문화가 일본보다 우위에 있을 때 대마도주는 위세를 가질 수 있었고, 조선 정부에 대고 큰소리도 칠 수 있었으며, 일본 정부에 대해서도 만만치 않은 힘을 과시할 수 있었다. 그러나 이제 세상은 달라졌고, 대마도주와 그 일가는 일본의 평범한 신민으

25. 1876년 5월 3일

로 되돌아갔다. 대마도주가 유폐당한 사실은 문석환의 『마도일기』 1907년 3월 21일자 가와카미川上라는 사람의 증언을 통해서도 알 수 있다. 대마도주 종의달의 아들 종중망宗重望이 살던 대마도의 거처가 메이지유신 이후 폐쇄되었고, 그로부터 몇 년 뒤에 그는 도쿄에 감금되었다고 카와카미가 증언하고 있다. 또 종중망의 아들이 사실은 억지로 끌려간 것이라고 하였으니[26] 이런 문제들에 대해서는 앞으로 좀 더 정밀한 연구가 필요할 것이다.

현재 일본은 1877년에 대마도를 자기네 나가사키현長野縣에 편입시켰다고 가르치고 있다. 그리고 나서 1883년(고종 20년), 조선과 일본 사이에 조일통상장정이 체결되었다. 조선측 전권대신 민영목과 일본의 전권대신 다케조에 신이치로竹添進一郎가 조인한 이 조약문의 제41조에 "일본국 어선은 조선국의 전라도·경상도·강원도·함경도의 연해에서, 조선국 어선은 일본의 히젠肥前·치쿠젠筑前·이시미石見·나가도長門·이즈모出雲·쓰시마對馬島의 연해에 오가면서 고기를 잡는 것을 허가한다."[27] 고 정했다. 조약문에 대마도를 일본의 수역에 넣어 왔는데도 조선측 전권대사 민영목은 이 문제에 대해서 별 생각 없이 조인하고 돌아섰다. 민영목은 대마도에 어떤 이의도 제기하지 않았다. 도대체 고종의 외교권을 대신한 조선의 최고위 관료 민영목은 어찌하여 대마도가 조선 땅임을 주장하지 않았을까? 그것은 그의 잘못이 아니다. 대마도가 조선시대 내내 조선의 영토가 아니었기 때문이다. 대마도가 정말 조선 땅이었고, 조선이 실질적으로 대마도를 지배하고 있었다면 조일통상장정의 제41조에 민영목이 이의를 달지 않았을까? 외교적 상식 차원에서 있을 수 없는 일이다. 다만 그에게 책임이 있다면 이 조약문의 함정에 그 자신이 빠져버리고 말았다는 점이다. 이 조약이 정한 사실만을 놓고 보면 합리적인 것처럼 보일 수도 있다. 그러나 당시 조선의 조업기술이나 장비·선박 사정을 감안할 때 조선의 어민들이 일본의 해역에까지 나가서 조업을 할 수는 없었다. 그러니 양측은 각자 제

26. 宗重望(1867~1923)은 34대 대마도주로서 종의달(宗義達, 1847~1902)의 아들이다. 종의달은 후에 종중정(宗重正., 소 시게마사)으로 개명하였다.

27. 고종 20년(1883) 6월 22일

나라 해역에서 어업을 하되 일본이 전라도·경상도·강원도·함경도 해역에서 어업을 할 때와 조선의 어민이 일본의 해역에서 어업을 할 때는 어업세를 어떻게 받을 것인지를 규정해야 조일통상장정의 형평성이 성립될 것인데, 이 조약으로써 사실상 동·서·남해의 어업을 일본에 몽땅 열어주고 만 것이다.

일본과 서양 열강의 침략으로 조선은 점점 혼란해져 가는 가운데 다시 또 10여 년이 흘렀다. 드디어 1894년 조선은 구체제에 저항하는 동학군과 백성들로 더욱 어지러웠다. 8월부터 동학군은 2차봉기로써 일본과 외세에 저항하였다. 이에 아산 둔포로 들어온 일본군과 조선 관군은 외세에 저항하는 동학군을 무자비하게 진압하였으며, 마침내 동학군 대장 전봉준을 붙잡아 참수하였다. 당시 전봉준을 심문한「전봉준공초」를 일본인이 작성하고 그 재판을 일본인들이 진행하였을 정도로 이 시기에 조선은 이미 일본에게 내줄 것을 다 내준 상태였다. 조선 정부는 회복불능의 빈사상태로 달려가고 있었다. 1895년 3월 전봉준을 효수하고 그해 10월 일본은 을미사변을 일으켜 조선을 공포로 몰아갔다. 청일전쟁과 을미사변으로 조선 국왕과 정부는 이미 껍데기에 불과한 존재가 되어 버렸다. 일본은 중국 청나라와의 전쟁에서 승리함으로써 조선과 청의 관계를 끊었고,[28] 일본공사 미우라고로[29]는 경복궁을 습격하여 명성황후를 살해하고 러시아 세력을 몰아냄으로써 조선 국왕과 정부는 허수하비가 되어 버렸다. 일본은 러시아와 조선의 관계를 끊기 위한 첫 단계로 명성황후를 시해한 것인데, 그것은 한편으로 조선을 완전히 무력화시킨 사건이었다. 이 을미사변으로 반일감정이 고조되어 항일의병이 일어났으며, 그 후로 공포에 질린 고종은 러시아공사관으로 피신했다 돌아오는 일이 있었다. 한 마디로

28. 1895년 4월 17일 청일전쟁에서 승리한 일본은 시모노세키(下關) 조약을 맺어 조선을 청나라로부터 분리하여 '군사적 독립'이란 형태로 일본이 지배할 수 있는 바탕을 만들었다. 아울러 요동반도, 타이완섬 전체와 그 부속도서, 팽호도(彭湖島)의 주권 및 군사시설을 청나라로부터 영원히 일본에 양도한다는 시모노세키조약 제2조에 따라 해당지역을 접수하였다. 그러나 이 가운데 요동반도는 러시아, 프랑스, 독일 삼국간섭에 의해 넘겨주었다. 이런 사정을 감안할 때 실제로 조선이 일제의 손아귀에 들어간 것은 1910년이 아니라 1895년으로 보는 것이 옳을 것 같다.

29. 三浦梧樓(1846~1926)

이 사건은 조선을 만만하게 얕잡아 보고 '마음대로 해도 괜찮다'는 생각을 행동으로 옮긴, 침략 이상의 만행이었다. 이미 조선은 군사권과 외교권을 빼앗긴 상태나 다름없었다. 모든 중요 사항은 일본이 감시 감독하여 제약을 받았다. 외교권박탈(1905)과 무장해제는 한일합방 직전에 진행되었지만, 그것은 하나의 형식에 불과했다. 그로부터 20~30여 년 전에 이미 조선의 운명은 일본의 손아귀에 들어가 있었던 것이다.[30]

1895년 명성황후 시해 순간을 기록한 자료를 보면 끔찍하기 그지없다. 망나니 낭인부대가 경복궁을 쳐들어가 궁녀들의 머리채를 휘잡아 던지고 치마저고리를 다 벗겨 유방을 하나하나 검사하였다. 유방이 처져 40대로 보이는 여인을 찾아내기 위해서였다. 얼굴이 외부에 알려지지 않아 명성황후를 분간할 수 없었기 때문에 왜인 칼잡이들은 이런 방식으로 명성황후를 찾았다. 그런데 정작 명성황후는 다른 데 있었다. 명성황후를 확인하고, 밖으로 끌어내 세운 뒤, 뒤에서 칼잡이 망나니의 기합소리와 함께 명성황후의 머리가 땅에 굴렀고, 그와 동시에 앞을 막아 선 낭인의 칼이 명성황후의 허리께를 갈랐다. 조선인 목격자가 없기 때문에 시해 당시의 상황에 대해서는 몇 가지 설이 있지만, 개인적으로 이것이 실제에 가까울 것이라고 나는 믿고 있다. 그들은 그 자리에서 명성황후의 상반신만을 기름 붓고 태웠다고 하는데, 왜놈들의 행동방식으로 볼 때 명성황후의 머리는 상부에 보내 시해 결과를 확인시켰을 것이다.

이제는 이 문제에 대해서도 양식 있는 일본인들이 나서야 한다. 그런 것조차 외면한다면 일본은 경제적으로 부유하고 좋은 기술력을 가진 나라라 해도, 그리고 아무리 '아름다운 일본'을 외치며 겉으로 꾸민 것들이 그럴듯해 보이더라도 저 아프리카의 미개한 나라보다도 못한 추한 나라, 열등국가이며 미개한 족속보다 나은 게

30. 명치 2년(明治, 1869)에는 현재의 대마도 중심지 이두파류(伊豆波流 : 일본명 이즈하라)라는 지명을 버리고 대신 이즈하라(嚴原)로 바꾸어 불렀다. 원래 대마도부(府)가 있는 곳이라 하여 조선에서는 부중(府中)이라고 불렀다. 하지만 일본은 근래까지도 대마도의 지명을 저희들 이름으로 바꾸고, 대마도에 남아 있는 조선의 흔적과 색체를 지우기 위해 안간힘을 써왔다.

하나도 없는 사람들일 것이다. 1백여 년 전, 일본은 메이지 유신과 더불어 후쿠자와 유기치福澤諭吉 일파를 중심으로 한 난학파들이 서양 문물과 과학기술을 도입하며 부국강병을 외치고 나섰다. 그와 함께 일본은 아시아에 위치해 있으나 아시아를 벗어난다는 탈아론脫亞論을 주장하며 아시아의 전통적인 가치를 버렸다. 한국이나 중국보다 조금 일찍 서양 문물을 도입하였다 해서 일본은 이웃나라에 온갖 패악한 짓을 다하였다. 어쭙잖게 서양인의 흉내를 내는 어리석은 자들을 우리는 한때 '양아치'라 불렀는데, 1백여 년 전 이 나라를 짓밟은 왜인들은 한낱 양아치 같은 족속들이었다. 일본이 지금과 같이 제 주변의 여러 나라들에게 죄악의 역사를 계속 부정한다면 그들의 의사와는 관계없이 언젠가는 아시아의 왕따가 되어 이 아시아에서 쫓겨나는 신세가 될 것이다.

일본은 1905~1910년에 조선을 합병하기 위한 구체적인 행동에 들어갔지만, 이 시기에 일본의 침략책이 날을 세우면서 조선의 운명은 비참한 최후를 향하여 치닫고 있었다. 이토록 조선이 가엾게 된 데에는 1876년 강화도조약 이후 국내의 친일파와 매국노들의 활약이 컸다. 그들이 침략정책을 도왔고, 모든 정보를 열어준 것도 친일파 매국노들이었다.

강화도수호조약 이후로부터 청일전쟁과 을미사변을 전후한 시점에 대마도는 일본의 대륙 침략을 위한 징검다리가 되었다. 대마도를 통해 조선에 대한 일본의 본격적인 지배야욕이 뻗치기 시작한 것은 1894~1904년 무렵이다. 특히 1904년 러일전쟁에 대비하여 일본은 대마도를 요새화하였다. 러일전쟁을 승리로 끝내기 위해 일본은 현재의 만관교 아래를 파내는 데도 조선인을 투입하였으며, 수없이 많은 조선인이 이 공사에서 희생되었다. 대마도의 많은 조선인이 공사 중에 흙더미에 깔리거나 물에 휩쓸려 죽은 것이다. 이들의 희생을 바탕으로 1905년 5월 러시아와의 대마도해전에서 승리함으로써 한국에서 러시아 세력을 완전히 몰아내었다. 그리고 나서 일본은 조선 침략을 더욱 노골적으로 전개하였다. 그해 11월에는 강제로 을사보호조약을 체결하여 조선을 꼼짝할 수 없게 만들었다. 이미 동학혁명 당시 일본군이 조선의 내정에 깊이 개입하였고, 그로부터 10여 년만에 을사보호조약이 체결된 것이다.

임진왜란이 대마도로부터 시작되어 많은 인명을 살상하였고, 조선에 큰 피해를 입혔다. 그리고 다시 20세기 초에 일본 제국주의의 조선침략 역시 대마도로부터 시작되었다. 이렇게 해서 이번에는 조선을 통째로 삼킨 것이다. 일제강점기를 지내고 한국인들은 일본에 이의를 제기했다. 포츠담 선언에 따라 일본은 대마도를 한국에 돌려주어야 하며, 대마도는 당연히 한국의 품으로 돌아와야 했다고. 그러나 그것은 자다가 남의 다리 긁는 격이었다. 그때까지 아무도 대마도 영유권을 주장한 적이 없고, 조선이나 대한제국이 대마도를 직접 관리한 적도 없는데 대마도를 내놓으라는 것은 억지에 불과한 소리였다. 그리고 세계제2차대전 종전 후 미국은 국제적 차원에서 공식적으로 대마도를 일본령으로 확정해 주었다. 아시아와 세계인에 많은 피해를 입혔고, 특히 한국에 저지른 죄악을 묻는다면 대마도는 물론이고, 그보다 더한 것이라도 우리의 것이 되었어야 우리는 만족했을 것이다. 대한민국 정부수립 후, 기세 좋게 미국과 일본에 대고 '대마도를 반환하라'고 한 이승만 정부의 요구는 숱한 세월 찢기고 빼앗긴 한국인들의 정서를 자극하여 흥분시켰다. 그리하여 전국에서 목소리를 높였다. 그러나 그것은 그야말로 무지하였거나 정치적인 쇼라고 도쿄의 맥아더 연합군사령부와 미국 그리고 일본은 간주하였다. 그 자신 한문학의 대가였고, 한국인 최초로 미국에서 영문학 박사학위를 받은 이승만이었지만 그는 정부수립 직후엔 대마도 문제를 정확히 몰랐던 것 같다.

그럼에도 아직도 우리 한국인들은 '빼앗아 간 것을 내놓으라'고 한 이승만의 요구는 정당한 것이었다고 믿고 싶어 한다. 하지만 그것은 '죽은 자식 불알 만지기'였다. 이미 오래 전, 그것도 조선 건국 시점에서 이성계가 이미 일본 땅으로 인정하였고, 그때부터 적어도 5백여 년이 넘는 세월 동안, 조선의 땅이 아니었는데 대마도를 돌려달라는 게 말이 되는 요구인가. 조선조 5백여 년 동안 국왕과 관료들은 대마도에 많은 것을 퍼주면서 제 나라 백성들에게는 '대마도는 조선 땅'이라고 목청을 세웠지만, 어찌 된 일인지 정작 일본에 대고 정식으로 대마도가 조선 땅이니 왜인들은 섬을 비우고 물러가라고 통보한 적이 한 번도 없었다. 앞에서 여러 차례 설명하였듯이 일본에 보내는 외교문서에는 빠짐없이 대마도주를 일러 '일본국 대마주 태수'라 하였으니 '대마도가 계림에 속한 땅이었다'거나' '경상도에 예속된 섬'이라고 한 조선 국왕들의 주장은 '퍼주는 정책'에 대한 백성들의 반발을 염려하여 제 나라 백성을 속이기 위해 써먹은 대민용 멘트에 불과한 것이었다. 이런 유산 탓에 이승만이 '대마도를 내놓으라'며 슬픈 성토를 하기까지 이르렀으니 이것이 조선 정부와 국왕이 제 나라 신민을 오도誤導하고 우민화한 거짓말의 심각한 폐해이다.

제12부

이승만 정부의 공허한 외침

"일본은 한국에 대마도를 반환하라"

대한민국 정부 수립 직후, 이승만 정부는 일본에게 '대마도를 반환하라'고 요구했다. 해방과 대한민국의 탄생이란 기쁨과 설렘 속에서 이 문제는 온 국민의 이목을 끌었다. 결국 이 문제는 3년 가까이 집요하게 거론되었으나 1951년 7월 양유찬 주미대사의 대마도 포기선언과 이듬해 평화선 선포를 끝으로 관심 밖으로 벗어나 버렸다. 그렇지만 대한민국 정부의 '대마도 반환요구'와 평화선 선포는 이후 일본과의 어업협정에서 약점으로 작용하였고, 급기야 1950년대 말, 일본이 '재일교포 북송'으로 대응함으로써 외교적 참사를 불렀으며 어업협정에서 많은 어려움을 겪었다.

대한민국 건국 직후 이승만 일본에 대마도 반환 요구

지난 한 세기는 한국의 역사에서 가장 역동적인 시대였다. 처절하고도 치열한 우리의 인내와 도전은 인류사에 보기 드문 반전의 역사를 만들었다. 외세의 강탈로 말미암아 지난 세기의 전반은 좌절과 고통, 그리고 가혹한 시련 속에서 보낸 나날이었다. 그러나 한국인은 포기하지 않았다. 일본 제국주의자들이 짓밟은 이 강토, 우리 모두가 한 뜻으로 왜놈들에게서 받은 굴욕과 시련을 딛고 정신없이 달려온 세월이었다. 나아가 20세기의 후반은 좌절을 뛰어넘어 이 땅에 풍요를 일구고, 힘을 모아 자신감을 회복한 과정이었다. 한국의 20세기는 한 마디로 고통과 시련을 극복하고 발전과 풍요를 일군 험난한 과정이었다. 일제 강점기 왜인들의 폭력으로부터 벗어나 독립을 이루기까지 얼마나 많은 사람들이 피를 흘렸던가. 순국열사와 전장으로 끌려간 수많은 학도병(강제징용), 종군위안부(정신대), 강제 노무자 등. 그들 대부분은 우리 곁으로 돌아오지 않았다. 그들의 억울한 죽음은 그 자체가 우리의 비통한 역사로 기록되었지만, 동시에 그것은 일본과 왜인들이 저지른 죄악의 역사로 인류사에 기록되었다. 분명히 말하건대 일본은 아시아인 모두에게 피해를 입힌 가해자들이다. 더구나 사이좋게 지내야 할 그들의 이웃 한국과 한국인들에게 저지른 죄악상은 그들이 대를 물려 만대에 이르도록 속죄하며 살아가도 모자랄 것이다. 그만큼 그들의 전쟁범죄는 크다. 지난 2천 년 동안 한국에 끝없는 피해를 입힌 가해자 집단으로서, 이 점에서 일본은 그 나라가 존속하는 한, 마음속에 숙명처럼 안고 살아야 할 부채를 만들었고, 그것을 물려받았다. 그럼에도 그들은 한 번도 진정한 마음으로 사죄한 적이 없다. 진실한 자기성찰과 사과를 한 적이 없으니 그들은 한국의 용기 있고 포용력 있는 용서를 진심으로 받아들인 적도 없을 뿐 아니라 용서를 받을 자격조차 없다. 가해자의 역사와 피해자의 역사, 극명하게 대비된 과거를 갖고 있는 한일 두 나라. 지금의 우리는 마치 아무런 일이 없었던 것처럼 지내고 있고, 일본은 애써 외면하며 과거를 부정하고 있지만 한국인의 가슴에 남은 앙금은 냉큼 사라지지 않을 것이다. 이제 우리가 독립을 이루고 벌써 그렇게 한 세대를 지내왔건만 뻔뻔한 그들은 뉘우칠 줄을 모른다. 안팎으로 해결하고 넘어가야 할 문제들을 슬쩍 미뤄 둔 채로.

하지만 우리의 독립은 아직 완전한 것이 아니다. 하나가 되어야 했을 나라는 남과 북이 되었고, 우리의 강토는 조상이 물려준 그대로가 아니다. 그러나 여기서는 남북의 문제, 즉 민족 내부의 문제는 별개로 하자. 지금의 10대와 20대가 이 나라의 중심에 서는 날, 평화로운 방법으로 이 민족은 반드시 하나가 될 테니까.

1945년 패전과 함께 일본은 대마도를 한국에 되돌려주는 것으로 한일 관계를 다시 시작했어야 했다고 이승만 정부는 목청을 돋운 적이 있다. 일본에 대하여 빼앗아간 대마도를 되돌려 놓으라고 한 이승만의 요구는 지극히 정당한 것으로 비쳐졌다. 대마도를 내놓아야만 비로소 일본과의 화해를 논의해볼 수 있다고까지 생각하였다.

그리하여 대마도 문제가 제헌의회에서도 해방 후 처음으로 깊이 있게 논의되었다. 1948년 2월에 59명의 입법회의 의원들이 제헌국회에서 대마도 한국 귀속 문제를 발의한 것이다. 1945년 일본의 무조건 항복과 함께 맥아더 라인이 설정되고, 도쿄에 진주한 미군사령부와 맥아더가 자국의 이익을 위해 동아시아 방어선 개념에서 대마도를 일본 영토로 확정해 주자 그 대응책에서 나온 조치였다. 그해 2월 16일자 동아일보에는 대마도에 대한 흥미로운 내용이 실렸다. "대마도 귀속을 立議입의[1]에서 제안"이라는 제목의 기사이다.

> "조선해협의 중앙에 가로놓여 있는 대마도는 종래 우리나라의 영토로서 정치적, 경제적으로 우리와의 관계가 깊었던 것은 역사가 증명하는 바이며, 간도(間島)를 일본이 강점한 이후 동양 평화를 교란하는 대륙침략의 기지로 이용되었고 앞으로 침략일본의 재기를 막기 위해서 대마도를 조선 영토로 복귀함을 대일강화회의에 건의하자는 제안을 입의원(立議員, =입법회의 의원) 허간룡(許侃龍) 씨가 59명 의원의 찬동 날인을 얻어 지난 17일 立議(입법회의) 본회의에 회부하였는데 그 제

1. 입법회의를 의미한다.

안 이유는 간단히 요약하면 다음과 같다. 대마도는 조선해협의 중앙에 있는 상하 2개의 주도(主島, =본섬)와 주위에 흩어져 있는 수십 개의 부속 섬으로 성립되었으며 …… 이 섬은 원래 신라에 예속한 것으로 상고 신라 사람들이 이 섬에 왕재왕래(往在往來, 가서 머물거나 오감)하였고, 또 이 섬이 두 개의 주도로 성립된 까닭에 '두 섬'이라고 명명되었던 것인데 일본 해적이 이 섬을 점령한 후 우리나라에서 명명한 두 섬의 도명(島名, 섬이름)을 그대로 사용하여 쓰시마('두섬'의 일본식 표기)라고 하고 對馬(대마) 혹은 津島(진도)로 기록한 듯하다. 요컨대 대마도는 세종조부터 고종조 초년까지 4백여 년 간 …… 정치적·경제적으로 우리나라에 속하였던 것은 문적(文籍)이 소연(昭然)한 바이다."

그로부터 10여 일 뒤에 간행된 『신천지』[2]라는 잡지에서 김종렬은 '대마도와 조선관계-대마도의 반환을 요구하자'는 글을 발표하였다. 중국이 이미 오키나와 즉, 유구琉球 반환을 요구한 마당에 우리가 한 발 늦었다는 판단에서 대마도 반환문제를 입법의원 중심으로 제기하였고, 그것이 큰 이슈로 떠오른 상황에서 게재한 글이었다.

東亞日報
對日媾和會議參加計畫
對馬島返還도要求
李大統領年頭記者會見서言明

1948년 2월 16일자 동아일보에 실린 '대마도 반환도 요구'라는 제명의 기사.

대마도와 독도·파랑도 등에 대한 한국의 영유권을 민간에서 처음으로 제기한 것은 1948년 8월 5일이었다. 조성환을 대표로 한 우국노인회[3]는 대마도와 독도·파랑도의 한국 영유권을 주장하는 '조·일간 국토조정에 관한 요망서'[4]를 도쿄의 연합군최

2. 1948년 3월 1일, 통권 24호 제3권 제3호

3. Patriotic Old Men's Association

4. 朝·日間 國土調整에 關한 要望書, 우국노인회, 1948. 8. 5 ; U.S. Political Advisor for Japan No. 612 「Korean Petition Corncerning Sovereignty of Doksum, Ulung Do, Tsuhima and Parang Islands」, 1948. 9.

고사령부(GHQ)에 보냈다. 이 청원서에서 대마도를 한국에 이양할 것을 요구하면서 일본이 대마도를 아시아 침략의 교두보로 사용할 수 없도록 해야 한다고 주장하였다. 아울러 독도는 역사적으로 한국의 영토였으며 1905년 일본이 자기네 영토로 편입했다는 사실을 적시하였고, 제주도 남서쪽에 있는 수중여인 파랑도도 한국의 섬임을 밝혔다.[5] 물론 청원서를 영문으로 번역하여 맥아더의 연합국최고사령부에 접수하였지만, 그것을 받은 GHQ는 철저히 무시하였다. 영문으로 번역된 청원서의 내용을 이해할 수 없는 데다 역사적으로 근거가 없고, 정확하지 않은 내용이라면서 대마도에 관해서는 일본 내에서도 누구든 일절 언급하지 말도록 지시하는 동시에 청원서에 대한 회신을 우국노인회에 보내지도 않고 그냥 묵살해버렸다. 이 문제가 당시 맥아더에게까지 보고되었을 것은 당연하다. 그러나 GHQ는 끝내 아무 일도 없었던 것처럼 넘어가고 말았다.

이렇게 맥아더사령부와 일본의 반응이 없자 2주 뒤인 1948년 8월 19일에는 이승만 대통령이 보다 적극적인 발언을 하였다. 그는 대마도 반환 요구와 함께 일본으로 반출한 문화재를 돌려달라고 주장하였다. 그리고 그로부터 한 달이 채 되지 않은 시점에서 당시 공보처장은 '대한민국의 대마도 반환 요구는 당연한 것'이라는 요지의 담화를 발표했다.[6] 1948년 9월 9일자 서울신문에는 김동성 공보처장이 발표한 담화 내용이 실렸다. 비교적 짤막한 기사이지만 핵심적인 사항을 잘 짚고 있기에 전문을 소개한다.

> "얼마 전 외국 기자가 이승만 대통령을 방문한 자리에서 한국과 일본이 과거의 모든 문제를 해결하는 조건이 무엇인가를 물었을 때 그 중 하나가 대마도는 한국의 영토이니 일본에 그 반환을 요구한 것이라고 하였다. 이것이 보도되자 일

16. RG84 POLAD for Japan Classified General Correspondence 1945~1949, Box 34.

5. 우국노인회는 이 청원서에서 파랑도는 제주도에서 150km, 상해에서 320km, 나가사키에서 450km 거리에 있다고 그 위치를 명시하였다.

6. 1948년 9월 8일에 담화를 발표했으며, 그 내용은 다음날 서울신문과 자유신문 등에 실렸다.

본 정부책임자는 역사상 근거가 없다고 했으나 대마도 문제는 역사적 근거가 확실한 것이니 부인하지 못할 것이다. 한국인은 누구나 대마도의 회복을 염두에 두고 있다. 여기에 대해 일본인들은 공포심을 가질 필요가 없다. 또 일본 외상이 대마도 문제에 대해 미국 사람들이 북미 인디언의 땅을 점령하여 합중국을 세운 데 비유하여 말한 것은 아직도 일본사람들이 남을 모욕하는 악습을 버리지 못한 것을 표명한 것이니 이는 세계전쟁 후 아직까지도 상당한 벌을 받지 못해서 회개가 덜 된 때문이다. 이러한 악습을 버린 뒤에야 일본인들도 살 수 있을 것이며, 또 세계 평화도 어지러워지지 않을 것이다."

이승만 대통령이 말한 내용을 공보처장이 다시 확인해주며 발표한 것을 전재한 기사이다. 대한민국 정부가 수립되고 어수선한 가운데서도 대통령과 공보처장이 대마도 반환을 일본에 요구한 것이다.

9월 10일자 자유신문에도 같은 내용이 실렸다. "대마도 한국영토 분명, 대일 반환요구는 당연"이라는 제목 옆에 '개준改悛했으면 박탈물 먼저 돌려'라는 부제가 달린 기사였다. 부제의 의미는 쉽게 말해서 '개과천선 했으면 먼저 빼앗아간 것부터 토해 놓으라'는 것이었다. 이해를 돕기 위해 어려운 단어와 어법 일부를 약간 바꿔서 전문을 소개한다.

"대마도의 반환을 요구해온 이 대통령의 담화가 앞서 외지(外紙)에 보도되자 일본 아시다 히토시(蘆田均)[7] 수상은 수일 전 일본은 포츠담 선언만을 충실히 실행할 것과 당해 요구는 흑인이 미주(美洲)를 도로 달라는 것과 같은 말이라고 반박하였다. 패전국 일본은 물론 포츠담 선언을 충실히 이행하여 왔겠지만 일본이 제

7. 아시다 히토시(芦田均, あしだ ひとし, 1887년~1959년). 일본의 정치가이며 외교관으로 동경제국대학(東京帝國大學) 출신이다. 2차대전 종전 후 중의원 제국헌법개정소위원회의 헌법 개정 초안의 심의를 맡아 맥아더사령부로부터 받은 헌법 초안 가운데 현재의 일본 평화헌법 제9조를 수정하였다. 이것을 아시다 수정(芦田修正)이라 한다. 芦는 부들이라는 뜻의 한자어이고, 蘆(로)는 갈대이다. 그런데 일본에서는 芦로 쓰며 이것을 아시(あし)라고 읽는다. 즉 일본에서는 芦를 蘆의 약자로 쓰고 있는 것이다.

국주의를 철저히 없애고 진정한 세계 평화를 갈망한다면 그 외에도 과거의 박탈품까지 반환할 성의를 가져야 할 것이다. 그런데도 불구하고 그같이 당돌한 반박을 한 데 대하여 김(동성) 공보처장은 9월 아시다히토시(蘆田均) 수상의 이와 같은 발언은 전후 아직도 상당한 벌을 받지 못하여 아무 회개가 없는 관계라' 는 담화를 발표하여 응수하였다.

얼마 전 외국 기자가 이 대통령을 방문하고 한국과 일본과의 과거의 모든 것을 청산할 조건을 물었을 때 그 조목의 하나로서 대통령으로부터 대마도가 한국의 옛 영토[8]이니 일본에 반환을 요구한 것이라 하였다. 이것이 보도되자 일본 정부 책임자가 역사상 근거가 없다고 논란하였으나 대마도 문제는 역사적 근거가 확실한 것이니 대마도가 한국의 소유임을 누구도 부인하지 못할 것이다. 한국인은

서울신문

外使團一行出發

首相에 金日成氏

對馬島要求根據確實

1948년 9월 9일자 서울신문. '대마도 요구 근거 확실'이라는 기사 제목이 보인다.

自由新聞

對馬島韓國領土分明

對日返還要求는 當然

外交使節團

같은 날 자유신문에도 똑같은 내용의 기사가 실렸다. 그러나 서울신문보다도 자유신문에 실린 내용이 약간 더 상세하다.

8. 대한민국 정부가 새로 수립되었으므로 이를 기준으로 할 때 그 이전, 조선시대의 영토였다는 의미에서 구령(舊領)이라고 한 것이다.

누구나 대마도의 회복을 염두에 두고 있다. 여기 대해서 일본 사람들은 두려움을 가질 필요가 없는 것이며, 또 일본 외상(外相)이 대마도 문제에 대해서 미국 사람들이 북미 적색인(赤色人) 인디언의 땅을 점령하여 합중국을 세운 데 비유해서 말한 것은 아직도 일본 사람들의 남을 모욕하는 악습을 버리지 못한 것을 표명한 것이니 이는 세계전쟁 후 아직까지도 상당한 벌을 받지 못해서 회개가 덜 된 때문이다. 이러한 악습을 버린 뒤에야 일본인들도 살 수 있을 것이고 또 세계평화도 어지러워지지 않을 것이다."

서울신문보다는 자유신문의 내용이 더 상세하다. 두 신문에서 '아직도 상당한 벌을 받지 못하여'라고 한 구절은 당시 한국과 중국 및 대만 등이 일본에 대해 갖고 있던 감정의 한 단면을 드러낸 표현이다. 그 당시 한국과 주변국들은 일본에 대해 극도로 험악해진 감정을 갖고 있었다. 그래서 "원자폭탄이 나가사키·히로시마가 아니라 도쿄에 떨어졌어야 했다"고 공공연히 말을 하던 때였으므로 일본에 다시 원자폭탄이 떨어져야 일본은 반성하고 정신 차릴 것이라는 말로 볼 수 있다.

9월 10일자 경향신문에는 "對馬島는 우리 것"이라는 제목 아래 '공보처에서 일태도 반박'이라는 부제를 달고 위 두 신문과 동일한 내용을 싣고 있다.

"이승만 대통령은 외국기자와의 회견석상에서 대마도가 한국의 소유이므로 반환을 요구하겠다고 언명한 바 있었는데 이에 대하여 일본 정부는 역사상 근거가 없다고 논란(論難)한 바 공보처에서는 9일 이에 관하여 담화를 발표하여 반박하였다. 얼마 전 외국 가지가 이대통령을 방문하고 한국과 일본과의 과거의 모든 것을 청장(淸帳, =청산)할 조건을 물었을 때 그 조건의 하나로서 대통령으로부터 한국의 구령(舊領, 옛 영토)이니 일본에 그 반환을 요구한 것이라 하였다. 이것이 보도되매 일본 정부 책임자가 역사상 근거가 없다고 논란하였으나 대마도 문제는 역사적 근거가 확실한 것이니 대마도가 한국의 소유임은 누구도 부인하지 못할 것이다. 여기 대해서 일본 사람들은 공구심(恐懼心, 공포심)을 가질 필요가 없는 것이오 또 일본 외상(外相)이 대마도 문제에 대해서 미국 사람들이 북미 적색인(인디언)의 땅을 점령하여서 합중국을 세운데 비유해서 말한 것은 아직도 일본 사람들이 남을 모욕하는 악습을 버리지 못한 것을 표명한 것이다."

그러나 대마도 반환 요구는 그 한 번으로 끝난 것이 아니었다. 이승만 대통령은 1949년 1월 8일 신년 기자회견에서 이 문제를 다시 꺼냈다. 하루 전인 7일 중앙청 제1회의실에서 내외 기자단과 가진 신년 국정 방향에 관한 내용을 설명하는 자리에서도 이승만 대통령은 "대일 배상에 대마도가 포함된다"는 사실을 분명히 했다. 또한 동아일보에는 "대일강화회담 참가 계획-대마도 반환도 요구"라는 제목의 이승만 대통령 연두 기자회견 내용이 실렸다. 여기서는 대일 배상 청구 산정 기점을 어디서부터 잡을 것인가에 대한 것부터 시작하여 대마도 반환 문제를 대통령 자신이 명확히 밝히고 있다.

"대일배상 청구 기산(起算)은 나 혼자 정할 문제가 아니므로 말하기 어려우나 이 사람 개인의 의견으로 말하자면 다음과 같다. 즉 욕심대로 하면 임진왜란 때부터 기산해야 할 것이나 적어도 40년 전부터는 기산해야 할 것이다. 그러나 대마도만은 별개로 취급되어야 할 것이다. 대마도가 우리의 섬이라는 것은 더 말할 것도 없거니와 3백5십 년 전 일본인들이 그 섬을 침입하였을 때 도민(島民)들은 민병을 일으켜서 일본인들과 싸웠던 것이다. 그 역사적 증거로는 도민들이 이를 기념하기 위하여 대마도의 여러 곳에 건립했던 비석을 뽑아다가 동경박물관에다 둔 것으로도 넉넉히 알 수 있는 것이다. 이 비석도 찾아올 생각이다."

이 신문의 내용에서 그간 우리는 잘 모르고 있던 내용을 확인할 수 있다. 1592년 임진왜란 당시 일본인들의 침입에 맞서 대마도 도민들이 민병대를 조직하여 싸웠다는 사실이다. 그 사실 여부를 확인할 수 없으나 도민(=대마도 사람)들이 그때의 사실을 낱낱이 기록한 기념비를 빼내어 도쿄박물관에 수장했다는 이야기는 자못 충격적이란 생각이 든다. 그런데 이 당시 조선중앙일보 또한 "대일 배상에 대마도 포함"이라는 제목으로 대마도 문제를 다루고 있다.

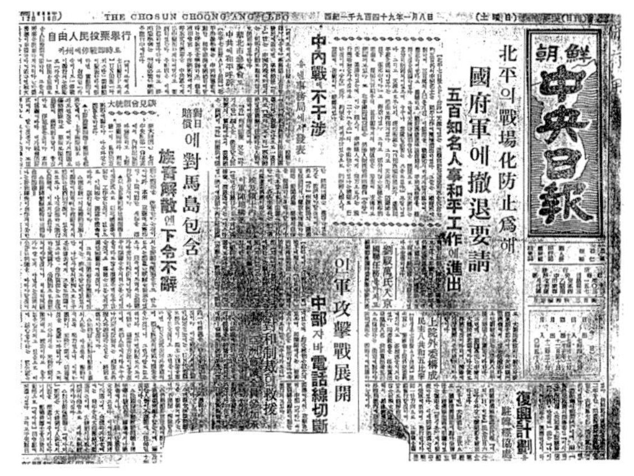

THE CHOSUN CHOONG ANG ILBO

朝鮮中央日報

北平의 戰場化防止爲해

國府軍에 撤退要請

五百知名人事和平工作에進出

中內戰에 不干涉

對日賠償에 對馬島包含

復興計劃

1949년 1월 9일자 조선중앙일보.

한국에서의 이런 움직임에 호응하여 당시 중국 내에서 일었던 여론을 소개하는 기사가 "한국의 대마도 요구 당연한 주장"이라는 제목으로 동아일보(1948년 9월 19일자)에 실렸다. 타이완의 타이베이 공립통신共立通信 기사를 빌어 '일본은 대마도를 한국에 돌려줘야 한다'는 내용을 소개하고 있다.

1949년이 되자 이승만 정부는 "배상 아니다 반환하라"며 더욱 적극적으로 대마도 반환을 요구했다. 7월 22일자 동아일보에 실린 기사에는 대마도 반환과 함께 배상문제를 보다 구체적으로 거론하였다.

> "우리 정부는 맥아더 사령부를 통해서 대마도를 반환할 것을 요구하였고, 대일 배상을 요구하고 있다. 강제로 그 침략전쟁에 징발된 노역에 대해서 이를 배상할 것을 요구하고 있다. 그밖에 그들이 약탈하여 간 허다한 문화재 …"

대마도는 배상 청구 대상이 아니라 반환해야 한다는 점을 명시하고, 맥아더 사령부를 통해 분명하게 요구한 것이다.

이승만 대통령은 1949년 12월 30일 한 해를 마감하는 연말 기자회견에서도 대마도 반환문제를 꺼냈다. 1949년 12월 31일자 경향신문에는 "실지회복失地回復을 완수完遂—대일감정은 악화시킬 필요 없어"라고 밝히고 있다. 국내외의 제반 문제에 대하여 기자단과의 회견을 가진 자리에서 '잃어버린 땅 대마도를 찾는 일은 대일감정을 악화시키는 일도 아니며 우리가 완수해야 할 일'임을 명백하게 규정하였다.

東亞日報

協定條件附可決
反對廿五議員은退場

全委에서通過
國會와政府對立激化

九條等論難에

赤化活動東南亞로擴大

南韓土地改革進行
于先敵産부터着手

中國輿論
韓國의對馬島要求
當然한主張

蘇側伯林서肅淸斷行
獨反共政治家西方으로避難

한국의 대마도 요구(韓國의 對馬島要求)란 제목의 신문기사
(동아일보, 1948. 09. 19)

"문) 일본 정부에서는 대마도가 자기네 영토라는 것을 증명하고자 명년 4월 종합학술조사단을 파견한다는데 아국(我國)에서도 적당한 조치가 있어야 할 것 아닌가?
답) 물론 우리로서는 대마도도 찾고 기타 잃어버린 것도 찾아야 하겠지만 그렇다고 해서 일본인들과 갈등을 만드는 것은 우리에게 불리하다고 본다. 소련이 공산당을 시켜 동양을 침략하는 것은 한국이나 일본 미국에 있어 두통꺼리인데 현재 이것을 방어하는 것이 급선무다. 대마도 문제는 (샌프란시스코) 대일 강화회의 석상에서 해결할 수 있으며 일본인이 아무리 주장해도 역사는 어떻게 할 수 없을 것이다. 일본인이 공산당과 싸우려면 공동으로 공동의 적을 쳐 물리쳐야 할 것이다."(1949년 12월 31일, 경향신문)

이처럼 이승만은 대마도를 반드시 찾아와야 할 한국의 영토로 인식하고 있었다. 그리고 1950년을 대마도를 찾아와야 하는 해로 설정하였다. 그러나 그해 6월 25일, 불행하게도 한국전쟁이 일어나면서 이승만 정부는 이 문제를 더 이상 깊이 있게 의논하고 대책을 세울 여유가 없었다.

전쟁이 한창 진행중인 1951년 7월 13일자 동아일보에는 샌프란시스코 대일강화조약에 교전국의 자격으로 한국도 참석시켜 줄 것을 당시 양유찬 주미대사로 하여금 미국에 전달하도록 하였다는 기사가 실렸다. '대한민국은 대일강화조약을 체결하는 자리에 전쟁 당사국으로서 참가하기를 희망하였고, 조약 조인국으로서 그리고 대일 교전국으로 인정하여 줄 것을 강력히 요망하고 있다'며 양유찬 주미대사가 미국 측에 전달한 한국 정부의 주장을 10개항으로 싣고 있는데, 그 중 네 번째 항목에서 이승만 대통령은 일본이 대마도를 불법적으로 점령한 사실을 거론하며 한국에 대마도를 반환해야 한다고 역설하였다.

"일본은 대마도에 대한 권리를 포기하여야 된다. 역사적으로 보아 대마도는 한국 영토이었으나 일본은 불법적으로 이를 점령하였다."

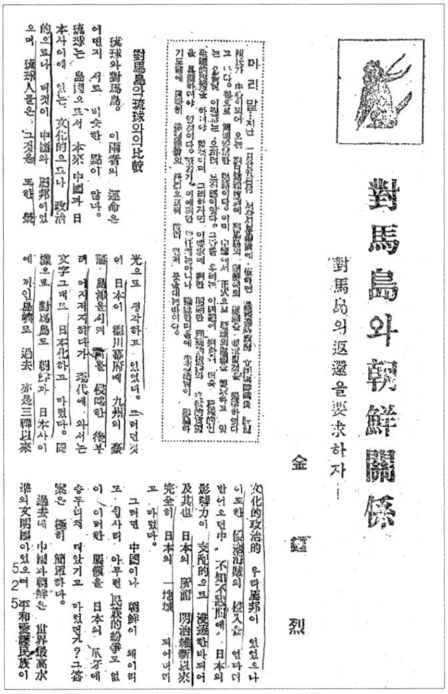
對馬島와 朝鮮關係

對馬島의 返還을 要求하자

金鍾烈

김종렬이 신문에 기고한 내용. '대마도와 조선관계'라는 제목 외에 '대마도의 반환을 요구하자'는 부제가 달려 있다. 남아 있는 자료에 의하면 김종렬은 대한민국 정부 수립 후, 대마도 문제를 맨 처음 제기하였다.

이처럼 이승만은 대마도 문제를 명확히 제시하였다. 어찌 되었든 그는 대마도가 한국 땅이라는 확고한 영토관을 갖고 그 같은 요구를 했던 것 같다. 그것이 아니면 그가 오히려 대마도를 정치적으로 쟁점화하기 위한 것이었을 수도 있다. 그러나 미국은 그의 요구를 들어주지 않았다. 한국은 일본을 도와 미국을 상대로 전쟁을 치렀으므로 일본과 하나로 묶어서 생각해야 할 상대라고 미국은 이해하였다. 미국은 일본의 입장을 우선하여 이승만을 압박했고, 미국의 이익을 고려하여 한국의 요구를 들어주지 않았다. 결국 1951년 7월 18일 양유찬은 덜레스와의 면담 후, 대마도를 포기하는 발표를 하였다. 양유찬 주미대사가 한미 회담 뒤에 왜 그토록 성급하게 대마도 영유권을 포기하였는지 그 배경에 대해서는 알려진 것이 없다. 다만 한 가지 분명한 사실은 미국의 강요에 의한 선택이었다는 것만큼은 분명하다.

덜레스-양유찬 회담과 샌프란시스코 대일강화조약으로 미국이 대마도를 일본령으로 확정한 뒤에도 최남선은 『신천지』에서 대마도 문제를 다시 거론하였다.[9] 그는 '대마도의 내속문제-한·일 교섭의 역사적 고찰'이라는 글을 발표하였다.

1950년대에 미국은 동북아시아 정책에서 지나치게 친일적인 태도를 보였다. 전후 배상문제를 놓고도 미국은 일본과 한국의 경제 원조에 차별을 하였다. 그래서 이승만은 그것을 몹시 못마땅해 했다. 미국의 그같은 차별이 결국 한국에 대한 일

9. 1953년 12월호(1953년 12월 1일 통권 58호 제8권 제7호)

본의 또 다른 침략과 경제적 예속관계를 형성할 것이라고 이승만은 믿었다. 그래서 이승만은 수시로 미국의 친일정책을 비판하였다. 일본에 대해 전후 배상청구 및 대마도 반환문제를 격렬하게 제기하였으며, 대단히 반일적 입장을 취했다. 항일독립투사로 평생을 바쳐 살아온 그의 인생역정에서 그것은 너무도 당연한 일이었다. 그렇기에 그와 같은 결정이 그에게는 더욱 더 견딜 수 없는 모욕이었을 것이다. 심지어 그는 '이런 식으로 가면 일본으로부터의 안전은 공산통일'이라고 여기는 한국인이 많아질 것이라고까지 말했다. 그것은 물론 미국을 압박하기 위해서 한 '계산된 발언'이었다. 자신의 행위가 정치적이었든, 다른 의도가 있었든 그는 대마도 반환을 요구하였다. 일본제국주의가 40년간 착취하고 피해를 입힌 만큼 배상을 제대로 하라며 일본과 싸웠고, 또 때로는 미국과 대립하였다.

다만 전하는 말로 대한민국 정수 수립과 동시에 이승만 대통령은 대마도 문제에 관해 어류학자 정문기 박사에게 자문을 구했는데, 정문기[10] 박사는 대마도를 한국령에 포함시켜야 한다고 건의하였으나 친일파들이 한국 영토에서 배제해야 한다고 주장하여 결국 한국령에서 제외했다는 소문이 있다. 하지만 이것은 그저 소문일 뿐, 사실과는 다른 이야기이다. 다만 하나의 추측이지만 아마도 애초 정문기는 대마도를 평화선 안에 넣어 우리 해역에 포함시킬 것을 주장했는데 평화선 입안자인 지철근이 현실적으로 그것이 불가능한 일임을 알고 배제하였고, 결국 1952년 1월 18일 이승만이 대마도를 제외하고 평화선(Peace Line)을 선포하자 그런 소문이 나돈 것이 아니었을까 하는 생각을 가져본다.

1952년 제1차 한일회담에 참여한[11] 정문기는 일제의 조선총독부 산하 수산시험장에서 수산기사로 일했다. 국내 1호 어류학자로서 해방 이후 우리의 어류학이 그의 손에서 처음으로 체계가 잡혔고, 그의 평생에 걸친 노력은 후일 『한국어도보』라

10. 정문기(1898~1995). 그는 1934년에 『조선어명보(朝鮮魚名譜)』를 출간하였으며 1954년에는 『한국어보(韓國魚譜)』를 냈다. 이런 전작들을 바탕으로 1977년 『한국어도보(韓國魚圖譜)』가 완성되었다. 韓國魚圖譜라는 책의 제자는 중국의 갑골문 대가인 동작빈(董作賓)이 써서 그 의미와 가치를 한층 높여 주었다.

11. 1952년 2월 20일부터 개최된 1차한일회담에 정문기·김동조·유태하·지철환 등이 참여하였다.

는 걸작으로 마무리되었다. 나라 잃은 설움을 겪어가면서도 어류학 대사전을 만들었고, 많은 후학을 배출한 그의 공적이 작지 않다.

참으로 안타까운 일이지만, 대마도의 소속이 일본령으로 공식적으로 확정된 것은 1870년대이다. 조선 측 대표가 인정한 것이니까 할 수 없는 일이 되어 버렸다. 그리고 청일전쟁 때(1894) 일본은 대마도에서 병사를 뽑아 보냈으며, 그 후 1904~1905년에는 러시아를 상대로 한 대마도 해전에서 일본이 승리한 사실은 앞에서 자세히 설명하였다. 러일전쟁을 승리로 이끈 무대로서 대마도는 20세기 초, 이미 일본의 중요한 군사가지가 되었다. 대마도에서 일본이 이와 같은 군사행동을 한 것은 대마도의 특수성에서 나온 것이었다.

1951년 드디어 일본은 미국의 힘을 빌어 대마도를 일본 땅으로 공인받았다. 맥아더 연합군사령부가 설정한 맥아더라인(MacArthur line)은 대마도를 일본령으로 인정해준 보호선이었다. 맥아더라인은 미국의 극동주둔군사령관 맥아더 장군이 일본인의 어업활동 범위를 획정한 제한선으로, 이것이 한국과 일본의 경계를 국제적으로 획정한 기초가 되었다. 다만 맥아더라인이 정해질 때 한국의 입장은 전혀 고려되지 않았으며, 한국과 논의된 바도 없다. 한국을 제외하고 미국이 일방적으로 패전국 일본의 영역으로 잘라 넣었다. 미국은 영토문제 만큼은 중립적 입장을 지킨다고 하였으나 실제로는 지나치게 자기네의 이익을 고려한 나머지, 오히려 친일적인 입장을 유지하면서 한국의 의사는 무시할 때가 많았다. 1945년 이후 이승만이 수십 차례에 걸쳐 미국과 일본에 대마도를 반환할 것을 요구하였지만 미국이 들어주지 않았다. 그러나 미국의 입장에서 보면 그것은 너무도 당연한 일이었다. 대마도에 사는 사람들이 모두 일본말을 하는 왜인들이었고 오랜 세월 일본 땅으로 관리되어 왔으니까 미국으로서도 다른 선택을 할 수 없었을 것이다.

1951년까지도 이승만은 미국에 대마도를 돌려달라고 요구하였다. 그러나 이승만과 한국의 요구는 기록과 자료에 근거한 것이 아니었다. 조선시대 내내 우리의 영토로 관리한 곳에 대한 반환요구는 당연한 것이라고 생각하였을 테지만, 그것은 그의 잘못이 아니다. 조선의 국왕과 중앙의 통치자들은 누구도 대마도를 조선 땅으로 관리한 적이 없다. 더구나 임진왜란 이후 조선이 일본에 보낸 국서(외교문서)가 대마도는 일본령임을 증명하고 있고, 19세기 말 이후 일본이 적극적으로 관리하였으며 쓰시마 해전에서 러시아 함대를 격침시킨 사실도 잘 알고 있었을 것이니 대마도 문제만큼은 미국이 한국의 의견을 무시한 것이 아니고, 그렇다고 일부러 일본에 유리하게 결정한 것도 아니다. 결국 미국은 이승만의 요구를 끝내 들어주지 않았고, 이후 이승만은 그것을 현실로 받아들일 수밖에 없었다.

대마도를 일본에게 넘겨준 밑그림이 된 것이 맥아더라인이었다. 맥아더라인은 1945년 9월 27일에 선포되었다. 그 당시 공산국인 중국이 유구열도의 반환을 요구하고 있었으므로 중국과 소련의 팽창을 크게 걱정한 미국은 대마도를 오키나와(유구)와 함께 하나의 방어권 개념으로 묶어서 일본령으로 확정해준 것이라고 할 수 있다. 애초 미국은 오키나와—필리핀—대마도—독도에 이르는 지역을 미국의 동아시아 방어선으로 설정하였다. 대마도는 미국의 극동지역 최북단 방어섬(유인도)으로 설정되었으며, 오키나와는 중국을 견제하기 위한 방어선이었다. 독립국으로 인정해 줬어야 할 오키나와를 1972년에 미국이 베트남 전쟁을 위해 일본에 넘겨준 것처럼 일찍이 미국은 소련의 남하를 막기 위해 독도 동편에서 대마도 북단에 이르는 지역을 일본의 영역으로 잘라 넣었다.

다시 말해 그때 한국을 미국의 방어선 밖에 두었고, 그것을 애치슨이 공개적으로 선포하면서 한국전쟁이 일어나 한국을 두 번 죽인 꼴이 되었으니 이 점에서 보면 한국전쟁은 계획된 전쟁이었다고 할 수 있다. 그 내면이야 어찌 되었든 한국을 전쟁의 제물로 써서 일본의 경제부흥을 도운 것이었음은 분명한 것이다. 한국전쟁 정전협정이 체결된 1953년 '한국전 특수'가 사라지면서 일본의 경제성장률이 10.8%나 떨어져 경기불황을 맞으면서 허덕였는데, 이것은 한국전쟁이 일본의 경제부흥에 얼마나 중요한 부분을 차지하였는지를 잘 설명해주는 지표이다.

제13부

제2차세계대전 종전과 맥아더라인

미국과 GHQ, 대마도를 일본령으로 인정해줘!

제2차세계대전 종전과 함께 일본 도쿄에는 연합군사령부가 점령군으로 주둔하였다. 연합군사령부는 미국의 일본 점령지 정책을 수행하던 최일선 실무본부로서, 맥아더에 의해 일본의 영토가 확정되었다. 일본의 본섬과 부속섬은 물론 일본 해역까지 획선하여 그 영역을 정한 것이 맥아더라인. 이것이 미국과 국제사회가 공식적으로 대마도를 일본령으로 인정하는 최초의 기준이 되었다.

세계 제2차대전 종전과 함께 등장한 맥아더라인

1945년 8월 6일 오전 8시 15분, B29 에놀라 게이(Enola Gay)가 히로시마廣島 상공 1만m 높이에서 U235 원자폭탄을 투하했다. 한 순간에 버섯구름과 함께 20여만 명 이상이 사라졌다. 그리고 사흘 후인 8월 9일 오전 11시 02분, 이번에는 나가사키에 두 번째 원자폭탄인 플루토늄탄이 떨어졌다. 두 차례의 핵폭탄 공격으로 눈 깜짝할 사이에 33만여 명이 증발하여 버렸다.[1]

한 달 전, 미국은 원자폭탄 실험에 성공[2]하였고, 바로 그 이튿날부터 미국의 주도 하에 포츠담 회담[3]이 시작되었다. 그리고 7월 26일 '일본의 무조건 항복'(제13항)을 촉구하는 포츠담 선언이 발표되었다. 그러나 일본이 이것을 거부함으로써 미국은 원자폭탄을 투하하게 되었고, 일본은 재앙을 자초한 것이다. 포츠담 선언 당시 일본은 스즈키 칸타로鈴木貫太郎 내각이 주도하고 있었다. 결국 두 번째 원자폭탄이 떨어진 다음 날 오전 7시, 스즈키 칸타로는 포츠담 선언을 수락할 준비가 되어 있다고 각국에 알렸다. 그라운드 제로(Ground zero)[4]에 남은 폐허와 처참함은 일본인들에게 엄청난 충격을 안겼고, 일찍이 인류가 경험하지 못한 원자폭탄의 가공할 위력은 그들로부터 전의를 완전히 거두어 갔다. 이런 가운데 8월 13일 포츠담 수락 여부를 결정하기 위해 일부 극렬파 일본군 수뇌부와 정치 지도자들이 한 자리에 모였다. 강화파였던 외무대신 도고시게노리[5]는 포츠담 수락 찬성 발언을 했으나 강경파인 육군대신 이나미고헤치카[6]는 "일억 명의 일본 신민이 옥같이 아름답고 깨끗하게 부서지겠다"는 일억옥쇄一億玉碎 주장을 하여 의견이 맞섰다. 그렇지만 결국 도고시게노리의 무조건 항복으로 의견이 모아졌다. 과격한 일부 수뇌부를 제외

1. 이 원폭 피해자 가운데 약 7만여 명 가까운 한국인이 포함되어 있다.
2. 1945년 7월 16일
3. 포츠담 회담(1945년 7월 14일~8월 2일) : 미국·영국·중국(장개석)이 이 회담에서 일본의 무조건 항복을 권고했다.
4. 원자폭탄 폭발 중심지.
5. 東鄕武德(1882~1950). 본래 그는 한국인 박무덕(朴武德)이었던 것으로 전한다. 그의 선조는 사쓰마 지역에 정착하여 살았다.
6. 阿南惟幾(1887~1945)

한 모든 일본군은 무조건항복을 거스를 수 없는 현실로 받아들였다. 그러나 정작 결사항전과 무조건 항복 둘 중 하나를 택해야 하는 절박한 순간까지도 일본 지도층은 선뜻 항복을 받아들이지 못했다. 8월 13일에도 일본 수뇌부의 결단이 없자 '일본의 여러분께'라는 제목으로 미군이 뿌린 삐라가 도쿄 상공에 흩날렸다. "오늘 우리는 여러분에게 폭탄을 투하하기 위해 온 것이 아닙니다"라는 내용을 담은 것이었다. 드디어 15일 일본 천황의 항복 조서[7]가 발표되고 일본은 미국과의 항복 조인 절차에 들어갔다.[8]

항복문서 조인식은 9월 2일 오전 9시, 요코하마 동쪽 도쿄만東京灣에 정박 중인 미주리호(USS Missouri) 위에서 이루어졌다.[9] 연합국 11개 참전국 대표와 맥아더가 참석한 가운데, 15년 전 상해 홍구공원[10]에서 윤봉길 의사가 던진 폭탄에 왼쪽 다리를 잃고 의족을 한 일본 대표 시게미쓰마모루重光葵[11]가 목발을 짚고 절뚝절뚝 신음소리 씹으며 배에 올라 직접 항복문서에 조인함으로써 일본은 비로소 미군과 연합군의 지배에 들어갔다.[12] 이 자리에서 조인한 항복문서의 제1항은 이런 내용으로 되어 있다.

---

7. 일본정부는 1945년 8월 14일 포츠담선언을 수용할 것임을 연합국에 통보했다. 그리고 다음날 쇼와천황(昭和天皇) 히로히토는 라디오방송을 통해 조서를 발표했다. 이것을 소위 옥음방송(玉音放送)이라고 한다.
8. 8월 19일, 육군참모차장 가와베 도라시로(河邊虎四郎) 중장을 중심으로 한 군사 사절이 필리핀 마닐라에 있는 맥아더를 찾았다. 이들이 3개의 문서를 맥아더로부터 받아들고 21일 도쿄로 돌아왔는데, 그 3개 문서란 종전 때 발표해야 할 조서로서 천황의 포고문, 항복문서, 일반명령 제1호였다. 항복문서는 포츠담 선언을 수락하고 연합국에 항복한다는 조인을 위한 문서였다. 원래 조인예정일은 8월 31일이었다. 그러나 일정이 늦춰졌는데, 그 이유는 군인 출신 각료들이 Surrender(항복)란 단어에 강력히 반발했기 때문이라고 한다.
9. 1951년 9월 8일 일본정부는 샌프란시스코강화조약(정식명은 일본국과의 평화조약)에 조인하였다. 이 조약의 발효일은 1952년 4월 28일. 이때 일본은 정식으로 국가의 전권을 회복했다. 외교문서로써 정식으로 전쟁이 종식된 것은 1945년 9월 2일이지만 샌프란시스코 강화조약 발효일인 1952년 4월 28일이 종전일이다.
10. 上海 虹口公園. 이곳에서 윤봉길 의사의 의거는 1932년 4월 29일에 있었다.
11. 重光葵(しげみつ まもる, 1887~1957). 일본 오이타현(大分縣) 출신. 동경제국대학(東京帝國大學) 법과대학을 졸업하고, 외무성에 들어가 1929년 상해총영사(上海總領事), 1931년에는 중국공사를 지냈다.
12. 육군 154개 사단 및 기타 136개 사단 225만 명과 해군부대 20개 125만 등 총 698만 3천 명의 일본 병력이 무장 해제되었다.

"우리는 일본의 왕과 정부 그리고 연합국총사령부의 명령에 따라 그리고 이들을 대신하여 1945년 7월 26일 포츠담에서 미국·중국 및 영국의 정부 수반들이 선포하고 추후 소련이 가입한 선언에서 제시한 규정들을 수락한다."

다음 2항은 '무조건 항복'에 관한 내용이었다. 그리고 6항에서는 포츠담선언을 성실히 이행할 것을 선언하였다. 이로써 7천만 일본인을 지배하는 20만의 미군과 연합군 점령군이 도쿄에 주둔하게 되었고,[13] 이후 5년 반 동안 맥아더는 천황을 대신하여 일본의 최고 통치자로 군림했다.

그러나 항복문서에는 일본의 영토에 관한 규정이 없다.[14] 앞서 포츠담선언을 수락한 마당이었으므로 항복문서는 포츠담선언의 규정에 동의한 것이니 일본의 영토에 관한 문제는 포츠담선언의 적용을 받도록 되어 있었다. 이런 까닭에 그 당시 일본 영토에 관한 내용은 포츠담선언 제8항에 명시되어 있다.

"카이로 선언의 각 규정을 이행해야 할 것이며 일본의 주권은 혼슈(本州)·홋카이도(北海島)·규슈(九州)·시코쿠(四國)와 우리들[15]이 결정하는 작은 섬들로 제한될 것이다."[16]

카이로 선언에서 선포한 내용을 후에 포츠담 선언에서 다시 확인하였으므로 일본의 영토에 관해서는 카이로 선언과 포츠담 선언에서 정한 그대로였다. 그런데 카이로 선언과 포츠담 선언 때까지만 해도 대마도는 일본의 영토에 포함되어 있지 않았다.

13. 8월 28일 영국·오스트레일리아·뉴질랜드 등에 의한 영국연방에 의한 협력을 받아들여 일본에의 주둔을 개시했다. 연합국은 일본 본토에 대하여 군정을 실시하였고, 일본은 연합국의 점령 하에 들어갔다.

14. 포츠담 선언 때에는 대마도는 일본의 영토로 포함되지 않았다.

15. 미국·영국·중국

16. The terms of the Cairo Declaration shall be carried out and Japanese Sovereignty shall be limited to the island of Honshu, Hokkaido, Kyushu, Shikoku and such minor islands as we determine.

1945년 9월 27일 맥아더 연합국사령부(GHQ)가 발표한 SCAPIN 제80호부터 대마도가 일본의 영역에 명시되었다. 물론 그것은 맥아더라인을 바탕으로 한 것이었다. 그 후 10월에 한두 차례의 수정을 거쳐 맥아더라인은 미국 정부에 보고되었으며, 이를 토대로 미국 정부는 11월 1일 맥아더에게 'Basic initial Post-Surrender Directive'(항복 후 기본적인 초기 지침)을 전달하였다. 더글라스 맥아더에게 정식으로 지시한 이 지침에서 미국은 일본의 영토를 이렇게 정의하였다.

> "본 지침에서 언급한 일본은 혼슈·홋카이도·규슈·시코쿠의 4개 본섬(Main islands)과 쓰시마(Thushima)를 비롯한 약 1천여 개의 인접 소도(小島)를 포함하는 것으로 정의한다."[17]

이것은 미국의 결정이었다. 이 지침에 따라 맥아더는 일본의 새로운 절대군주가 되어 통치를 시작했다. 일본의 항복과 함께 연합국 군최고사령관(SCAP) 더글라스 맥아더[18]의 총사령부(GHQ)[19]가 일본 천황의 황궁皇居이 내려다보이는 다이이치생명第一生命 빌딩[20]에 설치되었다. 이로부터 맥아더는 "일본에 새로 군림한 지배자, 푸른 눈의 대군大君 맥아더 원수"[21]라는 호칭으로 불렸다. 히로히토가 신에서 인간으로 내려오고, 대신 맥아더는 새로운 일본의 절대 신이 되었다. 일본의 항복 직후에 미국이 맥아더에게 내린 지시 사항 속에 일본 점령군으로서 그의 위상이 잘 드러나 있다.

17. Digest of international Law, vol. 3, p.493, M. M. Whiteman.

18. Douglas MacArthur

19. General Headquaters(연합군최고사령관 총사령부)

20. 맥아더사령부(第一生命 빌딩) : 과거 경시청 자리에 세워졌다(지상 7층, 지하 4층). 세계제2차대전(태평양전쟁) 중에는 일본천황의 황궁 방어를 위해 옥상에 고사포 4문을 거치하였고, 패전 후인 1945년 9월 15일 주둔군총사령부가 접수하였다. 맥아더 집무실은 6층 구 사장실에 있었다. 이 건물이 반환된 것은 1952년 7월로, 6년 10개월 동안 점령하의 맥아더 집무실은 지금도 그대로 보존되고 있다.

21. 日本に君臨した新しい支配者 '靑おい目の大君' マッカーサー元帥

"항복한 순간부터 천황과 일본 정부의 국가 통치권은 귀하에게 종속되며 귀하는 항복 조건을 시행하는데 필요하다고 인정되는 모든 조치를 취할 수 있다. 일본에서 항복 조항을 시행하기 위해 관계 연합국이 할당하는 전육해공군의 최고사령관이 된다. 우리와 일본의 관계는 계약에 의한 것이 아니며 무조건 항복에 의한 것이다. 귀하는 그 권력의 범위에 대해 일본측이 이의를 제기하지 못하게 해야 한다."[22]

미국이 맥아더에게 지시한 위의 내용이 명백히 밝히고 있듯이 어디까지나 천황 히로히토는 맥아더에 종속된 신분이 되었다. 그러니까 천황 히로히토의 생사여탈권도 맥아더의 손에 들려 있었다. 항복 직후 일본인들의 관심은 패전국 수장으로서의 '천황의 지위' 문제에 쏠려 있었다. 그래서 항복조서가 발표된 직후, 일본의 각료들은 국체國體[23]에 온통 관심이 쏠려 있었다. 일본인들이 말하는 국체란 '천황이 곧 나라' 즉, 천황을 의미하는 말[24]이었다. 일본의 지도층은 천황의 신분에 변화가 없는지를 조심스레 맥아더사령부에 물었다. 그러나 그들이 맥아더 사령부로부터 들은 회답은 "천황 및 일본국 정부의 국가 통치권한은 연합군최고사령관에게 귀속된다"[25]는 원론적인 내용 뿐이었다. 얼마 후 '천황의 지위는 안전하다'는 답변을 듣고서야 일본의 각료들은 잠시 안도하였다. 그러나 한편으로는 천황을 구하기 위한 적극적인 로비가 시작되었다.

그리고 1945년 9월 27일, 천황 히로히토와 맥아더의 1차회견이 이루어졌다. 오전 10시 도쿄의 미국대사관에서 맥아더가 거실 입구까지 나와 천황을 마중했다. 접견실에서 마주한 두 사람의 대화는 진지했다. 천황은 불안해했으며, 떨고 있

22. 『맥아더 회고록』2, Douglas MacArthur, 변광식 옮김, 일신서적출판사, 1993
23. 천황을 대신하는 용어로 사용하였다.
24. 일본인들은 이것을 국체호지(國體護持)라 하였다. 국체인 천황을 보호하고 지킨다는 의미. 패전과 함께 일본의 지도층은 천황을 지키고 천황제를 유지하기 위해 많은 노력을 기울였다.
25. The emperor shall be subject to the Supreme Commander of Allied Power.

었다. 그의 목숨이 맥아더의 판단에 달려 있었기 때문이다. 맥아더는 자유로운 상태에서 대화하였다. 그러나 맥아더 앞에 꼿꼿하게 기립자세로 선 히로히토는 낮고 떨리는 소리로 말했다.

> "나의 국민이 전쟁을 하기 위해 취한 정치적·군사적 결정에 대한 모든 책임을 지기 위해 장군을 방문했습니다. 내 한 몸이야 어떻게 되든 상관없습니다. 장군에게 맡깁니다."

회견시간 37분 동안 맥아더가 들은 내용 중에서 가장 감명 깊었다고 술회한 부분이다. 맥아더는 이 말이 갖고 있는 진정한 의미가 따로 있다는 것도 잘 알고 있었다. 완전한 항복의 표시로서 일본의 수장인 천황이 상대국 장수에게 자신의 처분권(생사여탈권)을 맡기는 행위이며, 이런 경우 항복해온 상대를 죽이지 않고 살리는 것이 일본 전통의 무사도라는 것도 잘 알고 있었다. 그래서 이 만남이 있기 전에 맥아더는 여러 경로를 통해 일본과 미국에 천황을 살려야 할 이유를 강조해둔 터였다.

이 자리에서 천황의 말을 받아 맥아더는 지난 한 달 반 동안 천황의 도움이 있었기에 연합군이 순조롭게 주둔할 수 있었다고 밝히고, 천황의 안전에는 문제가 없을 것임을 확인해 주었다. 이후 11월 29일 요나이미츠마사[26]는 GHQ의 맥아더를 공식 방문하여 천황의 지위와 안위 여부를 다시 물었다. 이날은 일본군대의 무장해제를 하루 앞둔 날이었다. 이 자리에서도 맥아더는 "연합군의 주둔이 극히 순조로웠던 것은 천황의 협력 때문이었으며 자신은 천황이 퇴위하지 않기를 바란다"고 답변하였다.

이 무렵 일본 외무대신 요시다시게루[27]와 내각의 주요 인물들은 천황을 살리기

26. 米内光政(よないみつまさ)

27. 吉田茂

위한 길을 다각도로 모색하고 있었다. 이들은 포츠담선언에서 거론한 문제, 즉 '천황은 정치 군사권을 갖지 않는다' 그리고 '앞으로 일본은 영원히 군대를 갖지 않는다'[28]는 조건을 맥아더에게 미리 제시함으로써 선수를 치는 한편, GHQ의 인사들을 대상으로 돈과 여자·술을 통한 로비를 시도하였다. 꼬리를 내리고 완전항복을 표시하면서 상대의 환심을 사기 위한 양면작전을 펼친 것이다. 이후 히로히토 천황은 상징천황이라는 표현으로, 그리고 군대 문제는 무장해제(군대해산)로 마무리되었다. 결국 11월 30일 일본군대는 해산되었고, 천황은 신년 초하루에 인간선언을 하기로 되어 있었다. 천황의 인간선언이란 천황은 신이 아니라 인간이라고 스스로 일본국민에게 선포하는 것이었다.

그런데 막상 일본 천황을 살려둔다면 그의 위치를 어떻게 규정해야 할까. 여기서 맥아더는 고민하였다. 포츠담 선언에서도 천황의 지위문제가 언급된 바 있지만, 결국 맥아더와 GHQ의 주장에 따라 상징천황제란 개념이 도입되었고, 그로 인해 천황은 살아남았으며 일본의 천황제는 존속될 수 있었다. 신에서 인간으로 내려온 천황은 단지 상징적 존재일 뿐 신이 아니므로 상징천황이라는 것이다. 정치·군사 문제에서 손을 떼고 그저 얼굴마담에 불과한 존재로 만들어 버린 것이다. 절대 신으로서의 천황을 죽이지 않는 대신, 인간으로 끌어내려 맥아더가 그에게 삶의 기회를 준 것은 그야말로 정치적인 배려였다. 일본인들의 정신적 지주인 천황을 살려 미국에 순종하게 함으로써 7천만 일본 패전민들을 손쉽게 통제할 수 있었기 때문이다.

사실 이런 것들은 미리 정해진 각본에 따라 진행되었다. 요시다 시게루는 일본 천황이 1946년 1월 1일자로 인간선언을 할 것이라는 사실을 하루 전에 맥아더에게 서한을 보내 알렸다.[29] 계획대로 일본 천황의 인간선언이 이루어졌다. 천황은

28. 시노하라(幣原喜重郎) 수상은 1946년 1월 24일 정오에 맥아더 사무실 방문해 신헌법을 만들 때 전쟁포기 조항과 함께 일본은 군사를 절대로 갖지 않는다는 조항을 넣고 싶다고 제안하였다. 일본은 빈곤한 나라이므로 군비에 쓸 돈이 없으며 일본이 갖고 있는 자원은 경제 재건에 써야 한다고 말했는데, 이 말을 듣고 맥아더는 몹시 놀랐다고 한다. 상대의 의중을 일본 측이 정확히 간파하고 있었기 때문.

29. 오후 4시 30분에 발표할 천황의 조서 일본어 번역판을 동봉해 보냈다[吉田茂–マッカーサー往復書簡

절대 신이 아니라 인간이라는 사실을 천황 스스로 발표함으로써 공식적으로는 인간에서 신이 된 맥아더가 신에서 인간으로 내려온 천황을 지배하는 단계로 뒤바뀐 것이다. 천황의 인간선언과 함께, 이날 더글라스 맥아더 연합군최고사령관(=SCAP)은 점령정책이 극히 순조롭게 진행되고 있음을 일본 국민에게 성명으로 발표하였다.

천황을 살리기 위한 작업은 미·일 양측의 합의와 계획에 따라 단계적으로 진행되었다. 이때 맥아더는 "천황이 모든 책임을 진 사람이라면 전범자를 처단하기 위한 재판은 성립되지 않는다"는 기묘한 논리를 내세워 천황의 법정 출정을 막았다. 이 말을 거꾸로 뒤집으면 이해가 쉽다. 천황이 모든 전쟁 책임을 진 사람이므로 천황만을 처단하면 그것으로 전범자 문제는 끝나 버리므로 전범재판은 껍데기에 불과한 재판이 된다. 그렇게 되면 전쟁범죄에 실제 책임 있는 자들은 모두 면책 받는 결과가 되므로, 천황보다는 전쟁을 실행에 옮긴 실질적인 전범들을 재판해야 한다는 논리였다. 다시 말해서 실제의 전범은 천황이 아니라 전쟁을 실행에 옮긴 이들이라는 것이었다. 이것은 사실 논리 치고는 기괴한 것이었다. 히로히토의 전쟁책임을 면책시키기 위해 맥아더와 GHQ 그리고 미국무부와 천황 측근이 기민하게 결탁하여 이처럼 뛰어난(?) 논리를 개발한 것이다. 그것은 세계 전쟁사에서 찾아보기 어려운, 그야말로 적과의 야합으로 만들어낸 결과였으며 놀라운 협동력이었다.

이후 맥아더는 일본의 헌법을 만들고 개혁[30]을 주도하는 동시에 도쿄재판[31]을 열기로 결정하였다. '전범군사재판'은 군사적 판단보다는 정치적으로 매우 신속하게

集(1945~1951) = Correspondence between general MacArthur ; Prime minister Yosida & other high japanese officials(1945~1951) p.119~120, 袖井林二郎 편역, 法政大學出版部, 2000].

30. 군부 출신으로 공직에 있는 사람들을 추방하는 공직추방, 농지개혁(부재지주 추방), 재벌해체, 교육개혁, 헌법개정(평화헌법)이 그것으로, 이런 개혁을 GHQ의 일본혁명이라고도 한다. 교육개혁으로 1908년 일본의 의무교육이 6년이던 것이 1947년에는 9년으로 늘었다.

31. 정식명칭은 극동국제군사재판(極東國際軍事裁判). 1946년 5월 東京市 ケ谷の陸軍豫科士官學校本部 大講堂 특설법정에서 진행되었다.

추진되었다. 1946년 1월 19일 더글라스 맥아더와 GHQ는 극동군사재판소를 설립하고 재판소 조례를 공포했다. 그 중 제5조의 (a), (b), (c)항 가운데 a항은 "평화에 대한 죄"를 거론하고 있다. 도쿄재판은 바로 이 a항에 관한 범죄를 저지른 전범들을 재판하기 위한 것이었다. 이로부터 'A급 전범'이란 용어가 생겼는데, A급전범이란 침략전쟁을 시작한[32] 사람들로서 전쟁을 계획하고 수행한 주모자와 공모자를 말한다. 결국 천황을 제외한 전범만을 처벌하기 위한 절차가 미리 마련된 지침대로 진행되었다. 맥아더사령부와 일본수상 및 내각의 사전 조율과정을 거쳐 천황을 제외한 군사 및 정치 지도자 중에서 A급 전범이 선별되었다. 만주사변부터 중일전쟁, 미국과 영국을 대상으로 전쟁을 벌인 수상이나 군인·정치가·민간지도자가 그 대상이었다.

1946년 4월, 최종적으로 제2차 세계대전 당시의 수상 도조히데키[33] 등 28명이 A급전범으로 결정되었다. 전범 수괴인 천황은 이들의 희생으로 면죄부를 받아 전범 명단에서 제외되었다. 전범재판을 위한 첫 공판은 주범을 제외한 가운데 1946년 5월 3일에 열렸다. 재판관은 오스트레일리아 재판장과 11개국 판사로 구성되었는데, 이들 재판관은 맥아더의 지휘 하에 있는 사람들이었다. 재판 중에 전범 기소자 2명이 사망했으며, 1인은 기소되지 않았다. 결국 3년 뒤인 1948년 11월 12일 도조 히데키 등 7명을 교수형에 처하고 16명은 종신형, 2명은 유기형으로 처리하여 전범문제를 마무리했다. 이렇게 해서 일본국 최고 통치자이자 일본 군대의 최고통솔자이고 전쟁의 모든 책임을 져야 할 천황은 살아남았으며, 재판은 맥아더와 미국의 의도대로 마무리되었다. 그러나 그것은 전쟁의 또 다른 피해당사국인 한국이나 중국 등의 의사와는 배치되는 것이었다. 보다 편리하게 일본을 지배하기 위해 미국의 감독 하에 맥아더가 지극히 정치적으로 판단하고 결정하였기 때문이다.

32. 중국, 미국, 영국, 네덜란드 등 그 후의 연합국에 대해 벌인 침략전쟁을 의미.

33. 東條英機(とうじょうひでき)

상대마 북단의 산정에 있는 한국전망대. 날이 맑으면 부산 지역과 더불어 황령산 등도 보인다.

연합국 극동군사재판소는 처음부터 일본군대의 최고통솔자이며 국정총괄자이고 최종 통치자인 천황을 A급전범에서 제외하고 재판하려고 하였다. 물론 그것은 미리 계획된 각본의 일부였다. 맥아더는 천황을 살리고 천황제를 유지하는 것이 일본을 점령 통치하는데 유리하다고 판단하였다. 그는 천황을 죽이면 1백만 명의 연합국 군대가 필요할 것이고, 주둔 또한 장기화될 것이라고 미국에 보고하였다. 당시 주일 미국대사 클라크 역시 같은 생각이었다. 그때 미국 내에서는 진주만 기습과 전쟁 책임을 물어 천황을 죽여야 한다는 강경여론이 들끓었으나[34] 결국 맥아더와 클라크로 대표되는 온건파의 주장에 따라 미국내 여론 또한 그를 살리는 쪽으로 유도한 것이다.

맥아더와 클라크 그리고 그들과 연계된 미국무부의 관리들은 온건파로 분류되지만, 실제로는 친일파들이었다고 말할 수 있다. 그들이 친일파라는 것은 일제강점기에 한국인으로서 일본에 부용한 세력과는 거리가 있는 개념이지만, 그들이 매우 친일적인 인사들이었음은 분명하다. 천황을 만나본 맥아더는 자신의 회고록에서 '천황은 아주 민주적이었다'고 말한 것도 그렇다. 전범수괴를 민주적이라고 표현한 것이 과연 온당한 발언인가?[35] 전후처리 과정에서도 맥아더는 상당부분 친일적인 행보를 보였다. 맥아더가 일본에 주둔해 있는 동안 그의 언행이 일본에 유리하게 작용한 반면, 한국에 불리한 결과를 가져온 것들이 꽤 많았다. 그의 일본 통치관과 철학, 미국무부의 대아시아 및 한반도 정책이 엇박자로 놀아난 것도 큰 원인이 되었다.

34. 당시 미국의 여론은 천황 처형을 요구하였다. 국무성 사람들 대다수도 천황제를 반대하였다. 그러나 맥아더와 클라크·미국무부 관리들의 의도대로 일본 천황은 살아 남았다.

35. 물론 히로히토가 생전에 '자신이 전쟁을 승인하지 않았으면 일본국민이 자신을 정신병원으로 보냈을 것'이라고 발언한 적이 있다. 1989년에 죽기 전까지 그는 맥아더와 한 약속이 무엇인지, 그에 대해서는 '남아일언중천금'이라며 끝내 밝히지 않았다.

울릉도 밖의 수역을 '공동자원조사수역' 이란 용어로 스스로 규정함으로써 독도가 일본 땅이라는 일본의 주장에 힘을 실어주는 또 다른 빌미가 되었다.

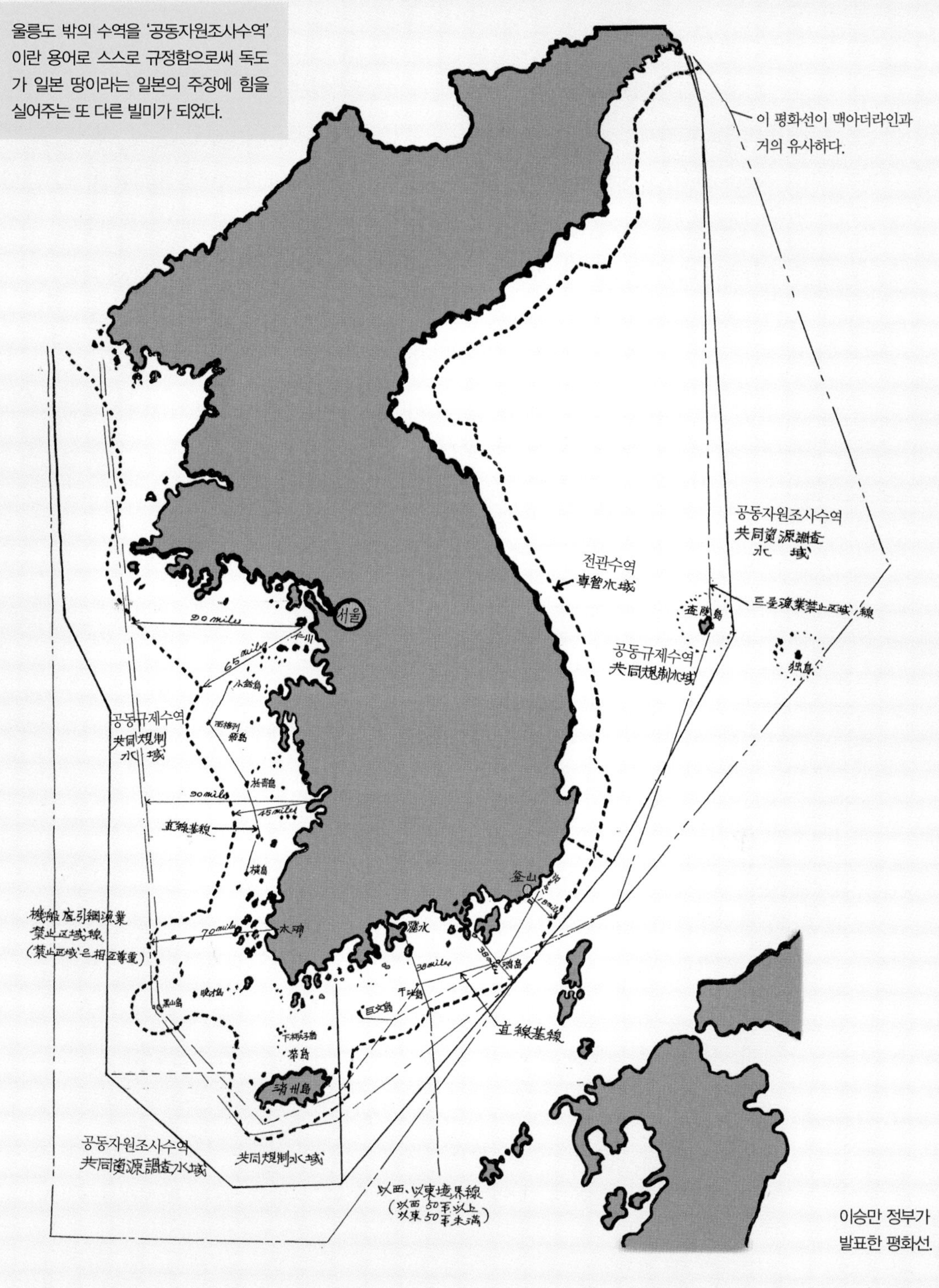

이승만 정부가
발표한 평화선.

그런 성향 때문인지 한국의 입장에서 보면 맥아더는 미국을 위한 것이 아니라 일본을 위해 일하고 있는 듯이 보일 때가 많았을 정도였다. 그러나 그들이 친일적이었다고 해서 그것이 곧 '반한적'임을 의미하는 것은 아니다. 맥아더는 한국과 이승만에게도 우호적이었으며, 한국을 불행하고도 불쌍한 나라라며 동정하였다. 그는 통일된 한국을 한국인들에게 안겨주는 것이 미국의 의리 있는 행동이란 믿음을 끝까지 갖고 있었다. 하지만 그렇다고 해서 그가 취한 정책이 한국과 일본에 대한 등거리 정책은 아니었다. 결과에 있어서는 일본을 위한 정책이 많았다. 미국무부가 지시한 것들은 미국의 이익과 일본의 이익에 관계되었으며, 특히 대마도는 미국의 방어전략을 위해 설정된 미국의 동아시아 최북단 방어선이었다. 1950년 1월 미국무장관 애치슨이 '한국은 미국의 방위선에서 제외된다'고 한 말과 연계시켜 보면 답은 자연스레 얻어질 것이다. 언젠가 국내의 한 학자가 '맥아더는 38선 분단의 집달리였다'고 발언한 적이 있는데 그것은 맥아더와 미국의 대한반도 정책의 실패를 꼬집은 말이었다.

맥아더를 포함한 미국의 GHQ 인사들이 미국의 이익을 위해서 일한 것은 분명하지만 미국의 방어전략이란 큰 틀에서 그들이 취한 행동은 결국 일본의 이익에 부합했으며, 대마도를 일본 땅으로 확정해준 배경 또한 여기에 있다는 사실을 우리는 기억해야 한다. 조선시대 내내 대마도에 퍼준 것은 그렇다 치더라도 36년 동안 한국이 입은 피해와 일본이 한국으로부터 빼앗아간 것을 생각하면 경제적으로는 별 가치가 없는 땅이라 해도 대마도는 한국의 땅이 되었어야 적어도 일본에 대한 우리의 감정이 풀릴 법했다.

맥아더라인으로 설정된 방어선 밖의 38선 이남 지역은 전술적으로 당시 소비에트연맹(소련)과 중공·북한이 남하할 경우, 이에 대비하는 시간을 벌기 위한 완충지대로서 설정한 일차방어선일 뿐이었다. 이것이 처음으로 증명된 것은 6·25 전쟁이었다. 전쟁 발발 5일 만인 6월 30일, 미 지상군을 투입하여 달랑 부산 지역만 남은 남한 정부를 구해주면서 38선으로 남북 경계를 획정하고 일본 전역을 미국의 동북아시아 방어선으로 삼되, 한국을 전략적 완충지대로 설정한 계획이 매우 성공적이었음을 비로소 미국은 확인한 것이다.

GHQ의 맥아더라인 한일 어업분쟁 유발해

도쿄에 연합국사령부가 설치되고, 패전으로 쫄딱 망한 일본은 식량과 물자가 절대적으로 부족하였다. 전후 심각한 식량 문제를 해결하기 위해 일본은 바다에서의 어업 제한을 풀어줄 것을 미국과 GHQ에 요청하였다. 일본의 어업은 미국의 규제를 받고 있었기 때문이다. 그 당시 연합국사령부는 일본어업 관리 기본방침을 명문화하였는데, 그것이 미국무부 육군·해군조사위원회(SWNCC)가 결정한 '일본 어업의 처리에 관한 건'[36]이다. 그 후로 계속해서 GHQ로부터 나온 여러 가지 '어업에 관한 지령 및 성명'은 어느 것이든 SWNCC의 정책결정을 구체화한 것이다. 이것은 점령기간 내내 일본의 어업 방침을 맥아더에게 지시한 미국의 명령으로서 그 중에서 중요한 요지는 '점령정책에 지장이 없는 범위 내에서 어업구역을 확장할 수 있으나 연합국의 관리 하에 있는 장소에 가까운 해역에서는 관계국의 사전허가가 없는 한 일본 어업은 허가하지 않는다'는 것이었다.[37] 연합국최고사령부지령(SCAPIN) 제677호 부속지도를 보면 초기 한일 사이의 맥아더라인은 대마도 북단과 독도 동쪽 12해리 수역을 일직선으로 가르는 것이었다.

그런데 몇 차례에 나누어 슬금슬금 맥아더라인을 확장하여 한국의 수역을 좁혀오자 일본 어민들의 환호성은 높아가는 가운데 한국에서는 그것을 항의하는 반대집회가 격렬하게 일어났다. 1949년 6월 10일 호국학도비상궐기대회를 열고 맥아더라인 확장을 결사반대한다는 결의를 다지는 동시에 미국의 대한군사원조를 요구하는 집회가 열렸다. 이날 대한국민회 광주지부는 38선철폐광주국민대회를 개최하면서 맥아더라인 확장을 반대하는 결의문을 채택하였다. 이어 13일에는 맥아더라인의 일본측 해역 확대는 일본의 침략야욕을 고취시키는 발판이 될 것이며 한국

36. 1946년 2월 18일 결정

37. 『평화선의 이론』, p.47~480, 외무부 정무국, 1954

인의 생명선을 위협하는 것[38]이라고 성토하면서 맥아더라인을 한국 쪽으로 확장하는 데 대한 반대 시위가 전국으로 확대될 움직임이 나타났다. 국회에서도 맥아더라인을 확대한 GHQ의 조치에 반대하는 긴급동의안이 제출되었다. 그러자 GHQ는 더 이상 한국에 불리하게 맥아더라인을 확대하지 않을 것이라는 입장을 주일대표부를 통해 밝혀왔다.[39] 그렇게 하고서도 GHQ는 계속해서 일본의 수역을 확대해주는 여러 가지 조치들을 취했다.

이후 GHQ는 1950년 5월 10일자 각서를 발표하여 일본 남방의 어업제한구역까지도 풀어주고 적도에 이르는 수역에서 참치잡이 어업을 허가하였다. 참치어업용 선박의 모선과 그 부속선의 조업을 허가한 것이지만, 이때도 한국 인접수역에는 변동이 없었다. 맥아더라인을 설정한 취지는 명확하였다. "맥아더라인을 넘어 한국의 수역에 침입하면 극동의 평화를 유지할 수 없다고 보아 일본이 평화를 교란하지 못하도록 하기 위해 GHQ가 취해준 최소한의 조치로서 맥아더라인을 설정하였다"[40] 그럼에도 GHQ는 계속해서 일본의 어업수역을 확장해주는 단계적 조치들을 취해 나갔고, 그것은 한국에게는 대단히 큰 손실을 안겼다.

일본은 이런 미국의 입장을 교묘하게 이용하여 맥아더라인을 넘어 제멋대로 어로행위를 하였다. 전남 여수의 거문도나 백도, 제주도와 우도 등 한국의 연안에까지 서슴없이 들어와 불법적으로 조업을 하였다. 한국 어민들은 이런 일본의 불법어선들을 강력하게 처벌할 것을 요구하였다. 맥아더라인은 본래 1952년 2월 15일자로 폐지될 한시적인 어업 제한선이었다. 맥아더라인은 애초 맥아더가 공산주의에 대한 북방 방어선 개념으로 그어놓은 것이었지만, 다른 한편으로 그것은 한일어업의 경계선이자 한국어민들의 생명선이었다. 이것을 곧바로 미국 정부가 추인하였는데, 한 걸음 더 나아가 일본 정부는 어민들을 선동하여 한국의 어업구역을 계속 침범하도록 유도하였다. 그것은 연합국과 미국에 패전한 분풀이를 약소국 한국에

38. 『제1대 제3회 제16차 국회본회의 회의록』, 1949년 6월 14일
39. 경향신문 1949년 9월 23일, 자료한국사
40. 『평화선의 이론』, p.49~50, 외무부 정무국, 1954

해대는 집단 히스테리 같은 것이었다.

일본의 불법어로가 극에 이르자 이번에는 거꾸로 한국이 미국에 대해 맥아더라인을 존치시켜 줄 것을 요청하는 어처구니없는 사태가 벌어졌다. 일본 어민들이 불법으로 수역을 침범해 한국 어민과 어업이 심각한 타격을 입고 있었기 때문이다. 한국의 어업과 어민의 생존권이 달려 있었으므로 한국이 맥아더라인을 유지해줄 것을 미국 측에 요구한 것[41]인데, 그 배후에는 일본의 모략과 로비가 있었던 것으로 추정된다. 한 마디로 GHQ가 대마도를 일본 영토로 확정해준 뒤로, 일본은 새롭게 한국과 어업분쟁을 일으켜 그것을 외교 전면에 내세우는 야릇한 일이 벌어진 것이다. 맥아더라인을 교묘하게 이용하여 일본 정부가 일본 어민들을 부채질하여 맥아더라인을 넘어 한국 정부를 괴롭히도록 조종하였고, 할 수 없이 한국은 일본의 불법어로선을 나포하는 것으로 맞섰다. 이승만 정부가 강력하게 일본 불법어로선을 나포하자 한일 사이에 어업분쟁이 고조되었다. 1947년부터 1951년까지 5년간 나포한 일본어선은 총 83척[42]이었다. '1947년부터 1965년까지 한국이 나포한 일본 선박은 325척이었다'는 일본 측의 주장도 있다.[43] 이처럼 한국이 강경하게 일본어선을 나포하자 GHQ는 한국에 대해 일본어선 나포행위를 즉각 중단하라면서 맥아더라인[44]을 넘은 일본 어선에 대해 경고하고 GHQ에 보고만 하도록 하였다. 그런데도 한국 해군이 일본 어선을 계속해서 나포하자 GHQ는 1950년 1월 27일, 미국 구축함을 맥아더라인 경계해역으로 파견할 것이며, 공해상에 있는 일본 선박을 방

41. 1951년 7월 19일 한국은 미국에게 샌프란시스코강화조약에서 맥아더라인을 계속 유지해줄 것을 요구하였다. 그러나 8월 10일 미국은 러스크(Dean Rusk) 서한으로 샌프란시스코 강화조약 발효 후에는 맥아더라인은 유효하지 않다고 한국에 회답했다.

42. 1947년 9척, 1948년 18척, 1949년 10척, 1950년 9척, 1951년 37척() 『평화선의 이론』, p57, 외무부 정무국, 1954

43. 한일회담 : 제1공화국의 對日政策과 한일회담 전개과정, p.133 박진희, 선인, 2008

44. 맥아더라인(The MacArthur Line)은 제2차세계대전 후 일본을 점령 통치하고 있던 연합국 군최고사령부(GHQ) 문서 SCAPIN(Supreme Commander for the Allied Powers Instruction Note) 제1033호 '日本の漁業及び捕鯨業に認可された區域に關する覺書'에 따라 결정된 일본어선의 조업수역이다. 더글라스 맥아더 총사령관(Douglas MacArthur)의 이름으로 발효되었기 때문에 맥아더라인으로 불리게 되었다.

해하는 한국해군의 선박을 잡아들이라는 명령을 내릴 계획이라고 발표하였다. 일본의 주문과 요청에 따라 GHQ가 일본 정부 대신 나서서 한국 정부를 강력하게 압박한 것이다. 비록 일본 점령군이었지만, 일본은 미국과 GHQ를 교묘히 이용할 줄 알았다. 이에 이승만 대통령은 1월 27일 국방부장관에게 영해를 침범하지 않는 한, 맥아더라인을 넘는 일본 어선을 나포하지 말고 선명과 톤수, 침범위치를 GHQ에 보고라고 지시했다. 이를 통보하면 GHQ는 일본 어선의 어업허가권을 취소하겠다는 것이었다. GHQ의 이런 결정은 실제로는 한국에 대한 강경조치로 여겨졌고, 그야말로 강력한 후견인을 둔 일본으로선 만족스런 일이었다. 어쩔 수 없이 이승만 정부는 GHQ에 나포 중지와 함께 일본이 맥아더라인을 준수하도록 요구하는 내용을 1월 28일 도쿄의 GHQ에 통보했다.

이렇게 일본의 종전 후 내각과 정치지도자들은 한국에 대해 호가호위하는 자세를 가졌다. 알아서 고민을 해결해 주는 GHQ가 있으니 일본 어선의 불법어로는 달라질 줄 몰랐다. 그에 대응하여 한국은 1952년 1월 18일 평화선[45]을 선포하였다. 그러나 평화선 선포 이후에도 한국 측은 불법침입하는 일본어선을 계속 나포했으며, 1965년 한일협정을 맺기까지 평화선과 어업수역 획정문제는 한일회담의 주요 이슈가 되었다.

어업 경계수역을 놓고 양국의 신경전이 벌어지고 있는 상황이었지만, 1952년 2월 15일자로 맥아더라인이 폐지될 운명이었다. 그것이 폐지되면 한국의 어업과 어민은 최악의 상황으로 내몰릴 게 뻔하다는 위기감이 팽배하였다. 그리하여 1952년 1월 18일 한국은 '인접해양의 주권에 대한 대통령의 선언'(국무원 포고 14호)을 발표하였다. 이것이 이른바 평화선이다. "평화선은 단순히 맥아더라인에 대치

45. 평화선은 서해안 신의주 서북방 북위 39도 45분 동경 124도 지점에서 일직선으로 황해를 남하하여 제주도 서남방 북위 32도 동경 124도에서 동향 동경 127도 지점에서 대마도 북방인 북위 34도 40분, 동경 129도 10분과 북위 35도 동경 130도의 두 지점을 거쳐 독도 남방을 통과하여 북위 38도 동경 132도 50분에 이르러 북상 한소국경인 북위 42도 15분 동경 130도 45분에 이르는 수역으로 정해져 있었다. 평화선이나 맥아더라인의 설정목적은 한일 사이의 어업분쟁을 막고 평화를 유지하기 위한 데 있었다.

하기 위한 획선이 아니었다"[46]고 하였지만 실제로는 맥아더라인을 바탕으로 한 것이었고, 맥아더라인을 대치한 수역경계선이었다. 한국 정부에서는 "맥아더라인은 샌프란시스코 강화조약의 발효와 동시에 철폐될 운명이었으나 우리의 평화선은 그것이 철폐되어도 평화에 위협이 없다는 확증이 있을 때까지는 철폐될 수 없는 선"[47]이라고 인식하였다. 그러나 일본은 한국의 평화선에 강력히 반발하였다. 물론 이승만의 평화선 선포는 어쩔 수 없는 상황에 내몰린 한국으로서는 부득이한 대응책이었다. 그러나 한편으로는 한국이 스스로 제 발목을 옥죈 측면도 있다. 나중에 한일 양측은 이 평화선을 서로 유리한 정책을 밀고 나가기 위한 지렛대로 활용하였다. 그러다 보니 평화선으로 말미암아 우리가 감수한 손해가 컸다. "평화선은 1950년대 후반 재일 조선인의 북한 송환을 저지하기 위한 수단으로 등장했고, 박정희 정권에서는 청구권문제 타결을 위한 희생양이 되었다. 청구권 문제 타결을 통한 한일협정 체결은 곧 평화선의 폐지와 대일어업 정책의 대폭 양보로 나타났기 때문이다."[48]

요약하자면 "이승만이 일본을 압박하는 카드로 활용하기 위해 평화선에 주권 개념을 포함시킨 것이 큰 실책이었다. 주권과 영해 문제에 대한 논란을 불러 일으켜 마침내 그것을 철회하였고, 평화선의 존치 근거를 스스로 부정하는 결과를 가져왔다"고 보는 평가[49]도 있다. 평화선의 선포는 외교적으로는 큰 실책이었다. 굳이 평화선을 만들어서 대응한 것부터가 잘못이었다. 오히려 맥아더라인의 폐지와 대마도 반환을 일관되게 주장했다면 큰 부작용은 없었을 것이다. 지철근의 주도로 만든 평화선은 '긁어 부스럼이 된 일'이었고 '제 발등 제가 찍는 짓'이었다고 할 수 있다.

한일회담이 진행 중인 1953년 10월 일본은 평화선 내에 무장한 선박을 파견하

46. 『평화선의 이론』, p.53, 외무부 정무국, 1954
47. 『평화선의 이론』, p.53, 외무부 정무국, 1954
48. 한일회담 : 제1공화국의 對日政策과 한일회담 전개과정, p.125~126, 박진희, 선인, 2008
49. 「평화선과 한일협정」, 『역사문제연구』 p.41~42, 오제연, 역사문제연구소, 2005

고 한국이 일본 어선 나포를 중지하지 않으면 주일 한국대표를 추방할 것이라며 한국 정부를 압박하는 동시에 평화선 문제에 미국이 개입해야 한다고 압력을 넣었다. 이에 마치 화답이라도 하듯이 존 앨리슨(John Allison) 주일 미국대사는 일본 편을 들고 나섰다. 물론 이 무렵에도 일본은 GHQ 요인들을 상대로 집요하게 로비를 펼치는 가운데 일본 요시다시게루는 '한국이 일본어선을 계속해서 나포한다면 일본 정부는 재일조선인들의 모든 특권을 박탈하고 일본 입국비자를 내주지 말아야 하며 한국의 쌀과 농산물을 구매하지 말아야 하고, 일본 어선을 보호하기 위해서 프리깃(Frigate)함을 파견할 것'이라고 국무부에 통보했다.[50] 이어서 그는 미국이 평화선을 인정하지 않는다는 의사를 미국무부로 하여금 명확히 밝혀야 한다고 본국에 강력히 요청하였다.

미국이 평화선 문제에 적극적으로 개입한 것은 일본 내의 미국 비판여론이 고조될 무렵이었다. 이에 요시다 시게루(총리)는 한국의 어선 나포에 대응하여 무력을 사용할 수 있다고 밝혔다. 이어 그는 대마도에 정박 중인 프리깃함으로 찾아가 평화선 문제에 대처하려면 프리깃함과 일본 경비선으로 무력을 사용할 수도 있다고 발언하였다. 일본군대가 무장해제를 하고, 영원히 군대를 갖지 않겠다고 한 평화헌법이 통과된 뒤인데, 더구나 점령군인 미군의 연합군사령부가 일본에 주둔하고 있는 마당에 일본은 한국에 대해 오만방자하게 무력사용을 언급한 것이다. 그렇지만 그것은 일종의 쇼였다. 미국이 있는 한 그것은 실행할 수 없는 일이었다. 어찌 된 일인지 패전국으로서 점령군 미군의 통치 하에서 자성해도 모자랄 판에 이웃나라 한국에 대해서만큼은 일본은 이토록 뻔뻔하고도 당당하게 굴었다. 그것이, 전후 고구마와 물고기가 아니었으면 살 수 없을 만큼 일본의 식량문제가 절박하였던 탓이라고 넘겨버리기에는 지나친 행위였음은 분명하다.

50. Classified General Records, 1952 Box. 23, Allison to Secretary of state, 1953. 10. 21, RG84, Japan, Tokyo Embassy.

주미대사 양유찬, 대마도 포기선언하다

대마도가 당사국인 한일 양국의 테두리를 벗어나 국제적인 문제로 거론된 것은 2차세계대전 종전과 미국의 개입으로부터였다. 대마도가 국제적으로 일본 땅으로 공인된 것은 1951년 7월이다. 미국의 압력에 따라 양유찬 주미대사가 대마도 포기선언을 함으로써 대마도 문제는 일단락되었다.

그리고 그 이듬해 2월에 평화선을 발표하고 난 뒤로, 더 이상 이승만 정부는 이 문제를 거론할 명분을 잃었다. 그에 따라 3공화국에서는 자연스럽게 대마도 문제는 한일 간의 메뉴에서 사라졌다. 이런 가운데 미국의 압력으로 1965년 한일국교 정상화가 이루어지고, 새로운 쟁점으로 부각된 양국의 어업수역 다툼도 일단락되었다.

그러면 1945년 직후의 해방 정국에서 이 나라를 이끌었던 사람들은 대마도에 대해서 어떤 생각을 갖고 있었을까? 대부분의 한국인들이 대마도는 한국 땅이라고 생각하였다. 그것은 '대마도는 조선 땅'이라는 조선 신민들의 관념을 계승한 것이었다. 대마도가 거문도나 제주도보다도 한국 땅에서 더 가깝고, 대마도 사람들은 조선 왕조 5백 년 동안 조선인들이 가꾼 곡식과 물자를 받아서 살았기 때문이기도 하다. 지도를 펴놓고 대마도의 위치를 보면 대한민국 헌법을 떠올리게 한다. "대한민국의 영토는 한반도와 그 부속도서로 한다"는 대한민국 헌법 제3조의 적용을 받아 마땅한 곳이라는 생각이 드는 것이다. 이 조항은 1948년 선포 당시의 내용을 수정 없이 그대로 계승해오고 있는 것이지만, 제주도보다도 훨씬 가까운 곳이니 조선의 일반 백성들은 자연스럽게 대마도를 우리의 영토로 생각하였던 것 같다.

실제로 대마도는 일본보다 한국에서 훨씬 가깝다. 대마도~부산 거리보다 대마도에서 일본까지가 2배나 멀다. 조선시대 사람들은 '1천 리 밖에 있는 제주도가 조선 땅인데, 5백 리도 안 되는 곳에 있는[51] 대마도가 조선의 섬이 아닐 수는 없다고 믿었다. 우리 선조들은 『조선왕조실록』에 '영암 월출산에서 바라보는 제주도보다 동래 황령산에서 보이는 대마도가 훨씬 가까운데 대마도가 우리 땅이 아닐 수

51. 실제로는 50여 km, 120여 리에 불과하다.

없다'고 믿은 기록이 있다. 또한 거제도와 대마도 사이의 수심은 얕고, 일본과 대마도 사이의 현해탄[52]은 무척 깊으니 지금의 우리들 감정으로 본다면 대륙붕을 기준으로 하더라도 대마도는 한국의 것이어야 좋겠다.

그런데, 좀 부끄러운 이야기지만 1950년대 네 차례의 한일회담에 참석한 이들도 대마도의 역사는 제대로 알지 못했던 것 같다. 독도가 한국의 수역에서 제외될 뻔했던 사실을 보면 그렇게 짐작할 수 있다. 당시 외무부와 수산국이 논의하는 과정에서 변영태[53] 외무부장관이 '독도를 우리 수역에 포함시키지 않으면 우리 영토가 아니라는 인식을 갖게 되므로 독도를 포함시키라'고 하자 수산국 실무담당자였던 지철근은 적잖은 불만을 갖고 있었다[54]고 그 자신이 스스로 밝히고 있는 것을 보면 당시의 분위기를 충분히 알 수 있다. 평화선을 입안한 그가 독도를 그렇게 생각했을 정도이니 그들이 대마도에 얽힌 과거사를 제대로 알았을 리 없다. 그러면서도 그 회담 참석자들의 활약을 마치 무용담 늘어놓듯 한 것을 보면 안타까운 생각이 든다. 한일회담이 진행되고 있는 동안 한국전에서는 수많은 젊은이들이 피를 쏟고 죽어간 사실을 떠올려 보라. 회담장이 총성 없는 전장임은 너무도 당연한 것 아닌가.

앞서 밝힌 대로 미국이 대마도를 일본령으로 확정해 준 것은 1945년 9월 27일에 발표한 맥아더라인으로부터였다. 맥아더라인을 설정한 애초의 목적은 일본의 어업을 제한하기 위한 것이었다. 그런데 그 후 GHQ는 세 차례에 걸쳐 일본에 유리하게 맥아더라인을 확장해 주었고, 그 과정에서 한국은 어업에도 큰 제약을 받았다. 그러나 한국은 해방 후 미군정 치하에 있다가 1948년 대한민국 정부 수립 직후에야 이승만 정권은 대마도 문제를 GHQ와 일본에 본격적으로 제기하기 시작하

52. 일본은 이 해역을 일본해라 부른다. 그러나 일제 강점기 이전까지도 우리는 조선해 또는 조선해협이라고 하였다. 이것 역시 우리의 선조들이 대마도를 조선의 강역으로 믿었음을 증명하는 간접적인 증거로 볼 수 있다.

53. 변영태는 변영만의 동생이며 '논개'라는 시로 유명한 변영로의 형이다. 이들 삼형제는 이승만 대통령과 매우 가까웠다. 변영만은 해방 후 반민특위위원장을 지냈다. 변영태는 주미대사(1949)와 외무부장관을 지냈고, 변영로는 코리아 헤럴드 사장을 지냈다.

54. 『수산부국의 야망』, 지철근, 한국수산신보사, 1992

였다. 맥아더라인을 조정하여 대마도를 한국에 돌려달라고 요구한 것이다. 그러나 미국은 이 요구를 들어주지 않았다. 거기서 그치지 않고 이승만 정부를 압박하였으며, 당시 주미대사 양유찬으로 하여금 대마도를 포기하도록 종용하였다. 미국은 이승만과 대한민국의 요구를 뜬금없는 일로 간주하였다.

1951년 7월 한국 정부는 유진오를 법률고문, 임송본을 경제고문으로 임명해 귀속재산 문제와 대마도 및 맥아더라인 문제를 해결하려고 하였다. 그래서 먼저 이들을 일본에 파견하여 주일대표부와 함께 연합국최고사령부와 협의하도록 하는 한편[55] 미국에 대해 5개의 요구사항을 마련하였다. 그리고 7월 19일에 양유찬 주미대사는 덜레스[56]를 만나 5개의 요구사항[57]을 직접 전달하였다. 다음은 그가 샌프란시스코 강화조약을 앞두고 덜레스에게 전한 내용이다.

1) 한국을 대일전에 참가한 교전국으로 인정하라.
2) 일본은 한국에 대한 정부 및 개인 소유의 모든 재산 요구권을 포기하라.
3) 한국을 대일강화조약 조인국으로 인정해 달라.
4) 한국과 일본 사이의 어업수역을 명확히 정해 달라.
5) 일본은 대마도, 파랑도, 독도에 대한 권리를 포기하라. 이상의 세 섬은 러일전쟁 중에 일본이 한국을 점령하기 전에는 한국의 소유였다.

하지만 미국과 덜레스의 반응은 냉담했다. 이상의 요구를 미국은 받아들이지 않았다. 양유찬 주미대사와 미국 대표 덜레스는 대일평화조약에 대한 회담에서 이 문제를 논의하였지만 미국 측은 끝까지 인정하지 않았다. 1)항의 요구사항에 대해 미국은 다음과 같이 답변하였다.

55. 민주신보 1951년 7월 23일

56. 존 포스터 덜레스(John Foster Dulles, 1888~1959)

57. Memorandum of Conversation, 1951. 7. 19, RG 59, Lot 54D423, Box 8.

"한국은 일본과의 교전국이 아니었다. 한국인은 일본군으로 참전하였으므로 인정할 수 없다. 2)항은 정당한 것으로서 수용할 수 있다. 3)항은 1)항과 마찬가지로 인정할 수 없다. 4)항에 대해서는 맥아더라인은 철폐할 것이다. 그리고 5)항에 대해서는 대마도는 일본의 영토이며 한국의 영유권 주장은 정당하지 않다. 독도와 파랑도 문제는 조사하여 조치할 것이다."

5)항 역시 인정하지 않았고, 4)항과 관련해서는 어업협정은 당사국인 일본과 하는 것이 원칙이라는 것이 미국의 생각이었다.

그러나 7월 19일 덜레스를 만나 회담을 하고 나온 직후, 양유찬 주미대사는 기자단과 가진 회견에서 회담내용을 발표하였는데, 그는 한국정부가 마련해서 들려보낸 5개 요구사항과는 동떨어진 이야기를 하였다. 아래는 7월 21일자 서울신문에 실린 내용이다.

"대한민국이 (샌프란시스코) 강화조약에의 참가를 요구하고 있다는 사실은 이미 보도한 바이어니와 주미 한국대사 양유찬 박사는 19일 트루만 대통령의 대일강화특사 존 포스터 덜레스를 방문, 요담하였다. 덜레스씨와의 회담이 끝난 후 양대사는 기자단과 회견하고 자기는 대한민국이 다음과 같은 목적으로 대일강화조약에 참가하기를 원하고 있다는 것을 덜레스씨에게 통고하였다고 말하였다.

1) 일본은 48년 동안이나 한국을 점령하고 있으면서 모든 것을 가져갔으므로 한국에 있는 재산을 요구하지 않는다는 것을 명확히 따지기 위하여
2) 한국과 일본 사이에 있는 파랑도와 독도를 대한민국이 소유하기 위하여
3) 한일간에 어업 분쟁이 발생하지 않도록 맥아더라인을 유지하기 위하여 양 대사는 한국이 조선해(朝鮮海)에 있는 대마도를 요구하는 대신 파랑도와 독도를 요구하고 있다고 말하였다. ……"[58]

58. 「독도와 파랑도 요구―대일강화, 한국을 참가시키라」『서울신문』1951. 7. 21

이것은 대한민국 정부의 요구와는 완전히 다른 결과였다. 그러나 이것은 양유찬 주미한국대사 자신의 개인적인 판단으로 결정한 게 아니었다. 미국의 주장에 따라 어쩔 수 없이 회담내용을 공개한 것이다. 3)항도 그의 판단에 따른 것이 아니다. 위 문맥 대로라면 양유찬은 대마도 영유권을 포기한 게 아니라 파랑도·독도와 대마도를 맞바꾼 꼴이 된 것이다. 바꿔 말하면 마치 파랑도와 독도는 본래 한국 땅이 아니었고, 대마도는 한국 땅이었으나 서로 바꾼 것처럼 표현하고 있는 것이다. 이것은 다른 한편으로 독도 영유권 문제에 빌미를 줄 수도 있는 것이다.

그가 대마도를 포기한 것은 미국 측의 완강한 반대 때문이었다. 덜레스와의 회담 후 통보받은 내용에 따르면 '대마도는 일본 땅'이라는 미국의 주장은 완강하였다. 이에 대해서 '한 나라의 외교를 책임 진 사람으로서 양유찬이 대마도를 한미 양국 회담 자리에서 바로 포기한 것은 한국 외교사상 뼈아픈 잘못이었다'고 평가하는 견해가 있을 수 있다. 이와 관련하여 박진희 씨의 연구를 소개하는 것으로 대신해야 하겠다.

"1951년 7월 대일평화조약 초안에 대한 양유찬 주미대사와 덜레스 고문 간의 회담은 대단히 중요하다. 이 회담에서 한국은 기대하고 있던 요구사항이 대부분 기각되었음을 공식적으로 통보받았다. 그리고 영토문제에 대한 한국의 미숙한 대응은 한일 간 독도문제에 대한 불씨를 낳았다. 이 회담에서 한국은 대마도 영유권 주장을 스스로 철회했다. 덜레스는 회담 석상에서 한국이 귀속을 주장하는 독도와 파랑도의 위치와 이 섬들이 일본과의 합방 이전에는 한국의 소유였는지를 질문했다. 이 자리에 배석한 주미한국대사관의 한표욱은 두 섬은 울릉도 부근에 있는 것으로 알고 있으며 한일합방 이전에는 한국의 영토였다고 답변했다. 한국은 애초 대마도·독도·파랑도를 한국 영토로 주장하고 평화조약에 적시해 줄 것을 요구했다. 그런데 대마도는 한국정부 스스로 그 요구를 철회하였고, 독도와 파랑도의 경우에는 정확한 위치조차 알지 못하는 상태였다. 그 후 미 국무부에서 독도와 파랑도의 위치를 확인하고자 주미한국대사관에 전화를 걸었을 때조차

대사관은 두 섬의 위치와 실재 여부를 정확히 모르고 있었다."[59]

그 당시의 사정을 토대로 내린 박진희 씨의 평가는 정확하다. 그러나 '한국이 스스로 대마도 영유권 문제를 포기하였다'기보다는 대마도 영유권을 주장할 근거가 없었으므로 대마도를 포기할 수밖에 없었던 것이다.

SCAPIN 제80호, 대마도를 일본령으로 인정

이상으로 제2차세계대전 종전 당시 맥아더를 중심으로 한 11개 연합군최고사령부의 지배에 들어간 일본 내 상황을 잠깐 살펴본 까닭은 바로 그 과정에서 미국과 일본의 의도대로 대마도가 일본의 영토로 확정 받은 과정을 보다 쉽게 이해할 수 있도록 하기 위함이었다.

일본 천황의 종전 조서가 발표될 무렵 맥아더는 미국으로부터 '일본어업에 관한 방침'을 전달받았다. 1945년 1월 미국무부 육해군연합회가 미리 준비해 둔 일본 어업에 대한 기본방침을 준수하도록 지시한 것이다. 당시 일본은 사할린이나 오호츠크해·베링해로부터 한국 연안·동중국해·대만해협·인도양 그리고 황해(서해) 등 주요 어장을 마구잡이로 휘젓고 돌아다니며 조업을 하고 있었으므로 표면적으로는 일본의 이와 같은 어로행위를 제한하기 위해 내린 조치였다. 그러나 그것은 일차적으로 미국의 수역 또는 미국과 관계된 해역에서의 일본인의 어업을 제한하기 위한 것이었다. 즉, 미국에서 가까운 해역을 비롯하여 미국의 위임통치 지역의 연안 해역 그리고 연합국 관할 하에 있는 해역에서는 관련 국가의 사전 허가가 없으면 일본어선은 일체의 어로행위를 하지 못하도록 한 것이고, 나아가 미국의 자원 보호 및 연안어업에 관한 방침과 규정을 지키도록 하는 것이었다.

그래서 우선 맥아더 연합군최고사령부(GHQ)는 1945년 8월 15일 '일본어선은 연합군최고사령관(SCAP)의 지시가 있을 때까지 이동 및 어업을 일시적으로 금지한다'

59. 『한일회담』: 제1공화국의 對日政策과 한일회담 전개과정 p.76~77, 박진희, 선인, 2008

(지령 제1호 제4항)는 지령을 발표하였으며, 이 지시에 따라 8월 20일자로 일본 어선의 조업을 전면 중단시켰다. 이에 패전으로 낙담하고, 식량난에 허덕이던 일본인들은 큰 충격을 받았다. 해안의 모든 항구에 배들이 묶여있는 상태에서 어민들은 살 길이 없다고 아우성쳤다. 일본 어민들의 규제 완화 요청이 잇따르자 1945년 9월 10일 우선 동경만 내에 있는 1백 톤 미만 선박에 대해 항행을 허가하였다.

9월 14일, 연합군최고사령부는 목선(철선 제외)만은 일본 연안 12마일 이내에서 소규모 연안어업을 할 수 있도록 허용하였다. 같은 달 22일에는 SCAPIN 제69호를 발표하여 일반 어선은 물론 트롤어선과 포경선의 조업 그리고 활선어 운반선의 항해까지 허용하였다. 나아가 일본 어민들이 홋카이도와 산리쿠(三陸, さんりく) 연안, 규슈九州 서부 방면 어장에서의 조업허가를 신청하자 GHQ[60]는 신청 당일 곧바로 허가해 주었다.

SCAPIN 제80호는 9월 27일, 맥아더와 일본 천황의 첫 만남 직후에 발표되었다. 이것이 소위 맥아더라인(MacArtur Line)[61]이다. 바로 이 맥아더 라인 안에 대마도를 넣음으로써 대마도를 일본의 영토로 획정한 것이다. 한국인들이 독립의 기쁨과 흥분에 도취되어 있을 때, 미국의 가위질은 은밀하게 진행된 것이다. 카이로선언과 포츠담선언 때에도 일본의 영토에서 제외된 대마도가 일본으로 넘어간 것은 바로 이 때였다. 아마도 그 당시 많은 한국인들은 미국이 마음대로 칼질하는 마당인데 이왕이면 대마도를 한국에 떼어 줄 수도 있었을 텐데 그렇게 하지 않아 불쾌하게 생각했을 수도 있다.

맥아더 라인은 처음에는 홋카이도 이북의 사할린·쿠릴열도·알류산열도, 서남

60. General Headquaters(연합군최고사령관 총사령부).

61. 연합국은 일본을 점령통치하면서 어업허가구역을 선포하여 일본의 어업관리정책을 명시하였다. 이것이 일본 어선의 어업구역을 정한 맥아더라인인데, 만약 이 맥아더라인 밖으로 일본어선이 침입하여 어로작업을 하면 어업분쟁이 발생할 것이므로 그에 대비해 그은 일종의 어업허가경계선이었다. 이 맥아더라인은 동중국해 대만 북방 북위 26도, 동경 123도에서 동북향으로 비슷하게 따라 올라가 북위 32도, 동경 125도에서 북위 33도, 동경 127도 40분 지점을 거친 다음, 대마도 북방에서 동해를 가로질러 북위 40도, 동경 135도로 이른다. 단 독도를 중심으로 그 동쪽 3해리 해역은 제외하여 한국의 허가 없이는 비상시에도 독도에 상륙할 수 없도록 했다.

쪽으로 대만 부근·동중국해·한국 근해 지역으로는 일본의 어업을 금지하였다. 그런데 10월 13일에는 1백 톤 이상의 어선만은 해당 수역 안에서 조업할 수 있도록 GHQ는 허가해준 것이다. 이렇게 다시 수정하여 지정한 일본의 어업구역이 소위 '제1차 지정어업구역'이다.

하지만 GHQ는 1945년 11월 30일 일본의 요구에 따라 어업구역을 다시 확장해 주었다.[62] 묘한 일이지만 이날은 일본 육해군이 최후를 맞은 날이었다. 다시 말해서 70여 년(1865년~1945년)의 역사와 함께 갖은 악독한 짓을 해온 일본제국 육해군이 해산되어 막을 내리던 이날, 미국은 일본에게 적당한 선물 하나를 챙겨준 것이라고 해도 좋을 것 같다.

그리고 1946년 1월 29일 GHQ는 '일본으로부터 주변 지역의 통치 및 행정상의 분리'[63]란 명령을 일본에 내렸다. 이 명령은 일본 정부에 대한 각서 형식으로 전달되었는데, 이것이 SCAPIN 677호이다. 이것은 이전에 '일본'으로 정해준 영역 이외의 지역에서 통치권과 행정권을 행사하지 못하도록 규정한(제1항) 것인데, 바로 이 명령문의 3항에서 일본의 영토를 다음과 같이 정하였다.

> "일본이라 함은 4개의 주도(혼슈·홋카이도·규슈·시코쿠)와 쓰시마 및 류큐(瑠球)를 포함한 북위 30도 이북의 약 1천 개 인접 도서를 포함하며 다음은 제외한다. (a) 울릉도와 독도[Liancourt Rocks] 그리고 제주도 (b) 북위 30도 이남의 태평양상의 모든 제도 (c) Kurile 열도, Habomai섬 그룹(Susho, Yuri, Akiyuri, Shibotsu, Taraku군도 포함) 및 Shikotan섬."

이렇게 설정된 맥아더라인에 따라 일본은 1946년 3월 22일 드디어 대마도를 종자도(種子島, 타네가시마), 이즈제도伊豆諸島와 함께 일본의 행정구역에 편입하였다. 한

62. 11월 30일 태평양상의 오가사하라제도(小笠原諸島) 주변에서의 포경어업을 허가하였다.

63. Government and Administrative Seperation of certain outlaying Areas from Japan

일 양측의 어업수역 경계선으로 GHQ가 설정한 맥아더라인에 근거하여 일본이 정식으로 대마도를 접수한 것으로 국제적인 공인을 받은 날이 바로 이날이다. 그러나 오키나와를 중심으로 한 서남제도西南諸島와 오가사와라제도小笠原諸島는 여기서 제외했다가 후에 돌려주었고, 오키나와는 1972년 미국이 베트남전을 위해 일본에 주어버렸다.[64] 이것이 소위 오키나와 반환이다. 이 때문에 1980년대까지도 오키나와 사람들은 일본으로부터 독립한 한국을 부러워했고, 일본에 대해 매우 저항적인 의식을 갖고 있었다.

그리고 1949년 6월 22일과 9월 19일에 또 다시 맥아더사령부는 일본의 어업구역을 확장해주었다.[65] 모두 세 차례에 걸쳐 어업구역을 확장해주자 일본의 요시다 총리는 1949년 9월 30일 서한을 보내 맥아더에게 감사의 뜻을 전했다. 어업규제를 완화해주고 어업 수역을 확대해준 데 대해 "이번 조치로 일본의 식량사정이 좋아질 것이고, 수출에도 도움이 될 것이며 향후 일본은 국내법과 국제법을 잘 지킬 것"이라는 내용이었다.[66] GHQ와 맥아더의 마음에 쏙쏙 드는 발언을 제때에 잊지 않고 전함으로써 요시다 시게루와 일본의 지도자들은 일본 점령군으로부터 신뢰를 쌓았다. GHQ가 설치된 후, 시게미쓰 마모루 대신 외무대신이 된 요시다 시게루[67]는 줄곧 맥아더와 매우 좋은 관계를 유지했고, 그로 말미암아 미국으로부터 얻어낸 것이 많았다. 대신 맥아더라인 문제로 말미암아 헐버트를 비롯하여 초기 미국 선교사들의 선행으로 미국에 대해 갖고 있던 한국인의 미국에 대한 좋은 감정은 바뀌었으며, 이것은 한국 내에서 반미의 씨앗이 되었다. 미국이 일본에 베푼 혜택과 정성의 절반만이라도 한국에 주었다면, 그리고 일찍이 우리 몰래 짝짜꿍을 한 가쓰라·태프트 조약이 없었더라면 이 땅에서의 반미는 아예 없었을 것이다.

64. 오키나와는 1972년 일본에 반환되었다.

65. 일본의 어업수역을 동쪽으로 확장하였다(북위 40도, 동경 165도, 북위 40도 동경 180도, 북위 24도 동경 180도, 북위 24도 동경 165도 선 이내).

66. 吉田茂–マッカーサー往復書簡集(1945~1951)=Correspondence between general MacArthur ; Prime minister Yosida & other high japanese officials(1945~1951) p.279, 袖井林二郎 편역, 法政大學出版部, 2000

67. 吉田茂, 1878~1967

대마도는 미국의 극동지역 북방 방어선 거점이었다

이상으로 미국과 일본의 여러 가지 조치와 대응을 장황하게 설명한 것은 미국과 일본이 한국에 대한 대응 태도를 보다 폭넓게 이해할 수 있게 하기 위함이었다. 미군이 일본을 점령하면서 맥아더와 GHQ는 일본이 완전히 미국의 속국이 된 것으로 착각하였다. 적어도 맥아더가 일본에 상주한 5년, 짧게는 샌프란시스코 대일 평화조약이 발효되기 전까지는 그랬다. 맥아더와 미국 정부는 일본의 영역을 최대한 확장하여 중국과 소련의 공산주의가 남하하는 것을 막기 위한 방어선 개념으로 받아들였다.

1950년 1월 12일 미국무장관 애치슨(Dean Acheson)이 "아시아 지역 미국 방어선에서 한국은 제외된다"고 한 발언이나 대마도를 일본의 영토로 편입해 넣은 것은 미국의 방어선 개념에서 나온 것이었지만 우리 한국인에겐 뼈아픈 기억이다. 또한 관련국의 허가가 없으면 독도에는 발도 붙이지 못하도록 한 것은 한국을 예뻐해서 그런 것이 아니라 소련과 북한을 감안한 조치였으며, 거기서 말한 관련국은 한국을 지칭한 것으로 볼 수 있다. SCAPIN 제677호에서 독도 동쪽 3해리로부터 대마도 북단을 가로지르는 직선으로 획정된 선을 들여다보면 소련의 남하를 차단하기 위한 조치였음을 쉽게 이해할 수 있다.

이것은 1952년 9월 27일 유엔군사령부가 한국 연안에 관한 방위수역(Sea Defense Zone)을 선포한 것과 연결된다. 이것이 소위 클라크선(Clark Line)인데, 이런 것들은 SCAPIN 제80호(1945년 9월 27일)와 연결된다. SCAPIN은 연합군최고사령관을 이르는 약자로서, 일본의 주요 실무지침은 맥아더의 'SCAPIN 몇 호'로 시달되었다. GHQ는 도쿄에 주재하였으나 일본 통치는 맥아더와 GHQ가 직접 하지 않았다. 도쿄연락사무소를 통해 GHQ가 명령(지침)을 내리면 일본의 수상과 정부가 그것을 시행하는 간접통치 방식이었다. 이 과정에서 일본의 로비가 일본에 유리하게 작용했을 가능성이 높다. 이를테면 일본의 신헌법[68]을 제정하는 과정에서 맥아더가 메

68. 맥아더헌법, 평화헌법이라고도 한다.

모해서 건넨 내용을 일본 수뇌부가 수정하여 최종결정한 것을 대표적인 사례로 들어 설명하면 이해가 쉬울 것이다. 현행 일본 헌법 제9조이다.[69]

> (a)일본 국민은 정의와 질서를 기조로 하는 국제평화를 성실히 희구하며, 국권을 발동하는 전쟁과, (b)무력에 의한 위협 또는 무력행사는, 국제분쟁을 해결하는 수단으로서는 영구히 이를 포기한다.
> (c)전항의 목적을 달성하기 위하여 육해공군 그 밖의 전력은 이것을 보지(保持)하지 않는다. 국가의 교전권은 인정하지 아니한다.

처음에 맥아더가 메모해 건넨 초안에는 '자국의 안전을 위해서도 전쟁을 포기한다'고 되어 있었다. 그러나 이 내용은 일본 측의 검토과정에서 삭제되었다. 그리고 위의 (a), (b), (c)의 밑줄 친 부분은 본래 GHQ의 초안에는 없었다. 당시 중의원衆議院 의장이던 아시다芦田 의장이 "무력에 의한 위협 또는 무력의 행사는 포기한다"로 되어 있던 GHQ 초안을 위와 같이 수정하여 '자위권 행사'의 길을 열었다. 그리고 최종적으로 GHQ 민정국 차장[70]이었던 케이더스[71]의 수정을 거쳐 지금의 일본헌법이 완성되었다.

1953년 한국전쟁 휴전협정이 체결된 뒤 클라크선이 폐지되자 일본 어선은 평화선을 넘어 아무런 제한 없이 어로활동을 하였다. 이로 말미암아 이승만 정부 시절 어선 나포문제가 계속 시빗거리가 되었으며 1952년 한일회담을 시작하면서 1965년 한일협정을 체결하기까지 14년 동안 양국간 어업수역 문제는 첨예한 갈등을 불렀다.

69. 第9條(戰爭の放棄、軍備及び交戰權の否認)
①日本國民は, 正義と秩序を基調とする國際平和を誠實に希求し, 國權の發動たる戰爭と, 武力による威脅又は武力の行使は、國際紛爭を解決する手段としては、永久にこれを放棄する. ②前項の目的を達するため、陸海空軍その他の戰力は、これを保持しない. 國の交戰權は, これを認めない.

70. Colonel Inf. Chrif, Public Administration Division

71. Charles L. Kaders, 1906~1996

애초 맥아더라인을 설정할 당시, 도쿄의 맥아더사령부와 미국 정부는 어떤 원칙이나 명백한 기준 같은 것이 없었다. GHQ의 편의대로 설치하고, 일본의 요구대로 확장해 주었다. 1952년 초 샌프란시스코 강화조약 체결에 따라 맥아더라인은 폐지되었지만 그 후에도 양측의 수역은 그대로였고, 달라진 게 없었다. 게다가 한국은 맥아더라인에 약간의 수정을 가해 평화선이라는 이름표만 바꿔 달았을 뿐이다. 맥아더라인을 따라 이승만 정부가 평화선을 발표한 데에는 나름대로 이유가 있었다. 이미 1951년 4월 27일 한국 정부는 미국무부에 대마도 반환을 주장하는 외교서한을 보냈지만 미국은 샌프란시스코강화조약에 따라 대마도의 지위에는 변화가 없을 것이라고 알려왔다. 자기들이 정한 대로 대마도를 일본령으로 인정한다는 것이었다. 이후 이승만과 한국 정부는 미국의 결정을 번복할 수 없음을 알고 좌절하였다. 그 해 7월 19일 이후 대마도 문제는 사라졌다. 결과만을 놓고 보면, 딱하게도 이제 겨우 걸음마를 뗀 한국 정부는 대마도에 관한 정확한 이해도 없이 대마도를 내놓으라고 억지를 부린 셈이 되었다.

맥아더라인이 설정된 초기에 한국은 대마도 문제에 제대로 대응할 수 없었다. 미군정 치하에서 한국의 권리를 외교무대에서 제대로 주장할 수도 없었다. 처음으로 한국 정부가 대마도 반환을 요구한 것은 1948년 대한민국 정부 수립 후 3일째 되던 날이었다. 맥아더라인이 설정되고 3년이 지난 시점이었다. 그런데 1951년 4월 10일 트루먼 대통령이 맥아더를 모든 직위에서 해임하고, 대신 릿지웨이(Ridgeway)를 임명하였다. 그에 따라 한국은 맥아더의 관할에서 벗어나 미 국무부 소관으로 바뀌었고, 한국 정부는 미국무부에 대마도 반환을 요청하였다. 그러나 릿지웨이를 비롯하여 워싱턴의 미국무부 관리들은 이런 요구를 무시하였다. 미국은 일본을 아시아 방어선의 문지기로 삼았으므로 기존의 정책기조를 유지하는 선에서 한국의 요구를 묵살하였으며, 일본은 부단히 마찰을 일으킴으로써 걸음마 단계의 한국 정부를 괴롭혔다. 아직 대한민국은 외교적으로도 대단히 미숙한 나라였다. 그것은 한국과 한국인의 잘못만은 아니었다. 조선 침략과 강제지배, 수탈과 억압을 통해 한국인을 착취하고 우민화한 일본 식민지배의 유산이었다.

글을 마치며

사실과 진실로써 새로운 관계 열자

반일을 말하면 편협한 국수주의자라 하고, 일본과의 화해를 말하면 친일파로 매도되는 사례를 꽤 보아온 터라 한 · 일 사이의 문제를 말할 때는 나 스스로 '자기검열'에 빠지는 수가 있었다. 대마도에 얽힌 거짓과 진실을 말하다 보니 그 또한 우려되는 점도 없지 않으나 사실(史實, historical facts)로써 사실(事實, facts)을 밝혀 '대마도의 진실'이 무엇인지를 알아보았다. 이런 과정과 노력은 실로 쉽지 않은 일이지만 큰 길은 언제나 진실과 용기, 열린 마음에 있는 것 아닌가. 두 나라, 서로 다른 국민이 새로운 길을 열기 위해 우선 나부터 진실을 밝혔으니 저들도 나와 같은 기준과 자세를 가져 주기를 바라는 바이다.

17세기 말, 조선 숙종 때 조선 땅으로 결론이 난 독도를 근거도 없이 저들의 섬 다케시마竹島라고 저토록 일본이 우기고 있고, 더구나 박근혜 정부가 위안부 문제를 졸속협상으로 처리하려는 마당에 대마도가 한국 땅이었으면 더 없이 좋겠다. 아마도 이 책을 처음부터 끝까지 다 읽은 독자라면 중간에 적어도 몇 번은 책을 집어던졌을 것이다. 사실 반일, 친일을 떠나 이 나라 사람이라면 그래야 정상일 것이다.

돌아보니 30대까지는 나 자신, 지독한 반일주의자였음을 고백한다. 그런데 어찌 된 운명인지, 학생들에게 일본어를 가르치는 여인과 가정을 꾸려(물론 그것을 탓하는 게 아니지만) 30년을 살아오면서 일본을 알기 위해, 그리고 일본인들을 이해하기 위해 나름 꽤나 노력은 하였다. 그래서 '지독한'이라는 말은 떼어버리기로 했다. 대신 아직도 '확고한 반일주의자'임은 분명하다고 자인한다. 그렇게 말한 까닭은 증오의 감정을 덜어낸 만큼 합리적이고 냉철한 생각을 더 갖게 되었다는 뜻이다. 그 신념에 따라 이야기를 전하려는 도구로써 대마도를 택하게 된 것이다.

2천 년이 넘는 왜인들과의 교류사로 보면 남쪽바다 건너 왜인들과의 갈등은 기록으로도 1600여 년이나 지속되어 온 문제이다. 고려 말 이후 조선시대까지의 이야기만을 떼어놓고 보더라도 우리가 치른 외적과의 싸움에서 가장 길고도 힘든 대상이 왜인들이었다. 이 책에서 말하고자 한 바는 일본인과 왜인, 그 실체와 본성을 제대로 알고 경계하자는 것이다.

내가 지금까지 몇 권의 역사서와 이 책을 쓰게 된 것은 운명과 같은 것이었다. 역사를 평생의 친구로 삼고 탐구하며 살아가는 것은 순전히 부모와 가정적 영향이었다. 젖을 떼이고 나서 이태 뒤엔 증조부에 의해 천자문을 떼어야 했고, 초등학교를 들어갈 때쯤부터는 정규 교과목이 아닌데도 거의 매일 두 가계의 역사를 전수받아야 했다. 어머니로부터는 남양홍씨(당홍)가 이 땅에 뿌리를 내린 때로부터 조선시대까지 많은 인물에 대한 이야기와 학곡(홍서봉)이 인조 때 청나라와 화해하느라 남한산성에서 송파 삼전도를 오르내리며 발에 동상이 걸려 고생한 이야기며, 조선시대의 굵직한 사건들에 대해서도 교육 아닌 교육을 받아야 했다.

기억력에서 가히 천재적이라 할 어머니와 외할머니를 통해서는 동학란(동학혁명, 예전세대는 그렇게 불렀다) 때 외할머니의 친정할아버지가 전봉준의 부장으로서 동학군 2차봉기를 주도한 박덕칠을 가르친 이야기며, 2차봉기 때 그를 중심으로 일본군과 관군에 맞서 예산 · 홍성 지역에서 벌인 치열한 싸움의 시말에 대해서도 자세히 듣고 자랐다. 후에 역사를 전공으로 삼으면서 이런 것들은 역사서가 기록하지 못한 소중한 구전자료임을 알게 되었고, 그런 이야기들은 평생의 기억으로 남아 역사를 공부하는 데 많은 도움이 되었다.

또 아버지로부터는 우리 가문의 역사와 주요 인물들에 대해 소상하게 기억해야 했으며, 한학에 보학을 하신 아버지 덕에 우리나라 주요 성씨들에 대한 내력을 덤으로 들어야 했다. 그리고 초등학교를 졸업할 무렵엔 지금처럼 엄청나게 화려하게 가꿔지기 이전의, 다소는 초라해 보이지만 정감이 가는 모습으로 남아 있던 현충사를 돌아보면서 이 장군을 기억하였고, 덕산 윤봉길 의사의 생가를 찾아 그의 고결한 뜻을 새길 수 있었다. 기회 있을 때마다 아버지는 "丈夫出家生不還(장부출가생불환, 사내대장부가 집을 나서매 살아서는 돌아오지 않으리라!)이라는 일곱 글자를 써놓고, 일경을 피해 앞산 넘어 상해로 갔을 때는 이미 자신의 죽음을 알린 것인데, 윤 의사의 그 결연한 의지와 가족의 아픔이 얼마였겠느냐"고 말씀하셨다.

이런 토대 위에 내 인생행로에 큰 영향을 받은 것은 시인 정희성 선생과의 만남이었다. 고등학교 2년 동안의 짧은 가르침이었지만, 그 단아하고 깔끔하며 고결한 지사적 인품이야말로 마음에 본받아 살아가고 싶었다. 선생은 '시는 그리움'이라 하셨지만, 나는 그분의 인품을 사모하고 그리워하였다. 평생을 다듬어도 조금치도 닮기는 어려웠으나 시 한 편을 완성하면 읽어주시던 그분의 카랑카랑한 목소리는 늘 마음에 남아 있다.

내 조국은 식민지/일찍이 이방인이 지배하던 땅에 태어나…(불망기, 『답청』)

"매헌 옛집에 들어 지난 일을 연애(憐愛) 하노니/나라는 기울어/매화향기 홀로 아득하고/찢어진 문풍지엔 바람과 비만 있구나/오늘 밤 덕산의 달이/아아라히 아름다운 이의 얼굴로 젖어있고/이 나라여 외쳐 불러/눈물이 손에 가득하다 …"
(매헌 옛집에 들어, 『답청』)

유년으로부터의 기억과 선생의 시가 만나는 곳에도 매헌 윤봉길 의사와 항일·식민지·독립과 같은 주제들이 있었으니 되돌아보면 그런 것들이 바로 내가 책에서 다루고 알려야 할 내용들이었던 것이다. 일본과 관련하여 가장 오랜 기간 갈등과 교류의 무대가 되었던 대마도에 주목한 것도 이런 배경에서였으리라.

그러나 대마도에 관한 한 가정에서 배운 내 지식은 물론, 대학에서까지 배운 역사도 별로 도움이 안 되었다. 고려 이후의 대마도에 관한 연구서나 논문 한 편, 제대로 된 안내서도 없었다. 오로지 『고려사』와 『조선왕조실록』 그리고 문집을 비롯한 개인 사료 가운데 대마도를 다룬 자료를 일일이 찾아 대조하며 증명해야 했다. 그 과정에서 다소 까다로웠던 것은 많은 한문 자료를 뒤적이며 우리말로 다듬어 내는 일이었다. 독자를 위해 어려운 용어를 쉽게 풀어서 설명하는 일은 그다지 쉬운 일은 아니었지만, 일일이 원문과 대조하여 본래의 뜻에 크게 어긋나지 않는 범위에서 글을 고르다 보니 적잖이 시간이 걸렸다. 비록 이 책이 도서관에서 접하는 논문이나 연구서는 아니지만, 대마도에 관한 진정한 연구서라 해도 부끄럽지 않을 만큼, 철저히 자료와 증거에 근거하여 다루었고 필요한 요건과 형식을 갖추었다.

이 책을 읽으면서 독자 여러분은 조선 국왕과 지도층의 사고방식이며 행동양식에 대해 분개할 것이다. 어쩌면 지금의 상황과 저리도 똑같은지 그 행태에 말문이 막힐 때도 있을 것이다. 시대와 환경이 다른 지금에 돌아보아도 냉큼 받아들이기 어려운 일들도 많을 것이다. 정권을 쥐어준 쪽은 생각지도 않고 어처구니없는 행동을 벌인 결과가 얼마나 큰 피해를 안기는지, 우리가 외적보다도 정치하는 자들을 밤낮없이 경계하고 냉철하게 솎아내야 할 이유가 어디에 있는지도 새삼 느꼈을 것이다. 동시에, 주변국과의 외교에서 우리가 얼마나 지혜롭게 대처할 수 있는가가 이 나라의 앞길에 매우 중요한 열쇠가 될 것이기에 대마도와 관련된 한일 사이의 문제를 거울로 삼아 과거에서 우리의 미래를 슬기롭게 열어나갈 교훈을 찾을 수도 있을 것이다.

이제 국제적 환경은 날마다 새롭게 바뀌고 있으며, 우리는 내외적으로 새로운 도전에 시달리고 있다. 일본과의 관계도 새로운 국면으로 접어들었다. 우리의 선조, 선배들이 겪은 환경과는 또 다르다. 그들이 피 흘리고 가꾼 노력들을 이어받아 새로운 세대는 이제 일본을 이겨내고, 어깨너머로 멀찍이 따돌리기 위한 극일의 신념과 용기가 필요한 것이다. 말하자면 지금 우리가 사는 이 시대는 '한일 교류사의 전환기'라 하여도 좋을 것이다. 그렇다면 우리에겐 보다 전향적인 자세도 필요할 것이다. 우리가 '대마도는 한국 땅'이라며 목청껏 외치고, 일본은 '다케시마는 일본 땅'이라며 감정싸움을 하기 보다는 이제 사실에 근거하여 올바로 알고 서로의 잘못된 주장부터 접을 일이다. 다시 말해서 먼저 대마도의 진실을 밝힘으로써 일본이 독도를 다케시마라 우기는 억지타령을 그만두게 하려 함이다. 이것이 이 책을 쓰게 된 진정한 이유인 즉, 나머지 답은 일본, 그대들이 하라. 대단히 어렵겠지만, '일본의 거짓말–독도의 진실'을 그대들의 입에서 들을 수 있기를 기대하면서.

병신년 정월, 서동인